미디어 리터러시 탐구
MEDIA LITERACY — EDITION 9

저자 W. JAMES POTTER **번역** 김대희, 전미현

미디어 리터러시 탐구
Media Literacy 9

발 행 일	2020년 09월 14일
저 자	W. James Potter
번 역	김대희, 전미현
펴 낸 곳	소통
펴 낸 이	최도욱
편 집	곽승훈
디 자 인	조해민
주 소	서울시 구로구 공원로 47 두산베어스타워 604호
전 화	070-8843-1172
팩 스	0505-828-1177
이 메 일	sotongpub@gmail.com
블 로 그	http://blog.daum.net/dwchoi
가 격	32,000원
ISBN	ISBN 979-11-86453-92-6 93370

이 도서의 국립중앙도서관 출판예정도서목록(CIP)은 서지정보유통지원시스템 홈페이지 (http://seoji.nl.go.kr)와 국가자료공동목록시스템 (http://www.nl.go.kr/kolisnet)에서 이용하실 수 있습니다.(CIP제어번호: CIP2020037455)

이 책의 내용은 저작권법에 따라 보호받고 있습니다.

Media Literacy 9e by W. James Potter

Copyright ©2019 by SAGE Publications, Inc.

English language edition published by SAGE Publications of London, Thousand Oaks and New Delhi.

All rights reserved.

Korean language edtion is published by arrangement with SAGE Publications, Inc.
Translation copyright ©2020 by SOTONG.
Printed in Korea

미디어 리터러시 탐구
MEDIA LITERACY
EDITION 9

소통

Contents

Part I 도입 (INTRODUCTION)

1. 왜 미디어 리터러시를 신장시켜야 하는가? ······ 16
2. 미디어 리터러시 접근법 ······ 27

Part II 수용자 (AUDIENCES)

3. 수용자에 대한 개인적 관점 ······ 54
4. 수용자에 대한 산업적 관점 ······ 75
5. 특별한 수용자로서의 아동 ······ 95

Part III 산업 (INDUSTRY)

6. 대중 매체 산업의 발달 ······ 120
7. 경제적 관점 ······ 144

Part IV 콘텐츠 (CONTENT)

8. 미디어 콘텐츠와 리얼리티 ······ 176
9. 뉴스 ······ 195
10. 엔터테인먼트 ······ 228
11. 광고 ······ 263
12. 인터랙티브 미디어 ······ 286

Part V 효과 (EFFECTS)

- ⑬ 미디어 효과에 대한 관점의 확장 ········· 312
- ⑭ 미디어 효과는 어떻게 작용하는가? ········· 335

Part VI 도약 (THE SPRINGBOARD)

- ⑮ 미디어 리터러시 증진을 위한 도움 ········· 358

Part VII 직면한 이슈 (CONFRONTING THE ISSUES)

- ISSUE 1 미디어 사업의 소유권 ········· 390
- ISSUE 2 스포츠 ········· 415
- ISSUE 3 가짜 뉴스 ········· 441
- ISSUE 4 광고 ········· 465
- ISSUE 5 폭력성 ········· 483
- ISSUE 6 개인정보 보호 ········· 505

참고문헌 ········· 545

서 문

우리는 대부분 미디어 리터러시를 지니고 있다고 생각한다. 원하는 음악, 게임, 정보, 오락물 등을 찾기 위해 미디어에 접근하는 방법을 알고 있다. 많은 유명인들의 얼굴을 알고 있고 그들의 삶에 대한 많은 사실 또한 알고 있다. 자신만의 음악적 스타일을 알고 있으며, 좋아하는 것에 대해 더 강한 끌림을 나타내기도 한다. 사진, 비디오, 문자를 통해 쉽게 메시지를 만들어 낼 수 있으며, 많은 인터넷 사이트에 그것들을 게시할 수 있다. 미디어에 우리 스스로를 노출시키는 방법을 알고 있으며, 미디어로부터 정보를 받아들이고, 자신만의 메시지를 생산해 내기 위해 미디어를 이용하며 다른 사람들과 메시지를 공유한다.

우리는 미디어 리터러시를 갖추었는가? 물론 그렇다. 우리는 방대한 양의 정보를 얻고 있으며, 주목할 만한 기술을 발전시키고 있다. 어쩌면 당연하다고 여길지라도 말을 하고, 문자를 읽고, 사진을 이해하고, 이야기를 전개시키는 능력은 훌륭한 기술이다.

우리가 성취한 것을 간과해서는 안 되겠지만, 더 나은 미디어 리터러시를 지니기 위해 어떻게 해야 하는지를 아는 것은 중요한 일이다. 여러 가지 면에서, 여러분이 현재 지니고 있는 미디어 리터러시의 전반적인 수준은 아마 여러분의 10대 때와 거의 비슷할 것이다. 그 시절 이후로, 여러분의 정보 기반은 대중가요, 인터넷 사이트, 비디오 클립과 같은 몇몇 유형의 미디어 메시지에 대해 엄청나게 확장되어 왔다. 그러나 여러분의 정보 기반은 대중 미디어 산업의 경제성, 미디어 산업을 조정하는 주체, 콘텐츠 생산에 대한 결정 방식, 그리고 콘텐츠의 지속인 흐름이 여러분과 사회에 영향을 미치는 숨겨진 다양한 방식과 같은, 미디어의 다른 분야에 대한 문식성은 발달하지 못하였을 것이다. 현재 여러분의 미디어 리터러시 수준으로도 미디어에 대해 많은 것을 할 수 있게 해 주지만, 만약 다른 미디어의 영역에서도 지식을 갖춘다면, 훨씬 더 나은 통제력을 행사하고, 미디어 노출로부터 더 많은 것을 얻을 수 있을 것이다.

대중 매체가 어떻게 작동하고 여러분에게 어떤 영향을 미치는지 더 많이 알게 될수록, 여러분은 미디어의 효과에 대한 통제력을 더 얻게 될 뿐만 아니라 그것을 깨닫지 못한 채 삶의 상당 부분을 대중 매체에 넘겨 버린 전형적인 미디어 이용자들과는 확연히 다른 삶을 살게 될 것이다. "삶의 상당 부분을 대중 매체에 넘겨준다."는 것은 시간이나 돈보다 훨씬 더 중요한 일이다.

물론 그 두 가지가 모두 대단한 것이긴 하지만 말이다. 그것은 또한 대부분의 사람들이 대중 매체가 사람들이 알지 못하는 방식으로 자신들을 프로그램 하도록 허용했다는 것을 의미한다. 그리고 사람들은 이러한 방법들을 알지 못하기 때문에 그들은 그 프로그래밍을 형성하거나 통제할 수 없다.

  이 책의 목적은 미디어가 어떻게 여러분의 믿음과 행동 패턴을 형성해 왔는지를 보여주는 것이다. 여러분의 신념이 미디어의 영향력에 의해 얼마나 형성되었고, 미디어가 어떻게 이 모든 양태를 이루어 냈는지를 알게 될 때까지 여러분은 계속해서 미디어 메시지들의 홍수 속에서 떠다니게 될 것이다. 하지만 일단 여러분이 미디어 리터러시를 갖춘 관점에서 사물을 보기 시작하면, 여러분은 이러한 영향의 과정이 어떻게 작용하는지를 알아챌 수 있고, 그러한 이해는 여러분이 이 형성 과정을 통제하는 데 도움을 줄 것이다.

역자 서문

Video killed the radio star.
Pictures came and broke your heart.

영국의 밴드 'The Buggles'가 1979년에 발표한 <Video Kill the Radio Star>라는 곡의 가사 중 일부이다. 텔레비전의 등장이 라디오를 죽음에 이르게 할 것이라는 예상과는 달리 비디오는 라디오 스타를 죽이지 않았다. 그로부터 수십 년의 세월이 더 흘렀고 수많은 매체들이 인류의 문화사를 거쳐 갔지만, 라디오는 아직도 건재하다. 라디오는 어떻게 살아남았을까? 그 과정을 이해하기 위해서는 미디어 산업, 미디어 효과, 미디어 수용자, 미디어 콘텐츠에 대한 다각적인 이해가 필요하다. 이 책이 그 이해를 위한 지침서가 될 것이다.

리터러시(literacy)란 본래 문자 언어를 읽고 쓰는 능력을 말한다. 저자인 James Potter 교수는 리터러시의 개념을 미디어 영역으로 확장하여 미디어 리터러시를 소개하고 있다. 기술의 혁신과 더불어 미디어의 영역은 기존의 책, 신문, 잡지, 영화나 라디오, 공중파 텔레비전 등의 올드 미디어에서 컴퓨터, 케이블 TV, 인터넷 웹사이트, 스마트폰 등의 뉴 미디어로 빠르게 전환되었다. 이러한 각종 미디어로부터 나오는 메시지들을 해석하고 분별해내는 능력이 미디어 리터러시의 기본이다. 다른 이론서에서는 '미디어 문식성' 또는 '미디어 문해력'이라는 용어를 사용하기도 하지만, 이 책에서는 '미디어 리터러시'라는 용어를 그대로 사용하였다.

이 책은 미디어로부터 전달되는 정보의 홍수 속에 살고 있는 우리들에게 미디어와 관련하여 확장된 시각과 큰 그림을 제공한다. 우리가 의식하고 있는 것보다 미디어에 훨씬 많이 노출되고 조종당하고 있음을 저자는 강조한다. 저자는 우리가 미디어에 노출되어 있는 상태를 다층적(인지적, 감성적, 심미적, 도덕적)으로 분류함으로써 우리들의 미디어 노출 습관을 점검하고, 미디어에 의해 조종당하지 말고 자신의 필요와 목표를 달성하는 데 도구로 활용할 것을 역설한다. 이 책에서 저자가 가장 많이 사용하는 형용사를 꼽으라면 아마도 '의식적인(conscious)'이라는 낱말일 것이다. 미디어를 대하는 독자들이 기본적으로 갖추어야 할 태도를 선명하게 보여주는 핵심어이다.

이 책은 우리가 일상에서 의식적으로 또는 무의식적으로 늘 접하고 있는 다양한 미디어와 그로부터 경험하게 되는 정보에 대해 나름대로 잘 알고 있다고 믿고 있는 뭇 독자들이 실제로 얼마나 미디어 리터러시를 갖추고 있는지 스스로 점검해 보게 하는 계기를 마련해 준다. 그리고 광고주들이 잠재적 수용자들을 유인하기 위해서 어떻게 각종 미디어에 자신들의 메시지들을 담는지를 보여줌으로써, 우리들이 그들의 목적에 '이용당하는' 과정을 쉽고 분명하게 시각화하고 있다. 또한, 각종 대중매체 산업들이 어떻게 변화해 왔으며, 새로 부상하는 미디어는 기존의 미디어와 어떤 식으로 경쟁해 왔는지를 설명한 부분은 대중매체에 이미 친숙한 독자들에게 마치 무대 뒤의 이야기를 듣는 듯한 흥미로운 이야깃거리를 제공할 것이다.

미디어의 발달과 변화, 그에 따른 소비자를 바라보는 그리고 소비자가 바라보는 인식의 변화 등에 관해 저자가 제공하는 다양한 정보와 분석은 매우 역동적이고 강한 흥미를 불러일으킨다. 이러한 역동성을 보여주기 위해 실제로 저자는 이 책의 개정판을 매우 부지런하게 출판함으로써 독자들에게 새로운 정보들을 제공해왔다. 기술과 정보의 급격한 발달과 변화로 이전 개정판의 내용 중 시의성이 떨어진 부분들을 저자는 새로운 개정판에서 과감히 삭제하고, 책을 재구성하여 신선한 정보로 채워 넣었다. 아마도 이제까지 만나본 가장 세심하고 적극적이며 에너지 넘치는 연구자라고 감히 평가하고 싶다. "정보는 급변한다(Information changes quickly)."라고 하는 그의 말대로, 새로운 미디어의 발달과 정보의 생성에 발맞추기 위해 빠른 속도로 정보를 업데이트한 저자의 끊임없는 노력이 엿보인다. 아홉 번째 개정판의 원제는 이전의 개정판과 동일한 『Media Literacy』이다. 번역본은 이전 버전과 구분하기 위해 『미디어 리터러시 탐구』로 변경하였다.

아홉 번째 개정판의 번역이 완성되는 동안 물심양면으로 도움을 주신 소통출판사의 최도욱 사장님께 깊은 감사를 드린다. 그리고 이 번역서가 완성되기까지 노고를 아끼지 않은 우리 스스로에게도 감사의 마음을 전하는 바이다. 이 책의 출간이 미디어 리터러시에 관심 있는 학계나 일반 독자의 담론을 형성하는 데 도움이 될 수 있다면 가장 큰 기쁨이 될 것이다.

2020년 여름
김대희 · 전미현

이 책을 활용하는 방법

　이 책을 읽으면서 틀(framework)을 생각하고 전략적으로 행동하라. 이 두 가지 생각을 염두에 두면 더 빨리 읽을 수 있고 동시에 더 많은 것을 읽을 수 있게 된다.

　틀은 지도다. 여러분의 독서 여정을 안내할 지도가 있으면, 여러분은 자신이 어디에 있고 다음에 어디로 가야 하는지를 안다. 가장 중요한 틀을 인식하도록 돕기 위해 각 장은 다루어질 주제를 아우를 핵심 개념으로 시작한다. 전략은 여러분이 가장 중요한 것에 집중하도록 한다. 각 장을 읽어 내려갈 때에는 몇 가지 중요한 질문을 접하게 될 것이고, 그 이후에는 전략적으로 읽기에 임해야 한다. 즉, 그 질문에 대한 답을 적극적으로 찾으려 노력해야 한다. 말과 문장을 스캔하지 말고 질문의 핵심을 파악하기 위해 능동적으로 읽기를 수행해야 한다. 각 섹션을 읽고, 질문에 대한 답을 구체적으로 찾아야 한다. 한 챕터를 다 읽은 후에는 책을 덮고 얼마나 많은 것을 기억할 수 있는지 보라. 여러분은 단지 몇 가지 사실만을 기억하는지 아니면 주어진 질문들에 의해 체계화된 지식의 구조를 지니고 있는지 돌아보라.

　이 책은 15개의 장으로 구성되었고, 그 장들은 6개의 이슈로 범주화되었다. 15개 장의 목적은 미디어 산업에 대한 지식, 미디어 청중들에 대한 지식, 미디어 콘텐츠에 대한 지식, 미디어 효과에 대한 지식의 네 가지 영역에서 여러분의 지식을 구조화하는 데 도움이 되는 사고의 틀을 제공하는 것이다. 이 장들은 또한 여러분에게 사고의 틀의 근거가 되는 몇 가지 사실과 수치를 제시한다. 여러분 스스로 사고의 틀을 정교화 할 더 많은 지식을 습득하도록 돕기 위해 각 장에서는 책, 기사, 그리고 심화된 읽기를 위한 웹사이트 목록이 포함되어 있다. 각 장에서 제시한 내용들과 관련된 특히 흥미로운 자료들을 제공하고자 하였다. 또한, 요즘 미디어와 관련된 자료들이 너무 빨리 갱신되기 때문에 각 주제에 대해 유용한 가장 최신의 정보에 접근할 수 있는 몇 가지 출처(일반적으로 웹사이트)도 제공한다. 여러분이 이 15개의 핵심 교육 내용을 처음 읽는다면, 자신만의 지식의 구조를 만들면서 가장 중요한 아이디어에 집중하라. 독자적인 지식의 구조를 갖추게 되면, 다시 내용들을 읽음으로써 정교한 이해를 위해 필요한 세부 사항을 추가하기 바란다.

　여러분이 습득하는 정보를 여러분 자신만의 경험에 포함시키려고 노력한다면 여러분은 각각의 장에서 더 많은 것을 얻을 것이다. 각 장의 뒷부분에 있는 연습은 여러분의 노력에 도움이 될 것이다. 하지만 그 연습을 시험 준비에만 도움이 될 만한 것으로 생각하지 마라. 여러분이 미디어를 접하면서 일상생활에서 지속적으로 할 수 있는 것으로 여기는 것이 좋을 것이다. 연습에서 제시된 과제를 실천할수록 정보를 내면화하여 사고하는 방식의 자연스러운 일부로 만들게 될 것이다.

각 장의 학습을 끝내고 일련의 지식 구조를 초기에 구축하고 나면 여러분은 미디어 스터디 내의 논쟁에 깊이 파고들 준비를 마친 것이다. 여섯 가지 이슈 장은 여러분이 주어진 논쟁들을 파악하고, 복잡성의 아름다움을 감상하며, 각 주제에 대해 여러분 자신만의 의견을 종합하면서 여러분이 구축한 지식의 구조를 사용하고, 습득한 기술을 숙달시킬 수 있는 기회를 준다. 첫 번째 이슈는 대중 매체의 소유권이 누군가에게 지나치게 집중되지 않았는지 여부에 대한 논의를 제시한다. 일부 비평가들은 현재 수많은 미디어 사업의 소유권을 가진 사람의 수가 너무 적다고 주장한다. 두 번째 이슈인 스포츠에 대한 주제에서는 "스포츠에 너무 많은 돈이 거래되지 않는가?"라는 질문에 대한 논의를 제시하였다. 세 번째 이슈는 "가짜 뉴스"이다. 네 번째 이슈는 우리가 광고를 어떻게 비판하는지 그리고 그러한 비판들이 유효한지 여부를 분석한다. 다섯 번째는 미디어에 너무 많은 폭력이 있지 않은지, 미디어 콘텐츠의 폭력 확산이 개인과 사회를 해치고 있지 않은지에 대한 지속적인 논쟁을 다루고 있다. 여섯 번째는 개인 정보 보호에 대해 심각해지고 있는 우려와 새로운 미디어 환경이 개인 정보 보호를 훨씬 더 어렵게 만드는 방법을 탐색하는 이슈를 다룬다.

만약 여러분이 그러한 이슈들을 피상적인 차원에서 다룬다면, 그것들은 해결할 수 없는 문제처럼 보여 여러분은 좌절하게 될 것이다. 하지만 여러분이 그 문제들에 더 깊이 파고들어 미디어 리터러시의 발전저인 기술을 적용한다면, 그러한 문제들의 복잡함이 어떻게 여러분의 삶에 다양한 문제를 야기하고 있는지를 이해하기 시작할 것이다. 그리고 여러분이 그러한 문제들을 인지할 때, 그것들의 영향력을 줄이기 위한 전략을 개발하기 위해 더 높은 수준의 미디어 리터러시를 사용할 수 있을 것이다. 그렇게 함으로써 여러분은 이전에 당신이 너무 크고, 너무 복잡하며, 다른 사람들의 잘못이라고 생각했던 문제들을 더 잘 통제할 수 있을 것이다.

디지털 자료

http://study.sagepub.com/potter9e 비밀번호 인증이 필요한 교수용 자료 사이트에는 다음과 같은 내용이 포함되어 있다.
- 문제 은행: 다양한 옵션을 제공하고 질문을 편집하거나 교수자의 독자적인 질문을 삽입하여 학생들의 진행 상태와 이해를 효과적으로 평가할 수 있는 기회를 제공한다.
- 강의 노트: 강의 준비 및 수업 토론을 돕기 위해 장별로 주요 개념을 요약하였다.
- PowerPoint® 슬라이드: 책에서 필수적인 내용, 특색 있는 점 및 예술 작품을 강조하여 제작되었으며 강의 및 자료 준비를 지원한다.
- 표 및 그림: 문서, 유인물 및 프레젠테이션에 사용하기 위해 쉽게 다운로드할 수 있는 형식으로 제공한다.
- 간단한 강의계획서: 학기 및 분기 단위 과정의 강의를 구조화하는 데 도움이 될 만한 수업 모델을 제공한다.
- 토론 질문: 학생이 교재에 흥미를 느끼게끔 유도하고 중요한 내용을 보강하여 강의실 내 상호작용을 증진시키는 데 도움이 된다.
- 학습 활동: 개별 또는 그룹 프로젝트를 위해 제공되는 학습 활동은 교실 안팎에서 능동적인 학습을 강화하는 수단으로, 생동감 있고 자극적인 아이디어를 제공한다.
- 강의 관리: LMS(Learning Management System) 통합을 용이하게 한다.

study.sagepub.com/potter9e 공개된 학생용 사이트는 다음과 내용이 포함되어 있다.
- 강의 내용을 이해한 학생들이 독립적인 평가를 할 수 있도록 하는 모바일 친화적인 연습 퀴즈
- 핵심 용어 및 개념에 대한 이해를 강화하는 모바일 친화적 전자 플래시 카드
- 주요 주제에 대한 강의실 기반 수업에 도움이 되는 엄선된 비디오 및 멀티미디어 콘텐츠
- 학습 강화에 필요한 주요 개념과 중요한 연구를 연계하는 영향력 있는 SAGE 저널 및 참고 자료에 대한 독점 접근 권한
- 온라인 전용 부록에 접근 권한

결론에 이르러

이 책이 여러분의 미디어 습관에 대해 좀 더 깊이 생각하도록 자극하고 미디어가 영향을 미치는 과정에 대한 통제를 증가시키는 동기가 되기를 바란다. 이 책에 제시된 정보는 여러분을 그 방향으로 발을 딛게 만들 것이다.

이 책은 여러분이 그 과제를 완성하는 데 필요한 모든 정보를 당신에게 제공할 것 같은가? 그렇지 않다. 그 많은 정보를 이 책 한 권에 담기에는 역부족이다. 즉, 여러분은 다른 읽을거리를 찾아 계속해서 읽을 필요가 있다. 모든 장의 뒷부분에 해당 장의 내용과 관련된 읽을거리에 대한 정보를 제공하고 있다. 소개한 책 중 어떤 것은 좀 어려울 수 있지만, 대부분의 책은 읽기에 수월하고 재미있는 것들이다.

이 책은 입문서이다. 여러분의 미디어 리터러시를 신장시키기 위해 효과적으로 시작할 수 있는 큰 그림을 제공하는 데 중점을 두었다. 지금 시작하는 게 중요하다. 세상은 생각하는 주제에 관한 모든 종류의 정보에 접근하는 것 외에도 여러분 자신의 메시지를 만들고 공유할 수 있게 해주는 새로운 정보 기술 때문에 빠르게 변하고 있다.

여러분이 이 책을 재미있게 읽기를 바란다. 그리고 미디어에 대해 훨씬 더 많은 것을 인식할 수 있는 새로운 관점을 지니길 원한다. 만약 그러면, 여러분은 기존에 지녔던 오래된 습관과 해석에 대한 새로운 통찰력을 지니게 될 것이다. 만약 그렇게 된다면, 여러분의 새로운 통찰력과 '전쟁 같은 이야기'를 나아 함께 나누었으면 한다. 이 책의 많은 부분은 내가 가르쳤던 학생이 미디어 리터러시에 대해 배울 때 가졌던 몇 가지 문제와 통찰력을 반영하고 있다. 나는 그들로부터 많은 것을 배웠다. 나는 여러분에게 훨씬 더 많은 것을 배우고 싶다. 여러분이 생각한 것을 나와 나누고 싶다면 wjpotter@comm.ucsb.edu로 메일을 보내면 된다.

그럼 책으로 여행을 떠납시다!

도입 INTRODUCTION

1 왜 미디어 리터러시를 신장시켜야 하는가?
Why Increase Media Literacy?

2 미디어 리터러시 접근법
Media Literacy Approach

왜 미디어 리터러시를 신장시켜야 하는가?

핵심 개념 | 정보 포화 상태의 문화에서 생존하기 위하여, 우리는 끊임없이 마주치는 미디어 메시지의 홍수로부터 스스로를 보호하고자 우리 마음을 "자동 조종" 상태로 만든다. 이러한 메시지의 자동 프로세싱의 위험은 미디어가 우리의 사고를 조종하도록 허락한다는 것이다.

▶ 정보 문제
· 성장의 가속화
· 빈번한 노출
· 따라잡기

▶ 정보 문제의 해결 방안
· 정신의 하드웨어
· 정신의 소프트웨어
 - 자동 루틴
 - 장점과 단점

▶ 중요한 질문
▶ 요약
▶ 더 읽을거리
▶ 최신 자료

    우리가 새로운 정보 덩어리를 마주하게 될 때 경험하게 되는 첫 번째 난관은 동기이다. 우리 스스로에게 물어보자. 내가 왜 이것을 배우기 위해 모든 노력을 다해야 하나? 이것을 배웠을 때 그만한 노력의 가치가 있을까?

    이러한 질문에 대한 첫 번째 대답은 미디어 리터러시에 대해 배우는 것이 노력할 만한 가치가 없다고 느끼게 하는 것인데, 그 이유는 우리가 미디어에 대해 이미 많이 알고 있다고 느끼기 때문이다. 우리는 상당수의 웹사이트와 앱, 아티스트, 유명인들에 익숙하다. 우리는 이미 다양한 연예와 정보에 접근이 가능한데, 왜 굳이 미디어에 대해 더 배워야하나? 이 책은 그러한 질문에 대한 답을 제시해줄 것이다. 미디어에 대해 당신이 모르고 있는 것들에 대한 주요한 생각들을 제시해 줌으로써 당신의 관점을 새로운 영역으로 넓혀주는 계기가 될 것이다. 확대된 시각을 통해 당신은 미디어 노출 시 좀 더 통제력을 발휘할 수 있고, 그러한 메시지들에게서 좀 더 많은 가치를 얻게 될 것이다. 그럼 시작해 보자!

이 장에서는, 우리의 미디어 환경의 큰 그림을 보여줌으로써 당신이 매일 심각한 정보 문제에 노출되어있다는 것을 알 수 있게 해 준다. 당신이 일반적으로 이 문제를 해결하는 방식은 그날그날에는 효과가 있겠지만, 그 효과는 장기적으로 볼 때는 모자란 점이 있다. 다시 말해, 장기적인 취약점이 단기적 이점보다 훨씬 크다.

정보문제

우리의 문화는 당신이 알고 있는 것보다 훨씬 더 많이 미디어 메시지로 가득 차 있다. 할리우드는 매년 700시간 이상의 장편 영화를 개봉하는데, 이는 이미 예년에 개봉한 10만 시간 이상의 영화의 저변을 확장시킨다. 또한 유튜브와 같은 동영상 플랫폼은 10억 개 이상의 동영상을 제공하고 있으며 사용자들은 매 분마다 300시간 이상의 새로운 동영상을 업로드하고 있다(YouTube, 2018). 상업용 텔레비전 방송국은 매년 전 세계적으로 약 4,800만 시간의 비디오 메시지를 생성하며, 라디오 방송국은 매년 6,550만 시간의 본방 프로그램을 내보낸다. 현재 1억 4천만 권 이상의 책 제목이 존재하며, 또 다른 1,500권의 새로운 책 제목들이 매일 전 세계에서 출판된다. 그리고 거의 20억 개의 웹사이트(Internet Live Stats, 2018a)가 있는 것으로 추정만 할뿐 실제로 그것이 얼마나 방대한 규모인지 아무도 알 수 없다.

성장의 가속화

우리는 이미 정보 포화 상태에 있을 뿐만 아니라, 포화 상태의 속도는 점점 빨라지고 있다. 당신이 태어났을 때 집계되었던 정보 총량보다도 당신이 태어난 이후 더 많은 정보가 생성되었다. 그리고 그 속도는 계속 빨라지고 있다. Silver(2012)는 정보의 총량이 매년 2배씩 증가하고 있으며, 현재 성장률은 더욱 높다고 추정하였다.

그렇게 많은 정보가 만들어지는 이유는 무엇일까? 한 가지 이유는, 지금은 그 어느 때보다 많은 사람들이 정보를 만들어 내기 때문이다. 이제까지 살아온 모든 과학자들의 절반이 오늘날 살아있고, 정보를 생산해내고 있다. 또한, 자신을 뮤지션이라고 자처하는 사람들의 숫자가 지난 40년 간 두 배 이상 증가했고, 아티스트들의 수는 3배 증가했으며, 작가들의 수는 5배 증가하였다(미국 인구조사국, 2017).

또 다른 이유는, 정보를 공유할 수 있는 용이한 플랫폼을 제공하는 테크놀로지로가 존재한다는 것이다. 그리하여, 모든 사람이 매일 정보를 만들어내어 다수의 사람들과 공유할 수가 있다. 더 이상 음악을 만들어 내기 위해 뮤지션이 될 필요가 없다; 개러지 밴드(Garage Band)나 다른 컴퓨터

합성기를 사용하면 된다. 음원을 배포하기 위해 음반 회사와 계약을 맺을 필요가 없다. 당신은 또한 취미로 저널리스트나 소설가, 사진작가, 영화 제작자, 심지어 비디오 게임 디자이너가 되어서 전문 예술가들처럼 당신의 메시지들을 손쉽게 수백만의 사람들이 접하게 할 수 있다. 또는 이메일과 트윗과 같은 작은 형태의 정보를 만들어내고 공유할 수 있다. 현재 전 세계적으로 32억 명의 인터넷 사용자가 있으며, 그들은 매일 3,000억 개 이상의 이메일 메시지를 주고받고 있으며, 트위터에는 매일 5억 개 이상의 트윗이 만들어지고, 페이스북은 매일 1억 개의 사진들이 업로드된다고 보고한다(Pingdom, 2013).

우리들 각자는 이전과는 달리 이 정보의 혼란을 가중시키고 있다. Tucker(2014)는 이에 대해 다음과 같이 설명한다.

당신은 전화기 확인, GPS 사용, 이메일, 트윗, 페이스북 게시물 전송, 특히 영화와 음악 스트리밍을 이용하며 연간 180만 Mb를 창출한다. 매일 9장의 시디롬을 채울 정도의 양이다. 발전된 세상 속 현대 생활의 기기화(device-ification)는 불과 3년 사이에 현존하는 데이터의 90% 이상을 만들어내었다(p. xv).

Tucker는 "그리고 이 현상은 기하급수적으로 증가하고 있으며, 2020년에는 2009년에 비해 44배나 많은 디지털 정보를 갖게 될 것이다."(p. xvi)라고 언급하였다.

빈번한 노출

미디어는 상당히 매력적이며, 그래서 우리는 매년 미디어 메시지들과 보내는 시간을 늘린다. 지난 30년간 미디어에 대한 모든 새로운 조사 결과를 보면, 사람들은 평균적으로 매년 그 노출 시간을 늘려온 것으로 나타났다. 예를 들어 2010년에는 미디어를 이용하는 시간이 평균 10시간 46분이었는데 2014년 조사에서는 12시간 14분으로 증가했다(eMarketer, 2014). 2017년 조사에 따르면, 사람들은 평균적으로 하루에 12시간 1분씩 미디어를 이용하며 시간을 보내는 것으로 나타났는데, 다른 어떤 것보다도 미디어와 보내는 시간이 가장 많았다(eMarketer, 2017b).

미디어가 우리의 일상생활에 매우 중요한 것은 분명하다. 정보가 포화 상태인 환경에서 우리는 미디어를 통해 친구, 사회, 그리고 전 세계와 끊임없이 연결되어 있다.

따라잡기

어떻게 하면 이 모든 정보를 따라갈 수 있을까? 우리가 하려고 하는 것은 멀티태스킹이다. 예를 들어, 어떤 사람은 음악을 들으면서 친구와 문자 메시지를 주고받고, 동시에 컴퓨터로 동영상을 볼 수 있다. 그것은 마치 3시간 동안 해야 할 일을 1시간 안에 끝내는 것과 같다.

그러나 멀티태스킹은 정보의 홍수를 따라잡기 위한 충분한 전략은 아니다. 만약 당신이 하루 만에 유튜브에 업로드된 모든 비디오를 보고자 한다면, 일 년 내내 휴식시간 없이 20개 화면을 동시에 봐야 가능한 일이다. 멀티태스킹이 미디어 노출을 증가시키는 데 도움은 주겠지만 일상의 삶 속에는 정보가 워낙 많기 때문에 그것의 일부라도 멀티태스킹으로 따라잡겠다는 건 무의미한 일이다.

정보 문제의 해결 방안

비록 우리는 정보 포화 상태에 놓여 있고 매년 미디어는 우리의 시선을 끄는 데 더욱 적극적이지만, 우리는 그 문제를 해결할 수 있다. 이것이 어떻게 가능할까? 해답은 인간의 뇌의 하드웨어와 소프트웨어가 연결되어 프로그래밍 되는 방식에 있다.

정신의 하드웨어

지구상에서 가장 주목할 만한 하드웨어는 인간의 뇌다. 인간의 뇌는 비교적 작지만(1500g 미만의 무게), 오감(시각, 청각, 촉각, 미각, 후각)으로부터 정보를 수집하고, 그 모든 정보를 저장하거나 필터링하여 처리한 다음, 특정 행동을 하도록 결정을 내리는 놀라운 능력을 가지고 있다. 인간의 뇌는 1000억 개의 뉴런 세포로 구성되어 있는데, 이는 은하계의 별의 수와 같다(Storr, 2014). 각각의 세포는 10만 개 정도의 시냅스로 연결되어 있다. 이것은 당신의 뇌가 500조 개가 넘는 끈과 같은 섬유질인 축과 미세조직으로 만들어졌다는 것을 의미하며, 이것은 시냅스라고 불리는 접합부에서 다른 뉴런들과 연결된다. "이 시냅스들은 새로운 경험에 대응하여 끊임없이 형성·해체·약화·강화된다."(Haven, 2007, p.22)

인간의 뇌가 끊임없이 환경을 감시하고 있기 때문에 수천 개의 뉴런들은 수천 개의 다른 뉴런들로부터 자극을 받고 있으며, 다른 특정 뉴런에 신호를 보내서 그 입력을 무시할지 아니면 어떤 식으로든 반응할지를 결정해야 한다. "어쨌든, 연결, 반복, 전기적 교통 체증을 지닌 이 고속도로 미로를 통해, 우리는 각각 생각하고, 인지하고, 고려하고, 상상하고, 기억하고, 반응하고, 대응한다."(Haven, 2007, p.22)

정신의 소프트웨어

이 복잡한 하드웨어 조각이 무엇을 해야 할지 어떻게 알 수 있을까? 그것은 뇌가 특정한 기능을 수행하도록 프로그램 되어 있기 때문에 가능한 일이다. 이 프로그래밍이나 소프트웨어는, 때로는 통칭하여 정신이라고 부르기도 하는데, 이것은 당신의 컴퓨터에 있는 소프트웨어 프로그램이 어떤 기능을 수행할 것인지, 그리고 그 기능을 어떻게 수행할 것인지를 말해주는 것과 매우 유사하다.

이 소프트웨어 중 일부는 태어나기 전에 이미 뇌에 심겨져 있다. 예를 들어, 뇌는 인간의 내장 기관(심장, 폐, 신장 등)의 활동을 지속적으로 모니터링하여 몸의 내부 상태를 자동적으로 감독함으로써 제대로 기능하게 한다. 뇌는 또한 환경적 위협에 대해 감시하도록 프로그램 되어 있다. 예를 들어 방향성 반사 작용은 뇌로 하여금 큰 소리나 섬광과 같은 갑작스런 환경 변화에 대해 주의를 기울이도록 지시한다. 잠재적 위협이 확인되면 뇌는 주의를 기울이게 만든 실체를 확인하여 실제 위협인지 아닌지를 판단한다. 또한, 뇌에는 싸움-도피 반사가 내재되어 있어서 잠재적 위협이 닥쳤을 때 신체가 위협을 물리치거나 안전한 상태로 피하도록 자동적으로 준비(심박수와 혈압 증가)된다.

육체적인 행복을 유지하기 위한 회로가 뇌에 내장되어 있을 뿐만 아니라, 사회적 행복을 증진시키기 위한 회로도 내장되어 있다. 예를 들어, 언어 능력도 뇌 회로에 내장되어 있어 인간은 쉽게 의사소통할 수 있다. 역사를 통틀어 모든 문화는 언어를 발전시켰다. 언어를 배우는 기본적인 능력이 뇌에 내장되어 있지만, 어떤 특정한 언어에 대한 학습은 태어나고 난 후에 일어날 수밖에 없기 때문에 개인은 다른 사람들에게 의미를 전달하고 그들의 문화로부터 의미를 받아들이기 위해 자신의 언어 습득 장치를 이용한다.

우리가 삶에서 경험을 축적해 감에 따라, 우리의 정신은 수학 문제 해결, 논리적 추리, 도덕적 문제의 해결, 감정 조절, 직업과 인간관계에 보람을 느끼게 할 수 있는 기술의 확장 및 성장 등 부가적인 기능을 수행하는 방법을 뇌에 알려주는 부가적 프로그래밍도 축적한다. 이 부가적 프로그램은 처음에는 부모와 형제들로부터 얻는다. 교육, 종교, 정치, 정부 등 문화적 기관과의 접촉을 통해서도 얻는다. 친구, 지인, 심지어 적으로부터도 얻는다. 그리고 대중 매체로부터 얻는다. 이 모든 부가적인 프로그래밍은 우리가 일상생활에서 무엇을 입을지, 무엇을 먹을지, 무엇이 중요한지, 어떻게 행동할지, 그리고 시간적, 금전적 자원을 어떻게 쓸지에 대한 결정을 내리는 방법을 형성한다. 이 프로그래밍은 우리의 무의식 속에서 자동 루틴의 형태로 끊임없이 실행되고 있다.

자동 루틴

인간의 정신은 놀랄 만큼 효율적일 수 있다. 그것은 우리가 경험으로부터 배운 행동이나 생각의 연속인 자동 루틴을 사용하여 많은 일상적인 일을 빠르게 수행할 수 있고, 그 다음에는 거의 노력하지 않고 반복해서 적용할 수 있다. 일단 신발을 묶거나, 이를 닦거나, 학교로 운전하거나, 기타로 노래를 연주하는 등의 일련의 일들을 배우면, 처음부터 그것을 배우는 데 들인 노력에 비해 아주 적은 노력으로 그것을 반복해서 수행할 수 있다. 우리가 무언가를 하는 것을 배우면서, 우리의 정신 속에 컴퓨터 코드와 같은 명령어를 쓰고 있다. 그러면 그 코드는 우리의 무의식적인 정신 속에서 자동적으로 실행되며, 거의 생각이나 노력을 하지 않고 임무를 수행하도록 우리를 안내하는 역할을 한다. 예를 들어, 타이핑을 처음 배운 경험을 떠올려보자. 각 단어의 개별 문자를 생각하고, 어떤 키가 어떤 문자를 제어하는지 생각해본 다음, 손가락으로 올바른 키를 누르도록 명령해야 했다. 단어 하나하나를 타이핑하는 데 오랜 시간이 걸렸다. 그러나 많은 연습을 한 후인 지금은 메시지를 몇 초 안에 입력할 수 있을 만큼 손가락이 키보드 위로 빠르게 움직인다. 이제 당신이 누군가에게 메시지를 보낼 때에는 당신은 타이핑하는 일에 대해 전혀 생각할 필요 없이 메시지에 대해서만 생각한다.

우리는 자동성 상태에서 모든 미디어 메시지들을 접한다. 다시 말해, 우리의 정신 상태를 "자동조종장치" 기어에 놓고, 대부분의 메시지 선택 사항들을 걸러내는 것이다. 이 말이 이상하게 들리겠지만, 한번 생각해보자. 우리는 모든 메시지들을 다 고려해서 주의를 기울일지 말지를 의식적으로 결정하는 것이 불가능하다. 고려해야 할 메시지가 너무나 많기 때문이다. 시간이 흐르면서, 우리는 정신적 에너지를 많이 쓸 필요가 없도록 이 필터링 과정을 매우 빠르고 효율적으로 안내하는 자동 루틴을 발달시켜 왔다.

이러한 자동 프로세싱을 설명하자면, 당신이 마트에 가서 음식을 사는 것을 생각해보면 된다. 당신이 마트에 들어갈 때 25개 품목의 리스트를 들고 들어갔는데 15분 후에 25개의 품목을 사들고 마트를 나왔다고 가정해 보자. 이 시나리오에서 당신은 얼마나 많은 결정을 내렸을까? 25가지 품목을 각각 사는 것에 대한 결정을 해야 했기 때문에 아마도 25번이라고 대답하기 쉬울 것이다. 그러나 당신이 사지 않기로 결정했던 다른 모든 품목은 어떠한가? 오늘날 평균적으로 마트에는 4만개의 품목들이 진열되어 있다. 그러니 당신은 마트에 있던 비교적 짧은 시간 동안 4만개의 결정을 내린 셈이다. 25개의 물건을 사겠다는 25번의 결정과 39,975개의 물건을 사지 않겠다는 39,975번의 결정을 한 것이다. 당신은 어떻게 그토록 짧은 시간동안 그런 과제를 달성할 수 있었는가? 바로 당신은 자동 루틴에 의존했던 것이다. 이러한 자동 루틴이 당신의 구매 습관을 어떻게 좌우하는지 보라.

우리의 문화는 미디어 메시지의 거대한 마트이다. 우리 문화에는 어떤 마트에 있는 물건들보다 훨씬 더 많은 메시지들이 있다는 것만 다를 뿐 우리가 의식하고 있든 그렇지 않든 간에 그러한 메시지들은 도처에 있다. 우리가 마트에 들어갈 때와 같이 우리의 일상에서도 무엇을 찾아야 하는지를 알려주고 나머지는 자동으로 걸러주는 프로그램이 우리 정신에 가득 차 있다. 자동 프로세싱은 우리의 미디어 노출의 대부분(확실히 전부는 아니다)에 해당된다. 자동조종장치가 있기에 우리는 별로 주의를 기울이지 않고도 거대한 양의 미디어 메시지를 경험한다. 가끔씩 메시지나 우리의 환경에 있는 무언가가 우리의 의식적인 관심을 미디어 메시지로 촉발시킨다. 이것이 무슨 말인지 이해하기 위해 당신이 차를 타고 운전하고 있고, 당신의 자동차 사운드 시스템을 통해 iPod의 음악이 재생되고 있다고 상상해보라. 하지만 당신의 관심은 옆에 앉아 있는 친구와 나누고 있는 대화에 있다. 그때 당신이 가장 좋아하는 노래가 나오기 시작하고, 당신의 관심은 대화에서 음악으로 옮겨진다. 아니면 당신의 친구가 라디오에서 좋아하는 노래가 흘러나오고 있다는 것을 알아차리고 음악을 따라 흥얼거리면서 당신과의 대화가 중단될 수도 있다. 두 시나리오에서 당신은 의식적인 주의를 기울이지 않은 상태에서 자동차 사운드 시스템에서 나오는 일련의 미디어 메시지에 노출되고 있지만, 어느 순간 음악에 대한 의식적인 관심을 유발하는 어떤 일이 일어난 것이다.

장점과 단점

자동 처리의 큰 장점은 효율이다. 필터링 소프트웨어가 자동으로 실행되면 그것은 우리가 어떠한 노력도 들이지 않아도 우리를 위해 수천 가지의 결정을 내려준다는 것이다.

그러나 몇 가지 중대한 단점이 있다. 우리가 자동 루틴에 전적으로 의존하게 되면 우리는 그 사고의 틀에 박혀 우리에게 매우 유용할 수 있는 많은 메시지들에 주의를 기울이는 것을 놓치게 된다. 우리는 우리가 무엇을 놓치고 있는지 결코 알지 못한다. 우리의 정신이 자동 조종 장치에 따라 작동하게 될 때 우리는 우리에게 도움이 되거나 즐거움을 줄 수 있는 많은 메시지들을 놓치게 된다. 우리는 잠재적으로 유용한 메시지를 접할 때 자동 처리 과정에서 벗어나는 데 필요한 장치들을 프로그래밍하지 않았을지도 모른다. 위의 마트에서 장 보기의 예로 돌아가서 당신이 매우 의식적인 사람이라고 가정해 보자. 마트에 들어갈 때 효율성에 신경을 덜 썼더라면 당신은 더 폭넓게 제품을 살펴보고 라벨을 통해 어떤 재료를 함유하고 있는지까지 읽었을 수도 있다. 모든 저지방 식품들이 같은 지방 함량을 가지고 있는 것은 아니다. 비타민이 첨가된 모든 제품들이 같은 종류의 비타민도 아니고, 같은 비율의 비타민이 함유된 것도 아니다. 아니면 당신은 제품의 가격을 매우 의식할 수도 있다. 효율성에 대한 관심이 적었더라면, 다양한 제품의 가격을 비교했을 것이고, 보다 세심하게 단가를 살펴서 돈을 조금 더 아낄 수도 있다. 정보 처리 과정에서 효율성에 너무 신경을 쓰게 되면, 우리는 경험을 확장할 기회와 더 건강하고, 더 아끼고, 더 행복해지기 위해 더 나은 결정을 내릴 기회를 잃는다.

또 다른 단점은 장기적으로 메시지 피로를 경험하기 시작한다는 것이다. 너무 많은 미디어 메시지에 압도당했다고 느낄 때, 우리는 초점을 좁혀 더 많은 메시지를 걸러냄으로써 우리 자신을 보호하려고 노력한다. 결국 우리는 같은 유형의 메시지에 반복해서 노출되게 되면 각 메시지의 가치는 계속 감소하고 우리는 집중력을 잃게 된다. 1971년 노벨 경제학상 수상자인 Herbert Simon은 "정보의 부(wealth)가 관심의 빈곤을 야기한다."고 하였다(Angwin, 2009, p.239). 이 명제는 식료품점에 잼 시식 테이블을 설치해 놓은 실험 연구를 통해 증명되었다. 실험 시간의 반절은 6가지의 잼을 제공하고, 나머지 절반은 24종의 잼을 제공했다. 종류가 더 많은 테이블에 50% 이상의 방문자와 시식자들이 몰렸지만, 오히려 잼의 종류가 적은 테이블의 판매가 더 많았다. 잼 종류가 더 많았던 테이블에 찾아왔던 사람들은 단 3%만 잼을 산 반면, 더 적은 종류의 잼이 있던 테이블을 찾은 사람들은 30%가 잼을 샀다(C. Anderson, 2006). 이는 선택권이 있다는 건 매력적이지만, 선택권이 너무 많으면 아무 행동도 하지 못하게 할 수 있다는 것을 시사한다. 우리가 수많은 미디어 메시지에 압도당했다고 느낄 때, 우리는 점점 더 자동 루틴에 의존하게 되고, 자동 루틴에 의한 처리 과정은 계속해서 같은 일을 반복하게 하는 깊고 깊은 늪으로 끌고 들어가게 된다.

중요한 질문

우리가 정보로 가득 찬 문화 속에서 살고 있고, 우리의 정신 속에 프로그램된 자동 루틴으로 정보의 홍수로부터 우리 자신을 보호한다는 것을 고려했을 때, 생각해야 할 중요한 질문은 누가 그 코드들이 프로그램된 방식으로부터 가장 많은 이익을 얻는가이다.

많은 힘들이 지금까지 당신의 코드가 프로그램 되는 데 영향을 미치는 데 적극적이었기 때문에 이 질문에 대한 간단한 해답은 없다. 영향력의 일부는 부모, 형제자매, 친구들로부터 온 것인데, 그들은 전형적으로 당신에게 최대한 도움을 주는 것을 염두에 두기 때문에 그들의 영향은 긍정적일 가능성이 높다. 영향력의 일부는 전형적으로 친사회적인 영향력을 가진 기관과 사회에서 온 것이지만, 또한 그것들은 당신이 무엇을 믿어야 하고, 어떻게 행동해야 할지 고민할 때 자동 루틴에 따라 흘러가는 당신의 생각을 따르도록 함으로써 영향력을 행사해 왔다. 그 안에는 그들의 상품이 당신의 요구를 충족시키고 있다고 당신으로 하여금 믿게끔 하여 실제로는 그들의 목표를 충족시키기 위해 당신에게 영향을 주는 것에 온 신경을 쓰는 미디어 프로그래머와 광고주들이 있다.

자동 루틴에 개입하는 모든 영향을 분류하는 작업은 몇 가지 심도 있는 분석이 필요하다. 이 책은 그 분석 대상의 일부인 미디어에 대해 안내해 줄 것이다. 이 책의 담긴 15개의 장들은 당신이 생각하는 세상, 당신이 진실이라고 믿는 것, 그리고 시간적, 금전적 자원을 소비하는 습관에 대해 어떤 의구심을 가져야 하는지를 보여줄 것이다. 이러한 분석을 통해 미디어가 당신의 정신에 자동 코드를 어느 정도 프로그래밍 했는지 더 많이 알게 될 것이다. 이러한 인식의 증가는 당신에게 심어진 코드의 어느 부분이 당신이 추구하는 최선의 이익에 도움이 되지 않는지 그리고 당신의 개인 자원을 낭비하도록 훈련시키고 있는지를 알게 할 것이고, 그럼으로 인해 당신은 좌절하거나 화가 나거나 불행하다고 느낄 수도 있다. 이렇게 하면 당신은 그 결함 있는 코드 조각들을 다시 프로그래밍할 수 있는 위치에 서게 될 것이다. 코드의 수정은 당신의 개인적인 목표를 더 많이 달성하게 하고 더 많은 행복을 경험할 수 있도록 코드의 작동 방식을 바꾼다.

자신의 자동 루틴을 주기적으로 점검하지 않는 사람들은 통제할 수 없는 영향력에 의해 지배를 받는다. 우리가 의식적으로 주의를 기울이지 않고 미디어 노출을 신중하게 평가하지 않을 때, 대중매체는 그것이 자동적으로 습관화될 때까지 노출의 특정한 행동 패턴을 지속적으로 강화한다. 우리는 점점 더 가치가 떨어지는 정보와 경험을 전달하는 이러한 습관들을 무심코 따르게 된다. 우리는 광고주들이 우리의 정신에 불안한 자의식을 지속적으로 심어줌으로써 그들의 영향력이 증대되도록 허락하였고, 그 결과로 우리는 좀 더 좋아 보이고 기분이 더 좋아지고 더 좋은 향기가 나도록 하는 물건들을 찾게 된다. 광고주들은 많은 사람의 쇼핑 습관을 프로그램해 왔다. 미국 사람들은 다른 나라의 사람들보다 쇼핑하는 데 더 많은 시간을 보낸다. 미국인들은 일주일에 한 번 정도 쇼핑센터에 가는데 예배당에 가는 것보다 더 자주 가며, 고등학교 수보다 쇼핑센터가 더 많다. 몇 년 전 조사에 응한 십대 여성들의 93%가 쇼핑이 가장 좋아하는 활동이라고 답변했다(Schwartz, 2004). 광고는 우리의 자동적인 루틴을 조종함으로써 우리가 다른 일들에 더 관심이 있는 때조차도 쇼핑을 하게 만든다. 다른 사람들이 정신의 프로그래밍을 주도하도록 허락하게 되면, 당신의 정신은 자동 조종 장치 상태에서 움직이게 되고, 결국 당신은 자신을 더 행복하게 해 주는 방향보다는 프로그래머들의 목표를 성취하는 방향으로 행동하게 된다.

미디어가 당신의 개인적 목표가 아닌 그들의 목표를 채우기 위해 당신의 자동 루틴을 프로그램해 왔다는 사실이 언짢으면, 당신은 이 프로그램 과정을 어떻게 더 잘 통제할 수 있을지를 배울 동기를 갖게 될 것이다. 당신은 어떻게 하면 당신의 정신 속에 프로그램된 코드를 점검하여 당신에게 실제로 도움이 되는 것들은 취하고, 당신에게 좋지 않은 프로그램들은 제거하는 방법을 배우고 싶을 것이다. 통제력을 갖는 것은 미디어 리터러시와 관련된 것이다.

요약

우리의 문화 안에서 우리의 관심을 적극적으로 구하는 정보의 과잉을 물리적으로 피할 수 없다. 대신에 우리는 정보의 홍수 속에서 거의 모든 메시지를 심리적으로 피함으로써 스스로를 보호한다. 우리는 대부분 우리의 정신을 자동 조종 상태에 둠으로써 이를 실천한다. 이러한 자동성은 우리가 거의 모든 메시지를 회피하도록 하여 효율적으로 처리하도록 돕는다.

그러나 자동화에는 대가가 따른다. 우리의 정신이 자동적인 상태에 있는 동안, 우리는 미디어가 우리의 시간과 돈을 소비하는 모든 종류의 습관을 형성하도록 무의식적으로 허용한다. 이러한 습관들 중 일부는 우리에게 유익할 수 있지만, 다른 것들은 그렇지 않다. 둘의 차이를 구별하는 것을 배우는 것은 더 수준 높은 미디어 리터러시를 갖는다는 것을 의미한다.

> ### 더 읽을거리
>
> Gleick, J.(2001). The information: A history, a theory, a flood. New York: Pantheon.
> 다소 길지만, 수학과 공학 유형의 설명이 포함되어 매우 기술적인 내용을 얻을 수 있는 책이다. 정보의 본질과 그것이 수년에 걸쳐서 어떻게 변화해왔는지를 정말 이해하고 싶다면 읽을 가치가 있다.
>
> Schwartz, B.(2004). The paradox of choice: Why more is less. New York: HarperCollins.
> 저자는 보통 사람들이 매일 얼마나 많은 선택에 직면하고 있는지에 대해 쓰고 있다. 그는 어느 정도까지 선택을 늘리는 것은 좋은 일이지만, 그 이상이 되면 선택권이 늘어나는 것이 사람들을 압도하여 좋은 결정을 더 이상 할 수 없게 된다고 주장한다.
>
> Silver, N.(2012). The signal and the noise: Why so many predictions fail—but some don't. New York: Penguin.
> 저자는 지난 수십 년 동안 정보의 엄청난 증가에 대해 기록하고 있으며, 이러한 정보의 대부분은 쓸모없는 것들이며, 이는 좋은 예측과 전망을 더 쉽게 하기 보다는 더 어렵게 만든다고 주장한다.
>
> Wright, A.(2007). Glut: Mastering information through the ages. Washington, DC: Joseph Henry Press.
> 스스로를 정보 설계자라고 일컫는 저자는 인간이 어떻게 정보를 생성, 구성, 사용하면서 진화해 왔는지를 보여주는 역사적 접근법을 취한다. 그는 모든 정보 시스템은 비민주적이고 하향식(계급 구조)이거나 P2P(peer-to-peer)이며 개방식(네트워크)이라고 주장한다. 인간 정보의 발전을 추적하면서 신화, 도서관학, 생물학, 신경학, 문화 등의 관점을 이용한다. 그는 이러한 역사적 배경을 이용해서 인터넷 정보의 본질을 비판한다.

최신 자료

어떤 장에서는 내가 언급한 내용이 매우 유동적이고 빠르게 변화한다. 그래서 이 책이 제시하는 사실과 데이터의 일부는 당신이 특정 장을 읽을 때쯤에 시대에 뒤떨어질지도 모른다. 업데이트된 데이터를 볼 수 있도록 가장 최근의 데이터를 찾을 수 있는 몇몇 정보 출처를 제시한다.

Infoniac.com (http://www.infoniac.com/hi-tech/)
이 사이트는 세계 정보의 증가에 대한 정보를 제공하며, 더 일반적으로는 기술의 새로운 발전에 관한 정보를 제공한다.

Pingdom (http://royal.pingdom.com)
이것은 Pingdom 팀원들이 인터넷과 웹 기술 이슈에 관한 다양한 주제에 대해 쓴 블로그이다. 2007년 설립된 Pingdom은 세계 각지의 기업에 인터넷 서비스를 제공하는 회사이다.

Statistical Abstracts of the United States (https://www.census.gov/library/publications/timeseries/statistical_abstracts.html)
2011년까지 미 상무부는 매번 수집한 자료를 근간으로 새로운 통계를 발표했다. 그 이후로는 다른 조직에서 수집한 데이터를 기반으로 한 보고서 링크를 제공한다.

미디어 리터러시 접근법

핵심 개념 | 미디어 리터러시는 우리가 미디어에 자신을 노출시키고 마주하는 메시지의 의미를 해석하기 위해 적극적으로 이용하는 일종의 관점이다. 그것은 다차원적이고 연속적이다.

- ▶ 미디어 리터러시란 무엇인가?
- ▶ 미디어 리터러시의 세 가지 구성 요소
  - · 기술
  - · 지식 구조
  - · 개인의 정신 위치
- ▶ 미디어 리터러시의 정의
- ▶ 미디어 리터러시의 발달
- ▶ 높은 수준의 미디어 리터러시 발달의 이점
  - · 더 다양한 메시지에 대한 욕구· 지식 구조
  - · 정신 코드의 자가 프로그래밍의 확대
  - · 미디어에 대한 통제권 강화
- ▶ 요약
- ▶ 더 읽을거리
- ▶ 연습 문제

1장에서 배웠듯이, 우리는 대중 매체로부터 쏟아져 나오는 거대한 양의 메시지 홍수 시대에 살고 있다. 우리는 그 모든 메시지를 아주 약간만 제외하고는 모두 걸러야 한다. 정신적 소모를 최소화하는 방향으로 여과 작업을 수행하기 위해서는 우리의 정신이 정보 처리 과정에 대한 별다른 의식 없이 빠르게 메시지들을 걸러내는 자동성 상태면 가능하다. 이 자동 필터링 과정은 미디어 메시지의 무언가가 우리의 주의를 자극하기 전까지 컴퓨터 프로그램처럼 무의식적으로 돌아가는 일련의 절차에 의해 관리된다. 이러한 필터링 과정은 대체로 자동적이지만, 미디어 리터러시를 신장시키면 이를 보다 효과적으로 제어할 수 있다.

미디어 리터러시란 무엇인가?

리터러시(literacy)라는 용어의 가장 표준화된 사용은 글자를 읽을 수 있는 개인의 능력에 적용된다. 그러나 인쇄물 외에 메시지를 전달하는 기술이 등장함에 따라, 리터러시의 개념은 비주얼 리터러시(우리가 존재하는 3차원 세계를 묘사하는 2차원의 평면 그림을 처리하는 능력), 스토리 리터러시(책, 텔레비전, 영화의 플롯을 따라가는 능력), 컴퓨터 리터러시(자신의 디지털 메시지를 만들고, 전자적으로 다른 사람에게 보내고, 메시지를 검색하고, 전자 화면에서 나타내는 의미를 처리하는 능력)와 같은 것들로 확장되었다. 이 책은 특정한 유형의 읽고 쓰는 능력에 초점을 맞추지 않고 모든 유형의 미디어를 고려한 넓은 접근 방식을 취한다.

미디어 리터러시에 대한 저술들에서 보이는 한 가지 특징은 대중 매체의 유해성에 초점을 맞춘다는 것이다. 즉, 대중 매체의 메시지는 사람들을 해로운 영향의 위험에 노출시킨다는 것이다. 이 책은 미디어 메시지가 유해한 영향의 위험을 증가시킬 수 있는 가능성을 지니고 있다는 것을 인정하면서도, 한편으로는 미디어 메시지가 긍정적인 효과를 줄 수 있는 큰 잠재력을 제공한다는 것을 보여 주려고 한다. 이 점을 설명하기 위해, 새로운 형태의 기술이 사람들의 글쓰기 능력을 손상시켰다는 믿음에 대해 생각해 보자. 이러한 믿음을 가진 사람 중 한 명이 런던대학 영문학과의 John Sutherland 교수인데, 그는 문자메시지로 인해 언어가 '황폐화되고, 발가벗겨지고, 슬픈 속기'로 전락했고, 페이스북은 자아도취적인 언사를 강화했으며, 파워포인트 프레젠테이션은 논리적인 에세이를 대신했다(Thompson, 2009에서 인용)고 주장했다. 그는 트위터와 같이 짧은 메시지를 장려하거나 심지어 필요로 하는, 오늘날의 의사소통 기술은 사람들의 관심의 범위를 축소시켰고 그로 인해 논리적인 에세이를 작성하는 데 필요한 깊은 사고 능력을 제한했다고 말했다.

이와는 대조적으로, 의사소통에 사용되는 새로운 양식을 오히려 긍정적이라 생각하는 사람들도 있다. 예를 들어, 스탠포드 대학의 글쓰기와 수사학 교수인 Andrea Lunsford는 새로운 정보 기술들이 실제로 리터러시를 신장시켰다고 주장한다. 그녀는 "나는 우리가 그리스 문명 이후 보지 못했던 리터러시 혁명의 과정에 있다고 생각한다."고 말한다. 게다가, 그녀는 이러한 새로운 통신 기술이 우리의 글쓰기 능력을 말살시키는 것이 아니라, 보다 개인적이고 창의적이며 간결한 방향으로 선회시키고 있다고 주장한다. 그녀는 5년 동안 14,000여 편의 학생들의 작문 샘플을 체계적으로 분석한 후에 이런 결론에 도달했다. 그녀는 오늘날의 젊은이들은 독자의 요구를 잘 이해하고 특히 그들에게 어필할 수 있는 메시지들을 쓰는 것에 능숙하다고 주장한다. 오늘날의 젊은이들에게 글쓰기는 자신을 발견하고, 생각을 간결하게 정리하며, 인상을 관리하며, 독자들을 설득하는 것이다.

우리의 시선을 넓혀 보면, 우리는 새로운 형태의 의사소통에는 긍정적인 효과와 부정적인 효과가 공존함을 알게 된다. 새로운 통신 기술은 인간의 특정 능력을 신장시킬 수 있는 기회를 빼앗기도 하지만, 동시에 다른 능력을 개발할 기회를 더 많이 부여하기도 한다. 그러므로 대중 매체가 우리의 능력에 미치는 효과가 전적으로 긍정적이라든가 전적으로 부정적이라고 보는 것은 좋지 않다.

우리의 시선을 넓힐 수 있게 해 주는 것 외에도, 미디어 리터러시는 우리가 의사소통 양상의 변화를 무시하거나 그러한 변화가 일어나고 있다는 것을 부인하기보다는 변화하는 세계에 적응하도록 자극한다. 우리는 더 다양한 메시지에 자신을 노출시키고, 새로운 요소들을 지닌 메시지를 분해석하고 그 요소들을 분석함으로써 적응해 나가고, 그 과정을 통해 우리는 미디어 메시지의 가치를 평가할 수 있게 된다.

미디어 리터러시의 세 가지 구성 요소

미디어 리터러시의 세 가지 구성 요소는 기술, 지식 구조, 그리고 개인의 정신 위치(personal locus)이다. 미디어에 대한 넓은 시각을 구축하기 위해서는 세 가지 모두의 조합이 필요하다. 기술은 지식의 구조를 만들기 위해 활용하는 도구다. 지식 구조는 학습한 것의 조직체이다. 개인의 정신 위치는 정신적 에너지와 방향을 제공한다.

기술

미디어 리터러시에 대해 글을 쓰는 사람들은 주로 '기술'이라고 간주하지만, 그들이 이 '기술'과 관련하여 언급하는 용어는 비판적 사고이다. 비판적 사고라는 용어는 좋게 들리지만, 그 용어를 사용하는 것은 혼란을 야기한다. 왜냐하면 모든 사람들이 그것에 대해 다른 의미를 가지고 있는 것처럼 보이기 때문이다. 어떤 사람들은 비판적 사고를 미디어를 비판하려는 의지로 간주하는 사람도 있고, 어떤 사람들은 더 깊이 있게 어떤 이슈를 검토할 필요가 있는 것으로 정의하기도 하고, 어떤 사람들은 미디어와 상호작용할 때 좀더 체계적이고 논리적인 것이라는 의미를 제시하는 사람도 있고, 어떤 사람은 가장 중요한 문제에 집중하고 나머지는 무시하는 능력을 의미한다고 여기기도 하고, 그 외에도 많다. 이러한 의미의 분화를 피하기 위해 나는 이 용어를 사용하지 않을 것이다. 대신에, 당신에게 미디어 리터러시가 어떻게 7가지 특정한 기술에 의존하는지 보여줌으로써 그 개념을 더 명확하게 하고자 한다. 그 7가지 기술들은 '분석, 평가, 분류, 귀납, 연역, 종합, 요약'이다(표 2.1 참조).

이러한 기술은 미디어 리터러시 과제에만 국한되지 않는다. 우리는 일상생활에서 이 기술들을 다양한 방법으로 사용한다. 우리 모두는 각각의 기술에 대해 어느 정도의 능력을 가지고 있다. 그래서 미디어 리터러시 영역에서 해야 할 일은 이 기술들을 습득하는 것이 아니라 미디어 메시지와의 만남에서 각각의 기술을 더 잘 사용하는 것이다. 이 섹션의 나머지 부분에서는 각 기술을 정의하고 미디어 리터러시 맥락에서 어떻게 적용되는지 보여줄 것이다. (각 기술에 대한 자세한 설명은 Potter, 2018 참조)

표 2.1 미디어 리터러시의 7가지 기술

분석	메시지를 의미 있는 요소로 세분화하는 것
평가	요소들의 가치를 판단하는 것. 판단은 메시지 요소를 어떤 기준과 비교하는 것
분류	요소들이 어떤 면에서 동일한지 결정하는 것. 한 요소 범주가 다른 요소의 범주와 어떻게 다른지 결정하는 것
귀납	작은 요소 집합 간 패턴을 도출해 낸 뒤, 그 패턴을 집합의 모든 요소에 일반화하는 것
연역	일반적인 원칙들을 사용하여 특정한 사실들을 설명하는 것
종합	요소들을 새 구조로 결합하는 것
요약	메시지 자체보다 적은 수의 단어로 메시지의 핵심을 포착하여 간단하고 명확하고 정확하게 설명하는 것

분석은 메시지를 의미 있는 요소로 분해하는 것이다. 우리가 미디어 메시지를 접할 때, 우리는 단순히 메시지를 피상적으로 받아들일 수도 있고, 메시지를 구성하는 요소들의 성분을 검토함으로써 메시지 자체에 더 깊이 파고들 수도 있다. 예를 들어, 뉴스 기사를 볼 때, 우리는 기자가 우리에게 말하는 것을 받아들일 수도 있고 아니면 그 이야기를 완벽하게 분석할 수도 있다. 즉, 우리는 그 기사가 완전한지 아닌지를 보기 위해서 그 기사를 '누가, 무엇을, 언제, 어디서, 왜, 어떻게'로 나누어 볼 수 있다.

평가는 메시지를 구성하는 요소의 가치에 대해 판단을 하는 것이다. 이 판단은 메시지 요소를 일정 기준에 비교해봄으로써 이루어진다. 우리가 미디어 메시지에서 전문가들이 제시한 의견들을 접하게 되면, 우리는 그 의견들을 단순히 기억해서 우리 것으로 만들 수 있다. 아니면 그 메시지 안의 정보 요소를 우리의 기준과 비교해 볼 수도 있다. 그러한 요소들이 우리의 기준을 충족시키거나 넘어선다면, 우리는 그 메시지와 거기에 덧붙인 의견이 좋다고 결론짓지만, 만약 그 요소들이 우리의 기준에 미치지 못하면, 우리는 그 메시지들을 받아들일 수 없다고 판단한다.

사람들이 미디어 메시지에서 들은 의견을 스스로 평가하지 않고 그냥 받아들인다는 증거가 많이 있다. 이것의 한 예는 현재 널리 퍼져 있는 의견으로, 미국은 교육 제도가 별로 좋지 않은데, 가장 큰 이유는 아이들이 현재 미디어, 특히 TV와 너무 많은 시간을 함께 보내고 있기 때문이라는 것이다. 예를 들어, 국립 교육 통계 센터는 표준화된 시험을 통해 매년 미국 청소년들의 읽기, 과학, 수학의 학습 수준을 평가한 다음, 65개국의 청소년들과 학습 수준을 비교하는 미국 연방 정부의 기관이다. 2012년 국제 학생 평가 프로그램(PISA) 보고서에 따르면, 미국의 청소년들은 읽기 24위, 과학 28위, 수학 36위(국립교육통계센터, 2012년)라고 한다. 미국의 교육 시스템을 비판하는 사람들은 이런 정보를 사용하여 청소년들이 미디어와 너무 많은 시간을 보내고 이것이 그들의 마음을 게으르게 만들고, 창의성을 떨어뜨리며, 무기력한 오락 중독자로 변하게 한다고 주장한다. 이렇게 되면 아이들은 학업 성취에 가치를 두지 않을 것이고 학교에서 잘하지 못할 것이다.

이러한 비판은 몇 가지 이유로 인해 잘못되었다. 그것이 본질적으로 잘못되었다는 한 가지 이유는 그러한 비판이 미디어를 전적으로 비난만 할 뿐, 학업 성취도가 복잡한 요인, 특히 교육과 학생의 동기 부여가 부모의 가치관에 의해 영향을 받는다는 것을 인정하지 않기 때문이다. 또 다른 이유는 그것은 부정적인 효과에만 초점을 맞추고 있을 뿐, 모든 종류의 미디어 노출로부터 지속적으로 발생하는 긍정적인 효과에 대한 가능성을 무시하고 있기 때문이다. 이 비판을 조금만 더 깊이 있게 분석해 보면 오해의 소지가 있음을 알 수 있다.

예를 들어, 우리가 자주 듣는, 텔레비전 시청이 학업 성취에 부정적으로 관련되어 있다는 비판을 살펴보자. 이것이 잘못된 것은 이 관계를 더 잘 설명할 수 있는 요인이 따로 있기 때문이다. 바로 IQ이다. 학업 성취도는 압도적으로 IQ와 관련이 있다. IQ가 낮은 아이들은 텔레비전을 더 많이 본다. 따라서 낮은 학업 성취도와 높은 TV 시청률은 IQ 때문이다. 아이의 IQ를 대상으로 한 연구를 분석해 보면, 전반적으로 학업 성취도는 텔레비전 시청률과 부정적 상관성이 없다는 것이 밝혀졌다. 대신에 훨씬 더 흥미로운 패턴이 보인다(Potter, 1987a 참조). 부정적인 관계는 아이들이 일주일에 30시간이라는 한계치를 넘어가기까지는 나타나지 않는다. 30시간을 넘어서면, 아이들이 텔레비전을 더 많이 볼수록 그들의 학업 성적은 떨어지고, 30시간을 넘어서 더 많은 시간을 시청할수록 부정적 효과는 커진다. 텔레비전 시청이 공부 시간과 수면 시간을 단축하기 시작한 뒤에야 학업 성취도가 떨어진다는 뜻이다. 그러나 주당 30시간 이하의 시청에는 부정적인 영향이 없다. 사실, 텔레비전 시청의 최저 수준에서는, 실제로 긍정적인 효과가 있다. 즉, 일주일에 단 몇 시간만 시청하는 아이는, 적정 시간(주당 약 12시간에서 15시간) 텔레비전을 보는 아이보다 학업 성적이 좋지 못할 가능성이 있다. 결론적으로 패턴은 다음과 같다. 텔레비전을 오랜 시간 시청하는 아이들은 텔레비전을 적당히 보는 아이들보다 학교 성취도가 더 떨어진다. 그렇지만, 텔레비전 시청 시간이 필요 이하로 줄어도 학업 성과가 저하된다. 인터넷과 다른 모든 형태의 미디어와 마찬가지로 텔레비전은 잠재적으로 긍정적인 효과와 부정적인 효과를 가지고 있다. 텔레비전의 노출은 공부와 같은 건설적인 행동을 대신해 버릴 수 있지만, 텔레비전은 우리의 경험을 확장시키고 우리에게 귀중한 사회적 교훈을 가르쳐주고 우리의 상상력을 자극할 수 있다. 아이들이 텔레비전을 사용하는 것을 막는 것은 잠재적으로 부정적인 영향을 예방할 수 있겠지만, 긍정적인 효과도 차단해 버린다.

누군가 "텔레비전을 보는 것이 아이들의 학업 성취도에 어떤 영향을 미치는가?"라는 질문을 던졌을 때, 부정적인 영향을 미친다는 간단하고 흔한 대답을 했을 수 있다. 하지만 이제는 그 대답이 지나치게 단순하다는 것을 알 수 있다. 왜냐하면 그 대답은 너무 단편적이기 때문이다. 미디어 효과는 부정적이며 미디어는 비난받아 마땅하다는 잘못된 신념을 강조해 왔기 때문에 오해의 소지가 있다.

잘못된 신념이 위험한 덫인 이유는 그것이 자기강화적이기 때문이다. 이 말이 의미하는 것은, 사람들이 잘못된 정보에 계속 노출되다 보면, 잘못된 신념이 옳다고 단정하게 된다는 것이다. 그들의 생각을 의심해 보려는 의욕이 점점 줄게 된다. 누군가가 그들의 신념의 근거가 되는 정보가 잘못된 것이라고 지적이라도 한다면, 그들은 이를 받아들이려 하지 않는데, 그 이유는 그들이 옳다고 너무나 확신하기 때문이다. 그래서 시간이 흐르면서 그들은 자신의 신념을 검토할 가능성이 적어질 뿐만 아니라 자신의 신념 이외의 다른 생각이 옳을 가능성에 대해서도 포용적이지 않게 된다.

분류는 어느 요소가 어떤 면에서 서로 비슷한가를 결정하는 것이고, 그 후 분류된 하나의 범주가 다른 범주와 어떻게 다른지를 결정하는 것이다. 이 기술은 이 책에 등장하는 주요 용어의 유사점과 차이점을 이해하는 데에도 중요하므로, 용어들이 어떤 면에서 공통점을 지니는지 그리고 서로를 구별하는 중요한 차이가 무엇인지를 알면 도움이 될 것이다.

분류 기술을 적용함에 있어서 중요한 열쇠는 가장 유용한 분류 규칙을 정하는 것이다. 미디어가 우리에게 분류 규칙이 무엇인지 알려주고, 그래서 우리가 그 분류 규칙을 받아들이면, 우리는 결국 미디어가 원하는 방식에 따라 움직일 것이다. 그러나 세계에 대한 인식을 정리하는 데 있어서 어떤 분류 규칙이 최선의 방법인지를 결정하기 위해 노력한다면, 우리는 결국 우리에게 보다 의미 있고 가치 있는 결과를 만들어 낼 것이다.

귀납이란 적은 수의 요소들 간의 패턴을 도출한 다음, 큰 집합에 속한 모든 요소에 패턴을 일반화하는 것을 말한다. 우리는 항상 귀납의 예를 접하는데, 좋은 예도 있고 좋지 않은 예도 있다. 한 예로 여론조사가 있다. 조사원은 수백 명의 사람들에게 질문을 한 다음 그 결과를 전체 인구에 일반화한다. 만약 조사원이 전체 인구를 대표할 만한 사람들을 표본으로 추출한다면, 이러한 귀납은 바람직하다. 그러나 만약 조사원이 특정 성향의 인물만을 표본으로 추출한다면, 온갖 성향의 사람들로 구성된 전체 인구로 조사 결과를 일반화하는 것은 오해의 소지가 있다.

우리는 일상생활에서 몇 번의 관찰만으로 결론을 도출해 내어 일반화하기도 한다. 예를 들어, 아파서 치료를 받기 위해 응급실에 가면 의사의 진료를 받기 전에 몇 시간이나 기다려야 할 때가 있다. 이런 경험을 하고 나면, 모든 의료 시스템이 너무 과부하 상태라서 모든 사람들이 치료를 받기 위해서는 병원에서 꽤 오래 기다려야 한다고 화가 나서 얘기한다.

연역은 일반적인 원리를 이용하여 구체적 사실을 설명하는데, 전형적으로 삼단논법이 이에 해당한다. 잘 알려진 삼단논법은 다음과 같다. (1) 모든 인간은 죽는다.(일반적 원리) (2) 소크라테스는 사람이다.(구체적 사실) (3) 그러므로 소크라테스는 죽는다.(논리적 추론을 통해 도달한 결론)

연역적 추론의 출발점은 일반적인 원리이다. 만약 일반적인 원리가 정확하다면, 좋은 결론에 도달하기 쉽다. 그러나 잘못된 일반적 원리를 을 가지고 있다면, 구체적 사실을 잘못된 방법으로 설명할 것이다. 대부분의 사람들이 진실이라고 믿는 하나의 일반적인 원리는 미디어, 특히 텔레비전이 사람들에게 매우 강한 부정적인 영향을 미친다는 것이다. 그들은 미디어가 사람들을 난폭하게 행동하게 만든다는 비현실적인 의견을 가지고 있다. 콘돔 사용에 대한 텔레비전의 공익 방송을 허용하면, 어린이들은 섹스가 허용되는 것이고 심지어 좋은 일이라고 여기게 될 것이라고 믿는 사람들도 있다. 이는 분명히 과대평가이다. 동시에 사람들은 미디어가 그들에게 미치는 영향력을 과소평가한다. 미디어가 사람들에게 개인적으로 어떤 영향력을 행사한다고 생각하느냐는 질문에 88%가 '아니요'라고 답했다. 이 사람들은 미디어가 주로 오락과 기분 전환을 위한 수단이기 때문에 부정적인 영향은 주지 않는다고 주장한다. 이렇게 믿는 사람들은, 자신들이 수천 시간의 범죄를 다룬 프로그램들을 보아 왔지만, 누구한테도 총을 쏘아 본 적이 없고 은행을 털어본 적도 없다고 말한다. 비록 이것이 사실일지라도, 이 주장이 미디어가 그들에게 아무런 영향도 주지 않는다는 주장을 완전히 뒷받침하기는 어렵다. 왜냐하면, 이 주장은, 미디어가 세간의 이목을 끌고, 부정적이고, 쉽게 알아챌 수 있는 행동적 효과만을 유발한다는 잘못된 전제에 근거를 두고 있기 때문이다. 다른 유형의 효과들이 더 많이 있는데, 예를 들면, 범죄는 실제보다 더욱 심각한 문제라든가, 대부분의 범죄는 폭력적이라는 잘못된 인상을 주는 것이다.

종합은 요수들을 모아서 새로운 구성 체계를 만드는 것이다. 이것은 우리의 지식 체계를 만들 때 주로 사용하는 기술이다. 새로운 정보를 취하면 우리의 기존 지식 체계와 맞지 않는 경우가 종종 있다. 그래서 종합의 과정은 우리가 접한 새로운 미디어 메시지들을 사용하여 우리의 기존 지식 체계들을 계속적으로 재구성하고 다듬고 새롭게 하는 것이다.

요약은 메시지의 핵심을 메시지 그 자체보다 적은 수의 단어로 짧고, 분명하고, 정확하게 설명하는 것이다. 그래서 우리가 미디어 메시지를 누군가 다른 사람에게 설명하거나 마음속에서 메시지를 검토할 때, 우리는 요약의 기술을 사용한다. 이 기술을 잘 활용하는 데 있어 주안점은 미디어 메시지의 "큰 그림" 또는 핵심 내용을 가능한 적은 단어로 포착하는 데 있다.

이 7가지 기술은 우리의 지식 구조를 만들고, 바꾸고, 업데이트하기 위해 사용하는 도구들이다. 우리는 이 도구들을 정보의 홍수 속에서 어떤 목적을 위해 필요한 핵심 내용을 찾아내고, 그 내용을 몇 가지 방식(가치를 판단하거나 패턴을 찾거나 결론을 도출)으로 변형하여 의미 있는 지식 구조에 적합하도록 한다. 기술은 근육과 같다. 그래서 기술은 많이 쓸수록 더 강해진다. 연습을 하지 않으면 기술은 약해진다.

지식 구조

지식 구조는 기억 속에 있는 체계화된 정보의 집합이다. 만약 그것이 단순히 무작위적인 사실들을 쌓아 놓은 것이라면, 그것은 별로 유용하지 않을 것이다. 정보는 우리의 세계를 조직하는 패턴을 볼 수 있는 구조로 신중하게 정리될 필요가 있다. 우리는 이러한 패턴을 지도로 사용하여 어디서 더 많은 정보를 얻을 수 있는지, 또한 이전에 우리의 지식 구조에 저장한 정보를 검색하기 위해 어디로 가야 하는지를 알려준다. 이것을 시각화하려면 당신의 침실에 대해 생각해보라. 당신의 책, 종이, 옷, 음식 포장지, 그리고 다른 모든 것들이 침대, 책상, 옷장, 서랍에 막 흩어져 있는가? 만약 그렇다면, 물건을 찾기가 어려운가?

정보는 지식 구조를 구성하는 필수적인 요소다. 그러나 모든 정보가 지식 구조를 구축하는 데 똑같이 유용한 것은 아니다. 어떤 정보는 다소 피상적이다. 어떤 사람이 가지고 있는 것이라곤 텔레비전 쇼 주제곡의 가사, 등장인물 및 배우의 이름, 쇼의 무대 설정과 같은 피상적인 정보를 인식하는 것이 전부라면, 그 사람은 낮은 단계의 미디어 리터러시가 작동하는 것이라 할 수 있는데, 그 이유는 이러한 유형의 정보는 '무엇'이라는 질문에만 답하는 것이기 때문이다. 좀 더 유용한 정보는 '어떻게'와 '왜'라는 질문에 대한 답의 형태로 존재한다. 그러나 '어떻게'와 '왜'라는 질문에 답하기 전에 당신은 '무엇'에 대한 것을 먼저 알 필요가 있다는 것을 기억하라.

일상 언어에서는 정보와 지식이라는 용어를 동의어로 사용하는 경우가 많지만, 이 책에서는 서로 매우 다른 의미를 가지고 있다. 정보는 단편적이고 일시적이지만, 지식은 체계적이고 조직적이며, 더 오래 지속되는 중요성을 지닌다. 정보는 메시지 안에 존재하는 반면, 지식은 사람의 정신 안에 존재한다. 정보는 사람에게 해석할 여지를 주는 반면, 지식은 이미 해석이 이루어진 상태이다.

정보는 사실로 이루어져 있다. 통나무들을 쌓아놓은 것이 집이 아니듯 사실들 그 자체는 지식이라 할 수 없다. 지식은 맥락을 제공하는 구조를 필요로 하며, 의미를 나타낸다. 메시지를 원료로 생각하고, 기술을 지식 구조를 구축하기 위해 사용하는 도구라고 생각해라.

정보와 지식을 구별하는 주제를 다루고 있지만, 또한 정보와 관련된 몇 가지 용어인 메시지, 사실 정보, 사회 정보를 정의할 필요가 있다. 메시지는 우리에게 정보를 전달하는 도구들이다. 정보는 그 메시지들의 내용이다. 메시지는 컴퓨터, 스마트폰, 텔레비전, 라디오, CD, 비디오 게임, 책, 신문, 잡지, 웹사이트, 대화, 강연, 콘서트, 길가의 간판, 우리가 구입하는 제품의 라벨 등 다양한 매체로 전달될 수 있다. 메시지들은 클 수도 있고(전체 할리우드 영화) 작을 수도 있다(한 영화 안에서 등장인물이 뱉은 말 한 마디).

메시지는 사실적 정보와 사회적 정보의 두 종류로 구성되어 있다. 사실적 정보란 이름(사람, 장소, 문자 등), 날짜, 제목, 용어의 정의, 공식, 목록 등과 같은 별개의 정보를 말한다. 예를 들어, 뉴스를 보고 메시지를 들을 때, 그 메시지들은 다음과 같은 사실들로 구성되어 있다. "2016년 가을, 미국 대통령에 당선된 도널드 트럼프." 이 진술은 사실적 정보를 담고 있다.

사회적 정보는 사실적 정보처럼 권위 있는 기관에서 확인을 받을 수는 없지만 이미 받아들여진 신념으로 구성되어 있다. 이는 사회적 정보가 사람들에게 덜 가치 있거나 덜 현실적이라는 것이 아니다. 사회적 정보는 사람들이 사회적 상호작용을 관찰함으로써 추론하여 얻은 교훈으로 구성되어 있다. 이러한 교훈은 우리가 관찰하는 행동과 결과의 패턴에서 추론하여 얻어진다.

공통점 & 차이점
사실적 정보와 사회적 정보

공통점

- 둘 다 미디어 메시지에 노출되어 배우게 된다.
- 작은 요소 집합 간 패턴을 도출해 낸 뒤, 그 패턴을 집합의 모든 요소에 일반화한다.

차이점

- 사실적 정보는 이름(사람, 장소, 문자 등), 날짜, 제목, 용어의 정의, 공식, 목록과 같은 가공되지 않은 원시 정보, 처리되지 않은 정보, 맥락이 없는 정보를 이른다.
- 사회적 정보는 실제 생활뿐만 아니라 미디어 메시지에서 사회적 상호작용을 관찰함으로써 추론하여 얻는 교훈으로 구성되어 있다. 이것은 다른 사회 구성원들에게 매력적이고, 똑똑하고, 운동을 잘하고, 유행에 민감하게 보이기 위해서는 어떻게 옷을 입고, 말하고, 행동해야 하는가 등에 관한 규율들이다.

미디어 리터러시와 관련하여서는 미디어 효과, 미디어 콘텐츠, 미디어 산업, 현실 세계, 자아의 5개 분야에 대한 견고한 지식 구조가 필요하다. 이 다섯 가지 분야에 대한 구조화된 지식을 갖추면, 정보를 찾고, 그 정보로 일을 하고, 당신 자신의 목표를 위해 유용하게 쓰일 의미를 구성하는 데 도움을 받을 수 있을 것이다. 실제 세계에서 더 광범위한 경험을 한 사람들은 미디어 메시지를 인식하고 분석하는 데 더 넓은 기반을 가지고 있다. 예를 들어, 누군가가 선거 운동을 도운 경험이 있는 사람들은 선거 운동에 대한 미디어 보도를 실제 선거 운동 경험이 없는 사람들보다 더 깊이 있게 이해하고 분석할 수 있다. 스포츠를 해본 사람들이 어려운 경기를 몸소 체험해 본 적이 없는 사람들보다 텔레비전에 나오는 운동선수들의 성취를 훨씬 더 깊이 있게 이해할 수 있다. 폭넓은 인간관계와 가족사에 대해 많은 경험을 가진 사람들은 미디어에서 그려진 것에 대해 더 높은 수준의 이해와 더 깊은 감정적 반응을 보인다.

지식 구조는 우리가 새로운 미디어 메시지들을 이해하려고 할 때 사용하는 맥락을 제공한다. 지식 구조를 많이 갖고 있을수록 다양한 메시지들을 이해하는 데 더 자신감을 가질 수 있다. 예를 들면, 당신이 특정 텔레비전 프로그램에 대한 상당히 크고 잘 발달된 지식 구조를 갖고 있다고 하자. 당신은 모든 에피소드에서 등장인물들에게 일어난 모든 일들을 알고 있을 것이다. 심지어는 그 역할을 맡은 배우들의 이름과 이력까지 알고 있을 것이다. 당신이 이런 정보를 모두 꿰뚫고 있어서 어느 한 장면만 보고도 그 이야기를 기억해 낼 수가 있다면 당신은 그 텔레비전 프로에 대해 잘 발달된 지식 구조를 갖고 있다고 할 수 있다. 당신은 미디어 리터러시를 지니고 있는가? 그 한 개의 텔레비전 프로그램이 존재하는 미디어 세계의 작은 구석 안에서는 그렇다고 할 수 있다. 그러나 이것이 당신이 발전시킨 유일한 지식 구조라면, 당신은 다른 미디어가 만들어낸 콘텐츠에 대해서는 아는 것이 거의 없을 것이다. 누가 미디어를 소유하고 조종하는지, 미디어가 어떻게 점차 발전하는지, 왜 다른 종류의 콘텐츠는 계속 반복이 되는데 어떤 종류의 콘텐츠는 한 번도 소개가 안 되는지, 그리고 그 콘텐츠가 당신에게 미치는 영향은 무엇인가에 대한 경향들을 이해하는 데에는 어려움을 겪을 것이다. 지식 구조를 고도로 발달시키게 되면 미디어 이슈들의 전체적인 흐름을 이해할 수 있게 되고 미디어가 왜 그런지에 대한 '큰 그림'을 볼 수 있게 된다.

미디어 리터러시 수준은 대개 미디어 산업, 미디어 소비자, 미디어 콘텐츠 및 미디어 효과의 네 가지 영역에서 지식 구조를 얼마나 잘 발달시켰는지에 따라 결정된다. 이 책은 이러한 발달을 도와줄 구조와 정보를 제시한다. 미디어의 이 네 가지 영역에서 당신의 지식 구조가 얼마나 잘 발달되어 있는지를 간단히 평가하려면 연습문제 2.1을 수행해 보라. 그 연습문제를 수행하는 동안 최선을 다하여 질문에 답을 하라. 하지만 많은 답을 할 수 없다고 해도 너무 놀라지 마라. 그 연습이 더 많은 정보를 추가할 수 있는 곳을 알려주는 진단이라고 생각하고, 이 책의 내용들을 열심히 읽어가면서 개인적 요구를 충족시키면 된다. 또한, 정확한 답을 해야 한다는 부담을 갖지 마라. 책을 읽어가면 나중에 답을 확인할 수 있다. 지금은 이 진단 성격의 연습 문제가 당신이 가진 정보를 평가하는 데 도움이 되도록 하자.

개인의 정신 위치[1]

유용한 지식 구조를 구축하기 위해 미디어 사용 능력의 7가지 기술을 개발하고 사용하기 위해서는 견고한 개인의 정신 위치 이라는 한 가지 요소가 더 필요하다. 개인의 정신 위치는 목표와 추진력에 의해 구성된다. 목표는 필터링해야 하는 항목과 무시해도 되는 항목을 결정함으로써 정보 처리 작업을 구체화한다. 목표를 더 분명히 인식하고 있을수록 정보를 찾는 과정에 더 많이 신

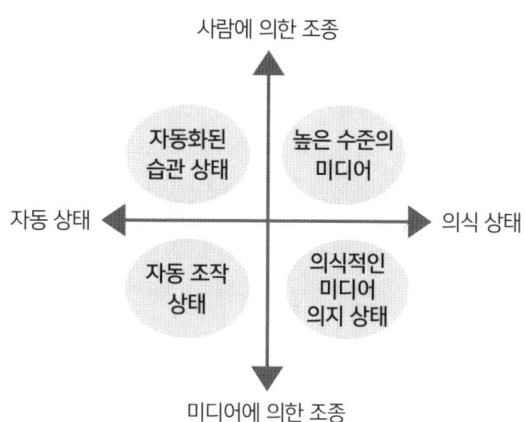

경을 쓸 것이다. 그리고 정보를 찾고자 하는 추진력이 강할수록 목표를 달성하기 위해 더 많은 노력을 기울일 것이다. 그러나 개인의 정신 위치가 취약할 경우(즉, 특정 목표를 인지하지 못하고 추진 에너지가 낮음), 노출 및 정보 처리에 대한 통제를 미디어에 의해 조종당하게 될 것이다.

당신의 정신 위치를 더 잘 알고 그것을 형성하기 위한 의식적인 결정을 더 많이 할수록 당신은 당신에게 미치는 미디어 영향의 과정을 더 많이 통제할 수 있다. 당신의 정신 위치에 더 많이 신경을 쓸수록 당신의 미디어 리터러시는 더 많이 신장될 것이다.

그러나 미디어 리터러시를 갖춘다는 것이 당신이 매 순간 당신의 정신 위치를 완전히 장악할 것을 요구하지는 않는다. 어느 누구도 항상 높은 수준의 집중력을 유지할 수 없기 때문에 그것은 불합리한 요구사항이다. 그 대신, 미디어 리터러시를 향상시키는 과정은 당신의 정신 위치를 폭발으로 활성화시킬 것을 요구한다. 집중력이 높은 시간 동안, 당신의 정신 프로그램을 분석하여 미디어 프로그래머니 광고주의 목표보다 자신의 개인적인 목표를 달성하기 위해 제대로 설정되었는지 확인할 필요가 있다. 그러한 분석 시간은 무엇이 잘 작동하고 있는지 그리고 어디가 결함이 있는지에 대한 새로운 통찰력을 갖게 한다. 그러면 당신은 새로운 통찰력을 이용하여 잘못된 정보를 수정하고, 무지했던 의견을 고치고, 당신을 불행하게 만드는 습관을 변화시킴으로써 당신의 정신 코드를 재프로그래밍하고 결함을 고칠 수 있다. 그런 다음 수정된 사항들이 당신의 정신 코드에 적용되면, 당신은 정보와 오락에 대한 목표를 더 잘 달성하는 데 도움이 되는 자동 처리 과정으로 회귀할 수 있다.

---

[1] 개인의 정신 위치(personal locus)는 정보 처리 작업에 대한 결정이 내려지는 사람의 마음속의 위치를 가리킨다. 가로축은 미디어 메시지 통제 상태, 세로축은 미디어 메시지 통제 주체로 설정하여 사분면을 그리면, 가장 이상적인 위치는 사고 과정이 의식적인 통제에 의해 이루어지는 1사분면이고, 가장 취약한 위치는 자동 조종 장치와 미디어에 의해 통제되는 3사분면이다(역자 주).

미디어 리터러시의 정의

세 가지 주요 구성요소를 설정함으로써 미디어 리터러시의 기반을 다졌으니, 미디어 리터러시의 공식적인 정의를 제시할 때가 되었다. 미디어 리터러시는 우리가 마주치는 미디어 메시지의 의미를 처리하고 해석하기 위해 대중 매체에 자신을 노출시킬 때 적극적으로 사용하는 일련의 관점이다. 우리는 지식 구조로부터 관점을 형성한다. 지식 구조를 구축하기 위해서는 도구와 원재료, 그리고 의지가 필요하다. 도구는 우리의 기술이다. 원재료는 미디어와 현실에서 나오는 정보다. 그 의지는 우리의 개인의 정신 위치에서 나온다.

미디어 리터러시의 정의는 '일련의 관점'에서 시작한다는 것에 주목하라. 그 관점이란 무엇일까? 비유를 들어 설명하자면, 당신이 지구에 대해 배우고 싶어 한다고 가정해 보자. 당신이 100피트 높이의 탑을 세우고, 꼭대기까지 올라가 지구를 연구하는 것을 당신의 관점으로 사용할 수 있다. 이 탑은 나무들에 의해 가려지지 않는 좋은 전망을 제공해 줄 것이고, 그래서 당신은 아마도 어떤 방향으로도 아주 멀리까지 볼 수 있을 것이다. 만약 탑이 숲에 있다면, 당신은 지구가 나무로 덮여있다고 결론지을 것이다. 만약 탑이 교외 지역에 있다면, 당신은 지구가 집, 도로, 쇼핑센터로 덮여 있다고 결론지을 것이다. 만약 당신의 탑이 큰 축구 경기장 안에 있다면, 당신은 사뭇 다른 결론을 내릴 것이다. 이 각각의 관점들은 당신에게 지구에 대한 매우 다양한 생각을 갖게 할 것이다. 우리는 어떤 관점이 지구에 대해 가장 정확하거나 가장 나은 생각들을 전달하는지 많은 논쟁에 빠질 수 있지만, 그러한 논쟁들은 핵심을 간과한 것이다. 이러한 관점들 중 어느 것도 다른 것보다 더 나은 것은 없다. 지구를 이해하는 가장 좋은 방법은 이 탑들을 많이 짓는 것이다. 그렇게 함으로써 지구가 무엇인지 이해하기 위한 많은 다른 관점을 지니게 된다. 그리고 이 모든 탑들이 100피트 높이를 필요로 하는 것은 아니다. 어떤 것들은 잔디밭의 풀잎 사이에서 무슨 일이 일어나고 있는지 잘 알 수 있도록 매우 짧아야 한다. 그리고 다른 것들은 표면으로부터 수백 마일 떨어져 있어야만 지구가 구라는 것과 지구 주위에는 날씨를 형성하는 변화가 계속해서 일어난다는 것을 알 수 있다. 더 많은 관점을 가질수록 이 행성을 더 잘 이해할 수 있을 것이다. 이 원칙은 또한 미디어 리터러시에도 부합한다. 즉, 당신이 미디어에 대해 더 많은 관점을 가질수록 당신은 그 현상을 더 잘 이해할 수 있다.

미디어 리터러시에 대한 개념을 좀 더 명확히 규정하기 위해 가장 중요한 두 가지 특성을 설명할 필요가 있다. 첫째, 미디어 리터러시는 흥미로운 점이 많은 다차원적 개념이다. 둘째로, 미디어 리터러시는 하나의 범주가 아니라 연속체이다.

미디어 리터러시는 다차원적이다. 우리가 관점을 구축할 때, 다양한 관점에 의해 전달되는 가치를 극대화하기 위해 다른 차원의 시각을 포함할 필요가 있다. 따라서 인지적, 감정적, 미학적, 도덕적 네 가지 차원에서 우리의 관점에 대해 생각하는 것은 유용하다. 이 네 가지 차원은 각기 다른 영역의 이해에 초점을 맞춘다. 인지적 차원은 사실적 정보(날짜, 이름, 개념의 정의 등)에 초점을 둔다. 인지적 정보는 뇌에 존재하는 정보라고 생각하면 된다. 이것은 미디어 리터러시 관점에 대한 가장 기본적인 차원이다.

감정적 차원은 우리가 미디어 메시지에서 사람들의 감정을 어떻게 인지하는지 그리고 어떻게 미디어 노출에 의해 유발되는 우리 자신의 감정을 읽는지에 초점을 둔다. 감정 정보를 행복한 시간, 두려움의 순간, 당황스러운 경우 등 마음속에 존재하는 정보라고 생각하면 된다. 어떤 사람들은 미디어에 노출되는 동안 감정을 느끼는 능력이 거의 없는 반면, 어떤 사람들은 그 속에서 온갖 종류의 감정을 발생시키는 신호에 매우 민감하다. 예를 들어, 우리는 모두 분노, 두려움, 욕정, 증오, 그리고 다른 강한 감정들을 지각하는 능력을 가지고 있다. 미디어 제작자들은 이러한 감정을 촉발시키기 위해 쉽게 인식할 수 있는 기호를 사용하므로, 미디어 메시지를 인식하고 이해하는 데 있어 미디어 수용자들에게 높은 수준의 리터러시를 요구하지 않는다. 그러나 몇몇 사람들은 양면성, 혼란, 호전성 등과 같은 미묘한 감정을 다른 사람들보다 훨씬 더 잘 인식한다. 이러한 감정들에 대한 미디어 메시지를 만들기 위해서는 작가, 감독, 배우들에게 더 많은 기술을 요구한다. 수용자의 관점에서도 이러한 미묘한 감정을 정확히 이해하려면 더 높은 수준의 리터러시가 요구된다.

미학적 차원은 미디어 메시지 제작에 나타난 예술과 공예에 관한 내용이다. 우리가 메시지에서 미학적 정보를 찾고자 할 때, 위대한 작가, 사진작가, 배우, 댄서, 안무가, 가수, 음악가, 작곡가, 감독, 그리고 다른 유형의 예술가들이 누구인지에 대한 판단을 내려야 한다. 또한 편집, 조명, 세트 디자인, 의상, 사운드 녹음, 그래픽 디자인 등과 같은 창의적인 장인 정신의 다른 작품들에 대한 판단을 내리는 데 도움을 준다. 미디어 메시지의 미학적 자질을 이해하는 능력은 일부 학자들에게 매우 중요하다(Messaris, 1994; Silverblatt, Smith, Miller, Smith, and Brown, 2014; Wulff, 1997). 예를 들어, Messaris(1994)는 시각적으로 글을 읽는 시청자들은 예술성과 시각적 조작에 대한 안목을 가져야 한다고 주장한다. 이것은 의미가 시각 매체를 통해 만들어지는 과정에 대한 인식을 의미한다. 세련된 시청자들에게 기대되는 것은 해석의 주체로서의 역할에 대한 어느 정도의 자의식이다. 여기에는 (연출된 행동과 편집의) 전략을 탐지하는 능력과 권위의 정도(제작자/감독자의 스타일)를 포착할 수 있는 능력이 포함된다.

미학적 정보는 우리의 눈과 귀에 존재한다고 생각하면 된다. 어떤 사람들은 대화나 작곡 분야에 좋은 귀를 가지고 있다. 그리고 다른 사람들은 조명, 사진 촬영, 또는 움직임에 대해 좋은 안목을 가지고 있다. 우리가 미학적 차원으로 더 많은 관점을 구축하면 할수록, 위대한 여배우와 훌륭한 여배우의 차이, 오랫동안 사랑받는 명곡과 현재 잠깐 유행하는 음악의 차이, 좋은 영화와 명작의 차이,

예술과 모조품의 차이를 구별할 수 있는 안목을 지니게 된다.

도덕적 차원은 가치에 우리의 관심을 집중시킨다. 도덕적인 정보는 양심이나 영혼에 존재하는 정보라고 생각하면 된다. 이런 유형의 정보는 우리에게 옳고 그름에 대한 판단을 내리는 기초를 제공한다. 우리가 어떤 이야기에서 등장인물이 결정을 내리는 것을 볼 때, 우리는 그들을 도덕적 차원, 즉 등장인물의 선함이나 악함을 판단한다. 우리의 도덕적 관점이 더 상세하고 정제될수록, 우리는 미디어 메시지의 기본적 가치를 더 깊이 인식할 수 있고, 가치에 대한 판단이 더 정교하고 이성적일 수 있다. 도덕적인 주제를 잘 인식하려면 미디어에 정통한 인물이 필요하다. 당신은 보편적인 서술 수준에서 의미를 창출하기 위해서는 개별적 등장인물을 떠나서 사고할 수 있어야 한다. 당신은 등장인물을 그들의 행동으로부터 분리할 수 있어야 한다. 어느 특정 인물이 마음에 안들 수도 있으나 당신은 그 인물의 행동을 당신의 가치에 적합하게 맞춤으로써 그들의 행동에 감사함을 느낄 수 있다.

당신의 미디어 리터러시 관점이 앞서 언급한 네 가지 차원에 걸쳐 구성되면, 당신은 미디어를 더 많이 이해하고 감상할 수 있다. 하지만 만약 당신의 관점이 네 가지 차원들 중 한두 가지로만 제한된다면, 당신은 훨씬 낮은 수준의 미디어 리터러시를 지니게 될 것이다. 예를 들어 영화를 보고 장르의 역사, 감독의 관점, 그리고 깔려있는 주제에 대한 많은 사실들을 인용할 때 당신은 매우 분석적일 수 있다. 그러나 만약 당신이 감정적인 반응을 일으킬 수 없다면, 당신은 단지 무미건조하고 학문적인 작업을 경험할 수밖에 없다.

미디어 리터러시는 하나의 범주가 아니라 연속체이다. 강조할 필요가 있는 미디어 리터러시의 마지막 특징은 미디어 리터러시는 당신이 상자와 같은 어떤 범주에 속하는지 혹은 속하지 않는지를 따지는 것처럼 그것을 지녔는지 안 지녔는지 선을 그을 수 있는 범주체가 아니라는 것이다. 범주의 예시는 '당신은 고등학교를 졸업했거나 졸업하지 않았다. 또는 당신은 미국 시민이거나 그렇지 않다.' 등이다. 이와는 대조적으로, 미디어의 리터러시는 온도계와 같은 연속체로 간주하는데, 거기에는 정도성이 존재한다.

어느 점수 이하로는 누군가가 리터러시가 없다고 말할 수 있는 것도 아니고, 누군가의 리터러시가 완전하다고 말할 수 있는 최고점이 있는 것도 아니다. 향상될 수 있는 여지가 늘 있다. 사람들은 미디어에 관한 그들의 일련의 관점의 강도에 따라 연속체 위의 한 지점에 위치한다. 사람의 관점의 강도는 지식 구조의 수와 질에 의해 결정된다. 그리고 지식 구조의 질은 사람의 기술과 경험의 수준에 준한다. 사람들의 기술과 경험이 차이가 많이 나기 때문에 그들의 지식 구조의 수와 질도 달라질 것이다. 그러므로 사람마다 미디어 리터러시도 큰 차이가 있다.

낮은 수준의 미디어 리터러시로 살아가는 사람들은 미디어에 대한 부족한 관점을 지니고 있으며, 그러한 관점의 바탕에는 미약한 정보와 덜 체계적인 지식 구조가 있다. 따라서 낮은 수준의 미디어 리터러시를 지닌 사람들은 미디어를 이해하고, 미디어의 이점을 감상하며, 위협으로부터 자신을 보호하는 능력이 떨어진다. 이런 사람들은 또한 습관적으로 그들의 기술을 사용하는 걸 주저하거나 기피함으로 인해서 그 기술들을 신장시킬 수 없기 때문에 기술을 성공적으로 사용하는 것이 더욱 힘들어지게 된다.

미디어 리터러시의 발달

미디어 사용능력은 앞에서 보았듯이 광범위한 연속체다. 그것은 인지, 감정, 미학, 도덕의 4차원을 따라 개인의 정신 위치, 지식 구조, 기술을 포함한다. 사람들이 어떻게 미디어 리터러시를 발달시킬 수 있는지 그 세부사항을 이해하기 위해서는 그 수준이나 단계를 파악하는 것이 유용하다. 표 2.2에는 미디어 리터러시 발달의 여덟 단계가 제시되어 있다. 첫 번째 단계는 생후에 발생하는 기초 습득 단계이다. 언어 습득 단계는 2-3세 때 일어나고, 화술 습득 단계는 3-5세 사이에 일어난다. 이 단계들은 청소년기와 성인기에 접어들기 전 어린아이들에게 일어나는 전형적인 발달의 모습이다.

의구심 발달 단계는 약 5살에서 9살 사이에 발생하며, 집중적 발달 단계는 바로 그 다음 시기에 일어난다. 많은 사람들은 이 단계에 평생 머물게 되는데, 이 때가 온전하게 기능할 수 있는 단계이기 때문이다. 즉, 이 단계에 있는 사람들은 원하는 메시지에 노출되고, 그 메시지들로부터 의미를 얻고 있다고 느낀다. 그들은 자신들이 미디어 리터러시를 완전히 갖추었다고 생각하여 더 배울 필요가 없다고 느낀다.

다음 세 단계는 진보한 단계로 간주하는데 그 이유는 보다 높은 차원의 기술들을 계속적으로 사용하고 정교한 지식 구조를 적극적으로 발달시킬 것을 요구하기 때문이다. 경험적 탐구 단계에 있는 사람들은 자신의 미디어 노출이 매우 편협했다고 느끼고, 훨씬 더 폭넓은 범위의 메시지들에 노출되기를 원한다. 예를 들어, 프라임 타임에 방영되는 액션/모험물과 시트콤만 보아온 사람들은 뉴스, PBS 다큐멘터리, 여행 방송, MTV, 공상과학 영화, 이색적인 스포츠 등을 보기 시작할 것이다. 그들은 특정 분야 잡지와 색다른 주제에 관한 책들을 고르게 될 것이다. 이러한 사람들에게 짜릿함은 전에 보지 못했던 것을 본다는 것에 있다. 이것은 그들이 인간 경험의 다양성에 대해 생각하게 만든다.

비판적 감상 단계에 있는 사람들은 자신들을 미디어의 감정가라고 생각한다. 그들은 '인지적, 감정적, 미적, 도덕적'이라는 네 가지 차원에서 큰 매력을 지닌 더 나은 메시지를 찾는다. 이 단계에 있는 사람들은 누가 최고의 작가이고, 누가 최고의 프로듀서이며, 누가 최고의 뉴스 기자인지 등에 대해 강한 의견을 드러내며, 타당한 의견을 뒷받침할 수 있는 많은 증거들을 가지고 있다. 그들은 무엇이 훌륭한 작가를 만드는지, 이러한 요소들이 특정 작가의 작품에서 어떻게 보이는지에 대해 유창하게 그리고 장황하게 말할 수 있다.

사회적 책임 단계는 사람들이 모든 종류의 미디어 메시지를 비판적으로 이해하는 것이 특징이지만, (이전 단계처럼) 기본적으로 내재적 관점을 갖지 않고 외재적 관점을 지닌다. 이 단계에 있는 사람은 "내 입장에서 볼 때 무엇이 최선이고 왜 그러한가?"라는 질문을 던질 뿐만 아니라, "어떤 유형의 메시지가 타인과 사회를 위해 최선인가?"와 같은 질문에도 신경을 쓴다.

이제 이 여덟 단계를 동네로 생각해 보자. 당신의 나이와 개인의 정신 위치, 당신의 기술을 얼마나 잘 발전시켰는지 그리고 당신의 주요 지식 구조가 얼마나 정교하게 짜여 있는지에 따라 당신이 사는 집이 있다. 필요에 따라 다른 집으로 이동할 수 있다. 우리는 보통 내가 사는 집에서 한두 단계 올라갈 수 있다. 그러나 단계의 이동은, 더 높은 수준의 기술을 적용하기 위해 더 많은 에너지를 소비해야 하는 의식적인 노력이 필요하다. 그래서 우리는 그렇게 되기 위해 강한 동기 부여가 되지 않는 한 위 단계로 올라가지 않는다. 예를 들어, 당신이 대학 수업에 적격인 소설이라 여기는 책을 읽을 때에는 당신은 비판적 감상 단계로 올라갈 수 있을 것이다. 하지만 당신이 텔레비전을 보면서 휴식을 취하기 위해 MTV의 "Pimp My Ride"나 "The Hills"를 볼 때에는 집중 발달 단계로 내려갈 수도 있다. 한두 단계 아래로 떨어지는 것은 아무 문제가 없는데, 왜냐하면 우리가 단지 꼼짝 않고 쉬고 싶을 때가 있고, 높은 단계에 머물고자 하는 노력을 하고 싶지 않은 때가 있기 때문이다. 그러나 기억해야 할 것은, 높은 차원에서 사고할 수 있는 능력이 없거나 하고 싶지 않아 하는 사람들과 모든 차원에서 사고할 수 있으나 가끔씩 낮은 단계에서 좀 쉬고자 선택하는 사람들 간에는 차이가 있다는 것이다.

표 2.2 미디어 리터러시의 발달 단계

단계	특징
기초 습득 단계	• 다른 사람과 자신은 분리되는 다른 물리적인 것들이 존재한다는 것을 배움. 사람과 분리되는 것들은 사람과는 다른 형체를 띠고 있으며 다른 기능을 지닌다는 것을 앎. • 얼굴 표정과 자연음의 의미를 배움. • 모양, 형태, 크기, 색상, 움직임 및 공간 관계를 인식함. • 규칙적으로 반복되는 것만 인지할 정도의 시간 개념을 지님.

언어 습득 단계	• 말소리를 인식하고 그것에 의미를 부여함. • 말소리를 재현할 수 있음. • 시각 및 청각 미디어에 대한 지향성을 지님. • 음악과 소리에 대한 감정적, 행동적 반응을 보임. • 시각 미디어에서 특정 캐릭터를 인식하고 동작을 따라함.
화술 습득 단계	• 차이에 대한 이해가 발달함: 픽션과 논픽션의 차이, 광고와 오락물의 차이, 진짜와 가짜의 차이 • 플롯 요소의 전개 방법을 이해함: 시간 순서에 의한 전개, 동기-행위-결과에 의한 전개
의구심 발달 단계	• 광고에서 호소하는 바를 신뢰하지 않음. • 쇼, 등장인물, 행동에 대해 좋아하고 싫어하는 것의 차이가 분명함. • 특정 등장인물이 돋보이지 않았음에도 불구하고 그 인물을 조롱함.
집중적 발달 단계	• 어떤 주제에 대한 정보를 찾고자 하는 강한 동기를 지님. • 특정 주제(스포츠, 정치 등)에 대한 세부 정보들을 획득함. • 유용한 것으로 판단되는 정보를 처리할 때 정보의 유용성에 대해 높은 인지 능력과 신속한 판단력이 발달함.
경험적 탐구 단계	• 다양한 형식의 프로그램과 서사물을 탐색함. • 신기함과 새로운 감정적, 도덕적, 미적 반응을 일으키는 콘텐츠를 찾는 데 집중함.
비판적 감상 단계	• 나름의 기준으로 메시지를 수용한 후 해당 영역 내에서 평가함. • 메시지를 생산하고 소비하는 시스템의 역사적, 경제적, 정치적, 예술적 맥락에 대한 매우 광범위하고 구체적인 이해가 발달함. • 다양한 메시지 요소 간 미묘한 공통점과 차이점을 동시에 제시할 수 있는 능력을 지님. • 메시지의 전반적인 장점과 단점에 대한 간결한 평가를 내릴 수 있는 능력을 지님.
사회적 책임 단계	• 특정 메시지가 다른 메시지보다 사회에 더 건설적이라는 도덕적 입장을 취함. 이는 미디어 지형에 대한 철저한 분석에 기초한 다차원적 관점임. • 자신의 개인적인 결정이 매우 미세하게나마 사회에 영향을 미친다는 것을 인식함. • 개인이 사회에 건설적인 영향을 주기 위해 취할 수 있는 몇 가지 행동이 있음을 인식함.

높은 수준의 미디어 리터러시 발달의 이점

더 높은 수준의 미디어 리터러시를 발달시키는 데에는 주로 세 가지 이점이 있다. 첫째, 미디어 리터러시가 신장됨에 따라 더 다양한 미디어 메시지에 대한 욕구가 증가한다. 둘째, 미디어 리터러시가 발달됨에 따라 당신은 자신의 정신 코드를 프로그래밍하는 방법에 대해 더 많이 배우게 된다. 셋째, 미디어 리터러시가 신장됨에 따라 당신은 미디어에 대한 더 많은 통제력을 행사할 수 있다.

더 다양한 메시지에 대한 욕구

미디어는 믿을 수 없을 만큼 다양한 선택을 제공한다. 인터넷은 인간이 상상할 수 있는 모든 주제에 대한 웹사이트를 포함하고 있다. 책은 매년 매우 다양한 주제로 출판된다. 잡지는 매년 7,200종이 발행되는데(Statista, 2018) 한 사람이 소비할 수 있는 것보다 훨씬 광범위하다. 케이블 텔레비전은 여전히 범위가 약간 좁지만, 대부분의 케이블 TV 제공업체들이 수백 개의 채널을 가지고 있기 때문에 선택의 폭은 어느 한 사람이 따라잡을 수 있는 것보다 훨씬 넓다. 하지만, 대중 매체는 계속해서 우리의 선택을 작은 세트로 유도하려고 노력한다. 예를 들어, 약 1만 여 개의 잡지가 미국에서 발행되는데 공항에 있는 것처럼 어느 잡지점에 들어가면 진열대에는 100여 개의 잡지만 보인다. 당신은 비행기 안에서 읽기 위해 어떤 것을 살지 결정하기 위해 100개 전부를 스캔하지 않을 것이다. 자동 필터링에 의존해서 당신이 과거에 흥미롭다고 생각했던 약 서너 개의 잡지로 당신의 선택을 좁히게 된다. 즉, 미디어는 당신이 그 서너 종류의 잡지를 좋아하도록 통제해 왔다. 선택의 여지가 있는가? 물론이다. 그러나 우선 서점을 통해, 그 다음에는 미디어 환경을 통해 미디어가 어떻게 당신의 선택의 폭을 축소시켜 왔는지 확인해 볼 필요가 있다. 다시 말해서, 당신이 내린 결정은 당신 이외의 요인에 의해 99.99% 결정되었다는 것이다. 대중 매체는 사실, 선택의 폭이 크게 제한되었음에도 당신에게 선택권이 있다고 생각하도록 당신을 프로그램했다. 이는 부모들이 4살짜리 아들을 위해 검정색과 짙은 파란색의 정장 바지 두 벌만 주고 오늘 입을 옷을 고르라고 하는 것이 아이에게 대단한 권력을 주는 것처럼 보이는 것과 같다. 당신이 이것을 진정한 선택이라고 생각하는지는 당신이 선택의 실제 범위를 얼마나 알고 있느냐에 달려있다. 바지에 대한 소년의 관점이 정장 바지에 한정되어 있다면, 그는 부모가 두 벌을 보여준 것이 진정한 선택이었다고 생각할 것이다. 그러나 청바지, 카고 바지, 스케이트 바지, 수영 바지, 축구 바지 등 다양한 종류의 바지에 대한 지식으로 그의 관점이 넓어진다면, 아이는 두 벌의 정장 바지는 대단한 선택권을 부여받은 게 아니라고 생각할 것이다.

대중 매체는 끊임없이 당신의 선택권을 제한해서 몇몇 유형의 미디어 수단에 습관적으로 노출되도록 유도한다. 이렇게 되면 마케팅의 관점에서 볼 때 당신을 예측하기가 쉬워지게 된다.

미디어 리터러시 관점은 당신이 좀 더 모험적이고 더 넓은 범위의 메시지를 탐구하도록 장려한다. 그럼으로써 당신은 자신의 선택에 더 많이 관여할 수 있다. 그렇게 되면, 당신은 그러한 메시지들 중 많은 것들이 당신에게 흥미롭거나 유용하지 않다는 것을 알게 될 것이다. 하지만, 당신은 또한 매우 유용한 몇 가지 유형의 메시지를 발견할 것이고, 그 발견은 당신의 요구를 더 잘 충족시키는 방법으로 노출 범위를 확장시킬 것이다.

정신 코드의 자가 프로그래밍의 확대

미디어 리터러시의 목적은 개인이 자신들에게 어떤 메시지를 노출할 것인가에 대해 더 나은 결정을 내리고, 자신들의 목표를 달성하기 위해 메시지의 의미를 구성할 수 있는 능력을 갖추게 하는 것이다. 당신이 더 높은 수준의 미디어 리터러시를 가지고 있다면, 당신은 당신의 정신 코드를 프로그래밍하는 데 더 많은 힘을 가지고 있는 것이다. 이것은 당신의 미디어 노출에 대해 미디어가 원하는 습관으로 당신의 사고를 제한시키는 코드로 프로그래밍하려는 힘을 약화시킨다는 것을 의미한다. 당신은 새로운 경험을 할 수 있도록 당신의 정신 코드를 재프로그래밍할 수 있다. 또한, 당신은 자신의 기준과 신념을 점검하여 결함이 있는 것을 찾아내고, 그것을 당신의 기준과 신념에 더 가까운 것으로 대체할 수 있다. 그런 다음에 더 개인적인 기준을 적용한다면, 당신은 자신의 목표에 더 부합하는 평가를 하고 있는 것이다.

미디어에 대한 통제권 강화

미디어 리터러시가 신장되면 미디어 노출과 미디어의 최종적 영향력을 제어할 수 있는 더 많은 힘을 갖게 된다. 낮은 수준의 미디어 리터러시를 지닌다면, 당신은 미디어의 통제에 따르도록 프로그램된다. 즉, 미디어가 그들의 목표를 달성하기 위해 당신을 이용할 것이다. 대중 매체는 당신의 관심을 끄는 방법과 당신의 반복적인 미디어 노출에 대한 조건들을 잘 아는 매우 정교한 사업체들로 구성되어 있다.

미디어의 사업 목표와 당신의 개인적 목표가 일치할 때가 있는데, 그런 경우는 미디어와 당신 모두에게 윈-윈 상황이 만들어진다. 하지만 당신의 개인적인 목표가 미디어의 사업 목표와 다를 때도 많다. 이런 경우에 당신은 미디어에 적응된 습관을 유지할 것인지 아니면 자신의 목표를 추구하기 위해 미디어에 적응된 습관을 버릴 것인지 결정을 내릴 필요가 있다. 종종 미디어에 적응된 습관들이 확고히 자리하고 있기 때문에 결정을 내려야 한다는 것을 깨닫지 못하기도 한다. 미디어 리터러시 관점은, 특히 미디어의 목표가 당신의 개인적 목표와 불일치하는 상황이 생기면, 당신이 선택을 내려야 할 때라는 것을 인식하도록 돕는다.

요약

이 장에서는 미디어에 자신을 노출시키고 우리가 접하는 미디어 메시지의 의미를 해석하는 관점으로서 미디어 리터러시의 정의를 제시한다. 미디어 리터러시는 범주체가 아니라 정도성을 지닌 연속체이다. 또한 미디어 리터러시는 다차원적이며, 발달은 인지적, 감정적, 미학적, 도덕적 차원에서 일어난다.

미디어 리터러시는 기술, 지식 구조 및 개인의 정신 위치의 세 가지 요소로 구성된다. 기술은 강력한 지식 구조를 구축하기 위해 미디어 메시지에 담긴 정보를 다루기 위해 사용하는 도구들이다. 메시지 정보를 다루기 위한 작업의 방향과 추진력은 개인의 정신 위치에 놓여 있다.

미디어 리터러시를 갖춘 사람들은 주어진 메시지에서 훨씬 더 많은 것을 볼 수 있다. 그들은 더 높은 수준의 의미를 알고 있다. 더 높은 수준의 앎은 이해를 증진시킨다. 미디어 리터러시를 갖춘 사람들은 자신의 정신 코드를 프로그래밍하는 데 더 많은 기여를 한다. 이것은 통제를 강화한다. 그들은 메시지를 통해 원하는 것을 얻을 가능성이 훨씬 더 높다. 이것은 감상 능력을 증진시킨다. 그러므로 더 높은 수준의 미디어 리터러시로 살아가는 사람들은 높은 수준의 이해력 증진, 통제력 강화, 그리고 감상 능력 신장이라는 목표를 달성할 수 있다.

더 읽을거리

Jenkins, H., Purushotma, R., Weigel, M., Clinton, K., & Robison, A. J. (2009). Confronting the challenges of participatory culture: Media education for the 21st century. Cambridge, MA: MIT Press.
John D. and Catherine T. MacArthur 재단으로부터 지원을 받아 저술된 이 책은 새로운 미디어 문화를 대하는 데 있어 가장 중요한 기술들에 주안점이 맞추어져 있는데, 이것은 사람들이 이전에는 이용할 수 없었던 방법으로 사회에 참여할 수 있도록 하는 대화형 미디어가 특징이다.

Mackey, M. (2007). Literacies across media: Playing the text (2nd ed.). Abingdon, UK: Routledge.
이 책은 10세에서 14세 사이의 소년 소녀 그룹이 인쇄, 전자책, 비디오, DVD, 컴퓨터 게임, CD-ROM 등 다양한 형식의 이야기를 어떻게 이해했는지 연구하기 위해 고안된 18개월짜리 프로젝트를 소개한다. 저자의 분석은 그 아이들이 다양한 종류의 텍스트와 미디어를 경험하면서 내러티브를 해석하는 전략을 어떻게 발전시키는지를 보여준다.

Potter, W. J. (2018). The skills of media literacy (2nd ed.). Santa Barbara, CA: Knowledge Assets.
이 책은 미디어 리터러시의 7가지 기본 기술을 자세히 설명하고 독자들이 그 기술들을 발전시키도록 돕는 연습 문제를 수록하고 있다.

Silverblatt, A., Smith, A., Miller, D., Smith, J., & Brown, N. (2014). Media literacy: Keys to interpreting media messages (4th ed.). Westport, CT: Praeger.
미디어에 대한 지식과 관련하여 무엇이 필요한지에 대한 정보를 일부 장에서 제시하는 대중 매체 책이다. 이 책은 사진들과 학생들이 수행할 수 있는 연습 문제들을 제시하여 입문자들을 위한 교재로 쓰일 수도 있다.

Tyner, K. (Ed.) (2010). Media literacy: New agendas in communication. New York, NY: Routledge.
10개의 장으로 구성된 이 책은 미디어 리터러시 계획이 과거에 어떻게 진행되어 왔는지 그리고 앞으로 무엇이 강조되어야 하는지 등을 다루고 있다. 이 계획은 커뮤니티 기반 설정, K-12 학급 환경, 고등 교육 및 가상 환경의 네 가지 맥락으로 구성된다.

연습 문제 2.1 대중 매체에 대한 지식 구조의 평가

미디어 산업

1. 등장한 시기에 따라 대중 매체를 나열할 수 있는가? 가장 오래된 것부터 시작해서 가장 최신의 것까지 적어보라.
2. 미디어 산업 내에서의 '융합'은 무엇을 의미하는가?
3. 각 대중 매체의 발달을 하나의 산업으로서 구조화하는 단계는 무엇인가?
4. 미디어 경제 게임의 주요 특징은 무엇인가?
5. 대중 매체 산업의 발전과 미디어 산업이 당신의 미디어 리터러시 수준을 높이기 위해 경제 게임을 실행하는 방법에 대한 당신의 지식을 어떻게 활용할 수 있는가?

미디어 수용자

1. 미디어 메시지를 접했을 때 수행하는 세 가지 정보 처리 과제는 무엇인가?
2. 노출과 관심의 차이점은 무엇인가?
3. 미디어 메시지를 경험하는 네 가지 노출 상태는 무엇인가?
4. 미디어 프로그래머들이 왜 그들의 관점을 다수의 수용자에서 틈새 수용자로 옮겼가?
5. 미디어 프로그래머는 틈새 수용자를 어떻게 식별하는가?
6. 미디어 프로그래머가 수용자를 끌어들이고 몰입 상태를 유지하기 위해 사용하는 핵심 전략은 무엇인가?
7. 아이들은 어떻게 특별한 수용자로 대접받았는가?
8. 젊은 성인들도 특별한 수용자로 대접받아야 하는가?
9. 정보 처리 작업, 노출 상태, 관심, 틈새 수용자, 미디어 프로그래머의 전략에 대한 지식을 어떻게 활용하여 미디어 리터러시를 높일 수 있는가?

미디어 콘텐츠

1. 차기 단계의 리얼리티 원리는 무엇인가?

2. '리얼리티'를 표방하는 TV프로그램은 어떤 면에서 사실적인가?
3. '뉴스'에 대한 생각은 어떻게 달라졌나?
4. 저널리스트로 봐야 할 사람을 결정하는 일은 어떻게 수행해야 할까?
5. 사람들이 뉴스의 질과 어떤 뉴스가 문제가 있는지를 판단하기 위해 사람들이 사용하는 방법은 무엇인가?
6. 미디어 엔터테인먼트의 일반적인 공식은 무엇인가?
7. 당신은 캐릭터 통계학, 성적 행위, 폭력, 건강과 같은 주제들이 미디어에서 묘사되는 방식에 대한 패턴을 설명할 수 있는가?
8. 인쇄물뿐만 아니라 보편적인 선거운동을 디자인할 때 광고주들이 사용하는 전략을 자세히 설명할 수 있는가?
9. 게이머들은 게임을 개발하고 마케팅하기 위해 어떤 전략을 사용하는가?
10. 인터랙티브 미디어 플랫폼에서 협력적 경험의 설계는 경쟁적 경험의 설계와 어떻게 다른가?
11. 차기 단계의 리얼리티의 원리, 뉴스의 정의, 미디어 메시지의 질에 대한 판단 기준, 미디어 프로그래머가 사용하는 전략 등에 대한 지식을 어떻게 활용하여 미디어 리터러시를 신장시킬 수 있는가?

미디어 효과

1. 네 가지 차원의 관점이 미디어 효과의 시야를 넓히는 방법을 설명하라.
2. 미디어가 영향을 미치는 과정에서 기준 효과와 변동 효과의 차이점은 무엇인가?
3. 절차적 효과와 명시적 효과의 차이점은 무엇인가?
4. 미디어 리터러시를 증진시키기 위해 네 가지 차원의 관점과 미디어가 영향을 미치는 과정에 대한 지식을 어떻게 활용할 수 있는가?

핵심 지식 구조에 대한 이 책의 구성

이 책의 핵심 내용은 12개의 지식 구조에 대한 장으로 구성되어 있다. 소개의 성격을 지닌 두 장을 읽었으니 당신은 미디어 메시지의 지속적인 흐름으로 인해 우리 문화가 얼마나 포화 상태인지 알고 있으며, 미디어 리터러시 접근법의 주요 특징들을 알고 있다. 이제 당신은 네 가지 영역에서 더 정교한 지식 구조를 구축할 준비가 되었다.

네 가지 영역 중 첫 번째는 수용자에 초점을 둔다. 3장은 개인적 관점에서 바라본 수용자에 초점을 두고 있고, 4장은 대중매체 산업적 관점에서 바라본 수용자를 다루고 있다. 5장은 '아동은 특별한 수용자로서 다루어져야 하는가?'라는 질문으로 시작한다. 이 책은 그에 대해 '그렇다'라는 답을 내리고 있다. 아동은 몇 가지 관점에서 특별한 고객이지만, 청소년도, 나이 어린 어른도, 나이 많은 어른도 그러하다고 말한다.

두 번째 지식 구조 영역은 미디어 산업에 관한 것이다. 6장은 역사적 관점에서 미디어 산업을 바라보도록 하여 현재의 상황에 도달하기 위해 극복해왔던 시련들에 대한 정보를 제공한다. 수명 주기 패턴을 활용하여 미디어 산업의 혁신과 발전의 배후에 무엇이 있는지를 보여준다. 7장은 경제적 관점을 제시하는데, 미디어 산업의 사업 기반에 대해 말하고 있다.

세 번째 지식 구조 영역은 미디어 콘텐츠에 초점을 맞추고 있으며, 다섯 개의 장을 수록하고 있다. 8장에서는 콘텐츠의 개념을 소개하고 모든 미디어 콘텐츠의 주요 특징인, '거리두기(one-step remove)' 리얼리티라고 부르는 것을 제시한다. 9장은 뉴스 콘텐츠, 10장은 엔터테인먼트 콘텐츠, 11장은 광고 콘텐츠, 12장은 비디오 게임 및 소셜 네트워킹 미디어와 같은 인터랙티브 콘텐츠를 다룬다.

네 번째 지식 구조 분야는 미디어 효과에 초점을 맞춘다. 미디어 효과에 대한 관점을 더 확장하면, 우리의 삶에 있어서 미디어의 영향력을 좀 더 정확하게 평가할 수 있다. 이것은 미디어 효과에 대항하기에 더 나은 위상을 갖는 것을 의미한다. 13장은 무엇이 미디어 효과를 구성하는지에 대한 시각을 확장하는 데 도움을 줄 것이다. 효과는 장기적일 뿐만 아니라 즉각적이다. 미디어가 우리의 행동에 영향을 미치는 것뿐만 아니라 인지, 태도, 정서, 심리에도 영향을 미친다. 그 영향력 또한 긍정적이기도 하지만 부정적이기도 하다. 14장에서는 미디어 효과가 우리에게 어떤 과정을 통해 작용하는지를 보여준다. 그 과정은 결코 간단하거나 직접적이지 않다. 많은 경우, 미디어는 효과가 발생할 확률을 증가시키는 역할을 하는 많은 다른 요소들과 함께 작용한다.

각 장을 읽을 때, 먼저 핵심 개념을 읽어 보라. 핵심 개념은 그 장에서 배워야 할 가장 중요한 내용을 담고 있다. 그런 다음 장의 구성을 보여주는 개요를 살펴보라. 이 개요는 주제에 대한 당신의 지식 구조를 정교하게 하는 데 도움이 될 것이다. 핵심 개념과 개요를 활용하여 주제에 대한 자신의 질문을 활성화한 다음, 그 질문들이 당신의 읽기를 유도하도록 하라. 만약 당신이 내용을 읽어 내려가면서 그 질문들 중 일부가 당신에게 더 중요하고 흥미롭게 다가온다면, 장의 말미에 제공하는 더 읽을거리를 통해 탐구를 계속하라. 당신이 그 자료들로 더 많은 학습을 진행한다면, 당신의 식견은 늘어날 것이고, 학습의 결과는 당신의 일상에서 더 유용하게 쓰일 것이다.

연습 문제는 그러한 작업에 도움이 될 것이다. 이 책은 더 높은 수준의 미디어 리터러시를 갖도록 도와주는 지침과 실제적인 연습을 제시하기 때문에 자기주도적 학습의 성격을 지니고 있다. 각 장에 언급된 정보를 외우면 충분할 거라는 생각의 함정에 빠지지 말고, 교재의 내용에 대한 생각은 하지 말라. 단순히 사실을 암기하는 것은 당신의 미디어 리터러시를 크게 증진시키는 데 도움이 되지 않는다. 자신의 경험으로 그 정보를 끌어들여 내면화할 필요가 있다. "이 새로운 정보가 내가 이미 알고 있는 것과 얼마나 맞아떨어지는가?", "내 생활에서 이런 예를 찾을 수 있을까?", "미디어를 다룰 때, 이걸 어떻게 적용할 수 있을까?" 등의 질문을 스스로에게 지속적으로 던져보라. 각 장의 끝에 있는 연습 문제는 이것을 시작하는 데 도움이 될 것이나. 연습을 통해 더 많은 생각을 하고 자신을 위한 새로운 연습을 개발할수록 당신은 정보를 더 내면화하게 될 것이고 그럼으로 인해 자연스럽게 당신 사고의 일부가 될 것이다.

Part II

수용자 AUDIENCES

3 수용자에 대한 개인적 관점
Audience: Individual Perspective

4 수용자에 대한 산업적 관점
Audience: Industry Perspective

5 특별한 수용자로서의 아동
Children as a Special Audience

수용자에 대한 개인적 관점

핵심 개념 | 정보 포화 상태인 문화에서 개인들은 필터링, 의미 연결, 의미 구성 작업을 수행하면서 의식적으로든 자동적으로든 결정을 내리면서 끊임없이 미디어 메시지를 처리하고 있다. 그들은 자동화 상태, 주의집중 상태, 몰입 상태, 자아 성찰적 상태라는 네 가지 노출 상태 중 하나로 이러한 결정을 지속적으로 내리고 있다.

▶ 정보 처리 과제
 · 필터링
 · 의미 연결
 · 의미 구성

▶ 미디어 메시지에 대한 노출의 개념 분석
 · 노출과 주의집중
  - 물리적 노출
  - 지각적 노출
  - 심리적 노출
  - 주의집중

· 노출 상태
  - 자동화 상태
  - 주의집중 상태
  - 몰입 상태
  - 자아 성찰적 상태

▶ 미디어 리터러시 접근법
▶ 요약
▶ 더 읽을거리
▶ 연습 문제

Harry와 Ann은 캠퍼스에서 점심을 먹으면서 그들의 관계에 대해 의논을 하고 있다.

"Harry, 너는 내가 말할 때 듣지를 않아!"

"너는 어떻게 그렇게 말할 수가 있니? 우리는 매일 하루 종일 함께 시간을 보내고 있고 너는 끊임없이 말을 하고 있는데. 나는 네가 하는 말을 들어."

"그럴지도 모르겠지만, 너는 내가 하는 말을 이해하지 못해."

"이해. 난 너에 대해 많은 걸 알고 있어. 네 남자 형제, 여자 형제 이름을 다 알고 있고, 네가 어느 고등학교를 다녔는지, 네가 무슨 색깔을 좋아하는지도, 그리고 ……."

> Ann이 말을 자르면서 말했다. "그런 것들은 나에 대한 정보들이야. 그것들이 나는 아니라고! 너는 나를 모르는 것 같아."
>
> "나는 네가 하는 모든 말의 의미를 알고 있어. 나는 사전이 필요하지 않아!"
>
> "내가 하는 말의 의미에는 내가 쓰는 단어들의 정의보다 더 많은 것이 있다고!"

대인간의 대화에서 우리는 문자 그대로의 의미(우리가 공통의 단어와 구절에 대해 공유하는 사전적 의미)와 우리가 말하는 방식에 존재하는 더 깊은 의미를 신중하게 구별하지 않으면 종종 곤경에 빠지곤 한다. 이 모든 복잡성을 이해하도록 돕기 위해, 이 장에서는 일상 환경에서 미디어 메시지를 지속적으로 접할 때 필터링, 의미 연결, 의미 구성이라는 세 가지의 일반적인 정보 처리 작업이 있음을 보여주고자 한다. 이 세 가지 정보 처리 작업을 이해하게 되면, 노출과 관심의 구분으로 넘어간다. 그리고 마지막으로, 이 장에서는 미디어 리터러시를 신장시키고 정보 처리 과정을 더 높은 수준으로 제어하기 위해 앞에서 배운 지식을 활용할 수 있는 방법을 보여 줄 것이다.

정보 처리 과제

우리는 매일 끊임없이 세 가지 정보처리 업무를 수행하고 있다. 이러한 작업은 필터링, 의미 연결 및 의미 구성이다(표 3.1 참조). 먼저, 우리는 메시지를 접하게 되고, 메시지를 필터링하여 무시할 것인지 받아들일 것인지를 결정해야 하는 과제에 직면하게 된다. 만약 우리가 받아들이기로 결정했다면, 우리는 메시지를 이해해야 한다. 즉, 기호를 인식하고 이전에 배운 개념과 새로운 기호를 연결해야 한다. 다음으로, 메시지의 의미를 구성해야 한다.

표 3.1 세 가지 정보 처리 과제

	메시지 필터링하기	의미 연결하기	의미 구성하기
과제	무시할 메시지와 받아들일 메시지를 결정하기	각 정보와 관련된 지식을 확인하고 이전에 배웠던 개념을 찾기 위해 기본 역량을 활용하기	의미 연결을 넘어서 메시지를 내면화하고 메시지에서 더 많은 것을 얻어내기 위해 스스로 의미를 구성하는 데 필요한 기술을 활용하기

목표	개인에게 유용한 메시지만 받아들이고 나머지 메시지들은 무시하기	이전에 배웠던 의미에 효율적으로 접근하기	둘 이상의 관점에서 메시지를 의미 선택의 범위를 확인하는 수단으로 해석한 다음 여러 가지 관점에서 하나의 메시지를 선택하거나 조합하기
초점	환경에 있는 메시지들	메시지와 관련된 정보	자신의 지식 구조

필터링

1장에서 보았듯이 생성되는 정보의 양이 크게 증가함에 따라 미디어 회사들은 대중의 한정된 관심을 끌어들이기 위해 훨씬 더 적극적으로 경쟁하게 되었다. 인간의 뇌는 정보를 처리할 수 있는 엄청난 능력을 가지고 있지만, 그것이 작동하는 방식(또는 적어도 우리가 현재 어떻게 기능하는지 이해하는 방식)은 주어진 시간에 상대적으로 적은 수의 자극에 관심을 기울이는 방식으로 우리의 능력을 제한하는 것이다. 인간의 정신은 한 순간에 1,100만 개의 정보를 얻을 수 있지만, 우리가 인식할 수 있는 범위는 주어진 정보 중 약 40개로 제한된다(Wilson, 2002). 이것은 우리의 뇌가 환경에서 엄청난 양의 자극을 추적할 수 있는 능력을 가지고 있지만 그 모든 활동을 인지하기에는 매우 제한된 능력을 우리에게 제공한다는 것을 의미한다. 우리의 뇌는 끊임없이 우리의 환경에서 나오는 엄청난 양의 자극을 처리하는 반면, 그 모든 자극들 중 극히 일부만을 인지 상태로 처리한다. 나머지 자극들은 자동 루틴을 사용하여 무의식적으로 처리한다.

우리의 마음속에서 실행되는 자동 루틴은 우리의 컴퓨터에서 실행되는 자동 처리와 같다. 이 프로그램은 당신에게 프로그램이 어떻게 실행되기를 원하는지에 대해 귀찮은 질문을 하지 않고 수천 개의 복잡한 작업을 스스로 처리하여 당신의 컴퓨터를 구동한다. 예를 들어 설명하자면, 당신의 이메일 계정에 대해 생각해보라. 당신에게 이메일 서비스를 공급하는 사람은 스팸 필터를 사용하여 스팸 메일이라고 판단하는 모든 이메일을 걸러낸다. 조사 결과 매일 발송되는 145억 건의 이메일 중 45%가 스팸 메일(Bauer, 2018)인 것으로 나타났다. 평균 응답률은 1,250만분의 1 정도이기 때문에 응답자 수를 높이기 위해 스팸 메일 발송자들은 가짜 약품, 애완용 돌, 그리고 99.99%가 절대 사지 않을 다른 상품들을 살 소수의 사람들을 찾기 위해 매일 수천만 개의 이메일을 정기적으로 보낸다. 스팸 필터는 다양한 주소의 이메일을 받을지 여부를 묻지 않고 상당한 양을 필터링하는 자동 루틴이다. 그러나 당신은 자동 필터가 스팸 발송자의 주소로 사용하고 있는 수만 개의 주소를 볼 수 없기 때문에 스팸 필터가 당신이 읽고자 하는 몇 가지 메시지를 차단하고 있는지 아닌지 알 수 없다.

효율성을 위해 우리는 긴 스팸 주소 목록을 확인하는 데 많은 노력을 기울이지 않는다. 대신에, 우리는 스팸 필터를 자동으로 실행하게 한다.

우리의 정신에는 메시지의 처리를 안내하는 프로그래밍된 필터도 있다. 이것은 누가 그 필터들을 프로그램했는가에 대한 의문을 제기한다. 즉, 누가 걸러낼 메시지를 결정했는가? 이 코드를 완전히 프로그래밍한 사람이 당신이라면 필터는 자동적으로 당신의 명령만 따르고 있는 것이다. 하지만 필터링 코드 중 일부가 다른 사람이 프로그래밍한 것이라면? 만약 그렇다면, 당신은 당신이 보는 것과 보지 못하는 것을 다른 사람이 결정하도록 내버려둔 것이다.

일부 미디어 서비스는 우리에게 상당한 양의 필터링을 보여준다. 예를 들어, 우리가 아마존에서 책을 살 때, 우리가 입력한 키워드로 수천 권의 책의 목록을 만들 수 있지만, 아마존은 우리에게 대략 12권 정도의 책만 스크린에 보여준다. 우리가 구글에서 정보를 검색할 때, 수백만 개의 결과를 보여줄 수 있지만, 구글은 검색 결과를 살펴보느라 온종일 허비하는 것을 막기 위해 최상의 선택 결과를 화면에 보여준다. 예를 들어, 구글에서 '정보 과부하'를 입력하면 428만 개의 결과를 4초 안에 얻을 수 있다. 이것은 구글이 검색하는 30조 개의 웹페이지에서 428만 페이지만을 필터링하여 보여주는 것이지만, 여전히 당신이 적절한 시간 내에 처리하기에는 너무 많다.

이러한 서비스들은 우리에게 효율성을 제공하고 있다고 주장하고 있는데, 그것은 사실이다. 그러나 서비스는 또한 필터링 과정에 대해 상당한 통제력을 행사하고 있다. 그리고 그들은 우리의 검색과 쇼핑 경험을 '개인화'한다고 주장함으로써 그러한 필터링 과정에 대한 통제를 증가시킬 수 있는 방법을 끊임없이 찾고 있다. 구글 최고경영자(CEO)인 Eric Schmidt는 구글의 목표는 당신이 관심 있는 것을 예측하는 것이라고 말했다. 2009년 12월 구글은 검색을 개인화하도록 알고리즘을 변경했다. 이것은 당신의 구글 검색이 당신이 사용하는 키워드에 의해서만 나타나는 것이 아니라는 것을 의미한다. 또한 그 검색들은 구글이 당신의 개인적 선호에 대해 수집한 정보에 의해서도 나타난다(이를 테스트하기 위해서 연습문제 3.1을 수행해 보라). 2010년 구글은 검색어를 입력할 때 검색하는 내용을 예측하는 구글 인스트루먼트를 출시했다. Marissa Mayer 전 구글 부사장은 구글은 검색 상자가 쓸모없어지기를 희망한다고 말했다. 구글은 당신이 검색하고자 하는 것을 예측해서 당신이 키워드를 입력할 필요도 없게 하려고 한다(Pariser, 2011).

이러한 회사들은 당신의 선택을 지시하기 위해 당신에 대한 정보를 어디서 얻을까? 그들은 당신과의 상호작용을 통해 당신에 대한 정보를 스스로 수집한다. 또한 그들은 당신이 말하는 것뿐만 아니라 얼마나 자주 소셜 미디어, 이메일, 문자 메시지를 사용하는지 등의 미디어 사용 실태와 당신의 모든 금융 거래 등 당신에 대한 엄청난 양의 정보를 살 수도 있다. 예를 들어, Acxiom은 전체 미국인의 96%를 포함하여 전 세계적으로 5억 명의 사람들의 데이터베이스를 가지고 있는 대형 마케팅 리서치 회사다. 데이터베이스가 가지고 있는 정보에는 가족 이름, 현재와 과거 주소, 신용카드 청구서 지불 빈도, 개나 고양이를 키우는지와 그 품종, 오른손잡이인지 왼손잡이인지, 약국 기록에 근거해 먹는 약품의 종류 등 약 1,500여 개의 항목이 포함되어 있다(Pariser, 2011). 이들 대형 마케팅 데이터 회사들은 정부보다 개인에 대한 정보를 훨씬 더 많이 수집한다. 9/11 세계무역센터 테러 사건을 기억하는가? 미국의 주요 정보기관(FBI, CIA, DEA 등)은 24시간 내내 테러범들의 신원을 확인했으며, 3일 후 관련 용의자 19명 중 11명의 이름, 과거 주소, 현재 및 과거 동료들을 확인했다고 발표했다. 이들 정보기관은 대부분의 정보를 Acxiom으로부터 받았다(Pariser, 2011).

인터넷 회사들은 당신이 좋아하는 것에 대한 결론을 추론하기 위해 당신에 대해 그들이 가지고 있는 모든 정보를 뒤질 수 있는 정교한 알고리즘을 사용한다. 그런 추론된 결론들을 사용하여 당신으로 하여금 효율적인 필터링이라는 명목으로 다른 제품들로부터 멀어지게 하면서 특정한 상품으로 유도한다. 이러한 강력한 알고리즘이 당신의 관심을 좁은 범위의 제품과 미디어 메시지로 이끌기 때문에 당신은 제한된 경험을 하게 된다. 그리고 당신이 의식하지 못한 채 이 작업은 이루어진다.

미디어는 우리에게 많은 필터링 코드를 만들어 준다. 그들은 주로 우리가 좋아하는 메시지에 반복적으로 노출되도록 조절함으로써 그렇게 만든다. 이러한 조건화는 노출 습관을 만들고 강화시킨다. 우리가 노출 습관을 따를 때, 우리는 다른 매체나 다른 유형의 메시지를 탐구할 시간을 갖지 못한다.

더 생각해보기 3.1 – 필터링 알고리즘의 구현 –

다음과 같은 시나리오를 상상해 보라. 마케팅 회사가 페이스북 페이지, 신용 이력, 건강 이력, 부모의 소득 수준 등에 대한 정보를 모아 대학생들에 대한 거대한 데이터베이스를 구축한다고 하자. 그리고 그 마케팅 회사의 누군가가 그 모든 데이터를 뒤져서 모든 대학생들에게 성공과 경제적 부의 가능성에 대한 순위를 매기는 알고리즘을 개발한다.

이제, 마케팅 회사의 알고리즘이 당신을 꼴찌로 평가하지만 당신의 룸메이트들을 잠재적인 우수 고객으로 평가한다고 상상해 보라. 그 마케팅 회사는 광고주들에게 순위를 평가한 결과를 팔게 되고, 광고주들은 당신의 룸메이트들에게 저금리 신용카드, 멋진 여행을 위한 쿠폰, 성공한 전문가들과 소통할 수 있는 기회 등 온갖 혜택을 제공한다. 한편, 당신은 그다지 매력지이지 않은 수용자로 간주되기 때문에 광고주들은 무시한다.

당신의 룸메이트들은 매우 성공적이고 행복한 삶을 살아갈 것이다. 왜냐하면 당신의 룸메이트들이 매우 매력적인 고객이라는 데이터를 구입한 광고주들에 의해 제공되는 온갖 혜택들 때문이다.

고용주들도 그 순위 데이터를 살펴보기 때문에 당신의 룸메이트들은 졸업할 때 당신보다 더 많은 돈을 받는 직업을 얻게 될 것이다. 당신의 룸메이트들은 더 많은 월급과 승진을 보장받게 될 것이고, 더 좋은 건강관리 계획을 갖게 될 것이며, 더 많은 여행을 하고, 더 흥미로운 사람들을 만나게 될 것이다. 마케터들은 어느 누구나가 아닌 특정 사람들에게만 제공하는 혜택으로 사람들을 다른 삶의 길로 유도할 수 있다.

질문
이것이 공평하다고 생각하는가?
광고주들은 모든 사람에게 똑같은 기회를 제공해야 하는가?
대중의 요구가 매우 다양하고 분산된 사회에서, 대다수의 사람들이 결코 그들의 제품을 사지 않을 것이라는 것을 알고서도 모든 광고주들이 모든 사람들에게 메시지를 보내는 데 필요한 돈을 쓰기를 기대하는 것이 말이 되는가?

의미 연결

의미 연결은 메시지의 요소(관련 정보)을 인식하고, 그 요소들에 대해 우리가 기억하고 있는 의미를 찾기 위해 우리의 기억에 접근하는 과정이다. 이것은 비교적 자동화된 작업이다. 미디어 메시지에서 기호를 인식하고 그것의 보편적 의미를 기억하는 것을 배우는 데에는 상당한 노력이 필요할 수 있지만, 일단 이 과정을 익히면 일상화된다. 예를 들어, 당신이 읽기를 처음 배웠을 때를 생각해보자. 페이지에 인쇄된 단어를 인식하는 방법을 배워야 했다. 그리고 나서 각 단어의 뜻을 외워야 했다. "Dick이 Jane에게 공을 던졌다."는 문장을 처음 보았을 때, 문장을 단어로 나누고, 각 단어의 의미를 되새기고, 그것을 모두 조합하는 데 상당한 작업이 필요했다. 연습을 통해 당신은 이 과정을 더 빠르고 더 쉽게 수행할 수 있었다. 초등학교에서 읽는 것을 배우는 것은 본질적으로 더 많은 내용의 정보들을 인식하고, 그들의 표현된 의미를 기억할 수 있는 과정이다. 미디어 메시지의 일부 정보는 문자, 일부는 숫자, 일부는 그림, 일부는 소리로 되어 있다.

이런 종류의 학습은 다양한 능력을 발전시킨다. 내가 말하는 능력이란 당신이 어떤 일을 정확하게 할 수 있다거나 그렇지 않은 것을 의미한다. 예를 들면, 당신이 '2+2'라는 수식을 보게 되면, 당신은 '2'라는 대상을 특정한 양으로 인식하든지 그러지 않든지 할 것이다. 그리고 '+'라는 대상은 더하기로 인식하든지 그렇지 않든지 할 것이다. 당신은 이 수학 문제를 풀어서 4에 도달하든지 그렇게 못하든지 한다. 이러한 대상들을 다루는 것은 개인의 해석과 창의적인 의미 구성이 요구되지 않는다. 능력이란 것은 기준이 되는 대상들을 인식해서 그 대상들에게 부여된 의미들을 기억해낼 수 있음을 말한다. 일반적인 대상들과 그 대상들에 대한 기존 의미들을 우리가 갖고 있지 않다면, 의사소통은 가능하지 않을 것이다. 초급 수준의 교육은 다음 세대들이 이러한 대상들을 인식하고 그 각각에 부여된 의미를 암기하는 기본적 능력을 발달시키도록 훈련시킨다.

당신의 휴대폰이 어떤 소리를 내면, 당신은 그것이 당신이 문자를 받았다는 것을 의미한다는 것을 안다. 당신은 화면을 보고 이름을 본 뒤 어떤 친구가 그 문자를 보냈는지를 안다. 당신이 화면의 어떤 아이콘을 누르면 당신의 문자 메시지가 나타난다. 그 메시지는 당신에게 의미를 전달하는 단어와 이모티콘으로 되어 있다. 이 예에서, 소리와 이름, 아이콘, 단어, 이모티콘들은 당신이 전에 배운 바 있는 특정한 의미가 있는 기호들이고 당신은 이제 노력을 거의 들이지 않고도 배운 의미와 조합을 시킬 수 있다. 이 과제는 그런 능력들을 습득했기 때문에 자동적으로 이루어진다.

의미 구성

의미 연결과는 대조적으로 의미 구성은 훨씬 어려운 작업이다. 그것은 자동적인 과정이 아니고 우리로 하여금 일반적으로 부여된 의미 밖으로 이동하여 생각하고, 귀납, 연역, 범주화, 그리고 종합과 같은 기술들을 사용해서 우리 스스로 의미를 창조하기를 요구한다. 우리는 특정 메시지에 대한 의미를 우리의 기억 은행에 갖고 있지 않거나 부여된 의미가 우리를 만족시키지 않아서 다른 의미에 도달하고 싶을 때 의미 구성 과정에 들어간다.

예를 들어, 당신의 친구 크리스토퍼가 그의 여자 친구인 크리스틴과 방금 결별하고 당신에게 문자를 보내, "크리스가 너의 도움을 못마땅하게 생각해. 아주 고마워."라고 말했다고 가정하자. 이 메시지는 의미 연결이 너무나 모호하다. 예를 들어, 메시지에 있는 크리스가 문자를 보낸 사람을 가리키는 것인가, 아니면 헤어진 여자 친구를 가리키는가? 보낸 사람은 "아주 고마워"라는 말을 할 때, 당신이 개입했던 것을 원망하고 있기 때문에 빈정거리고 있는 것인가? 아니면 그가 스스로 할 수 없었던 것을 당신이 헤어지도록 도와줬기 때문에 진심으로 하는 말인가? 이러한 질문들에 답하기 위해서는 당신은 크리스토퍼와 당신의 우정, 그와 크리스틴과의 관계, 그녀와 헤어지려는 의도가 그에게 있었는지 없었는지 등에 관한 맥락이 필요하다. 그래서 당신은 상황을 분석하고, 그의 의도를 평가하고, 이 메시지가 당신을 둘러싼 관계의 패턴에 얼마나 부합한지 판단하는 기술이 필요하기 때문에 종합적 사고를 통해 적절한 반응을 보여야 한다.

많은 의미들이 어떤 미디어 메시지에서든지 형성될 수 있다. 더 나아가, 의미를 구성하는 데는 많은 방법들이 있다. 그러기에 이러한 과제를 성취하기 위한 규칙들을 다 배울 수는 없다. 대신에 우리는 우리 자신의 목표를 달성하기 위해 노력할 필요가 있으며, 우리의 목표에 도달하기 위한 길을 창의적으로 만들기 위해 (능력보다는) 기술을 사용할 필요가 있다. 이러한 이유들 때문에 의미 구성은 자동적으로 이루어지지는 않는다. 우리는 우리 자신을 위해 의미 구성을 할 때 의식적인 결정을 내려야 한다. 또한, 모든 의미 구성 작업은 다르기 때문에 일련의 의미 구성 과제에 직면했을 때 한 가지 절차만을 자동적으로 따를 수는 없다.

미디어 메시지들을 처리하는 많은 부분은 의미 구성을 이용한다. 많은 연구들이 우리 각자가 어떤 미디어 메시지에 노출되든 상당한 수의 요인들을 이용하며 이 요인들은 메시지를 해석하는 데 활용하는 프레임이 된다고 분명히 밝히고 있다. Kepplinger와 Geiss, Siebert(2012)는 사람들이 어떻게 뉴스 스토리에서 의미를 구성하는지를 알아보는 연구를 했다. 그들은 미디어가 스토리를 보여주는 방식이, 시청자들이 그 사건과 그 스토리 안의 사람들을 어떻게 해석하는지에 영향을 주는지를 알고 싶어 했다. 연구 결과, 미디어가 이야기를 진술하는 방식이 반응자들의 의미 해석에 영향을 주었지만 그 의미는 또한 개인 응답자들 개인이 갖고 있는 프레임에 의해 큰 영향을 받는다는 것을 발견했다.

의미 연결이 능력에 의지하는 반면, 의미 구성은 기술에 의지한다. 이것이 의미 연결과 의미 구성 두 가지 작업 사이의 근본적인 차이점 중의 하나다. 능력은 범주형이다. 즉, 당신은 능력을 갖고 있든지 그러지 않든지 둘 중 하나다. 그러나 기술은 범주형이 아니고 특정 기술에 대해서 역량의 범위가 다양하다. 즉, 어떤 사람들은 역량이 거의 없고, 어떤 사람들은 굉장한 역량을 가지고 있다. 그리고 기술은 근육과 같다. 연습을 안 하면 기술은 약화된다. 연습과 훈련으로 점점 강해진다. 개인의 정신 위치가 기술을 사용하려는 강한 욕구를 지니고 있으면 그 기술들은 좀 더 높은 단계로 발전할 수 있는 가능성이 높다.

의미 연결과 의미 구성이라는 두 과정은 별개의 것이 아니다. 그것들은 서로 얽혀져 있다. 의미를 구성하기 위해서 우리는 대상물을 인식하고, 그 대상들이 메시지에서 사용된 의미를 이해해야 한다. 그러기에 의미 연결의 과정은 더 기본적인데 그 이유는 의미 조합 과정의 결과가 의미 구성의 과정으로 흡수되기 때문이다.

이 두 가지를 혼동하지 않는 것이 중요하다. 한 교수가 학생들에게 빌딩의 높이를 재기 위해 기압계를 어떻게 사용할 수 있는지를 묻는 물리 시험을 낸 것을 예로 들어 생각해보자. 만약 담당교수가 이것을 의미 연결 과제라고 간주한다면, 인정받을 수 있는 답이 한 가지 있다. 그것은 빌딩 바닥과 꼭대기에서 각각 압력을 재고, 특정 공식을 사용해서 압력의 차이를 길이로 환산해서 그 빌딩의 높이를 계산하는 것이다. 그러나 만약 학생이 창의적이어서, Neil Bohr가 1905년 코펜하겐 대학의 물리학 시험에서 했던 것처럼 빌딩의 높이를 재는 데 있어서 기압계를 사용하는 다른 창의적인 방법들을 생각해낼 수 있다면 어찌하겠는가? Neil은 그 질문에 대해, 빌딩 꼭대기에 올라가서 줄을 기압계에 묶은 뒤 그것을 빌딩 바닥까지 내리고 나서 그 줄의 길이를 재겠다고 대답했다. 담당교수는 그에게 F를 주었다. Neil은 교수에게 찾아가 그 외에 다른 답들도 있다고 말했다. 그 대답들로는 '(1) 기압계를 꼭대기에서 던져서 바닥까지 닿는 데 걸리는 시간을 계산한 뒤 거리를 계산한다. (2) 기압계와 빌딩의 그림자의 길이를 잰 뒤 그 비율을 계산한다.'였다. 이 모든 대안들이 빌딩의 높이를 정확하게 측정할 수 있음에도 담당교수는 신경 쓰지 않았다. 그 이유는 그 담당교수는 자신의 물리학 수업에서 가르쳤던 해결책과 그 문제를 일치시켜야 하는 특별한 답을 기대했기 때문이다. Neil Bohr는 그날 F를 받았지만 성공적인 물리학자가 되기 위해 창의적인 정신을 계속 발휘하여 1922년에 원자 구조와 양자 역학에 대한 공로로 노벨물리학상을 받았다.

공통점 & 차이점
의미 연결과 의미 구성

공통점
- 둘 다 정보처리 과정에서 필수적인 작업이다.
- 둘 다 미디어 메시지의 요소를 인식할 때 발생하는 정신적 작업이다.

차이점
- 의미 연결은 대개 이전에 학습한 의미와 미디어 기호를 효율적으로 연결시키는 역량에 의존하는 자동 과정이다.
- 의미 구성은 단순히 이전에 학습된 기호의 의미를 받아들이는 것을 넘어 현재 상황 및/또는 의미에 대한 개인 나름의 요구에 적합한 새로운 의미를 추론(또는 창조)하는 기술을 포함하는 인지 과정이다.

더 생각해보기 3.2 - 인간의 정신 활동을 위한 은유 -

철학자들은 수천 년 동안 인간의 정신이 어떻게 작용하는지 추측해 왔고, 과학자들은 대략 한 세기 동안 인간의 정신에 대한 연구 실험을 해오고 있다. 그러나 우리는 아직도 이 놀랄 만큼 복잡한 현상을 이해하는 초기 단계에 있다. 따라서 그것은 정신을 은유적으로 생각하는 것이 도움이 된다. 두 가지 유명한 은유는 시계와 구름이었다(Brooks, 2011).

> 시계는 환원적인 방식으로 점검해 볼 수 있는 독립적이고 규칙적인 시스템이다. 시계를 부품 조각으로 분해해서 그것들이 어떻게 한 가지 방식으로만 모두 잘 돌아가는지 볼 수 있다. 이 은유는 신경학자들이 하는 일에 들어맞는다. 그들은 인간의 뇌의 부분 부분과 그것들이 어떻게 기능하는지에 초점을 맞춘다.
>
> 구름은 시계와는 대조적으로 불규칙하고 역동적이며 특이하다. 구름은 시시각각 변화하며 많은 다른 방법으로 형성될 수 있다. 구름의 본질은 숫자나 고정된 구조로는 포착할 수 없다. 이 구름 은유는 인문학자들이 인간의 정신을 어떻게 생각하는지를 반영한다. 인간의 정신에 대한 어떤 개념이 더 정확한지에 대해 논쟁이 이어지고 있다. 그러나 보다시피, 두 가지 모두 인간의 정신이 하는 일을 설명하는 유용한 방법이다.
>
> 미디어 리터러시에 대해 넓은 관점을 취했을 때, 인간의 정신이 시계처럼 움직이는 경우를 볼 수도 있고, 구름처럼 더 많은 걸 내보이는 경우를 볼 때도 있다. 의미 연결 작업을 수행할 때에는 인간의 정신은 기호를 인식하고 인식한 기호와 연결되어 있는 기억 속의 의미에 접근하는 루틴을 시계처럼 자동적으로 작용한다. 의미를 구성할 때에는 인간의 정신은 더 비정형적이고 끊임없이 변화하는 방식으로 연관성을 만들면서 더 구름처럼 작동한다.
>
> 질문
> 당신은 당신의 정신이 시계처럼 작동했던 예를 생각해낼 수 있는가?
> 당신의 마음이 구름처럼 작동했던 예들을 당신의 삶에서 생각할 수 있는가?
> 어떤 은유가 당신의 정신이 작용하는 방식을 더 잘 묘사하는가?

미디어 메시지 노출에 대한 인식 분석

일상 언어에서 미디어에 '노출된다'는 것과 '주의를 집중하다'는 용어는 종종 동의어로 사용된다. 그러나 이제는 우리가 미디어 메시지에 관심을 기울이지 않은 상태로 수많은 미디어 메시지에 노출되는 것을 보았으니 이 두 용어의 의미 차이를 부각시키는 것이 중요하다.

노출과 주의집중

노출과 주의집중의 차이점을 명확히 구분하기 위해서는 노출의 개념을 분석하여 여러 종류가 있음을 확인하는 것이 도움이 된다. 미디어 메시지에 대한 '신체적 노출, 지각적 노출, 심리적 노출'이라는 세 가지 유형의 노출 순서를 살펴보자.

물리적 노출

노출의 가장 기초적인 기준은 신체적 존재다. 노출이 일어나기 위해서는 사람이 메시지에 어느 정도 가까이 가는 것을 경험해야 한다. 물리적 노출은 메시지와 사람이 일정 시간 동안 동일한 물리적 공간에 놓임을 의미한다. 따라서 공간과 시간은 노출의 경계로 간주된다. 만약 어떤 잡지가 어떤 방의 테이블 위에 엎어져 있고 Harry가 그 방에 들어간다면, Harry는 물리적으로 잡지의 표지에 있는 메시지에 노출되지만, 그가 그것을 집어 들고 페이지를 넘기지 않는 한 잡지 안에 있는 어떤 메시지에도 노출되지 않는다. 또한, 만약 Harry가 잡지가 테이블 위에 놓인 방에 들어가지 않는다면, 잡지 표지에 있는 메시지에 물리적으로 노출되지 않는다. 마찬가지로 TV가 점심시간 동안 휴게실에서 켜져 있다가 오후 1시에 전원이 꺼지면 오후 1시 이후에 휴게실을 지나가는 사람은 누구도 TV 메시지에 물리적으로 노출되지 않는다. 물리적 근접성은 미디어 노출에 필요한 조건이지만 충분한 조건은 아니다. 두 번째 필요한 조건은 지각적 노출이다.

지각적 노출

지각적 사고는 시각적 감각과 청각적 감각을 통해 적절한 감각 입력을 받는 인간의 능력을 말한다. 우리는 끊임없이 광범위한 자극 요소에 몰두하지만 감각 기관과 처리 능력의 한계 때문에 이러한 요소들 중 극히 일부만 지각한다. 우리는 정보가 전자기 스펙트럼을 따라 수십억 개의 다른 주파수에 인코딩되는 세상에 살고 있다. 이 주파수들 중 하나는 빛이라고 불리고 우리의 눈은 그 주파수에 대한 정보의 일부를 지각하는 것에 민감하다. 다른 주파수(예: 텔레비전 신호, 라디오 신호, 휴대 전화 신호 등)에서는 암호화된 정보를 들을 수 없지만, 우리는 그 정보를 인지할 수 있는 능력 내에서 발생하는 형태로 변환할 수 있는 장치를 발명했다(예: 라디오 수신기가 그 정보를 우리의 청각 범위 내에서 음파로 변환한다).

그러나 지각 기준은 단순한 감각 수용 이상의 특징을 지닌다. 우리는 또한 감각의 입력과 뇌의 연결을 고려해야 한다. 종종 감각 입력이 뇌에 전달되면, 그것은 우리가 이해할 수 있는 어떤 것으로 바뀌어야 한다. 예를 들어, 우리가 극장에서 영화를 볼 때, 우리는 초당 약 24개의 이미지로 투사되는 낱개의 정지된 이미지에 노출된다. 그러나 인간은 초당 24개의 개별적 이미지를 의식적으로 처리할 수 없다. 그 개별적 이미지들은 함께 실행되어 연속적인 움직임으로 나타난다. 또한 영화 상영에서는 매초마다 영사되는 24개의 개별 이미지 사이에 아주 짧은 순간이 존재하지만, 눈과 뇌의 연결은 그 짧은 순간을 인식하여 처리할 만큼 빠르지 않기 때문에 빈틈을 빈틈으로 인식하지 못하고 부드러운 움직임만을 볼 수 있을 뿐이다. 만약 영상의 영사 속도가 초당 10개 이하로 느려진다면, 우리는 무언가를 지각하기 시작할 것이다. 즉, 정지 영상의 교체가 눈과 뇌가 그것들을 처리할 수 있을 만큼 느리기 때문에 우리의 뇌는 이미지와 이미지 사이의 빈틈을 보기 시작할 것이다.

인간의 인식의 테두리에 못 미치는 자극을 잠재 자극이라고 한다. 잠재 자극은 신체적으로 인식될 수 없기 때문에 심리적인 흔적을 남기지 않을 수 있다. 즉, 인간은 그러한 자극에 민감하게 반응할 정도의 감각 기관이 부족하거나 그것들을 처리할 장치가 뇌에 내장되어 있지 않다.

더 생각해보기 3.3 – 인간의 지각 능력의 한계 –

시각: 인간의 눈에 대해 말하자면, 우리는 눈 뒤쪽에 있는 망막에 세 종류의 수용체를 가지고 있다. 하나는 빨강, 다른 하나의 파랑, 또 다른 하나는 초록색을 인식한다. 따라서 인간의 눈은 세 가지 원색을 지각하며, 우리가 보는 모든 색은 이 세 가지 색의 조합이다.

메기와 같은 몇몇 동물은 수용체가 없어서 흰색과 검정색(빛의 존재와 빛의 부재)으로만 세계를 경험하기도 한다.

어떤 새와 곤충은 최대 6가지 종류의 색 수용체를 가지고 있기 때문에(Storr, 2014), 그들은 우리가 인식할 수 있는 것보다 훨씬 더 많은 색 범위를 지각할 수 있다.

청각: 소리 주파수에 대한 인간의 민감도는 약 16Hz에서 20,000Hz까지 확장되지만, 소리는 1,000Hz에서 4000Hz 사이일 때 가장 잘 들린다(Metallinos, 1996; Plack, 2005).

개 조련용 호루라기는 20,000Hz 이상의 주파수로 울리기 때문에 인간은 그 소리를 인지할 수 없다. 즉, 그것은 인간이 들을 수 있는 소리의 범위를 벗어난다.

박쥐는 인간에 비해 시력이 매우 떨어지지만, 청력이 훨씬 발달하였기 때문에 소리에 의존하여 살아간다.

후각: 많은 동물들은 넓은 범위의 냄새를 맡을 수 있는 매우 발달한 지각 능력을 가지고 있다. 예를 들어, 개는 인간보다 후각이 훨씬 뛰어나서 인간보다 훨씬 더 냄새에 의존하여 살아간다.

질문

인간의 감각이 다른 동물들보다 더 나은 예를 생각할 수 있는가?

다른 동물들보다 인간의 감각이 더 제한적인 다른 예를 생각할 수 있는가?

심리적 노출

심리적 노출을 일으키기 위해서는 사람의 마음속에 어떤 흔적 요소가 만들어져야 한다. 이 요소는 이미지, 소리, 감정, 패턴 등이 될 수 있다. 그것은 짧은 시간(단기 기억에서 몇 초 지나면 지워짐) 또는 평생(장기 기억으로 분류되었을 때) 지속될 수 있다. 요소들은 의식적으로 사람의 마음속에 들어올 수도 있는데(흔히 중심 경로라고 불림) 이 때에는 사람들이 노출 상황에서 요소들을 온전히 인식한다. 또는 요소들은 무의식적으로 사람들의 마음속에 들어올 수도 있는데(흔히 말초 경로라고 불림) 이 상황에서는 사람들이 흔적 요소가 자신이 마음속에 입력되고 있다는 것을 모른다((Petty & Cacioppo, 1986 참조). 따라서 잠재적으로 심리적 노출 기준을 충족시킬 수 있는 다양한 요소들이 존재한다. 이 모든 요소들을 의미 있는 집합으로 구성하고 개인이 다양한 종류의 요소들을 어떻게 경험하고 어떻게 정보로 처리하는지 설명하는 것이 과제가 된다.

주의집중

미디어 메시지에 주의집중이 일어나기 위해서는 먼저 위에서 언급한 물리적, 지각적, 심리적 노출의 장애물을 모두 제거해야 한다. 그러나 이 세 가지를 제거하는 것만으로 미디어 메시지에 주의집중이 일어난다고 보장하지는 못한다. 다른 무언가가 더 필요하다. 그것은 미디어 메시지를 의식하는 것이다. 우리가 미디어 메시지에 '관심을 기울이기' 위해서는 많은 일들이 일어나야 한다. 이러한 이유로 미디어 메시지가 주목을 받는 경우는 드물다. <The Psychology of Attention>(1998)을 쓴 Harold Pashler는 어느 순간에도 인식은 사람의 감각 시스템에 가해지는 자극의 극히 일부만을 수용한다고 설명한다. 게다가, 우리가 한 가지 일에 주의를 기울이는 동안, 우리의 관심은 다른 것에 집중될 수 있다. Pashler는 "관심은 자발적 의지와 무관하게 이끌리거나 붙잡히는 경우가 있고 심지어는 그 반대로 하려는 강한 의지까지 거스르게 되는 때도 있다(p.3)"고 하였다. 예를 들어, 당신이 룸메이트와의 대화에 집중하고 있을 때, 당신의 관심이 컴퓨터 화면에 나타나는 소리나 이미지에 사로잡히게 되면 당신의 관심은 룸메이트에서 스크린으로 옮겨가게 된다.

노출 상태

지금까지 나는 미디어 메시지에 대한 자동 처리와 특정 미디어 메시지에 주의를 기울이는 것 간에 어떤 차이가 있는지 설명했다. 이것은 미디어 메시지에 대해 두 가지 노출 상태가 있음을 보여주지만, 미디어 노출의 경험을 더 잘 이해하기 위해서는 노출 상태에 대해 두 가지를 추가로 고려할 필요가 있다. 곧, 네 가지 미디어 리터러시 노출 상태는 자동화 상태, 주의집중 상태, 몰입 상태, 자기성찰적 상태로 구분된다. 각각의 상태는 대중들에게는 질적으로 다른 경험이다. 이 말의 의미는, 이 네 가지의 상태는 단순히 관심의 정도에 따라 하나의 연속선 위에 배열되어 있지 않다는 것이다. 어떤 상태에서 다른 상태로 넘어가는 것은 메시지에 대해 질적으로 다른 경험을 한다는 것을 의미한다.

자동화 상태

자동 노출 상태에서 사람들은 미디어 메시지에 노출되어 있지만 그 메시지를 알지 못하는 환경에 있다. 즉, 그들의 마음은 그들을 둘러싼 환경의 모든 메시지를 필터링하는 자동 조종 장치에 상태에 있는 것이다. 이 상태에서는 메시지의 어떤 요소가 사람들 마음의 기본 작동 상태를 뚫고 들어가 그들의 관심을 끌기 전까지는 아무런 노력 없이 자동으로 계속된다.

자동 처리 상태에서 메시지 요소는 물리적으로 인식되지만 무의식적인 방식으로 자동으로 처리된다. 이 노출 상태는 인간의 감각 지각의 문턱을 넘어서지만 의식 지각의 문턱 밖에 있다.

어떤 이에게 있어서 방해로 인해 노출이 중단되거나 그 사람의 지각 처리가 다른 노출 상태로 갑자기 옮겨가거나 아니면 그 사람의 신체적 또는 지각적 능력이 이 상태를 뛰어넘을 때까지는 그의 의식의 흐름은 계속해서 이 상태에 머물러 있게 된다.

자동화 상태에서의 사람들은 외부 관찰자들에게 적극적으로 보일 수 있지만, 그 사람들은 자신이 무엇을 하고 있는지 생각하지 않는다. 자동화 상태에 놓인 사람은 웹사이트의 메시지에 주의를 기울이지 않고 여기저기를 방문하며 클릭만 해댈 수 있다. 관찰자에게 그 사람이 웹을 적극적으로 검색하고 있는 것처럼 보일 수도 있지만, 그 사람은 다른 생각을 하면서 웹 페이지를 그저 무작위로 클릭할 수도 있다. 노출 행동의 증거가 있을 때조차도 반드시 사람들의 정신이 관여하여 그들이 '주체적' 결정을 내리고 있다는 것을 의미하지는 않는다. 오히려 그 결정들은 그들에게 자동적으로 일어나고 있을 확률이 높다.

미디어에 대한 노출은 대부분 자동화 상태에서 일어난다. 사람들은 노출이 일어나고 있을 때 그 노출에 대한 의식도 없고, 나중에 그것에 대해 질문을 받게 되면 경험했던 많은 세부적인 내용에 대한 기억도 없다. 특히 사람들이 멀티태스킹할 때 그렇다. 누군가가 음악을 듣고, 웹 서핑을 하고, 친구와 전화 통화를 하고 있을 수도 있다. 그 사람은 전화 통화에 주의를 기울이게 될 수 있지만, 음악과 웹페이지에 대해서는 자동 노출 상태에 있다. 만약 그의 관심이 갑자기 웹페이지의 이미지로 옮겨진다면, 그의 전화 통화는 자동화 상태로 빠져들고 친구가 말하는 것에 더 이상 주의를 기울이지 않는다. 멀티태스킹은 사람의 인지적 이점(즉, 특정 메시지에 집중할 수 있는 능력)을 크게 감소시키지만, 정서적 만족(즉, 한 번에 한 개 이상의 것으로부터 즐거움을 얻는 것)을 향상시킨다(Wang & Tchernev, 2012).

주의집중 상태

주의집중 상태에서의 노출은 사람들이 메시지를 인지하고 메시지의 요소들과 적극적으로 상호작용하는 것을 말한다. 이것은 그들이 높은 수준의 집중력을 가져야 한다는 것을 의미하지는 않지만 그것은 가능하다. 핵심은 노출 중에 메시지를 의식하는 것이다.

주의를 기울이는 상태에서는 사람이 미디어 노출에 얼마만큼의 정신적 재량을 할애하느냐에 따라 주의집중의 정도가 달라진다. 최소한, 그 사람이 메시지를 인식하고 의식적으로 추적해야 하지만, 주의집중의 정도에는 상당한 차이가 있어서, 취급하는 요소의 수와 활용하는 분석의 깊이에 따라 부분적인 처리에서 상당히 광범위한 처리까지 가능하다.

몰입 상태

사람들이 주의집중 상태에 있지만 메시지로부터 거리를 두는 것에 대한 인식을 잃어버릴 정도로 강하게 메시지 속으로 빨려들어 가게 되면, 몰입 상태로 전환된다. 몰입 상태에서 대중들은 메시지와의 분리 능력을 잃는다. 즉, 그들은 메시지에 휩쓸려 메시지의 세계로 들어가서 그들 자신의 사회적 세계 환경에 대한 감각을 잃어버린다. 예를 들어, 극장에서 영화를 볼 때, 우리는 종종 우리가 그 액션에 관여하고 있다고 느낄 정도로 그 액션에 사로잡힌다. 우리는 등장인물들이 경험하는 것과 같은 강렬한 감정을 경험한다. 우리는 우리가 극장에 있다는 감각을 잃어버린다. 우리의 집중도가 너무 높아서 실제 세계의 환경과 접촉이 단절된다. 우리는 실제 시간에 대한 감각을 잃어버린다. 대신에 이야기 시간을 경험한다. 즉, 등장인물들이 시간이 지나가는 것을 느끼는 것처럼 시간의 흐름을 느낀다. 이러한 몰입 상태는 일반적으로 사람들이 비디오와 컴퓨터 게임을 할 때 발생한다.

몰입 상태는 단순히 주의집중 상태의 높은 수준이 아니다. 몰입 상태는 주의집중 상태와 질적으로 다르다. 몰입 상태에서는 주의집중이 매우 높은 반면, 주의집중이 또한 매우 낮다. 즉, 사람들은 터널 시야를 가지고 있고 자신들과 메시지 사이의 장벽을 제거하는 방식으로 미디어 메시지에 초점을 맞춘다. 사람들은 메시지에 휩쓸려 '들어간다'. 이런 의미에서, 이 상태는 자동화 상태와는 정반대인데, 사람들은 그들의 사회적 세계에 기반을 두고 있지만 지각적인 환경에서 미디어 메시지를 인식하지 못한다. 몰입 상태에서는, 사람들은 미디어 메시지에 빨려 들어가게 되어 그들의 사회적 세계에 대한 감각을 잃는다.

자기성찰적 상태

자기성찰적 상태에서 사람들은 메시지와 메시지 처리를 지나치게 의식한다. 마치 그들이 어떤 메시지를 경험하면서 그들의 어깨에 앉아서 자신의 반응을 관찰하는 것 같다. 이것은 완전한 의식 상태를 나타낸다. 즉, 사람들은 그들이 미디어 메시지를 처리하는 동안 미디어 메시지, 그들 자신의 사회 세계, 그리고 사회 세계에서의 그들의 위치를 알고 있다. 자기반성적 노출 상태에서 수용자는 '왜 내가 이 메시지에 내 자신을 노출시키고 있는 것인가? 나는 이 노출에서 무엇을, 왜 얻고 있는 것인가? 내가 무슨 이유로 메시지의 의미에 대해 이런 해석을 하고 있는가?'와 같은 질문을 통해 미디어 인식에 대한 가장 높은 경지의 통제력을 발휘한다. 단순한 분석뿐만 아니라 메타 분석도 실시한다. 즉, 미디어 메시지 분석뿐 아니라 미디어 메시지를 분석한 결과에 대한 분석까지 병행하고 있다는 의미이다.

자기성찰적 상태와 몰입 상태는 둘 다 수용자들의 높은 참여가 특징이기 때문에 유사하게 보일 수 있지만, 두 노출 상태는 매우 다르다. 몰입 상태에서는, 사람들은 감정적으로 지나치게 빠져있어 자기 자신을 잃어버린 채로 행동한다. 이와는 대조적으로, 자기성찰적 상태에서는 직면하고 있는 미디어 메시지를 분석적으로 처리하면서 자기 자신을 충분히 의식하고 지극히 인지적으로 접근한다는 특징이 있다.

미디어 리터러시 접근법

이 장에 제시된 아이디어들은 당신이 어떻게 미디어 리터러시를 향상시킬 수 있는지를 이해하는 데 도움을 줄 것이다. 즉, 필터링, 의미 연결, 그리고 의미 구성에 대한 결정을 내림에 있어서 더 나은 결과를 얻게 할 수 있다. 이것은 당신이 더 나은 결정을 내리기 위해 모든 미디어 메시지를 주의집중 또는 자기성찰적 상태에서 접해야 한다는 것을 의미하지는 않는다. 대신에 당신은 의사결정 알고리즘을 변경하여 미디어 메시지가 자동화 상태나 몰입 상태에서 실행될 때 더 나은 선택을 할 수 있도록 돕는다.

필터링을 수행할 때에는 주기적으로 미디어 노출 습관을 점검하여, 어떤 것들은 무시하는 반면 특정 미디어와 특정 메시지에 시간을 할애하는 이유를 자문할 수 있다. 만약 당신이 미디어 노출 습관에 대한 좋은 이유가 있다면, 그러한 필터링 습관이 당신 자신의 목표를 달성하는 데 도움을 주고 있을 것이다. 하지만 만약 당신이 몇몇 습관에 혼란을 느낀다면, 다른 미디어와 다른 종류의 메시지들에 노출을 해 봄으로써 당신의 요구가 더 잘 충족될 수 있는지를 살펴 그러한 습관들을 바꾸는 것을 고려해 볼 필요가 있다.

의미 연결에 대해서는, 당신이 기억하고 있는 몇 가지 의미를 주기적으로 점검할 필요가 있다. 아마도 당신은 뉴스 캐스터, 전문가, 문화 평론가 등과 같은 소위 전문가의 의견을 단순히 기억함으로써 그러한 의미들 중 일부를 얻었을 것이다. 아마도 그 전문가가 틀렸다는 것이 나중에 밝혀졌지만, 당신은 여전히 기억된 의견을 고수하고 있을 수 있다. 아니면 전문가의 의견을 기억하지 말고 자신의 개인적 신념과 경험에 더 잘 맞는 자신만의 독자적인 의견을 구성했어야 했다. 당신이 기억하고 있는 어떤 의미들은 시대에 뒤떨어지거나 당신이 믿고 있는 것과 마찰을 일으키거나 어떤 면에서는 결함이 있는 것일 수 있다. 만약 당신이 그것들을 규명해서 당신이 갖고 있는 '정신적 사전'에서 지워내지 않는다면, 자동적으로 그 의미를 계속 사용할 것이고, 그럼으로써 당신의 목표로부터 더 멀어질 수 있다.

의미 구성에 대해서는, 당신의 삶에서 가장 중요한 결정을 내려야 하는 영역을 확인할 필요가 있다. 당신이 더 많은 정보를 수집하기 위해 미디어 메시지를 사용할 때, 단순히 정보를 있는 그대로 받아들이고 있는지 아니면 당신의 요구와 목표에 맞게 그것을 변형시키고 있는지 스스로에게 물어보라. 정보의 원천을 자신의 목표를 달성하는 데 도움이 되는 지식으로 변환하는 작업을 더 많이 할수록 의미 구성 과정이 당신의 통제 하에 더 잘 이루어질 것이다.

미디어 메시지의 의미는 피상적으로 보이는 것과 늘 같지는 않다. 보통은 여러 층위의 의미가 있다. 메시지의 의미 층위에 대해 더 많이 알면 알수록 활용 가능한 의미 구성에 대한 모든 선택 사항들을 더 잘 이해할 수 있다. 그리고 당신이 의미 구성에 대한 여러 가지 선택 사항들을 인식하고 있다면, 당신에게 가장 유용한 의미를 선택하는 데 더 많은 통제력을 행사할 수 있다.

이러한 정보 처리 작업을 더 잘 수행하는 일부의 사람들은 다른 사람들보다 더 나은 미디어 리터러시를 갖추고 있다. 미디어 리터러시를 향상시키는 것은 강한 개인의 정신적 위치(locus)를 필요로 한다. 개인적인 목표와 필요를 알고 나면, 의미를 통제하기 위해 추진력을 발휘해야 한다.

우리는 또한 우리의 계획을 실행할 도구가 필요하다. 그 도구들은 역량과 기술이다. 역량은 사람들이 미디어와 상호작용하고 메시지의 정보에 접근하기 위해 습득한 도구들이다. 역량은 어릴 때 배운 후 자동으로 적용된다. 역량은 단정적이다. 즉, 사람들이 무언가를 할 수 있거나 할 수 없다. 예를 들어, 사람들은 단어를 인식하고 그 의미를 기억된 의미와 매칭시키는 방법을 알고 있거나 그렇지 않다. 역량을 갖추는 것이 하나의 미디어를 읽고 쓸 수 있게 하는 것은 아니지만, 이러한 역량이 부족하면 특정 종류의 정보에 접근하는 것을 방해하기 때문에 미디어에 정통하지 못하게 된다. 예를 들어, 기본적인 읽기 능력이 없는 사람은 인쇄물에 접근할 수 없다. 이것은 그 사람이 지식 구조에 구축할 수 있는 것을 크게 제한할 것이다. 이것은 또한 개인의 정신적 위치를 끌어올리는 것을 억압한다. 예를 들면, 책을 읽지 못하는 사람들은 인쇄된 정보에 자신을 노출시킬 동기가 매우 낮다.

역량 외에도, 사람들은 일련의 미디어 리터러시 기술이 필요한데, 특히 의미 구성 과제를 수행할 때 그러하다. 미디어 리터러시 기술의 발달은 낮은 수준에서 높은 수준의 미디어 리터러시로 옮겨가는 사람에게는 매우 중요하다. 미디어 리터러시 기술이 발달하지 못한 사람들은 마주하는 정보로는 많은 것을 할 수 없다. 예를 들어, 만약 그들의 분석 능력이 부족하다면, 미디어 메시지에서 좋은 정보를 알아낼 수 없을 것이다. 또한 평가 능력이 부족하면, 정보의 질이나 유용성을 잘 판단할 수 없어 어떤 정보가 좋고 어떤 정보가 결함이 있는지 알 수 없게 된다. 귀납적 사고 기술이 부족하면, 그들은 서로 다른 메시지들이 공통적으로 갖는 특징을 찾아내기 힘들 것이다. 요약 기술이 부족하면, 메시지가 담고 있는 '큰 그림'을 보는 데 힘에 겨울 것이다. 그리고 만약 연역적 사고와 종합적 사고 기술이 부족하다면, 지식 구조에 새로운 정보를 통합하는 데 큰 어려움을 겪을 것이다. 그들은 정보를 부실하게 정리하여 허술하고 잘못된 지식 구조를 만들 것이다. 최악의 경우, 기술이 부족한 사람들은 정보에 대해 생각조차 하지 않으려고 할 것이고 수동적으로 정보를 대하려고 할 것이다. 그렇게 되면, 종당에는 능동적인 정보 제공자(광고주, 연예인, 뉴스 생산자 등)는 대중들의 지식 구조의 구성자로서 그들의 힘을 증가시키고 대중들의 믿음을 바꾸고 미디어를 대하는 잘못된 태도 기준을 대중들에게 심어주어 대중들이 세상을 보는 시각을 지배하게 될 것이다.

기술과 역량은 연속적인 순환 과정에서 함께 작용한다. 특정한 정보 처리 과제를 수행함에 있어서 특정 기술이나 역량이 다른 것보다 더 중요할 수 있다. 예를 들어, 필터링 과제를 수행하는 상황에서는 분석과 평가의 기술이 가장 중요하다. 의미 연결 과제에서는 역량이 가장 중요하다. 그리고 의미 구성 과제에 있어서는 범주화, 귀납, 연역, 종합, 요약의 기술이 가장 중요하다. 그러나 개별적인 기술과 역량의 가치는 다른 유형의 메시지에 의해 제시되는 특정 과제에 따라 달라진다.

요약

우리가 매일 미디어 메시지의 홍수에 직면할 때, 우리의 뇌는 필터링, 의미 연결, 그리고 의미 구성이라는 세 가지 연동되는 정보 처리 작업을 수행한다. 필터링 작업은 극히 일부 메시지만을 제외하고 거의 모든 메시지를 무의식적으로 처리한다. 의미 연결 과제도 기계처럼 무의식적으로 수행되는데, 이 과정에서 말, 소리, 이미지 등과 같은 메시지 자극은 기억된 의미와의 매칭이 이루어진다. 이와는 대조적으로 의미 구성 과제는 메시지에 대해 새로운 의미를 만들기 위해 기술을 사용하는 의식적인 과정이 필요하다.

그렇게 많은 정보 처리가 자동적으로 이루어지기 때문에, 주기적으로 그 처리를 지배하는 정신 코드를 점검하여 그것이 우리에게 최선의 이익을 가져다주기 위해 작동하고 있는지를 판단할 필요가 있다. 미디어 습관을 주기적으로 분석하여 우리의 목표를 달성하기 위해 어떤 습관이 작용하고 있는지, 그리고 어떤 습관이 우리의 시간과 관심을 낭비하거나 우리에게 이롭지 않게 작동하는지를 알아내는 것이 중요하다. 일단 우리가 이것을 명확하게 구별해 낼 수 있다면, 우리는 자동화 코드를 재프로그래밍하여 우리 마음이 자동 조정 상태에서도 수천 가지 결정을 내리게 될 것이며, 그런 결정들은 우리를 보다 생산적이고, 똑똑하게 그리고 행복하게 만들 것이다.

> ### 더 읽을거리
>
> Brooks, D. (2011). The social animal: The hidden sources of love, character, and achievement. New York, NY: Random House.
> 이 책은 인간의 뇌에 대한 읽기 쉬운 책이다. 이 책은 알려진 것, 그리고 과학자들이 지금 안다고 생각하고 있는 뇌라는 복잡한 조직에 대한 많은 흥미로운 정보를 제공한다.
>
> Konnikova, M. (2013). Mastermind: How to think like Sherlock Holmes. New York, NY: Penguin Books.
> 이 책은 심리학적 텍스트와 문학적 분석, 그리고 자조가 혼합되어 있다. 셜록 홈즈 이야기의 팬이며 심리학 박사 학위를 가지고 있는 Konnikova는 홈즈가 어떻게 생각하고 어떻게 미스테리를 해결하는지 검증한다. 그녀는 이 유명한 탐정 소설이 범죄를 해결하기 위해 심리적 원칙과 사고력을 어떻게 사용하는지를 독자들에게 보여준다. 읽기 쉬운 이 책은 독자들이 일상 생활에서 문제를 해결하기 위해 어떻게 같은 기술을 적용할 수 있는지를 보여준다. Konnikova는 미디어 리터러시의 두 가지 핵심 기술인 귀납과 연역에 초점을 둔다. 이 책의 8개 장은 '(1) 당신 자신을 이해하기 (2) 관찰에서 상상 (3) 연역의 기술 (4) 자아 인식의 과학과 예술'의 4개 섹션으로 구성되어 있다.
>
> Pariser, E. (2011). The filter bubble: How the new personalized web is changing what we read and how we think. New York, NY: Penguin Books.
> 이 매력적인 책에서, Pariser는 대중 매체가 당신을 위해 메시지를 어떻게 필터링하여 결정을 내리는지에 대한 많은 예를 보여준다.
>
> Potter, W. J. (2018). The skills of media literacy. Santa Barbara, CA: Knowledge Assets.

이 책에서, 저자는 당신에게 미디어 리터러시의 7가지 기술을 향상시키기 위한 단계적 접근법을 보여준다. 이 책은 각 기술에 대한 많은 사례와 연습들을 제시한다.

Storr, W. (2014). The unpersuadables: Adventures with the enemies of science. New York, NY: The Overlook Press.

Storr는 창조론자, 나치의 유대인 대학살을 부정하는 사람들과 같이 과학적 증거에 맞서는 신념을 가지고 있는 사람들을 인터뷰해 온 저널리스트다. 인간의 모든 추론과 지식은 우리가 우리 자신에게 말하는 이야기에 바탕을 두고 있고, 우리의 이야기를 바꾸는 것은 심리적으로 어려운 문제이기 때문에 우리는 우리가 믿는 것에 부합하지 않는 모든 형태의 진리를 부정한다고 결론짓는다.

연습 문제 3.1 개인화된 검색 결과를 관찰하기 위한 구글 검색

1. 미디어 메시지를 접했을 때 수행하는 세 가지 정보 처리 과제는 무엇인가?

   이 활동은 두 명 정도의 인원으로도 할 수 있지만, 숫자가 많을수록 더 효과적이다. 또한, 이 활동은 그룹에 모인 구성원의 관심이 다양할 때 더 효과적이다.

2. 검색 목록을 브레인스토밍하기

   검색 복록은 구체적이어야 한다. 즉, 검색 목록은 그룹 내 구성원들의 특정 관심사외 취미를 반영해야 한다.

3. 검색을 위한 키워드 목록 작성하기

   두 가지 이상의 의미를 가진 단어를 사용하도록 노력하라. 예를 들어, 낚시라는 단어는 배에서 물고기를 잡기 위한 행위이기도 하고, 정보를 찾는 행위이기도 하고, 사기 사건의 희생자 등을 의미한다. 그린(green)이라는 단어는 색깔, 어떤 조직이나 분야의 새로운 인물, 사람의 성씨 등을 나타낼 수 있다.

4. 동시에 구글 검색 실시하기

   그룹의 각 구성원은 각자 컴퓨터나 노트북, 스마트폰을 통해 같은 시간에 구글에 접속하여 앞 단계에서 작성했던 검색어를 똑같이 입력하여 검색을 실시한다.

5. 검색 결과 분석하기

   검색 시간, 조회수, 사이트 랭킹의 차이를 기록한다. 검색을 수행한 사람의 개인 특성에 따른 검색 결과의 차이를 설명할 수 있는가?

6. 뉴스, 의류, 광고, 현실, 효과와 같은 비교적 일반적인 용어를 가지고 이 과정을 다시 해 보기

   일반적인 용어의 검색 결과를 분석한다. 구체적인 용어를 사용했을 때와 비교해서 일반적 용어를 사용했을 때 사람들 간에 차이가 많이 나는가?

수용자에 대한 산업적 관점

핵심 개념 | 대중 매체는 일반 대중을 마케팅을 위한 틈새 수용자층으로 세분화한 다음, 특정 유형의 사람들을 각 틈새로 끌어들이기 위한 특별한 콘텐츠를 만들어 광고주들에게 판매할 수 있도록 한다.

▶ **수용자에 대한 관점: 다수에서 소수로**
- 다수의 수용자란 무엇인가
- 다수 수용자 개념에 대한 거부
- 틈새 수용자에 대한 생각

▶ **틈새 수용자 규정하기**
- 지리적 분류
- 인구통계학적 분류
- 사회 계층적 분류
- 지리 인구통계학적 분류
- 심리학적 분류
  - 미국인의 12가지 생활양식
  - VALS 유형

▶ **수용자 끌어들이기**
- 현재의 필요와 관심에 호소하기
- 다양한 미디어와 전달수단을 활용한 홍보

▶ **수용자의 조건화**
▶ **요약**
▶ **더 읽을거리**
▶ **연습 문제**

Alan과 Jean이 커피를 마시던 중, Alan이 불평하기 시작한다.

"내가 요즘 늙어가는 길 느껴."

"Alan, 말도 안 되는 소리 하지 말아요. 머리도 아직 안 벗겨졌고, 아직 머리가 센 것도 아니잖아요. 아직 안경을 쓸 때도 되지 않았고요."

"알지. 그래도 나이가 들어가는 느낌이야."

"이유 없이 아프기 시작한 거예요?"

"아니, 멀쩡해."

"아침에 일어나기 힘들고 하루를 지탱하기에 힘이 부쳐요?"

"아니, 에너지는 아직도 충분해."

Jean은 답답해졌다. "이해가 안 되네요. 왜 나이가 든다고 느끼는 건지."

"글쎄, 내가 제일 좋아하는 텔레비전 프로그램 때문이야."

"그게 취소됐어요?"

"아니, 그게 아니고, 그 프로그램에 나오는 광고 때문이야. 멀티비타민, 틀니 크림, 전동 휠체어, 은퇴 크루즈 여행 등등 모든 광고가 나이든 사람들을 위한 것들이야."

"그것 때문에 기분이 안 좋은 거예요?" Jean이 안도감을 느끼며 말했다.

"그게 뭐 대수라고. 그건 바로 해결할 수 있어요. 저도 작년에 그런 느낌을 받았는데, 다른 TV 프로그램들을 보기 시작했더니 없어지더라고요."

"무슨 프로그램인데?"

"저렴한 트럭이랑, 맥주, 인스턴트 음식 광고들이 많이 나오는 프로그램들이 많이 있어요."

"그런 방송을 보면 다시 젊어지는 느낌이 드는 데 도움이 돼?"

"그럼요. 전 더 이상 제가 은퇴하면 건강 보험이 충분한지, 잘 때 기저귀를 차야 되는지 따위에 대해 생각하지 않아요."

"그거 정말 멋진데!" Alan은 이미 젊어진 기분이었다.

"물론 문제가 하나 있긴 하죠," Jean이 말했다. "그런 TV 프로그램은 너무 애들 같고 유치하긴 해요."

대중 매체는 수용자 층(audience)을 형성하여 광고주들로 하여금 수용자들에게 접근하여 무언가를 판매할 수 있게 한다. 수용자 층을 형성함에 있어서 미디어는 광고주에게 아직 충족되지 않은 콘텐츠를 제공할 수 있는 특정한 틈새 집단을 공략한다. 미디어는 특정 집단의 사람들을 수용자로 끌어들여 그들에게 반복적인 노출을 조건화한다. 이 장에서는 미디어 기업이 반복적 노출을 위해 대중을 끌어들이고 조건화하기 위해 사용하는 전략을 살펴보기로 한다. 그러나 우선, 매스 미디어 기업들이 불특정 다수 대상의 대량 생산에서 특정 소수 대상의 다양화된 소량 생산으로 전환하기까지 대중에 대한 그들의 시각을 어떻게 바꾸어 왔는지에 대한 보다 근본적인 문제를 검토할 필요가 있다.

수용자에 대한 관점: 다수에서 소수로의 전환

미디어 프로그래머들은 더 이상 수용자들을 거대한 하나의 일반화된 집단으로 생각하지 않는다. 지금은 수용자들을 특별한 관심사에 의해 정의되는 소수 전문화된 사람들 집단으로 이루어진 수많은 틈새 수용자의 집합으로 생각한다.

다수의 수용자란 무엇인가

꽤 최근까지, 많은 미디어 프로그래머들과 연구자들은 미디어에 대해서 '다수(mass)' 수용자라고 불리는 집단이 있다고 믿었다. 매스 커뮤니케이션이라는 용어는 약 1세기 전부터 사용되었는데, 그 당시의 사회철학자들은 신문, 잡지, 책이 모든 대중에게 그들의 생각을 비슷한 방법으로 전달한다고 주장하였다. 거의 모든 사람의 정보와 오락에 대한 필요성이 동일하다고 가정했다. 그래서 특정 미디어 메시지가 한 사람에게 잘 통하면 다른 모든 사람에게도 잘 통할 것이라고 생각했다. 따라서 '다수(mass)'라는 용어는 양적 방식이 아닌 질적 방식으로 사용되었는데, 이는 대중의 크기 대신 일정한 유형의 대중을 의미하였다. 이러한 양적 지표에서 벗어난 변화는 '다수' 수용자를 규정짓기 위해 얼마나 많은 사람이 필요한지 결정하였다. 이전에는 사람이 얼마나 되어야 다수라고 부를 수 있는지 그 마법의 선을 아무도 규정하지 못했다.

처음에는, 수용자에 대한 질적 관점으로의 이러한 전환은 양적 한계치를 규명하려는 노력보다 나은 것으로 보였다. 이러한 사고 전환의 바탕은 1800년대 중반 미국과 서유럽 국가에서 시작된 산업혁명을 경험하고 있던 사회의 심오한 변화를 주목하는 학자들로부터 비롯되었다. 이러한 국가들은 산업화가 심했기 때문에, 덜 산업화된 국가들에서는 이러한 기술적 진보가 명백하지 않은 방식으로 사람들의 삶을 형성했다고 믿어졌다. 사회학자들은 덜 산업화된 사회에 사는 사람들은 매일 지속적으로 다른 사람들과 상호작용하는 사회적 네트워크에 밀접하게 통합되어 있다고 보았다. 산업화된 사회에서, 대부분의 사람들은 반복적이고 전문화된 업무들 때문에 기계가 하는 일을 하면서 공장에서 근무했다. 사회학자들은 산업 혁명이 대중 사회를 만들었다고 믿었다. 즉, 공장들이 표준화된 제품을 생산하는 동안, 사회 또한 표준화했다. 그들은 대부분의 사람들이 공장에서 일을 하는 노동의 산업화가 사람들을 기계의 일부로 만드는 역할을 했으며, 대중 사회는 다음의 4가지 특성을 지닌다고 믿었다(Blumer, 1946). 첫째, 사회가 이질적이기는 하지만(성별, 인종적 배경, 또는 다른 특질에 관계없이 여러 사람들로 구성됨), 모든 사람들은 하나의 생활 방식을 갖는 것으로 변모해 있었다. 둘째, 대중 사회의 개인은 미디어 기업과 광고주들에게 무명이었다. 미디어 메시지 디자이너들은 대중들 중 어느 누구의 이름도 알지 못했고 그것에 대해 별로 신경 쓰지도 않았다. 왜냐하면, 디자이너들은 대중들은 모두가 똑같을 것이고 한 사람이 다른 사람을 언제든지 대체할 수 있다고 여겼기 때문이다. 셋째, 대중들 사이에 아무런 상호 작용도 없었다. 사람들은 서로 미디어 메시지에 대한 얘기를 나누지 않았고, 그래서 미디어 메시지의 의미는 사람들의 대화를 통해 논의되거나 수정되지 않았다. 그 결과 메시지들은 균일한 방식으로 각 사람에게 직접적인 영향을 끼쳤다. 넷째, 다수의 대중들은 미디어에 대해 어떤 사회적 조직도 만들지 않았고, 관습이나 전통에 위배되는지 검토하지도 않았으며, 규칙이나 규율을 정하지도 않았고, 감정적 문제를 다룰 기구도 없었고, 어떤 구조적 역할도 수행하지 않았다.

의사소통이 매스 커뮤니케이션과 같은 방식으로 이루어진다고 믿었기 때문에, 각각의 미디어 메시지는 같은 방식으로 모든 사람에게 전달되고 모든 사람들은 동일한 방식으로 그것을 처리한다고 가정했다. 처리 자체도 또한 매우 간단하다고 믿어졌다. 즉, 사람들은 다른 사람들과 메시지를 논의하지 않았기 때문에 메시지에 대한 심리적 방어력이 거의 없는 상태였다.

이러한 상태를 보여주는 증거로, 사회 평론가들은 Adolf Hitler가 1930년대 그를 지지할 독일 사람들을 동원하기 위해 대중 매체였던 라디오를 활용했던 방식을 지목했다. Kate Smith가 수백만 달러를 모금한 전쟁 채권을 위한 라디오 방송도 사람들이 미디어 메시지에 매우 민감하다는 증거이다. 대중들이 미디어 메시지에 대해 방어 기제가 약하다는 것을 보여주는 또 다른 예는 Orson Welles이 1939년 머큐리 극장에서 보였던 '세계의 전쟁'이라는 공연에 대한 대중들의 반응이다. 그의 공연은 마치 실제 뉴스 방송인 것처럼 보이는 허구의 라디오 연극이었다. 라디오 연극에 대한 청취자들의 반응에 대한 초기 보고는 화성인들이 New Jersey에 착륙하고 있다고 실제로 믿어서 모두가 패닉에 빠졌다고 얘기하고 있다. 이러한 예들은 사회학자들이 1930–1940년대 내내 매스 커뮤니케이션의 위험에 대한 경고의 목소리를 내도록 만들었다.

시간이 흐를수록 학자들은 무방비 상태의 대중 사회에서 미디어의 힘에 대한 두려움을 넘어서 사회의 변화를 보다 이성적으로 보기 시작했다. 앞서 언급한 세 가지 예를 좀 더 세심하게 분석한 결과, 대부분의 사람들이 그러한 메시지에 영향을 받지 않았다는 것이 밝혀졌다(Cantril, 1947). 또한 피해를 입은 사람들이 모두 같은 방식으로 영향을 받는 것도 아니고, 모두 같은 방식으로 반응하는 것도 아니라는 것도 나중에 밝혀졌다. 따라서 모든 수용자들이 메시지에 똑같은 방식으로 반응한다는 다수의 수용자들의 생각과 믿음이 무너지기 시작했다.

다수 수용자 개념에 대한 거부

1950년대에 이르러, 많은 학자들에게 대중을 '다수'으로 가정하는 것이 부정확하다는 것이 명백해졌다. Friedson(1953)은 기존의 대중에 대한 견해를 처음으로 비판하였다. 그는 사람들이 대인관계의 맥락 안에서 영화를 보고, 라디오를 듣고 텔레비전을 본다고 주장했다. 미디어 자료에 대한 논의는 노출 전, 중, 후에 자주 이루어진다고 하였다. 그는 메시지의 의미를 공유하는 사람들 사이에 잘 발달된 사회적 관계망이 있다는 것을 인정했다. 이러한 사회적 환경은 청중들이 자신을 노출하는 것과 메시지가 그들에게 어떤 영향을 미치는가에 지속적으로 영향을 주었다. 미디어에 대한 행동은 단지 그들의 더 일반적인 사회적 행동의 일부분일 뿐이었다. Friedson은 "다수의 개념은 대중에게 정확히 적용되지 않는다."(p.316)고 경고했다. Friedson이 이 점을 지적한 이후, 많은 다른 연구자들이 이 입장을 지지했다(Bauer & Bauer, 1960).

오늘날에도 매스 커뮤니케이션이라는 용어는 여전히 사용되고 있지만, 다수 수용자(mass audience)에 대한 믿음을 뒷받침할 증거는 없다. 그 대신 많은 수용자(many audience)가 있을 뿐인데, 어떤 사람은 구조적이며 리더십을 갖추고 있지만, 또 다른 사람들은 그렇지 않기도 하다. 사람들은 특정 틈새 소비 집단으로 분리될 수 있지만, 그들은 틈새 집단 또는 네트워크 내에서 사람들과 많은 의사소통하기 위해 미디어를 사용한다. 또한, 미디어 이벤트가 모든 사람들을 끌어들이는 것은 매우 드문 일이다. 슈퍼볼과 같은 대규모 이벤트도 전체 미국인의 절반 이하가 시청한다. 그리고 더 중요한 것은, 슈퍼볼을 보는 사람들이 모두 같은 것을 경험하는 것은 아니라는 것이다. 일부 시청자들은 팀이 이기고 있을 때 의기양양하고, 다른 시청자들은 팀이 지고 있을 때 우울해하고, 어떤 사람들은 파티를 할 이유가 있다고 기뻐하고, 또 다른 사람들은 어떤 팀이 경기를 하고 있는지 전혀 알지 못한다. 흔한 일반화된 경험은 거의 없다. 또한, 사람들은 슈퍼볼을 시청하는 동안 서로 이야기를 나누며 이벤트에 대한 나름을 해석을 내놓고 다른 사람들의 의견을 듣는다.

틈새 수용자에 대한 생각

대중 매체 프로그래머와 제품 마케터들은 오래 전에 다수 수용자에 대한 생각을 버렸다. 그들은 특정 제품, 서비스 또는 미디어 메시지를 모든 사람에게 팔려고 시도하는 것이 무모하다는 것을 알고 있다. 그 대신에 미디어 프로그래머들은 특별한 종류의 메시지를 만들어 특정한 종류의 사람들에게 어필한다. 즉, 틈새 수용자들이다. 일단 한 미디어 기업이 잠재적인 틈새 수용자들을 확인하게 되면, 그 틈새 수용자를 그러한 사람을 끌어들이기 위해 특별히 고안된 메시지를 만들어낸다. 만약 그들이 그 틈새 수용자들 가운데 충분한 사람들을 끌어들이는 데 성공한다면, 그들은 광고주들에게, 수용자들이 제품과 서비스를 구매하도록 조건화하기 위해 설득력 있는 메시지를 타겟 수용자들 앞에 내놓을 수 있는 접근권을 판매한다. 따라서 미디어 프로그래머들은 틈새 수용자들이 만드는 사업에 종사하고 있다. 예를 들어, 웹사이트 디자이너가 부유한 고학력의 전문직 종사자를 수용자로 끌어들이고 싶다면, 디자이너는 골프와 같이 그 사람들이 관심을 보일만한 아이템을 알아내야 한다. 웹 디자이너는 사람들이 이미 다른 웹 사이트, 케이블 TV 네트워크, 잡지 및 책에 의해 충족되지 않는 필요를 충족시킬 수 있는 콘텐츠를 만들 필요가 있다. 그리고 나서 웹 디자이너는 잠재적인 수용자가 시간을 보내는 미디어를 찾아내서 새로 디자인된 웹사이트로 끌어들이기 위해 그 미디어 메시지에 광고를 넣어야 한다. 일단 자신들의 웹사이트가 부유한 사람들을 끌어들이기 시작하면, 판매 직원들은 고급 자동차 판매상, 보석상, 여행사, 골프 장비 판매점과 같은 특정 광고주들에게 그 수용자들에 대한 접근권을 판매한다.

개인은 많은 다른 틈새 소비 집단의 일원이다. 지역 신문, 라디오 방송국, 케이블 TV 프랜차이즈가 목표로 하는 지역 사회의 일원이다. 당신은 매우 빠르게 형성되어 하루 저녁만 지속되는 인터넷 가상 커뮤니티의 일원이 될 수도 있다. 당신은 특정 웹사이트와 잡지의 표적이 되는 특정 관심사 집단의 일원이지만, 다른 멤버들은 전 세계에 퍼져 있고 당신을 직접 만날 일은 없다.

공통점 & 차이점
다수 수용자와 틈새 수용자

공통점
- 둘 다 대중 매체 메시지에 대한 수용자이다.
- 둘 다 마케팅 담당자가 수용자를 끌어들이고, 그들의 관심을 유지시켜, 반복적인 노출을 통해 그들을 조건화하기 위한 전략을 수립하기 위해 사용된다.

차이점
- 다수 수용자는, 대중 매체가 이질적이고, 익명이며, 서로 고립되고, 사회 조직도 없는 다수의 사람들을 위해 표준화된 제품을 생산하는 공장과 비슷한 체제의 산업형 개념에 기반을 둔다.
- 틈새 수용자는 어떤 관심사(취미, 생활양식의 선택, 특정 필요)를 공유하는 비교적 적은 수의 사람들을 의미한다. 마케팅 담당자들은 틈새 수용자 내의 사람들을 동질적(같은 관심사 공유)이며, 개인적이고, 그들이 추천하는 미디어 메시지를 다른 사람과 상호작용하는 소셜 네트워크의 일원으로 본다.

틈새 수용자 규정하기

대중 매체 프로그래머들의 가장 큰 숙제는 유용한 틈새 수용자를 파악하는 것이다. 이 과제를 해결하기 위해 그들은 모든 사람을 의미 있는 방식으로 구분하는 것으로 시작한다. 그런 다음, 그들은 자신에게 관심 있는 틈새(특정 집단)를 선택하고, 그러한 틈새에 있는 사람들을 끌어들이기 위해 메시지를 개발한다.

수년 동안, 수용자 분류 전략은 더 정교한 그룹의 틀을 구축하기 위한 노력으로 더 복잡해졌다. 이것은 지리적 방법, 인구통계학적 방법, 사회 계층적 방법, 지리 인구 통계적 방법, 심리적 방법의 다섯 가지 유형의 세분화에 대한 사고 개발을 통해 잘 드러난다.

지리적 분류

이 유형의 분류 방식은 보도 영역에 대해 지리적 경계를 갖는 신문뿐만 아니라 라디오 및 지역 TV에서 가장 중요한 것이다. 그것은 또한 다른 미디어들이 그들의 메시지를 국가의 특정 지역으로 보내는 것에 대해 생각하는 데도 유용했다.

지리적 분류는 가장 오래된 분류 형태이다. 한 회사는 어떤 지역에서 사업을 시작해서 그 지역에 있는 사람들이 원하는 제품을 생산한다. 유통 제한 때문에 그 회사는 그 한 지역에서만 사업을 할 것이다. 만약 그 회사가 확장을 원한다면, 본고장에서 그 제품을 필요로 하는 다른 지역으로 이전을 할 것이다. 만약 전국적으로 그 회사의 제품을 필요로 한다면, 그 회사는 전국적인 유통으로 지리적 확장을 하게 될 것이고, 실제로 많은 회사들이 그렇게 해서 지리적 경계를 벗어났다.

인구통계학적 분류

인구통계학은 성별, 인종적 배경, 나이, 소득, 교육 등 각 개인에 대한 비교적 지속적인 특성에 초점을 맞추고 있다. 이것들은 꽤 안정된 특성이고 수용자를 유의미한 수용자 단위로 분류하는데 꽤 유용하게 사용되어 왔다. 비록 사람들이 이들 중 일부(교육, 소득 등)에 대한 위상을 바꿀 수는 있지만, 그러한 변화는 많은 노력을 필요로 하고 이러한 변화가 일어나는 데 상당한 시간이 걸린다.

지리적 분류와 마찬가지로, 수용자 분류 장치로서의 인구통계학의 유용성은 감소하고 있다. 수십 년 전, 성인 여성들이 전형적으로 집에 머물면서 아이들을 키울 때, 가정과 육아 제품의 마케팅을 여성들에게만 집중하는 것이 당연하게 여겨졌다. 그러나 이제 한부모 가정이 너무 많고, 직장 내 여성의 수가 남성과 거의 같기 때문에 성별은 대부분의 마케팅 캠페인의 주 수용자를 식별하는 방법으로서의 가치를 잃어버렸다.

인종 또한, 같은 인종 안에서 소득, 교육, 정치적 견해, 문화적 필요성 등의 차이가 인종 간의 차이보다 훨씬 크게 나타나는 오늘날보다는 예전에 보다 효과적인 인구 통계학적인 분류 기준이었다. 신용의 엄청난 증대로 가계 소득은 그다지 유용한 분류 기준이 되지 못한다. 교육 수준 역시 덜 유용하다. 70년 전에는 대학 학위를 취득하면 엘리트 집단(인구의 상위 5%)에 들 수 있었다. 그러나 지금은 고등학교를 졸업하는 사람들의 약 3분의 2가 대학에 진학하고 미국 성인의 약 32%(25세 이상)는 대학 학위를 가지고 있다(Statista, 2018a). 인구통계학이 일부 상품들과 미디어 메시지들을 분류하는 데 아직도 가치가 있기는 하지만, 대부분의 상품들과 미디어 메시지들을 위해서는 다른 분류 방식들이 요구된다.

사회 계층적 분류

가계 소득 수준만으로 사회 계층을 생각할 수 있지만, 그렇게 하면 사회 계층은 인구 통계학적 요인인 소득과 같은 것을 의미하게 된다. 같은 사람이 같은 그룹에 들어가 버리게 될 수도 있는데 굳이 다른 유형의 분류 기준을 적용하는 이유는 무엇일까? 그것은 사회적 계층은 소득을 포함하여 세상에 대한 사람들의 시각을 고려하는 복합적인 특징에 의존하기 때문이다. 이 점을 설명하자면, 물론 사회적으로 하위 계층에 있다는 것은 수입이 적다는 것을 의미한다. 하지만 대학생으로서 당신이 수입이 꽤 적다고 가정해 보자. 당신은 자신이 하층민이라고 생각하는가? 아닐 것이다. 분명한 것은 사회 계급의 정의에는 소득 말고도 더 많은 것이 있다. 하위 계층에 있다는 것은 인생에서 일어나는 일이 당신의 통제 하에 있지 않다는 심리적 관점에 의해 지배되는 것을 의미한다. 하층민들은 자신의 삶을 개선할 기회가 많지 않은 상황에서 태어났다고 느끼고, 따라서 자신의 존재를 유지하기 위해 고군분투하지 않으면 안 된다. 운명이 그들을 이런 상황에 빠뜨렸기 때문에 그들이 할 수 있는 최선은, 기회가 왔을 때 그 기회를 최대한 살리기 위해 노력하는 것이다. 그래서 그들은 돈벼락을 맞았을 때 누군가 돈을 빼앗기 전에 가능한 한 많은 재미를 보고 싶어 한다. 결코 오지 않을 내일을 위해 저축하는 것은 의미가 없다.

중산층이 된다는 것은 보다 장기적인 목표를 위하여 당장의 즐거움을 미루는 것이 좋다는 것에 가치를 두는 것이다. 다시 말해, 당신 미래에 투자하기 위해 현재를 희생시킬 각오가 되어있다. 당신이 대학에 있다는 사실은 당신이 중산층적인 견해를 가지고 있다는 것을 잘 나타내준다. 당신은 현재의 4년 동안 경제적으로나 라이프 스타일에서 희생을 치르는 것이 나중에 당신의 노력에 대한 더 큰 보상을 받을 것이기에 좋은 생각이라고 믿고 있다. 당신의 현재의 행동이 당신의 미래에 영향을 준다고 믿는다. 당신은 다른 방법이 아니라 스스로가 운명을 통제할 수 있다고 믿는다.

상류층이 된다는 것은 단순히 더 많은 돈을 갖는 것을 의미하지 않는다. 그것은 더 많은 자원(당신뿐만 아니라 다른 사람들의 자원)을 통제할 수 있다는 것을 말한다. 거액을 조달하고 막강한 권력을 휘두르는 능력을 의미한다.

지리 인구통계학적 분류

수용자 분류에서 비교적 최근의 혁신은 지리적 분류와 인구통계학적 분류가 혼합된 지리 인구통계학적 방법이다. 이것은 같은 유형의 사람들이 이웃에서 함께 군집하는 경향이 있다는 가정에 기초한다. 그래서 이웃은 중요한 특성에 대해 동질성을 지니는 경향이 있고, 이러한 특성들은 이웃에 따라 매우 다르다.

지리 인구통계학적 분류의 한 예로, 1974년 Claritas Corporation에 의해 개발된 PRIZM 방식이 있다. PRIZM은 미국의 인구 조사 데이터를 복잡하게 분석한 것이다. 분석의 시작은 이웃하는 3만 5천개의 우편번호였는데, 미국에는 40개의 다른 종류의 이웃 집단이 있다고 결론지었다. 그 집단들에게 기억될 만한(그리고 트레이드마크가 될 만한) 이름을 지어 주었는데, 그것은 'sunbelt singles'(젊은 전문직 종사자들이 사는 남부 교외 지역), 'Norma Rae-ville'(공장 노동자를 연합시킨 노동자 계층의 여성에 관한 영화의 이름에서 따옴) 'Marlboro country'(말을 타는 거친 남자들이 사는 서부 외지를 연상시킴), 'furs와 station wagons'(고가의 새로운 동네에 사는 신 부유층으로 대변됨)와 'hardscrabble'(Ozark 산맥, Dakota 황무지, 남부 텍사스 국경 지역) 등이다.

심리학적 분류

심리학은 현재로선 최첨단 분류 방법이다. 사람들의 한두 가지 특성에만 국한하지 않고 다양한 변수를 사용하여 분류한다. 가장 흔하게는 수용자들을 대상으로 인구통계학, 생활양식, 제품 사용 양상을 활용하여 분류한다. 심리학적 분류에는 많은 기준이 있다. 그 중 두 가지가 가장 효과적인 것으로 손꼽힌다.

미국인의 12가지 생활양식

시카고에 있는 Needham, Harper & Steers의 광고 연구 소장인 William Wells는, 공장 근로자인 Joe, 그의 아내 Judy, 직장인 여성 Phillis, 그녀의 자유분방한 남편 Dale, 삶에 만족하는 가정주부 Thelma, 담배를 물고 다니는 중년의 세일즈맨 Hary를 포함하여 미국인의 12가지 생활양식을 만들어냈다. 그의 작품에서 만들어진 인물들은 각기 다른 생활양식을 대표한다. 예를 들어, Joe는 덜 숙련된 일을 하며 시급을 버는 30대의 중하위 계층 남성이다. 그는 텔레비전을 많이 보는데, 특히 스포츠와 액션/모험 프로그램들을 보며, 책은 거의 읽지 않는다. 그는 픽업트럭을 몰고 자동차 부품과 액세서리들에 대해 많이 안다. 반면 Phillis는 석사 학위가 있는 30대의 커리어 우먼이다. 그녀는 책을 많이 읽고, 텔레비전을 볼 때는 주로 뉴스나 좋은 영화를 본다. 그녀는 좋은 음식과 외식, 여행을 좋아한다.

VALS 유형

VALS는 Arnold Mitchell에 의해 SRI(스탠포드 연구소)에서 개발되었다. Mitchell은 1960~70년대 사회, 경제, 정치 동향을 모니터링한 뒤 85쪽 분량의 검사 도구를 만들어 사람들의 성적 습관에서 어떤 브랜드의 마가린을 먹는지에 이르는 질문을 던졌다. 그는 1,635명의 사람들에게 설문지를 작성하게 했고, 그 응답은 1980년에 출판된 그의 책 『미국인의 9가지 생활양식』의 데이터베이스가 되었다. 이 책에서 Mitchell은 사람들의 가치가 그들의 소비 패턴과 미디어 행동에 강하게 영향을 미친다고 주장했다. 그래서 개인이 어떤 가치 집단과 자신을 동일시하는가를 알면 그들이 원하는 상품과 서비스에 대해 꽤 많은 것을 예측할 수 있다. 예를 들면, 경험주의자들이 모인 집단이 있다고 가정하자. 이 가치 집단에 속한 사람들은 그들이 어떤 사람들인지를 알기 위해 새롭고 다른 것들을 시도해 보는 것을 좋아한다. 그들은 여행하는 것을 좋아한다. 그들은 새로운 유형의 상품들을 일찍이 사용하는 사람들이다. 또한 그들은 끊임없이 다른 무언가를 찾는다.

VALS 유형은 SRI에 대단한 성공을 가져다주어 매년 2억 달러 이상의 수입을 벌어들였다. 1980년대 중반까지 SRI는 주요 TV 네트워크와 주요 광고사, Time과 같은 주요 출판사, AT&T, Avon, Coke, General Motors, P&G, RJ Reynolds, Tupperware와 같은 주요 회사들을 포함하여 130여 개의 VALS 고객을 확보하였다. 예를 들어, 시계로 유명한 거대 회사인 Timex는 디지털 온도계와 혈압 측정기를 포함한 새로운 상품들을 포함하는 가정 의료 시장으로 옮겨가기를 원했다. 그 회사는 두 가지 VALS 분류에 집중하였는데, '사회적 인식'과 '성공한 사람'이 그것이었다. 상품과 광고에 대한 모든 것은 이 두 변인을 염두에 두고 선별되었다. 광고 모델들은 화초와 책이 있는 편안한 환경에 놓인 수준 높고 성숙한 인물들이었다. 슬로건은 "가장 도움이 되는 곳의 테크놀로지"였다. 몇 달 만에 Timex의 모든 상품들은 새롭고 급성장하는 산업의 선봉이 되었다.

수년간에 걸쳐, 미국 문화가 변화하면서 VALS는 그에 맞추기 위해 기존의 분류 방식을 변형시켰다. 오늘날 VALS 유형 분류는 1980년대 초반의 모습과 많이 다르다. 수년간에 걸쳐 사람들의 생활양식의 변화를 따라잡으면서 VALS는 대중 매체 프로그래머들과 마케팅 전문가들에게 여전히 가치 있는 도구로 남아있다.

수용자 끌어들이기

수용자의 관심을 끄는 것은 신경 써서 만든 메시지를 타겟 수용자들에게 전달하기 위해 매년 수천 억 달러를 쓰는 수많은 광고주들에게 매우 중요하다. 그러나 점점 더 많은 광고주들과 미디어 매체들이 사람들의 관심을 끌기 위해 경쟁하면서, 관심은 정보 경제 내에서 가장 가치 있는 자원으로 성장했다. 『관심의 경제: 비즈니스의 새로운 통화 이해하기』라는 매우 흥미 있는 책에서, Davenport와 Beck(2001)은, "포스트 산업화 사회에서 관심은 당신이 은행 계좌에 쌓아두는 화폐보다 더 귀중한 통화가 되었다. … 대중들의 관심을 이해하고 관리하는 것은 이제 사업 성공의 가장 중요한 결정요인이 되었다."(p.3)라고 주장한다.

한 미디어 조직이 타겟이 되는 틈새 수용자층을 선택한 뒤에는 사람들을 끌어들일 콘텐츠를 개발해야 한다. 대중 매체는 이를 위해 두 가지 전략을 이용한다. 첫째, 그들은 수용자들이 현재 가지고 있는 필요와 관심에 호소하려고 한다. 둘째, 그들은 수용자의 주의를 끌기 위해 다양한 미디어와 전달수단을 활용하여 홍보를 한다.

현재의 필요와 관심에 호소하기

대중 매체는 전달 수단과 메시지를 개발하고 나면, 수용자를 찾아가지 않는다. 대신에 그들은 잠재적인 수용자의 메시지에 대한 필요성을 알아내기 위해 연구를 수행하고, 콘텐츠를 개발한다. 모든 사람이 동일한 필요와 관심을 가지고 있는 것은 아니므로, 미디어는 다양한 요구들에 의해 규정되는 다양한 유형의 사람들을 알아낼 수 있다. 예를 들어, 어떤 사람들은 스포츠에 매우 관심이 있지만, 다른 사람들은 뉴스나 공공 문제에 더 관심이 있다. 이것은 미디어에 있어 중요한 두 가지 틈새 수용자층이다. 각각은 부수 수용자층을 가지고 있다. 어떤 스포츠들은 야구를 좋아할 지도 모르지만, 다른 사람들은 야구를 싫어하고 축구를 좋아할 수도 있다.

미디어 회사들은 지금 현재의 수용자의 필요가 무엇인지 어떻게 알까? 이 질문에 대답하는 가장 쉬운 방법은 이미 소비되고 있는 메시지가 무엇인지 살펴보는 것이다. 이미 틈새 수용자들 사이에서 가장 많은 관심을 끌고 있는 메시지들은 특정한 현재의 욕구를 보여준다. 그리고 나서 새로운 경쟁자(미디어 회사)는 수용자들이 갖는 동일한 요구에 호소함으로써 동일한 청중을 끌어들이기 위해 그들만의 메시지를 창조하려고 한다. 많은 새로운 영화, TV 쇼, 그리고 인기 있는 노래들이 전형적으로 작년에 가장 인기 있던 영화, TV 쇼, 그리고 노래들처럼 보이고 들리는 이유가 이것 때문이다. 예를 들어, 2006년 3월에 케이블 TV 채널 Bravo는 『The Real Housewives of Orange County』를 처음 방송했다. 이 작품의 성공으로 인해 New York과 Atlanta(2008), New Jersey(2009), Washington D.C.와 Beverly Hills(2010), Miami(2011)에서 모방 프로그램이 만들어졌다. 다른 케이블 TV 프로듀서들은 주부들을 주인공으로 하는 쇼 『Mob Wives』를 제작했고, 그들은 심지어 『The Real French Housewives of Hollywood』(2013), 그리스 아테네와 이스라엘을 배경으로 한 『The Real Housewives』(2011), 캐나다의 밴쿠버(2012), 호주의 멜버른(2014), 영국의 체셔(2015) 등에서 국제적 버전까지 만들었다.

프로그래머들은 우리가 비교적 좁은 노출 레퍼토리를 가지고 있음을 안다. 그래서 새 경쟁자들이 우리가 이미 관심을 보내는 것과 매우 비슷하게 그들의 메시지를 만들 수 있다면, 우리는 새로운 메시지에도 주의를 기울이기 쉽다. 우리가 이미 노출되어있는 것과 너무나 다른 메시지들은 자동화 처리 과정을 통과하지 못한다. 무엇인가가 우리의 주의를 자극해서 그것에 집중하기 전까지는 주로 자동화 처리 상태를 유지한다. 그렇기 때문에 미디어 프로그래머들은 과거에 우리의 주의를 자극시켰던 것을 찾아보고 그들의 메시지 또한 우리의 주의를 자극하도록 비슷한 방법으로 메시지를 구성한다.

비록 우리가 이용할 수 있는 다양한 미디어와 메시지들을 가지고 있지만, 우리는 보통 우리의 요구를 가장 잘 충족시키는 경향이 있는 작은 집합 단위를 선택한다. 작은 집합 단위의 메시지에 대한 선호, 즉 미디어 레퍼토리에 대한 이 사실은 수십 년 전에 분명히 확립되었는데, 그 때는 오늘날 우리가 가지고 있는 것보다 훨씬 적은 미디어 선택 환경이었다. 1992년에 Ferguson은 100개 이상의 채널을 선택할 수 있는 케이블 TV 가정에서도 TV 시청자들은 보통 5개 내지 8개의 채널만 시청하고 나머지는 무시한다는 사실을 발견했다. 또한 채널을 변경할 수 있는 리모컨이나 쇼를 녹화하기 위한 장치가 있어도 채널 선택의 폭을 확장시키지 못한다는 것을 알았다. 곧, 미디어가 제공하는 메시지 수를 확장해도 개인들은 노출의 범위를 늘리지 않는다. 대신에 메시지의 수가 늘어나면 틈새 수용자 층도 증가한다. 더 넓은 범위의 메시지를 이용할 수 있게 되면, 개인들은 그들의 요구에 더 잘 맞는 특정한 메시지를 찾을 수 있다. 오늘날, 미디어 메시지에 대한 선택의 폭이 거의 무한함에도 우리는 여전히 가장 좋아하는 미디어와 메시지의 종류만을 즐기는, 상대적으로 좁은 관점을 지니고 있다.

다양한 미디어와 전달수단을 활용한 홍보

미디어 프로그래머들은 새로운 메시지를 홍보해서 그들이 구성하고자 하는 수용자 층으로 사람들을 유도할 수 있도록 다른 수용자 층에서 그들의 수용자가 될 소지가 있는 구성원들을 찾아야 한다. 그래서 프로그래머들은 미디어 간, 전달수단 간 홍보에 매진한다.

수십 년 전, 미디어 프로그래머들은 특정 전달수단을 상품화하고 그 수단에 대한 충성도를 높이는 데 매우 집중하였다. 예를 들어, 지역 텔레비전 방송국들은 시청자가 그들의 프로그램만을 보기를 원했다. 한 신문사는 구독자가 잡지, 텔레비전, 라디오가 아닌 자신들의 신문에 충성하고, 오로지 거기에서만 뉴스를 접하기를 원했다. 그러나 미디어 통합이 증가함에 따라 미디어 프로그래머들은 메시지로 초점을 옮겼고 전달수단으로부터 멀어졌다. 예를 들어, 라디오 방송 전문 정치 평론가는 라디오 방송국을 소유한 회사가 갖고 있는 웹 사이트에 칼럼을 쓰고, 텔레비전 방송국의 TV 쇼에 출연해 달라는 요청을 받을 수도 있다. 그 회사는 잡지와 출판사를 소유하고 있을 수도 있는데, 이 경우 평론가는 그 잡지에 칼럼을 쓰고 책을 출판하자는 부탁을 받을 수도 있다. 이 미디어 대기업이 평론가를 활용하는 것과 같이 자신의 메시지를 상품화할 때에는 회사는 큰 추가 비용 없이 수입원을 증가시키기 위해 가능한 한 그들이 소유한 많은 미디어와 전달수단을 통해 메시지를 마케팅하려고 한다. 따라서 미디어 회사들은 한 개의 미디어나 한 가지의 전달수단에 의존하여 사람들의 관심을 끌기보다는 대중들을 유인할 메시지에 치중하여 수용자를 끌어들이려 고민을 한다.

미디어간의 차이도 시간이 흐르면서 흐릿해지고 있다. 신문들은 편집 면에서 잡지와 유사해지고 있고, 시간에 민감하지 않고 정보보다는 오락에 좀 더 가까운 가벼운 뉴스와 인간사의 흥밋거리를 다루고 있다. 일반적인 책들은 점점 얇아지고 덜 문학적이 되어가고 있다. 그리고 게임, 백과사전, 웹페이지를 담은 컴퓨터는 점점 영화, 책, 잡지, 신문과 닮아가고 있다. 메시지의 집중과 채널의 융합 등을 고려할 때, 콘텐츠가 전달 시스템보다 훨씬 더 조명을 받고 있다.

몇 십 년 전, 일부 미래학자들은 모든 미디어가 단일화 되는 융합으로 나아가고 있다고 주장했다. 즉, 우리가 현재 분리된 영역으로 알고 있는 컴퓨팅, 전화, 방송, 영화, 출판을 연결할 하나의 대용량 디지털 네트워크가 형성된다는 것이다(Neuman, 1991:x). 이러한 융합은 이미 일어났고 지속되고 있다(Jenkins, Ford & Green, 2013). 정보의 전달 경로 간의 차이는 훨씬 덜 중요해진 반면, 틈새 수용자 중심의 수요의 차이는 훨씬 더 중요해졌다.

수용자의 조건화

일단 매스 미디어 조직이 당신을 그들의 메시지로 끌어들이면, 즉시 당신을 반복적인 노출에 대해 조건화하려고 한다. 수용자 조건화에 대한 이러한 움직임은 모든 대중 매체에 필수적인 전략이다. 메시지를 처음 접하는 수용자들을 끌어들이는 비용이 너무 높아서 미디어 조직들은 초기 투자금을 회수하고 이익을 얻기 위해서는 반복적인 노출에 의존해야 한다.

미디어 노출은 관성적이다. 우리가 특정 메시지에 주의를 기울이게 되면 우리는 계속해서 그 메시지에 주의를 기울이는 경향이 있고, 우리가 자동화 상태에 있게 되면 그 상태에 머물러 주변의 모든 메시지를 걸러내는 경향이 있다는 것을 의미한다. 예를 들어, 당신이 YouTube에서 가장 좋아하는 비디오 중 하나를 본다고 하자. YouTube는 당신이 그 다음에 보고 싶어할 비디오를 추가로 제안할 것이다. 그 제안은 이전에 시청했던 비디오를 바탕으로 만들어진다. YouTube는 당신을 계속 시청자로 잡고 싶어하기 때문에 당신이 좋아할 만한 콘텐츠를 계속 제안한다. 그러고 나면, 당신은 YouTube가 제안한 비디오를 보면서 즐거움을 느끼게 되고, 내일, 모레 그리고 그 다음날도 YouTube에 방문하도록 조건화된다. 성공적인 웹사이트들은 정보, 오락, 음악, 비디오, 또는 인쇄된 단어 등 무엇을 다루든 간에, 모두 같은 작업을 하려고 노력한다. 모바일 기기는 무료로 다운로드하고 사용할 수 있는 앱을 제공한다. 그들은 당신이 계속해서 그들의 서비스를 이용하도록 조건화하기를 원한다. 그래서 결국 당신에게는 그것들 없이는 살 수 없는 습관이 형성된다.

미디어는 당신을 얼마나 많이 조건화했는가? 그리고 그 조건화의 패턴은 무엇인가? 이러한 질문에 답하려면 평균 일주일 동안 다양한 미디어와 얼마나 많은 시간을 보내는지 짐작해 보라. 많은 미디어 습관이 자동화된 루틴에 의해 좌우되기 때문에 노출의 정도를 알지 못할 수도 있지만, 큰 상관은 없다. 연습문제 4.1을 통해 한번 시도해 보라.

연습문제 4.1에서 미디어 사용에 대한 추정이 끝나면, 다른 미디어의 사용 패턴을 살펴보라. 어떤 것에 가장 많은 시간을 소비하는가? 어떤 것을 잘 사용하지 않는가? 왜 당신이 미디어에 당신의 시간을 그렇게 분배하는지 생각해 보라. 왜 특정 미디어는 전혀 이용하지 않는가?

그 다음, 일주일 동안 실제 노출 일지를 작성하여 미디어에 대한 노출 추정치가 실제 노출 패턴과 얼마나 일치하는지 확인하라(연습문제 4.2 참조). 나는 당신에게 이것이 부담스러운 일이라는 것을 미리 알려준다. 일지를 일주일 내내 들고 다니면서 모든 노출을 기록한다는 것을 기억하는 것은 지속적인 정신적 노력이 필요하다. 하지만 당신의 기록 습관이 자동화되어 기록하는 것에 대해 큰 신경을 쓸 필요가 없어지면 노력의 수고는 많이 줄어들 것이다.

자신의 미디어 노출 습관에 대한 추정(연습문제 4.1)과 실제 노출 습관(연습문제 4.2)을 비교해 보라. 차이가 보이는가? 일주일 간 미디어에 소비된다고 추정했던 총 시간은 실제 시간과 동일한가? 만약 당신의 추정치가 더 낮다면, 당신의 미디어 습관이 생각했던 것보다 더 강하다는 것을 알 수 있다. 대중 매체가 어떻게 당신이 알고 있는 것보다 더 높은 수준으로 당신을 노출시키도록 프로그램했는지 생각해보라. 만약 당신의 추정치가 실제 노출보다 높다면, 당신은 왜 당신의 미디어 습관을 과대평가했다고 생각하는가? 그 다음은, 여러 미디어에 걸친 추정치와 실제 수치 사이의 차이점을 찾아보라. 어떤 미디어에서 당신의 미디어 노출을 과소평가했는가? 왜 그렇게 생각했는가? 어떤 미디어에서 당신의 노출을 과대평가했는가? 왜 그렇게 생각했는가?

당신의 추정치와 실제 노출 패턴에 대한 비교는 미디어 습관에 대해 얼마나 잘 알고 있는지를 보여주는 지표다. 만약 당신이 매우 잘 알고 있다면, 당신은 자신의 노출 패턴을 통제하고 있을 가능성이 높다. 즉, 당신은 미디어 코드들이 자동적으로 실행될 때, 그것이 당신의 목표에 부합하도록 노출에 대한 당신의 정신 코드를 프로그램밍한 것이다. 그러나 만약 당신이 추정치와 실제 노출 패턴 사이에 큰 차이를 발견한다면, 그것은 당신의 코드가 알지 못하는 사이에 주로 다른 사람들에 의해 프로그램되었다는 증거이다. 특정 미디어 또는 특정 유형의 메시지에 대한 과거의 노출로 인해 완전히 조건화되어 지금은 그것에 중독되었을 수 있다. 이러한 우려는, 특히 당신의 특정 요구에 대해 세심하게 초점을 맞추고, 당신이 원하는 콘텐츠와 경험을 지속적으로 제공하며, 즉각적 보완 사항들을 계속 제공할 수 있는 인터넷 사이트에서 심각하다. 인터넷 중독은 특히 음란물, 게임, 쇼핑과 같은 콘텐츠로 인해 미디어의 부정적인 영향을 증가시키고 있다(Alter, 2017). 미디어의 부정적인 영향에 대한 자세한 내용은 13장과 14장을 참조하라.

요약

지금은 미디어가 우리 문화의 일부가 되기 위한 중요한 시간이다. 미디어는 정보와 오락에 대한 우리의 변화하는 요구를 파악하기 위해 끊임없이 노력하고 있다. 일단 미디어가 새로운 요구를 확인하면, 빠르게 그 요구를 지닌 사람들을 끌어들일 수 있는 여러 종류의 메시지들을 설계한다. 이런 방식으로, 그들은 수용자층을 구성한다. 그리고 일단 어떤 미디어가 수용자를 끌어들이게 되면, 중독 수준에 이를 때까지 반복적인 노출로 수용자를 조건화시키기 위해 열심히 노력한다.

우리가 우리의 요구를 잘 인식하고 있으면, 대중 매체를 우리의 다양한 요구를 충족시키기 위한 중요한 자원으로 사용할 수 있다. 그러나 만약 우리가 자각을 하지 않는다면, 가장 공격적인 대중 매체는 우리를 광고주들로부터 수입을 창출하기 위해 반복적으로 활용하는 수용자로 만들어 버린다. 대중 매체가 당신을 그들의 요구를 성취하기 위한 도구로 활용하는 것이 아니라, 당신이 당신의 요구를 성취하는 도구로 대중 매체를 활용할 수 있도록 더 높은 수준의 미디어 리터러시를 갖게 되면, 당신은 그 과정에서 더 많은 통제력을 행사할 수 있다. 이 장을 읽은 후에 당신은 미디어 노출에 대해 좀 더 민감해지게 되고 노출에 대한 자각을 더 많이 해야 한다.

더 읽을거리

Alter, A. (2017). Irresistible: The rise of addictive technology and the business of keeping us hooked. New York, NY: Penguin Press.

뉴욕대 경영대학원 교수인 Alter는 행동 중독이 어떻게 같은 패턴을 따르고, 화학물 중독과 동일한 원인을 가지고 있는지를 보여준다. 그는 인터넷에서의 행동 중독, 특히 쇼핑, 소셜 네트워킹, 포르노, 도박에 집중한다. 이 책의 첫 부분은 중독의 생물학과 어떻게 지난 수십 년 동안 행동 중독에 대한 이해가 신장되어 왔는지에 대해 다루고 있다. 제2부에서는 인터넷 디자이너들이 중독을 일으키는 방법을 다룬다. 3부에서 저자는 중독을 피할 수 있는, 그리고 중독이 시작된 경우 그것을 줄일 수 있는 몇 가지 방법을 제시한다.

Davenport, T. H., & Beck, J. C. (2001). The attention economy: Understanding the new currency of business. Boston, MA: Harvard Business School Press.

이 책은 왜 주의력 결핍이 우리 경제에 심각한 문제인지 설명하는 두 명의 경영대학원 교수가 쓴 매우 읽기 쉬운 책이다. 그러나 그들은 문제를 지적하고 그 문제를 개선하기 위한 대안을 찾는 데 관심이 있는 사회 비평가는 아니다. 오히려 어떻게 하면 대중의 관심을 끌 수 있을지 기업에 건의하는 마케팅 컨설턴트로서 더 많은 책을 쓰고 있다.

Napoli, P. M. (2011). Audience evolution: New technologies and the transformation of media audiences. New York, NY: Columbia University Press.

Fordham 대학의 한 교수가 쓴 이 책은, 특히 단편화된 사회에 기여하는 새로운 미디어 기술의 발달과 함께 대중의 개념이 시간이 지남에 따라 어떻게 변화해 왔는지를 보여준다. 이러한 현상에 대한 학문적 분석은 정치적, 경제적, 사회적 관점에 초점을 맞추고 있다.

Neuman, W. R. (1991). The future of the mass audience. New York, NY: Cambridge University Press.

Newman은 후기 산업주의, 세분화와 동질화 사이의 갈등이라는 어려운 개념에 대해 균형 있는 논의로 시작한다. 그는, 사람들이 특성화된 관심 영역을 추구할 수 있게 되면서 교육이 세분화에 기여했다고 주장한다. 여성들이 대거 취업을 하게 되면서 가족 인구통계가 바뀌었다. 그는 또한 미디어 이용이 세분화되었음을 보여준다. 이는 새로운 이슈가 아니라 정치적 커뮤니케이션에서 지속적이고 중요한 문제라고 그는 주장한다. 중요한 문제는 균형이다. 중심부와 주변부 사이의 균형, 서로 다른 이해 당사자들 간의 균형, 경쟁하는 엘리트들 간의 균형, 효율적이고 효과적인 중앙 당국과 광범위한 유권자의 상반된 요구들 사이의 균형이다(p.167). 이것이 공동체주의와 다원주의 사이의 갈등이다.

Rowles, D. (2014). Mobile marketing: How mobile technology is revolutionizing marketing, communications, and advertising. Philadelphia, PA: Kogan Page.
이 책은 마케팅과 광고계의 최근 변화에 대한 개관에서 시작하여 독자들이 타켓 시장에 도달하기 위안 전략을 설계하는 데 도움이 되는 많은 실용적인 정보를 제공한다.

연습 문제 4.1 미디어 노출 정도 추정하기

당신이 보통 한 주 동안 다음의 미디어에 대해 얼마나 많은 시간(몇 시간 몇 분)을 소비하는지 가늠해 보자.

_____ 동영상 시청(케이블, 방송, DVD, 스트리밍 등)

_____ 영화관에서 영화 관람

_____ 라디오 청취(집에서, 차에서 등)

_____ 음악 듣기

_____ 신문 읽기

_____ 모든 종류의 잡지 읽기

_____ 책 읽기(수업을 위한 교재, 재미로 읽는 소설, 기타)

_____ 정보와 오락 목적의 인터넷 서핑

_____ 소셜 네트워킹이나 문자 등으로 친구와 연락하기

_____ 컴퓨터, TV, 휴대용 기기 등으로 게임하기

_____ 업로드할 미디어 콘텐츠 만들기 (Facebook 사진, YouTube 동영상 등)

_____ 합계

연습 문제 4.2 미디어 노출 일지 작성하기

미디어 노출 일지를 한 주간 써 보라. 7일간 어디를 가든 가지고 다닐 수 있는 작은 노트 한 권을 구하라. 당신이 미디어 메시지에 직접적으로든 간접적으로든 노출될 때마다 시간을 적고 그 메시지가 무엇인지를 적어라.

직접 노출은 미디어에 접촉하여 그 미디어와의 접촉 중에 메시지를 경험하는 것이다. 예를 들어, 『The Simpsons』을 보게 되면, "메시지: The Simpsons, 시간: 월요일 8시-8시 30분"이라고 적으면 된다. 차에서 30분 동안 KXXX를 듣는 것도 직접적인 노출이다.

간접 노출은 대형 간판이나 버스 정류장에서 영화 제목을 보는 것과 같이 미디어 메시지를 상기시키는 것을 보게 되는 경우이다. 직접 그 영화를 보는 것은 아니지만, 그것을 상기시키는 다른 것을 보는 것이다. 또한, 다른 사람들의 대화를 들어보라. 만약 사람들이 미디어로부터 들은 것에 대해 이야기한다면, 당신은 그 미디어 메시지에 간접적으로 노출되는 것이다. 예를 들어, 당신의 친구들이 『The Simpsons』에 대해 이야기하는 것을 듣게 되면, "메시지: The Simpsons에 관해 친구들과 이야기 나눔, 시간: 화요일 아침 10시-11시 30분"이라고 적는다. 당신의 룸메이트가 요즘 라디오에서 자주 들려주는 대중가요를 흥얼거리는 걸 우연히 듣게 되면, "메시지: 룸메이트가 ××× 노래를 흥얼거림, 시간: 수요일 하루 종일!"이라고 적는다.

한 주가 끝나고 다음의 질문들에 답할 수 있도록 당신의 일기에 적힌 내용들을 분석한다.

1. 당신이 미디어 메시지들에 노출된 총 시간은 얼마인가?
2. 미디어 콘텐츠(사진, 동영상 등) 제작에 보낸 총 시간은 얼마인가?
3. 친목 대화를 위해 미디어를 사용한 총 시간은 얼마인가?
4. 경쟁, 다시 말해 모든 종류의 게임을 목적으로 미디어를 사용한 시간은 얼마인가?
5. 직접 노출과 간접 노출은 어느 정도의 시간인가?
6. 얼마 동안의 노출이 당신의 주도로(적극적) 이루어졌으며, 얼마의 노출이 단순히 발생했는가(소극적)?
7. 어떤 종류의 경험이 미디어에 보낸 대부분의 시간을 차지하는가?
8. 당신의 일기의 데이터와 연습 문제 4.1의 추정치와 어떻게 다른가?
9. 당신의 미디어 사용 현황을 검토해 볼 때 놀랄만한 사항이 있는가?

연습 문제 4.3 당신은 어떤 부류에 속해 있는가

1. 당신이 좋아하는 텔레비전 쇼 중 세 개를 골라라. 아래에 있는 제목 줄에 각각의 이름을 적어라. 이 쇼들을 각각 시청하면서 나오는 광고의 제품들의 목록을 해당하는 쇼 프로그램 아래에 적어라.

쇼 1:	쇼 2:	쇼 3:

2. 이제 제품들의 목록을 보면서 광고주들이 이 쇼들에서 광고를 보내기로 결정했을 때 타겟 수용자로서 누구를 염두에 두었을지 생각해 보라.

   · 남성 또는 여성을 겨냥한 것들인가, 아니면 관계없는가?
   · 어느 연령 집단을 겨냥하고 있는가?
   · 어느 정도의 경제력 수준을 겨냥하고 있는가?
   · 어느 정도의 교육 수준을 겨냥하고 있는가?
   · 어느 지역을 겨냥하고 있는가, 아니면 관계없는가?
   · 당신이 어떤 가치를 갖고 있다고 광고주는 생각하고 있는가?

3. 어떤 광고가 다른 TV 쇼에 나오기도 하는가? 그렇다면, 그 광고들이 당신으로 하여금 보게 하려는 쇼는 어떤 것들인가? 당신은 그 쇼들도 보는가? 보거나 보지 않는 이유는 무엇인가?

4. 이제 당신이 좋아하는 웹사이트 세 개를 이용해서 같은 연습을 해보라.

5. 당신에게 무언가를 팔려고 하는 회사들로부터 받는 이메일들을 살펴보라. 이 회사들이 당신의 이메일 주소를 어떻게 얻어냈는지 생각해 보라.

특별한 수용자로서의 아동

핵심 개념 | 아동들은 성숙과 경험의 결여라는 이유로 특별한 수용자로 간주된다. 그러나 성숙과 경험만으로 미디어 리터러시를 갖추었다고 하지는 않는다.

▶ 아동을 특별한 수용자로 취급하는 이유
- 경험의 결여
- 성숙의 결여
  - 인지적 발달
  - 정서적 발달
  - 도덕적 발달

▶ 규제 기관의 특별 관리
▶ 부모의 특별 관리
▶ 특별 관리를 위한 사례의 재조명
- 성숙
- 경험

▶ 특별 수용자로서의 젊은 어른
- 인지적 능력
  - 장 독립성
  - 결정적 지능
  - 유동적 지능
  - 개념적 분화
- 정서적 능력
  - 감성 지능
  - 모호함에 대한 인내심
  - 비충동성

▶ 요약
▶ 더 읽을거리
▶ 최신 자료
▶ 연습 문제

Kyle은 게티스버그 전투에 관한 리포트를 집 컴퓨터에 연결되어 있는 컬러 프린터로 출력을 했다. 그는 Wikipedia로 자료 조사를 한 뒤에, 지난여름 가족들과의 휴가 기간에 견학했던 곳에서 디지털 카메라로 찍은 그 전투에 관한 사진 몇 장을 붙였다. 그는 리포트를 흐뭇하게 바라보며 4학년 담임인 Hawthorne 선생님이 분명 이번에도 A를 줄 거라고 생각했다. 스스로에게 보상을 해줄 생각으로 가장 좋아하는 소셜 네트워크 사이트를 클릭해서 점점 늘어나고 있는 친구 목록을 찾아

> 문자를 보내려고 할 때, 그의 형 Bobby가 들어왔다.
>
> "Kyle, 온라인 게임 하자. 포커 할래?"
> "말이 돼? 엄마한테 포커 게임하는 거 다시 한 번 들키면 한 달간 컴퓨터 못 하게 하실 걸."
> "그러지 말고 하자, 엄마가 모르실 거야."
> "안 된다니까."
> "그럼 포커 사이트에 어떻게 들어가는지만 보여줘. 나는 할 거야."
> "백만 번도 더 보여줬잖아." Kyle은 화제를 바꾸려고 했다. "숙제는 했어?"
> "지루해. 그 수학 사이트에 어떻게 들어가는지도 잊어버렸어."
> "다시 보여줄게." Kyle은 형에게 짜증이 나기 시작했다. Kyle은 6학년인 Bobby가 자신을 가르쳐 줘야 한다고 생각했다. 그 반대가 아니라.

연구자들, 정책결정자들, 일반 대중들은 아동들이 대중 매체의 부정적 효과들에 특히 취약하다는 이유로 그들을 특별한 수용자로서 취급해왔다. 예를 들어, 아동에게 미치는 다양한 콘텐츠의 영향에 관한 문헌을 검토한 결과, 아이들이 비디오 게임(Prot, Anderson, Gentile, Brown & Swing, 2014), 인터넷 검색(Livingstone, 2014), 식품 광고와 같은 온갖 종류의 미디어 콘텐츠에의 노출(Harris, 2014), 마약(Strasburger, 2014), 섹스(Brown, El-Touky, & Ortiz, 2014) 등에 의해 부정적 영향뿐만 아니라 긍정적 영향을 받는다고 한다.

그러나 이와 같은 유형의 미디어 콘텐츠에 대한 노출은 청소년과 모든 연령대의 성인에게도 영향을 미치는 것으로 나타났다. 그렇다면, 왜 아이들은 특별한 수용자로 취급되는가?

아동을 특별한 수용자로 취급하는 이유

대중 매체와 관련하여 아동들을 특별한 집단으로 여기는 이유에는 크게 두 가지가 있다. 하나는 아이들이 미디어 메시지로부터 자신을 보호할 수 있는 충분한 실제 경험을 가질 만큼 오래 살지 않았다는 것이다. 두 번째 논리는 아이들이 잠재적인 해로운 영향으로부터 자신을 보호하기 위해 특정한 종류의 미디어 메시지의 요소를 능숙하게 처리할 만큼 충분히 성숙하지 못했다는 것이다. 아동들에 대한 이 두 가지 생각을 더 자세히 살펴보자.

경험의 결여

아이들이 나이든 사람에 비해 세상 경험이 적다는 것은 명백한 사실이다. 따라서 실제 세상에 대한 경험치가 낮은 사람들은 묘사의 아름다움이나 정보의 신뢰성 정도를 평가하는 것과 같은 미디어 메시지 처리에는 더 큰 어려움을 겪는다. 그래서 아이들은 미디어 세계가 실제 세계의 정확한 반영이라고 믿게끔 더 쉽게 현혹될 수 있다. 그리고 아이들이 이런 식으로 현혹되면, 미디어 세계에서 배운 방식으로 현실 세계에서 행동하고자 할 때 부정적인 영향을 내보일 위험이 있다. 예를 들어, Dorr(1986)는 "더 지식이 많은 시청자들이 정확한 정보가 아니라고 생각하는 프로그램 내용도 아이들은 정확한 '정보'로 받아들일 수 있다."는 그녀의 주장에 대한 근거로 이 논리를 사용한다.

이 믿음은 상당한 타당성을 가지고 있다. 아이들은 삶에서 일어나는 일에 대한 지식 구조를 발전시키기 위해 청소년이나 어른만큼 많은 시간을 갖지 못했다. 그렇기 때문에 좋은 교육이 매우 중요하며, 초등 교육을 통해 아이들은 과학, 역사, 사회, 지리, 그리고 다른 주제에 대한 기본적인 지식을 얻을 수 있다. 아이들이 많은 지식 구조를 개발하기 전까지는, 세상을 바라보는 관점이 그렇게 다양하지 않다. 아이들은 또한 미디어에 대한 지식 구조를 개발할 필요도 있다. 예를 들어, Piotrowski(2014)는 이야기 스키마가 발달된 아이들은 그렇지 않은 아이들보다 이야기와 교육적 내용을 더 잘 이해할 수 있다는 것을 보여주었다. 스키마는 미디어 메시지에 대한 노출을 통해 개인에 의해 개발되어야 하기 때문에, 미디어에 대한 노출을 증가시키고, 또 그렇게 하려는 아이들은 미디어를 더 잘 이해하고 감상하는 데 필요한 지식의 구조와 스키마를 발달시킬 수 있다. 하지만 이것은 아이러니를 드러낸다.

아이들이 미디어에 대한 경험이 더 적기 때문에 미디어의 부정적인 영향을 받을 위험성이 더 크다고 주장하는 사람들은 전형적으로 아이들을 부정적인 영향으로부터 보호하기 위해 아이들의 미디어 노출을 통제하려고 할 것이다. 그러니 그러한 통제는 아이들의 미디어 노출을 제한하는 것으로 나타나게 되고 그것은 아이들을 미디어에 취약한 상태로 만든다.

성숙의 결여

우리가 유아기로부터 청년이 될 때까지, 다양한 능력들이 성숙되며, 보다 많은 것들을 할 수 있게 된다. 이러한 성숙은 육체적 영역에서 가장 분명하게 보이는데, 유아기로부터 청년기까지 몸이 커지고 강해져서, 더 빨리, 더 높이 뛰고, 더 무거운 물건들을 들 수가 있다. 미디어 리터러시 관점에서 보면, 다른 형태의 성숙을 고려하는 것이 중요한데, 특히 인지적, 정서적, 도덕적 발달이 그러하다.

성숙을 더 높은 단계의 미디어 리터러시로 통하는 여러 관문이라고 생각해 보라. 우리가 이것들 중 하나의 관문에 맞닥뜨리면 일정 수준으로 성장할 때까지 기다려야 그 문이 열리고 더 나아갈 수 있게 된다. 일련의 인지적, 정서적, 그리고 도덕적 관문들이 있다. 이러한 문들은 아동기 동안 몇 년에 한 번씩 나타나고, 미디어 리터러시의 초기 단계에서 우리를 멈추게 한다. 예를 들어, 대부분의 인간들은 4, 5세가 넘기 전까지는 읽기 능력을 습득하지 못하는데, 이는 그들의 정신이 그러한 학습이 가능한 시점까지 성숙하지 않았기 때문이다. 두 살짜리 아이에게 읽기를 가르치는 것은 힘들다. 아무리 당신이 노력을 한다고 해도 또는 아동들이 아무리 열심히 배우려고 노력을 한다고 해도 그들의 정신이 이 과제를 수행하기에는 아직 성숙되지 않았기에 그러한 노력에서 많은 것을 얻어내지는 못할 것이다. 그러나 일단 아동의 정신이 그러한 기능들을 해 낼 수 있는 시기까지 성숙하게 되면 읽기 연습이 제값을 발휘하기 시작한다.

인지적 발달

우리가 아주 어렸을 때는, 우리의 정신은 수학적 추리 능력과 같은 추상적인 사고들을 이해할 만큼 발달하지를 않았다. 추리 과제(4 곱하기 5와 같은)는 4살일 때는 매우 어려운 것이지만 불과 몇 년이 지나면 매우 쉬운 것이 된다.

아동기의 인지 발달 분야에서 가장 영향력 있는 사상가는 스위스 심리학자 Jean Piaget이었다. 수년간의 연구를 통해서 Piaget는 아동의 정신은 태어나면서부터 12세까지 성숙하는데, 이 시기 동안 몇 번의 눈에 띄는 단계를 겪는다고 하였다(Piaget, 2012). 2세까지 아동들은 감각 운동기에 있고, 그 다음은 전조작기로 2세부터 7세까지의 시기이다. 그러고 나서 그들은 구체적 조작기로 발전하고, 12세가 되면 인지적으로 어른으로 간주되는 형식적 조작기로 넘어간다. 이들 각 단계에서 아동들의 정신은 새로운 일련의 인지 과제들을 성취할 수 있는 정도까지 발달한다. 예를 들어, 구체적 조작기(7세-12세)에 있는 아동들은 물건들을 질서에 따라 정리할 수 있다. 이러한 능력을 3세 아동에게 가르치려 하면, 얼마나 체계적이고 쉽게 가르치는 것과는 상관없이 실패하게 될 것이다. 아동기 동안 발달하는 또 다른 기능은 보존 개념인데, 이는 사물이 모양은 변하더라도 어떠한 속성들은 지속적이라는 것을 아는 것이다(Pulaski, 1980). 예를 들어, 어린 아이에게 두 개의 찰흙 공을 똑같은 사이즈로 만들어 보라고 시켜보자. 그런 다음 그 중의 하나를 밀어서 길고 가는 모양의 뱀과 같은 형태로 만들고 나서 어떤 찰흙이 더 큰지 물어보라. 어린 아이들은 뱀이 더 길기 때문에 뱀이 공보다 더 크다고 말할 것이다. 그 아동은 단지 양이 아니라 모양만 바뀌었을 뿐인데 같은 양의 찰흙이 보존되어있다는 것을 이해할 수 있는 능력이 없다. 아동들의 정신은 7세에 이르러서야 보존 개념을 이해할 수 있을 정도로 성숙한다.

인지적 성숙도는 또한 텔레비전을 어떻게 보는지에 영향을 미친다. 아동들은 빠르면 6개월이 되면 TV 화면에 주목하기 시작하고(Hollenbeck & Slaby, 1979), 3세에는 많은 아동들이 하루에 한두 시간 정도는 규칙적으로 시청을 하는 패턴을 발달시킨다(Huston et al., 1983). 그들이 시청하는 방식은 주로 탐험적이다. 이는 그들이 일정한 동작이나 색깔, 음악, 음향 효과, 또는 특이한 음성들 때문에 두드러지는 개별적 사건들을 찾고 있다는 것을 의미한다. 그들은 대화가 아닌 행동을 찾는다. 아동들에게는 개별적인 사건들이 플롯으로 구성되어 있고, 등장인물들은 그 행동에 영향을 미치는 동기가 있으며 등장인물의 행동은 그 플롯 안에서 일어나는 사건의 결과로서 변한다는 것을 이해하기 매우 힘들다(Wartella, 1981). 이것은 어린 아이들은 서사 구조를 이해할 정도로 인지 능력을 발달시키지 못했기 때문이다. 서사가 진행되는 원칙들을 이해하기 전까지는 그들은 1-2분 이상 되는 이야기들은 이해하지 못한다(Meadowcroft & Reeves, 1989).

네 살 정도가 되면 아이들은 탐험 모드에 시간을 덜 할애하고 탐색 모드에서 더 많은 시간을 보낸다. 이는 어린이들이 무엇을 찾을 것인가라는 사고를 발전시키기 시작한다는 것을 의미한다. 아이들의 관심은 하나의 눈에 띄는 행동에서 다른 것으로 단순히 마구 이동하는 것이 아니다. 유치원생이 되기까지는 지속적인 스토리 라인이 그들의 관심을 잡아둔다. 그들은 프로그램에서 중요한 것에 대해 결정을 내리는 데 있어 형식적인 특징들에 집중한다. 예를 들면, 웃음이 나오는 신호로 그 프로그램이 코미디라고 해석한다.

또한 네 살이 되면 어린이들은 광고와 프로그램들의 차이를 구별하려 들기 시작한다. 의식적 구별 능력을 키우기 전까지 이것은 쉽지 않다. 시행착오 기간 동안에 아이들은 그 차이에 대한 혼란을 표현하든지, 겉으로 드러나는 의식적 혹은 정서적 단서들을 구별을 위한 근거로 이용하기도 한다. 연습을 통해서 광고와 프로그램을 구별하는 능력을 점점 갖게 된다.

어린이들은 또한 광고라는 것이, 그들로 하여금 또는 그들의 부모에게 졸라서 구매를 하게끔 만들어진 돈이 들어간 메시지라는 지식을 습득해야 한다. 5세에서 7세까지의 아동들의 10%만이 광고의 이윤 추구 목적을 확실하게 이해하고, 55%는 광고의 본질을 전혀 이해하지 못하며 광고들은 순전히 오락이 목적이라고 믿는다. 예를 들어, Wilson과 Weiss(1992)는 좀 더 나이든 아동들(7-11세)에 비해서 더 어린 유아들(4-6세)이 어떤 상품이 광고 모델이 다른 만화 프로그램의 주인공이었을 때조차도, 특정 장난감에 대한 광고와 그것의 의도를 잘 알아차리지 못한다는 것을 발견했다.

프로그램이 중지되고 광고가 곧 방영될 거라는 사실을 어린이들에게 알려 주기 위해 광고 방영 전에 내보이는 고지 사항들은 7세 미만의 아동들에게는 효력이 별로 없는데, 그 이유는 아동들이 광고가 무엇인지 온전히 이해하지 못하기 때문이다. 그러나 고지가 오디오와 비디오로 둘 다 제시되면 아동들은 그것들을 더 잘 인지할 수 있다. 또한, 고지가 아동들의 언어로 바꾸어 전달되면, 그들의 이해력은 대폭적으로 증가한다. 2-3학년 정도 되면, 대부분의 아동들은 프로그램과 광고를 구별하는 데 겪는 어려움을 극복하게 된다. 성숙된 인지 능력, 경험, 중요한 능력들을 적극적으로 적용하게 되면서 아동들은 광고의 목적을 이해하고 광고와 프로그램 내용을 구별하는 데 더 이상 어려움을 겪지 않게 된다.

아동들이 광고의 목적을 이해하게 되면서 그들은 또한 광고를 비판적으로 평가하는 능력도 발전시킨다. 4학년이 되면, 아동들은 광고에 대해 비판적이고 회의적인 태도를 갖게 된다. 그들은 또한 광고의 신뢰도에 대해 냉소적인 태도를 갖고 그동안 광고가 보여주는 것만큼 좋지 않은 상품들을 사도록 유도하는 광고주에게 자신들이 속아왔다는 것을 느끼기 시작한다. 그러나 이러한 회의적 태도는 주로 상품에 대한 그들의 경험에 한정되어 있다. 예를 들어, 회의주의적 태도는 그들이 잘 아는 장난감들에 대해서 높은 편이다. 그들은 이러한 장난감들을 실제로 경험해 본 적이 있어서 광고가 과장된 주장을 하고 있음을 알게 된 것이다. 그러나 아동들은 의약품이나 영양 식품에 대한 광고에 대해서는 덜 회의적인데, 이는 그들이 이러한 상품들에 대한 전문 지식이 훨씬 부족하고 회의적인 태도에 대한 근거가 부족하기 때문이다.

8세에서 10세가 되면 대부분의 아동들은 허구의 구조에 대한 이해가 발달한다. 등장인물들의 동기들이 이야기 구성의 흐름에 어떻게 영향을 주고 등장인물들이 그들에게 일어나는 사건의 결과로 인해 어떻게 변하는지를 이해하게 된다. 이 나이의 아동들은 등장인물들을 신체적 특징들에 준해서만 이해하는 것을 넘어서 성격적 특징도 추론해 낼 수 있다.

10세에서 12세가 되면 아동들은 TV의 경제적 본질에 대해 기본적인 생각을 갖게 된다. 그들은 미디어 메시지를 만드는 여러 사업체들이 있다는 것과 그 업체들은 이윤 창출이라는 동기를 갖고 있다는 것을 알게 된다.

정서적 발달

감정은 우리의 뇌 속에 내재되어 있다(Goleman, 1995). 우리가 자란 문화에 관계없이 우리는 모두 분노, 슬픔, 공포, 기쁨, 사랑, 놀람, 혐오와 부끄러움과 같은 기본적인 감정을 느낄 수 있다. 감정은 우리가 읽기 위해 글을 배워야 하는 것과 같은 의미로 학습이 필요한 것은 아니지만, 정서적 성숙 정도를 표시하는 감정들을 조절하는 데에는 여전히 발달 단계들이 존재한다.

미디어를 접할 때, 정서와 관련된 경험을 얻음으로써 그리고 우리의 감정을 잘 들여다봄으로써 보다 높은 수준의 정서적 리터러시를 발달시킨다. 우리가 정서와 관련된 경험을 더 갖게 됨에 따라 감정을 보다 섬세하게 구별할 수 있다. 그러나 증오와 격분, 분노, 분개, 반감, 적대감, 후회, 격앙, 악감정, 언짢음, 귀찮음, 격앙들 사이의 차이점을 구별할 수 있으려면 경험이 필요하다.

인지 발달이 잘 안되어 있으면 미디어 메시지에 대해 적절하게 정서적으로 반응을 하는 것이 어려울 수 있다. 예를 들어, 매우 어린 아이들은 연속적인 이야기 구성에서 내적 관련 요소들을 따라갈 수가 없다. 대신 개별적 요소들에 집중한다. 그렇기 때문에 서스펜스를 이해하지 못하고, 그러한 이해가 없기 때문에 서스펜스가 생길 때 정서적으로 반응하지 못한다. 그래서 아동이 미디어 메시지에 정서적 반응을 하지 않는 것은 감정을 느낄 수 없기 때문이 아니라, 한 이야기의 특정 부분에서 어떤 일들이 왜 일어나는지를 이해하는 능력이 결여되어있기 때문이다.

청소년기가 되면, 아동들은 인지적으로 성숙되고, 모든 문들이 모든 종류의 서사를 온전히 이해하도록 열린다. 그러나 어떤 청소년이나 어른들은 여전히 미디어 스토리에 그다지 감정적 반응을 보이지 않는다. 어떤 사람들은 인지적으로는 고도로 발달하였더라도 정서적으로는 발달이 많이 저조할 수 있다. Goleman(1995)은 정서적 지능이 IQ와 상호 작용을 한다고 주장하는데, 그에 말에 따르면,

"우리는 두 개의 두뇌와 두 개의 마음인 두 개의 다른 종류의 지능이 있는데 이는 논리적 지능과 정서적 지능이다. 우리가 생활에서 어떻게 행동하는가는 그 두 개에 의해 결정이 된다. 그것은 단지 IQ가 아니고, 중요한 것은 정서적 지능이다. 실제로 지능은 정서적 지능이 없이는 온전한 효과를 발휘하지 못한다(p.28)."

그러므로 정서적 발달은 인지적 발달과 연관되어 있다. 시각적 내러티브들을 읽거나 따라갈 수 없는 아동들은, 정서적 반응이 메시지의 작은 부분에 국한되어 있다. 사람들이 정서적으로 성숙함에 따라 보다 높은 단계의 공감대와 자의식을 갖게 됨으로써 그들 자신과 다른 사람들의 감정을 '읽을' 수가 있게 된다. 대조적으로, 정서적으로 미성숙한 사람들은 이야기의 등장인물들을 통해 대리로 정서를 경험하기도 어려울 뿐만 아니라, 잘못된 정서를 경험하기도 한다.

정서적 발달과 인지적 발달과의 이러한 관계는 아동들이 광고를 이해하는 데 있어서 특히 중요하다. 아동들이 광고의 본질을 이해하도록 도우면 광고의 영향에 덜 취약하게 된다고 널리 알려져 있다. 그러나 실험 연구들은 이러한 주장을 뒷받침하는 증거를 제시하지 않고 있다(Rozendaal, Lapierre, van Reijmersdal, & Buijzen, 2011). 너무나 많은 광고가 정서를 조종하는 것에 주력하고 있기 때문에, 우리가 사람들의 정서적 발달을 더 잘 이해하면, 이러한 메시지에 더 잘 대응하도록 사람들을 도울 수가 있다.

도덕적 발달

우리는 또한 도덕적인 면에서도 발달을 한다. 우리는 도덕규범이나 무엇이 옳고 그른지에 대

한 예리함을 갖고 태어나지 않는다. 아동기에 이러한 것들을 배워야하고, 아동들은 단계별로 이러한 것들을 배우게 된다. Piaget와 마찬가지로, Lawrence Kohlberg는 아동 발달을 연구했다. Piaget가 인지 발달에 관심이 있었다면, Kohlberg는 도덕성 발달에 초점을 맞추었다. 그는 도덕성 발달의 세 단계를 제시했다. 전 인습기(pre-conventional), 인습기(conventional), 그리고 후 인습기(post-conventional) 단계이다. 중앙에 있는 것이 인습인데, 이는 공정하고, 정직하고, 배려하며, 좋은 평가를 받는 것을 상징하며, 일반적으로 좋은 사람의 특성들이라 할 수 있다(Kohlberg, 1966, 1981).

전 인습기는 2세 정도에 시작해서 7-8세까지 지속된다. 이는 아동이 권위에 의존하고 내적 통제가 미약한 시기이다. 어린 아이들은 그들의 부모나 다른 어른들이 무엇이 옳고 그른지 말해주는 권위에 의지한다. 아동의 양심은 외부적이다. 아이들은 모든 종류의 행동을 시도하고, 그 행동이 좋은지 나쁜지 다른 사람들이 말해주기를 기다린다.

인습기 단계에서 아이들은 옳은 것과 그른 것을 내재화하면서 스스로 양심을 발달시킨다. 그들은 진실과 거짓의 차이를 구별한다. 그러나 처벌에 대한 두려움이 여전히 강한 동기로 작용한다.

후 인습기 단계는 청소년기 중반 정도에 시작한다. 이 단계에서 청소년들은 무엇이 옳고 그른가에 대한 관습적인 규범을 벗어나려고 노력하는데, 어떤 대안적인 행동의 과정도 모두 옳고 그른 것이 없는 도덕적 딜레마에 직면하기 때문이다. 이 단계에서 청소년들은 전통적인 규범에 바탕을 둔 근본 원리를 탐구하며, 이것은 추상적으로 생각하는 능력을 필요로 한다. '무엇'을 넘어서서 '왜'에 대해 더 깊이 생각한다. 그리하여, 이 단계에서는 사회적으로 의식하는 것이 엄격한 법 원칙에 집착하는 것보다 더 중요하다는 생각을 하게 된다.

Kohberg의 단계들은 모든 사람들이 같은 순서를 밟게 되는 고정된 과정들이 아니다. 사람들은 과정 안에서 특정 문제나 환경에 따라 달라질 수 있다. 그러나 각 단계의 특성은 매우 다르며 각 단계들은 계층적으로 배열이 되어 있어서 도덕성이 더 발달한 사람일수록 더 높은 수준의 특성을 보인다.

도덕성 발달에는 성별의 차이가 나타나기도 한다. 남성들은 권리와 규범에 준해서 도덕적 판단을 내리는 일이 보다 전형적인 반면, 여성들은 배려와 협조의 면에서 생각하는 경향이 있다. 그래서 갈등 상황에서, 여성들은 관계를 유지하려고 노력하는 편인 반면, 남성들은 비록 그것이 그들의 관계를 손상시키게 될지라도 도덕적 규범을 찾아서 적용하려고 하는 편이다(Gilligan, 1993).

이러한 단계들을 미디어 예를 통해 고찰해보자. Joey는 상당히 경쟁적이고 공격적인 비디오 게임들을 하면서 많은 시간을 보내고 텔레비전의 대부분을 부모의 감독 없이 볼 수 있는 가정에 사는 어린 아이다. 메시지들을 이해하는 데 도움을 주거나 미디어 세계에 표현된 것의 대안을 보여줄 부모나 권위적 대상이 없다. 그래서 그의 전-인습기 도덕성 발달은 텔레비전 메시지들, 주로 만화, 액션/모험물, 시트콤들 안의 주제들에 의해 형성이 된다. 이러한 종류의 프로그램과 가치에 지속적으로 노출됨으로써 Joey는 다음과 같은 도덕적 교훈을 배우게 될 가능성이 높다: 공격성(육체적, 언어적 모두 포함)은 문제 해결을 위해 허용되고 유용한 방법이다. 또한 일을 거의 하지 않고도 모든 사람은 성공할 수 있는데, 성공이란 부유하고 권력을 갖고 유명해지는 것이다. 그리고 가족 관계는 갈등과 기만으로 가득하지만 모두가 서로 사랑하고 있으며, 로맨틱한 관계는 재미있기는 하지만 피상적이고 일시적이다.

Joey가 인습기에 접어들면서 대부분의 행동은 이러한 도덕적 교훈들에 의해 지배를 받는다. 그는 다른 사람들로부터 인정을 받는 최선의 방법은 웃기고, 위험하게 살고, 갈등으로 가득한 동료 관계를 많이 갖는 것이고, 그것은 적극적이고 재미있는 삶이라고 느끼게 된다.

마지막으로, 조이가 청소년 말기에 이르러 후-인습기를 맞게 되면, 그는 다음과 같은 질문을 해야 한다. 어떻게 하면 도덕적인 딜레마를 해결해서 순전히 이기적인 기준으로 결정하지 않을 수 있을까? 어떻게 하면 사회 전반을 이롭게 할 수 있을까? Joey의 도덕성 발달과 배운 교훈을 고려하면, 그가 이러한 후 인습기적 질문들에 관심이 있을 것 같지는 않다. 그는 인습기에 머물면서 취학 전 TV를 보면서 배운 원칙에 따라 도덕적 판단을 내리게 될 가능성이 높다. 이 예는 사람들이 나이가 듦에 따라 보다 정교한 도덕적 사고를 할 능력이 생기지만, 진보하고자 하는 의욕이 없으면 더 낮은 단계에 머물게 된다는 것을 보여준다.

규제 기관의 특별 관리

부정적인 미디어 영향으로부터 어린이들을 보호하는 것을 지지하는 사람들은 주로 TV에 그들의 관심을 집중시켰는데, 그 이유는 TV가 반 세기 이상 동안 널리 퍼져왔기 때문이다. 보호주의를 옹호하는 사람들은 텔레비전 전체 지형에 스며든 폭력의 영향에 대해 가장 우려했고, 계속해서 정부 기관들에 어린이들을 보호하기 위해 무언가를 하도록 압력을 가하고 있다. 이러한 압력에 부응하여 의회는 1950년대부터 주기적으로 텔레비전 폭력과 그것이 어린이들에게 미칠 수 있는 영향에 대한 청문회를 개최해 왔다. 그 동안의 청문회의 결과로, 의회는 콘텐츠를 규제하는 법안을 통과시키지는 않았지만 시간이 흐르면서 텔레비전 방송사들이 일부 변화를 채택하도록 압력을 행사해 왔다. 1975년, TV 산업은 "가족의 시간"이라고 불리는 자율 규제 정책을 시도했는데, 프로그래머들은 폭력적인 콘텐츠와 어린이들에게 해로운 것으로 여겨지는 내용들은 늦은 시간대로 배치하였고, 황금시간대의 첫 시간은 소위 가족 시청에 적합한 콘텐츠만을 편성하였다. 그러나 일부 방송사들은 언론의 자유를 침해했다며 소송을 제기해 법정에서 승소했다. 그 후, 1996년의 Telecommunicatios Acts(통신법)에는 1999년 이후 미국에서 판매되는 모든 TV 수신기는 폭력, 섹스,

언어에 일정한 등급이 매겨진 프로그램은 피할 수 있도록 TV 소유자들이 TV 수신기를 프로그램할 수 있는 선별 장치인 V-칩을 달아야 한다는 개정안이 포함되어 있다.

연방통신위원회(FCC)는 성적 묘사 및 불쾌하다고 간주되는 특정 단어와 같은 외설적인 자료를 규제하는 데 더 적극적이었다. 한 예로, 1970년대 FCC는 'Filthy Words(저속한 말)'이라는 제목의 George Carlin의 촌극을 방송한 라디오 방송국에 벌금을 부과했는데, 그가 방송에서 명백히 금지된 7개의 단어를 반복해서 말했기 때문이었다. 방송국은 항소했지만 FCC의 판결은 연방대법원에 의해 유지되었는데, 대법원은 아이들이 청취자로로 있을 가능성이 있는 시간대에 라디오 청취자들이 그러한 말을 듣지 않도록 보호하는 것이 공익을 위해 타당하다고 판단했다. 1990년대 후반과 2000년대 초, 충격적 발언을 일삼는 진행자였던 Howard Stern은 그의 쇼를 방송한 라디오 방송국과 함께 노골적인 성적 언급을 한 것에 대해 여러 차례 벌금을 부과 받았다.

텔레비전이 어린이들에게 미치는 영향에 대해 비판하는 사람들은 또한 광고주들이 어떻게 어린이들을 착취할 수 있는지에 대해 걱정해왔다. Kunkel과 Wilcox(2001)은 텔레비전 광고의 불공정한 관행으로부터 아동들을 보호하기 위해 고안된 두 가지 유형의 규제가 있었다고 지적한다. 하나는 아동들을 겨냥한 프로그램들에서 광고에 할애하는 시간을 제한하는 것이다. 제한된 시간은 평일에는 한 시간당 12분, 주말에는 한 시간당 10.5분이다. 이를 따르는 것이 비교적 양호한 편이지만 예외가 있다. 예를 들어, Viacom은 일 년에 600건의 위반으로 1백만 달러의 과태료를 물었다. Viacom은 이 문제를 담당자의 탓이라며 책임을 전가했다(Shiver, 2004).

아동 보호를 목적으로 하는 두 번째 유형의 규제는 프로그램 콘텐츠와 상업적 콘텐츠 사이의 명확한 분리를 요구하는 정책이다. 유아들은 오락과 광고 콘텐츠 간의 차이를 잘 구분하지 못한다. 그러기에 FCC는 완충 장치를 요구하는데, 이는 광고 시간 5초 전과 후에 콘텐츠가 전환된다는 것을 유아들에게 알려주는 것이다. FCC는 또한 TV 쇼에 나오는 등장인물을 그 프로그램 중간에 삽입된 광고에서 모델 등장하여 해당 상품의 대변인 역할을 하는 호스트 판매를 금지하고 있다. 이것 역시 널리 지켜지고 있으나, 물론 예외가 있다. 예를 들어, 디즈니는 방영되는 어린이 프로그램과 관련된 상품의 광고에 30분짜리 에피소드를 31개 방영했다. 디즈니는 500,000 달러의 과태료를 물고 담당자의 실수 탓으로 돌렸다(Shiver, 2004).

부모의 특별 관리

어릴 적 부모님이 당신의 미디어 노출, 특히 텔레비전 시청을 어떻게 통제했는지를 생각해보라. 당신이 대부분의 아이들 같았다면, 당신의 부모님은 네 가지 방법 중 하나를 사용했을 것인데, 제약

가하기, 공동 시청, 적극적 관여, 프로그램 등급제가 그것이다. 이들 각각의 방법들의 효과성에 대해 고찰해보자.

아마도 당신은 얼마나, 언제, 그리고 어떤 종류의 텔레비전을 시청할 수 있는지에 대한 규칙에 의해 미디어 노출이 제한되었던 가정에서 자랐을 것이다. 미디어 노출은 좋은 행동에 대한 보상으로 사용되었고, 나쁜 행동을 했을 때는 미디어 사용이 제한되었을 것이다. 그러나 연구원들은 미국 가정의 절반만이 미디어 사용에 대한 규칙을 가지고 있다는 것을 발견했고(Rideout, Foehr, Roberts & Brodie, 1999), 부모들은 아이들이 생각하는 것보다는 자기 가정에 미디어 노출 규칙이 더 많이 있다고 믿는 경향이 있다(Jordan, 2011).

공동 시청이란 부모와 아동이 함께 TV를 시청하는 것이다. 대화가 요구되진 않는다. 자녀가 시청을 하는 동안 부모가 한 방에 있으면, 자녀들은 위해한 내용을 보지 않을 것이라는 가설이다. 공동 시청이 얼마나 자주 일어나는지에 대한 연구들 간에는 차이가 있다. 어떤 설문 조사들은 공동 시청이 매우 흔한 것이라는 것을 밝혀냈는데(Sang, Schmitz, & Tasche, 1992; Valkenburg, Krcmar, Peeters, & Marseille, 1999), 93%에 가까운 부모들이 자녀와 가끔은 TV를 함께 본다고 했다. 다른 설문에 의하면, 공동 시청이 드문 것이라고 밝히면서(Dorr, Kovaric, & Doubleday, 1989; Lawrence & Wozniak, 1989), 7세 이상의 아동들의 95%가 부모와 함께 TV를 전혀 시청하지를 않는다고 말하고, 2세부터 7세 사이의 아동들의 81%가 부모와 TV를 전혀 같이 보지 않는다고 말한 것으로 보고했다 (Rideout et al., 1999). 최근 전국 8세 이하 자녀의 부모 2,326명의 확률 표본에서 Connell, Lauricella, Wartella(2015)는 책, TV, 컴퓨터, 비디오 게임, 태블릿, 스마트폰의 6가지 유형에 걸쳐 부모-자녀 공동 미디어 사용을 조사했다. 결과는 부모들이 책이나 텔레비전과 같은 전통적인 매체를 공동 사용할 가능성이 더 높은 반면, 비디오 게임을 공동 사용할 가능성은 가장 낮다는 것을 보여준다.

적극적인 관여는 부모와 기타 성인들이 자녀들과 텔레비전에 관해서 대화를 나누는 것으로 이루어진다. 수년간에 걸친 적극적인 관여에 관한 연구들을 분석해 본 결과, 아이들과 함께 텔레비전을 시청할 때 부모들이 관여하는 방법에는 네 가지 유형이 있음이 밝혀졌다(Austin, Bolls, Fujioka, & Engelbertson, 1999). 이들은 비관여자(자신의 자녀들과 텔레비전에 대해 드물게 대화하는 부모들), 낙관주의자(주로 텔레비전 콘텐츠를 강화하는 논의를 하는 부모들), 냉소주의자(텔레비전 콘텐츠에 대해 반대하는 이야기를 나누는 부모들), 그리고 선별주의자(상황에 따라 긍정적이거나 부정적인 대화를 둘 다 하는 부모들)이다. 부모들은 관여 방식에서 중요한 차이점은, 텔레비전 메시지의 좋은 점을 지적하고 그 좋은 것들을 본받도록 지향하는 긍정적인 관여와 등장인물들의 안 좋은 행동들을 지적하고 묘사된 것을 비판하는 부정적인 관여로 구분된다는 것이다. 적극적인 관여는 수십 년 간의 연구에서 거의 찾아볼 수 없다(Austin, 1993; Himmelweit, Oppenheim, & Vince, 1958; Mohr,

1979; Nathanson, Eveland, Park, & Paul, 2002).

　프로그램 등급제는 수십 년간 유지되어 왔지만, 이것을 이용하는 부모는 거의 없었다. 미국 영상협회(MPAA; Motion Picture Association of America)는 1984년부터 극장에서 상영되는 할리우드 영화의 등급을 매겨왔다. 그러나 반복된 연구들에 의하면, 3분의 1 이하의 부모들만이 MPAA 연령에 따른 시청 등급제를 이용한다고 한다(Abelman, 1999; Bash, 1997; Mifflin, 1997). 1999년부터 미국에서 판매되는 모든 텔레비전은, 폭력과 욕설, 섹스를 포함하는 프로그램들에 등급을 매겨서 사용자들이 일정한 유형의 프로그램들은 보지 못하도록 시청자들이 자신들의 TV 수신기를 프로그램할 수 있는 V-칩을 달았다. 그러나 소수의 부모들만이 TV 콘텐츠로부터 아이들을 보호하기 위해 시청 등급제를 활용하였다. 수년 동안 그것을 활용하는 부모들의 비율은 1/3(Foehr, Rideout, & Miller, 2000; Greenberg, Rampoldi-Hnilo, & Hofschire, 2000; Jordan, 2001; Kaiser Famili Foundation, 1999; Rampoldi-Hilo & Greenberg, 2000)에서 20% 이하로 떨어졌다(CBSNews.com, 2009). 또한, 연구에 따르면, 프로그램에 매겨진 등급은 일반적으로 시청자들에게 폭력과 성적 묘사 그리고 언어의 수준에 대해 정확하게 경고하지 못한다는 것을 발견하였다. 최근 한 연구의 저자들은 "등급제에 대한 TV 보호자 가이드라인은 별로 효과적이지 못했다. 7세 시청 등급으로 분류된 쇼에서도 폭력이 만연하고, 두드러지며, 빈번하게 나타났다."고 발표했다(Gabrielli, Traore, Stoolmiller, Bergamini & Sargent, 2016). 이러한 발견은 텔레비전 쇼들이 공정한 사람들이 아니라 제작자들에 의해 평가된다는 것을 고려하면 그리 놀라운 일도 아니다.

　부모들이 어떻게 자녀들이 더 나은 미디어 리터러시를 갖추도록 돕는지에 대한 연구는 세 가지 결론으로 귀결된다. 첫째, 대부분의 부모들은 자녀들이 시청할 프로그램을 거의 선별하지 않는 것으로 보인다. 물론 부모들은 자녀들을 걱정하고, 자녀들의 웰빙에 관심이 있다고 말한다. 그러나 부모들은 그 우려에 따라 행동하지 않는다. 부모의 지도에 대한 아이들의 인식이 믿을만한 것이라면, 부모들은 자신들이 실제로 행동하는 것보다 훨씬 더 많이 하고 있다고 생각한다. 만약 부모들이 아이들과 함께 시청하고, 규칙을 정하며, 그리고 아이들의 텔레비전 노출에 대해 적극적으로 관여하고 있다면, 그러한 부모의 모습은 자녀들에게 그리 인상적이지 않다는 것이다.

　둘째, 아이들을 도우려고 하는 부모들에 대한 연구의 많은 부분이 TV 시청에 제한되어 있다. 이제까지, 우리는 부모들이 인터넷 노출과 관련해서, 특히 소셜 네트워킹과 게임과 관련하여 자녀들을 어떻게 도울 수 있는지 아는 것이 거의 없다. 또한, 이러한 주제에 관한 이제까지의 소수의 연구들조차도 전망이 밝지 않다. 예를 들어, Byrne과 Lee(2011)는 10세에서 16세까지의 자녀를 둔 부모들 456명을 대상으로 범국가적 설문 조사를 실시했는데, 어떠한 처치가 사용되고 있고 무엇이 효과가 있는지에 대해 아이들과 부모 사이에 상당한 의견 차이가 있다는 것을 발견했다.

셋째, 많은 부모들이 자신의 자녀들이 좀 더 높은 수준의 미디어 리터러시를 갖도록 돕기 위해 어떻게 말해 주어야 하는지 모르고 있을 뿐 아니라, 시청 규칙에 관한 상식적 정당성도 갖고 있지 않다는 것이다. 부모들 자신이 미디어 리터러시를 갖추지 않는 한, 그들의 도움이라는 것은 자녀들을 진정으로 돕기보다는 부정적인 효과를 초래할 수 있다.

특별 관리를 위한 사례의 재조명

분명 어린 아이들은 청소년과 어른에 비해서는 불리한 위치에 있다. 어린 아이들은 성숙과 경험의 정도가 더 낮다. 그러기에, 왜 아동들이 부정적인 미디어의 효과로부터 보호를 받을 필요가 있는 특수 집단으로 다루어져야 하는지는 이해할 만하다. 그러나 많은 청소년과 성인들 또한 성숙과 경험 면에서 상당한 결함을 지닐 수 있다는 것을 알아야 한다. 이러한 결함에 대해서 좀 더 자세히 알아보고 그것이 미디어 리터러시에 미치는 영향에 대해 살펴보자.

성숙

우리가 일단 유년기를 지나고 나면, 우리 자신을 통제할 수 있을 만큼 인지적, 정서적, 그리고 도덕적으로 성숙하여 미디어에 노출되었을 때 도움을 받을 필요가 없다고 생각하기 쉽다. 그러한 믿음을 갖는 근거는 Piaget의 인지 발달 이론 단계 때문이다. 대부분의 사람들은 Piaget의 발달 단계가 12세에 끝나기 때문에 13세가 되면 우리 모두가 인지적으로 어른이 된다고 생각한다. 그러나 이는 Piaget의 인지 발달 단계 이론을 잘못 해석한 것이다. Piaget의 이론이 청소년기에서 그 설명을 마치는 것은 사실이지만, 그가 인지 발달이 12세에서 멈춘다고 믿었다는 것은 그의 글 어디에도 없다. 그는 단지 그의 연구와 설명을 아동들에게 제한했을 뿐이다. 그러나 시간이 흘러, Piaget가 더 나이든 단계에 주의를 기울이지 않은 것이, 인간은 12세에서 멈춰 버리고 이 단계의 인지 발달 상태에 머물러서 인지 능력이 동일하게 유지된다는 주장으로 이용되어 왔다. 다른 연령대의 사람들도 동일한 단계의 인지력을 갖고 있고, 학습에서 나타나는 차이점들은 IQ와 경험, 인내력과 같은 다른 요인에 기인한다는 것이다. 예를 들면, Eron, Huesmann, Lefkowitz와 Walder(1972)는 아동이 일단 청소년기에 이르면 그의 행동 특성과 제어력은 고정화된다고 주장한다. 이것은 잘못된 믿음인 듯하다. 왜냐하면, 점점 더 많은 연구물들이 성인이 평생에 걸쳐서 어떻게 인지적 변화를 경험하는가를 기록하고 있다. 예를 들어, Patricia King(1986)은 출간된 연구물들에 대한 리뷰를 통해 성인들의 형식적 추론 능력을 테스트하여, "많은 수의 성인들, 심지어 대학생조차 형식적 추론 능력을 보여주지 못하고 있다.(p.6)"는 결론을 도출했다. 이러한 결론은 그녀가 분석한 25개 연구들에서 나타나고 있는데, 다양한 형식적 추론 능력 테스트와 18세에서부터 79세까지의 다양한 표본들이 연구에 포함되어 있다. 표본의 3분의 1에서 응답자의 30% 미만이 온전히 형식적 조작 단계에서 추론을 하고 있음을 보여주었고, 거의 대부분의 표본에서 성인의 70% 이하가 형식적 조작 단계에서 완전한 기능을 수행하지 못하고 있음이 밝혀졌다. 그러므로 인간이 12세에 형식적 발달 단계에 이른다고 하는 Piaget의 인지 발달 단계에서의 주장은 잘못된 것이다. 아마도 인간은 12세에 형식적 발달의 능력들을 보여줄 준비가 되는 듯하나, 모든 사람들이 이러한 준비 과정을 겪는 것은 아니다.

도덕적으로 사고하는 능력은 나이가 든다고 꼭 발달하는 것은 아니다. 예를 들면, van der Voort(1986)는 아이들이 나이를 먹는다고 해서 도덕적 의미에서 폭력적 행동을 더 비판적으로 판단한다는 증거를 찾지 못했다. 그는 선한 사람들의 행동을 옹호하는 것이 줄어들지 않음을 발견했다. 또한 나이가 들어감에 따라 그들은 악당들의 폭력적인 행동을 더욱 옹호할 가능성이 높았다. 그래서 비록 아동들이 나이가 들면서 인지적 능력을 더 습득하게는 되지만, 도덕적 통찰력을 반드시 함께 얻는 것은 아니다. 나이와 상관없이 다양한 범위로 도덕성 발달이 이루어진다. 또한 더 나이 많은 아동이 나이가 더 어린 아동보다 자동적으로 훨씬 더 도덕적으로 발달하는 것은 아니다.

요약하면, 사람들은 유년기를 거쳐서 인지적, 정서적, 그리고 도덕적으로 발달하고 이러한 발달은 청소년기에서 멈추는 것이 아니라 평생에 걸쳐서 계속된다고 하는 증거가 많이 있다. 나아가, 모든 사람이 같은 나이에 같은 발달 수준에 있는 것이 아니고, 나이마다 사람들은 상당히 차이가 있다. 인지적, 정서적, 도덕적으로 어린이들만큼 발달을 하지 못한 성인들이 많이 있을 수 있다.

경험

어린 아이들이 성인들보다 지구에서 보낸 시간이 적은 것은 분명한 사실이지만, 경험이 나이에 비례한다고 할 수는 없다. 많은 청소년들과 성인들은 같은 경험을 반복한다. 그들의 삶은 너무 규칙적이어서 매일 거의 같은 일을 한다. 반면, 많은 아동들은 매일 다른 것들을 경험한다. 새로운 테크놀로지로 인해 더욱 그렇다. 많은 성인들이 새로운 테크놀로지를 시도해 보는 데 뒤쳐져 있는 반면, 아이들은 모든 종류의 최신 기기들을 열심히 사용한다. 또한, 젊은 사람들은 다른 종류의 메시지들을 경험하는 데 훨씬 더 적극적이다. 영화를 보러 더 자주 가고, 비디오 게임을 더 많이 하고, 대중음악의 변화를 잘 따라가고, 다양한 인터넷 사이트에 접속한다.

모든 연령대의 사람들은 미디어 리터러시의 향상을 위한 각기 다른 과제를 안고 있다. 어린이들에게 주어진 특별한 과제는 인지적, 감정적, 도덕적으로 낮은 수준의 발달과 현실 세계에 대한 부족한 경험이다. 어른들에게도 특별한 과제가 있다. 예를 들어, 나이든 어른들은 매우 잘 확립된 미디어 습관을 가지기 쉬운데, 그것은 바꾸기가 매우 어려울 수 있다. 또한, 그들의 믿음을 형성하기 위해 수십 년의 미디어 조건화를 경험했고, 그 후 모든 종류의 사람들과 경험을 평가하는 기준을 형성했다. 나이든 어른들의 과제는 자신의 기존 지식 구조를 조사하여 잘못된 정보나 시대에 뒤떨어진 정보를 걸러내고 급변하는 세계를 따라잡기 위해 조직적으로 새로운 정보를 통합하는 것이다. 젊은 성인들도 특별한 과제가 있는데, 다음 섹션에서 볼 수 있다.

특별 수용자로서의 젊은 어른

더 많은 관점을 가지면 가질수록 더 발달된 미디어 리터러시를 갖춘다는 미디어 리터러시의 정의를 상기하라. 미디어에 대한 관점은 추상적인 개념이기 때문에 직접 검토할 수는 없지만, 연습문제 5.1을 통해 당신의 인생 경험이 얼마나 광범위한지 혹은 얼마나 좁은지 평가함으로써 당신의 관점이 무엇인지 유추할 수 있다. 이 연습을 마친 후, 당신이 새로운 경험, 새로운 매체, 그리고 새로운 종류의 메시지를 얼마나 열심히 시도했는지 생각해 보라. 새로운 경험에 참여하고 그것을 이해하려는 당신의 노력과 열망은 일련의 인지 능력과 감정적 능력으로 설명될 수 있다. 이러한 능력이 강할수록 새로운 경험을 받아들이고 이를 최대한 활용하는 것이 쉬워진다.

인지적 능력

미디어 리터러시와 가장 관련이 있는 네 가지 선천적 능력이 있다. 이것들은 장 독립성(Field Independency), 결정적 지능(crystalline intelligence), 유동적 지능(fluid intelligence), 그리고 개념적 분화(conceptual differentiation)이다.

장 독립성

미디어 리터러시와 관련하여 가장 중요한 능력은 아마도 장 독립성일 것이다. 장 독립성은 어떤 메시지에서든 소음과 신호를 구별할 수 있는 타고난 능력을 일컫는다. 소음은 기호와 이미지들의 혼돈이다. 신호는 그 혼돈으로부터 나오는 정보이다. 장 독립성이 강한 사람들은 혼돈이 일어나는 장을 재빨리 분류해서 중요한 요소들을 찾아내고 방해 요소들을 무시한다. 반면, 장 의존적인 사람들은 혼돈의 장 안에 집착해서 모든 세부적인 사항들은 보면서도 신호에 해당하는 패턴과 '큰 그림'은 놓치게 된다(Witkin & Goodenough, 1977). 예를 들어, 웹사이트에 있는 새로운 기사를 읽는다고 할 때, 장 독립적인 사람들은 그 기사에서 '누가, 무엇을, 언제, 어디서, 왜'에 관한 주요 정보를 골라

낼 수 있다. 그들은 사건의 핵심을 파악해 내기 위해 보도 내용, 사진, 동영상들을 빠르게 머릿속으로 정리한다. 장 의존적인 사람들은 그 기사에서 동일한 주요 요소들을 인식하지만 또한 팝업 사진, 광고, 화면 가장자리의 내용 등 기사 이외의 배경 요소들에도 동일한 정도의 관심을 기울인다. 장 의존적인 사람에게 있어서 이러한 모든 요소들은 거의 동일한 중요성을 지니기 때문에, 그 기사의 주요 부분들을 기억하는 것과 마찬가지로 사소한 것들도 기억하는 경향이 있다. 이는 장 의존형의 사람들이 더 많은 것들에 주의를 기울이기 때문에 더 많은 정보를 기억한다는 말은 아니다. 오히려 장 의존형의 사람들은 받아들인 정보가 정리가 잘 되어있지 않은 채, 그 만큼의 소음(주변 요소들)도 신호(주요 정보에 관한 요소)로 존재하기 때문에 정보의 양을 덜 기억하게 된다.

이 개념의 또 한 가지 예를 들어보자. 당신은 긴 소설을 읽다가 100페이지 정도를 이해를 못해서 결국 좌절감을 안고 책을 접어본 경험이 있는가? 저자가 한 무리의 등장인물들로 스토리를 이어나가다가, 완전히 새로운 무리의 등장인물들로 다른 시간대의 다른 배경으로 옮겨갔을 때 바로 그렇게 느꼈을 것이다. 이런 일은 몇 페이지마다 생길 수 있다. 너무 많은 등장인물들이 너무 많은 것들에 대해 이야기하고 있으면 그럴 수 있다. 당신은 그 모든 세세한 내용들에 압도되어 전체적 이야기를 이해할 수 없다. 이는 소설가들이 당신이 소설을 읽을 때 당신의 실제 능력보다 훨씬 더 장 독립적이 되기를 요구하고 있음을 의미한다. 당신이 좀 더 장 독립적인 사람이었다면, 그 모든 세부 내용들을 다 간파해서 주제를 파악해 낸 다음, 그 주제에 따라 등장인물들과 장소, 시간, 대화, 행동들을 정리하고, 가장 중요한 요소들에 당신의 주의를 효과적으로 기울일 수 있었을 것이다.

장 독립적이 된다는 것의 가치는 우리의 문화, 그리고 당신의 일상생활이 미디어 메시지로 인해 점점 더 복잡해짐에 따라 증가한다. 당신이 매일 받고 보내거나 생산하는 모든 문자 메시지, 이메일, 그리고 전화 통화에 대해 생각해 보라. 매일 화면에서 볼 수 있는 모든 단어, 사진, 이미지 및 비디오를 생각해 보라. 이 모든 것들이 똑같이 중요한가 아니면 가치 있는 것들에만 주의를 기울이기 위해 소음과 같은 것들은 무시하는가? 만약 당신이 이것을 효율적이고 정확하게 할 수 있다면, 당신은 장 독립적일 가능성이 높다. 하지만 쉽게 산만해지고, 주제와 멀어지고, 사소한 것을 쫓아다니며 많은 시간을 보낸다면, 당신은 더욱 장 의존적이 될 것이다. 즉, 당신의 미디어 여행을 스스로 통제하기보다는 미디어의 장이 모든 방향으로 당신을 끌고 가도록 허락한다는 것이다. 모든 정보의 대부분은 사소한 것에서 중요한 것을 가려내는 것이 어렵기 때문에 많은 사람들은 굳이 구분해 내려고 하지 않는다. 대신, 우리는 메시지의 흐름을 따라 떠다니도록 수동적인 상태가 된다. 이 자동 처리의 장점은 필요 없는 소음을 걸러 내는 것이지만, 단점은 많은 신호도 같이 걸러진다는 것이다. 우리가 훨씬 장 독립적일 때, 신호의 필터링을 극대화하는 동시에 소음의 필터링 또한 극대화하도록 우리의 정신을 훨씬 잘 프로그램할 수 있다.

결정적 지능

두 가지 유형의 지능, 즉 결정적 지능과 유동적 지능을 구별하는 것은 유용하다. 두 유형 모두 미디어 리터러시에 중요한 것들이다. 결정적 지능은 사실을 기억하는 능력이다. 그것은 단어와 일반 정보와 같이 우리가 살고 있는 문화 환경에 대한 지식이 어느 정도인지를 통해 파악할 수 있다.

고도로 발달된 결정적 지능은 이미지와 개념, 의견, 의제 등을 수용하는 것을 가능케 한다. 대부분의 성인들에게 있어서 결정적 지능은 평생에 걸쳐서 발달하고 나이가 더 들면 감소하는 경향이 있다(Sternberg & Berg, 1987). 이는 성인이 나이가 들수록 그들이 사는 세상의 어휘와 일반적 정보와 같은 사실에 대한 지식을 요구하는 테스트에 더 강하다는 것을 의미한다. 일반적으로 나이가 든 사람들은 기존 지식 체계에 새로운 정보를 추가하는 것을 더 용이하게 할 수 있으며 그들이 가장 자주 사용하는 지식 체계에서 그 정보를 쉽게 기억해 낼 수 있다. 당신이 한 가지 주제에 관해 잘 발달된 지식 체계를 갖고 있다면, 새로 접하게 되는 새로운 정보를 정리하고 이미 저장된 당신의 지식 체계와 새로운 정보를 비교하여, 새로운 정보가 기억할만한 가치가 있는 것인지를 결정하는 것이 쉬워진다. 만약 새로운 정보가 기억할 만한 가치가 있다면 나중에 다시 기억해 내기 쉽도록 그것을 범주화하는 것은 쉽다. 그러나 당신이 완전히 새로운 주제(지식 체계에 없는 주제)에 대한 메시지를 접하게 되면, 새로운 정보를 이해하는 것이 어려울 것이다. 이를 테스트해보고 싶다면, 당신과 당신의 부모님에게 둘 다 관심이 있는 주제(이웃, 가족, 정치, 스포츠 등)를 골라서 당신의 부모님이 당신과 비교해서 얼마나 자세한 내용을 기억하고 있는지 확인해 보라.

결정 지능이 강한 사람들은 소위 수직적 사고를 잘한다. 수직적 사고란 순서에 맞게 단계적으로 진행하는 조직적이고 합리적인 사고이다. 이것은 어떤 주제든 간에 처음 정보를 습득하기에 필요한 사고의 유형이다. 우리는 기본적인 수학, 철자, 역사적인 날짜들을 배우려고 할 때 체계적일 필요가 있다. 결정 지능이 높은 사람들은 훨씬 많은 기호들과 그 의미들을 암기했기 때문에 더 다양한 능력들을 갖고 있을 수 있다.

유동적 지능

결정적 지능과 대비되는 유동적 지능은 창의적이고 통찰력이 있는 사람이 사물을 신선하고 새로운 방법으로 의식하는 능력을 말한다. 유동적 지능이 강한 사람들은 소위 횡적인 사고에 능하다. 횡적인 사고는 종적인 사고와 반대로 일직선으로 한 단계 한 단계 전진하는 것이 아니다. 문제에 직면했을 때, 횡적 사고자들은 새롭고 임의적인 위치로 옮겨가서 거꾸로 거슬러 가면서 새로운 위치와 시작점 사이의 논리적인 경로를 만들고자 애쓴다. 횡적 사고자들은, 종적인 형태의 사고에 묶여 있는 사람들로서는 절대로 이르지 않을 해결책에 도달하는 경향이 있다. 횡적 사고자들은 보다 직관적이고 창의적이다. 그들은 문제를 해결하는 데 있어서 표준의 시작점을 거부하고, 직관적인 추측으로부터 시작하여 아이디어를 모으고 '돌발적으로' 해결책을 제시한다.

횡적인 사고에 타고난 소질을 가진 사람들은 많지 않다. 하지만, 그러한 소질을 가진 사람들은 그것을 자주 활용한다. 예를 들면, 많은 발명가들이 횡적인 사고가 발달한 사람들인데, 그들은 오랫동안 풀지 못한 문제를 신선한 방식으로 풀어내기 때문이다. 예를 들어, Thomas Edison은 너무 많은 것들을 발명하여 생애의 말년에 이르렀을 때는, 전신과 전화, 측음기, 영상 카메라, 프로젝터의 분야에 있어서 1,300개 이상의 특허권을 가지고 있었다. 이것이 의미하는 것은 새로운 아이디어를 만들어 내는 능력이 어떤 사람들에게는 더 발달이 되어있다는 것이다. 이러한 능력은 순전히 지능과 관련되어 있다기보다는 특정적 사고방식과 더 관련이 있어 보인다. 명석한 종적 사고자들과 그렇지 않은 종적 사고자들이 존재하는 것처럼, 명석한 횡적 사고자들이 있는가 하면 그다지 명석하지 않은 횡적 사고자들도 있다.

공통점 & 차이점
결정적 지능과 유동적 지능

공통점

- 두 가지 모두 낮은 선천적 능력에서 높은 선천적 능력에 이르기까지 개인에 따라 다르게 나타나는 선천적 인지 능력이다.
- 두 가지 모두 훈련과 연습을 통해 더 높은 수준으로 발전할 수 있다.
- 두 가지 모두 개인적 미디어 리터러시의 수준과 관련이 있는데, 더 높은 능력이 더 높은 수준의 미디어 리터러시를 반영한다.

차이점

- 결정적 지능이란 사실을 암기하고 제시된 정보를 수용하는 사람의 타고난 능력을 말한다. 이것은 체계적이고 논리적인 사고 과정을 따르는 수직적 사고를 반영하는데, 단어의 철자, 역사적인 날짜, 수학적 문제를 해결하는 절차를 배우는 데 유용하다.
- 유동적 지능은 창의적이고 통찰력이 있는 사람이 사물을 신선하고 새로운 방법으로 인식하는 타고난 능력을 의미한다. 이것은 논리적인 사고 절차가 아닌 '틀을 벗어난' 생각을 함으로써 문제를 해결하는 수평적 사고를 말한다.

개념적 분화

개념적 분화는 사람들이 사물을 나누어 분류하는 것을 의미한다. 사물을 다수의 서로 배타적인 범주로 분류하는 사람들은 고도의 개념적 분화 능력을 가진 것이다(Gardner, 1968). 반면, 소수의 범주로 분류하는 사람들은 낮은 수준의 개념적 분화 능력을 가진 것이다.

범주의 수와 관계되는 것은 범주 면적이다 (Bruner, Goodnow, & Austin, 1956). 사물을 소수의 범주로 분류하는 사람들은 넓은 범주 면적을 지니고 있어서 모든 유형의 메시지들을 담고 있다. 예를 들어, 어떤 사람이 모든 미디어 메시지들을 단지 세 개의 범주로만 분류하고 있다면(뉴스, 광고, 오락물), 이들 각각은 다양한 것들을 포함하고 있을 수밖에 없다. 반면, 아주 많은 범주로 분류한 사람은 미디어 메시지를 훨씬 작은 단위로 나눌 것이다(뉴스 속보, 뉴스 특보, 다큐멘터리, 상업 광고, 공익 광고, 액션/모험물, 시트콤, 게임쇼, 토크쇼, 만화, 리얼리티 쇼).

새로운 메시지를 접할 때, 우리는 전략을 조율하든지 다듬든지 함으로써 그것을 분류해야 한다. 전략을 조율하게 될 때는, 우리는 새로운 메시지와 이전에 어떤 범주에 속한 요소로 저장해 두었던 메시지 사이의 유사성을 찾는다. 우리는 새로운 메시지와 우리가 기억하고 있는 메시지와의 가장 적합한 접점을 찾는다. 그러나 가장 적합한 접점을 찾는다는 것은 불가능하다. 다시 말해, 새로운 메시지라는 것은 늘 우리의 사고 범주가 요구하는 것과는 조금은 다른 특성을 가지고 있지만 우리는 그러한 차이들을 무시하는 경향이 있다. 반대로, 다듬는 전략은 차이점에 초점을 두고, 새 메시지와 구 메시지들 간의 차이점들을 유지하려 한다(Pritchard, 1975). 예를 들자면, 두 사람이 올해의 슈퍼볼과 작년의 슈퍼볼 경기를 비교한다고 하자. 사고를 조율하는 사람은 두 경기가 비슷했다고 주장하며 두 경기 사이의 모든 유사점들을 제시한다. 반면 사고를 다듬는 사람은 이와 반대로 두 슈퍼볼 경기 간의 차이점들을 지적할 것이다. 사고를 조율하는 사람들은 범주가 적기 때문에 많은 것들이 같은 범주로 들어가게 되는 반면에 사고를 다듬는 사람들은 범주가 많다. 작년과 올해의 슈퍼볼을 비교하는 두 사람 중 한 사람은 모든 슈퍼볼 경기는 비슷하다고 생각하며 슈퍼볼에 대한 하나의 범주를 갖게 될 가능성이 크다. 사고를 다듬는 다른 사람은 각 슈퍼볼 경기에 대해 서로 다른 범주를 갖고 있을 것이며 각 경기를 고유한 것으로 간주할 것이다. 미디어 리터러시의 수준을 높이는 것은 이렇게 미디어 메시지, 미디어 회사, 미디어 효과들에 대해 각 범주를 더욱 다듬을 것을 요구한다.

정서적 능력

위에서 설명한 네 가지 인지적 능력 외에도, 미디어 리터러시 신장이라는 과제를 해결하는 데 도움이 되는 세 가지 선천적 감성 능력이 있다. 이 세 가지 감성 능력은 감성 지능, 모호함에 대한 인내심, 그리고 비충동성이다.

감성 지능

감정을 이해하고 제어할 수 있는 능력을 감성 지능이라 부른다. 감성 지능은 몇 개의 능력들로 이루어져 있다고 하는데, 다른 사람들의 감정을 읽을 수 있는 능력(공감), 자신의 감정을 인식하는 능력, 본인의 감정을 제어하고 통솔하는 능력, 타인과의 관계에서 필요한 감성적 요구를 다루는 능력들이 그 예이다.

남들보다 강한 감성 지능이 있는 사람들은 공감 능력이 잘 발달되어 있다. 그들은 다른 사람의 관점에서 세상을 볼 수 있다. 우리가 더 많은 관점으로 다가갈수록 감성 지능이 더 발달했다고 할 수 있다. 감성적으로 발달이 되면, 우리 자신의 감정을 더 잘 의식할 수 있다. 그러한 감정들을 일으키는 요소들을 더 잘 이해할 수 있게 되어 우리가 원하는 정서적 반응을 할 수 있는 메시지를 찾게 된다. 나아가 덜 충동적이 되고 자기 제어를 더 잘 할 수 있게 된다. 주변적인 감정들에 관심을 뺏기기보다는 우리 앞에 있는 과제에 집중하게 된다.

모호함에 대한 인내심

우리는 매일 익숙하지 않은 사람들과 상황들을 마주하게 된다. 그러한 상황들에 우리 자신을 준비시키기 위해서 일련의 기대치를 발달시켰다. 우리의 기대치를 벗어나서 놀라게 될 때 어떻게 행동하는가? 그것은 모호함에 대한 우리의 인내심의 정도에 달려있다. 모호함에 대해 인내심이 낮다면 우리의 기대치에 상응하지 않은 메시지들을 무시할 가능성이 크다. 그 차이점들 이해하기엔 너무나 혼란스럽고 좌절감을 느끼게 될 것이기 때문이다.

반면, 만일 우리가 상황을 좇아서 예상을 넘어서는 낯선 영역으로 들어간다면, 우리는 모호함에 대한 인내심이 높다고 말할 수 있다. 애초에 가졌던 혼란이 우리를 멈추게 하지는 않는다. 오히려 이러한 혼란은 명확함을 더 열심히 찾도록 동기를 부여한다. 메시지를 더욱 자세히 살펴보는 것을 막는 감정의 장벽을 느끼지 않는다. 메시지의 성격을 이해하고 초기의 예상이 왜 잘못되었는지를 점검하는 일환으로 어떤 메시지든 기꺼이 부분으로 쪼개서 비교하고 평가하는 것을 꺼리지 않는다.

미디어를 접하는 동안, 인내심이 적은 사람들은 메시지들을 피상적으로 경험하게 된다. 만약 피상적 의미가 그들의 예상과 일치하면, 그 메시지는 그러한 예상을 확고히 해 주는 것이 된다. 만약 피상적 의미가 그 사람의 예상과 맞지 않으면 그 메시지는 무시된다. 간단히 말해, 분석을 하지 않는다.

모호함에 대해 인내심이 많은 사람들은 분석을 두려워하지 않는다. 이러한 사람들은 메시지의 성격을 이해하고 초기의 기대치가 왜 잘못되었는지를 점검하고자 어떤 메시지든 기꺼이 부분으로 쪼개서 비교하고 평가한다. 자기들의 경험과 판단을 검증하기를 게을리 하지 않는 사람들을 스캐너(scanner)라고 부르는데, 그 이유는 그들이 끊임없이 더 많은 정보를 탐색하기 때문이다(Gardner, 1968).

비충동성

비충동성은 메시지들에 대해 사람들이 얼마나 빠른 결정을 내리는가를 말한다(Kagan, Rosman, Day, Albert, & Phillips, 1964). 결론을 빨리 내리는 사람들은 충동적이다. 반면, 시간을 들이고 사물을 여러 관점에서 고려하는 사람들은 생각이 깊고 비충동적이다.

본래, 속도와 정확성은 상호보완적이다. 충동적인 사람들은 속도를 가장 중요시 여긴다. 그들은 결정을 내리는 것이 어려워서 어떤 일을 빨리 해결하려 한다. 그들에게 있어서 결정을 내려야 할 때 따라오는 걱정거리를 빨리 종결시켜버릴 수만 있다면, 좋지 않은 결정을 내리는 위험 정도는 충분히 감수할 수 있다. 결정을 내리는 데 있어서 심사숙고하는 사람들은 정확성을 가장 중요하게 생각한다. 그들은 잘못되는 것을 두려워하기 때문에 결정을 내릴 때 시간이 오래 걸리더라도 모든 가능성들을 고려해본다.

결정을 내리는 데 걸리는 시간은 우리의 감정의 지배를 받는다. 우리가 새로운 정보를 접하는 것을 편하게 받아들이고 주의 깊게 문제들을 해결하려 한다면, 우리는 사려 깊게 행동하고 천천히 처리하고자 한다. 그러나 우리가 좌절과 같은 부정적 감정을 갖는다면, 그 부정적인 감정 상태를 없애버리기 위해 가능한 빨리 결정을 내리려 한다.

요약

정책 입안자들은 아동들을 매스 미디어의 노출에서 오는 잠재적인 부정적 효과로부터 보호 받아야 하는 특수한 수용자로 간주한다. 아동들이 일정한 메시지 유형들에 상당히 취약하다는 것을 보여주는 연구가 상당히 많이 있다. 그러나 청년과 성인들도 또한 일정한 유형의 메시지들에 취약하다는 것이 밝혀졌다.

아동들을 보호해야 한다는 주장은 아동들이 인지적, 정서적, 도덕적으로 아직 낮은 발달 단계에 있고 경험도 적다는 사실에 근거한다. 이러한 결핍 때문에 부정적인 효과들에 특히 취약할 수 있다.

그러나 연구 결과에 의하면 많은 청년들과 성인들 역시 취약할 수 있다고 한다.

미디어 리터러시는 아동들과 청소년들, 성인들이 미디어 메시지들에 노출됨으로 인한 부정적 효과를 줄이고 긍정적인 효과를 늘리는 데 보탬이 될 수 있다. 그러한 발달은 타고난 능력들을 증대시키고 미디어와 실제 세계에서 폭넓은 경험을 추구하며, 좀 더 구체적이고 유용한 지식 체계를 구축할 수 있도록 자신의 능력을 적극적으로 적용하는 사람들에게 더 잘 이루어진다.

더 읽을거리

Goleman, D.(1995). Emotional intelligence. New York: Bantam.
쉽게 읽히는 베스트셀러인 이 책에서 Goleman은 감성 IQ가 지능 IQ와 같지 않다고 주장한다. 그는 좁은 IQ 테스트에 의해 측정되는 지능이 성공이나 능력을 적절히 예측할 수 있다는 기존의 신념에 반기를 든다. 저자는 지능의 개념을 확장하고, 인간의 정서 발달이 어떻게 폭넓은 인지 능력의 범주와 상호작용하는지를 보여준다. 그는 정서가 인체의 반응과 강하게 연결되어 있다는 것을 보여주는 데이터를 인용하고 있다.

Jordan, A. B., & Romer, D.(Eds.)(2014). Media and the well-being of children and adolescents. New York, NY: Oxford University Press.
이 책은 어린이와 미디어에 관한 다양한 전문가들이 쓴 16개의 장으로 구성되어 있다. 각 장에서는 어린이가 취약한 것으로 나타나는 다양한 유형의 미디어 콘텐츠 또는 영향에 초점을 맞추고 있다.

Kohlberg, L.(1981). The philosophy of moral development: Moral stages and the idea of justice. New York: Harper & Row.
Kohlberg는 도덕성 발달 구조의 세 단계를 제안하고 있는데, 각 단계는 세부적으로 두 개의 단계로 나뉜다. 도덕성 발달 단계를 통해 사람들이 어떻게 정의의 개념을 이해하게 되는지와 관련된 예들이 많이 실려 있다.

Lemish, D.(2015). Children and media. Malden, MA: Wiley & Sons.
『Journal of Children and Media』의 창간 편집자이자 교수인 Lemish가 저술한 이 책은 어린이들의 발달, 건강, 리터러시, 자아 인식에 초점을 두었다. 그녀는 또한 아이들이 미디어를 다루는 것을 돕기 위해 고안된 미디어 리터러시 교육과 정책에 대한 노력을 설명한다.

Pulaski, M. A. S.(1980). Understanding Piaget: An introduction to children's cognitive development(수정 확대 판). New York: Harper & Row.
Piaget의 사상과 연구를 이해하기 쉽게 잘 정리한 책이다. 주요 개념들을 표현하는 많은 그림들이 실려 있다.

Singer, D. G., & Singer, J. L.(Eds.)(2001). Handbook of children and the media. Thousand Oaks, CA: Sage.
이 책은 어린이와 미디어에 관한 결정판이다. 39개의 장으로 구성되어 있는데 각각 그 영역의 전문가들이 저술했다. 이 책은 종합적으로 다음과 같은 주제를 다루고 있다. 어린이의 미디어 사용과 미디어에서 얻는 만족, 인지적 기능과 진학에 필요한 능력, TV 시청의 위험 요소, 성격, 사회적 태도, 건강, 미디어 산업과 기술, 정책 이슈와 지지 등이다.

최신 자료

Journal of Children and Media (https://www.tandfonline.com/loi/rchm20)
이것은 일 년에 4번 발행되는 학술지다. 이 학술지는 미디어의 소비자로서의 아동들, 미디어 메시지들에 묘사된 아동들, 미디어 기관들이 어떻게 아동들을 위한 콘텐츠를 만들어 내는지와 관련된 주제에 대한 연구 논문들을 싣고 있다.

MediaSmarts (http://mediasmarts.ca)
이 웹사이트는 어린이들이 미디어 노출에 의해 어떻게 영향을 받는지, 부모와 다른 사람들이 이러한 영향에 대처하는 것을 어떻게 도울 수 있는지에 대한 좋은 정보를 제공한다.

연습 문제 5.1 삶의 경험의 폭에 대해 생각해 보기

1. 친구
   - 당신은 친구가 많은가, 아니면 단지 몇 명인가?
   - 당신의 친구들은 배경, 가치관, 정치관, 성격 등에서 서로 비슷한가, 아니면 서로 다른가?

2. 하루 일상
- 당신은 같은 일상을 살고 있는가, 아니면 매일을 다르게 살려고 노력하는가?
- 당신은 매일 같은 시간에 깨어나고 잠을 자는가?
- 당신은 매일 같은 시간에 식사를 하는가?
- 당신은 매일 같은 길로 학교에 등교하는가, 아니면 새로운 길을 찾아보는가?

3. 쇼핑
- 당신은 늘 같은 상점에서 쇼핑을 하는가, 아니면 새로운 쇼핑 장소를 찾는가?
- 당신은 상점에 들어가면 매번 같은 방식으로 상품들을 둘러보는가?
- 식료품을 살 때, 매주 당신은 같은 음식과 같은 브랜드를 사는가?
- 옷을 살 때, 당신은 늘 같은 스타일과 같은 브랜드를 찾는가?

4. 교육
- 대학 또는 고등학교에서 들었던 수업들의 종류에 대해 생각해 보라. 수업의 어느 정도가 필수 과목이라서 들었고, 어느 정도가 새로운 지식 분야를 탐구해 보고자 들은 것인가?
- 당신의 교육은 어느 정도가 학위를 위한 동기 때문이고, 어느 정도가 호기심에 의한 동기 때문인가?

5. 미디어 이용
- 당신은 일상적으로 어떤 미디어(인터넷과 같은)는 이용하고 다른 것들(인쇄 신문과 같은)은 기피하는가?
- 당신이 음악을 들을 때, 같은 아티스트와 같은 장르를 듣는가?
- 당신이 TV 프로그램을 볼 때, 그것은 주로 같은 유형의 쇼인가?
- 당신은 어느 정도의 미디어 습관이 있는가, 다시 말해, 미디어 노출 일상과 관련하여 당신의 하루는 얼마나 짜임새가 있는가?

산업 INDUSTRY

6 대중 매체 산업의 발달
Development of the Mass Media Industries

7 경제적 관점
Economic perspective

대중 매체 산업의 발달

핵심 개념 | 역사적으로 대중 매체 산업은 수명 주기 패턴(혁신, 성장, 피크, 쇠퇴, 적응 단계)을 따라 왔지만, 현재의 특성을 형성하는 가장 강력한 힘은 융합이다.

▶ 발달 양상
- 혁신기
- 침투기
- 절정기
- 쇠퇴기
- 적응기

▶ 대중 매체 비교
- 생애 주기 양상
- 절정기의 지표
- 쇠퇴와 적응

▶ 현재의 모습
- 융합
- 컴퓨터 산업의 특수 사례
- 대중 매체 인력에 대한 프로필

▶ 중요한 질문
▶ 요약
▶ 더 읽을거리
▶ 최신 자료
▶ 연습 문제

Heather는 '대중 매체의 발달'이라는 수업에서 높은 점수를 받기로 결심했다. 그녀는 교재를 구입했는데, 그 책은 12장으로 되어 있고, 각 장은 대중 매체의 다른 유형에 관한 것이었다. 그녀는 각 장을 자세히 읽으며 중요한 사실들은 초록색 형광펜으로 표시했다. 이제 주요 시험을 위해 공부를 하려고 보니, 거의 모든 단어들이 초록색으로 표시되어 있는 것이 보였다. 어찌할 바를 모르던 그녀는, "이 모든 내용을 어떻게 다 공부하지? 너무 많은데. 백만 개나 되는 작은 사실들이 있네. 이 모든 사실들을 암기할 방법은 없어."라고 생각했다.

아마도 여러분 중 대다수는 방대한 사실들로 이루어진 주제를 만나면 Heather와 같이 느낄 것이다. 대중 매체 산업은 방대한 세부 사항들(날짜, 발명자 이름, 역사적 사건, 사업 관행, 사업 이름, 사업체별 소유자의 복잡한 차트, 엄청난 재정 데이터)이 담긴 주제이다. 이 주제에 대해 내가 처음 저술을 시작하였을 때, 나 역시 감당하기 어려웠다. 저자로서 나 자신이 편하려면 사실들을 하나씩 길고 지루하게 역사적 순서대로 제시할 수도 있었다. 그러나 그런 방식으로 사실을 제시했다면, 당신(학습자)이 편하지 않았을 것이다. 학습이란 공부할 내용들을 체계적으로 보여주는 간명한 지도로 시작하면, 훨씬 효과적이다. 모든 주제들과 그것들이 어떻게 조화되는지를 볼 수 있기 때문에 상세한 내용들을 찾아다니면서 길을 잃지 않을 수 있다. 더욱 중요한 것은, 개념 지도는 각 아이디어를 이해하고 효과적으로 기억 속으로 분류하는 데 필요한 맥락을 제공한다는 것이다.

이 장에서 –다음 장에서도 마찬가지로– 나는 대중 매체 산업에 관한 가장 중요한 개념들의 지도를 보여주고자 한다. 그 지도는 중요한 지식 체계의 전반적인 모습을 보여주고, 당신이 그와 관련된 세부 사항들을 효과적으로 탐색하는 데 도움을 줄 것이다. 일단 가장 중요한 개념들의 구조를 이해하게 되면, 세부적인 정보는 당신이 찾을 수 있다. 미디어 산업에 관한 많은 세부 정보는 부록 A(http://study.sagepub.com/potter9e)에 수록되어 있다. 만약 당신이 더 많은 세부 정보를 원한다면, 이 장의 뒷부분에 제시된 더 읽을거리와 업데이트 자료실에 제시된 내용을 참고하기 바란다.

이 장은 세 가지 주제에 초점을 맞춘다. 첫째, 서로 다른 대중 매체 산업이 그동안 어떻게 발전해 왔는지 그 양상들을 고찰할 것이다. 둘째, 대중 매체 산업에서 그 양상을 탐색할 것이다. 셋째, 오늘날의 대중 매체 산업을 형성하는 요인들을 자세히 살펴볼 것이다.

발달 양상

몇몇 대중 매체 산업들은 비교적 오래되어 두 세기 이상 존재해 온 반면(예: 도서, 신문, 잡지), 어떤 것들은 비교적 젊은 편이다(예: 케이블 TV, 인터넷). 각각의 산업은 서로 다른 역사적 영향, 테크놀로지, 규제, 수용자 요구들에 의해 형성되기는 했으나, 모든 대중 매체 산업은 시간을 두고 성장하고 발달하였다는 면에서 상당한 유사성을 보인다. 모든 미디어 산업들에서 나타난 공통된 변화를 파악하면, 대중 매체의 본질을 더 잘 이해할 수 있게 된다.

생애 주기 양상은 미디어 산업을 고찰하는 데 유용한 틀로 작용하는데 그 이유는 산업들이 어떻게 변화해 왔으며 왜 변화해 왔는지를 알 수 있기 때문이다. 생애 주기 양상은 다섯 단계로 진행되는데, '혁신기(또는 태동기), 침투기(또는 성장기), 절정기(성숙기), 쇠퇴기, 적응기'가 그것이다.

혁신기

각각의 대중 매체 산업은 혁신으로 시작하였다. 미디어 발달의 혁신기는 전송 채널을 가능하게 하는 기술 혁신이 그 특색이다. 예를 들면, 누군가가 영상 카메라와 영사기를 발명하지 않았더라면 영화 산업은 없었을 것이다. 그러나 테크놀로지 그 자체만으로 대중 매체를 만들어 낼 수 있는 것은 아니다. 대중 매체란 발명 그 이상이다. 많은 테크놀로지 혁신이 실패했고 아직도 발전 단계에 있는 것들도 있다. 그래서 혁신기라는 것은 기술 혁신에 마케팅 혁신이 가미된 것을 말한다. 이는 누군가가 메시지를 전달하고 수용자를 구축하는 사업을 만들어내야 했음을 의미한다.

성공적인 마케팅 혁신은 사람들이 새로운 매체의 가치를 인식하고 그것이 어떻게 도움이 될 수 있는지를 인식하는 방식으로, 기업가가 대중의 필요를 인식하고 난 후 그 필요를 충족시키기 위해 새로운 기술을 활용하는 것으로 시작한다. 이를 위해, 기업가는 대중과 유사한 방향을 가져야 한다. 즉, 기업가는 특정한 수용자를 끌어들이기 위해 기술적인 채널의 잠재력을 최대한 잘 이용한 다음, 대중들이 반복 노출에 익숙해지도록 그 채널을 계속해서 활용해야 한다. 예를 들어, 1900년대 초, 영상 카메라와 영사기가 발명된 후, 어떤 기업가들은 그들의 거실을 극장으로 만들어 사람들이 영화를 보는 데 돈을 내도록 했다. 이 기업가들은 이러한 엔터테인먼트가 사업성이 있다는 것을 알아채고 좀 더 많은 관객을 수용하기 위해 가게를 임대함으로써 사업을 성장시킬 수 있는 단계를 밟았다. 그런 뒤에 그들은 콘서트 극장을 임대하고, 주로 영화를 상영하기 위한 극장을 지었다. 대형 극장 수의 증가는 영화에 대한 수요를 충족시킬 뿐만 아니라 수요를 증가시키는 역할도 했다. 수요의 증가는 다른 기업가들로 하여금 영화를 만들어 많은 극장에 영화를 배포하기 위한 제작사를 만들도록 자극했다. 대중의 필요를 인식하고, 그 필요를 성장시키기 위해 서비스를 사업화한 마케팅 기업가들이 없었다면, 영화 카메라와 프로젝터의 기술은 호기심 많은 발명품 이상으로 발전하지 못했을 것이다.

공통점 & 차이점
기술 혁신과 마케팅 혁신

공통점
- 두 가지 모두 메시지를 만들어 대상 집단에 전달하는 새로운 방법을 창조하는 것을 포함한다.
- 두 가지 모두 대중 매체 산업의 발달에 있어서 혁신기의 주요 특성이다.

> **차이점**
> - 기술 혁신은 기술적 형태의 발명으로, 정보를 인쇄, 그래픽, 사진, 오디오 및 비디오 형식으로 캡처, 저장 및 전송하는 새로운 방법을 창조하는 것이다.
> - 마케팅 혁신은 전략적 형태의 발명으로, 대중의 관심을 잡아두고 반복적인 노출에 익숙하게 만드는 방식으로 대중과 그들의 필요를 인식하고, 관심을 끌고, 메시지를 제시하는 새로운 방법을 창조하는 것이다.

침투기

일단 혁신이 새로운 대중 매체 채널을 만들고 나면, 그 채널이 대중 매체로서 효과를 보기 위해서는 매우 넓고 다양한 계층의 사람들에게 어필할 필요가 있다. 이 단계는 '침투기'라고 불리는데, 이는 한 매체가 소수의 혁신자들에 의해서만 사용되다가, 얼리 어댑터들이 사용하고, 그 이후 많은 대중들이 사용하고, 결국에는 모든 사람이 사용하는 식으로 점차 확장되는 것을 강조하기 때문이다. 침투율은 대중이 얼마나 빨리 새로운 미디어를 다른 미디어보다 기존의 요구를 더 잘 충족시킬 수 있는 것으로 간주하느냐에 따라 결정된다.

때때로, 대중의 요구는 이미 기존의 미디어들에 의해 충족이 되고 있지만, 그들의 요구를 어떤 식으로든 좀 더 낫게 충족시킬 수 있는 새로운 미디어가 나온다. 예를 들어, 1940년대에 사람들은 엔터테인먼트에 대한 요구를 라디오와 영화로 충족시키고 있었다. 그러나 그 때 공중파 텔레비전이 등장하면서 기존의 음성만 듣는 것에 영상이 가미되었기에 라디오보다 더 좋은 반응을 보였다. 그리하여 텔레비전은 받은 관심의 대가로 관객들에게 더 많은 것을 제공했다. 텔레비전은 매일 누군가의 집으로 많은 시간의 오락물을 가져다주어서 집을 떠나거나, 부모를 구하고, 주차장을 찾거나, 표를 살 필요가 없기 때문에, 영화보다 많은 사람들의 오락에 대한 욕구를 더 잘 충족시켰다. 텔레비전이 훨씬 더 편리했다. 텔레비전은 또한 미국 대중들의 오락에 대한 욕구를 증가시킨 공로가 있다. TV가 처음 도입된 이후부터 인터넷이 등장하기 시작한 2000년대 초반까지 TV를 시청하는 시간은 꾸준히 증가했다. 인터넷은 TV가 제공하는 모든 종류의 오락물과 뉴스에 더해서 수용자가 원하는 더 넓은 범위의 요구를 충족시킬 수 있는 콘텐츠를 제공했기 때문에 눈에 띄게 성장하기 시작했다. 2007년, 사람들은 하루 평균 4시간 21분을 TV(방송과 케이블)를 시청하고 하루 평균 2시간 18분을 인터넷을 사용하는 데 보냈다. 2017년에는 TV 시청은 하루 4시간 4분으로 약간 감소했지만, 인터넷 사용은 하루 5시간 50분으로 급격히 증가했다(Dunn, 2017). 첫째로, 인터넷은 사람들이 TV를 점점 멀리하도록 만들었는데, 이것은 TV 시청이 과거에 사람들의 요구를 충족시켰던 것보다 인터넷

이 대중의 필요를 더 잘 충족시키고 있다는 것을 보여준다. 둘째, TV와 인터넷 사용을 합한 시간이 2007년 하루 6시간 39분에서 2017년 9시간 54분으로 증가한 것으로 보아 인터넷 사용의 증가는 대중의 수요가 증가하고 있다는 것을 보여준다.

각각의 매체가 성장함에 따라, 그것은 그 성장을 형성하는 요인에 의해 영향을 받는다. 이러한 요인에는 대중 매체에 대한 대중의 필요와 욕구, 다른 경쟁 매체의 매력을 변화시키는 추가적인 혁신, 정치적 및 법률적 제약, 대중 매체를 소유하고 운영하는 민간 기업의 경제적 요구가 포함된다.

절정기

절정기는 미디어가 대중에게 가장 많은 관심을 받고 다른 미디어에 비해 가장 많은 수익을 창출할 때를 말한다. 이는 보통, 미디어의 침투가 극대화되었을 때 나타난다. 즉, 매우 많은 가정들이 하나의 미디어를 받아들여서 그 미디어는 더 이상 침투할 수 없는 단계이다. 물론 그 미디어는 계속해서 시청자의 시간과 돈을 흡수할 수는 있다. 예를 들어, 공중파 TV는 1960년대에 라디오와 영화로부터 고객들을 빼앗아 정점에 도달했었다. 공중파 TV는 또한 전국 단위의 광고주들을 잡지와 라디오에서 멀어지게 했다. 1990년대까지만 해도, 사람들이 다른 어떤 미디어에 비해 매일 공중파 TV와 더 많은 시간을 보내고 있었기 때문에 공중파 TV는 가장 지배적인 대중 매체로서 정점에 머물렀었다. 또한 대부분의 사람들은 공중파 TV를 오락과 뉴스의 주요 공급원으로 여겼다.

쇠퇴기

결국, 절정에 달했던 미디어는 새로운 미디어에 의해 도전을 받고 쇠퇴하게 되어 있다. 쇠퇴기에 접어들면, 미디어는 대중의 수용이 줄어들고 수익의 감소로 이어진다. 대중의 수요가 감소하는 것은 특정 종류의 메시지에 대한 요구의 감소라기보다는, 대중에게 침투하여 성장하면서 절정으로 달리고 있는 경쟁 미디어에서 더 만족을 느끼게 됨으로써 일어난다. 예를 들어, 공중파 TV는 1990년대 내내 케이블 채널의 증가로 시청자와 광고주가 감소했다. 사람들은 모든 수용자들에게 어필할 수 있도록 고안된 텔레비전 쇼를 시청하는 시간을 줄이고 뉴스(CNN과 Fox News), 스포츠(ESPN), 영화(TCM), 코미디(Comedy Central), 음악(MTV와 VH1) 등과 같이 그들이 원하는 특정한 종류의 콘텐츠를 시청하는 시간을 늘렸다. 케이블 텔레비전이 관심의 틈새마다 사람들에게 다양한 콘텐츠 선택권을 제공했기 때문에, 케이블 TV는 시청자들과 광고주들을 공중파 TV에서 멀어지게 함으로써 절정기에 달했다. 그 후, 2000년대에 들어서면서 케이블 TV는 사람들이 오락과 정보를 제공받기 위해 인터넷 서비스로 이동하면서 시청자가 감소하고 있다.

적응기

한 미디어는 미디어 시장에서 자신의 위상을 재정립하기 시작할 때 적응기에 들어선다. 위상의 재정비는 그 미디어가 충족시킬 수 있는 새로운 요구들을 찾아봄으로써 이루어지는데, 과거에 충족시켰던 예전의 요구들이 이제는 다른 미디어에 의해 더 잘 충족시켜질 수 있게 되었기 때문이다. 예를 들어, 라디오가 텔레비전에 고객을 빼앗긴 후에, 세 가지 작업을 함으로써 적응을 하였다. 첫째, 드라마, 코미디 상황극, 미스터리극과 같은 일반적인 엔터테인먼트 프로그램들을 없애버림으로써 텔레비전과 직접 경쟁하는 것을 그만두었다. 대신, 라디오는 뮤직 형식으로 바꾸어서 DJ들이 음악을 하나하나 틀게 했다. 둘째, 라디오는 일반 청취자들의 인기를 얻으려는 것을 포기하고 음악적 취향에 따라 시장을 분화해서 각 방송사가 특정 계층의 사람들을 겨냥한 맞춤형 프로그램을 만들었다. 그리하여 현재는 각 라디오 시장에 인기가요 톱 40 방송, 리듬 앤 블루스 방송, 재즈 방송, 앨범 지향의 록 방송, 추억의 옛 음악 방송, 컨트리 음악 방송, 클래식 음악 방송 등 각 채널이 각기 다른 층의 청취자들에게 어필하는 형식이다. 셋째, 1950년대 트랜지스터라디오의 발명으로 휴대가 가능해진 반면, 텔레비전은 그럴 수 없다는 것을 깨달았다. 그래서 라디오는 사람들이 차를 타고, 해변에 자리를 잡고, 전화 통화를 하면서 알맞은 분위기를 형성할 수 있는 플레이 리스트를 개발했다.

지난 몇 십년간, 공중파 텔레비전은 케이블 TV와 컴퓨터의 도전과 싸우느라 쇠퇴기에 접어들었다. 공중파 텔레비전은 1950년대 라디오가 했던 것처럼 이동하면서 볼 수 있고, 틈새 시청자들을 공략할 수 있는 프로그램을 만들려고 노력하면서 적응을 시도하고 있다.

대중 매체 비교

이제 대중 매체 산업 전반의 큰 그림을 보도록 하자. 여러 대중 매체 산업의 발달을 비교해 봄으로써 어느 것이 가장 최신이고, 각 미디어가 언제 가장 절정기였는지를 알아보자.

생애 주기 양상

그림 6.1에 제시된 생애 주기 양상을 잠깐 살펴보자. 인쇄 미디어인 책, 신문, 잡지들은 가장 오래된 것들인데, 이들 각각은 100여 년 전쯤에 혁신기를 벗어났다. 컴퓨터가 가장 새로운 대중 매체인데, 당신이 태어났을 때쯤 혁신 단계를 끝내고 있었다. 모든 대중 매체는 케이블 TV와 컴퓨터를 제외하고는 적응기에 있다는 것을 주목하라. 이는 모든 대중 매체들이 새로 만들어지는 미디어뿐만 아니라 서로 간에 공존하는 방법을 찾고 있다는 것을 의미한다.

비록 생애 주기 양상이 미디어의 과거와 현재를 보여주는 좋은 샘플이기는 하지만 완벽하지는 않다. 예를 들어, 몇몇의 미디어들(책, 잡지, 음악)은 한 번도 절정기에 달해본 적이 없다. 이는 그러한 미디어들이 중요하지 않다거나 성공적이지 않다는 것은 아니다. 이것이 의미하는 것은 이들 미디어들이 가장 중요한 미디어로서 우위를 차지해 본적이 없음을 의미할 뿐이다.

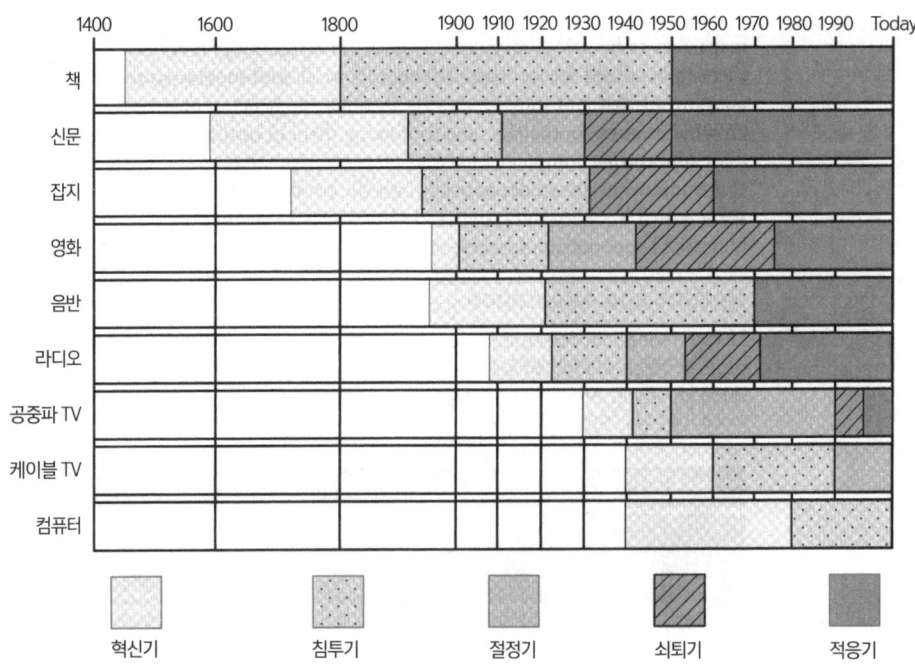

그림 6.1 생애 주기 양상

절정기의 지표

우리는 대중 매체 산업의 발달에 있어서 흥미로운 시대를 살고 있다. 공중파 텔레비전은 40년간 지속되면서 거의 모든 시청자들을 차지했던 절정기를 지났다. 그러나 케이블 채널들이 공중파 텔레비전의 시청자를 잠식해 오면서, 이제는 공중파 TV 시청자는 50% 이하로 떨어지고 말았고, 수익은 현재 케이블 TV보다 뒤쳐져 있다. 케이블 TV는 10년 이상 절정기를 유지해 왔지만, 컴퓨터 미디어(데스크톱, 노트북, 휴대폰 등으로 미디어 메시지를 받는 것을 포함)에 의해 위협당하고 있다. 컴퓨터 미디어는 책, 신문, 잡지, 음악, 영화, 비디오를 전달하는 매체가 될 수 있다는 것을 보여주는데, 유선이나 무선으로 어디서든 메시지들을 전달할 수 있기 때문이다. 또한 상호작용을 할 수 있는 기능까지 부여하는데, 이 기능으로 인해 사용자들이 메시지를 복사하고, 다른 형태로 전환하여 다른 사람들에게 전달할 수가 있다. 이러한 이유로, 컴퓨터는 절정기를 만끽하고 있다.

하나의 미디어가 절정기에 있을 때, 대개는 그것이 지배적인 미디어가 된다. 즉, 가장 많은 사람들에게 가장 중요한 매체가 된다는 것이다. 이는 그 산업이 얼마나 많은 돈을 발생시키고, 얼마나 많은 시간을 그 매체에 쓰게 되는 것과 관계가 있다. 이러한 기준으로 볼 때, 케이블 TV는 (위성 TV 서비스와 함께) 여전히 가장 지배적인 매체이다. 케이블 TV와 위성 TV는 이제 그 어떤 매체보다도 수익성이 높다(표 6.1 참조). 표를 보면, 라디오가 하루 평균 이용 시간으로는 2위를 차지한다. 이는 라디오가 두 번째로 지배적인 매체라는 뜻인가? 대답은 '아니다'인데, 거기에는 몇 가지 이유가 있다. 우선, 사람들이 라디오와 함께 시간을 많이 보내는 것은 사실이지만 라디오를 다른 작업할 때 배경 정도의 구실을 하는 매체로서 이용한다. 다시 말해, 실제로 거기서 나오는 메시지들에 귀를 기울이지 않는다는 것이다. 라디오가 1920-1930년대에 절정기에 달했을 때는 청취자들은 라디오 방송에 온전히 주의를 기울였었다. 라디오 프로그램들은 현재 텔레비전에서 보이는 각종 장르들을 담고 있었다. 사람들은 드라마, 탐정 수사물, 게임 쇼, 코미디들을 듣곤 했었다. 그러나 지금은 라디오 청취의 대부분은 배경 음악에 몰려있다. 라디오에서 흘러나오는 음악을 들으면서 사람들은 일반적으로 책이나 잡지, 신문을 읽는 등의 다른 미디어에 노출되거나 전화 통화, 조깅, 업무 등 다른 일을 한다. 비록 라디오가 많은 사람들의 삶에서 그렇게 많은 시간 동안 켜져 있지만, 사람들의 완전한 관심을 오래 끌지는 못한다.

표 6.1 대중 매체 이용 시간

매체	하루 평균 이용 시간	
	2007년	2017년
인터넷	2시간 18분	5시간 50분
휴대 기기	-	3시간 14분
데스크톱/랩톱	-	2시간 8분
그 외 기기	-	28분
텔레비전	4시간 21분	4시간 4분
케이블 TV와 위성 TV	2시간 51분	-
공중파 TV	1시간 50분	-
라디오	2시간 5분	1시간 26분
인쇄 매체	1시간 3분	25분
신문	26분	-
잡지	19분	-
책	28분	-
기타	-	22분
합계	9시간 47분	9시간 47분

출처: U.S. Census Bureau(2009) and eMarketer(2017a)

둘째, 라디오는 다른 미디어만큼 많은 수익을 창출하지 못한다. 이는 사람들이 라디오나 공중파 TV 같은 미디어에 돈을 쓰지 않는다는 것을 의미하는가? 물론 그렇지 않다. 이런 매체는 소비자에게서 직접 수입을 얻지 못한다는 뜻이다. 사람들은 수신기를 사야 하지만, 그 돈은 Best Buy, Walmart, 혹은 사람들이 라디오나 TV를 사는 곳으로 간다. 공중파 라디오와 텔레비전은 광고 수입의 거의 전부를 소비자들로부터 얻지만 간접적으로만 얻는다.

우리는 현재 대중 매체의 발달과 함께 매우 역동적이고 흥미로운 시기에 살고 있다. 컴퓨터라는 이름으로 묶일 수 있는 새로운 기술들은 훨씬 더 많은 통제력과 다양성을 제공함으로써 대중들이 미디어 메시지에 접근하는 방식을 바꾸고 있다. 영화를 예로 들어보자. 2010년에 미국인들은 극장에 가는 것보다 거의 두 배나 많은 돈을 집에서 영화를 보는 데(주문형 비디오, 디지털 다운로드, DVD) 썼다. 2014년에 미국인들은 영화관에서 표를 사는 것보다 영화 스트리밍과 다운로드에 더 많은 돈을 썼다(Netflix, Amazon Prime Video 등). 사람들의 영화 관람을 극장으로만 제한했을 때에는, 주어진 시간에 약 12개 정도의 선택권만이 부여되고, 영화가 시작될 때 극장에 있어야 하고, 영화의 일부분을 놓치고 싶지 않다면 영화의 상영되는 내내 그곳에 앉아 있어야 한다. 그러나 사람들이 케이블 방송 공급자를 통해서나 웹사이트에서 영화를 볼 때에는, 사실상 무제한의 선택권을 가지고 있고 언제든지 영화를 볼 수 있거나 중지시킬 수 있다. 뉴스도 인쇄된 신문이나 잡지가 배달될 때를 기다리는 것보다 웹사이트에서 훨씬 빠르면서도 최신의 것으로 볼 수가 있다. 책과 음반을 구입하는 것은 상점으로 차를 타고 가는 것보다 휴대 기기에 다운로드 받는 것이 빠르다. 새로운 미디어는 빠르게 성장하고 침투 단계에 빠르게 진입하고 있다. 새로운 미디어는 기존의 미디어에 점점 더 많은 압력을 가하면서 그것들이 계속해서 적응하도록 강요하고 있다.

컴퓨터/인터넷이 현재 절정기에 진입하고 있는 것으로 보인다. 이 매체와 함께 보낸 시간은 지난 10년 동안 급격하게 증가했다(표 6.1 참조). TV, 라디오, 인쇄 매체와 보내는 시간은 다소 줄어든 반면, 인터넷과 보내는 시간은 하루 3시간 이상 증가했다는 점에 주목하라!

쇠퇴와 적응

1950년대에 텔레비전이 문화 속으로 침투하여 빠르게 절정기에 올랐을 때, 다른 미디어 산업들, 특히 라디오와 영화 산업은 적응할 수밖에 없는 쇠퇴기로 빠져들었음을 주목할 필요가 있다. 신문은 라디오와 텔레비전 뉴스의 짧은 형식이 제공할 수 없는 긴 심층 보도를 제시함으로써 적응하였다. 신문은 이러한 적응으로 한동안 살아남았지만, 컴퓨터/인터넷의 등장으로 독자와 수입 면에서 급격한 감소를 경험하고 있으며, 이로 인해 많은 신문사들이 사업을 접게 되었다.

인터넷이 절정기로 성장하면서 모든 전통 매체가 쇠퇴하고 있다(표 6.1 참조). 2007년부터 2017년까지 10년 동안 텔레비전, 라디오, 인쇄 매체 등의 전통적인 미디어와 함께 하는 시간은 7시간 29분에서 5시간 51분으로 줄어든 반면, 디지털 미디어와 함께 하는 시간은 2시간 18분에서 5시간 50분으로 늘어났다. 비록 우리가 미디어 사용의 전체 시간이 하루 9시간 49분에서 11시간 41분으로 10년 동안 19% 증가했음에도 불구하고, 2007년 기준으로 미디어 노출 시간의 76%가 전통적인 미디어에 집중되어 있었지만, 10년 후에는 50%로 감소하였다. 이것은 인터넷과 모바일 장치라는 새로운 매체의 등장으로 설명될 수 있는 중요한 변화로서, 기존의 미디어가 수행해 왔던 대중의 요구에 대한 충족에 더해서 모바일 기기로 어디서나 신속하게 모든 요구를 충족시킬 수 있게 되었다. 전형적인 스마트폰은 현재, 아폴로 11호가 달에 사람을 착륙시켰을 때 가지고 있던 것보다 더 많은 컴퓨팅 능력을 가지고 있다(Gibbs, 2012). 전화 통화, 문자 전송, 음악 재생, 책 읽기, 사진 촬영, 비디오 녹화 등을 할 수 있다. 앱을 사용하면 스마트폰으로 인터넷에 접속하고, 게임을 하고, 상점에서 물건을 사기 위해 쿠폰을 제시하고 비용을 지불하며, GPS로 사람을 추적하고, 주식을 거래하고, 실시한 교통 정보를 얻을 수 있다. 미국에서는 전체 성인의 77%가 스마트폰을 소유하고 있으며(Statista, 2018f), 스마트폰 사용자의 46%가 스마트폰이 없으면 살 수 없다고 답했으며(Rainie & Perrin, 2017), 모든 사용자의 1/4이 거의 끊임없이 온라인 상태를 유지하기 위해 휴대전화를 사용한다고 답했다(Perin & Jiang, 2018).

이 시점에서, 당신이 대중 매체 산업의 발달 양상에 대하여 이 장에서 지금까지 배운 정보를 활용할 수 있는지 알아보자. 연습 문제 6.1은 대중 매체 산업이 어떻게 기술과 마케팅 혁신을 통해 생겨나고, 점점 성장하고, 절정기에 이르러 더 강력해지는지에 대한 당신의 지식을 적용해 볼 기회를 제공한다. 절정기가 미디어 산업에 실제로 어떤 의미인지 그리고 절정기에 있는 산업이 다른 미디어 산업에 어떻게 영향을 미치는지 생각해 보자. 이 연습은 향후 5년, 20년 후에 컴퓨터/인터넷 산업에서 무슨 일이 일어날지 예측하는 것이기 때문에 옳고 그른 답이 없다. 그러니 현 시점의 틀에서 벗어나 미래를 예측하는 재미를 느끼기 바란다.

현재의 모습

다양한 대중 매체 산업이 어떻게 발전해왔는지에 대한 큰 그림을 보았으니, 이제는 초점을 현재 일어나고 있는 일로 옮겨야 할 때이다. 우선 오늘날 미디어 산업을 형성하는 가장 강력한 힘인 융합(convergence)을 살펴볼 것이다. 그러고 나서 노동력 측면에서 산업들을 탐색할 것이다.

융합

오늘날 대중 매체 산업의 성격을 이해하는 열쇠는 융합이 지난 10년 동안 얼마나 강력한 영향력을 발휘해 왔고 앞으로도 계속 그렇게 될 것이라는 것을 깨닫는 것이다. 가장 일반적인 의미에서, 융합은 단순히 이전에 분리되었던 것들이 시간이 흐르면서 함께 움직이는 것을 의미한다. 매체와의 융합이란 이전에 분리되어 있던 통신 채널의 결합을 의미하며, 융합이 이루어짐에 따라 이전에 채널들을 명확하게 다른 미디어로 분리해 왔던 특징이 소멸되었다. 이 섹션에서는 세 가지 유형의 융합인 기술적 융합, 마케팅적 융합, 심리적 융합이 대중 매체의 성격을 어떻게 변화시켜 왔는지 살펴볼 것이다.

매체와의 융합이란 이전에 분리되어 있던 통신 채널의 결합을 의미하며, 융합이 이루어짐에 따라 이전에 채널들을 명확하게 다른 미디어로 분리해 왔던 특징이 소멸되었다. 이 섹션에서는 세 가지 유형의 융합인 기술적 융합, 마케팅적 융합, 심리적 융합이 대중 매체의 성격을 어떻게 변화시켜 왔는지 살펴볼 것이다.

기술적 융합이란 정보의 저장과 전송에 관한 혁신이 대중 매체 산업에 어떤 변화를 가져왔는지를 말한다. 융합을 가능하게 한 핵심 기술 혁신은 컴퓨터 자체가 아니라 컴퓨터를 실행시키는 소프트웨어 코드이다. 이 소프트웨어 코드는 디지털이다. 즉, 패턴을 전달하기 위해 연속적으로 배열된 별개의 독립된 번호를 쓰고, 저장하고, 읽는 것이다. 컴퓨터와 디지털 코드는 반세기 이상 존재해 왔지만, 미디어가 아날로그 코딩을 디지털 코딩으로 대체한 것은 약 20년 밖에 안 되었다.

아날로그 코딩은 매체의 물리적 특성에 의존하는 정보를 기록하고 저장하고 검색하는 것이다. 인쇄 정보는 종이에 잉크 자국으로 저장된다. 소리 녹음 정보는 플라스틱 디스크의 홈 내부를 변형시킴으로써 저장된다. 플라스틱 원반이 턴테이블 위를 회전할 때 바늘이 홈을 따라 움직이다가 홈 내부에 새겨진 아주 작은 변형을 감지해 내는 것이다. 바늘 움직임의 변화는 전기적 충력으로 변환되어 증폭기에 전달된 다음, 스피커에서 공기의 움직임으로 변환되어 인간의 귀에 압축 공기의 파동을 내보낸다. 1970년대에 음반 회사들은 플라스틱 디스크에서 자기 테이프(magnetic tape)로 바꾸기 시작했지만, 아날로그 코딩 시스템은 여전히 사용되었다.

디지털 코딩은 어떤 한 매체의 물리적 특성에 좌우되지 않는 기호나 바이트(일반적으로 숫자)의 시퀀스를 사용하는 것을 말한다. 정보의 디지털 레코딩은 아날로그 레코딩보다 몇 가지 중요한 이점이 있다. 아마도 가장 큰 장점은 아날로그 코드는 매체에 따라 달라지는 반면, 디지털 코드는 표준화되어 있고 어떤 매체로든 읽을 수 있다는 것이다. 표준화된 디지털 코드는 메시지의 사본을 쉽게 만들고 다양한 종류의 플랫폼(MP3 플레이어, 컴퓨터, 스마트폰, 자동차 오디오, 가정의 텔레비전 등)에서 그 사본에 쉽게 접근할 수 있도록 한다. 또 다른 큰 장점은 디지털 코드를 압축해 앨범에 수록된 모든 음악을 CD에 넣을 수 있다는 것인데, 이것은 오래 전부터 사용되던 플라스틱 디스크보다 훨씬 작다. 압축 기술의 발전으로 이제 엄지손가락만한 크기의 장치에 수천 장의 앨범을 저장할 수 있게 되었다. 이러한 장점들 때문에 모든 대중 매체는 아날로그에서 메시지를 녹음하고 저장하고, 전송하고, 검색할 수 있는 디지털로 전환하고 있다.

　메시지의 디지털화는 융합으로 나아가는 주요한 기술적 발전이었지만, 이러한 추세에 도움을 준 몇 가지 다른 중요한 기술적 발전도 있었다. 그 중 하나는 텔레비전과 컴퓨터로 신호를 보내는 수단을 구리선에서 광섬유로 전환했다는 것이다. 디지털화된 정보와 광섬유의 압축이 결합되면서, 정보의 양과 속도는 지난 수십 년간 수천 배 증가했다. 이제 Wi-Fi와 Bluetooth 기술이 사용 가능해지면서 더 많은 양의 정보가 더 빠른 속도로 이동할 수 있게 되었다. 이로 인해 양방향 통신이 가능해졌다. 이제 컴퓨터 사용자들은 거대한 소프트웨어 프로그램이나 비디오 같은 거대한 파일을 몇 초 만에 업로드하고 다운로드할 수 있다. 사람들은 유선 연결 없이 문자 메시지, 인스턴트 메시징, 화상 회의에 참여할 수 있다.

　마케팅 융합은 미디어 프로그래머들이 수용자를 바라보는 방식과 메시지를 개발하는 방식을 변화시키는 데 강한 영향을 미쳤다. 과거에는 미디어 회사들은 스스로를 채널에 의해 규정하였었다. 즉, 신문들은 스스로를 인쇄 매체로만 보았다. 그러나 기술적 변화로 인해 미디어 기업들은 유통 채널에 의한 구별에서 벗어나 메시지와 대중에게 훨씬 더 집중해야 했다. 과거에 영화 제작사는 극장용 필름만 제작했고, 잡지사는 인쇄 잡지만 제작했으며, 음반 회사들은 음반만 제작했다. 이러한 채널은 배급에 제한이 있었고 같은 시장 안에 있는 유사한 업종의 다른 회사들과만 경쟁하는 틀 안에 갇히게 되었다. 그러나 현재 미디어 회사들은 (이전에 그들의 전송 채널에 의해 제한되었던) 틀 밖에서 생각하고, 가능한 한 많은 채널을 통해 메시지를 배포할 수 있는 모든 방법을 생각함으로써 마케팅 범위를 확장하였다.

　기술적 융합으로 채널은 시청자의 요구와 메시지보다 훨씬 덜 중요하다. 이제 대중 매체 회사들은 먼저 다양한 틈새 수용자들의 요구에 대해 생각하고 난 후, 수용자들의 요구를 만족시키기 위한 메시지를 개발한다. 그들은 틈새 수용자를 끌어들이고 잡아 두기 위해 가능한 한 많은 형태로 메시지를 다양화한다(컴퓨터, 노트북, 휴대폰 등에서 접근할 수 있는 영화, TV, 웹사이트). 이 절차는 두 가지 주요한 이점이 있다. 한 가지는, 하나의 메시지가 많은 수익을 창출할 수 있기 때문에 한번 미디어 회사가 메시지를 생산하기 위해 돈을 지불하고 나면, 여러 차례에 걸쳐 수익을 거둘 수 있다는 것이다. 두 번째 장점은 메시지가 한 채널에 나타날 때 다른 채널의 메시지에도 자신을 노출시키도록 수용자들을 자극한다는 것이다. 예를 들어, 해리포터 책을 읽는 사람들은 해리포터 영화를 보는 것에 자극을 받는다. 그들은 영화에 등장하는 배우들에 대해 팬 사이트뿐만 아니라 잡지와 신문에서 소식을 듣기를 원한다.

　이러한 융합화 경향은 미디어 기업들이 대중을 바라보는 시각도 변화시켰다. 과거에는 거대 미디어 기업들이 가능한 한 가장 많은 수용자를 끌어들이려고 했다. 그러기 위해서 메시지를 디자인해서 일반 대중들 중 일부가 불쾌하게 느낄 수 있는 언어나 특정한 주제로 누군가를 불편하게 만드는 일 없이 모든 사람에게 호소하는 전략을 사용하였다. 따라서 가장 낮은 공통분모(LCD; lowest common denominator)의 프로그래밍 원리를 채택했다. 프로그래밍은 이제 소위 롱 테일(long tail) 마케팅으로 옮겨갔다. 롱 테일이 무엇인지 이해하기 위해서는, 통계학자와 학점을 매기는 대학 교수들이 정규 분포 곡선이라 부르는 종 모양 곡선(bell curve)을 생각하면 된다. 어떤 특성(키, 몸무게, IQ, 시험 점수 등)에 대해서도 최저에서 최고에 이르는 범위에 사람들이 분포되고, 대부분의 사람들은 분포의 중간에 군집해 있는 형태이다. 신장을 예로 들어보자. 성인 남성의 신장은 120cm에서 215cm 사이에 분포하며, 이 범위는 약 100cm이다. 이 범위 내에서 성인 남성의 약 2/3는 중간의 13cm 안(170cm와 183cm 사이)에 모여 곡선의 볼록한 부분을 형성한다. 이 볼록한 부분의 양쪽에는 볼록한 부분을 형성하는 집단보다 신장이 작거나 큰 몇몇 사람들만이 있을 뿐이다. 즉, 볼록한 부분의 양쪽에 있는 작은 영역은 꼬리이다. 신장 분포의 볼록한 부분 양쪽의 꼬리는 다소 짧다. 215cm보다 크거나 120cm보다 작은 성인 남성은 거의 없다. 그러나 음악이나 오락에 대한 선호와 같은 개인적 관심사에 있어서는, 분포의 가운데 부분이 그렇게 많이 볼록하지는 않다. 즉, 같은 것을 선호하는 사람들이 적다는 뜻이다. 예를 들어, 가장 인기있는 텔레비전 시리즈의 시청률은 미국 인구의 3% 미만이다. 이것은 사람들이 텔레비전을 덜 보고 있다는 것을 의미하는가? 그게 아니라, 반대로, 사람들은 텔레비전을 보는 데 더 많은 시간을 보내고 있지만, 그들은 각각 소수로 흩어져 수백 개의 프로그램으로 분산되어 있다는 의미이다. 즉, 각자를 만족시키는 프로그램이 다르기 때문에 텔레비전 시청에 대한 선호 또한 매우 긴 꼬리 부분에 분포되어 있다. 롱 테일 마케팅은 긴 꼬리를 형성하는 많은 틈새 수용자 집단 각각의 특별한 요구가 무엇인지 알아내고, 그 틈새 수용자를 끌어들이기 위한 적절한 콘텐츠를 개발하는 것을 말한다.

롱 테일 마케팅은 위에서 언급한 경향을 고려할 때 이제 실행 가능한 마케팅 전략이 되었다. 거대 미디어 대기업들은 주머니가 두둑하고 이러한 새로운 틈새 이익을 발견하는 데 필요한 연구에 돈을 지불하고, 새로운 메시지 개발에 따르는 위험을 감수할만한 여유가 있다. 인터넷은 더 많은 실험정신과 창의성을 허용한다. 예를 들면, 오래된 서점은 진열 공간이 한정되어 있어서 어떤 책을 비치할 것인지를 선택해야만 했다. 그러나 Amazon은 웹에 기반을 두고 있기 때문에 모든 책을 판매할 수 있고, 그래서 대중들의 전체 관심사를 수용하여 모든 틈새시장(아무리 작아도 상관없음)에 제공할 수 있는 책을 보유할 수 있다. Amazon이 베스트셀러(매출 10위 안에 드는 책)에만 집중할 필요는 없다는 얘기다. 현재 Amazon은 1년에 30만 권 이상의 책을 판매하고 있으며, 평균적인 책은 1년에 250권, 혹은 그 책의 생명 주기로는 3,000권 이하가 판매된다(Ranson, 2017). 따라서 Amazon은 한 권의 책을 100만 권 팔려고 하는 것보다 4천 권의 다른 책을 각각 250권을 팔아 100만 권의 매출을 올리는 것이 더 바람직하다. 이것이 롱 테일 마케팅이다.

융합은 단순한 기술이나 마케팅의 힘이 아니다. 대중의 심리를 크게 바꾸어 놓았다(Jenkins, 2006). 심리적 융합이란 이전에 존재했던 장벽에 대한 사람들의 인식의 변화를 말하는데, 심리적 장벽은 미디어에서 일어난 최근의 변화로 인해 붕괴되고 있거나 완전히 제거되고 있다. 이러한 변화들은 사람들이 사물을 다른 방식으로 볼 수 있도록 도움을 주었고, 인식의 변화에 따라 행동할 수 있는 도구를 제공했다. 이러한 인식의 변화 중 하나는 지리에 관한 것이다. 즉, 지리적 장벽은 더 이상 중요하지 않다. 이메일, 인스턴트 메시징, 소셜 네트워킹 웹사이트, 휴대폰을 통해 사람들은 물리적으로 같이 있지 않을 때에도 친구나 동료들과 심리적으로 가깝게 지낼 수 있다. 사회학적 장벽의 붕괴도 있었다. 새로워진 미디어 플랫폼으로, 사람은 사회적 계층, 직업, 민족 또는 연령에 관계없이 타인과 접촉하기 위해 모든 장벽을 넘을 수 있다. 이러한 지리적, 사회학적 장벽이 제거되면서 사람들은 그들의 사회적 영역을 재정립했다.

융합은 사람들이 미디어에 대해 생각하고 사용하는 방식을 변화시켰다. 즉, 디지털화는 사람들이 다양한 플랫폼에서 온 메시지에 접속하여 그것들을 그들 자신의 메시지로 통합할 수 있게 했다. 많은 플랫폼의 상호작용적인 특징들은 사용자들로 하여금 이전에 친하지 않았던 모든 종류의 사람들을 독립적인 친구 네트워크나 전문 동료 네트워크로 모을 수 있게 해주었다. 따라서 사람들의 개인적 욕구와 그러한 욕구를 충족시킬 수 있는 가능한 방법 간의 융합이 있다. 사람들은 지금 더 적극적이고 미디어 회사들이 그들의 요구를 인식하기를 기다릴 필요가 없다. 대신에 그들의 요구가 제기될 때 그들 자신의 메시지를 모을 수 있다. 사람들은 스스로를 미디어의 소비자뿐만 아니라 필수적인 공급자로 생각한다.

컴퓨터 산업의 특수 사례

지금은 컴퓨터 미디어가 대세이다. 이 산업은 매년 성장하고 변화하고 있기에 매우 역동적이다. 이 산업 안에서 미디어 사업은 세 가지 범주로 나눌 수 있다. 한 가지 범주는 비교적 많은 대중들에게 하드웨어와 소프트웨어를 판매하는 개발자로 주로 이루어진 사업체들이다. 두 번째 그룹은 수년간에 걸쳐 많은 미디어 회사를 인수하고 다른 많은 채널에 메시지를 판매하고 있는 대기업들을 포함한다. 여기에는 Walt Disney Company나 WarnerMedia와 같은 거대 미디어 대기업들이 포함된다. 이 회사들은 이 책의 뒷부분의 이슈 1(대중 매체 사업체의 소유권)에서 더 자세히 다룬다. 세 번째 그룹에는 Facebook(연대표 6.1 참조), YouTube(연대표 6.2 참조) 등 인터넷 기반 서비스를 제공하는 기업이 포함된다.

연대표 6.1
Facebook의 프로필

출처: Angwin (2009), CNN Library (2018), Facebook (연도 미상), Gramlich (2018b), Olivarez-Giles (2011), and "The New Tech Bubble" (2011).

2000

2004: Facebook은 Mark Zuckerberg와 그의 룸메이트인 Eduardo Saverin이 하버드 대학교 대학생이었을 때 시작되었다. 이 웹사이트의 회원 자격은 처음에는 하버드 학생들로 제한되었지만, 이후 Boston 지역, Ivy League, Stanford 대학으로 확대되었다. 나중에는 모든 대학의 학생들도 가입할 수 있도록 확대되었다.

2005년: Facebook은 Myspace보다 훨씬 작은 웹사이트였는데, Myspace의 경우 가입자 수 2,400만 명 비해 월평균 방문자가 1,000만명에 불과했다. 하지만 Facebook은 고등학생들에게도 회원 가입 자격을 주기 시작하면서 빠르게 성장했다.

2005: Facebook은 회원들에게 친구들의 활동에 대한 최신 정보를 제공하는 뉴스 피드 같은 새로운 기능들을 추가함으로써 계속해서 성장했다.

2006: Facebook은 유효한 이메일 주소를 가진 13세 이상 누구에게나 회원 가입 자격을 부여했다.

2005

2007: Facebook은 소프트웨어 개발자들이 Facebook 웹사이트에서 실행할 수 있는 위젯(작은 슬라이드 쇼)이라는 프로그램을 만들 수 있도록 하는 가이드북을 발표했다. 이를 통해 위젯 개발자들은 자신의 Facebook 페이지에서 광고를 팔아 돈을 벌 수 있는 플랫폼으로 Facebook을 활용할 수 있었다. Myspace는 제3자의 광고를 금지하여 모든 광고 자체를 통제하였다. 7월까지 위젯 개발자들은 페이스북을 위해 2,000개 이상의 위젯을 만들었다.

2007: Microsoft는 Facebook의 1.6% 지분을 2억 4천만 달러에 사들였다.

2009년: Facebook은 전 세계적으로 활성 사용자 수가 2억 5천만 명을 넘어서서 MySpace보다 더 크게 성장하였다. 회사는 700명의 사람을 고용했고 연간 3억 달러 이상을 벌어들였다.

2010: Facebook은 사용자들을 새로운 기능을 위한 사전 점검자(beta tester)로 초대했다.

2010

2011: Facebook은 Pixable을 통해 가장 큰 온라인 사진 제공처가 되었다. Facebook은 한 달에 2천만 명의 새로운 회원을 추가했고, 미국의 1억 5천만 명의 사용자를 포함하여 전 세계적으로 7억 명의 회원을 보유하게 되었다. 또한, Facebook 사용자의 50%가 매일 로그인하는 것으로 밝혀졌다. Facebook 이용자 1/3(3억5000만 명)은 휴대전화를 이용해 정기적으로 플랫폼에 접속했다.

2011년: 미국 연방무역위원회는 Facebook이 사용자들의 사생활에 대한 기만적인 관행에 관여하고 있다며 벌금을 부과했다.

2012년: Yahoo는 Facebook의 광고, 사생활 통제, 소셜 네트워킹과 관련하여 특허 10건을 침해했다고 소송을 제기했다.

2012년: Facebook이 1,040억 달러의 가치로 NASDAQ 시장에 상장되었다. 동시에 Facebook 사이트에서 운영되는 애플리케이션을 판매하는 매장인 앱 센터를 개설하여 500개의 앱을 제공하였는데, 주로 게임 앱이었다.

2014: Facebook은 10년 동안 운영되며 전 세계적으로 12억 명 이상의 사용자를 보유하고 있으며, 10억 명은 모바일 기기를 사용하여 자신의 계정에 액세스하고 있다.

2015

2015: Facebook은 '싫어요' 버튼을 추가했고, 몇 달 후에는 '사랑해요', '재미있어요', '놀라워요', '슬퍼요', '화나요' 버튼도 추가했다.

2015년: Facebook은 가짜 뉴스 제작자가 더 이상 광고 판매 서비스를 이용하지 못하게 하겠다고 발표했다.

2017년: Facebook은 Snopes와 PolitiFact와 같은 팩트 체크 사이트에 대한 링크를 제공한다는 관련 기사들을 내놓았다. Facebook은 전 세계적으로 21억 3천만 명의 활동적인 사용자를 보유하고 있으며, 25,000명 이상을 고용했다.

2018: Zuckerberg는 의회 청문회에서 Facebook이 사용자의 사생활을 어떻게 보호하는지(또는 보호하지 못하는지)에 대해 증언하였다.

2020

2018년: 미국 성인의 2/3 이상이 Facebook의 정규 사용자이고, 그 중 3/4은 하루에 적어도 한 번은 Facebook에 접속한다. 또한 45%는 Facebook에서 뉴스를 얻는다고 말하는데, 이 정도면 지금까지 가장 많이 사용되는 뉴스 제공원이 된다.

연대표 6.2
YouTube의 프로필

출처: Chmielewski (2011), Danny (2018), and YouTube (2018).

2005

2005년: 세 명의 전직 Paypal 직원들이 YouTube를 동영상 공유 웹사이트로 만들어 사용자들이 동영상을 업로드하고 공유할 수 있게 했다. 가입하지 않은 사용자도 동영상을 볼 수 있고 가입한 사용자는 무제한으로 동영상을 업로드할 수 있다. YouTube에 올라온 첫 번째 동영상은 '동물원에서의 나'라는 제목으로 San Diego 동물원의 설립자 중 한 명인 Jawed Karim이 만든 것이었다.

2005: 웹사이트가 대중에게 공개되었다. Adobe Flash Video 기술을 이용해 동영상, TV 클립, 뮤직 비디오 등 사용자가 만든 다양한 동영상 콘텐츠는 물론 비디오 블로그, 짧은 원작 비디오 등 아마추어 콘텐츠를 업로드했다.

2006년: 매일 6만 5천 건 이상의 새로운 비디오가 업로드되었고, 사용자 전체가 하루에 1억 건의 비디오를 보는 것으로 나타났다.

2006: YouTube는 Google에 16억 5천만 달러에 팔렸다.

2007: YouTube는 2000년 한 해 전체 인터넷에서 소비한 데이터만큼 소비하고 있었다.

2008: YouTube가 대역폭 사용에 지불한 비용은 하루에 약 100만 달러로 추산되었다.

2008: 광고 판매로 인해 연간 수입이 2억 달러로 증가했다.

2010

2008: YouTube는 MGM, Lions Gate Entertainment, CBS와 계약을 체결했는데, 이 회사들은 광고와 함께 장편 영화와 텔레비전 쇼를 게시할 수 있었다.

2009: YouTube는 미국에서 온라인 비디오의 지배적인 공급자였으며, 하루에 20억 개의 비디오가 YouTube에서 시청되고 있었기 때문에 약 43%의 시장 점유율을 기록했다. 약 20시간 분량의 새로운 동영상이 매 분마다 사이트에 올라오고, 이 동영상의 4분의 3이 미국 밖에서 업로드되었다.

2011: YouTube에는 매달 5억 명이 이용하고 있으며, 매일 30억 개 이상의 비디오가 시청되었다. 사용자들은 매 분 48시간 분량의 동영상을 업로드하고 있었다. 60일이면, YouTube에는 미국의 3대 네트워크가 60년 동안 만든 것보다 더 많은 비디오가 업로드되고 있다는 것이다.

2015

2015년: YouTube는 현재 61개국에 있으며, 80%의 트래픽이 미국 외부에서 들어오고 있다. 이 사이트는 10억 명 이상의 독보적인 시청자를 보유하고 있으며, 매일 60억 개 이상의 비디오가 시청되고 있다. 사용자들은 매 분마다 100시간 분량 이상의 동영상을 업로드하고 있었다.

2017년: YouTube 최연소 스타는 6살의 Ryan으로 장난감 리뷰를 올리는 소년이다. 그 아이는 자신의 YouTube 사이트에서 1,100만 달러를 벌었다.

2018년: YouTube는 88개국 이상에 지역 버전을 서비스하고 있으며, 76개 언어로 검색이 가능하다. 이 사이트는 매일 거의 50억 개의 비디오를 시청하는 13억 명의 일반 사용자들을 보유하고 있으며, 매 분마다 200시간 분량의 비디오가 업로드되고 있다.

2020

대중 매체 인력에 대한 프로필

지난 10년간 미디어 사업체의 수는 비교적 안정세를 유지했지만, 전체 미디어 산업 내 분야마다 상당한 변화가 있었다. 표 6.2는 인쇄 분야가 거의 4분의 1의 사업 손실을 입었고, 방송 분야 또한 많은 사업체가 문을 닫았다는 것을 보여준다. 같은 기간 인터넷 분야의 사업자는 두 배 이상 늘었다. 이러한 미디어 분야 내 사업체 수의 변화는 지난 10년 동안 디지털 미디어의 성장이 얼마나 강했는지를 보여준다.

표 6.2 미디어 산업의 사업체 수 변화

대중 매체	사업체 수		
	2007	2018	변화율
인쇄 매체(신문, 정기 간행물, 책)	22,683	17,256	-23.9%
동영상 및 비디오	20,164	21,936	+8.3%
방송	10,188	8,311	-18.4%
소프트웨어 개발사	8,275	10,230	+23.6%
인터넷	3,446	8,065	+134.0%
음반 제작	3,727	3,561	-4.5%
합계	**68,483**	**69,259**	**+1.1%**

출처: Statista (2018b)

표 6.3 미디어 관련 직업, 성장률 및 평균 급여

직업	종사자 수	성장률	평균 급여
컴퓨터 앱 개발자	514,800	21%	$85,430
프로듀서 및 디렉터	98,600	11%	$64,430
광고인	275,200	24%	$51,280
편집자(영화, 비디오)	25,500	11%	$50,560
편집자(인쇄 매체)	129,600	12%	$49,990
카메라 기사	26,300	11%	$41,670
음향 기사	114,600	8%	$38,050
저자 및 작가	151,700	8%	$35,010
기자	138,600	-6%	$34,850
사진작가	152,000	12%	$29,440
음악가 및 가수	186,400	8%	$21.24/시간
배우	56,500	11%	$16.59/시간

출처: Statista (2018b)

우리가 미디어 분야의 사업체 수를 세는 것을 넘어 미디어 직업별로 종사하는 사람의 수를 세려고 하면, 전통적인 직업의 명칭은 사람들이 그 직업에서 무엇을 하는지 알아내는 방법으로서의 그 가치를 잃어 왔기 때문에 사람 수를 세는 것은 힘들다. 예를 들어, 표 6.3을 보면, 2011년에 광고직군으로 분류된 사람은 275,200명이었는데, 일반적으로 메시지 디자인과 배치 등의 전통적인 업무를 수행하는 광고 대행사나 어떤 회사(예: Protor & Gamble, General Motors)의 광고 부서에서 정규직으로 일하고 있는 사람을 가리킨다. 이러한 종류의 직업은 여전히 존재하지만, 광고직군으로 간주될 수도 있고 아닐 수도 있는 많은 다른 직업들이 있다. 예를 들어, 당신이 지역 식당을 소유하고 있고, 여러 명의 사람들을 고용하여 그들로 하여금 Yelp와 평점을 매길 수 있는 웹사이트에 당신의 식당에 대해 평가를 내린 고객들과 문자 메시지를 주고받게 했다고 가정하자. 이 직원들이 당신의 식당에 대해 고객들로 하여금 보다 긍정적인 태도를 갖게 하고, 식당을 더 자주 이용하도록 영향을 주기 위해 메시지를 디자인하고 전송하는 데 시간을 보내기 때문에 이 직원들은 광고 분야에서 일하는 것으로 간주되어야 하는가? 아니면 저자/작가 또는 (만약 그들이 당신의 식당의 손님인 척한다면) 배우로 간주해야 하는가? 직업 분류와 관련된 비슷한 문제의 예는 또 있다. 당신이 블로그를 시작하고, 매일 당신이 쓴 글, 당신이 찍은 사진, 그리고 당신이 노래하는 것을 편집한 비디오를 업로드한다고 하자. 당신은 프로듀서인가, 편집자인가, 음향 엔지니어인가, 작가인가, 사진작가인가, 가수인가? 당신이 이 모든 직업에 종사하기 때문에 이 직업 범주들 각각에 고용된 것으로 카운트해야 하는가? 그렇다면, 비디오 작가로서 YouTube에 동영상을 올리는 수백만의 사람들, 사진작가로서 웹에 사진을 올리는 수천만의 사람들, 작가로서 매일 이메일을 보내는 수억 명의 사람들을 모두 세어야 할까? 만약 우리가 이 모든 사람들을 미디어 인력으로 카운트한다면, 대부분의 사람들은 여러 번 카운트될 것이고, 그렇게 되면 전체 노동 인구를 훨씬 초과하여 고용 총계가 불어날 것이고, 이것은 사람들을 직업으로 분류하는 것을 무의미하게 만들 것이다.

미디어 산업에서의 고용에 대해 이해해야 할 가장 중요한 것은 기성 미디어 기업에서 미디어 메시지(뉴스, 엔터테인먼트, 광고)를 설계하고 배포하는 일을 하도록 정규직으로 고용된 사람이 약 200만 명에 이른다는 것이다. 그러나 전체 인구의 거의 모든 사람들은 광고업계에서 일하는 정규직 전문가와 같은 기술(수행 범위가 훨씬 넓더라도)을 사용하여 미디어를 통해 지속적으로 자신의 메시지를 디자인하고 배포하고 있다. 그래서 이러한 직업 통계 수치는 당신에게 노동 인력의 상대적인 크기가 어느 정도인지 알게 하는 데 유용하지만, 회의적인 시각으로 바라볼 필요가 있다.

미국의 총 노동 인구를 보면, 점점 더 많은 여성들이 가정 밖에서 고용되는 추세를 볼 수 있다. Boston Globe의 한 보고서에 따르면, 미국에서 16세 이상 일하는 151,436,000명의 사람들 중 46.9%가 여성이었다(Rocheleau, 2017). 이 인구를 직업 분야로 세분화하면, 직업 분야 전반에 걸쳐 광범위하게 분포되어 있는 여성 비율을 볼 수 있다(표 6.4 참조).

미디어 산업에서 인기 있는 직업은 저널리즘이다. 이 저널리스트 공동체에는 약 6만 7천 명의 기자 및 특파원, 2만 3천 명의 작가와 편집자, 6만 7천 명의 라디오 및 텔레비전 아나운서와 뉴스 캐스터가 있다. 대부분은 남성이다. Women's Media Center는 미디어에서 여성의 가시성을 지속적으로 모니터링한다. 그들의 2017년 보고서는 전체 방송 뉴스의 약 1/4만이 여성들에 의해 보도되고 있다는 것을 보여주었다. 인쇄 매체 뉴스의 38.1%, 온라인 뉴스의 64.1%가 여성들에 의해 보도되고 있었다(Women's Media Center, 2017).

표 6.4 미디어 관련 직업의 성별 분포

직업 범주	여성 비율	총 고용인 수
저자 및 작가	62.8%	229,000
홍보 전문가	58.9%	121,000
광고 및 홍보 관리자	56.5%	67,000
테크니컬 작가	55.7%	61,000
시장 조사 분석가 및 마케팅 전문가	55.0%	302,000
편집자	52.4%	167,000
사진작가	47.7%	205,000
광고 판매 대행사	45.5%	222,000
음악가 및 가수	40.4%	192,000
웹 개발자	33.6%	205,000
컴퓨터 및 정보 시스템 관리자	25.5%	597,000
컴퓨터 하드웨어 기술자	24.7%	69,000
컴퓨터 프로그래머	22.6%	466,000
정보 보안 분석가	21.8%	89,000
텔레비전, 비디오, 동영상 카메라 기사 및 편집자	21.4%	54,000
아나운서	20.9%	59,000
어플리케이션 및 시스템 소프트웨어 개발자	20.0%	1,483,000
네트워크 및 컴퓨터 시스템 관리자	17.1%	218,000
방송 및 음향 엔지니어링 기술자, 라디오 운영자	15.2%	111,000
컴퓨터 네트워크 설계자	9.7%	115,000

출처: Rocheleau (2017) 참고

이 절에 제시된 데이터는 미디어 인력에 대한 광범위한 정보를 제공하기 위한 일반적인 수치이다. 이 양상은 어떤 특정 미디어 산업이나 사업에는 적용되지 않을 수 있다. 연습 문제 6.2를 통해 스스로 확인해 보라.

요약

미디어 산업의 발전은 일반적으로 혁신-성장-절정-쇠퇴-적응 단계로 옮겨간다. 이러한 양상을 기억하면 미디어 산업이 어떻게 시작되고, 어떻게 성장하며, 오늘날 어디에 있는지 이해하는 데 도움이 될 것이다.

역사적으로 대중 매체 산업은 책, 신문, 잡지, 영화, 음반, 라디오, 공중파 텔레비전, 케이블 텔레비전, 컴퓨터 등 메시지를 배포하는 채널에 의해 정의되어 왔다. 그러나 지난 수십 년 동안 대중 매체 산업은 기술적, 마케팅적, 심리적 융합의 힘에 때문에 엄청난 변화를 겪었다. 이러한 융합의 힘은 예전 방식의 채널 구분을 약화시켜서 배포 방식의 틀에서 벗어나 다양한 틈새 수용자 집단이 요구하는 미디어 메시지로 초점을 이동시켰다.

더 읽을거리

Drapes, M. (2009). Vault guide to the top media & entertainment employers. New York: Vault, Inc.
이 책은 미디어 산업, 특히 영화, 잡지, 도서 출판 분야에 직업을 구하는 데 필요한 실용적인 조언을 제공한다. 또한 이 업계 종사자들이 직장에서 또는 창작 활동을 하는 곳에서 일상적으로 무슨 일을 하는지를 묘사하는 부분도 실려 있다.

Drapes, M. R., & Lichtenberg, N. R. (2008). Vault guide to the top media & entertainment employers. New York: Vault. Com, Inc.
이 책은 대중 매체에 관한 모든 면을 포괄하는 대기업 41개를 소개한다. 이들 회사에서 일자리를 잡는 방법 등에 대한 실질적인 정보들을 담고 있으며, 회사 소개하는 부분에서는 각 회사에 대해 자세한 사항들(회사 구성과 발전 과정)을 제시한다.

Fellow, A. R. (2012). American media history (3rd ed.). Boston, MA: Wadsworth/Cengage.

만약 미국에서 대중 매체가 어떻게 발전했는지에 대해 더 알고 싶다면, 이 책이 제격이다. 14개의 장은 각각 식민지 시대부터 현재까지 다양한 매체의 발전에 초점을 맞추고 있다. 이 책은 발명, 아이디어, 투쟁을 통해 국가와 미디어 시스템을 형성하는 데 도움을 준 중요한 인물들의 간략한 전기를 제공한다.

Neuman, W. R. (Ed.). (2010). Media, technology, and society: Theories of media evolution. Ann Arbor: University of Michigan Press.
10개의 장으로 구성된 이 책은 다양한 학자들에 의해 쓰였다. 7개의 장은 각기 다른 대중 매체(신문, 전화, 영화, 라디오, 텔레비전, 케이블, 인터넷)의 발달을 고찰한다. 나머지 장들은 미디어 진화의 이론, 사생활 보호 정책, 소유권의 미래들에 대해 초점이 맞추어져 있다.

Seguin, J., & Culver, S. H. (2012). Media career guide: Preparing for jobs in the 21st century (6th ed.). Boston: Befford/St. Martin's.
이 책은 대중 매체 산업의 어느 분야에서라도 직업을 준비하는 대학생들에게 도움이 될 만한 실용서이다. 7개의 장에는 구직 전략을 개발하는 방법, 인턴십을 얻는 방법, 그 경험을 극대화하는 방법, 그리고 자기소개서, 이력서, 감사편지를 쓰는 방법에 대해 많은 실용적인 조언을 제공한다.

최신 자료

Bureau of Labor Statistics (https://www.bls.gov/ooh/management/advertising-promotionsand-marketing-managers.htm)
연방정부 기관인 노동통계청은 미국의 모든 직업에 대한 급여, 직무, 필수 교육훈련을 포함한 정보를 보고 한다. 이 링크는 광고, 홍보 및 마케팅 관리자를 위한 직업별 간략 안내 페이지로 안내한다.

Statistical Abstract of the United States (https://www.census.gov/library/publications/timeseries/statistical_abstracts.html)
미 상무부는 앞서 2012년 이후의 새로운 통계 자료를 매년 발표하였다. 이 장에서 제시된 자료에 대한 업데이트 정보를 보려면 정보 및 통신 섹션으로 이동하라.

Vault.com (http://www.vault.com)
이 웹사이트는 다양한 산업들에 관한 유용한 정보를 제공한다. 특히 미디어 리터러시와 관련해서는 출판, 신문, 인터넷과 새 미디어, 음악, 방송과 케이블, 광고, 홍보 산업에 대한 정보를 제공한다.

Zap2It (http://www.zap2it.com/)
이 웹사이트는 텔레비전 프로그램의 등급과 각종 헐리우드 영화의 인기도를 보여준다.

연습 문제 6.1 컴퓨터/인터넷 산업의 미래에 대해 예측하기

이 연습 문제는 미디어 산업이 시간에 따라 어떻게 발전하고 현재 상태가 어떠한지에 대해 당신이 지금까지 배운 것을 활용할 기회를 제공한다.

5년 후의 모습
지금부터 5년 후의 미디어 세계를 예측할 수 있는가? 컴퓨터/인터넷 산업은 어떻게 될 것 같은가? 다음과 같은 질문을 통해 예측해 보자.

1. 컴퓨터/인터넷 산업이 절정기에 이르려면 얼마나 걸릴 것 같은가?
2. 컴퓨터/인터넷 산업이 절정기에 도달하면, 다른 미디어 산업은 살아남기 위해 어떻게 적응하고 있을까?
3. 다른 미디어 산업 중 일부가 파산할 거라고 생각하는가? 어떤 것이 사라질까, 왜 사라질까?

20년 후의 모습
앞으로 20년 후에는 컴퓨터/인터넷 산업이 어떨지 생각해 보라. 다음과 같은 질문을 통해 예측해 보자.

1. 컴퓨터/인터넷 산업은 여전히 절정기를 유지하고 있을까?
2. 다른 미디어 산업 중 어떤 것이 그때까지 여전히 남아 있을까?
3. 다음에 올 새로운 미디어 산업은 무엇일지 예측할 수 있는가? 만약 그렇다면, 앞으로 20년 후 그 새로운 산업은 어떤 단계에 접어들까?

연습 문제 6.2 독립적 미디어 회사의 고용 양상 점검하기

Ⅰ. 분석할 미디어 회사 선택하기

만약 당신이 미디어에서 직장을 구할 의향이 있다면, 당신이 일하고 싶은 회사를 선택하고 그 회사의 웹사이트를 방문하라. 웹사이트를 검색하여 다음 질문에 대한 답을 찾으라.

1. 이 회사에 고용된 사람이 몇 명인가?

2. 직원들은 어떻게 조직되어 있는가?
   - 직급별(관리자, 중간급, 하위급 사무원)
   - 부서별(업무에 따라 분류: 생산, 판매 등)

3. 직원 중 남성은 몇 명이고 여성은 몇 명인가?

4. 직급이나 부서에 따라 성별 차이가 있는가?

5. 채용 정보를 찾을 수 있는가?
   - 회사에 고용된 직원 유형의 프로필
   - 구직 분야에서 실제 하는 일에 대한 정보

Ⅱ. 분석할 두 번째 회사 선택하기

가능하다면 같은 업계, 비슷한 위치에 있는 두 번째 회사를 찾으라. 첫 번째 회사로 라디오 방송국을 선택했다면, 두 번째 분석할 회사도 같은 마켓 안에 있는 라디오 방송국을 찾으라.
찾았다면, 위와 같은 5개의 질문에 답하라.

Ⅲ. 분석할 세 번째 회사 선택하기

다른 미디어 산업에서 세 번째 회사를 찾으라. 첫 번째와 두 번째 회사로 라디오 방송국을 선택했다면, 세 번째 회사는 TV 방송국, 신문사, 잡지사, 음반 회사, 컴퓨터/인터넷 회사를 선택하면 된다.
찾았다면, 위와 같은 5개의 질문에 답하라.

Ⅳ. 양상을 살펴보기

1. 첫 번째와 두 번째 회사의 공통점과 차이점 분석하기

　　　　A. 두 회사는 인력 양상에 있어서 어떻게 같은가?
　　　　B. 두 회사는 인력 양상에서 어떻게 다른가?
　　　　C. 발견한 양상이 이 장의 본문에 제시된 일반적인 양상과 일치하는가?
　　　　D. 당신이 분석한 바에 의하면, 어느 회사에서 일하고 싶으며 그 이유는 무엇인가?

　2.　산업 범주가 다른 두 회사의 공통점과 차이점 분석하기

　　　　A. 두 산업은 어떤 면에서 인력 양상이 비슷한가?
　　　　B. 두 산업은 어떤 면에서 인력 양상이 다른가?
　　　　C. 발견한 양상이 이 장의 본문에 제시된 일반적인 양상과 일치하는가?
　　　　D. 당신이 분석한 바에 의하면, 어떤 산업에서 일하고 싶으며 그 이유는 무엇인가?

한 회사의 웹사이트는 이 연습 문제에서 제시한 질문에 답하는 데 필요한 모든 정보를 제시하지 않을 수 있다. 창의적으로 다른 정보원을 찾아라. 비즈니스 정기 간행물(Wall Street Journal, Money Magazine, Fortune 등)을 살펴보라. 블로그를 뒤져보라. 책을 찾아보라. 대부분의 큰 미디어 회사들은 적어도 책 한 권에는 언급이 되어 있다.

경제적 관점

핵심 개념 | 미디어 산업의 기업들은 한정된 자원을 획득하고, 대중에게 어필하는 고위험 게임을 하며, 최대의 이익을 얻기 위해 서로 치열한 경쟁을 벌이고 있다.

▶ 미디어 게임의 경제학
 · 게임 참여자들
 · 규칙

▶ 게임의 특성
 · 자원의 가치를 잘 평가하는 것의 중요성
 · 참여자 간 복잡한 상호의존성
 · 디지털 융합
 · 경쟁의 본질

▶ 미디어 산업의 시각
 · 성공 개요
  – 영화 부문
  – 음악 부문
  – 서적 부문
  – 비디오 게임 부문

 · 광고
 · 미디어의 전략
  – 이윤의 극대화
  – 소비자 구축
  – 위험 요소 줄이기

▶ 소비자의 전략
 · 습관화 전략
 · 미디어 리터러시 전략

▶ 요약
▶ 더 읽을거리
▶ 최신 자료
▶ 연습 문제

지난번에 나는 경제학으로 대학을 막 졸업한 이웃인 Blaine과 얘기를 나누고 있었다. 그는 개인의 삶에서 자원을 극대화하는 것이 얼마나 중요한가에 대해 내게 얘기해 주고 있었다. "대중 매체로 말하자면, 저는 비용을 줄이려고 노력하는 중입니다. 그래서 저는 책들을 사기보다는 도서관에 가서 빌립니다."라고 말하는 것이었다. "저는 또한 거기서 신문과 잡지들도 읽죠."

"만약에 당신이 읽고 싶은 책을 다른 사람이 빌려간 상태이거나 당신이 읽고 싶은 신문이나 잡지를 다른 사람이 읽고 있으면 어떻게 하겠소?"

"그러면 기다리지요." 그는 주제를 다른 것으로 돌렸다. "저는 영화와 다큐멘터리들을 빌려서 집에 가지고 와서 무료로 복사합니다."

"하지만 DVD와 복사본들을 저장할 저장 장치를 사야하지 않소?"

"그러네요, 완전히 무료는 아니에요. 하지만 그 원본을 사는 것보다는 훨씬 싸잖아요. 저는 또한 MP3 플레이어에 무료로 음악들을 복사해요. 제 음악 라이브러리에는 10,000개의 음악들이 있어요."

"그것들을 복사하고 저장소에 정리하는 데 시간이 많이 걸리지는 않나요?"

"예, 시간이 걸리기는 하지만, 제 취미인 걸요."

"그 DVD들을 다 보는 데 시간이 얼마나 걸리는데요?"

"그것이 영화 라이브러리가 큰 것의 좋은 점이에요. 선택권이 많다 보니까 하나를 시작했다가 재미가 없으면, 바로 제가 좋아하는 것을 찾을 때까지 그냥 다른 것을 살펴보기 시작하죠. 요즘에는 안 좋은 영화들이 너무 많아서 좋은 것 하나를 찾기 위해서는 라이브러리가 큰 것이 좋아요."

"음악은 어떤데요? 그 음악들을 다 듣는 데는 시간이 얼마나 걸려요?"

"제가 원하는 만큼 시간을 가질 수 없어요. 시간이 충분하지 않아요." 그는 잠시 생각하더니, "신곡들이 모두 다른 곡들을 바꾼 것처럼 들려서, 결국엔 모든 노래가 다 비슷하게 들리기 시작하죠."

"Blaine, 당신 말을 들어보면, 당신은 많은 돈을 쓰지 않으려고 상당히 신경 쓰고 있지만, 시간은 정말 많이 쓰고 있네요. 그리고 그런 시간의 투자에 비해서는 많은 것을 얻지는 못하고 있는 듯 보이네요."

"어떻게 그렇게 말씀하실 수가 있어요? 저는 영화와 음악들을 엄청나게 모아 놓았는데요."

"하지만 그것들을 그다지 즐기지 못한다면, 그렇게 많이 모아봐야 무슨 소용이 있겠소? 자신이 즐거워야 좋은 것이지. 당신이 시간을 그렇게 많이 쓴 것에 비해서는 수지타산이 안 맞는 것 같군요."

경제적 관점은 자원에 초점을 맞춘다. 우리가 개인적 자원에 대해 생각할 때는 통상 돈에 초점을 둔다. 이 장의 내용을 읽기 전에 몇 분 동안 연습문제 7.1을 수행해 봄으로써 미디어에 일반적으로 지출되는 비용을 추정해 보라.

미디어 메시지의 소비자로서 돈보다 훨씬 더 가치 있는 자원이 될 수 있는 시간을 생각하는 것도 중요하다. 미디어와 얼마나 많은 시간을 보내고 있는가? 미디어와의 시간에 대한 인식이 정확한지 확인하려면 연습문제 7.2를 수행해 보라.

대중 매체는 광범위한 미디어 메시지들에 노출될 수 있게 해주는 대가로 우리로 하여금 매년 엄청난 돈과 시간을 들이게 만드는 데 성공하고 있다. 지금 당신은 미디어에 얼마나 많은 자원을 소비하고 있는지 더 잘 알고 있기 때문에 이 장의 내용을 더 잘 이해할 수 있을 것이다. 이어지는 섹션에서 읽어 가며, 자신에게 계속 물어보라. 나는 경제적 게임을 얼마나 잘 하고 있는가를.

미디어 게임의 경제학

우리는 매일 경제 게임을 한다. 우리는 게임을 피할 수 없다. 하루가 끝날 때마다 24시간을 꼬박 보냈다. 이 시간 동안의 소비로부터 무엇을 얻었는가? 그렇게 많은 시간을 거래한 것에 대해 좀 나은 기분이 드는가? 아니면 시간을 낭비했다는 생각이 들고 노력에 대한 대가를 거의 받지 못했다는 생각이 드는가?

게임 참여자들

우리가 미디어와 너무 많은 시간을 보내기 때문에 전체적인 경제 게임에서 위에 언급한 내용을 점검하는 것이 중요하다. 게임의 미디어 파트 내에는 (a) 소비자인 당신, (b) 광고주, (c) 미디어 회사, (d) 미디어 회사 직원의 4가지 유형의 경기자가 있다. 각 유형의 참여자는 게임에 각기 다른 종류의 자원을 가져온다.

우리는 소비자고, 우리의 자원은 돈뿐만 아니라 더 중요한 시간과 관심을 포함한다. 우리는 우리의 돈과 시간을 오락과 정보로 교환하려고 한다. 소비자로서 우리는 미국에 거의 3억 3천만 명의 사람들이 있고, 전 세계적으로는 70억 명이 넘는 사람들이 있는 가장 큰 그룹이다. 우리는 가장 많은 자원을 가지고 있다. 만약 우리가 게임에서 완전히 손을 뗀다면, 게임은 무산될 것이다. 하지만, 우리의 자원은 너무 많은 사람들에게 분산되어 있어서 누구 한 사람도 게임을 하는 데 있어서 그 정도의 힘을 가지고 있다고 생각하지 않는다. 이런 생각은 실수다. 어떤 개인도 전체 게임을 역전시킬 수 있는 상당한 힘을 가지고 있지 않지만, 우리들 각자는 우리 자신을 위해 게임을 크게 변화시킬 수 있는 힘을 가지고 있다. 만약 우리가 게임을 잘 한다면, 우리는 시간과 돈의 대가로 얻는 오락과 정보의 가치를 지속적으로 높일 수 있다. 하지만 게임을 잘 하려면 우리의 변화하는 요구뿐만 아니라 자원을 계속 추적해야 하고 더 나은 자원 교환을 위해 협상해야 한다. 만약 우리가 게임을 잘 하지 못한다면, 우리는 좋지 못한 거래를 하게 될 것이고 시간과 돈에 있어서 계속해서 손해를 보게 될 것이다.

　광고주들은 두 번째 게임 참여 그룹이다. 광고주들은 게임에 돈을 가져온다. 그들은 자신들의 돈을, 타겟 소비자에게 광고를 내보내기 위한 미디어 내의 시간과 공간을 얻는 것과 교환할 것을 협상한다. 광고주들은 가장 낮은 비용으로 타겟 소비자들에게 다가가기를 원한다. 그래서 광고주들은 그들이 원하는 소비자층이 가장 많이 몰려있으면서도 그들이 원하지 않는 다른 소비자층은 없는 미디어를 찾는다. 예를 들어, 테니스 라켓을 파는 사람들은 테니스를 칠 가능성이 많은 소비자들 앞에 광고 메시지를 내보이기를 원할 뿐, 갓난아이와 장애인, 심지어 테니스를 혐오하는 사람들이 포함된 거대 소비자 그룹에는 많은 돈을 쓰고 싶어 하지 않는다. 그래서 그들은 테니스를 치는 사람들로만 소비자층이 구성된 특정 스포츠 TV 쇼나 인터넷 사이트, 잡지와 같은 미디어 채널을 찾아서 더 작고 특정한 요구를 지닌 틈새 소비자에게 다가갈 수 있는 광고에 대한 적당한 금액을 협상한다.

　미디어 회사들은 세 번째 게임 참여 그룹이다. 이들 기업은 3개 시장에서 동시에 경쟁하면서 돈, 메시지, 소비자를 게임에 끌어들인다. 첫째, 각 미디어 사업은 재능 시장에서 경쟁하여 최고의 작가, 기자, 배우, 감독, 음악가, 웹사이트 디자이너 등과 계약하여 얻으려고 노력한다. 기업은 이들에게 투입되는 인건비를 낮게 유지하려 하지만, 최고 인재들의 공급이 부족하기 때문에 매년 지출이 늘어난다. 둘째로, 미디어 기업들은 소비자 시장에서 경쟁한다. 즉, 그들은 재능 있는 직원들이 생산한 메시지를 특정 소비 집단 안에 최대한 많은 사람들을 끌어들일 수 있는 방법으로 제시한다. 잡지, 신문, 케이블, 인터넷과 같은 미디어 산업에서는 구독률이 판매고와 직결되기 때문에 가능한 한 많은 구독자를 유치하여 수익을 극대화하고자 한다. 미디어 회사들도 책, 레코딩(음악 및 영화), 극장표 등의 형태로 메시지를 판매한다.

　셋째, 미디어 회사들은 광고 시장에서 경쟁한다. 미디어 회사들이 양질의 틈새 소비자를 형성하게 되면, 그들은 특정한 유형의 소비자들에게 메시지를 보내고 싶어 하는 광고주들에게 제공할 가치가 될 만한 것을 갖게 되는 것이다.

　미디어 회사 고용인들은 네 번째 참여자 그룹이다. 고용인들은 그들의 시간, 기술, 재능을 게임에 가져온다. 그들의 목표는 근로 시간에 따라 받는 급여와 복리후생을 늘리는 것이다. 미디어에서 우리는 하급직 고용인과 상급직 고용인을 구분한다. 하급지 고용인들은 전형적으로 그들의 직업 수행에 꽤 흔한 기술을 적용하는 기술자나 사무직 종사자들이다. 이러한 기술들은 많은 사람들에 의해 배울 수 있고 연습으로 향상될 수 있다. 즉, 적절한 훈련과 동기 부여를 통해 대부분의 사람들은 조명 기술자, 음향 기사, 복사본 편집자, 티켓 판매원, 케이블 설치자, 비서 또는 접수 담당자와 같은 대부분의 하위직에서 좋은 성과를 거둘 수 있었다. 잠재적으로 이러한 일을 할 수 있는 사람들이 매우 많기 때문에 공급(일을 원하는 사람들)이 수요(일자리의 수)보다 훨씬 많다. 따라서 이러한 일을 하는 사람들의 급여는 상대적으로 낮다.

상급직 고용인들은 창의적인 유형이며, 여기에는 훈련과 노력도 중요하지만 그보다 재능을 훨씬 많이 필요로 한다. 이들 상급직 고용인에는 작가, 프로듀서, 디렉터, 사진작가, 배우, 가수, 웹 디자이너, 안무가 등이 속한다. 우리는 전형적으로 재능을 예술적 능력으로 간주하지만, 대중 매체 산업에서 재능은 많은 관객을 끌어들이고 그들이 반복적인 노출로 회귀하고 싶게 만드는 능력을 말한다. 때로는 재능에 대한 두 가지 개념이 같기도 하지만, 다른 경우가 더 많다. 예를 들어, Lady Gaga, Miley Cyrus, Justin Bieber의 노래 실력이 좋기는 하지만, 그들의 엄청난 인기를 그저 하나만으로 설명할 수 없다. 다시 말해, 이들은 가창력의 예술성만으로는 설명할 수 없는 거대한 청중을 끌어들이는 불가사의한 능력을 가지고 있다. 또한, 많은 텔레비전 스타들이 반드시 연기를 잘하지는 않지만, 그럼에도 이들이 많은 시청자를 끌어들일 수 있기 때문에 텔레비전 프로듀서들이 이들을 열심히 섭외하려고 한다.

공통점 & 차이점
하급직 고용 비용과 상급직 고용 비용

공통점
- 둘 다 대중 매체 산업에서 사업체를 운영하기 위해 필요한 비용으로 미디어 회사가 사람들에게 지불하는 비용이다.
- 둘 다 개인의 기술과 노력에 대해 보상하기 위해 개인에게 지불하는 돈이다.

차이점
- 하급직 고용 비용은 일반인에게 널리 보급된 기술을 지닌 사람들에게 지급되는 비용으로, 비교적 적은 훈련으로 일을 할 수 있는 사람들이 많다. 공급 자원이 많기 때문에 지불 비용은 비교적 낮다.
- 상급직 고용 비용은 드문 기술을 지닌 사람에게 지급되는 비용이다. 이러한 기술은 대부분 재능에 기반을 두고 있으며, 훈련으로 그 재능을 향상시킬 수 있지만 훈련만으로는 특별한 재능을 만들어 낼 수 없다. 공급 자원이 매우 적기 때문에 지불 비용은 상대적으로 높다.

상급직 고용자들은 하급직 고용자들보다 급여를 훨씬 더 받는데(최소 평균의 두 배 이상), 급여의 차이는 점점 벌어지고 있다. 상급직 고용자들은 왜 급여를 그토록 훨씬 많이 받는 것일까? 그 이유는 그런 재능의 공급 자원이 적기 때문이다. 예를 들면, 많은 사람들이 노래를 잘하고 악기를 잘 연주할 수 있지만, 그들의 음반을 대량으로 다운로드하기 위해 돈을 지불할 수 있는 충분한 팬들을 끌어 모을 수 있는 음악가는 그리 많지 않다. 가장 인기가 많은 연예인들이 가장 많은 돈을 받는 것이다(표 7.1 참조).

표 7.1 2017년 고수입 유명인 명단

2017년 수입(백만 달러)	이름	직업총 고용인 수
130	Sean Combs	음악가
105	Beyonce Knowles	음악가
95	J. K. Rowling	소설가
94	Drake	음악가
90	Howard Stern	라디오 방송인
88	Coldplay	음악 그룹
87	James Patterson	소설가
84	Guns N' Roses	음악가
67	Rush Limbaugh	라디오 방송인
84	Justin Bieber	음악가
79	Dr. Phil McGraw	방송인
77	Ellen DeGeneres	TV 방송인
75	Bruce Springsteen	음악가
69	Adele	음악가
69	Jerry Seinfeld	코미디언
68	Mark Wahlberg	배우
67	Metallica	음악 그룹
65	Dwayne Johnson	배우
60	Garth Brooks	음악가
60	Elton John	음악가
60	Gordon Ramsay	TV 방송인
58	Ryan Seacrest	라디오/TV 방송인
57	Chris Rock	코미디언
54	Paul McCartney	음악가
52	Louis C. K.	코미디언

출처: Forbes (2018a).

미디어 산업의 또 다른 엘리트 계층은 최대 미디어 회사를 운영하는 최고 경영자들이다(표 7.2 참조). 그렇게 위험 부담이 큰 산업에서 그런 대기업을 경영한다는 것은 엄청난 경영 능력을 필요로 한다. 표 7.2의 '비율' 수치를 보면, 간부들이 직원들의 중간 임금에 비해 몇 배나 더 많은 보상을 받는지를 알 수 있다. 예를 들어, 69,300,000달러를 받는 Leslie Moonves는 CBS의 최고 간부인데, CBS가 다른 직원들에게 지급한 급여의 중간치는 116,470달러이다. 이는 2017년 CBS 이사회가 Moonves가 일반 직원과 비교했을 때 회사에 595배나 가치 있다고 생각했다는 것을 의미한다.

표 7.2 2017년 최대 미디어 기업 최고 경영진의 급여

이름	급여	비율	회사 / 직책
Leslie Moonves	69.3	595	CBS / 사장 겸 CEO
Jeff Bewkes	49.0	651	Time Warner, 회장 겸 CEO
David Zaslav	42.2	522	Discovery Communications, 사장 겸 CEO
Bob Iger	36.3	미상	The Walt Disney Company, 회장 겸 CEO
Jon Feltheimer	35.3	미상	Lionsgate, CEO
Brian Roberts	32.5	458	Comcast Corporation, 회장 겸 CEO
Rupert Murdoch	29.3	미상	21st Century Fox, 회장
Reed Hastings	24.4	133	Netflix, 회장 겸 CEO
Bob Bakish	20.3	미상	Viacom, CEO

* 급여 수치는 2017년에 지급된 기본급과 보너스를 포함한 총 보상액을 포함한다. 비율은 그 회사의 임원의 급여를 직원들의 평균 급여와 비교한 것이다. NA는 데이터를 사용할 수 없음을 표시한다.
출처: Lang and Lieberman (2018).

네 가지 유형의 참여자들에게 있어서 일반적인 목표는 그들 스스로의 교환 가치를 극대화하는 것이다. 게임을 잘 하는 사람들은 승자가 된다. 즉, 그들은 자원 교환 협상을 너무 잘 해서 수익이 비용보다 더 큰 가치를 지니게 된다. 자원 교환 게임은 제로섬이기 때문에 투입한 자원 가치보다 교환 대가의 가치가 떨어진 다른 선수들은 패자들이다.

가치라는 것은 참여자에 따라 매우 다른 방식으로 계산된다. 미디어 기업과 광고주의 경우, 가치

는 달러의 숫자로 양적으로 계산될 수 있다. 이러한 기업들은 메시지를 만들고 대중을 끌어들이기 위해 지출해야 하는 비용을 그러한 노출이 창출하는 수익과 비교한다. 그들이 비용을 수익보다 낮게 유지하면, 이익을 창출한다. 매년 벌어들인 이익이 많아질수록 그들은 더 큰 승자가 된다.

소비자에게 있어서 미디어 비용은 양적이기 때문에 비교적 추적하기 쉽다. 우리의 재정비용은 돈으로 계산이 가능하고, 우리의 엄청난 시간 비용은 몇 시간 안에 추적될 수 있으며 금액으로 환산될 수 있다. 그러나 우리의 보상(자원을 제공하는 대가로 받는 것)은 양적으로 추적하기가 매우 어렵다. 일반적으로 우리는 이러한 보상을 직관적으로 평가한다. 즉, 미디어 노출에 대해 어느 정도 만족감을 느끼고 있는 한, 노출이 우리의 자원의 지속적인 제공을 보상하기에 충분한 만족감을 제공하는지에 대해서는 생각하지 않고 만족감을 느끼는 노출을 지속하게 된다. 이 과정은 우리가 자원 제공의 대가로 의식적으로 그리고 지속적으로 더 많은 것을 요구했더라면 우리가 성취했을 것보다 적은 만족감을 얻어내는 결과를 낳는다.

규칙

경제 게임의 가장 핵심 규칙은 게임을 하기 위해서는 자원을 가져야하고 다른 자원과 교환할 준비가 되어 있어야 한다는 것이다. 자원이 없거나 그것들을 교환할 의지가 없다면 게임을 할 수 없다.

다른 규칙들은 협상을 할 때 참여자들이 정하는 것이다. 교환 과정에서 공정성을 유지하기 위해 규칙을 만든다. 게임이 불공정하다고 인식하기 시작하는 참여자들이 다른 참여자들을 더 이상 믿지 않게 되어 경기를 중단하게 되고, 게임은 소멸한다. 게임이 재미있으려면 자원을 교환하고 싶어 하는 경기자들의 수요가 많아야한다.

비록 규칙이 많은 것은 아니지만 게임을 하는 데는 다양한 게임의 특성이 작용하게 된다. 게임의 특성들은 다음 절에서 다룬다.

게임의 특성

경제 게임이 대중 매체와 어떻게 작용하는가를 더 잘 이해하려면, 게임의 네 가지 특성을 이해할 필요가 있다. 이들 특성은 '자원 가치를 잘 평가하는 것의 중요성, 참여자 간의 복잡한 상호의존성, 디지털 융합, 경쟁의 본질'의 네 가지로 정리할 수 있다. 이러한 일련의 원칙에 대한 이해는 자원 협상이 어떻게 이루어지는지를 이해하는 데 도움이 될 것이다.

자원의 가치를 잘 평가하는 것의 중요성

협상에서 성공하는 비결은 자원의 가치를 정확하게 평가하는 것이다. 한 참여자는 이를 잘 하는데 두 번째 참여자가 이를 잘 못한다면, 그 두 번째 참여자는 불리한 위치에 놓이게 된다. 자원의 가치 평가를 위해서는 두 가지를 고려해야 하는데 그 두 가지를 모두 제대로 하려면 많은 실력이 요구된다. 자원의 가치 평가에 있어서 한 가지 요소는 공급과 수요를 고려하는 것이다. 이 요인은 소비자에게 유리하다. 왜냐하면 미디어 회사들은 끊임없이 많은 종류의 메시지를 제공하고 항상 수요를 증가시키려고 노력하기 때문이다. 상상할 수 있는 주제에 대한 미디어 메시지의 부족함이 없기 때문에 소비자들은 부족함을 채우기 위해 자원을 더 많이 지불할 이유가 없다. 자원의 가치 평가에서 중요한 두 번째 요소는 그 자원이 특정 목표를 얼마나 잘 달성할 것인가를 평가하는 것이다. 이 요인은 우리가 목표가 없거나 우리의 노출이 우리의 목표를 얼마나 잘 충족시키고 있는지를 평가하지 않으면, 미디어 산업에 유리하다. 종종 우리는 미디어 노출에 대한 목표가 없다. 즉, 우리는 단지 시간을 죽이기 위해 노출을 하는데, 이것은 우리의 시간 자원을 무료로 나눠주는 것을 의미한다. 그리고 노출에 대한 목표가 있을 때(예: 즐거움을 얻고자 함) 우리는 일반적으로 쉽게 이용할 수 있는 어떤 것이든 기꺼이 수용한다.

자원의 가치를 평가하는 기술이 뛰어난 사람일수록 협상에서 더 큰 성공을 거두게 된다. 예를 들면, 당신이 부모님의 다락방에서 가치 있어 보이는 무언가를 발견했다고 가정하자. 당신은 그것을 골동품상에게 가져간다. 골동품상은 그것의 대가로 60달러를 준다. 당신은 60달러를 받고 그것을 골동품상에게 팔겠는가? 만약 골동품들에 대해 갖고 있는 지식이 전혀 없고 그 물건이 얼마나 귀한 것인지를 모른다면, 당신은 암흑 속에서 작업을 하는 것이다. 당신이 좀 알고 있다고 생각해서 100달러를 요구해서 80달러에 낙찰을 보았다면, 20달러를 더 받았다고 좋아할 수도 있다. 하지만 그 물건은 1,000달러짜리일 수도 있다. 당신의 자원이 어느 정도인지에 대한 지식이 없다면, 당신은 계속 둘 중 하나의 덫에 걸리게 될 것이다. 그 덫의 하나는 당신 자원의 가치를 과대평가하면 아무도 당신과 교환을 하려 하지 않을 것이고, 다른 하나는 당신 자원의 가치를 과소평가하면 교환을 많이는 하겠지만 계속 손해를 보게 된다. 당신 자원의 가치에 대해 아는 바가 거의 없다면 지는 게임만 하게 될 수 있다.

참여자 간 복잡한 상호의존성

두 사람이 교환을 할 때, 교환 당사자들 이외의 다른 누구도 영향을 받지 않고 관여할 필요도 없다면 교환은 간단하게 이루어진다. 예를 들어, 당신이 비디오 게임 회사의 고용인인데, 당신이 급여와 수당 인상을 원한다고 가정해보자. 당신이 만약 접수 담당자이거나 비서라면 협상 권력의 대부분은 회사에 달려있지 당신에게 있지 않은데, 그 이유는 이러한 능력을 가진 사람들은 수요에 비해 공급이 매우 많기 때문이다. 회사는 최저 시급에서 그다지 더 높지 않은 급여를 제안할 것이다. 당신은 이 제의를 받아들이거나 아니면 다른 데서 일을 찾아야 한다.

그러나 많은 경우 협상이 더 진행될 때는 미디어 경제 게임에서 서로 다른 참여자들 간 복잡한 상호의존성이 나타난다. 예를 들어, 라디오 방송국에서 광고주를 더 많이 받으려고 청취율이 가장 좋은 프로그램에서 광고비를 20%로 삭감했다고 가정하자. 광고주들은 그 광고 시간을 사려고(이를 '가용성'이라고 부른다) 이 방송국의 가용성에 대한 요구가 증가한다. 한 시간 동안 15분의 광고를 하던 방송국은 광고시간을 20분으로 늘려서 늘어난 수요를 맞추기 위한 가용성의 공급을 늘리기로 결정한다. 이와 같은 경우, 방송국은 광고 한 편당 수입을 20%로 줄였다고 해도 33%의 가용성을 더 팔고 있기 때문에 전체 소득은 증가한 것이 된다. 그러나 청취자는 이러한 변화를 알아채고 광고가 너무 많고 음악이 거의 없다고 화를 내게 된다. 대부분의 청취자들은 광고가 나가는 동안 채널을 돌려버리고 다시 돌아오지 않는다. 그 방송국의 청취율은 현격하게 줄어든다. 이 때 광고주들은 기대했던 청취자들이 거의 없어지게 된다면 광고에서 20% 할인을 받는 것이 이익이 되지 않으므로 언짢아하게 된다. 광고주들은 돈을 허비했다고 생각하고 그 프로그램의 광고를 더 이상 사지 않게 된다.

또 다른 세 가지 특성들을 보면 이러한 상호관계가 더 복잡해진다. 일단, 상황은 상당히 역동적이고 밀접하게 연결되어 있다. 한 미디어 회사에 근무하는 한 사람이 어떤 결정을 내리게 되면, 종종 같은 직종의 다른 회사들과 다른 미디어 산업들에게도 영향을 미칠 수가 있다. 위의 라디오 방송국의 예로 다시 돌아가면, 광고주들이 가용성을 위해 할인된 가격을 받으려고 그 방송국으로 몰려들면, 다른 라디오 방송국들(텔레비전 방송국, 신문사, 지역 잡지사들도 마찬가지)은 광고 수입을 잃게 될 가능성이 크다. 그래서 한 가지 매체의 수익이 짧은 시간 안에 급격히 늘어나면, 다른 경쟁 매체들의 수입은 그 영향을 받아서 줄어들게 된다. 미디어 회사들의 비용도 같은 파급 효과를 보인다. 예를 들어, 몇몇의 미디어 회사들이 작가들에게 더 많은 돈을 지불하기 시작하면 작가들은 그 회사로 더 많이 이동하게 되고, 다른 회사들은 돈을 더 지불을 해야 하거나 실력이 덜한 작가들을 섭외하게 돼서 프로그램의 질이 떨어지게 되고, 소비자 규모도 줄고, 결국 수익이 덜 생기게 된다. 모든 부분들이 촘촘히 연결된 산업에서 변화가 생기면, 그 변화는 밖으로 퍼져나가서 다른 경기자들에게 영향을 주게 된다.

복잡성에 영향을 주는 두 번째 특성은 때때로 의사결정권자들이 중복되는 목적으로 갈등을 겪는다는 것이다. 이러한 예는 의사결정권자가 한 집단 이상의 구성원일 때(서로 다른 경제적 목표를 가지고 있을 때)이다. 당신이 작은 신문사에서 일하고 있고 신문사의 절반을 소유하고 있다고 가정하자. 고용인으로서 당신은 급여 인상을 원하겠지만, 이는 전체적인 인건비를 높여 회사 수입과 당신의 투자 가치를 감소시킨다. 조금 다른 예로, 당신이 큰 신문사에서 일하고 있고 신문사를 소유하는 회사의 주식을 소유하고 있다고 가정해 보자. 당신의 급여가 오른다면 급여 인상 혜택이 없는 주주들보다는 훨씬 큰 이득을 보게 될 것이다. 그리하여 고용인으로서의 당신의 요구가 소유자로서의 요구를 훨씬 능가하게 된다.

셋째로, 미디어 매체들은 서로 다른 시장에서 경쟁한다. 시장은 당신의 상품과 서비스를 제공하는 소비자층의 한 부분이다. 시장마다 규모도 서로 다르다. 미국에서 가장 큰 시장은 전국 단위 시장이다. 텔레비전 네트워크 황금 시간대 방송 프로그램들, USA Today 신문, 주요 할리우드 영화들과 같은 소수의 매체들만이 전국 단위 시장에서 경쟁하는 것을 볼 수 있다. 더 일반적으로, 미디어들은 틈새시장을 노린다. 틈새를 식별하는 한 가지 방법은 신문, 라디오 방송국, 공중파 텔레비전 방송국의 경우와 같이 지리적 기준에 의한 것이다. 이러한 산업들의 미디어 전달 수단들은 도시나 한정된 지역과 같은 고유의 지리적 기반을 가지고 있다. 틈새를 찾는 또 다른 방법은 소비자의 관심을 보는 것인데, 잡지나 책, 라디오가 주로 이 방법을 쓴다. 예를 들어, Surfer 잡지는 Ladies' Home Journal과는 매우 다른 독자층을 겨냥하고 있다. 대학 교재들은 종교 서적들과 매우 다르게 시장 개척을 한다. 오토바이 수리에 관한 웹사이트는 Taylor Swift의 팬 사이트와는 매우 다른 소비자들에게 어필한다.

분명 대중 매체 산업의 경제학은 복잡하다. 복잡성은, 본질이 매우 다른 경기자들이 존재하고, 어떤 경기자의 요구가 다른 경기자의 요구와 자주 상충되기 때문에 생겨난다. 복잡성은 지속적인 협상 과정이 필요하며, 한 경기자의 의사결정이 이루어지면 다른 경기자의 의사결정에 영향을 미치게 된다. 모든 경기자들이 강하게 연계되어 있다.

디지털 융합

6장 다루었던 디지털 융합이 다양한 전통적 미디어를 서로 다르게 만들었던 이전의 특성을 약화시켰다는 것을 상기하라. 이제는 미디어 회사가 어떤 종류의 메시지를 만들 때, 그 메시지는 어떤 미디어 채널에서도 배포할 수 있는 디지털 형태로 저장된다. 이것은 모든 미디어 채널에서 동시에 콘텐츠를 마케팅할 수 있는 기회를 더 많이 만들었다.

콘텐츠의 디지털화 역시 기업인의 진입 장벽을 낮췄다. 최근 이용 가능한 이 모든 기술은 누구나 콘텐츠를 만들어 전 세계 사람들에게 즉시 전파하는 것을 비교적 쉽게 만들었다. 이제 누구나 블로그를 만들어 신문이나 잡지를 만들 수 있다. Amazon 같은 매우 저렴한 플랫폼을 이용하면 누구나 책 출판사를 설립할 수 있다. 누구나 GarageBand처럼 사용하기 쉬운 프로그램을 통해 자신만의 음악을 만들 수 있고 YouTube나 자신의 블로그에서 원하는 만큼 음악을 배포할 수 있다. 예전에는 미디어 채널에 콘텐츠를 제공하는 것이 유통의 핵심이었다면 이제는 메시지에 노출되는 데 시간을 할애할 틈새 관객을 찾는 것이 핵심이 되었다.

경쟁의 본질

경제학자들은 독점 시장과 경쟁 시장을 구별한다. 독점 시장에서는 한 회사가 시장을 지배한다. 그래서 소비자들은 높은 가격을 지불함으로써 필요한 제품을 그 한 회사로부터 구입하거나 그 제품 없이 지내야 한다. 이와는 대조적으로, 경쟁 시장은 동일한(또는 매우 유사한) 제품을 생산하는 많은 회사를 가지고 있다. 이러한 기업들은 판매에 성공하기 위해 가격을 경쟁력 있는 수준으로 낮게 유지하면서 지속적으로 제품의 품질을 개선한다. 따라서 경쟁 시장이 소비자들에게 훨씬 더 호의적인 것으로 간주된다.

미디어 산업에서는 순수하게 독점적이거나 순수하게 경쟁적인 시장은 거의 없다. 이 두 시장이 공존하고 있는 상황인데, 이를 '독점적 경쟁'이라 일컫는다. '독점적'이라는 것은 각 회사가 제품들에 비해서 시장 규모가 크기 때문이고, '경쟁적'이라는 것은 한 산업의 회사들이 자원들을 차지하기 위해 공격적으로 경쟁하기 때문이다. 독점적인 경쟁 시장에서는 진입 장벽이 상대적으로 낮기 때문에 많은 회사들이 시장에 진출하여 소비자를 끌어들이기 위해 경쟁할 수 있다. 그러나 소수의 기업만이 대다수의 소비자와 광고 수익을 끌어 모을 수 있는 경제적 교환이 지속적으로 이루어지도록 하는 데 매우 능숙하다. 새로운 기업들이 계속해서 미디어 시장에 진출하는 동안에도 거의 모든 회사들은 사업을 유지하기 위해 애쓰고 있다. 아직 요구를 충족하지 못한 틈새 수용자를 식별할 수 있는 새로운 기업들은 고객을 유지하기 위해 적절한 종류의 메시지를 개발하고, 그 고객들이 반복적인 노출에 대해 더 강하게 조건화할 필요가 있다. 만약 이러한 새로운 회사들이 경쟁사들보다 틈새 고객의 메시지 요구를 더 잘 충족시킬 수 있다면, 심지어 매우 막강한 회사(예: Apple, Amazon, Google)가 될 정도로 더 강력해질 것이다. 그러나 작은 기업들이 경쟁에서 뒤처진다면, 곧 파산하게 된다. "독점적 경쟁은 많은 회사들이, 서로 비슷하지만 동일하지 않은 제품을 의미하는 '차별화된' 제품을 판매함으로써 경쟁할 때 일어난다."(Taylor, 2012:62) 예를 들어, 영화 산업은 소수의 할리우드 제작사에 의해 지배되고 있다. 이들이 제작하는 액션/어드벤처 영화는 제목, 배우, 설정, 대화가 다르지만, 다른 여러 가지 방식(플롯 구조, 관객들에게 유발시킬 정서 등)에서 매우 유사하다. 마찬가지로, 비디오 게임은 표면적으로는 모두 서로 다르게 보이지만, 게임 자체의 구조뿐만 아니라 게임을 하는 경험조차도 대체로 유사하다.

미디어 산업의 시각

대중 매체에서의 경제 게임의 기본 아이디어를 보았으니, 이제 이 게임을 업계의 관점에서 좀 더 자세히 살펴보자. 이 절은 대중 매체 산업이 이 게임을 하는 데 있어서 얼마나 성공적이었는지를 보여줄 것이다. 그런 다음, 그들이 그렇게 성공하기 위해 개발한 전략을 보여줄 것이다.

성공 개요

최근까지, 대중 매체 사업에 대한 재정 정보는 텔레비전(공중파와 케이블), 라디오, 영화, 음반, 인쇄물(신문, 잡지, 책)을 포함하는 전통적인 채널에 의해 체계화되었다. 그러나 디지털 기술의 발달과 함께 이 분류 방식은 미디어 메시지의 종류에 따라 회사들을 조직하는 능력을 상실했다. 오늘날 제작되고 유포되는 거의 모든 미디어 메시지는 이러한 전통적인 범주 중 적어도 두 가지 범주에 포함될 수 있다. 예를 들어, 영화 산업으로 규정되었던 주요 영화 제작사들은 시간이 지나면서 영화뿐만 아니라 텔레비전 쇼, 음반, 신문, 잡지, 책을 제작하고 배포하는 대기업이 되었다. 이제는 뉴스와 광고에도 오락에 중점을 둔 메시지를 판매하기 위해 모든 종류의 미디어 채널을 사용하기 때문에 '미디어 및 엔터테인먼트(M&E)' 산업으로 지칭되는 것을 흔히 볼 수 있다. M&E 산업은 스트리밍 콘텐츠, 음악 및 오디오 녹음, 지상파, 라디오, 서적, 비디오 게임뿐만 아니라 영화, 텔레비전 프로그램, 광고를 제작하고 배포하는 사업으로 구성되어 있다. 미국의 M&E 산업은 현재 연간 7,000억 달러 이상의 매출을 올리고 있으며, 2021년에는 8,040억 달러에 이를 것으로 예상된다(SelectUSA, 2018). 이 산업은 영화, 음악, 서적, 비디오 게임의 4개 부문으로 구성된다.

영화 부문

M&E 시장의 영화 부문은 플랫폼(영화관, TV, 모바일 기기 등)에 관계없이 관객들이 어떤 종류의 영화 메시지에든 구매, 임대 또는 노출함으로써 수익을 창출한다. 또한 박스 오피스 티켓 판매 수익과 모든 종류의 비디오 서비스(케이블, 주문형 비디오, 스트리밍, 다운로드 등)에 대한 TV 구독 수익을 포함한다. 이 부문의 연간 흥행 수입은 110억 달러를 넘고 홈 비디오는 1,080억 달러에 이르렀다(Nead, 2018).

음악 부문

미국 음반 산업(콘서트와 투어 포함)은 현재 연간 180억 달러 이상의 수익을 올리고 있다. 디지털 음악 판매(다운로드 및 스트리밍)가 2014년 처음으로 물리적 판매(CD)를 앞질렀다. 스트리밍 음악은 한 번에 한 곡을 사는 것보다 음악 서비스에 대한 가입으로 전환하는 소비자가 늘어나면서 2021년까지 74억 달러로 거의 20% 정도 증가할 것으로 예상된다. 이 부문의 사업자들은 또한 위성 라디오, 식당, 기내 엔터테인먼트를 위해 항공사에 음악을 홍보하는 것을 포함하여 더 많은 수익원을 개발하고 있다.

디지털 기술은 음악을 다운로드하고 들을 수 있는 장치의 확산과 함께 고품질 저비용 녹음 기술과 디지털 유통 구조를 만들어 가요계에 혁명을 일으켰다. 미래의 산업 성장은, 투어와 라이브 음악을 둘러싼 소비자 경험을 묶고, 음악 서비스를 다른 온라인 콘텐츠 서비스와 끼워팔기하는 것과 같은 다양한 서비스에서 나올 가능성이 높다. 또한, 소비자를 위한 맞춤형 서비스를 제공하면서 스트리밍 서비스도 지속적으로 성장할 것으로 기대된다(SelectUSA, 2018).

서적 부문

물리적 서적과 디지털 서적이 모두 포함된 미국의 책 출판 부문은 현재 연간 매출이 370억 달러로 세계에서 가장 크다. 전문 서적, 교육 서적, 소비자 출판의 3개 분야를 포함한다. 소비자 서적이 지금까지 가장 높은 시장 점유율을 차지하고 있고, 그 다음으로는 교육용 서적과 전문 서적이 있다.

서적 출판은 디지털 형식으로 맹렬히 이동하고 있다. 예를 들어, 온라인 소매점 Amazon은 물리적 서점(물리적 서적과 전자책을 모두 판매)을 열었다. 전자책만 전시하도록 설계된 전자책 읽기 장치 외에 도서관 전체를 사용자의 손끝으로 가져가기 위해 온갖 종류의 모바일 기기가 동원되고 있다. 2021년까지 디지털 출판이 전체 출판의 45%를 차지할 것이다(SelectUSA, 2018).

비디오 게임 부문

미국의 비디오 게임 부문은 연간 230억 달러의 수익을 올리고 있다. 오늘날의 소비자들은 PC, 휴대폰, 디지털 또는 물리적 콘솔, 태블릿을 포함한 여러 게임용 기기에 접근할 수 있다. 비디오 게임 부문은 (1) 물리적, 디지털, 온라인 게임, (2) 모바일 앱, (3) 가상 및 증강 현실(VR/AR)의 3개 부문으로 세분된다(SelectUSA, 2018).

업계는 VR, AR 게임과 같이 새로운 애플리케이션을 지속적으로 혁신하고 출시하고 있다. VR 게임은 현실을 완벽하고, 현실적이며 몰입적인 시뮬레이션으로 대체할 디지털 기술을 사용함으로써 가상 세계로 사용자를 데려간다. 이와는 대조적으로, AR은 가상 물체를 사용자의 실제 세계에 투입하여 경험을 증강시킨다. VR/AR을 이용해 미국의 개발자와 과학자들이 의료, 교육, 온라인 쇼핑, 엔터테인먼트 분야에서 최첨단 솔루션을 생산하고 있다(Nead, 2018).

광고

광고는 미디어 산업의 성장을 부추기는 엔진이다. 미국에서 사업에 드는 비용은 광고가 더욱 강력한 경제적 힘으로 되어감에 따라 급격히 증가했다. 1900년에 약 5억 달러가 각종 형태의 광고에 쓰였다. 1940년에는 20억 달러였는데, 4배로 증가되는 데 40년이 걸린 셈이다. 1980년에는 600억 달러로 지난 40년간 30배로 성장했다. 현재는 2,070억 달러가 광고에 쓰이고 있다(Statista, 2018g). 매년 광고에 지출되는 총액은 계속 증가하고 있지만, 미디어 산업의 일부 부문에서는 수익이 줄어들고 있다는 점에 유의해야 한다. 디지털 부문의 대규모 성장이 전체 증가를 이끌고 있다(표 7.3 참조).

광고가 우리의 경제에서 왜 그토록 중요한가? 광고는 경제 성장의 엔진 역할을 해 왔다. 광고는 새로운 상품들이 시장에 들어 올 수 있게 하고, 구입 가능하다는 것을 우리에게 즉각적으로 알려준다. 점점 더 많은 상품들이 판매에 성공하면서 더욱 많은 기업들이 더 광범위한 신상품들을 선보이고 싶어 한다. 이들 기업들은 광고 대행사에 돈을 지불하고, 그 돈은 미디어로 흘러 들어간다. 미디어가 성장함에 따라 기업들은 더 많은 정보와 엔터테인먼트를 우리에게 제공한다. 우리는 더 많은 시간을 미디어와 보내게 되고, 미디어가 광고주들에게 공간을 빌려주면서, 더 많은 소비자들이 생겨난다. 돈은 우리로부터 나와서 상품으로, 그 상품의 제조업자에게로, 그 회사의 광고업자에게로, 그리고 미디어로 흘러가며 순환한다. 광고는 이러한 회전이 매년 더욱 빠르게 돌아가도록 만든다. 우리가 광고된 상품들을 더 이상 사지 않게 된다면 그 회전은 느려질 것이고 이내 멈추게 된다.

표 7.3 2010년부터 2020년까지의 미디어 부문별 미국 내 광고비 지출

미디어 부문	2010(%)	2020(%)
디지털	17.1	44.9
텔레비전	38.4	32.9
라디오	9.9	6.1
잡지	9.9	5.6
신문	14.8	5.5
기타	9.8	5.0

출처: Statista (2018g).

미디어의 전략

미디어 산업은 수년 동안 경제 게임을 하고 목표를 달성하도록 돕는 몇 가지 일반적인 경제 전략을 개발해왔다. 이 절에서는 '이윤의 극대화, 소비자 구축, 위험 요소 줄이기'의 세 가지 주요 전략을 조명한다.

이윤의 극대화

거의 모든 대중 매체는 이윤 지향적인 기업이다. 사업으로서 가능한 한 큰 이윤을 얻기 위해 기업을 경영된다. 이윤은 사업을 함으로써 얻는 성과나 보상이라는 것을 기억하라. 비용을 절감하면서 수익을 증대시킬 때 이윤은 증가한다.

수익 증대. 전체적인 수익을 극대화하기 위해 미디어 사업들이 주로 사용하는 전략은 수익원의 수를 증가시키는 것이다. 소비자들이 점점 작게 세분화되어감에 따라 어느 한 소비자를 통해 얻을 수 있는 수익이 감소하고 있다. 그래서 소비자가 세분화되는 문제를 해결하기 위해 미디어 사업들은 다수의 수익원을 개발해야만 했다. 이것을 실행할 수 있는 한 가지 방법은 하나의 소비자층 이상에게 호소하는 것이다. 또 다른 방법은 동일한 소비자에게서 돈을 끌어낼 수 있는 몇 가지 방법을 개발하는 것이다. 예를 들면, 영화 제작사는 영화가 개봉할 때 극장에서 티켓을 사도록 특정 소비자들을 유인하기 위해 액션/어드벤처 영화를 제작할 것이다. 영화 제작사는 일반적으로 5,000만 달러를 영화 광고에 쓰지만, 영화사는 많은 영화들이 박스 오피스에서 이 정도의 돈을 벌어들이지 못할 것을 안다. 그래서 영화사는 영화를 DVD와 인터넷 사이트에서 다운로드하게 하는 방법으로 판매를 한다. 또한 영화를 외국 배급사들에게도 수익원을 추가한다. 영화사는 영화를 비행 중에 상영할 수 있도록 항공사들에게도 임대를 한다 그들은 또한 영화 음악을 다운로드하도록 팔고, 장난감, 옷 또는 영화에 나오는 공예품을 만들어 대중에게 판매한다. 때로는 작가들을 고용해서 영화를 책으로 출간하기도 한다. 어떤 때는 영화를 만화책 형태로 옮기도록 하기도 한다. 또한, 영화에 소품으로 나오는 상품들을 팔기도 한다. 이러한 모든 수익원들이 전체 수익을 증가시키고 영화가 이윤을 남기도록 히는 것이다. 이러한 전략은 영화에만 국한되는 것은 아니고 모든 미디어 산업에 적용된다.

미디어 회사가 합병하여 다른 미디어 회사를 인수하면, 더 많은 채널과 전달 수단에 대한 접근성이 높아진다. 그래서 이러한 방법은 거대 미디어 기업들이 수익원의 수를 늘리는 전략으로 더 성공적일 수 있다. 미디어 회사가 성장해 가면, 회사는 많은 채널에 걸쳐 하나의 메시지를 더 쉽게 판매할 수 있고, 그럼으로 인해 그 하나의 메시지에 대한 여러 개의 수익원을 빠르게 창출할 수 있다. 따라서 비용은 그대로인 상태에서 수익은 증가하며, 이는 직접적으로 더 큰 이윤으로 이어진다.

비용 최소화. 전 미디어 산업에서 가장 큰 비용은 인력에 드는 비용이다. 이 장의 앞부분에서 하급직 고용인과 상급직 고용인을 구별한 것을 상기하라. 상급직 고용인의 재능은 귀하기 때문에 미디어 회사들은 이러한 재능을 사기 위해 많은 돈을 지불한다. 재능에 대한 비용의 상승을 충당하기 위해서 회사들은 하급직 고용인들에 드는 비용을 최소화해야 한다. 미디어 산업에서 대부분의 직책은 훈련을 거의 받지 않은 다른 사람들도 할 수 있는 일상적인 업무가 주를 이루는 상당히 낮은 수준의 일이다. 이들 직종은 비서, 접수 담당자, 티켓 판매원, 낮은 수준의 수작업자이다. 이들보다 좀 더 높은 단계에는 보조 제작자, 카메라 기사, DJ 등이 있다. 이들 중의 몇몇은 특별 재능이 있어서 산업의 최고 자리에 올라가지만 대부분은 그렇지 않다.

미디어는 회사에 큰 수익을 가져다 줄 재능이 많은 인재들이 필요하기 때문에 이들에게 많은 돈을 지불한다. 재능 있는 사람들에게 많은 급여를 지불하는 것을 상쇄하기 위해 회사는 사무직종의 사람들에게는 가능한 적은 돈을 지불하려고 한다. 신입직 일자리는 수요보다 공급이 훨씬 많기 때문에 미디어 회사는 최저 급여로 좋은 일꾼들을 구할 수 있다.

미디어는 '규모의 경제학'과 '범주의 경제학'을 통해 비용을 줄인다. 규모의 경제학은 여분의 비용이 평균 비용보다 적을 때, 즉, 생산량의 규모가 확대됨에 따라 하나의 상품을 한 단위 더 생산하는 비용이 감소할 때 작동한다. 대량 생산 가동은 착수 비용을 많은 단위에 걸쳐 분산시키기 때문에 좋은 것이다. 그래서 각 단위가 추가로 생산되면, 단위당 비용은 계속 줄어들게 된다(Doyle, 2002). 예를 들자면, 당신이 잡지사 출판업자인데 당신의 운영비용(기자, 편집자, 영업 사원, 사무실 직원, 건물 임대, 설비의 감가상각비, 물품 구입, 전화료, 기타 관리비 등에 지불하는 비용)이 일주일에 $60,000이라고 하자. 이것은 고정 비용이다. 당신이 매주 잡지를 한 부만 인쇄한다면 고정 비용을 충당하기 위해서 잡지를 $60,000에 팔아야 한다. 두 부를 인쇄한다면, 한 부를 $30,000에 팔아야 한다. 한 부당 평균 고정 비용이 반으로 줄어든다. 60,000부를 인쇄한다면 한 부당 당신의 평균 고정 비용은 단지 1달러가 된다. 그리하여 당신의 평균 고정 비용은 더 많은 부수를 인쇄하게 되면 계속 내려가게 된다.

하지만, 더 많은 부수를 인쇄하게 되면, 종이, 잉크, 배포에 드는 비용이 증가하게 된다. 이 비용은 몇 부를 인쇄하느냐에 따라 변동하기 때문에 가변 비용이라 할 수 있다. 더 많은 부수를 인쇄할수록 더 많은 종이와 잉크가 필요하게 되고, 이 재료들을 한꺼번에 할인된 가격으로 구입할 수 있기 때문에 종이 한 두루마리와 잉크 1L당 가격은 내려간다. 더 많은 부수를 찍어내게 되면 비록 잉크와 종이에 드는 총 비용은 오르지만, 당신이 지출하는 평균 가변 비용은 내려간다. 이를 규모의 경제학이라 한다. 사업의 규모가 클수록 더 많은 할인을 받든가 어느 정도 이상은 보다 효율적으로 운영함으로써 비용은 내려간다.

미디어 회사들은 다른 여느 사업들처럼 비용을 낮추어서 평균 고정 비용과 평균 가변 비용의 합이 최저가 되는 지점을 찾는다. 이 지점을 넘어서면, 더 많은 부수를 배포하는 것은 단위 비용을 늘리고 이윤을 줄이는 결과만 낳을 뿐이다. 그러므로 신문, 잡지, 도서, 음반은 평균 전체 비용(평균 고정 비용과 평균 가변 비용의 합)이 최저가 되는 지점을 모색한다.

규모의 경제학 관점으로 볼 때, 공중파 텔레비전, 라디오, 웹사이트들은 다른 미디어와 다르다. 이들은 가변 비용이 없고 고정 비용만 있다. 예를 들면, 공중파 텔레비전의 경우는 기존 시청자에 시청자 한 명을 더 추가하는 데 비용이 발생하지 않는다. 시청자들은 텔레비전 수신기에 돈을 지불하고 전기세를 낼 뿐이다. 방송국은 방송 신호의 전기 외에 송신하는 데 별도의 비용을 내지 않으며, 방송국의 신호를 방송하는 데 드는 전력은 텔레비전이 100대가 켜져 있든지 100,000대가 켜져 있든지 동일하다. 비용이 고정되어 있다. 가변 비용 없이 처음 제작에 드는 고정 비용이 매우 높기 때문에 공중파 텔레비전 방송국들은 시청자를 계속 증가시켜 평균 총비용을 계속 낮춘다. 이러한 이유로 방송 매체들(라디오와 텔레비전)은 소비자의 규모를 늘리려는 동기 부여가 어떤 매체들 보다 강하다. 웹사이트들도 마찬가지다.

범주의 경제학 역시 상품 단위당 회사의 비용을 줄이려는 것이다. 범주의 경제학은 다수의 상품 생산을 통해 이루어진다. 즉, 생산되는 상품에 다양성을 두는 것이다. 영화 한 편에 대한 수익원을 많이 내는 영화사에 관한 예를 상기해 보자. 하나의 새로운 수익원으로 수입이 증가할 때 비용은 비교적 낮게 유지시킬 수 있다. 다시 말해, 일단 영화 한 편을 만들면, 그것을 비디오와 DVD로 만드는 데 드는 비용은 비교적 저렴한 편이다. 같은 상품을 배포시키는 범위를 증가시킴으로써 추가 경비는 거의 발생하지 않고, 수익 증대의 잠재성이 커지게 된다.

디지털화는 메시지를 여러 다른 채널로 재전송하는 데 비용이 거의 들지 않기 때문에 범주의 경제학이 더 호응을 얻게 했다. 또한 디지털화는 훨씬 많은 데이터를 압축하거나 다양한 콘텐츠를 하나의 상품 안에 담을 수 있게 만들었다. 이제 당신은 영화 한 편 전체를 DVD로 살 수 있다. 그 DVD 안에는 작가, 감독, 배우의 인터뷰와 삭제된 부분, 감독 컷, 대체 엔딩과 같은 보너스가 포함되어 있을 수도 있다.

연습 7.3을 수행하여 수익과 비용에 대한 이 일반적인 정부를 특정 미디어 회사에 적용할 수 있는지 알아보자. 이 정보를 얻으려면 한 회사의 웹사이트에 접속하여 연간 재무 보고서를 찾을 수 있는지 확인해 보아야 한다.

소비자 구축

미디어 기업들이 이윤을 극대화하기 위해 사용하는 두 번째 전략은 가치 있는 소비자를 구성한

다음 광고주들에게 임대하는 것이다. 미디어 회사는 엔터테인먼트나 정보에 대한 요구가 있는 곳을 알아채서 그 요구를 충족시킬 만한 상품과 서비스들을 제공함으로써 소비자층을 구축한다. 이것은 둘 중 하나의 방법으로 이루어진다. (a) 양적 소비자 전략(가능한 많은 소비자층을 모으는 것)이거나 (b) 질적 소비자 전략(특정 부류의 적절한 소비자층을 모으는 것)이 그것이다.

과거에는 대부분의 대중 매체가 양적 소비자 전략을 사용해 왔다. 가장 많은 수의 소비자들이 좋아할만한 것이면 어떤 내용이라도 대상이 누구냐에 관계없이 내보내려고 했다. 단순히 끌어들일 수 있는 가장 많은 사람들을 찾으려고 했다. 이것이 상업 방송사들이 과거에, 특히 황금시간대인 매일 밤 8시부터 11시에 해 오던 관행이다. 지상파 텔레비전의 절정기에 시청률 10%를 기록한 황금시간대 쇼는 실패로 간주되었다. 지금은, 시청자들의 분화로 인해 시청률 10%를 창출하는 황금시간대 쇼는 히트 상품으로 간주된다.

틈새 소비층으로 유인하기. 라디오와 잡지 산업은 수년간 틈새 소비층으로 사람들을 유인하는 일에 상당한 성공을 이루었다. 이 앞 장에서 언급했던, 라디오가 지난 세기 중엽에 대세 미디어의 자리를 텔레비전에게 내어 준 내용을 기억할 것이다. 쇠퇴 단계에서 벗어나 적응하기 위해서, 라디오는 양적 소비자 전략에서 질적 소비자 전략으로 바꾸고, 각 라디오 방송국은 특정 부류의 청취자에게 어필을 할 만한 음악 프로그램을 만들었다. 예를 들어, 한 방송국은 도시의 젊은이들을 위해 랩 음악을 이용했고, 다른 방송국은 나이 들어가는 베이비부머들을 유인하기 위해 골든 팝송을 이용했다. 라디오 청취자들은, 전성기를 달리며 모든 사람에게 어필하기 위해 양적 전략을 사용했던 지상파 텔레비전 시청자들에 비하면 그 규모가 상대적으로 작았다. 이제 텔레비전은 더 이상 전성기에 있지 않고, 질적 소비자 전략으로 바꿈으로써 적응하려 하고 있다.

비교적 규모가 작더라도, 특정 소비자층을 겨냥하는 것은 많은 광고주들에게 큰 가치가 있다. 특정 그룹의 사람들에게는 특정 요구가 있기 때문이다. 특정 고객 집단을 위한 상품들을 마케팅하는 사업체들은 그러한 특정 고객을 유치할 미디어 수단에 웃돈을 지불한다. 예를 들어, 조깅하는 사람들 집단은 러닝 연습, 기구, 트레이닝 기술 등에 관한 정보에 대해 특별한 요구를 가지고 있다. 그들은 이러한 종류의 정보만을 출간하는 잡지들을 사보게 된다. 조깅 기구를 생산하는 업체들은 이러한 잡지에 광고를 싣기 위해 웃돈을 지불하는데, 거기 실린 광고를 그들이 목표하는 고객들이 볼 것이기에, 이러한 잡지들에 광고 공간을 사는 것이 매우 효율적인 구매라는 것을 알고 있다.

이러한 틈새 지향성을 롱테일 마케팅(long-tail marketing)이라고 부르는데, 이는 앞 장에서 소개된 바 있다. 미디어 메시지뿐만 아니라 다양한 종류의 상품들을 위한 시장은 거대한 수익을 창출하는 소수의 메시지들에 집약되어 있다기보다는 적은 수익을 올리는 수천 개의 다양한 상품으로 분산되어 있다. 우리의 경제는 몇 개의 히트 상품(주류 상품)에 주력하는 것에서 빠져나와 긴 꼬리를 형성하는 수천 개의 아주 작은 시장들의 요구에 부응하는 방향으로 움직이고 있다. 예를 들어, 음반 산업은 히트 레코드를 생산할 수 있는 음악 그룹들하고만 계약하는 것에 주력했었다. 베스트셀러들(빌보드 최고 100위)과 인기 있는 라디오 방송국들(미국 상위 40위)에만 관심이 있었다. 음반 산업이 주력한 것은 골드(최소 500,000장 판매)와 플래티넘(최소 1,000,000장 판매)이었다. 그러나 2001년 MP3 플레이어의 도입과 인터넷에서 음악을 공유하는 플랫폼 사용이 확산되면서, 음반 산업은 롱테일 마케팅으로 대폭 옮겨 갔고, 2006년에는 8백만의 독특한 음반이 판매되고 공유되었다.

롱테일 마케팅은 집약 창구에 의존하는데, 이들은 각종 상품과 서비스에 대한 구매자와 판매자들을 한데 모으는 플랫폼이다. Anderson(2006)은 다섯 종류의 집약 창구가 있다고 말하는데, 이는 물리적 상품들(Amazon, eBay), 디지털 상품들(iTunes), 광고 서비스들(Google, Craigslist), 정보(Google, Wikipedia), 그리고 공동체/이용자 서비스들(Facebook, Bloglines)이다. 이들 집약 창구는 사람들이 가장 많이 살 것 같은 상품과 서비스에 대해 직접 구매할 이용자들에게 추천하는 것에 의존한다. 다시 말해, 집약 창구는 많은 상품을 여과하여 이용자들이 좀 더 효율적 구매 경험을 쌓고 수백 수천 개의 선택 사항들을 힘들여 찾지 않아도 되도록 하는 역할을 한다.

롱테일 마케팅을 이렇게 성공적으로 만드는 것은, 많은 사람들이 제품과 메시지를 만드는 데 사용할 수 있는 기술의 광범위한 활용, 유통의 병목 현상으로 인한 제약 해소, 상점의 제품 라인에 대한 제한이다. 이제 모든 것이 가능하다(Anderson, 2006). 이제는 그 어느 때보다 다양한 형태의 미디어 메시지(인쇄, 음악 녹음, 비디오)를 만들어 널리 이용할 수 있게 되었다(블로그, Amazon, iTunes, YouTube, Facebook 등).

우리는 이제 건물을 가지고 영업하는 매장으로부터 웹 기반 매장으로 커다란 판매의 변화를 맞고 있다. 건물 매장들은 진열대 서반 공간이 제한되어 있어서 적은 수의 상품들만을 제공할 수 있지만, 인터넷의 가상의 매장은 훨씬 다양한 상품들을 제공할 수 있다.

소비자 조건화. 대중 매체 기업이 일단 소비자층을 구축하면, 광고주들에게 계속해서 소비자를 임대할 수 있도록 그 소비자층을 유지할 필요가 있다. 대중 매체 사업들은 록 콘서트 기획자가 하는 것처럼 메시지를 단 한 번 보여주는 것에는 관심이 없다. 대중 매체는 장기간 사업을 지속하기를 바라고 그러려면 소비자층을 유지해야 한다. 따라서 대중 매체 기업은 소비자를 조건화해서 노출 습관을 길러야 한다.

위험 요소 줄이기

모든 기업이 위험에 직면하고 있지만, 미디어 기업의 위험도는 특히 높다. 예를 들어, 황금시간대에 도입된 모든 텔레비전 시리즈의 80%는 두 번째 시즌을 요구할 만큼 충분히 많은 시청자를 끌어들이지 못한다(Goldberg, 2018). 또한 초기 제작비를 충당하기에 충분한 수입을 올리는 할리우드 영화는 극소수로서 미국에서 매년 개봉되는 영화의 2% 미만이 전체 흥행 수익의 80%를 차지한다(Schumpeter, 2011). 표 7.4에 표시된 여러 종류의 영화를 보고 할리우드 영화를 만드는 데 얼마나 많은 비용이 드는지 알아보자. 이 영화들 중 일부는 엄청난 돈을 벌지만 대부분의 영화들은 제작비조차 충당하지 못한다.

표 7.4 할리우드 영화의 성공과 실패

영화 제목	제작비	미국 수입	해외 수입
아바타(2009)	425	761	2,780
캐리비안의 해적: 낯선 조류(2011)	411	241	1,046
어벤져스: 울트론의 시대(2015)	331	459	1,408
스타워즈: 깨어난 포스(2015)	306	937	2,059
어벤져스: 인피니티 워(2018)	300	664	2,015
캐리비안의 해적: 세상의 끝에서(2007)	300	309	963
다크 나이트 라이즈(2012)	275	448	1,084
론 레인저(2013)	275	89	260
그린 랜턴(2011)	200	117	220
에반 올마이티(2007)	175	100	174
킹 아서: 제왕의 검(2017)	175	39	140
울프맨(2010)	150	62	143
사하라(2005)	145	69	122
해리포터와 마법사의 돌(2011)	125	318	975
몬스터 트럭(2016)	125	33	62
스피드 레이서(2008)	120	44	93
스타워즈: 에피소드 1 - 보이지 않은 위험(1999)	115	475	1,027
80일간의 세계일주(2004)	110	24	72
반지의 제왕: 반지 원정대(2001)	109	315	887
아이스 에이지: 지구 대충돌(2016)	105	64	404
타운 앤 컨트리(2001)	105	7	10

더 울프 오브 월 스트리트(2013)	100	117	390
로스트 랜드: 공룡 왕국(2009)	100	49	70

출처: IMDbPro (2018). 　　　　　　　　　　　　　　　　　　　　　　　　　　단위: 백만 달러

　미디어 회사들은 자신들의 메시지가 최초의 생산 비용을 회복하기 위한 충분한 규모의 고객을 유치하는 데 실패할 위험성을 어떻게 줄이는가? 미디어 산업들은 '마케팅 컨셉(marketing concept)'이라 불리는 방향으로 사고를 전환하기 시작했다. 메시지를 먼저 만들어서 그 메시지에 맞는 소비자를 찾기보다는 소비자의 요구를 먼저 파악해서 그들의 요구에 부합하는 메시지들을 만드는 것이다. 마케팅 컨셉으로 매니저는 특정한 틈새 고객을 식별하기 위한 연구를 수행한 다음, 그러한 고객들에게 충족되지 않는 요구가 무엇인지 알아낸다. 그러고 나서 미디어는 이전에 충족되지 않았던 필요를 충족시키기 위해 메시지를 개발한다. 소비자에 대해 조사를 먼저 한 뒤에 상품 개발을 하는 것은 일단 메시지들이 시장으로 흘러들어가고 나서 그것들이 먹히지 않을 위험성을 줄여준다.

　이러한 절차는 미디어 산업에서 자주 사용되는 방법이다. 연구원들은 무엇이 효과가 있는지 보고, 성공적인 쇼의 속편이나 다른 버전을 개발한다. 또한, 잡지 산업에서, 한 대기업이 잡지에 대한 충족되지 않은 필요를 위해 시장 조사를 한다. 일단 필요성이 발견되면, 회사는 그 틈새 소비자들에게 다가갈 수 있는 잡지를 개발하고, 광고 메시지에 그 특정 시청자들을 노출시켜야 하는 특정 광고주들에게 그 소비자를 임대할 것이다. 할리우드는 위험을 줄이기 때문에 속편을 좋아한다. 할리우드는 2016년에만 20편의 속편을 개봉했으며, 그 당시 역대 수익 상위 20개 영화 중 17편이 속편이었다(Chang, 2016). 표 7.4를 보면, 막대한 제작비보다 더 많은 수익을 올리는 영화 시리즈(예: 캐리비안의 해적, 어벤져스)가 많이 있다. 영화 팬들은 그들이 좋아하는 캐릭터에 대한 새로운 이야기에 대해 돈을 지불하는 것을 좋아한다.

소비자의 전략

　소비자로서 우리는 미디어 산업체들이 하듯이 전략들을 따른다. 그러나 우리의 전략들은 대중매체의 이윤 극대화 전략과는 상당히 다르다. 우리의 전략에는 두 가지 선택사항이 있다. 습관화 전략 아니면 미디어 리터러시 전략을 따르는 것이다.

습관화 전략

　습관화 전략은 일반적으로 우리의 무의식적인 정신 상태에서 계속 실행된다. 이것은 우리가 미리 프로그래밍된 습관을 따르도록 유도한다. 왜냐하면 이것은 매우 적은 노력을 필요로 하고 익숙한 만족감을 주기 때문이다. 만약 매일 아침 Facebook에 접속한다면, 우리는 매일 아침 Facebook에 계속 접속할 것이다. 우리가 일반적으로 하루에 20개의 트윗을 보낸다면, 매일 비슷한 수의 트윗을 계속 보낼 것이다. 만약 우리가 6개의 음악 그룹을 좋아한다면, 그들의 새로운 발매 음반을 구입하여 들을 것이고, 보통은 다른 그룹의 음악은 거들떠보지 않으며 다른 장르의 음악은 전혀 알지 못할 것이다. 우리는 이런 습관들을 따른다. 왜냐하면 과거에 가지고 있던 것을 별 생각 없이 계속 따르는 것이 쉽기 때문이다. 이러한 습관은 과거에 우리가 새로운 것을 시도하여 그것이 즐거운 경험이라고 느꼈을 때 개발되었기 때문에 별 생각 없이 그것을 계속한다. 우리는 매우 다른 종류의 메시지를 찾는 일은 거의 없다. 왜냐하면 우리는 의식 바깥에 어떤 다른 메시지가 있는지 확신하지 못하거나, 그런 메시지를 검색하는 것이 메시지의 가치보다 훨씬 더 많은 노력을 필요로 할 것이라고 생각하기 때문이다. 즉, 우리는 그것들에게서 더 많은 보상을 받지 못할 것이라고 생각한다. 비록 현재 경험하는 메시지는 대단한 보상을 안겨주지는 않지만, 그것들은 일상적인 습관이 되어 버렸기 거의 비용이 들지 않는다. 따라서 높은 보상보다는 저렴한 노출 비용이 가치를 결정한 셈이다.

미디어 리터러시 전략

　미디어 리터러시 전략을 따르는 사람들은 경제 게임을 이해하고 있으며 그 게임을 더 잘하는 방법도 알고 있다. 이것은 자신들이 소비하는 자원에 대한 보상을 더 크게 받기를 기대한다는 의미이다. 노출에 대한 대가로 최소한의 만족보다는 더 큰 것을 원한다. 그들은 자신들의 자원 가치를 훨씬 더 많이 생각하고, 그런 자원들에 대한 더 나은 교환 대가를 받을 수 있도록 협상하고 싶어 한다.

　대중 매체에 당신이 얼마나 많은 자원을 제공하는가를 생각할 때, 직접적 지원과 간접적 지원을 구분하는 것이 중요하다. 직접적 지원은 당신이 미디어 회사에 직접 지불하는 재정적인 지출이라고 생각하면 된다. 예를 들어, 웹사이트, 잡지, 케이블 TV 서비스에 가입할 때, 미디어 회사에 구독료를 지불한다. 책을 살 때는 서점에 수수료를 지불한다. 영화나 녹화를 다운로드할 때 미디어 스토어에 대금을 지불한다. TV, DVD 플레이어, MP3 플레이어, 비디오 게임, 그리고 다른 미디어 제품과 같은 하드웨어를 살 때, 당신은 상점에 돈을 지불한다. 이것들은 모두 당신이, 당신에게 돈을 받는 대가로 미디어 메시지에 접근할 수 있도록 허용한 미디어 회사와의 거래에 관여하기 때문에 직접적 지원이다.

　미디어 메시지에 자신을 노출시킬 때 미디어에 대한 간접적 지원은 투자 시간이라고 생각하면 된다. 미디어 회사는 광고주에게 당신의 시간을 팖으로써 당신의 시간을 돈으로 환산한다. 광고주는 이 비용을 자사 제품의 판매 가격에 추가한다. 그래서 당신이 광고가 심한 제품을 구입하는 것은 간접적으로 미디어에 돈을 쓰고 있는 것이다. 온갖 종류의 제품(예: 치약, 햄버거, 시리얼 등)에 대해 더 많은 돈을 지불하는 것은 결국 광고업계에 보조금을 지불하는 것인데, 이 돈의 많은 부분이 대중매체로 흘러 들어간다. 따라서 대중 매체는 광고 상품을 구매하는 소비자로부터 간접적 지원뿐만 아니라 대중 매체 조직에 대한 지불의 형태로 소비자로부터 직접적 지원을 받는다.

책, 영화, 음반은 거의 전적으로 소비자들이 지불하는 직접적 비용에 의해 지원된다. 광고가 책이나 음반에 매료되어 영화화되기 전에 전시되는 예는 몇 가지 있지만, 이들 광고에서 얻는 수익은 직접 비용에 비하면 미미하다. 잡지, 신문, 케이블 TV, 인터넷의 경우, 비용은 직접(구독료)과 간접(광고)으로 나뉜다. 공중파 텔레비전과 라디오의 경우, 프로그램 노출에 대한 직접적인 비용은 없는 경우가 많지만, 광고 형태의 간접적 비용 외에, 프로그램을 수신하는 장치(라디오와 텔레비전 수신기)를 구입하는 데 드는 비용이 높다.

직접적 지원과 간접적 지원 사이의 균형이 직접적 지출에서 간접적 지출로 전환되고 있다. 그 이유는 하드웨어(컴퓨터, 모바일 기기, TV 등)의 비용이 매년 낮아지는 반면, 모든 종류의 광고를 통해 창출되는 수익은 매년 증가하기 때문이다. 이러한 변화는 또한 소비자들이 미디어 메시지에 대해 매년 더 적은 돈을 지불하고 있다고 믿게 만든다. 하지만 현실은 소비자들이 더 많은 돈을 지불하고 있다.

공통점 & 차이점
직접적 지원과 간접적 지원

공통점
- 둘 다 대중 매체 산업을 활성화시키기 위해 일반 대중이 경제 게임에 참여하는 방식이다.
- 둘 다 사람들이 끊임없이 자원을 교환하는 것으로서, 그들은 미디어 메시지에 노출되는 대가로 돈과 시간을 포기한다.

차이점
- 직접적 지원은 사람들이 미디어 메시지를 수신하기 위해 하드웨어를 구입하거나(텔레비전 수신기, 컴퓨터, 모바일 기기 등), 메시지의 개별 사본을 구매하거나(신문, 잡지, 책 등), 미디어 메시지에 접속하기 위해 정기 구독료를 지불하기 위해(케이블 TV, 인터넷 접속 등) 다양한 미디어 회사에 직접 대금을 지불하는 것을 말한다.
- 간접적 지원이란 미디어와의 시간 지출(예: 프로그래머가 광고주에게 시청자의 관심을 팖으로써 돈으로 환산한 TV 프로그램을 보는 것)과 (광고된 상품에 대한) 금전적 지출을 말한다.

왜 어떤 사람들은 습관화 전략을 무조건 따르는 반면, 다른 사람들은 미디어 리터러시 전략을 사용할까? 답은 개인의 정신적 위치의 힘에 있다. 경제 게임에서 더 나은 선수가 되기 위해서는 너무 많은 노력이 필요하기 때문에 개인의 정신적 위치가 낮은 곳에 있는 사람들은 거래에서 작은 것에 만족한다. 이와는 대조적으로, 개인의 정신적 위치가 높은 곳에 있는 사람들은 이 게임에서 더 자주 승자가 되려고 한다. 그들은 자신의 기술을 향상시키고 더 정교한 지식 구조를 구축하는 데 필요한 더 많은 노력을 소비하는 것(표 7.5 참고)이 훨씬 더 흥미로운 경험으로 그들에게 보답하기 때문에 재미있다는 것을 발견한다.

표 7.5 대중 매체의 경제적 본질을 이해하기 위한 기술 및 지식 구조의 유형

	기술	지식
분석	· 수익, 비용, 이윤을 결정하기 위한 미디어 산업과 기업에 관한 보고서 분석 능력 · 산업체들과 기업들 간의 경제적 지표에 대한 비교/대조 능력 · 미디어 산업과 기업의 경제적 건전성에 대한 평가 능력 · 특정 회사들을 통해 산업 동향으로 일반화하는 능력 · 미디어 산업과 기업의 미래 동향에 대한 예측을 종합하는 능력 · 다섯 가지 경제 특성의 작용을 구분하기 위해 미디어 산업과 회사들을 분석하는 능력	· 미디어 산업과 특정 회사들의 수익, 비용, 이윤에 관한 지식
종합	· 미디어의 경제적 실행에 대한 반응에서 자신의 감정을 분석하는 능력	· 미디어 상품의 구매와 사용 경험에 해한 지식
요약	· 경제적 결정의 도덕적 의의를 분석할 수 있는 능력 · 기업별로 도덕적 의의를 비교/대조할 수 있는 능력 · 대중 매체의 사회에 대한 도덕적 책임을 평가할 수 있는 능력	· 미디어의 가치에 대한 지식 · 도덕적 체계에 대한 지식

요약

이 장에서 얻은 경제 관련 정보를 당신의 미디어에 대한 지식체계에 더한다면, 여러분은 미디어 산업에서 결정이 어떻게 내려지는지에 대한 이해를 심화시키게 된다. 미디어 산업은 최대한의 이

윤을 창출하려는 기업들로 구성되어 있다는 것을 기억하라. 미디어 산업들 각자가 이를 잘 하고 있으며, 미국 내 거의 모든 다른 산업들의 평균들보다는 훨씬 높은 이윤을 내고 있다.

미디어 사업체들은 경제 게임을 매우 잘 하고 있는데 이는 그들이 세 가지 전략들을 따르기 때문이다. 첫째, 수익을 늘이고, 비용을 절감함으로써 이윤을 극대화한다. 둘째, 틈새 소비자층을 구축하고, 그 구성원들이 지속적인 노출을 습관화하도록 조건화한다. 셋째, 마케팅 개념들을 활용함으로써 위험 요소들을 줄인다.

소비자로서 우리가 활용할 수 있는 두 가지 전략이 있다. 한 가지는 습관화 전략으로서 미디어에 의해 조건화된 습관을 따르는 것이다. 이러한 전략을 따르게 되면, 우리는 시간과 돈이라는 자원을 습관화된 노출에 대한 지속적인 만족 상태와 교환한다. 우리의 초점은 과거에 좋아했던 콘텐츠에 대한 노출을 제한하고, 찾고 이해하기 위해 더 많은 노력을 필요로 하는 새로운 콘텐츠를 시도할 위험을 피함으로써 비용을 낮게 유지하는 것이다. 이에 대한 대안은 미디어 리터러시 전략을 따르는 것으로, 우리의 기술과 지식 구조를 발전시키고자하는 노력을 통해서 엔터테인먼트와 정보에 대한 우리의 요구를 충족시킬 수 있도록 미디어를 더 잘 활용함으로써 이익을 얻도록 하는 것이다.

더 읽을거리

Albarran, A. B. (2010). The media economy. New York: Taylor & Francis.
비교적 짧은 이 책에서 저자는 많은 이론을 다루고 있다. 이론과 테크놀로지, 규제에 관한 문제, 세계화, 노동 문제 등이 수록되어있다.

Anderson, C. (2006). The long tail: Why the future of business is selling less of more. New York: Hyperion.
Anderson은 모든 제품뿐만 아니라 미디어 메시지의 마케팅 담당자들이 모든 판매량을 창출하는 히트 상품에 의존하는 것에서 벗어나 지금은 판매량이 낮지만 함께 합치면 엄청난 수익을 창출하는 수천 개의 비인기 제품들로부터 판매량을 올리고 있다는 것을 설득력 있게 보여준다.

Doyle, G. (2002). Understanding media economics. London: Sage.
이 책은 경제학에 대한 지식이 없지만 미디어 산업이 경제 원칙에 따라 어떻게 작용하는지에 관심 있는 사람들을 위하여 쓰였다. 실례들은 주로 영국과 유럽에 관한 것이지만, 미국에도 적용될 수 있는 경제 동향과 원칙들이다.

Picard, R. G. (2011). The economics and financing of media companies (2nd ed.). New York, NY: Fordham University Press.
저자는 대중 매체에 대한 광범위한 경제적 관점을 취하면서, 또한 이들 기업들이 어떻게 자본화되고, 금융 경영의 원리를 이용하여 어떻게 자원을 획득하고 교환할 것인지에 대한 결정을 내리는지에 초점을 맞추고 있다.

Sowell, T. (2008). Economic facts and fallacies. New York, NY: Basic Books.
저자는 일반 대중과 학자들이 미국 내뿐만 아니라 전 세계적으로 경제에 대해 진실이라고 주장하는 많은 믿음들에 대해 신선한 분석을 제공한다. Sowell은 미디어나 리터러시에 초점을 두지 않지만, 잘못된 믿음이 어떻게 사람들뿐만 아니라 정부까지 나쁜 경제적 결정을 내리게 할 수 있는지를 보여주는데, 이는 미디어 리터러시 사고에서 주목할 만한 주제이다.

Vogel, H. L. (2011). Entertainment industry economics: A guide for financial analysis (8th ed.). New York: Cambridge University Press.
이 교재는 15장에 걸쳐 각 미디어 산업의 경제에 관한 많은 세부적인 내용을 제시한다. 주로 미국 내 엔터테인먼트 산업의 경제적 역사와 현재 상태에 대해 많은 사실과 수치(일화나 내부자 이야기보다는)를 제시한다.

최신 자료

Advertising Age (http://adage.com/datacenter/article?article_id=106352)
이 웹사이트는 주요 미디어 회사들에 관한 많은 정보를 제공한다.

Forbes (http://www.forbes.com/lists/2008/54/400list08_The-400-Richest-Americans_Rank.html)
이 웹사이트는 경제학과 부유층 리스트에 관한 정보를 제공한다.

연습 문제 7.1 미디어에 지출한 개인 비용 추산하기

1. 아래 내용을 읽기 전에 당신이 지난해 각종 형태의 미디어에 지출한 금액을 추정해서 여기에 적어보라: 약 _____ 원

2. 이제, 비용을 상품별로 나누어보자. 오늘로부터 일 년 전 당신이 지난 12개월 동안 다음의 각 사항들에 얼마를 지출했는지 기억해 보라. 계산을 정확하게 하고 싶다면, 은행 계좌와 신용카드 명세서 등을 살펴 보라.

   _____ 원 케이블 시청(매달 청구료에 12를 곱함)
   _____ 원 잡지 구독
   _____ 원 단행본 잡지 구입
   _____ 원 신문 구독
   _____ 원 단행본 신문 구입
   _____ 원 교재 구입
   _____ 원 기타 도서 구입(재미, 선물, 참고 도서 등)
   _____ 원 영화 극장표 구입
   _____ 원 영화 대여 및 다운로드
   _____ 원 라디오, 텔레비전, DVD 플레이어, MP3 플레이어 등 구입
   _____ 원 미디어 기기 수리
   _____ 원 컴퓨터와 주변 장비(프린터, 게임 컨트롤러 등) 구입
   _____ 원 컴퓨터 소프트웨어 및 매뉴얼 구입
   _____ 원 컴퓨터 서비스 이용(인터넷 서비스, 웹사이트 이용료)
   _____ 원 음반 구입
   _____ 원 비디오나 컴퓨터 게임 구입
   _____ 원 아케이드에서 비디오 게임하며 놀기
   _____ 원 합계

3. 예측과 실제가 얼마나 차이가 나는가?

4. 당신이 지출한 금액이 놀라울 정도인가? 그 이유는?

연습 문제 7.2 미디어에 소요한 개인 시간 추산하기

1. 매년 당신이 미디어에 얼마의 시간을 쓰는지 대략 추정해 보라. 추정 시간을 여기에 적어라:
   약 _____ 시간

2. 이제, 시간을 목록별로 나누어보자. 좀 더 쉽게 계산하기 위해서 평균 일 주일로 생각해 보자. 아래 빈칸에 각 활동들에 당신이 몇 시간 몇 분을 쓰는지 추정해 보라. 여기 적힌 활동들을 동시에 할 수 있다는 것을 기억하라.

   _____ 잡지 읽기(인쇄물이나 온라인)

   _____ 신문 읽기(인쇄물이나 온라인)

   _____ 수업 목적으로 교재와 다른 것들 읽기

   _____ 재미로 책읽기(인쇄물이나 전자책)

   _____ 라디오 청취(차에서, 휴대용 플레이어, 집에서 등등)

   _____ 음악 듣기(라디오 외: MP3 플레이어, 가정의 스테레오 등으로)

   _____ 극장에서 영화 보기

   _____ 모든 종류의 스크린 시청(텔레비전, 컴퓨터, 모바일 기기 등)

_____	컴퓨터 작업(워드 프로세싱, 연구 수행 등)
_____	모바일과 컴퓨터로 커뮤니케이션(이메일, 문자, 소셜 네트워킹 등)
_____	모바일과 컴퓨터로 놀기(게임, 놀이 목적으로 웹사이트 방문 등)
_____	합계

3. 예측과 실제가 얼마나 차이가 나는가?

4. 소요한 시간이 놀라울 정도인가? 그 이유는?

연습 문제 7.3 재정 분석

1. 도서관에 가서 미디어 회사들의 목록을 구해보라. 『Hoover's Guide to Media Companies』를 봐도 좋고, 담당 직원에게 도움을 구해도 된다. 흥미롭다고 여겨지는 미디어 회사 둘을 찾아보라.

2. 각 회사별로, 다음이 질문들에 대답하면서 간단한 재정 분석을 해보라:

   a. 회사는 지난해 얼마의 수익을 올렸는가?

   b. 주 수입원은 무엇이었는가?

   c. 수입원을 고려해볼 때, 그 회사는 미디어 사업에 주력하고 있는가, 아니면 미디어 사업이 다른 더 중요한 사업의 부수적 사업에 해당하는가?

d. 지난해 회사의 지출은 얼마였는가?

e. 회사의 매출 총 영업 이익은 얼마였나? (영업수익률 ROR과 총자산수익률 ROA를 구할 수 있는가?)

f. 그 회사는 수익으로 무엇을 했는가? 회사에 투자한 주주들에게 전부 또는 일부를 나누어주었는가? 아니면, 추가 미디어 자산이나 다른 사업에 투자하기 위해 수익의 전부 또는 대부분을 보유하고 있는가?

3. 그 회사들에 대한 두 가지 분석을 기초로 당신은 어느 회사에 당신의 돈을 투자하겠는가? 그 이유는?

콘텐츠 CONTENT

8 미디어 콘텐츠와 리얼리티
Media Content and Reality

9 뉴스
News

10 엔터테인먼트
Entertainment

11 광고
Advertising

12 인터랙티브 미디어
Interactive Media

미디어 콘텐츠와 리얼리티

핵심 개념 | 미디어는 현실을 더욱 흥미진진하게 보이게 하여 사람들을 실제 삶에서 멀어지게 한다.

▶ 미디어 콘텐츠 공식에서 리얼리티의 역할
· 복잡한 판단
  - 마법의 창
  - 리얼리티의 다양한 차원
  - 개인 간의 차이
· 구성 원리: 차기 단계 리얼리티
  - 수용자의 관점
  - 프로그래머의 관점

▶ 장르로서 리얼리티 프로그램
▶ 미디어 리터러시의 중요성
▶ 요약
▶ 더 읽을거리
▶ 최신 자료
▶ 연습문제

"이것은 내가 'Act Real'이라고 부르는 쇼에 대한 굉장한 아이디어예요." TV방송국의 리얼리티 제작국 부국장인 Cosmo는 그의 리얼리티 텔레비전 쇼의 작업을 시작하면서 이와 같이 말했다. "그러니까 Sylv, 내 아이디어는 8명에서 10명의 큰 포부를 가진 젊은 배우들을 모아서 그들을 New York City의 다운타운의 집 안에 가둬요. 며칠마다 그들은 주요 브로드웨이 쇼나 TV쇼에 출연을 위한 오디션을 봐요. 오디션의 매 라운드가 끝날 때마다 한 명이 선발되고 그 사람은 집을 나갑니다. 남은 사람들은 집안에 남고 우리는 그들이 불만을 토로하고 우울함에 빠지는 것을 볼 수 있어요. 매 주마다 몇 명의 사람들이 집을 나가고 우리는 자신을 점점 더 패배자라고 느끼는 배우들과 남게 되죠."

"좋아요, 그런데 그들의 출연료는 어떻게 하죠?" Sylvia가 물었다.

"들어봐요, Sylv. 출연료는 맨 마지막에 남은 사람이 가장 최고의 배역을 따 내는 것으로 대신하는 거예요. 하지만 마지막 남은 사람은 자신보다 못하다고 생각한 모든 사람들이 이미 배역을 따냈기에 마지막 회에서는 가장 우울하고 화가 나겠죠. 그런데 그는 마지막 회가 될 때까지 이 사실에 대해서 몰라요. 정말 환상적이죠."

"방송국에서 어떤 지원을 해주길 바라나요?"

"우선, 나는 방송국이 새로운 쇼에 출연할 배우를 모집하는 캐스팅 광고를 내길 바라요. 우리는 수천 명의 지원자들을 받아야 해요. 우리는 그중에서도 가장 불안정한 배우를 골라야 해요, 진정한 드라마 퀸을요. 그리고 우리는 배우들에게 멋진 별명과 멋진 뒷이야기를 써 줄 몇 명의 작가들을 고용해야 해요. 또한 작가들은 때때로 배우들의 사이가 나빠지게 만들기 위한 글을 써야하죠. 그 집의 모든 방에 카메라를 설치할 거고 마지막에는 3000시간 정도의 녹화분이 나올 것이기 때문에 이 장면을 편집해줄 최고의 편집자를 원해요."

"엄청난 제작으로 들리네요. 그렇다면 무엇이 이것을 '리얼리티' 쇼로 만들죠?"

"배우들에게 출연료를 지불하지 않는다는 거죠."

"그 부분에 대해서 이해가 가지 않는데요. 배우협회가 허락하지 않을 텐데요."

"그렇겠죠. 출연자들은 실제 현실에선 배우들이요. 하지만 우리 쇼에서는 그들은 그저 배우로서 캐스팅되고 싶은 평범한 일반인일 뿐이에요. 리얼리티 쇼에 나오길 원하는 평범한 일반인에게 출연료를 주지는 않죠. 멋진 일이죠!"

미디어 메시지를 나누는 대중적인 방법은 리얼리티[1]와 판타지의 두 가지 범주로 분류하는 것이었다. 이 두 범주는 서로 매우 다른 것으로 보이기 때문에 미디어 메시지를 분류하는 것은 쉬운 일이어야 한다. 그러나 미디어 메시지를 분석하기 시작하고 거의 모든 메시지에서 리얼리티와 판타지의 혼합을 발견하게 되면 그룹화 작업은 매우 어려워진다. 그리고 우리가 최신 텔레비전 장르인 '리얼리티 프로그램'의 내용을 분석할 때 리얼리티와 판타지의 구별은 완전히 무너지는 것 같다.

이 장에서는, 학자들이 미디어 메시지에서 무엇이 진짜인지를 판단하는 방법을 알아내기 위한 미디어 콘텐츠 공식에서 리얼리티의 역할을 살펴볼 것이다. 그런 다음 새롭게 등장하는 리얼리티 프로그램 장르 내에서 텔레비전 쇼의 패턴을 분석할 것이다.

---

1) reality는 맥락에 따라 리얼리티 또는 현실로 번역하였다(역자 주).

미디어 콘텐츠 공식에서 리얼리티의 역할

현실은 어떤 맥락에서나 정의하기 가장 어려운 개념 중 하나이다. 철학자들은 수천 년 전부터 그 것을 정의하려고 노력해왔고, 불과 백 여 년 전에 심리학 분야가 정착된 이후부터 심리학자들은 인간의 정신이 어떻게 세상을 만나 실재하는지에 대한 근본적인 문제에 집중해 왔다. 학자들이 이 개념을 더 연구할수록 무엇이 현실인지 결정하는 것은 많은 기준을 수반한 복잡한 판단을 필요로 하고, 개인마다 다르다는 것이 분명해진다.

복잡한 판단

미디어 연구가 진행되면 미디어 세계와 현실 세계 사이에 단순히 리얼리티의 선을 긋는 것으로 현실을 묘사하는 작업이 쉬워질 것 같다. 현실 세계는 현실이고, 미디어 세계는 판타지이다. 그러나 이것은 너무 쉬운 구별이고, 이런 식으로 선을 긋는 것은 매우 부정확하고 오해의 소지가 있다. 미디어 효과를 통제하려면 리얼리티의 본질에 대한 철학적 이해를 발달시키는 것이 매우 중요하기 때문에 이 둘을 구별을 해야 한다. 우선 학자들이 어떻게 사람들이 이 둘의 차이를 구분하는지 분석하는지를 파악하는 것으로 시작해 보자.

마법의 창

수년 동안 미디어 학자들은 미디어 메시지에서 리얼리티와 판타지의 명확한 구분의 문제에 부딪혀 왔다. 초창기 생각은 미디어, 특히 텔레비전이 실제 사건과 사람들을 보도할 때는 실제 세계를 단순히 투사하는 창을 지니고 있다는 것이었다. 그리하여 뉴스와 정보 프로그램은 리얼리티로 여겨졌고 그 외의 픽션인 모든 프로그램은 판타지로 여겨졌다. 이 단순한 구분을 이용하여 아이들이 처음에는 모든 텔레비전이 문자 그대로의 현실을 보여주는 '마법의 창'이라고 믿었고, 아이들이 리얼리티와 판타지의 차이를 구별하는 법을 배우기 전까지는 많은 부정적인 영향에 취약하다고 주장하였다. 이 주제에 대한 초기 연구 결과는 매우 어린 아이들(3세 미만)이 텔레비전을 마법의 창으로 여겼지만, 아이들의 정신이 인지적으로 성숙함에 따라(5장에서 보았듯이) 미디어 메시지의 리얼리티에 대한 회의적 시각을 발전시켰고, 판타지로부터 리얼리티를 보다 잘 구분해 내었다(Taylor & Howell, 1973). 미디어에 대한 경험이 쌓이면서 아이들은 회의적인 시각을 더 발달시켰고, 12세 정도면 성인에 버금가는 인지 능력을 갖춘 것으로 나타났다(Hawkins, 1977).

그러나 이후 계속된 연구에서는 모든 사람들이 12살이 된다고 해서 일관적으로 성인과 유사하다고 말하기에는 무리가 있다는 것을 보여주기 시작했다. 한 예로, van der Voort(1986)는 판타지 프로그램에 대한 아이들의 현실 인식이 9살에서 12살까지 감소했지만, 이른바 리얼리티 프로그램이라 불리는 쇼들에 대한 현실 인식에는 아무런 변화가 없다는 것을 발견했다. 이것은 아이들이 리얼리티에 대한 인식의 근거를 묘사와 정보의 정확성이 아닌 그들의 실제 삶에서 무언가가 일어날 수 있는 가능성에 두고 있음을 나타낸다. 이는 사람들이 미디어 메시지의 리얼리티를 판단할 때 단순히 '마법의 창' 구분을 활용하는 것이 아니라 여러 기준을 활용한다는 것을 시사한다.

리얼리티의 다양한 차원

연구자들은 리얼리티를 판단하는 시작점이 미디어를 통해 묘사된 사건이 실제로 일어났는지 아닌지에 대해 평가하는 것이지만, 사람들은 종종 사실성, 지각적 설득력, 사회적 효용성, 동일화, 감정이입, 신뢰성, 전형성, 서술 일관성과 같은 더 많은 기준을 사용한다는 것을 발견했다(Cho, Shen, & Wilson, 2014; Dorr, 1981; Hall, 2003; Hawkins, 1977; Potter, 1986). (표 8.1 참고)

더욱이, 사람들은 독립적인 방식으로 이러한 다양한 기준에 대한 판단을 하는 것으로 보인다. 즉, 메시지가 한 기준에 대해 매우 현실적이라고 인식되는 경우, 다른 기준에 대해 메시지를 현실적이라고 인식하거나 인식하지 않을 수 있다. 예를 들어, Star Trek은 사실성 기준을 사용할 때 판타지로 간주될 가능성이 높지만, 다른 기준에서는 많은 사람들이 매우 현실적이라고 생각할 수 있다.

표 8.1 미디어 메시지의 리얼리티 판단 기준

기준	질문
사실성	메시지가 실제로 무슨 일이 일어났는지 보여주는가? '마법의 창'의 개념으로는 다음과 같이 실문해야 한다. 미디어 메시지는 실제 사건과 실제 세계의 사람들에 대한 정확히고 왜곡되지 않은 시선인가?
지각적 설득력	미디어 메시지는 그들을 진짜라고 인식하도록 설득하는 인물과 설정을 제시하는가?
사회적 효용성	미디어 메시지는 일상생활에서 사람들이 활용할 수 있는 사회적 교훈을 묘사하고 있는가?
동일화	미디어 메시지에 묘사된 등장인불들이 실생활 속 사람들의 모습과 매우 흡사하다고 믿게 민들어서 실제 사람들에 대한 애착을 미디어 속 인물에 대한 애착으로 발전시키는가?
감정이입	미디어 메시지는 사람들의 감정을 이입시켜 미디어에서 묘사된 행위가 실제로 일어나고 있다고 느끼게 만드는가?
신뢰성	미디어 메시지는 일어날 수 있는 일을 묘사하는가?
전형성	미디어 메시지는 보통 일어나는 일을 묘사하는가?
서술 일관성	이야기의 구성은 사람들로 하여금 행위의 순서가 믿을 만하다고 여기게 만드는가?

개인 간의 차이

위의 논의에서 살펴보았듯이, 리얼리티는 복잡한 개념이다. 리얼리티에는 많은 차원들이 있다. 또한 미디어 묘사의 리얼리티에 대한 판단을 내리는 방법에는 개인마다 상당한 차이가 있다. 리얼리티에 대한 이러한 판단들은 심지어 같은 연령대나 같은 경험을 가진 사람들 간에도 매우 다양해질 수 있다. 예를 들어, van der Voort(1986)는 어느 연령대에서나 리얼리티에 대한 인식과 등장인물에 대한 동일화의 정도가 매우 다양하다고 보고했다. 그는 연구를 통해, 몇몇 어린이들은 폭력적인 비디오에 중독되어 폭력을 현실적이라고 판단했고, 이로 인해 감정적 반응이 더 강해져 폭력은 끔찍하다는 믿음이 생겨 실제 삶에서는 공격적인 행위로 이어지지 않았다는 것을 발견했다. 하지만 이와 대조적으로, 폭력물을 보는 것에 빠져들어 그것이 현실적이라고 믿었던 다른 아이들은 프로그램에 나오는 폭력에 대해 무비판적인 태도를 보였으며, 폭력적인 것에 익숙해지고 감정적으로 더 아무렇지 않게 여기게 되어 실제 삶에서 더욱 공격적인 행위가 나타나게 되었다.

리얼리티에 대한 개념과 인식의 범위를 확장시키기 위해 Gilligan's Island라는 텔레비전 쇼에 관한 내용을 담고 있는 더 생각해보기 8.1에 묘사된 상황을 살펴보자. 해안 경비대에게 Gilligan과 그의 친구들을 구조해 달라고 전보를 보낸 사람들은 어리석게 보인다. 당신은 리얼리티에서 그러한 문제는 매우 드문 일이라고 생각할 것이고, 그러한 일은 매우 극단적 상황이기 때문에 아마도 당신의 생각이 맞을지도 모른다. 하지만 Undercover Boss, World Wrestling Federation, Jersey Shore, The Hills, Amish Mafia, COPS와 같은 쇼에서 얼마나 많은 사람들이 리얼리티에 대한 인식을 달리하는지 생각해 보라. 이 쇼들 중 어떤 것이 다른 것들보다 더 실제적이라고 생각하는가? 당신은 다른 모든 사람들이 당신의 판단에 동의할 것이라고 생각하는가, 아니면 사람들 사이에 많은 차이가 있을 것이라고 생각하는가?

더 생각해보기 8.1 – GILLIGAN'S ISLAND –

1964년에 Sherwood Schwartz는 Gilligan's Island라는 프로그램을 제작했다. 이것은 기분 좋게 항해를 하던 7명의 사람들이 폭풍을 만나 태평양의 어느 섬에 난파되어 생존하는 이야기를 그린 코미디물이다. 6회가 방송된 이후, Schwartz는 해안 경비대로부터 연락을 받았는데, 해안 경비대는 조난된 7명의 사람들을 구하기 위해 배를 보내야 한다고 항의하는 수십여 통의 전보를 받았다는 이야기를 전해주었다. 그 전보들은 매우 진지했다. Schwartz는 기가 막혀서 "내가 들었던 허구를 현실이라고 믿은 가장 극단적 사례이다. 시청자들은 누군가가 정말로 이 섬에 조난된 사람들을 찍었다고 생각한다는 말인가? 프로그램에는 심지어 음향으로 웃음소리까지 들어가 있다. 난파된 배의 생존자들을 보고 누가 웃고 있겠는가? 그런 생각을 하다니 정말로 어이없다(Schwartz, 1984:2)."고 말했다.

이 장에서 나는 리얼리티의 개념이 얼마나 복잡할 수 있는지를 보여 주었다. 우리는 서로 독립적인 여러 기준을 고려해야 한다. 우리는 또한 아이들이 리얼리티에 대한 어떤 종류의 판단을 하는 데 있어서 어른들보다 능력이 떨어지지만, 나이가 들면서 다른 기준을 적용함에 있어 더 정교해진다는 것을 고려해야 한다. 나아가 어른들 사이에서 리얼리티를 판단하는 데에는 광범위한 기준이 있다는 점을 고려해야 한다.

이 모든 것이 왜 미디어 리터러시에 있어 중요한지에 초점을 맞출 수 있도록 어떻게 복잡한 아이디어의 배열을 단순화할 수 있을까? 사람들이 미디어 리터러시의 해로운 영향으로부터 스스로를 보호하기 위해 미디어 메시지의 리얼리티의 본질에 대해 정말로 알아야 할 것은 무엇인가?

구성 원리: 차기 단계 리얼리티

리얼리티 개념에 대한 연구에서 복잡성의 상당 부분은 내가 말하는 '차기 단계 리얼리티(next-step reality)'로 간단히 설명할 수 있다. 수용자들이 미디어 메시지에서 진정으로 원하는 것이 무엇인지 생각해 보면, 그들의 노출 결정 중 많은 부분이 차기 단계 리얼리티에 대한 열망에서 기인한 것을 알 수 있다. 또한, 프로그래머의 관점에서 노출 결정을 볼 때, 차기 단계 리얼리티를 재확인할 수 있다. 이러한 생각은 어떻게 미디어 메시지가 생산되고 왜 특정 메시지는 많은 시청자들을 끌어당기는 반면에 다른 것들은 그렇지 못한가와 관련이 있다. 이 절에서는 이 아이디어를 표면화하여 모든 종류의 미디어 콘텐츠에 대해 생각하는 데 있어 얼마나 유용한 구성 원리로 작용하는지를 보여줄 것이다.

수용자의 관점

왜 사람들은 자신을 미디어 메시지에 노출시킬까? 가장 기본적인 수준에서, 사람들은 실제 삶에서는 얻을 수 없는 메시지를 찾기 위해 그들 자신을 미디어에 노출시킨다. 만약 사람들이 실제의 삶에서 필요한 모든 메시지를 얻는다면, 미디어에서 원하는 메시지를 찾기 위해 시간과 돈을 투자할 이유가 없다. 사람들이 특정한 메시지를 얻고자 하는 동기가 있을 때, 실제 현실에서 메시지를 찾기보다 미디어 세계를 항해하는 이유는 두 가지가 있다. 첫 번째 이유는 필요한 메시지를 현실에서 찾기란 불가능하기 때문이다. 예를 들어, 대부분의 사람들에게 우주 밖에서 지구가 어떻게 보이는지, 혹은 다른 행성들의 표면은 어떻게 생겼는지에 대한 지식을 얻는 것은 불가능하다. 미국 시민혁명 때의 농촌의 삶이 어떠했는지에 대해 아는 것 그리고 중세 영국에서 원탁의 기사가 되는 것 혹은 예수의 설교를 듣는 것도 불가능하다. 이러한 이미지와 소리 그리고 감정에 접근하기 위해 사람들은 미디어에서 생산된 메시지에 접근해야만 한다.

사람들이 실제 세계가 아닌 미디어 세계로부터 메시지를 얻는 두 번째 이유는 필요한 메시지를 얻기 위해 실제 삶에서 요구되는 비용보다 미디어 메시지를 통해 얻는 것이 훨씬 낮기 때문이다. 예를 들어, 한 시간짜리 프랑스 기행 프로를 보는 것이 프랑스를 1주일 동안 여행하는 데 드는 경비보다 훨씬 저렴하다. 텔레비전으로 대통령 선거 토론을 보는 것이 신문방송학과 진학하여 주요 신문사 혹은 방송국에 취직해서 백악관 출입 기자로서 신뢰를 얻고, 대선 토론의 기자단으로 참여하는 것보다 훨씬 쉬운 일이다. 그리고 다른 사람을 만나고, 관계를 형성하고, 헤어지고, 실수로부터 무언가를 배우는 것과 같은 사회적 학습은 실제 현실보다 영화 속의 인물들을 통해 경험하는 것이 감정적 소모를 줄일 수 있다.

그렇기에 수용자들은 미디어에서 메시지를 찾는 것에 대한 동기가 강하고 지속적이다. 수용자들은 두 가지 일반적인 특징을 지닌 메시지를 찾는다. 첫 번째 특징은 실제 현실에서도 반드시 접할 수 있는 메시지여야 한다. 미디어의 메시지는 수용자들로 하여금 사실이라고 인식할 만한 많은 요소를 지녀야 한다. 즉, 메시지가 수용자의 일상적인 삶의 경험에서 느끼는 리얼리티를 충분하게 담고 있어야 하며, 그러한 메시지들이 실제와 일치하는 재현이거나 최대한 그럴듯하거나 일어날 가능성이 커야 한다. 만약에 미디어의 메시지들이 현실에서 접할 수 없는 것들이라면, 미디어의 정보들을 실제의 삶으로 가져와도 별로 유용하지 않다고 믿게 될 것이다. 두 번째 특징은 미디어의 메시지는 실제 현실 이상의 리얼리티를 제공해야 한다. 메시지에 여분의 무언가가 없다면, 사람들은 이미 그러한 메시지를 실제 삶에서 얻고 있기에 미디어 메시지를 탐색할 이유가 없다. 이것이 내가 말하는 차기 단계 리얼리티(next-step reality)이다. 미디어 메시지는 수용자들의 경험을 충족시킬만한 리얼리티를 제공하고, 이것은 실제 삶의 상황에도 유용하게 활용될 수 있는 가능성을 지니지만, 또한 수용자들의 일상의 존재감에서 벗어나 한 차원 높은 위상을 지니도록 여분의 첨가물을 덧붙여 입맛에 맞게 만들어진 가공물이어야 한다.

그러므로 사람들은 그들의 일상적인 삶과 그렇게 똑같지는 않은 미디어 메시지를 원한다. 그렇다고 해서 그들의 경험과 동떨어진 미디어 메시지를 원하는 것도 아니고, 직접적인 관련성이 없는 미디어 메시지를 바라는 것도 아니다. 따라서 사람들은 실제 삶으로부터 한걸음 떨어진 메시지를 원한다. 대중들은 쉽게 일어날 수 있는 것을 보여주고, 있음직하고 실제인 듯 보이게 만들어진 메시지를 원한다.

프로그래머의 관점

프로그래머들은 수용자들을 끌어들이기 위해서는 수용자들의 리얼리티에 대한 감각을 받아들이고 그것을 좀 더 흥미롭게 보이도록 수정해야 한다는 것을 직감적으로 알고 있다. 그러므로 미디어 메시지의 제작자들은 일반적으로 그들의 메시지의 요소를 가능한 많이 현실 세계에 고정시켜 미디어의 묘사가 수용자들의 실제 삶의 경험을 반영할 수 있도록 한다. 그러나 미디어 메시지의 제작자들은 또한 있는 그대로의 현실을 간단하게 보여주어서는 안 된다는 것을 알고 있다. 왜냐하면, 현실을 있는 대로 재현해 낸다면, 대중들은 미디어를 접하는 것보다 그냥 자신들의 실제 세계에 머무르며 메시지를 접하는 것이 훨씬 수월하기에 그러한 제작 관점은 아무런 의미가 없다.

픽션의 제작자들은 그들의 과제의 필수 요소는 몇 가지 면에서 실제보다 '큰' 이야기를 만들어 내는 것임을 알고 있다. 허구의 이야기를 만드는 제작자들은 평범한 배경과 전형적인 플롯(소년과 소녀가 만나는 것과 같은)으로 시작하지만, 이야기를 더 극적으로 만들어 감미롭게 한다. 그들은 이야기 속 인물들을 현실 세계의 사람들보다는 조금 더 매력적이거나 흥미롭게 만든다. 실제 사건보다 빠른 속도로 이야기를 전개하고, 자신의 결정이 더 힘든 상황을 만들고 그 결정의 결과가 더 심각한 상황을 초래한 시점에 등장인물을 투입한다. 노련한 제작자들은 시청자들을 황당한 곳으로 데려갈 때까지 조금씩 천천히 시청자들을 실제 현실에서 멀어지게 함으로써 픽션의 세계를 여행하게 만든다. 이것이 극(farce)의 공식이다. 이야기는 평범하고 일상적인 것처럼 보이는 상황에서 시작된다. 그런 다음 제작자들은 한 단계씩 시청자들을 현실로부터 멀리 떼어놓지만, 시청자들이 길을 잃지 않고 기꺼이 새로운 다음 걸음을 기다리게 만드는 방식으로 이루어진다. 그러므로 제작자들은 시청자의 자발적인 불신의 유예(suspension of disbelief)에 의존한다.[2] 시청자들을 자발적이게 만들기 위해서 제작자들은 한 번에 딱 한 걸음씩만 나아가야 한다.

차기 단계 리얼리티는 또한 설득적인 메시지를 통해 보면 이해하기 쉽다. 예를 들어, 전형적인 문제 해결 방식의 광고 메시지는 호흡 곤란이나 두통, 지저분한 세탁물, 배고픔 등과 같은 평범한 문제를 겪는 평범한 사람들을 보여준다. 광고주들은 수용자들로 하여금 해결로 향하는 신뢰의 걸음을 걷게 한다. 이것은 광고된 상품이 다른 어떤 해결책보다 잘(보다 빠르고 완벽하며 보다 저렴하고 만족스럽게) 문제를 해결해 줄 것이라는 믿음으로 상품을 사서 이용하는 것을 의미한다.

차기 단계 리얼리티는 정보전달 목적의 메시지를 통해 보면 다소 이해하기 어렵다. 예를 들어, 만약 뉴스를 제작하는 언론사의 목적이 그날의 사건들을 보도하는 것이라면 어떻게 차기 단계 리얼

---

2) 작품이나 프로그램에 공감하기 위해 작품의 허구적 전제(disbelief)에 대해 독자나 시청자가 기꺼이 그것을 받아들임을 의미한다. 독자나 시청자는 액션 영화, 코미디, 공상과학 영화 등을 보면서 믿을 수 없는 현상이나 사건의 전제에 대해 굳이 진실이 무엇인지 알기 위해 파헤치지 않고 그 상태를 유예(suspension)함을 말한다. 예를 들면, 마술쇼를 펼치는 마술사는 쇼를 보는 관객들이 실제로 사람의 몸통이 반으로 잘리는 것을 믿을 거라고 생각하지 않는다(역자 주).

리티가 언론인들에게 적용될 수 있겠는가? 이에 대한 대답은 언론인들이 취재한 내용을 선택하는 순간에 있다. 그들은 전형적인 사건들에 대해서는 이례적인 사건들만큼 흥미를 가지지 않는다. 개가 남자를 무는 것은 뉴스가 아니지만 남자가 개를 무는 것은 뉴스가 된다는 오래된 말을 떠올려보자. 사건의 예상 밖의 전개는 뉴스가 된다. 범죄는 그것이 비정상적인 행동이기 때문에 뉴스가 된다. 폭력적인 범죄는 보다 비정상적이고 드물기 때문에 재산 범죄보다 더 보도 가치가 있다.

모든 종류의 메시지(오락, 설득, 정보 제공)들은 높은 수준의 리얼리티의 외형을 갖추고 있도록 교묘하게 만들어진다. 하지만 모두 실제로 리얼리티로부터 한 걸음씩 멀어진 것들이다. 이 거리두기가 리얼리티를 더 정교하게 변형할수록 흥미로운 메시지가 되고 보다 사람들의 관심을 끌고 붙잡아 둘 수 있다.

우리는 실제 세계와 더불어 미디어 세계에서 매우 많은 시간을 보내고 있고, 실제 세계와 미디어 세계 사이의 경계가 종종 애매해지기 때문에 가끔씩 혼란을 겪는다. 이것은 특히 실제 세계의 일상적인 메시지와 미디어를 통해 대량으로 쏟아지는 메시지를 수천 시간 동안 자동적으로 처리한 이후에 더욱 그러하다. 그 모든 연속적인 흐름 속에는 무엇이 진짜고 무엇이 판타지인가에 대한 의식이 끊임없이 뒤섞여 있다.

장르로서 리얼리티 프로그램

텔레비전 나름의 역사를 보면, 게임 쇼, 몰래 카메라 등과 같은 리얼리티 프로그램은 있었지만, 2000년대까지는 특화된 장르로 발전하지 못했다. 2000년대에 들어서면서 이전의 사전 준비와 연습에 의한 전문화된 연기 형식에서 벗어나 평범한 사람들이 나와서 정해진 대본이 없이 주어진 역할을 수행하는 Survivor, American Idol, Big Brother 등의 프로그램이 등장하였다. 이러한 형식의 쇼는 대중들에게 인기가 있었는데, 그 이유는 등장인물이 고군분투하여 경쟁에서 이기는 모습을 심리적으로 따라가게 하여 대중들의 관음증을 자극했기 때문이다.

리얼리티 시리즈는 비교적 새로운 장르임에도 불구하고, 현재 수백 개의 다른 리얼리티 프로그램들이 있는데, 그 프로그램들은 전문 배우가 아닌 보통 사람들이 사랑, 우정, 보물, 직업, 새로운 가족, 또는 발명에 대한 재정적 지원을 찾거나, 일반인들이 집을 다시 짓고, 옷장을 업그레이드하고, 차량을 완전히 새로 탈바꿈하고, 외모를 변화시키거나, 평범한 사람들이 최고의 가수, 댄서, 연예인, 주방장, 또는 인간 펀칭 백이 되는 영광을 얻기 위해 다른 사람들과 경쟁하는 형식으로 구성된다.

가장 유명한 리얼리티 시리즈는 Survivor라는 프로그램이다. 심지어 첫 회가 방영되기 전에, 남중국해의 작은 섬에 고립되어 1만 달러를 위해 경쟁하는 데 무려 6,000명이 CBS 방송국에 지원을 했다(Bauder, 2000b). 8가지 리얼리티 기준(표 8.1)을 Survivor에 적용하면 어떤 면에서는 실제적이지만 어떤 면에서는 그렇지 않다는 것을 알 수 있다. 게다가, 어떤 면에서는 현실적으로 보일 수도 있지만, 그 쇼의 특성을 분석해 보면, 이러한 판단이 바뀔 수도 있다는 것을 알 수 있다. 예를 들어, 게임에 참가한 선수들은 대본의 내용을 전달하기 위해 고용된 배우들이 아니라 실제의 삶을 사는 사람들이다. 하지만 선수들은 평범한 사람들이라서 수천 명의 지원자들 중에서 선발된 것이 아니라, 시청자들에 대해 그들의 잠재적인 매력과 갈등을 유발하는 능력에 기초하여 선발되었다. 이 사람들 중 어느 누구도 그들의 전형적인 삶을 황야에서 살지 않는다는 점에서, 그리고 이전에 이 게임을 한 적이 없거나 100만 달러를 따기 위한 어떤 게임도 하지 않았다는 점에서 이 상황은 인위적이다. 비록 배경이 버려진 황야처럼 보이지만, 선수들은 실제로 혼자가 아니다. 제작진(카메라 기사, 음향 기사, 촬영 세트를 디자인하고 제작할 인력)과 진행자인 Jeff Provst가 있다. 이 제작진들은 어디에 사는가? 그들은 어떻게 그들의 행동을 기록하기 위해 생존자들의 캠프에 갈 수 있을까? 헬리콥터와 보트 승무원이 있는가? 제작진들은 모두 어떻게 끼니를 해결할까? 요리사가 있나? 그들의 음식은 어떻게 황무지에 도착할까? 이 쇼는 미국 작가협회의 한 회원이 대사를 썼다는 의미의 대본이 있는 것은 아니다. 그러나 각 참가자는 타인과의 상호작용이 게임을 이기기 위한 최고의 위치를 점유하기 위한 고도의 계산이라는 점에서 신중하게 자신의 대사를 쓴다. 또한, 이 쇼는 어떤 일이 일어나는지에 대한 가장 극적인 버전을 시청자들에게 보여주기 위해 세심하게 편집된다. 여러 대의 카메라가 경기 40일 동안 일어나는 일을 끊임없이 녹화하는데, 이 수천 시간의 영상은 대중에게 선보이는 약 20시간 분량으로 편집된다. 따라서 시청자들이 보는 내용은 그 40일 동안 실제로 일어났던 일의 1%에도 훨씬 못 미친다. '리얼리티' 미디어 메시지의 편집자와 제작자들은 결코 시청자들에게 전체 이야기를 말하지 않는다. 지루하다고 생각하는 것을 편집한 다음 가장 드라마틱하다고 생각하는 부분을 흥미로운 줄거리로 모은다.

    Survivor의 인기는 리얼리티 프로그램이라는 장르로 많은 기획을 빠르게 만들어 냈다. 이러한 프로그램들이 공통적으로 갖는 특징은, 몇 명의 사람들을 등장시켜 경쟁적인 상황 속으로 몰아넣는다는 것이다. 참가자들은 경쟁을 하면서 자신들의 성격을 드러내고, 시청자들은 특정한 참가자와 자신을 동일시하기(아니면 적어도 응원하기) 시작한다. 예를 들어, The Bachelor라는 프로그램에서 자신의 부인이 될 사람을 찾는 한 젊은 남성은 25명의 아름다운 여성들을 소개받는다. 남자가 한 명의 여성(우승자)을 선택하고, 그녀에게 프러포즈(상품)를 하기 전까지 매주 몇 명의 여성들을 탈락시킨다. 또 다른 예로, 미국 전역의 오디션에 수천 명의 사람들이 참가하고 약 십여 명이 참가자만이 선발되는 American Idol도 있다. 참가자들은 매주 한 명씩을 탈락하며 오직 한 명의 우승자만이 남아 음반 녹음 계약을 상으로 받을 때까지 경쟁한다.

지난 10년 동안 TV에 방영된 리얼리티 프로그램의 수는 2000년에 4개에서 2010년에 320개로 늘었다. 2018년에 이 숫자는 750개 이상으로 증가했다. 2017년 공중파와 케이블 TV의 상위 400개 쇼를 분석한 결과, 188개가 리얼리티 쇼였다(Dehnart, 2018).

이러한 리얼리티 프로그램의 성장의 대부분은 녹오프(knock-off)[3]와 스핀오프(spin-off)[4]에서 비롯되었다. 녹오프 시리즈의 예는 truTV에서 방영된 디트로이트의 전당포에 관한 텔레비전 시리즈인 Hardcore Pawn이다. 이 시리즈는 라스베이거스의 전당포에 관한 History Channel의 성공적인 시리즈였던 Pawn Stars의 녹오프이다(Passy, 2014). 스핀오프의 예로는 Real Housewives 시리즈들인데, 2006년 Bravo에서 방영한 The Real Housewives of Orange County로 시작하여(4장에서 언급) 그 후 미국과 전 세계 지역으로 확장되었다. 다른 TV 케이블 제작자들은 Mob Wives와 같은 주부들을 주인공으로 한 그들만의 쇼를 제작했다.

공통점 & 차이점
스핀오프 시리즈와 녹오프 시리즈

공통점
- 둘 다 시리즈로 진행되는 텔레비전 쇼이며, 같은 설정과 등장인물(또는 실제 인물)을 이용한 에피소드의 진행이며, 일부 플롯 라인은 단일 에피소드 내에서 해결되고 다른 플롯 라인은 시리즈의 여러 에피소드에 걸쳐 진행이 된다.
- 둘 다 이전에 성공한 텔레비전 시리즈가 사용한 공식을 실질적으로 모방하는 새로운 텔레비전 시리즈이다.

차이점
- 스핀오프 시리즈는 이전에 성공한 텔레비전 시리즈를 제작했던 동일한 사람들에 의해 제작이 된다.
- 녹오프 시리즈는 다른 사람들이 사용한 성공적인 텔레비전 공식을 모방한 다른 제작자에 의해 제작이 된다.

리얼리티 TV의 장르는 8개의 하위 장르와 많은 하위 장르 범주를 필요로 할 정도로 크게 성장했

---

[3] 다른 방송사의 프로그램의 구성이나 설정을 복제하는 것(역자 주).
[4] 기존 프로그램의 등장인물이나 설정을 가져와 새로 이야기를 만들어 내는 것(역자 주).

다(표 8.2 참고). 리얼리티 쇼가 너무 많아져서 가장 인기 있는 쇼의 시청률이 떨어졌다. 예를 들어, American Idol은 2000년대 초반 8시즌 동안 가장 많이 시청한 TV 쇼였다가 2014년에는 22위로 떨어졌다(Passy, 2014).

표 8.2 리얼리티 TV 프로그램의 하위 장르

기준		질문
다큐멘터리 유형	카메라는 일상생활에서 일어나는 일을 기록한다.	실제 인물(Big Brother, Jersey Shore, Housewives of Beverly Hills)
		근로자(Undercover Boss, Dog Whisperer, American Chopper)
		유명인(The Osnornes, The Anna Nicole Show)
		비주류파(Sister Wives, Amish Mafia)
법률	사람의 행동을 법적 문제로 다룬다.	법정 쇼(The People's Court, Divorce Court)
		법 집행 다큐멘터리(COPS)
경쟁/게임 쇼	등장인물들은 각 회마다 지원자를 떨어뜨리고 최후까지 남아 상을 받기 위해 경쟁한다.	퍼포먼스(American Idol, America' Got Talent, Dancing With the Stars)
		데이트 경쟁(The Bachelor, For Love of Money)
		취업 경쟁(Top Chef, America's Next Top Model, Last Comic Standing)
자기계발/변화	실제 인물이나 물건이 획기적으로 개선되면서 시청자들은 깜짝 놀란다.	사람 변화(The Biggest Loser, Extreme Makeover)
		집 개조(Extreme Makeover: Home Edition)
		차량 개조(Pimp My Ride)
사회적 실험	사람들은 특이한 상황에 놓이고 카메라는 그들의 반응을 기록한다.	Wife Swap, Secret Millionaire
몰래 카메라	사람들의 행동은 모르는 상태로 기록된다.	What Would You Do?, Cheaters
초자연적/불가사의	사람들은 초자연적인 힘을 수반하는 무서운 상황에 처하게 된다.	Scariest Places on Earth, Ghost Hunters
거짓 장난	사람들은 어떤 것이 거짓이라고 믿도록 속고 그들의 반응이 기록된다.	Catfish, My Big Fat Obnoxious Boss, Hell Date, Punk'd

TV 프로그래머들은 또한 리얼리티 쇼를 좋아한다. 왜냐하면 리얼리티 쇼는 제작하는 데 비용이 덜 들기 때문이다. Passy(2014)에 따르면, 'American Idol'과 같은 프로그램에서도 12위 안에 드는 참가자들도 공연료로 몇 천 달러밖에 받지 못하며, '텔레비전 대본 작가'와는 달리 리얼리티 TV 작가들은 종종 계약서 없이 일을 하는데, 이는 노조에 가입한 사람들보다 적은 임금을 받는다는 것을 의미한다. 결과적으로, 리얼리티 시리즈는, 한 에피소드의 제작비가 유명 시트콤 배우가 한 주에 받는 출연료보다 적은 50만 달러가 안 될 수도 있다.

미디어 리터러시의 중요성

우리는 모두 현실 세계와 미디어 세계라는 두 세계에 살고 있다. 더 높은 수준의 미디어 리터러시를 갖는 것은 미디어 세계를 피하는 것을 의미하지 않는다. 그것은 두 세계가, 새로운 메시지 형식과 두 세계 사이의 경계선을 매우 모호하게 만드는 것 같은 새로운 기술들의 압력에 의해 서로 합쳐질 때 두 세계를 구별할 수 있다는 것을 의미한다.

우리들 대부분은 현실 세계가 너무 제한적이라고 느낀다. 즉, 우리가 현실 세계에서 원하는 모든 경험과 정보를 얻을 수 없다는 것이다. 이러한 경험과 정보를 얻기 위해 우리는 미디어 세계로 이동한다. 예를 들어, 당신은 삶이 너무 지루해서 흥미진진한 로맨스를 경험하고 싶다고 느낄 수도 있다. 당신은 이런 경험을 하기 위해 소설을 읽거나 영화를 보거나 텔레비전 프로그램을 볼 수 있다. 아니면 오늘 당신의 도시에서 무슨 일이 일어났는지 궁금해 할 수도 있다. 그래서 당신은 저녁 뉴스를 볼 수 있는데, 기자들이 당신을 범죄 현장, 화재 현장, 법원, 스포츠 경기장 등 하루의 사건이 일어난 모든 장소로 데려간다. 비록 이것들은 모두 실제 장소들이지만, 당신은 현실 세계에서 거기를 방문하지 않는다. 대신, 당신은 거기를 방문하기 위해 미디어 세계로 들어간다.

우리는 실제의 삶에서는 쉽게 얻을 수 없는 경험과 정보를 얻기 위해 끊임없이 미디어 세계에 진입하고 있다. 우리는 현실 경험을 확대하고 현실 세계를 더 잘 이해하기 위해 미디어 세계로 들어간다. 그러나 우리가 미디어 세계에서 갖는 경험들은 실제 세계에서 직접 경험했던 것과는 다르다. 우리는 종종 이것을 잊어버리고 현실 세계로 넘어올 때 미디어 세계의 경험을 가져온다. 우리가 끊임없이 현실세계와 미디어세계의 경계를 넘나들면서 경계가 흐릿해지기도 하고, 시간이 흐르면서 현실 세계의 경험에서 어떤 기억이 나오는지, 미디어 세상에서 원래 경험했던 것이 무엇인지 잊어버리는 경향이 있다.

이렇게 흐릿해지는 구분선과 꼬여가는 기억은 우리가 리얼리티의 본질과 두 세계의 리얼리티가 어떻게 다른가를 고려하여 정신 에너지를 어느 정도 소비하는 것을 중요하게 만든다. 갈수록 현실 세계와 미디어 세계의 경계는 구분하기 어려워지고 있다. 미디어는 우리가 미디어의 세계로 건너가기를 기다리지 않는 것이 점점 빈번해지고 있다. 거꾸로 미디어는 미디어 메시지를 우리의 세계로 가지고 들어온다. 미디어 메시지에 대한 노출의 대부분은 우리가 계획한 것이 아니기 때문에 우리는 우리가 얼마나 많은 미디어에 노출되어 있는지 깨닫지 못한다.

당신이 의식하지 못한 채로 실제 세계에서 매일 당신이 미디어 메시지에 노출되어 있는 것에 대해 생각해 보라. 예를 들어, 당신은 현실 세계에서 길을 걸으면서 다른 사람의 차에서 흘러나오는 라디오 메시지를 듣게 된다. 당신은 신문 가판대, 광고판, 탁자 위에 놓여 있는 신문, 그리고 미디어 메시지를 경험한 사람들의 이야기를 통해 메시지를 슬쩍 지나치기도 한다. 미디어가 점점 증가하는 속도로 우리 세계에 메시지를 실어 나르면서 실제 세계와 미디어 세계의 경계선은 희미해졌다. 우리는 이 모든 것을 당연하게 여긴다.

실제 세계와 미디어 세계 사이의 경계가 분명하지 않은 영역들이 많이 있다. 미디어가 주장하는 것처럼, 다음의 프로그램들을 사실적으로 만드는 것이 무엇인지 생각해 보라. Big Brother, Extreme Makeover, Ink Master, American Idol, Pimp My Ride, Hardcore Pawn. 어느 정도까지 이러한 쇼들이 당신의 실제 세계와 일치하고 당신의 실제 경험에 부합하는가?

장르가 변화하고 리얼리티와 판타지 프로그램의 경계가 더욱 더 희미해짐에 따라 우리는 어떤 쇼가 사실적이고 어떤 쇼가 판타지인가 하는 논쟁의 덫에 빠져서는 안 된다. 그것은 미디어 메시지의 리얼리티에 관한 질문과 더 나아가 우리의 관심까지 변화시키기 때문에 차기 단계 리얼리티가 미디어 리터러시에 있어서 매우 근본적인 이유이기도 하다. 질문은 "미디어 메시지가 어느 정도 사실인가?"가 되어서는 안 된다. 차기 단계 리얼리티를 조직하는 원리는 모든 미디어 메시지는 리얼리티와 판타지가 혼합된 것임을 보여준다. 그래서 질문은 "이 메시지의 어떠한 요소가 리얼리티를 반영하고 어떤 요소가 리얼리티를 해치는가?"가 되어야 한다. 당신이 차기 단계 리얼리티를 조직하는 원리에 따를 때, 당신은 보다 적절한 질문에 답하기 위해 미디어 메시지를 분석할 필요가 있다. 이러한 분석은 현실로부터 한 걸음 떨어진 메시지에 대해 당신이 통상적으로 용인해 오던 그 한 걸음의 크기에 대한 감각을 발전시킬 수 있다. 몇몇 사람들은 아주 작은 걸음만을 용인함으로써 그들 자신의 지식이나 경험과 매우 유사한 메시지만을 받아들일 것이다. 이러한 스펙트럼의 다른 끝의 사람들은 일상적인 삶이 그들에게 제공하는 것으로부터의 크게 이탈한 메시지를 수용하기도 한다.

미디어 리터러시를 갖게 되는 것의 핵심은 그 스펙트럼의 끝자락에 얼마나 근접해 있느냐 하는 것이 아니다. 그 스펙트럼은 단지 우리들의 정보와 감정적 반응의 범위를 제한할 뿐이다. 미디어 리터러시의 핵심은 메시지의 스펙트럼에 대해 유연해지고 그것을 인지하는 것이다. 유연해지는 것은 기꺼이 그 메시지의 스펙트럼 전체를 아우르고 모든 범위의 메시지들을 기꺼이 즐기는 것이다. 인지한다는 것은 각 유형의 메시지를 경험하면서 스펙트럼 내 자신이 어디에 있는지 깨닫고 리얼리티의 스펙트럼 상의 위치에 따라 적용되는 평가의 기준이 다르다는 것을 아는 것이다. 유연하게 대응하고 잘 인지함으로써 미디어에 담긴 메시지의 엄청난 다양성을 더 향유할 수 있고, 동시에 그러한 메시지의 효과를 통제할 수 있다. 그로 인해 의도하지 않은 노출로부터 오는 부정적인 영향력을 피할 수 있고, 미디어 메시지로부터 얻는 긍정적인 효과를 더 많이 향유할 수 있다.

우리 모두는 미디어 메시지가 실제 삶을 얼마나 근접하게 반영하고 있는지 그리고 그 차이가 리얼리티에 대한 우리의 신념에 어떠한 영향을 미치는지를 끊임없이 결정해야 한다. 가끔은 무엇이 진짜인지를 결정하는 것은 상대적으로 쉽다. 실제의 삶에 Gilligan's Island와 같은 것은 없다는 것을 이해하는 것은 대부분의 사람들에게 매우 간단한 일이다. 하지만 몇 가지는 정확하게 결정하기가 다소 어렵다. 특히 아주 긴 기간 동안 미디어 세계로 조금씩 빠져들었다면 더욱 그럴 것이다. 시간이 흐름에 따라 우리는 미디어 세계의 많은 부분을 현실 세계로 받아들였다. 예를 들어 보자. 현재 미국의 대통령을 누구인가? 확실한가? 당신은 그를 만나 본 적이 있는가? 만약 당신이 그를 만나본 적이 없다면, 어떻게 당신은 그가 진짜로 존재한다는 것을 어떻게 아는가? 만약에 당신이 그를 만나본 적이 있다면, 당신은 스스로 대통령이라고 말하는 사람이 진짜 대통령인지 알 수 있는가? 나는 당신을 편집증 환자로 만들려는 것이 아니다. 나는 단지 당신이 미디어 세계로부터 현실 세계로 가져와 믿고 있는 정보와 경험의 신뢰성에 대해 생각해 보길 바랄 뿐이다. 당신은 정말 어느 것이 어느 것인지 아는가?

이것이 바로 미디어 리터러시를 갖추어야 하는 중요한 이유다. 미디어 메시지는 항상 보이는 그대로가 아니다. 예를 들어, 리얼리티 프로그램을 보면, 그 프로그램들에서 무엇이 리얼리티이고 무엇이 판타지인지 구분하는 것에 주의할 필요가 있다. Passy(2014)는 이에 대해 다음과 같이 기술하고 있다.

제작자들과 방송사들은 리얼리티 TV가 상당량의 가짜를 포함하고 있다는 것을 인정한다. 경쟁적 유형의 쇼의 경우, 쇼 제작자들은 단순히 참가자들이 심사 위원에게 어필할 기회를 늘리기 위해 뭔가 특이한 것을 하도록 유도함으로써 스토리를 보강할 상황을 연출한다. 제작자들은, 진정으로 자발적이고 계획되지 않은 상황이 펼쳐지거나 극적인 효과가 없는 경우가 많고, 대중들은 '리얼리티 TV'가 현실을 반영하는 것이 아니라는 것을 이해하고 있다고 주장한다(p.F3).

메시지에는 여러 층위의 의미가 있다. 몇몇 층위는 매우 현실적이지 못하지만(실제로 일어난 적이 없으며, 일어나지도 않을 것이고, 일어날 수도 없는 일), 현실적인 요소들의 층위 사이사이에 섞여 들어가 당신의 지각 속에 있는 보편적 메시지를 '판타지'에서 '일어날 수도 있는 것'으로, '거의 일어날 것 같은 것'으로, '일어나게끔 시도해 볼만한 것'으로 변형시킨다. 메시지 의미의 층위에 대해 잘 알면 알수록 당신이 원하는 메시지의 의미 선택을 더욱 잘 통제할 수 있다. 좀 더 분석적인 능력을 갖추는 것은 미디어가 당신에게 미치는 영향을 통제하기 위한 첫 단계이다. 만약 당신이 그런 의미들에 대해 알지 못한다면, 미디어는 계속 당신이 세계를 인지하는 방법을 통제할 것이다.

차기 단계 리얼리티를 조직하는 원리를 이해할 때, 미디어 콘텐츠를 보다 잘 평가할 수 있다. 다양한 미디어와 다양한 전달 수단 그리고 다양한 제작자들이 어떻게 현실을 반영하고 메시지를 현실로부터 한걸음을 떨어뜨리는지에 당신의 분석력을 집중할 필요가 있다. 여기에서 예술적인 재능이 작용하기 시작한다. 이 개념을 잘 이해하면, 개별 메시지를 경험할 때 더 예리한 미학적인 감각을 기르는 데 도움이 된다. 또한 중요한 것은, 이 개념이 현실로부터 거리두기를 통해 패턴에 대해 의문을 갖도록 동기를 부여한다는 점이다. 현실 세계에는 삶의 패턴이 있고, 미디어 세계에는 이야기의 패턴이 있다. 이 두 패턴은 같지 않다. 미디어 세계에서 그려지는 이야기의 패턴과 현실 세계의 삶의 패턴과 어떻게 다른지를 보다 잘 인지하면 할수록 당신은 리얼리티와 판타지 사이의 경계를 인식하는 데 있어 어려움이 덜하게 될 것이다. 연습문제 8.1을 통해 한번 경험해 보기 바란다. TV프로그램의 리얼리티와 판타지 요소를 분석할 때, 쉽게 찾을 수 있는 요소들을 넘어서려고 노력하라. 덜 명확한 요소를 규정하기 위해 더 깊이 파라.

요약

분명히 리얼리티에 관한 문제는 어떤 일이 진짜로 일어났는지 그렇지 않은지에 대해 간단한 결정을 하는 것보다 훨씬 더 많은 것들을 수반한다. 대중들은 리얼리티의 정도에 관하여 생각할 수 있고, 리얼리티의 정도를 평가할 때는 하나 이상의 차원을 고려한다. 그리고 리얼리티를 정확하게 인식하는 아이들의 능력과 어른들의 능력에는 큰 차이가 없다는 것을 이해하는 것 역시 중요하다. 이것은 어른들이 종종 빠져 버리는 덫이다. 이 덫에 빠지는 것은, 어른들로 하여금 본인들은 더 이상 어린아이가 아니기에 미디어 메시지의 리얼리티에 대해 신중하게 생각할 필요가 없다는 잘못된 인식을 심어준다. 리얼리티의 믿음에 대한 정도는 높은 수준의 부정적인 영향과 연관되어 있기 때문에 어른들도 어린아이들과 마찬가지로 취약하다(Potter, 1986; Rubin, perse, & Taylor, 1988).

리얼리티에 대해 생각하는 가장 유용한 방법은 '차기 단계 리얼리티(next-step reality)'를 구성하는 원리를 이해하는 것이다. 이것은 어떤 미디어 메시지의 사실과 허구의 정도에 관심을 집중시킨다. 그리고 이것은 보다 중요한 질문을 던진다. 메시지의 어떤 요소를 사실로 간주하고, 무엇 때문에 그렇게 인식하는가? 메시지의 어떤 요소를 판타지로 간주하는가? 어느 정도까지 판타지에 매료당하고 있고 기꺼이 자신의 리얼리티로 삼으려고 하는가? 다양한 종류의 미디어 콘텐츠에 대한 다음의 4개의 장들을 읽는 동안 이러한 질문들을 기억하라.

더 읽을거리

DeVolld, T. (2016). Reality TV: An insider's guide to TV's hottest market (2nd ed.). Studio City, CA: Michael Wiese Productions.
저자는 리얼리티 TV의 역사에 대한 개요와 모든 다양한 종류의 쇼를 구성하기 위한 몇 가지 계획으로 시작한다. 이 책의 12장 대부분은 리얼리티 TV 프로그램의 기획, 제작, 편집, 마케팅 과정을 독자들이 이해할 수 있도록 도와주는 주제로 구성되어 있다.

Dill, K. E. (2009). How fantasy becomes reality: Seeing through media influence. New York: Oxford University Press.
이 책은 미디어 심리학자가 꼭 읽어볼만한 책이다. 총 9개의 장에 걸쳐 저자는 미디어에서의 판타지가 개인 간에 실제로 어떤 효과를 발휘하는지를 매우 다양한 방법으로 탐구하고 있다. 주제는 폭력, 美, 인종, 性, 광고, 정치 기사이다.

Essany, M. (2008). Reality Check: The Business and art of producing reality TV. Burlington, MA: Focal Press.
이 책은 자조적 문체를 지닌 읽기 쉬운 책이다. 작가는 채널 E!에서 방영된 리얼리티 시리즈를 제작하여 유명해진 방송계 인물이다. 이 책에서는 미국 텔레비전의 리얼리티 시리즈를 계획하고 제작하는 과정에 어떤 일들이 일어나는지에 대해 많은 실용적인 정보를 제공한다.

Ouellette, L., & Murray, S. (Eds.) (2009). Reality TV: Remarking television culture. New Youk: New York University Press.
이 책의 개정판은 비평적이고 문화적인 학자들에 의해 쓰였고 총 17장으로 구성되었다. 책의 내용은 장르, 산업, 문화/권력, 상호작용의 4개의 범주로 구분된다.

Pozner, J. L. (2010). Reality bites back: The troubling truth about guilty pleasure TV. New York: Seal Press.

이 책의 저자는 언론인이자 사회 비평가이자 WIMN(Women In Media & News; 미디어 분석, 교육, 지지를 통한 공공 담론에서 여성의 존재와 권력을 신장시키기 위해 노력하는 미디어 정의 단체)의 설립자이다. 이 책은 소위 텔레비전 리얼리티 프로그램에 대해 폭넓은 비평을 다루고 있다.

최신 자료

JobMonkey.com (http://www.jobmonkey.com/realitytv/reality-tv-statistics.html)
이 웹사이트는 다양한 종류의 취업 기회에 대한 정보를 게시한다. 위의 링크는 다양한 리얼리티 프로그램의 제작과 캐스팅 기회에 대한 많은 정보를 제공한다.

연습 문제 8.1 리얼리티와 판타지 사이의 경계선 긋기

1. 텔레비전 프로그램 분석하기: 아래의 각각의 장르에 대하여 하나의 특정한 프로그램을 골라 분석하라.
   - 시트콤
   - 드라마(경찰드라마나 가족드라마)
   - 리얼리티 프로그램(Survivor, The Bachelor, Extreme Makeover, Big Brother, Undercover Boss 등)
   - 뉴스

   각 장르에서 선택한 프로그램에 대하여, 한 장의 종이를 준비하고 프로그램의 이름을 맨 위에 적어라. 그리고 종이의 중간에 수직으로 선 하나를 그어라. 왼쪽 칸을 '리얼리티 표지'라고 이름 붙이고 그 칸 안에 당신이 생각하기에 사람들로 하여금 프로그램의 내용을 사실이라고 믿게 만드는, 즉 리얼리티로 묘사되는 모든 것에 대해 열거하라. 그리고 오른쪽에 '가상 세계'라고 이름 붙이고, 그 안에 당신이 생각하기에 사람들로 하여금 그 프로그램이 진짜가 아니라고 믿게 만드는 모든 것에 대해 열거하라.

2. 리스트를 표로 만들기: '리얼리티 표지' 칸에 열거한 항목들의 숫자를 모두 세어 그 칸의 맨 아래에 적어라. '가상 세계' 칸에 열거한 항목들의 숫자를 모두 세고 그 칸의 맨 아래에 적어라. 각각의 프로그램에 대하여 이와 같은 방식으로 처리하고, 총합을 퍼센트로 환산하라. 예를 들어, 만약 하나의 종이에 왼쪽 칸(리얼리티 항목)에 5개를 적고, 오른쪽 칸(가상의 항목)에 5개를 적었다면, 리얼리티 50%, 리얼리티가 아닌 것 50%로 계산될 것이다. 이와 달리 리얼리티 칸에 하나의 항목을 적고, 4개의 항목을 가상의 표지에 적었다면, 20%와 80%로 계산될 것이다.

3. 유형 확인: 만약 당신이 통찰력 있는 텔레비전의 시청자라면, 칸을 비워두지 않고 적어도 몇 개는 적었을 가능성이 높다. 어떤 프로그램도 완전히 리얼리티일 수 없다. 왜냐하면 거기에는 순수한 리얼리티 영역으로부터 메시지를 가져오는 여러 종류의 결정 요소(인물, 플롯, 배경, 의상, 메이크업, 대화, 카메라 배치, 편집 등)가 존재하기 때문이다. 또한 어떤 프로그램도 완전히 판타지일 수 없다. 왜냐하면 인물의 유형과 상황, 대화, 배경, 그리고 그 외의 여러 가지들이 실제 세계와 매우 비슷하기 때문이다.

각 프로그램을 분석한 종이의 아래에 있는 퍼센트를 보라. 프로그램별로 가상 표지에 적힌 비율의 차이가 있는가, 리얼리티와 가장 거리가 먼 프로그램은 무엇인가? 혹은 리얼리티 유형에 가까운 장르는 무엇인가? 아니면 리얼리티와 판타지의 차이가 없는가? 다음의 장르에 대해 같은 활동을 해 보자.

- 잡지의 기사
- 신문 기사
- 인터넷 사이트
- 비디오 게임

매체에 따라 리얼리티의 비율이 다른가?

뉴스

핵심 개념 | 뉴스는 실제 사건의 반영이 아니다. 그것은 많은 영향과 제약을 받는 뉴스 종사자들에 의해 만들어진 것이다.

▶ 뉴스의 역동적 본질
 · 빅뉴스의 흥망성쇠
 · 온라인 뉴스로의 전환

▶ 뉴스에 대한 다른 시각
 · 정치 철학적 관점
 · 전통적 저널리즘 관점
 · 뉴스 제작적 관점
 · 경제적 관점
 · 소비자 개인적 관점
  – 초지역주의
  – 선택적 노출

▶ 뉴스의 질을 평가하기 위한 소비자 기준
 · 객관성
 · 정확성
  – 완전성
  – 맥락
 · 중립성
  – 편견의 결여
  – 균형성

▶ 뉴스에 대해 더 나은 리터러시를 갖추는 방법
 · 노출의 문제
 · 질(質)의 문제

▶ 요약
▶ 더 읽을거리
▶ 최신 자료
▶ 연습 문제

Kristen이 상점에서 쇼핑을 하고 있을 때, 어떤 사람이 클립보드를 들고 그녀에게 다가와서 "설문조사 중인데요, 몇 가지 질문에 대답해 주실 수 있으신가요?"라고 물었다.
 "좋아요, 무슨 내용인데요?"
 "뉴스에 관한 설문조사예요. 첫 번째 질문인데요, 어떤 신문을 읽으세요?"

> "나는 어떤 신문도 읽지 않아요." Kristen이 대답했다.
> 조사원은 설문지에 응답 내용을 표시한 후 질문을 계속 했다.
> "어떤 뉴스 잡지를 구독하세요?"
> "안 읽어요."
> "라디오에서 뉴스를 들으세요?"
> "아니요."
> "그럼 TV에서 하는 저녁 뉴스는요?"
> "안 봐요."
> 질문자는 설문지를 응시하다가 고개를 들어 Kristen을 쳐다보았다.
> "그럼, 어떤 뉴스도 안 보세요?"
> "아니요, 나는 뉴스를 너무나 좋아하고 매일 밤 2시간 정도 TV 시청을 해요. 나는 항상 John Stewart가 나오는 Daily Show를 봐요. 그리고 David Letterman이 나오는 The Late Show를 봐요."
> "그러나 그것들은 뉴스가 아니잖아요. 그건 코미디 쇼예요."
> "그 쇼들은 많은 뉴스를 알려줘요. 나는 항상 이런 쇼들을 보면서 어떤 일들이 일어나고 있는지를 내가 저녁 뉴스 프로그램들을 볼 때보다 더 많이 알 수 있어요. 그리고 이 쇼들은 재밌잖아요."
> "그 쇼들은 그저 과장해서 웃기게 만드는 거예요!"
> "맞아요. 그러나 나는 이 쇼들이 무언가를 꾸미고 있는 순간을 언제나 알아차릴 수 있어요. 진짜 뉴스라고 불리는 프로그램들에 대해서는, 나는 그 프로그램들이 무엇을 꾸며내고 있는지 도무지 알 수가 없어요."

최근 뉴스 산업의 변화에 대한 우려가 대중들 사이에서 커지고 있다. Schudson(2003)은 그의 고전적인 저서 『The Sociology of News』에서 뉴스 시청자들이 해체되고 있으며, 뉴스 산업은 대중들이 현재 원하는 것(뉴스 산업이 그렇다고 인식하는 것)을 충족시키는 데에만 몰두한 나머지 언론인들이 뉴스를 경시하고 있다고 주장했다. Schudson은 "저널리즘이 계속 대중적으로 중요해질 수 있을까?"라고 물음으로써 날카롭게 비판했다. McCaffrey(2010)는 "뉴스 산업은 심각한 전환기에 있다. 인터넷 시대의 도래는 뉴스를 모으고 전달하는 방법의 구식 모델을 만들었다고 말했다. 지난 20년 동안 일어난 변화의 어마어마한 속도를 감안할 때, 우리는 확실성도 없고 정해진 결과도 없는 영구적인 변혁의 시대에 들어섰을 가능성이 높다. Donald Trump 현 미국 대통령부터 일반 대중에 이르기까지 무언가를 비판하는 사람들은 자신이 좋아하지 않거나 동의하지 않는 언론 보도에 대해 '가짜 뉴스'라고 평했다(자세한 내용은 이슈 3 참조).

그러나 이러한 최근의 경각심과 비판은 새로운 것이 아니다. 비평가들은 수세기 동안 뉴스의 본질에 대해 불평해왔다. 예를 들어, Thomas Jefferson이 미국 대통령이었을 때, 1807년에 그가 했던 "신문을 전혀 들여다보지 않는 사람이 읽는 사람보다 더 잘 알고 있다."는 말은 언론사에 대한 가장 강한 비판 중 하나이다. Jefferson은 "아무것도 모르는 사람은 거짓과 오류로 가득 찬 그 자신보다 진리에 더 가깝다."는 입장을 취했다(Jensen, 1997:11에서 재인용). 따라서 Jefferson은 신문에 인쇄된 어떤 것도 믿을 수 없다고 주장하였다. 대통령이 된 이후 그의 뉴스에 대한 비판은 이전 행보와 정면으로 배치된다. 그는 1787년 언론에 대해 "우리가 신문 없는 정부를 가질 것인지 정부 없는 신문을 가질 것인지를 결정하는 것이 나에게 맡겨진 일이라면, 나는 일말의 머뭇거림도 없이 후자를 선택할 것이다."(Jensen, 1997:11에서 재인용)라며 언론을 지지했었다. Jefferson의 인용문은 미국인과 뉴스의 사이의 오래된 애증 관계를 보여준다. 우리는 언론 기관을 정보에 입각한 시민을 만드는 데 필수적인 것으로 존중하는 것처럼 보이지만, 이후 우리는 언론이 성취하기 불가능할 정도로 높은 기준을 유지하기 위한 것으로 이러한 이상주의를 사용한다.

이 장에서 나는 우선 미국 건국 이후 몇 가지 중대한 변화를 거쳤음을 알 수 있도록 언론 발전에 관한 약간의 역사를 알려 주고자 한다. 그리고 나서 사람들이 뉴스의 질을 평가하기 위해 사용하는 기준을 분석할 것이다. 마지막으로, 이 장은 뉴스를 좀 더 미디어 리터러시 방식으로 다루기 위한 몇 가지 권고안을 제시할 것이다. 이 주제는 이슈 3 '가짜 뉴스'에서 더 자세히 다룰 것이다.

뉴스의 역동적 본질

뉴스에 대한 개념의 변화는 새로운 것이 아니다. 언론인, 사회 비평가, 대중은 모두 수세기 동안 뉴스에 대한 사고방식의 변화를 경험해 왔다. 그래서 현재의 변혁의 의미를 이해하기 위해서는 역사로부터 어느 정도의 맥락을 끌어낼 필요가 있다.

뉴스에 대한 열망은 문맹 이전의 문화로 거슬러 올라간다. 인간은 항상 그들을 둘러싼 사건에 관심을 표시해 왔다(Harrison, 2006). 뉴스는 개인적이고 지역적이었다. 즉, 사람들은 일상생활에 영향을 미치는 사건들(예: 침략자들의 위협, 농작물에 대한 날씨의 영향, 지역 법령의 변화)과 가족과 친구들의 삶에 가장 신경을 썼다. 뉴스는 대인 간 대화를 통해 거의 독점적으로 전달되었기 때문에 주로 가십과 소문으로 구성되었다.

신문은 16세기에 이르러서야 시작되었는데, 이탈리아에서 한 무리의 남자들이 정보를 수집하여 뉴스 팸플릿으로 만들어 의뢰인들에게 팔았다. 17세기까지 이 뉴스 팸플릿은 독일에서 가장 먼저 일간 신문으로 진화하여 유럽 전역으로 퍼져 나갔다.

이들 초기 신문들은 단순한 사실의 목록만을 제시했는데, 사실들이 어떠한 맥락이나 흐름을 가진 이야기로 제시되지 않았기 때문에 읽기가 어려웠다. 이 초기 신문들의 독자는 엘리트들이었다. 즉, 글을 읽을 수 있고 정보를 위해 돈을 지불할 수 있는 사람들이었다. "특히 신문을 만들어 파는 사람들은 정보의 가치와 잘못된 루머에 대한 행동의 위험성에 대해 예민한 생각을 가지고 있었다 (Pettegree, 2014:3)." 따라서 이들 초기 기자들은 정보의 정확성에 가장 관심을 가졌기 때문에 더 큰 신뢰를 주기 위해 사실을 확인하는 데 힘썼다.

미국의 초기 정착민들은 식민지로 모여들었고, 각각 지역적인 문제와 과제들을 가지고 있었다. 각 식민지의 사람들은 선적 일정, 영국으로부터의 규정의 변화, 그리고 그들이 속해있는 지역 정치에 대해 최신 정보를 얻기를 원했다. 각 식민지는 각각 나름의 정치적 관점을 가진 여러 개의 신문을 가지고 있었다.

빅뉴스의 흥망성쇠

미국의 남북전쟁과 19세기 중반 산업혁명의 도래에 이어 사람들이 농장에서 도시로 이동하면서 인구는 근본적인 변화를 겪고 있었다. 남북 전쟁 이후, 대중은 더 큰 국민 의식을 발전시키고 있었고 정치 지도자들과 세계에서의 미국의 위상에 대한 정보를 원했다. 그리고 의무 교육으로 인해 읽고 쓸 수 있는 인구가 크게 증가하였다. 일부 기업가들(예: William Randolph Hearst와 Joseph Pulitzer)는 이를 증가하는 인구 중심지에서 매우 많은 부수를 찍어내는 신문을 개발할 기회로 보았다. 그러나 그 기업가들은 많은 독자들에게 호소하기 위해서는 그들의 기사가 분명한 정치적 당파주의에서 벗어나 어떤 독자들의 감정도 상하게 하지 않게 하는 '객관적'인 것으로 보이게 할 필요가 있다는 것을 깨달았다.

대량 발행 부수 신문의 성장은 '빅뉴스'의 시대를 열었다. 이 신문들의 편집자들은 대중들을 뉴스에 굶주린 것으로 여겼지만 가장 중요한 것을 알려야 했다. 1920년대에 라디오가 대중 매체가 되었을 때, 네트워크들은 전문 기자들이 어떤 사건을 보도해야 할지를 결정하는 빅뉴스의 아이디어를 이용하여 전국적인 뉴스 방송을 만들었다. 1950년대에 텔레비전이 대중 매체가 되었을 때도 빅뉴스 모델을 따랐다.

이러한 빅뉴스의 아이디어는 1980년대에 최고조에 달했고, 그 이후 신문의 발행 부수가 감소하기 시작했고, 대중들은 라디오와 텔레비전 뉴스에 대해서도 점점 멀어졌다. 그 현상은 처음에는 느렸으나 인터넷과 뉴스 블로그와 게시판 형태로 제공되는 뉴스 대안이 증가하면서 빨라졌다.

이러한 하락은 신문사들에게 극적이었다. 일간지 수는 1970년 1,750개에서 2012년 1,350개로 줄었다(Pew Research Center, 2014). 미국의 일간지 발행 부수는 1984년 6,330만 부였는데 2017년에는 3,090만 부로 감소했다. 발행 부수 감소의 일부는 신문들이 그들의 온라인 사이트를 방문하도록 유도함으로써 어느 정도 상쇄되었다. 2006년에는 한 일간지의 웹사이트에 매달 820만 명의 독보적인 사용자들이 방문했으며, 이는 2017년까지 1,150만 명으로 늘어났다. 그러나 이 기간 동안 기자들의 수는 줄어들었다. 일간 신문사의 고용률은 2006년 보도국에서 74,410명으로 정점을 찍었고, 2017년에는 39,210명으로 떨어졌다(Barthel, 2018).

TV 뉴스에 대해서는, 2017년에 미국인의 50%가 텔레비전으로 뉴스를 접한다고 답한 반면, 43%는 온라인으로 뉴스를 접한다고 말했다(Sharer & Gottfried, 2017). 신문과 달리 최근 TV 뉴스 노출은 감소세를 보이지 않고 있다. 네트워크 제작 기반의 저녁 뉴스(ABC, CBS, NBC)의 합계 시청률은 2008년 2,280만 명에서 2016년 2,380만 명으로 소폭 증가했다(Matsa, 2017a). 하지만, 지역 TV 뉴스 방송의 노출은 감소하고 있다. 지역 아침 뉴스 방송의 시청률은 2007년 1,230만 명에서 2016년 1,080만 명으로 감소했으며, 초저녁 뉴스는 2,570만 명에서 2,070만 명으로, 심야 뉴스는 2,920만 명에서 2,030만 명으로 줄었다(Matsa, 2017b).

온라인 뉴스로의 전환

'빅뉴스'에 대한 대중의 극심한 관심 저조는 미국인들이 정보를 얻는 것에 흥미를 잃은 것으로 해석되어서는 안 된다. 대신에 온라인 뉴스에 노출되는 쪽으로 변화하고 있는데, 이것은 미국인들이 여전히 그 날의 사건을 따라잡는 데 관심이 있다는 것을 의미한다. 전통적인 미디어에서 온라인 미디어로 전환된 뉴스 노출의 경향은 처음에는 젊은 사람들에 의해 주도되었다. Kaiser Family Foundation(2010)이 8~18세 미국 청소년들을 대상으로 설문조사를 한 결과, 2005에서 2010년 사이에 잡지와 신문을 읽는 시간이 줄어들었다(잡지는 14분에서 9분으로, 신문은 6분에서 3분으로). 일상적으로 신문을 읽는 젊은 층의 비율은 1999년 42%에서 2009년 23%로 떨어졌다(Pew Research Center, 2012). 몇 년 후, Pew Research Center(2014)는 18세에서 29세의 48%가 온라인 뉴스 비디오를 보는 반면, 50세에서 64세 사이의 27%와 65세 이상의 11%만이 그렇게 한다고 보고했다. 2017년 전체 성인의 43%가 온라인 정보원으로부터 뉴스를 접했고 65세 이상의 67%가 모바일 기기로 뉴스를 접하고 있다고 답했으며, 나아가 미국인의 67%는 Twitter, YouTube, Snapchat 등 소셜 미디어 사이트에서 최소한의 일부 뉴스를 접한다고 답했다(Bialik & Matsa, 2017).

전통적인 뉴스 출처에서 온라인 정보원으로의 이러한 전환은 뉴스의 필요성의 변화를 보여준다. 첫째, 그러한 변화는 미국인들이 뉴스에 더 효율적으로 접근하기를 원한다는 것을 나타낸다. 그들은 신문이 배달되거나 방송 뉴스 사이트가 그 날의 뉴스를 보도하기만을 기다리지 않는다. 언제 어디서나 지속적으로 접근하기를 원한다. 온라인 뉴스 사이트는 특히 사람들이 모바일 기기로 온라인 사이트에 접속할 때 이러한 편의를 제공한다. 2014년 전체 성인의 36%가 온라인 뉴스 비디오를 시청했고, 82%의 미국인이 데스크톱이나 노트북으로 뉴스를 접한다고 답했으며, 54%는 모바일 기기에서 뉴스를 접했다고 답했다(Pew Research Center, 2014). 2017년에는 미국 성인의 85%가 모바일 기기로 뉴스를 접하고 있다고 답했다(Bialik & Matsa, 2017).

둘째, 전통적인 정보원에서 온라인 정보원으로의 변화는 또한 사람들이 다른 종류의 뉴스를 원한다는 것을 보여준다. 하루의 가장 중요한 사건으로 간주하는 것을 선택하기 위해 전문지식을 활용하고, 균형 있는 시각으로 기사를 들려주기 위해 신뢰할 수 있는 정보를 찾고자 전문성을 발휘하려는 전문 기자에 의해 구성되는 전통적 뉴스 출처에서 벗어남으로써, 사람들은 그들의 친구들이 무엇을 하고 있으며, 기자가 아닌 일반인들이 가장 중요하게 생각하는 것들에 대한 이야기의 측면에서 더 지엽적인 새로운 이야기를 선호한다는 것을 나타낸다(Lee, Choi, Kim, & Kim, 2014; Moon & Hadley, 2014; Revers, 2014; Xu & Feng, 2014). 이에 대한 증거는 소셜 네트워킹 사이트가 뉴스를 접하는 수단으로서 이용률이 증가하는 것에서 볼 수 있다. 지난 10년간 조사에 따르면, 일반 인구의 30%가 Facebook으로, 10%는 YouTube로, 8%는 Twitter로 뉴스를 접한다고 한다. 게다가, 인구의 26%가 두 개의 소셜 네트워킹 사이트로부터, 9%는 적어도 세 개로부터 뉴스를 접하는 것으로 나타났다(Holcomb, Gottfried & Mitchell, 2013). Donsbach(2010)는, "젊은 층이 Facebook이나 Myspace 등 커뮤니티 네트워크를 이용해 '뉴스'라고 생각하는 것을 받는 경우가 늘고 있다(p.43)."고 쓰고 있다. Facebook 설립자 겸 CEO인 Mark Zuckerberg는 Facebook이 전 세계에서 가장 큰 뉴스 출처가 될 수 있다고 자랑하였다. 2007년에 그는 "우리는 실제로 1,900만 명의 사용자들을 위해 Facebook 전체를 통틀어 다른 어떤 미디어보다 하루에 더 많은 뉴스를 생산하고 있다."라고 말했다(Pariser, 2011).

뉴스의 변화는, 전통적인 뉴스 매체들이 중요한 사건으로 결정한 것에서 멀어진 것으로 보이며, 개인들이 유용한 정보로 찾는 것에 훨씬 더 많은 영향을 끼친 것으로 보인다. Purcell and Rainie(2014)가 5년 전보다 디지털 기술이 정보를 더 잘 얻게 하는지 물었을 때, 응답자의 81%가 구매해야 할 제품과 서비스에 대해 더 잘 알고 있다고 답했고, 75%는 전국 뉴스, 72%는 대중문화, 68%는 취미와 개인적 관심사, 67%는 친구, 65%는 건강과 몸매, 60%는 가족에 대해 더 많은 정보를 얻었다고 대답하였다. 상품, 친구, 가족, 그리고 개인의 건강에 대한 '뉴스'가 얼마나 중요한지 주목하라.

앞에서 보다시피 '뉴스란 무엇인가'라는 생각은 언제나 역동적인 변화 상태에 있었다. 16-17세기에 유럽에서 뉴스 팸플릿과 신문이 등장하기 전까지, 사람들의 뉴스에 대한 생각은 그들의 일상생활에서 가까운 곳에서 일어나는 현재의 사건들로 제한되었다. 그 후, 뉴스에 대한 생각은 매일의 사건 목록을 제시하는 팸플릿으로 옮겨갔다. 이후 특정 정치적 지향성을 뒷받침할 최신 정보를 원하는 독자들에게 기사를 제시하는 신문으로 전환되었다. 그런 다음에, 독자들에게 특정한 정치적 입장을 드러내기보다는 객관적인 사실을 제시하고 있다고 말하는 신문으로 옮겨갔다. 그러다 순전히 사실적인 것보다 더 오락적인 뉴스를 만드는 쪽으로 변했다. 그리고 모든 종류의 틈새 독자들에게 다른 종류의 최신 정보를 제공하기 위해 다양한 대화형 플랫폼을 제공하는 쪽으로 전환했다.

뉴스에 대한 다른 시각

우리가 '뉴스'라고 부르는 것을 구성하는 것에 많은 관점이 있다(표 9.1). 이러한 관점들 중 일부는 상호보완적이고 함께 작용하는 반면, 다른 일부는 상충한다. 이 다섯 가지 관점을 좀 더 자세히 살펴보자.

표 9.1 뉴스에 대한 다섯 가지 관점

기준	질문
정치 철학적 관점	뉴스는 대중에게 알려 개인이 합리적이고 타당한 선택을 내리기 위한 충분한 정보를 가질 수 있도록 하루 중 가장 중요한 사건에 대한 핵심적이고 정확한 사실들을 매일 보도하는 것이다.
전통적 저널리즘 관점	뉴스는 지식, 전문 저널리즘 단체 가입, 외부의 영향력에 의한 자율성 때문에 전문성을 지닌 기자들에 의해 보도되는 것이다.
뉴스 제작적 관점	뉴스는 뉴스 조직 내에서 계속되는 사회화 과정을 통해 성공하는(그들의 이야기를 펴내고 읽히는) 방법을 배우는 뉴스 노동자들이 만들어내는 이야기의 흐름이다.
경제적 관점	뉴스란 뉴스 사업자가 제시하는 것으로 수익을 극대화하고 비용을 최소화함으로써 이윤을 증대시키는 방식으로 희소 자원의 배분에 관한 결정에 의해 형성되는 것이다.
소비자 개인적 관점	뉴스는 사람들이 그들에게 가장 중요하다고 여기는 사건들과 이슈들에 대해 최신 정보를 얻기 위해 찾고 자신을 노출시키는 것이다.

정치 철학적 관점

정치 철학적 관점은 뉴스가 어떤 것이 되어야 하는가를 명시한다. 따라서 이것은 서술적 관점보다는 규범적 관점이다. 뉴스에 대해 이런 관점을 갖는 사람들은 무엇이 가장 중요한지에 대해 사람들이 최신 정보를 얻을 수 있도록 뉴스가 사회에서 가장 중요한 사건과 사람들에게 초점을 맞춰야 한다고 주장한다. 뉴스 기사는 기자들의 의견보다는 정확한 사실들로 구성되어야 하는데, 그래야 사람들이 실제로 일어나고 있는 일에 대해 알게 되고 이슈에 대해 어떤 입장을 취할 것인지 그리고 선거에서 어떤 후보를 뽑을 것인지 스스로 결정할 수 있다. 이러한 입장은 철학자와 사회 비평가들이 지지하는데, 그들은 언론의 목적이 매일 세계에 대해 대중을 교육함으로써 지도자를 선출하고 민주주의 사회에서 일어나는 이슈에 대해 최선의 결정을 할 수 있는 정보에 입각한 대중을 만들고 유지하는 데 있다는 견해를 가지고 있다.

이러한 관점은 미국 수정 헌법 제1조에 기반을 두고 있는데, 그것은 "표현의 자유와 같은 권리 보호나 권력 남용 감시와 같은 것들이 자유사회의 중요한 특징이 유지될 수 있도록(Ward, 2014:3)" 정부의 간섭으로부터 뉴스 미디어를 보호하여 공공의 문제에 대해 자유롭게 보도할 수 있는 자유를 보장한 것이다. 뉴스에 대해 이런 시각을 갖고 있는 사람들은 언론이 힘 있는 엘리트(정부나 권력이 있는 기업 등)가 자신들의 목표를 달성하기 위해 사용하는 도구가 되어서는 안 된다고 생각한다. 언론은 정치적 또는 경제적 압력으로부터 독립되어 대중에게 매일 주요 사건들을 객관적으로 표현할 수 있어야 한다. Kaplan(2010)은 객관성을 추구하는 것은, "미국 저널리즘의 가장 자랑스러운 성취이다. 민주주의를 위한 중요한 도구로 여겨지는 객관성은 일반적으로 공공 담론의 특징을 갖는 부패, 적개심, 당파적 정쟁 이외의 중립적이고 사실적인 정보와 대중적 신중함을 위한 공간을 확보할 수 있다(p.25)."고 주장하였다.

전통적 저널리즘 관점

전통적인 저널리즘 관점 또한 규범적 관점인데, 왜냐하면 그것은 기자들이 뉴스의 목적과 본질이라고 믿는 것을 캡슐화(어떤 대상의 고유한 특성을 외부에서 임의로 변경하지 못하도록 하는 보호하는 기능)하고 이 캡슐을 뉴스가 무엇이어야 하는지에 대한 본보기로 제시하기 때문이다. 기자들은 본질적으로 그들의 목적이 대중을 설득하는 것이 아니라 대중에게 알리는 것이라고 믿는데, 대중을 설득하는 것은 사설로 지칭하고 있으므로 피해야 한다. 이러한 관점은 일반적으로 뉴스 가치가 있는 것으로 간주되기 위해 사건이 가져야 하는 특성을 7가지 기준으로 규정한다. 이 일곱 가지 기준은 시의성, 중요성, 근접성, 명성, 갈등, 인간의 관심, 일탈이다.

시의성은 뉴스 가치에 대한 가장 분명한 기준이다. 뉴스로 간주되기 위해서는 사건이 최신이어야 한다. 중요성은 사건의 결과의 크기를 말한다. 5명의 사망을 초래하는 총격 사건은 단 한 명의 사망만을 초래하는 총격 사건보다 더 뉴스거리가 된다. 근접성은 사건이 뉴스 시청자들에게 얼마나 가까운가를 말한다. 그러므로 대중들이 사는 마을에서 일어나는 총격 사건은 천 마일 떨어진 곳에서 일어나는 총격에 비해 그 마을에서는 더 뉴스거리가 된다. 명성은 얼마나 잘 알려진 사람과 기관이 뉴스 가치가 있는 사건에 등장하는가를 말한다. 만약 어떤 마을의 시장이 음주 운전으로 체포된다면, 그것은 그 마을의 말단 사무원 중 한 명이 음주 운전으로 체포되는 것보다 더 뉴스거리가 된다. 갈등은 어떤 사건에서 당사자들 간 이해관계의 충돌 정도를 말한다. 인간의 관심은 그 사건이 인간의 감정에 얼마나 강하게 호소하느냐를 가리킨다.

일탈이란 사건이 평범하지 않은 정도를 말한다. 개가 사람을 물면, 그것은 뉴스거리가 되지 않는다. 그러나 사람이 개를 물면 그것은 뉴스거리가 된다. 아이러니한 것은 우리가 뉴스에 의존해서 우리에게 뉴스거리의 기준이 무엇인지 알려준다는 것이다. 뉴스 정보를 잘 파악하기 위해서는 일반적으로 사건이 어떻게 돌아가는지, 내일 일어날 것 같은 일이 무엇인지, 피해로 인한 위험 요소가 무엇인지 알아야 한다. 그러나 뉴스 미디어는 우리의 관심을 일탈에 집중시킨다. 우리는 일탈에 대한 기사를 너무 많이 보기 때문에 일탈이 뉴스의 기준이라고 믿게 된 것이다.

뉴스 제작적 관점

앞의 두 가지 관점과는 달리, 뉴스 제작적 관점은 규범적인 관점이 아니다. 이것은 기자, 편집자, 그리고 다른 뉴스 종사자들이 뉴스를 수집하고 보도하는 일상적인 업무 수행에서 실제로 무엇을 하는지 연구하는 학자들에 의해 개발되었다. 예를 들어, Altheide(1976)는 뉴스 종사자들이 그들이 해야 할 일을 지시하는 규범적 뉴스 관점을 알고 있지만, 마감 시간, 정부원에 대한 제한된 접근, 그리고 한정된 재정 자원과 같은 피할 수 없는 제약 때문에 규정된 표준안을 지키지 못하는 경우가 많다는 것을 발견했다. 기자들은 그들이 할 수 있는 최선을 다하기 위해 이러한 제약들을 다루는 법을 배우지만 일정 수준 이상에는 미치지 못한다. 따라서 기자들은 생존하기 위해 무엇을 해야 하는지 배우면서 시행착오를 통해 그들의 작업 환경으로 사회화된다. 시간이 흐르면서 그들은 "뉴스 관점"이라고 불리는 것을 개발하는데, 이것은 미디어의 소유주들에 의해 의식적으로 강요되는 것이 아니라, 기자들의 일상적 관행에서 자연스럽게 성장한다. 뉴스 관점은 기자들 사이에 만연하고 흔하기 때문에 당연하게 받아들여진다. 그것은 또한 모든 종류의 전달 수단과 매체에 종사하는 기자들에 의해 일반적으로 공유된다. 그 결과, 전통적인 뉴스 조직에는 모든 뉴스에 대한 공통점이 널리 퍼져 있다. 이 점을 설명하기 위해 건강을 주제로 한 뉴스가 어떻게 보도되는지 생각해 보자. 우선, 무엇이 기사화되는지 살펴보자. 미국 전역의 14,849개의 지역 텔레비전 뉴스 기사를 분석한 결과, Haberkorn(2009)은 주요 사망 원인(심장질환, 폐암, 당뇨병)이 얼마나 자주 다뤄지는지를 추적했다. 그녀는 모든 뉴스 기사들 중에서 5.9%만이 건강 문제를 다루고 있다는 것을 발견했다. 그리고 그 소수의 건강 기사들 중에서 5.8%만이 3가지의 사망 원인에 초점을 두고 있다는 것을 발견했다. 그녀는 대부분의 사람들에게 영향을 미치는 심각한 건강 위험과 관련하여 지역 텔레비전 뉴스 프로그램들이 정보의 빈곤을 겪고 있다는 결론을 내렸다. 또 다른 뉴스(지역 및 전국 신문, 텔레비전, 잡지)의 내용 분석은 뉴스 보도가 폐암의 원인을 과소평가하고 있다는 것을 발견했다. 더욱이 뉴스 매체는 암의 예방과 발견에 관한 정보를 거의 제시하지 않았다(Slater, Long, and Bettinghaus, 2008). 그러나 언론 매체들이 전체 인구에서 흔히 볼 수 있는 심각한 질병들에 대해 보도하지 않는 반면에 성형수술에 대한 보도는 증가시켰다(Cho, 2007).

뉴스 관점의 핵심 부분은 이야기 공식이다. 기자들이 기사를 빨리 고르고 쓸 수 있도록 도와주는 지름길로 배우는 절차들이다. 기자들은 이야기에 대한 정보를 수집하는 하면서 '누가, 무엇을, 언제, 어디서, 왜, 어떻게'라는 여섯 가지 질문을 해야 하는 공식을 따른다. 새로운 이야기에 맞닥뜨린 기자들은 이 질문들에 대한 답을 얻기 위해 그들의 이야기를 구성한다.

인기 있는 뉴스 작문 공식 중 하나는 역피라미드이다. 이 공식은 이야기의 시작 부분에 가장 중요한 정보를 놓고, 그 다음 중요한 정보를 뒤에 추가하는 것을 말한다. 기자들은 중요도에 따라 순위가 매겨진 정보 리스트를 이야기 속에 모든 정보가 담겨질 때까지 옮긴다. 이 공식은 전보가 이용되던 초창기에 개발되었는데, 당시의 기자들은 전보를 통해 기사를 신문사에 보내곤 했다. 그들은 전보를 다 보내기 전에 전신선이 끊어질 경우에 대비해 가장 중요한 정보를 먼저 보낼 필요가 있었다. 우리가 전신선에 의존하던 시대는 오래전에 지났지만, 이 공식은, 편집인들이 보기에 너무 정보량이 많을 경우 기사를 오려낼 것이기 때문에 여전히 가치가 있다. 예를 들어, 신문의 편집인은 기자가 쓴 20인치 길이의 이야기를 싣고 싶어 할 수 있지만 지면에 16인치 정도밖에 여유가 없기 때문에 편집인은 일반적으로 마지막 4인치를 잘라낼 것이다.

또 다른 인기 있는 공식은 이야기를 오락적인 형식으로 전달하기 위해 서사를 사용하는 것이다. 이 공식을 사용하는 기자들은 심각한 갈등, 섬뜩한 묘사, 또는 특이한 인용문으로 이야기를 시작할 것이다. 이 모든 것은 감정적으로 독자의 관심을 끌기 위해 고안된 것이다. 그러고 나서 기자는 이야기꾼처럼 각각의 정보를 서사적 이야기 안에 집어넣는다.

아마도 뉴스에서 이야기를 하는 가장 인기 있는 공식은 내가 단순화된 확장 갈등(SEC: simplified extended conflict)이라고 부르는 것이다. 기자들은 이야기를 취재할 때 매우 단순하게 보이는 어떤 갈등의 각도를 찾는다. 그들은 갈등이 없는 이야기는 대중의 관심을 끌지 못하지만, 갈등이 복잡해도 독자의 관심을 끌지 못할 것이라고 믿는다. 게다가, 만약 그 이야기가 며칠에 걸쳐, 아니 그보다 훨씬 더 오래 지속될 수 있다면 더 좋을 것이다. 정치 선거는 SEC의 좋은 예를 많이 제공한다. 선거 운동은 항상 후보 간의 갈등을 수반하며, 이는 보통 두 명으로 압축할 수 있다. 또 몇 주 또는 몇 달 동안 진행되는 선거 운동은 한 후보가 앞서고 다른 후보가 따라잡기 위해 열심히 달려가는 경합으로 그려질 수 있다. 만약 갈등이 복잡한 문제들의 작은 부분에 집중된다면, 그 이야기는 많은 대중들에게 매력적이지 않을 것이다. 따라서 기자들은 단순한 형태의 갈등을 찾으며, 그것은 '말 경주(horse race)'라는 은유에서 가장 잘 나타난다. 정치적 보도는 이슈보다 누가 이기고 있는지, 도전자가 역전해서 격차를 좁힐 수 있는지에 대한 것이다. SEC의 다른 예로는 이라크에 대항하는 미국, 의회에 대항하는 다양한 시민단체들, 시 행정에 반대하는 몇몇 사람들, 그리고 낙태 찬성파에 대항하는 낙태 반대파 등이 있다. 언론은 이러한 상황에서 갈등을 아주 간단한 방법으로 표현하고 오랫동안 지속시킬 수 있다. 그것은 갈등 상황에 놓인 사람들 또는 이슈들을 양극화시키고, 대중들을 한쪽으로 몰아간 다음, 많은 드라마로 싸움을 진행시킨다.

언론이 몇 주 혹은 몇 달 동안 뉴스 공간을 소비할 큰 이야기를 하게 될 때, 갈등 속에서 당사자들의 뉘앙스를 더욱 충분히 발전시킬 기회를 갖게 된다. 정치적 이슈를 다룰 때에는, 언론은 경쟁 관계에 있는 당사자 간 어떤 공통점을 가지고 있으며 타협이 어떻게 만들어지는지에 대한 이야기를 선택할 수 있다. 형사 재판에서는, 언론은 인간이 어떻게 잘못될 수 있는지, 그리고 각각의 상황에서 정의가 무엇을 의미하는지 기사화하는 것을 선택할 수 있다. 대신에 언론은 기사의 복잡성을 설명하고 대중들에게 그 문제의 근본적인 본질에 대해 교육시키는 등의 이야기에 깊이 파고드는 일은 거의 하지 않는다. 언론은 전형적으로 표면 정보에 초점을 맞춘다. 수동적인 독자들에게 더 매력적으로 보이기 위해 기사의 표면을 더 현란하게 포장한다.

이러한 지침과 이야기 공식은 기자들을 가르치지만, 그것은 결정적인 처방이 아니다. 즉, 기자들은 지침과 공식으로부터 자유롭게 벗어나야 하고, 일상 세계에서 많은 경우, 지침을 넘어 생각을 해야 한다. 이것은 특히 무엇이 다루어지는지를 결정할 때 그렇다. 예를 들어, 한 지방 공무원이 한 시간 전에 당신의 마을에서 경범죄로 체포되었다고 하자. 이 사건은 시의성과 근접성은 높지만 중요성은 낮다. 이와는 대조적으로, 어제 세계의 중간쯤에 있는 작은 나라에서 지진이 일어나 수천 명의 사람들이 죽었다고 하자. 어떤 이야기가 더 뉴스거리인가? 뉴스의 여러 특징적 정의는 우리에게 사과와 오렌지를 비교하도록 강요한다. 즉, 뉴스가 무엇인지를 결정할 때, 근접성이 중요성보다 더 중요한가? 그리고 중요성이란 정말로 무엇을 의미하는가? 정부에게 중요하다는 건가, 사건에 개입된 사람들에게 중요하다는 건가, 아니면 당신에게 중요하다는 건가?

이런 시각은 사건을 왜곡한다는 비판을 받아 왔다. Altheide(1976)는 "뉴스 작업의 조직적, 실용적, 기타 일상적인 특징들은 사건을 근본적으로 왜곡하여 보는 방법을 촉진한다. … 사건을 뉴스화하기 위해 뉴스 보도는 그것들을 맥락화하여 변화시킨다(pp. 24-25)."고 하였다.

경제적 관점

뉴스에 대한 경제적 관점은 뉴스 조직이 수익을 극대화하고 비용을 최소화하여 이윤의 증대라는 사업의 주요 목표 달성을 위해 자원 분배 방식에 있어서 사업체를 어떻게 운영하는가에 초점을 둔다. 신문의 초창기부터 오늘날에 이르기까지 뉴스를 모아 보도하는 조직은 기업이다. 몇몇은 매우 작고, 몇몇은 거대한 대기업이지만, 한 가지 공통점은 자원을 사들이고 급여를 주기 위해 수익을 창출해야 한다는 것이다. 경제적 관점의 가장 두드러진 두 가지 특징은 상업주의와 마케팅이다.

거의 틀림없이, 뉴스의 구성에 미치는 가장 강력한 영향은 뉴스의 상업적인 환경이다(Altheide, 1976). 뉴스 회사들은 상업적으로 수많은 구독자들을 확보하고 있고, 광고주들에게 이 구독자들을 빌려줄 수도 있다. 구독자들이 많아질수록, 임대에 따른 수익은 더욱 많아진다. 그러므로 뉴스의 궁극적인 목표는 상업성이고, 언론인들은 더 많은 대중들을 끌어 모을 이야기를 구성해야 한다. 그러므로 뉴스 회사들은 대중들을 불쾌하게 만들 수 있는 직설적인 기사를 싣지 않도록 조심해야 한다. 또한, 뉴스 회사들은 그들의 고객인 광고주들을 불쾌하게 만들지 않도록 조심해야 한다(M. Lee & Solomon, 1990). 게다가, 뉴스 기관들은 구독자들이 가장 원하는 종류의 이야기를 찾으려고 하고, 그 다음 기자들은, 어떤 제품을 생산할지를 결정할 때 제조 회사들이 하는 것처럼, 시장에 존재하는 요구를 충족시키기 위해 그러한 종류의 이야기를 제시하도록 마케팅 매니저에 의해 지시를 받는다.

상업주의는 새로운 것이 아니다. 미국에서 신문의 상업화는 약 1830년대로 거슬러 올라간다. 그 당시 신문은 정치적 정당에 대한 재정적 의존에서 유통과 광고 수입에 대한 의존으로 바뀌었다 (Hampton, Livio, & Sessions Goulet, 2010). Pettegree(2014)는, 뉴스가 처음에는 신문의 발명이 아니라 15세기 초 인쇄기의 발명으로 상업화 되었고, 이로 인해 인쇄기는 뉴스와 정보에 대한 대중의 욕구를 증가시켰다고 주장했다.

경제적 관점은 몇 가지 이유로 비난을 받아 왔다. 한 가지 이유는 뉴스 결정이 언론인 대신 마케터들에 의해 이루어질 때, 뉴스 보도는 광고와 혼동되기 때문이다. 예를 들어, Kaniss(1996)는 한 사례를 지적함으로써 필라델피아 지역의 뉴스 프로그램을 비판했는데, 그 내용은 다음과 같다. 1996년 11월, 스위프 기간(sweep month)[1] 동안, 필라델피아 지역 CBS 방송국은 저녁 뉴스에서 '뉴스'라는 이름으로 84년 전에 침몰해 버린, 당시 CBS 방송국의 미니시리즈의 주제였던 Titanic에 대한 9개의 이야기를 방송했다. 필라델피아 주의 ABC 계열사는 디즈니사가 소유했기 때문에 미키 마우스에 대한 '뉴스' 이야기를 빈번하게 방송했다고 전해진다. 많은 TV 시장에서 국내 계열사들은 그들의 방송에 출연하는 연예인들에 대한 뉴스를 빈번하게 내보내고, 종종 그날 밤 방송에 나오게 될 TV용 영화의 주제와 관련된 뉴스를 보도하는 것으로 나타났다.

경제적 관점의 또 다른 비판은 뉴스의 내용을 어떻게든 대중에게 자극적인 방향으로 바꾸는 경향이 있다는 점이다. 예를 들어, 마케팅 관점을 지닌 언론인들은 특이한 사건을 강조하여 사람들에게 충격을 줌으로써 많은 시청자들의 관심을 잡아 끌만한 이야기를 보도하려는 경향이 더 있다. 이러한 마케팅 관점은 뉴스를 만드는 사람들로 하여금 대중들이 정부, 경제, 그리고 정치적인 문제에 대한 이야기들보다 부드러운 뉴스거리를 더 원한다고 믿게끔 만든다. 12개의 일간지에 담긴 13,000개의 기사에 대한 내용 분석에서, 강한 상업성을 지닌 신문들은 약한 상업성을 지닌 신문들보다 정부나 사회 문제에 대한 기사를 적게 싣고 스포츠나 생활양식에 대한 기사를 많이 게재하는 것으로 밝혀졌다.

오늘날, 미국의 수백 개의 신문, 잡지, 그리고 TV 방송국들의 뉴스 편집실들은, 정도의 차이는 있지만, 뉴스를 제작하는 데 있어서 이러한 접근 방식을 고수하고 있다. 전형적으로 상업 중심적 언론사는 그들의 상품에 대한 목표 시장을 선정하고, 그 목표 시장 내에서의 잠재적 고객들의 욕구와 필요를 발견해내며, 가능한 한 효과적으로 그러한 욕구와 필요를 만족시키는 것을 추구한다(Beam, 2003:368).

그리고 어떤 사람들에게나 널리 필요한 것 중 하나는 자신의 신념에 도전하기 보다는 확신을 주는 정보의 필요성이다(Knobloch-Westerwick & Meng, 2009). 그러므로 더 성공적인 뉴스 기관들은 구독자들의 믿음을 파악하기 위해 마케팅 관점을 이용하고, 그러한 믿음을 뒷받침하는 정보를 제공한다.

Boczkowski와 Mitchelstein(2013)은 뉴스에 대한 기초적인 이슈는 "기자들이 시민들에게 필요한 뉴스를 제공하고 시민들이 그러한 정보를 원하는지 아니면 흥미롭지만 민주 사회의 건강에 그다지 이바지하지 않는 스포츠, 범죄, 오락물에 대한 정보를 선호하는지에 관한 것(p. 6)"이라고 주장한다. 아마도 전문 기자들이 가장 뉴스거리가 된다고 생각하는 이야기(즉, 정치, 경제, 국제 문제)와 구독자를 가장 강하게 끌어들이는 이야기 사이에는 차이가 있을 것이다. Gans(2003)는 기자들이 가장 매력적이기보다는 가장 뉴스 가치가 있는 이야기를 제공하기 위해 그들의 직업적 정체성을 확

---

1) 지역 방송국과의 광고 산정을 위하여 텔레비전 프로그램의 시청률을 연속적으로 4주간 조사하는 기간(역자 주).

인하고 있다고 언급하였다. Boczkowski와 Mitchelstein(2013)은 2년간 연구를 수행하면서 수십 명의 뉴스 편집자들을 인터뷰하고 4만여 개의 뉴스 스토리는 물론, 7개국 20개 뉴스 사이트에 대한 시청자들의 반응을 분석한 바 있다. 그들은 소위 공적인 사건에 기사(기자들이 가장 중요하고 뉴스 가치가 있다고 생각하는 기사)의 공급과 비공적인 사건(스포츠와 오락)에 대한 공공의 수요의 격차가 커지고 있음을 발견했다. 그들은 다음과 같이 말하였다.

뉴스 사이트가 위치한 국가들 사이에 미디어 시스템과 사이트의 이념적 지향성에서 실질적인 차이가 존재함에도 불구하고 격차가 있었다. 더욱이 주요 지리적 변동성의 결핍은 지역적 차원에서 지속되고 있다.(p. 17)

소비자 개인적 관점

뉴스 콘텐츠에 대한 현재의 노출 패턴을 볼 때, 많은 사람들이 뉴스에 대한 오래된 전통적인 저널리즘 관점에 부합하지 않는 종류의 정보를 찾고 있다고 결론지어야 한다. 우리가 보는 한 가지 패턴은 사람들이 자신에게 이익이 되는 정보를 전략적으로 찾고 있다는 것이다. 즉, 그들은 "권위가 있는 것"이 그들에게 가장 중요한 사건과 이슈가 무엇인지 말해주기를 기다리는 것이 아니라, 이미 그들의 관심사에 대한 좋은 생각을 가지고 있고 그들이 활용할 수 있는 정보들 중 개인적인 요구를 만족시키는 정보를 찾는다. 이것은 초지역주의(hyper-localism)와 선택적 노출의 두 가지 경향으로 나타난다.

초지역주의

뉴스의 틈새 구독자가 늘면서 뉴스 전달 수단도 점점 특화돼 초지역주의로 통하고 있다. 뉴스 감시 단체인 'Project for Excellence in Journalism'은 대중 매체가 뉴스를 위해 구독자들을 붙잡는 데 어려움을 겪고 있으며, 신문, TV 뉴스, 심지어 인터넷 뉴스까지 전체 구독자가 줄어들고 있다고 말한다. 또한, 뉴스 메시지에 자신을 노출하는 것에 꺼려하는 사람들의 수가 점점 더 줄어들고 있으며, 그들은 신문과 네트워크 뉴스 프로그램을 보는 것 이외에 점점 더 많은 선택을 할 수 있게 되었다(Rainey, 2007). 케이블 뉴스는 흥미 중심의 뉴스쇼(예: Bill O'Reilly), 코미디 뉴스쇼(예: Daily Show나 Colbert Report), 스포츠 중심 뉴스쇼(예: SportsCenter 등), 연예인 중심의 뉴스(예: E!) 등을 좋아하는 많은 시청자들을 끌어들이고 있다. 이러한 뉴스 시청자들은 그들이 개인적으로 관심을 갖는 더 지역적이거나 취미 유형의 뉴스에 비해 세계나 국가적 문제에 덜 관심을 갖는다. 뉴스 기관들은 이것을 깨닫고, 이렇게 많은 틈새 관객들에게 어필하기 위해 점점 더 전문화된 전달 수단을 개발하고 있다.

선택적 노출

사람들이 선택적으로 뉴스 콘텐츠에 자신을 노출시킨다는 생각은 오랫동안 존재해 왔지만, 구독자의 분화와 선택의 확산으로 오늘날에는 더욱 중요해졌다. 선택적 노출은 사람들이 기존의 신념 체계에 부합하는 정보를 찾고 그러한 믿음에 도전하는 정보를 피한다는 심리학적 개념이다. 뉴스의 출처가 거의 없던 과거에, 사람들은 주류 뉴스에 자신을 노출시킬 수도 있었다. 즉, 뉴스에서 내보이는 신념이 그들 자신의 것과 반대되는 것을 볼 수도 있고, 아니면 뉴스를 완전히 피할 수도 있었다. 이제 모든 틈새 구독자들에게 끊임없이 제공되는 아주 많은 종류의 뉴스들로, 사람들은 자신의 개인적 신념 체계를 끊임없이 확인하는 뉴스의 출처를 쉽게 찾을 수 있다. 이것은 세상이 어떻게 돌아가는지에 대해 자신들이 옳고 다른 모든 사람들이 틀렸다고 강하게 믿는, 많은 다른 작은 집단을 만들 수 있는 가능성을 낳는다.

비록 이 관점이 새로운 것은 아니지만, 소비자 개인적 관점은 뉴스의 인터넷 플랫폼의 증가와 함께 중요해지고 있는 것으로 보인다. 이러한 관점의 중심은 언론인, 뉴스 회사, 철학자와 같은 외부 권위에 의존하기 보다는 뉴스라는 것을 스스로 결정하는 개인이다. 이러한 관점은 실용적이며, 뉴스라는 것에 대한 개인의 기준은 순전히 개인적이며, 각자에게 가장 중요하거나 흥미로운 것에 초점을 맞춘다. 따라서 특정한 취미를 가진 사람들은 현재 그들의 취미에 영향을 미치는 사건, 즉 취미에 대한 새로운 규정, 그들의 취미에 도움이 되는 새로운 발명품 등으로 뉴스를 정의하게 될 것이다. 가족 지향적인 사람들은 그들과 관련된 사람들에게 일어나는 일, 즉 누가 아프고, 누가 어디를 여행하고, 누가 연애를 하거나 약혼을 하고 결혼하거나 혹은 이혼하는지에 가장 관심이 많다. 따라서 Facebook과 같은 정보원은 USA Today, Time Magazine, CBS Evening News보다 훨씬 더 많은 '뉴스 가치가 있는' 정보를 제공한다. 많은 사람들에게, 미국의 대통령이 대국민담화를 발표하고 경제 계획을 세울 때, 이것은 뉴스거리가 되지 않는다. 대신에, 그들의 가장 친한 친구들이 휴가나 쇼핑 여행에 시간과 돈을 어떻게 쓸지에 대한 계획을 세울 때, 이것은 그들에게 중요한 뉴스거리가 된다. 근접성이나 명성과 같은 다른 저널리즘 기준은 상대적으로 중요하지 않다. 형제나 가까운 친구가 약혼을 발표하면, 이것은 그녀가 옆집에 살든 먼 곳에 살든 간에 매우 중요한 뉴스거리가 된다. 오빠가 휴일에 하는 일은 그가 대학생이든 국회의원이든 상관없이 뉴스거리가 된다.

뉴스의 질을 평가하기 위한 소비자 기준

이 장에서 지금까지 보았듯이, 뉴스에 대한 많은 비판이 있다. 비판은 뉴스와 같은 어떤 것이 자신의 기준에 맞지 않는다고 사람들이 화를 낼 때 표출된다. 그래서 이 비판의 성격을 이해하기 위해서는 뉴스 스토리를 평가하기 위한 기준이 무엇인지 분석할 필요가 있다. 이 절에서는 가장 자주 언급되는 세 가지 표준인 객관성, 정확성, 중립성에 대해 자세히 살펴보기로 한다.

객관성

뉴스의 질에 대해 가장 자주 언급되는 기준은 객관성이다. 저널리즘에는 객관성에 대한 강한 윤리(Parenti, 1986)가 있으며, Kaplan(2010년)은 "한 세기 이상 미국 언론은 핵심적 공공의 사명을 정의하는 객관성의 윤리를 받아들였다(p.25)."고 덧붙였다.

그러나 객관성의 개념은 물체가 정확하게 인식되고 인간의 한계에 의해 그 인식이 왜곡되지 않도록 관찰되고 있는 개체와의 분리성을 의미하는 매우 일반적인 철학적 개념이다. 물론 이것은 인간들, 심지어 기자들조차도 달성하기에는 불가능한 기준이다. 인간이 사물을 관찰할 때, 그들의 인식은 항상 그들의 기대, 능력, 역사에 의해 형성된다. 게다가, 기자들은 마감시간에 의한 시간적 제약, 쓸 수 있는 이야기의 길이, 출처의 네트워크, 그리고 사람들을 인터뷰하고 그 사람들이 진실을 말하고 있는지 판단하는 능력에 의해 제한을 받는다.

객관성을 기자들의 기준으로 삼는 것은 비현실적이다. 기자들은 결코 순전히 객관적일 수 없다. 심지어 그들이 편견에 의해 영향을 받는 것을 피하려고 해도, 그들 스스로가 어떤 편견을 지녔는지 모두 알 수 없다. 그리고 이러한 무의식적인 편견들은 그들이 어떤 것들을 다룰 것인가, 어떤 종류의 정보를 모을 것인가, 얼마나 많은 정보를 모을 것인가, 그리고 어떻게 그들의 조사 내용을 하나의 이야기로 묶을 것인가에 대한 많은 결정을 내리는 방법을 형성하는 데 영향을 미친다.

정확성

정확성은 뉴스의 질을 판단하는 좋은 기준인 것 같다. 기사가 잘못된 사실을 보도할 때 그것은 매우 명백해진다. 만약 어떤 기사가 하나의 사실을 보도했는데 그 사실을 확인하기가 쉽다면, 정확성은 매우 유용한 기준이 된다. 그러나 거의 어떤 뉴스도 단 하나의 사실만을 제시하지 않기 때문에 완전성의 문제가 제기된다. 한 기사가 20가지 사실을 제시했는데 그 중 19가지가 정확하고 단 한 가지 사실이 부정확하다면? 이것이 모든 이야기를 잘못되게 만드는가? 한 가지 부정확한 사실이 사소한 것이라면 전체 이야기가 정확하다는 결론을 내릴 수 있기 때문에 이것은 대체적으로 대답하기 어려운 질문이다. 그러나 만약 한 가지 부정확한 사실이 이야기의 핵심이라면, 우리는 95%의 사실들이 정확하다는 것은 중요하지 않고, 그 이야기 자체가 부정확하다고 결론지을 것이다. 정확성에 대한 판단이 복잡해질 수 있음을 곧 알게 될 것이다.

완전성

정확성에 대한 평가는 우리가 기사에 보도되지 않은 사실들에 대해 생각하게 되면 훨씬 더 복잡해진다. 즉, 많은 사실들을 정확하게 보도하는 뉴스 기사가 있는데 보도된 사실들은 대부분 주변적인 내용인 반면, 기사의 중심이 되는 사실들은 배제되어 있다면 어떠한가? 부분적인 이야기만 보여주는 것은 보통 기자가 대중의 오해를 불러일으키려는 의도가 없는 것으로 보아 편견으로 간주하지 않는 왜곡의 일종이다. 기자가 시간에 쫓기거나 전체적인 이야기를 전달하기에 충분한 자료나 능력을 가지지 못할 때 그러한 일이 발생한다. 기자가 대중을 오도하려는 것은 아니지만, 부분적인 이야기에 노출된 사람들은 여전히 그 사건에 대한 왜곡된 그림을 보기 때문에 그 이야기는 객관적이라고 볼 수 없다.

부분적인 이야기의 한 가지 형태는 아무리 중요한 사건이 지속적으로 이어진다 하더라도 중요한 이야기가 보도되는 것이 중단될 때이다. 이에 대한 사례로는 협상 과정 중에 보도되었던 담배 산업의 210억 달러의 합의가 대표적인 예이다. 합의 후, 언론은, 2000년에서 2002년 사이에 담배 회사들이 주 정부에 수십 억 달러를 지불하기 시작하면서 기사화하는 것을 중단했다. 이 돈이 어떻게 쓰였는지 보도하는 것이 왜 중요했을까? 그 합의에는 주 정부가 공중 보건을 위해 돈을 써야 하고, 담배의 유해성에 대해 국민들, 특히 어린이들을 교육시키는 데 써야 한다고 명시되어 있었다. 그러나 전체 지불액 중에 겨우 5%만이 원래 의도였던 금연 운동에 사용됐다. 나머지 돈은 50개 주에 걸쳐 온갖 종류의 지역 개발 사업에 쓰였다. North Carolina에서는 많은 돈이 담배 농장에 보조금을 주는 명목으로 사용됐다. 이 보조금들은 담배를 재배하는 농장이 다른 농작물을 경작하도록 돕는 데 쓰이지 않았다. 그 돈의 많은 부분은 담배 농장 시설의 현대화에 쓰였다(Mnookin, 2002). 또한, 언론은 담배 회사가 정부에 지급한 돈의 출처가 어디인지에 관해서 대중들에게 알려주는 데 기여한 바가 전혀 없었다. 대부분의 사람들은 이 돈이 거대 담배 기업으로부터 나왔다는 것을 알았지만, 그 돈을 어디에서 마련하였는지 알지 못했다. 현재 거대 담배 기업들은 마트에 있는 수백 개 브랜드의 식품을 지배하고 있다. 정부에 지불한 합의금은 크래커, 시리얼, 땅콩버터, 개 사료, 수프, 그 외의 식품들의 가격 상승으로 조달되었을 가능성이 높다.

부분적인 이야기의 다른 유형은 언론인들이 단 하나의 관점으로 이야기를 전달할 때이다. 미국 기자들은 전형적으로 미국의 군사 행위에 대해서는 항상 정당하며, 미국이 상대하는 국가의 군사 행위는 정당하지 않다는 관점에서 그들의 이야기를 전달한다. 한 예로, Fishman과 Marvin(2003)은 지난 21년 간 New York Times의 1면에 실린 사진들을 분석했다. 폭력성을 집중적으로 연구한 결과, 미국 요원들보다 다른 나라 요원들이 확실히 더 폭력적인 것으로 표현되었고, 후자는 전자보다 폭력과 더 관련이 있는 것으로 묘사되고 있음을 밝혀냈다. 미국을 제외한 국가의 폭력의 이미지는 강요되거나 잔인하게 파괴된 질서이다. 이와 대조적으로, 미국 관련 폭력의 이미지는 별로 우려할 게 없고, 잔인하지 않은 질서 행위로 그려졌다. 따라서 폭력은 집단 내 상태보다는 집단 밖의 상태와 더욱 연관이 깊다.

맥락

맥락은 뉴스 기사에서 구독자들이 사건의 의미를 이해하는 데 도움을 주는 것이다. 맥락이 없으면 기사의 의미는 모호해진다. 예를 들어, 어떤 뉴스가 'Jones 씨가 오늘 아침 살인으로 붙잡혔다'는 기사를 내보냈다고 가정해 보자. 만약 우리가 맥락을 다양화한다면, 이 사실은 매우 다른 의미들을 전할 수 있을 것이다. 언론인이 Jones 씨가 십년 전 여러 사람들을 살해했고 체포되어 유죄 판결을 받고 수감 생활을 했으나, 경험이 없고 꼼꼼하지 않은 판사의 판결로 인해 최근에 풀려났다는 몇 가지 역사적인 맥락을 제공한다고 생각해보자. 반대로, 살인에 사용한 무기를 지니고 있다고 자백한 다른 사람을 경찰이 이미 구치소에 잡아넣었는데도 불구하고 진행 중인 시장 선거의 후보자인 Jones 씨가 체포되었다고 가정해보자. 체포에 대한 사실은 서로 다른 맥락 안에서 매우 다른 의미를 갖는다.

이것은 중요한 질문을 제기한다: 만약 언론인이 맥락을 제공하지 않는다면 뉴스 스토리가 정확할 수 있을까? 대부분의 학자들은 아니라고 대답할 것이다. 예를 들어, Bagdikian(1992)은 저널리즘에서 가장 중요한 형태의 편향은 기사의 맥락이 결여되었을 때 나타난다고 주장한다. 맥락은 기자의 의견일 뿐이며, '객관적인 보도'에서는 의견을 제시하는 것을 피해야 한다. Bagdikian은 "당파주의와 합리적으로 알려진 역사 및 사회적 상황의 맥락에서 사실을 배치하는 것 사이에는 차이가 있다. 미국 저널리즘은 그 둘 사이에 실행 가능한 구별을 하지 않았다. 미국 뉴스의 표준에서 사회적 중요성을 제거하라는 강력한 상업적 압력이 있다. 잘 알려진 사회경제적 맥락은 세계관이 다른 독자들 중 일부를 불안하게 할 수 있는 불가피한 정치적 의도를 가지고 있다.(p. 214)" 그래서 언론은 대상에 대해서 사실의 이면에 있는 의미는 무시하고 논란의 여지가 없는 사실들만을 보도하지만, 그렇게 함으로써 그 근본적인 의미를 볼 수 있는 우리의 능력을 심각하게 제한한다.

맥락적인 자료는 매우 중요하지만, 많은 기사들은 거의 맥락을 제시하지 못한다(Parenti, 1986). 예를 들어, 우리가 매일 접하는 범죄에 대한 많은 이야기들은 각각 한 가지 범죄 사건에 대한 사실만을 다루고 있다. 범죄율에 대한 어떠한 맥락도 없으며, 또는 기사에서 보도된 특정한 범죄가 어떻게 역사적, 사회적, 경제적 현상 등과 어떻게 연관되는지에 대한 맥락도 없다. 범죄 이야기는 마음을 위한 팝콘과 같다. 각각의 기사는 작고 단순하며 비교적 비슷하다. 그것들은 우리의 정신에 정보를 소비하고 있다는 느낌을 주지만, 영양가가 거의 없다. 이러한 정보를 곰곰이 생각해 본 몇 년 후에는, 우리는 대부분의 범죄는 길거리 폭력 범죄이며 우리 주변에서 증가하고 있다고 믿게 될 것이다. 그러나 실제 수치는 대부분의 범죄가 폭력 범죄(살인, 강간, 강도 등)보다는 사무직 종사자에 의한 범죄(횡령, 사기, 위조, 신원 도용 등)와 재산권에 관한 범죄(절도, 상점털이 등)이라는 것을 알려 준다. 그러나 덜 흔한 폭력 범죄가 더 일탈적이어서 대중들의 관심을 끌기에 더 쉽기 때문에 더 많이 보도된다. 기자들에게 기사에서 더 많은 맥락을 보여줄 것을 요구하는 것은 2가지 문제를 안고 있다. 첫째는, 언론인들은 재능 면에서 매우 다양한데, 맥락에 대한 요구는 마감 시간에 맞춰 막대한 양의 연관된 맥락 정보를 깊이 파고들 수 있는 매우 재능 있고 경험이 많은 기자가 필요하다는 것이다. 두 번째로, 기자들이 맥락을 구성하는 것에 대한 책임감을 지닐 때, 그들은 사건의 의미를 규정하는 데 막강한 힘을 드러낼 수도 있다. 기자들이 만약 중요한 맥락 요소를 배제한다면(의도적이든 실수로든) 사건의 의미를 완전히 바꿀 수도 있다.

　기자가 사실에 대한 충분한 맥락을 제공하지 않아서 정확한 사실을 보도했음에도 독자들이 잘못된 결론에 이른 사례를 살펴보자. Los Angeles Times의 기자 Larry Stewart는 '스포츠 다양성과 윤리 연구소(Institution for Diversity and Ethics in Sport)'라고 부르는 단체가 작성한 보고서를 보고 기사를 썼다. Stewart(2004)는 2004 전미 대학 경기 협회의 농구 경기에 참여하는 16개의 학교 중 6개의 학교의 졸업 비율이 50%가 넘지 않는다는 정보를 보도했다. 이는 독자들에게 대학들(적어도 6개의)이 학교에 소속된 운동선수들을 부당하게 이용하고 있다는 인상을 남긴다. 그러나 기자가 싣지 않은 내용을 보면 얘기가 달라진다. 전국적으로 대학 4년을 다닌 학생들 중 약 50%만이 학사 학위를 가지고 졸업을 한다는 것이다. 그러므로 문제는 기사가 내포하는 것처럼 농구 팀이 이상하게도 낮은 졸업 비율을 지니고 있다는 것이 아니다. 실제 문제는 모든 대학교 학생들의 중도 탈락률이 비교적으로 높다는 것이다. 또한, 기자는 보고서에서 16개의 학교 중 단 3개의 학교만이 흑인 코치를 보유한다는 점을 문제 삼았다고 보도했다. 왜 이 숫자가 나쁜 것인가? 숫자는 얼마가 되어야 하는가? 만약 숫자가 미국 내 흑인의 숫자에 비례해야 한다면, 우리는 12%의 코치는 흑인이 해야 한다고 예상할 것이며, 이는 2명의 코치가 될 것이다. 또는 다른 각도에서 보면, 전미 대학 경기 협회의 흑인 선수들의 숫자에 흑인 코치의 숫자가 비례해야 하는가? 이는 더 높은 확률일 테지만, 그렇게 되면 아마 '왜 히스패닉계나 아시아계 미국인 선수들은 많이 없는가?'라는 질문과 함께 농구팀 내 흑인 선수가 지나치게 많다는 것과 농구팀에 비흑인 선수의 실력이 나아져야 한다는 문제를 제기할 것이다. 적절한 선수의 수를 결정하는 것은 복잡한 문제이다. 만약 신문들이, 독자들이 좋은 결정을 내릴 수 있도록 정보를 알려주는 기능을 지닌 것으로 스스로를 규정한다면, 기자들은 반드시 더 상세한 맥락을 제공해야 한다. 그러나 만약에 기자가 오직 논란에만 초점을 둔 피상적인 기사를 작성한다면, 이는 독자들을 교육시키는 대신 부정적인 감정들만을 불러일으키게 될 것이다.

요컨대 정확성은 여러 층위의 의미를 가진 복잡한 개념임을 알 수 있다. 그래서 이것이 뉴스 기사의 질을 판단하는 기준으로 활용되기에는 매우 복잡하다.

중립성

뉴스의 질에 대한 기준으로서 중립성은 기사가 기자의 편견이나 사견에서 자유롭다는 것을 의미한다. 이것은 기자가 구독자들이 특정한 방식으로 생각하도록 설득하기 위해 기사를 편향되게 제시하지 않는다는 것을 의미한다. 즉, 기자는 설득이 아닌 정보 전달에만 초점을 맞춘다는 것이다. 중립성은 편견의 결여와 균형성 상태에서 관찰된다.

편견의 결여

조작과 같은 편견은 기자의 입장에서 의도적인 왜곡이지만, 이런 일이 언제 일어나는지 구독자들이 알아채기 어렵다. 이는 실제적 편견(기자가 의도적으로 뉴스 기사를 왜곡하는 경우)과 의식적 편견(기사가 편향적이라고 대중들이 인식하는 경우)의 구별을 강조한다. 전통적인 뉴스 조직에서 실제적 편향의 예는 드물지만, 이것은 기사 자체가 편견이 없다는 것을 의미하지는 않는다. Jensen(1997)은 언론인들 사이에서 뉴스를 검열하려는 계획적인 음모는 거의 없다고 지적한다.

뉴스는 몇몇 사악한 보수적 성향의 미디어에 의해서 지배되기에는 너무 다양하고 급변하며 예측 불가능하다. 그러나 대중매체 조직들의 소유자나 관리자들의 관심사나 이해관계가 일치하고 있다. 이 음모 아닌 음모가 다른 다양한 요소들과 합쳐질 때 뉴스 미디어는 조직적으로 국민들의 알 권리를 침해하기도 한다. 이것이 우리가 살펴본 다른 사회에서의 몇몇 사례와 같은 검열의 공공연한 형태는 아니지만, 실제로 일어나는 일이고 종종 국민의 행복을 침해할 만큼 똑같이 위험하다(pp.14-15).

Jensen(1995)은 그의 저서 『검열: 뉴스를 만들지 않는 뉴스 그리고 그 이유(Censored: The News That Didn't Make-And Why)』에서 만약 중요해 보이는 많은 이야기들이 뉴스 미디어에 의해 보도되는 경우가 약간은 있다 하더라도 그렇게 많지는 않다고 설명했다. 예를 들어, 1985년에 국립 직업 안전 건강 연구소(NIOSH)는 미국 내에서 258개의 직장에서 약 240,000명이 넘는 사람들이 위험한 상황에 처해있다고 밝혔다. NIOSH의 목적은 직장 내 안전 실태를 점검하고 직장 내에서 화학 물질이나 다른 위험한 물질에 노출되어 삶을 위협하는 병에 감염되는 심각한 위험에 놓여있을 때 근로자들에게 알려주는 것이다. 1995년 즈음에, NIOSH는 지난 십여 년 간 매일매일 위험에 놓여 있다고 밝혀진 30% 이하의 사람들에게만 통보를 했다. 따라서 NIOSH는 70%에 해당하는 170,000명의 사람들이 매일 매우 위험한 직업 환경에서 일하고 있다는 것을 알고 있었지만, 이를 그들에게 말해주지 않고 10년을 보낸 것이다. 뉴스 미디어는 이러한 정부의 태만을 수 십 년 이상 동안 방관했다.

미디어에 밀접하게 연관된 사람들은 종종 뉴스의 자유주의적 또는 보수주의적 편향에 대해 불평을 하거나 부정주의가 너무 많이 내포되어 있다고 말을 한다. Gallup 여론 조사 분석에 따르면, 반 이상의 미국인들이 미디어가 광고주, 기업, 민주당(진보 정당), 연방 정부, 자유주의자, 군대, 공화당(보수 정당)에 의해 영향을 받는다고 생각하는 것으로 나타났다(Becker, Kosicki, & Jones, 1992). 신문업계 자체 설문조사에서 같은 결론이 도출되었다. 예를 들어, 미국 신문 편집자 협회(American Society of Newspaper Editors)에서 실시한 설문조사에서 대부분의 사람들은 미디어가 정치적 성향을 지니고 있다고 믿는 것으로 나타났다(Jeffres, 1994).

뉴스 편향에 대한 인식은 집단 내 또는 집단 간의 차이에 의해 설명된다. 시민들의 정치적 성향은 그들이 얼마나 많은 변화를 인지하는가에 영향을 미친다. 정치적으로 다른 성향을 지닌 매체는 더 획일적인 당파적 편견을 가진 것으로 보이고, 정치적으로 유사한 성향의 매체는 더 다양한 당파적 편향을 지닌 것으로 보인다(Stroud, Muddiman, & Lee, 2014).

흥미로운 것은 보수주의자들은 미디어가 전반적으로 진보주의적 성향을 가지고 있다고 느끼는 반면, 진보주의자들은 미디어가 보수적이라고 느낀다는 것이다. 보수주의자들은 대부분의 보도 기자들이 자신들의 견해에 있어서 자유롭고, 이런 진보적 언론인들은 자신들의 기사를 내보낼 때 편견을 드러낸다고 불평한다. 이와는 대조적으로, 진보주의자들은 보수주의 성향의 방송인들이 너무 많은 권력을 가지고 있고 진보주의자들에게 오명을 씌우기 위해 미국 사회의 논제를 재정의해 왔다고 생각한다.

미 연방의 초창기에는 대부분의 신문사들은 그들이 내세우고자 하는 명확한 정치적 관점을 가진 사람들에 의해서 설립되었다. 도시에는 다수의 신문사들이 있었으며, 각각의 신문사들은 서로 다른 틈새를 공략하여 그들의 정치적 견해를 전달했다. 신문사들은 정치적으로 편향되어 있었으며, 이 성향은 명확하게 구분되었다. 그러나 1800년도 후반에, 신문사들은 정치적 관점에서 거대한 유통망의 설립을 목표로 사업적 관점으로 움직였다. 이를 위해서, 신문사들은 잠재적인 독자들을 불쾌하게 만드는 것을 피하기 위해 정치적 프레임을 없애버렸다. 이러한 사업적 관점은 여전히 대중매체의 기저가 되고 있다. 뉴스 결정은 정치적 관점을 고수하기 위해서가 아닌 독자를 확보하기 위해 내려졌다. 때때로, 특정한 정치적 관점을 지니고 논쟁하는 것은 독자를 확보하기 위한 도구로 사용될 수 있지만, 이러한 경우는 대개 그것조차도 틈새라고 여기고 공략하고자 하는 미디어에서 발견된다. 대신에, 텔레비전 방송과 같은 큰 뉴스 기관들과 큰 신문사들은 정치 판도를 넘어서 모든 사람들에게 호소하기 때문에 객관적이고 균형적이게 보이기 위해서 어떠한 정치적 문제라도 양쪽의 의견을 모두 제시하려 노력한다. 이러한 결론은 1948년 이후의 대통령 선거 관련 뉴스의 정치적 성향을 다룬 59개의 양적 연구를 메타 분석했던 D'Alessio와 Allen(2000)에 의해 제시되었다. 그들은 신문사과 잡지사의 정치적 성향에 대한 어떠한 증거도 찾지 못했고, 오직 TV 방송만이 '모호한' 성향을 지니고 있다고 하였다.

30년 동안 CBS 뉴스에서 일했던 에미상 수상 기자 Bernard Goldberg는 2003년에 『편견: 뉴스 왜곡에 대한 CBS 내부자의 폭로(Bias: A CBS Insider Exposes How the Media Distort the News)』라는 제목의 책을 출판했다. Goldberg는 뉴스가 객관적이고 균형적인 보도를 하기 보다는 진보주의적 시각으로 편향되어 있다고 주장했다. 개인적인 의견을 제시한 Goldberg는 내부자들에게 뉴스가 어떻게 모아지고 보도되는지에 대한 이야기를 들려주고 TV 뉴스에서 일하는 거의 모든 사람들이 얼마나 그들의 보도에서 진보주의적 편견을 조장하는지를 보여준다. 특정 뉴스 수단이 진보적 편향을 보이는지 아니면 보수적 편향을 보이는지에 대해 민감한 것은 중요하다. 그러나 모든 뉴스 수단의 기초가 되는 광범위한 편견, 즉 상업주의, 오락, 피상주의의 편견에 민감한 것은 훨씬 더 중요하다. 우리가 하는 일이 뉴스 편향에 관한 한 진보-보수 문제를 토론하는 것이 전부라면, 우리는 뉴스 미디어가 의제 설정과 같이 우리가 생각하는 것뿐만 아니라 우리가 무엇을 생각하고, 어떻게 생각하고, 우리가 누구인지를 결정하는 세계관을 제공하고 있다는 더 큰 그림을 놓칠 위험에 처하게 된다.

편견의 결여는 진실성을 의미한다. Pettegree(2014)는 진실과 관련하여 뉴스의 질에 대한 초창기의 우려는 "특히 뉴스의 판매자들은 정보의 가치와 잘못된 루머에 의해 일어날 수 있는 행동의 위험성에 대해 예민한 인식을 가지고 있었다(p.3)."고 지적한다. 이것은 거짓이 제거될 수 있도록 여러 출처를 통해 사실을 확인하는 것의 중요성을 견인했다.

진실성은 또한 기자들이 그들의 이야기의 틈을 메우기 위해서 또는 대중들에게 더 매력적이거나 설득력 있게 보이도록 그들의 이야기를 '달콤하게' 만들기 위해 사실을 포장하지 말도록 요구한다. Jamieson과 Waldman(2003)은 때때로 기자들이 좋은 이야기를 하고 싶어 하고 그 이야기를 하는데 방해가 되는 사실을 무시하게 된다고 지적한다.

다행스럽게도 위조에 관한 많은 전례가 있지는 않지만, 밝혀졌던 몇몇 심각한 사례가 저널리즘의 신뢰성을 손상시켰다. American Journalism Review에 게재된 논문에서 Lori Robertson(2001)은 언론인들의 해고를 초래했던 수십 개의 윤리적 위반 사례들을 강조했다. 이 문제는 잘 알려진 잡지들(Time, New Republic, Business Week), 대형 신문사들(Wall Street Journal, New York Times, Boston Globe), 그리고 소형 신문사들(Myrtle Beach Sun News in South Carolina, Bloomsburg Press Enterprise in Pennsylvania, and Owensboro Messenger-Inquirer in Kentucky)을 포함한 모든 종류의

인쇄 매체들에서 그러한 사실이 있었다는 것과 그러한 문제는 스포츠, 비즈니스, 일반 뉴스, 논평, 그리고 예술 비평가를 포함한 모든 분야의 기자들에게 나타났다는 것이다.

아마 가장 잘 알려진 윤리적 문제는 New York Times에서 고속 승진 코스를 밟았던 27살의 기자 Jason Blair에 의해 저질러진 것일 것이다. 그는 기자로서 인정을 받기 위해 신문에서 가장 눈에 잘 띄는 공간에 기사가 실리도록 흥미로운 이야기를 쓰려고 노력했다. 그러나 그러한 기사를 쓰기 위해, 그는 자유롭게 사실을 각색했으며, 이는 심지어 아예 새로운 기사를 만들어내기까지 했다. Times의 편집자들이 마침내 그의 기사들을 조사했을 때, 많은 위조들을 찾아냈으며, 그 즉시 Blair를 해고했다. 그러나 Times 신문사의 신뢰성은 이미 추락했으며, 편집자들은 신문 1면에 14,000단어로 쓰인 장문의 사과문을 실어야했다(Wolff, 2003).

가끔씩 뉴스 메이커들은 사실을 왜곡하여 언론인들에게 그것을 보여줄 것이고, 그것을 받아든 언론인들은 날조된 사실을 기사로 실어야 할지 거짓된 정보라고 폭로해야 할지 결정을 해야 한다. 이것은 선거 후보자의 홍보 담당자가 가끔씩 지지하는 후보의 위상을 강화시키기 위해 '사실'을 만들어내는 정치 선거에서 볼 수 있다. 2012년 대통령 선거는 PolitiFact나 FactCheck.org와 같은 웹 사이트를 통해 후보자의 이력에 대한 사실 확인이 가능하게 한 좋은 전례를 남겼는데, 이 웹 사이트에서는 명백한 거짓말뿐만 아니라 왜곡된 진실을 보여주었고, 대중들의 관심을 여기에 쏠리게 하였다. 여하튼 이러한 노출은 유권자들이나 선거 운동에 별 영향을 미치지 않은 것으로 보였다. 예를 들면, Romney 후보 진영에서는 Obama 후보가 복지 공약의 요건을 충족하지 못했다고 이의를 제기했다. 그것은 거짓으로 밝혀졌고, 사실 검증 장치에 의해 거짓으로 보고되었다. 하지만, Romney 진영의 거짓이 드러났을 때도 후보 캠프에 아무런 해가 되지 않았다. 여론조사 결과 Romney에 대한 지지도가 상승하는 것으로 나타났기 때문에 유권자들은 그것이 거짓말이라는 말을 듣지 않았거나 신경 쓰지 않은 것이다. Romney 진영의 여론 조사 요원이었던 Neil Newhouse는 거짓말에 정면으로 맞서 다음과 같이 말했다. "우리는 우리의 선거 운동이 사실 검증 장치에 의해 영향을 받도록 그냥 두지 않을 것이다(Poniewozik, 2012)."

균형성

균형성이라는 기준은 기자들이 어떤 사안의 모든 면을 동등한 방식으로 제시한다는 것을 의미한다. 다시, 이것은 분석할수록 복잡해지는 단순한 개념이다. 문제가 간단하면 두 가지 측면만 있는데, 각각은 그것을 뒷받침할 수 있는 잠재적 근거의 수가 같다. 만약 문제가 이러한 조건들을 충족한다고 믿는다면, 균형을 위한 비교적 간단한 테스트를 설계할 수 있다. 예를 들면, Fico와 Soffin(1995)은 낙태, 학교에서의 성도덕, 다양한 정부의 지출과 같은 논쟁의 여지가 많은 문제들을 보도할 때의 균형성에 대해 조사하였다. 균형성은 표제, 첫 문단, 그리고 도표에서 양측의 주장이 모두 실려 있는지, 인터뷰를 인용할 때 양측의 입장을 모두 반영하였는지 살펴봄으로써 평가되었다. 그들은 분석된 기사들 중 48%가 편파적이라는 것을 발견했다. 즉, 한쪽의 입장은 전혀 보도되지 않았다는 것이다. 각각의 사건에 대해 서로 다른 의견을 제시한 기사 내용을 산술적으로 계산해 보았는데, 한쪽의 의견이 다른 쪽의 의견에 비해 평균적으로 3개 이상의 사실을 더 포함하고 있다는 것을 발견했다. 그러므로 일반적인 기사는 균형적이지 않다. 오직 7%의 기사들만이 완벽하게 균형적이었다. 두 저자는 많은 언론인들이 전문적인 역량이나 윤리적인 자각이 부족하다고 결론지었다.

그러나 대부분의 이슈는 두 가지 이상의 측면을 가지고 있다. 예를 들어, 찬성과 반대의 양면만 있는 것으로 항상 제시되는 낙태를 보자. 그러나 우리가 언제 생명이 시작되었는지에 대해 질문하면, 정자와 난자가 수정이 되었을 때, 수정체가 만들어졌을 때, 자신의 힘으로 기능할 수 있을 때, 태어났을 때 등 이 이슈에 대해 취할 수 있는 여러 가지 입장이 있고, 균형성에 대한 기준으로는 뉴스 기사에서 모든 입장을 인정해야 한다는 것이다.

균형을 이루는 데 있어서 또 다른 문제는 어떤 이슈에 관한 모든 입장이 동일한 양의 뒷받침되는 정보를 가지고 있지 않다는 것을 인식할 때 발생한다. 예를 들어, 기자들이 지구가 평평하다고 주장하는 사람의 이야기를 취재해야 한다고 하자. 기자들은 좋은 기사를 쓰기 위해 지구가 평평하다는 주장을 뒷받침할 수 있는 충분한 사실을 찾기 위해 더욱 열심히 일해야 하는가? 기자들은 '논란'의 양쪽의 주장을 똑같이 믿을 수 있게 만들 의무가 있는가? 분명히 이 예시에서 기자들이 지구는 둥글다는 주장과 동등하게 지구가 평평하다는 주장에 신빙성을 부여한다면, 대중들을 오도하는 결과를 낳게 된다. 그 후 문제는 어떤 이슈가 균형성 있는 시각인지 어떤 것이 그렇지 않은지와 사실이 무엇인지를 파악하기 위해 누구를 믿어야 하는지의 문제로 옮겨간다.

요컨대, 우리가 계속해서 뉴스 스토리에 대해 바람직한 평가를 하는 것이 중요하지만, 평가를 위해서는 활용할 수 있는 모든 기준들이 지니는 각각의 복잡성을 면밀히 고려해야 한다.

뉴스에 대해 더 나은 리터러시를 갖추는 방법

우리가 뉴스 제공자로 여기는 매체로부터 매일 얻는 정보는 우리의 세계관을 형성한다. 우리가 중요하게 생각하는 것에 대한 정보의 점진적인 축적은 사물들이 어떻게 작용하고 어떻게 작용해야 하는지에 대한 우리의 신념을 형성한다. 이러한 신념은 사람, 사건, 장소를 평가할 때 우리가 사용하는 기준이 된다. 따라서 장기적으로 볼 때, 뉴스에 대한 우리의 노출 패턴은 지금 발생하는 것에 대한 정보를 얻는 것 이상이다. 그것은 보다 근본적으로 지식 구조, 믿음, 태도를 형성하는 피할 수 없는 과정이다. 그러므로 우리가 노출 패턴과 그 패턴이 미칠 수 있는 영향에 대해 더 많이 생각할수록, 그 과정을 더 잘 통제할 수 있고 그것이 우리에게 유리하게 작용하도록 조절할 수 있다. 더 나은 미디어 리터러시를 갖춘다는 것은 뉴스 노출과 뉴스의 질에 대한 주기적인 진단을 포함한다.

노출의 문제

전통적인 뉴스 미디어는 같은 사건을 다루며 이야기를 매우 비슷한 방식으로 소개한다. 그러므로 만약 당신이 매일 국내 또는 국제적 사건에 대한 정보를 얻고 싶다면, ABC, CBS, NBC의 저녁 뉴스를 본다든지 일간 신문을 읽는 것은 그리 중요하지 않다. 왜냐하면, 당신은 같은 이야기를 접하게 될 것이기 때문이다. 이러한 패턴은 학자들이 전통적인 미디어가 무엇을 다룰지, 무엇을 경시할지를 결정함으로써 그날그날의 의제를 정했다는 것을 관찰하게 했다. 의제 설정 이론은 미디어가 뉴스로 내세우는 것과 가장 중요한 뉴스로 강조하는 것이 선택적이라는 것을 설명한다. 이러한 선택과 강조가 의제를 정하는 것이다. 즉, 대중은 미디어가 가장 중요한 것으로 강조하는 것을 받아들인다(McCombs & Reynolds, 2009; McCombs & Shaw, 1972 참조). 이 이론은 뉴스가 어떻게 정치적 선거 운동과 이슈에 대한 여론을 형성하는지를 설명하기 위해 만들어졌지만, 수년 동안 정치를 넘어 더 넓은 영역으로 옮겨갔다. McCombs와 Reynolds(2009)도 "정치와 선거 운동의 특정 영역을 넘어서서 더 넓은 정치 문화는 정치와 선거에 대한 신념의 기본적 시민 의제에 의해 정의된다. 다른 문화적 의제에 대한 탐구는 전통적인 공공 업무의 영역을 훨씬 넘어서서 의제 설정 이론을 움직이고 있다(p.13)."고 말한다.

과거에는, 우리가 전통적인 뉴스 미디어에 노출할지 말지를 통제할 수 있었지만, 만약 우리가 노출을 한다면, 그 통제권은 우리에게 무엇이 중요한지를 말해주는 전통적인 뉴스 미디어에게 있었다. 비전통적인 뉴스 매체의 증가로 인해, 우리는 이제 많은 다른 뉴스 공급원을 갖게 되었다. 따라서 우리의 노출에 대한 통제는 우리에게로 전환되었다. 우리의 노출 결정은 우리가 뉴스라고 여기는 것에 의해 형성될 가능성이 있다. 이러한 선택을 생각하려면, 국제적 차원에서 개인적 차원까지 고려해야 한다. 이 차원의 한쪽 끝에는 전 세계적인 사건 패턴으로 구성된 국제적인 것이 있다. 국제적인 것에 대한 노출은 당신이 직접 접촉이 거의 없거나 전혀 없는 국가, 문화 및 역사적 시기로 당신을 데려간다. 이 차원의 다음 영역은 국가적인 것으로, 당신이 언어, 문화, 역사를 알고 있고, 현재의 사건들이 계속해서 최신의 정보로 갱신되기를 바라는 당신의 나라에서 일어나는 사건들로 구성되어 있다. 그 다음 영역은 당신의 지역에서 일어나는 일인데, 당신이 자주 방문하는 지리적 지역일 가능성이 높다. 미디어 리터러시 차원의 다른 끝에는 개인적인 것이 있다. 이 영역의 뉴스는 지리에 의해 제한되는 것이 아니라 개인적인 접촉에 의해 제한된다. 즉, 당신은 당신과 개인적인 관계를 가진 사람들에게 무슨 일이 일어나고 있는지 알고 싶어 한다. 당신이 개인적 차원으로 뉴스 노출 경험을 초점화하면 대부분의 뉴스는 당신의 관점에 의해 결정될 것이다. 만약 당신의 관점이 외향적이라면, 당신은 낯선 뉴스들에 대해 매우 호기심을 가질 것이다. 이와는 대조적으로, 만약 당신의 관점이 내향적이라면, 당신은 개인적인 접촉과 관련된 노출을 찾게 될 것이다. 미디어 리터러시는 이 차원의 어느 한 극과도 관련이 없다. 대신에 미디어 리터러시는 당신이 갖는 관점을 반영한다. 즉, 당신의 호기심을 유발하는 가까운 차원일수록 당신의 노출 빈도는 잦아질 것이다. 따라서 미디어 리터러시는 가까운 차원에만 관심을 갖는 것에 대해 경고한다. 우리가 개인적인 소셜 네트워크에만 초점을 맞춘 좁은 시각만을 갖는다면, 우리는 정부가 어떻게 일하는지, 경제의 양상, 그리고 세계의 다른 지역에서 일어나고 있는 일에 대해 아무 것도 모르게 된다.

당신의 노출 패턴에서 당신이 어디에 위치하는지 알아보자(연습문제 9.1). 먼저, 당신의 뉴스 노출을 네 영역으로 나누어 평가해 보라. 그런 다음 당신의 호기심과 지식에 대한 질문으로 넘어가서 그러한 차이들이 당신의 노출 패턴과 어떻게 관련되어 있는지 살펴보라.

문화는 점점 더 작은 이해 집단으로 분화되고 있으며, 각 집단 내의 사람들은 뉴스에 대한 욕구가 다른 것 같다. 따라서 시간이 지남에 따라 공통의 경험은 점차 없어지고 있다. 즉, 우리 모두가 공유하는 지식 기반이 줄어드는 것이다. 대신에 우리는 각각 세상에 대한 다른 사실들을 가지고 있고, 그것은 다양한 믿음과 태도를 이끌어낸다. 따라서 국민이 정치 지도자를 뽑거나 지지하는 정책을 결정하는 선택을 해야 할 때, 서로 다른 접근방식을 가진 많은 집단들이 서로 자신들이 옳고 다른 모든 것들이 틀렸다고 외치고 있다. 따라서 정치적 담론은 더 다양해지고, 더 시끄럽고, 더 양극화되며, 다른 관점에 대한 관용이나 이해력이 떨어지고 있다.

공통점을 파악하는 것은 더 어렵다. 그러나 한 가지 공통점은 두려움 문화로의 이동이다. 틈새 구독자를 불문하고 뉴스 매체가 감정을 촉발하는 도구를 이용해 대중을 끌어들이고 관심을 붙잡아 둘 수 있기 때문이다. 두려움은 유발하기 쉬운 감정이다. 뉴스 매체들은 일탈에 초점을 맞추고 있으며, 이것은 대중들로 하여금 그들의 행복과 생활 방식이 범죄 행위, 높은 세금과 부족한 서비스, 해고를 초래하는 비틀거리는 경제, 이기적이거나 무능한 지도자들이 나쁜 결정을 내리는 것, 그리고 심지어 나쁜 날씨로부터 위협받을 수 있다는 두려움을 불러일으킨다. 이러한 개별적인 메시지들 중 어느 하나가 두려움으로 우리를 마비시키는 경우는 드물지만, 시간이 지나면서 위험과 위협에 대한 누적되는 기억은 어떻게든 상황이 악화되고 있다는 불안감을 우리 각자에게 심어준다.

질(質)의 문제

만약 우리가 주기적으로 뉴스 출처의 질을 평가하지 않는다면, 실제로는 잘 모르고 있으면서 잘 알고 있다고 믿는 위험에 빠질 수 있다. 표 9.2를 확인하라. 표에 있는 대부분의 항목은 정확성과 신뢰성에 관한 것이지만, 뉴스 출처의 질은 그것의 범위를 가리킨다. 선택적 노출 때문에 우리는 기존의 신념에 부합하는 이야기에 끌리기 쉽다. 다른 사람들이 우리와 같은 방식으로 사고한다는 것을 계속해서 상기하면 위안이 된다. 그리고 우리의 신념이 부족하거나 잘못되었다는 증거를 마주하게 될 때 전형적으로 일어나는 충돌을 피하는 것은 더 쉽다.

뉴스와의 상호작용은 역설을 낳았다. 한편으로 상호작용은 사람들을 뉴스로 끌어들이고 더 유용하게 쓰이는 기능을 제공하는 특징을 지닌다. 이러한 특징들은 자료 검색, 하이퍼링크, 토론 참여, 손쉬운 정보 다운로드를 포함한다. 이러한 것들은 사람들에게 뉴스에 더 가까이 다가갈 수 있게 한다. 다른 한편의 뉴스와의 상호작용적 특징은 혼란과 좌절의 가능성을 증가시키는 더 많은 안내, 전문성, 인지적 자원을 요구함으로써 상당한 인지적, 정서적 비용을 필요로 한다(Bucy, 2004). 우리가 뉴스와 상호작용하는 경험에 종종 참여하기 때문에 우리는 이러한 상호작용에서 경험하는 정보가 매우 정확하다고 생각하지만, 항상 그렇지는 않다.

이제, 당신이 이 장에서 배운 통찰력을 얼마나 잘 적용할 수 있는지 보자. 연습문제 9.2를 통해 뉴스 기사의 의미를 처리하는 데 도움이 되는 기술과 지식 구조에 대해 생각해 보라. 그런 다음, 뉴스 기사를 분석하고 평가함에 있어서 이러한 기술과 지식 구조를 활용할 것을 요구하는 연습문제 9.3으로 이동하라. 그 후, 뉴스를 분석하는 더 심화된 경험을 할 준비가 되었다면, 연습문제 9.4와 9.5를 통해 뉴스 기사의 요소들을 넘어서 얼마나 잘 볼 수 있는지 살펴보고, 기자들이 제약에 대응하기 위해 활용하는 관행을 탐구해 보라.

표9.3 뉴스와 정보 메시지를 다루는 데 필요한 기술과 지식의 유형

	기술	지식
인지적	• 정보의 요점들을 찾기 위해 뉴스 기사를 분석하는 능력 • 당신의 지식 구조 내의 사실을 토대로 뉴스 정보의 요점을 대조하고 비교하는 능력 • 기사에서 정보의 진실성을 판단하는 능력 • 기사가 뉴스 사건/문제에 대해 균형 잡힌 방식을 보여주는지 평가하는 능력	• 미디어 세계든 실제 세계든 많은 정보원에서 나온 화제에 대한 지식
정서적	• 뉴스 기사 내에서 사람들의 감정을 분석하는 능력 • 뉴스 기사 내의 다른 사람의 입장에서 생각하는 능력 • 뉴스 기사에 관련한 다른 사람들에게 느끼는 감정에 이입하는 능력	• 기사에 있는 상황에 놓인다면 어떤 기분을 느낄지 개인적 경험을 회상해보기
심미적	• 기사에 있는 기교와 예술적 요소들을 분석하는 능력 • 어떤 기사를 전달하기 위해 사용되는 예술적 효과와 다른 이야기를 전달하기 위해 사용되는 예술적 효과를 대조하고 비교하는 능력	• 서술, 그래픽, 사진 등에 대한 지식 • 좋은 기사인지 나쁜 기사인지에 대한 지식과 기사의 질을 결정하는 요소들에 대한 지식
도덕적	• 기사 내에서 도덕적 요소들을 분석하는 능력 • 동일한 화제를 다룬 기사들을 서로 비교하고 대조하는 능력 • 기사에 대한 언론인들의 윤리적 책임감을 평가하는 능력	• 뉴스의 비판에 대한 지식과 편견, 객관성, 균형성, 정당성에 대한 지식 • 같은 화제를 다룬 다른 이야기에 대한 지식과 언론인이 균형성과 정당성을 확보한 방법에 대한 지식 • 저널리즘을 위해 매우 잘 발달된 도덕률

요약

뉴스란 무엇인가에 대한 생각은 시간이 흐르면서 많은 변화를 겪어왔고, 특히 정치 철학적, 전통적 저널리즘, 뉴스 제작적, 경제적, 개인적인 관점에 영향을 미쳤다. 이러한 변화들은 또한 우리로

하여금 저널리스트가 무엇이며 우리가 뉴스의 질을 어떻게 판단해야 하는지에 대해 의문을 갖게 한다. 이러한 질문들은 우리가, 비전통적인 뉴스 매체가 매우 널리 퍼져 있고, 매우 틈새 지향적이며, 구독자, 기자, 뉴스 메이커들이 많은 상호작용을 할 수 있는 새로운 미디어 환경에 놓여있기 때문에 특히 중요하다.

더 읽을거리

Henry, N. (2007). American carnival: Journalism under siege in an age of new media. Berkeley: University of California Press.
이 책은 전통적 저널리즘이 어떻게 새로운 미디어 환경에서 살아남을 수 있을지를 걱정하는 한 기자에 의해 쓰였다.

Jensen, C. (1995). Censored: The news that didn't make the news-and why. New York: Four Walls Eight Windows.
1976년 저자에 의해 시작된 '검열 프로젝트'는 기자, 학자들, 사서들, 그리고 일반 독자들을 초대해서 그 해에 충분히 보도되지 않은 기사들을 정하도록 했다. 제출된 수백 개의 목록 중에서 '기사가 보도된 양, 이슈의 국가적 또는 국제적인 중요성, 정보의 신뢰성, 그리고 기사가 가지게 될 잠재적 영향력'에 근거하여 25개를 선정하였다(p.15). 특별 배심원들은 이 중 그 해에 검열된 상위 10개의 기사들을 선정했다.

Mindich, T. Z. (2005). Tuned out: Why Americans under 40 don't follow the news. New York: Oxford University Press.
저자는 지난 두 세대의 미국인들이 전통적인 미디어에서의 뉴스를 시청하는 데 있어서 급격한 감소를 보이고 있다는 것을 생생하게 기록하고 있다. 또한, 오직 11%의 젊은이들만이 인터넷 뉴스를 본다. 그는 젊은 세대들에게 뉴스가 왜 상관없는 것이 되어가고 있는지에 대한 설명과 그 현상이 정치적 체제와 일반 사회에 어떻게 영향을 미칠 것인지를 예측했다.

Paul, R. P., & Elder, L. (2006). How to detect media bias & Propaganda(3rd ed.). Dillon Beach, CA: Foundation for Critical Thinking.

뉴스와 비판적 사고를 집중적으로 다룬 얇은 책이다. 이 책에서는 뉴스 기사에 대해 비판적으로 생각할 수 있는 방법에 대한 많은 실용적인 조언을 제시하며, 편견(특히 이색적인 것과 선정적인 것)으로부터 자신을 보호하는 방법을 보여준다.

Roth, A. L., & Huff, M. (Eds.) (2017) Censored 2018: The top censored stories and media analysis of 2016-2017. New York, NY: Seven Stories Press.
이 책은 전혀 또는 아주 조금 밖에 다루지 않았던 25개의 중요한 뉴스 이야기를 제공한다. 또한 Ralph Nader와 같은 사회 비평가들이 쓴 7개의 장들을 포함하고 있는데, 이 장들은 언론이 잠재적으로 보도에 훨씬 더 중요한 다른 이야기들은 무시하면서 왜 특정 유형의 이야기를 선호하는지 설명하고 있다.

Schudson, M.(2003). The sociology of news: New Yok: Norton
저자는 언론인들이 "현실을 보도하기도 하지만, 현실을 만들어내기도 한다(p.2)."는 논쟁에 대해 많은 요점들을 분명하게 다룬다. 그는 이 문제에 대해 깊이 파고들어서 뉴스 구조가 발생한 과정과 그러한 구조가 대중들에게 미치는 영향에 대해 설명한다. 저널리즘의 역사에 대해 간단히 설명한 후, 요즘 부각되는 두 가지 비평에 대해 언급한다. 첫째는, 정치에 관한 뉴스 보도는 비판적이며, 이것은 대중들에게 냉소주의를 유발한다는 것이다. 둘째는, 뉴스 그 자체는 무르다는 것이다. 즉, 복잡한 상황을 설명하기 위한 합당한 노력이라기보다는 오락성을 지닌 정보의 혼합이라는 것이다.

최신 자료

Journal of Broadcasting & Electronic Media (https://www.tandfonline.com/loi/hbem20)
Journalism & Mass Communication Quarterly (http://journals.sagepub.com/home/jmq)
이 잡지들은 대중 매체, 특히 신문과 텔레비전에서 뉴스가 어떻게 제시되는지를 조사한 연구를 출판하는 학술지들이다.

뉴스 블로그

수천 개의 뉴스 블로그가 있다. 많은 블로그는 CNN (http://news.blogs.cnn.com), New York Times (http://www.nytimes.com/interactive/blogs/directory.html) 과 같은 대형 뉴스 기관에 의해 운영된다. 가장 대중적인 뉴스 블로그는 Huffington Post (http://www.huffingtonpost.com)인데, 어떤 뉴스 기관에도 속하지 않고 독립적이던 Arianna Huffington에 의해 만들어졌으나 2011년에 AOL에 팔렸다.

WikiLeaks(www.wikileaks.ch)

2007년에 설립된 WikiLeaks는 대중들에게 정보를 유출하는 정보원에 대해 보안과 익명성을 보장하는 비영리 미디어 기구이다. 전 세계에 퍼져있는 자원자 네트워크에 의해 운영된다. 기밀을 누설하는 사람들은 전형적으로 개인 사업장이나 정부 기관에서 일을 하고 있는 내부 고발자이다. 그들은 몸담고 있는 조직이 대중들에게 해로운 어떤 일을 하고 있다고 느끼고, 그것을 대중들에게 알려주는 게 필요하다고 생각하기 때문에 조직의 기밀 정보를 빼내어 공개한다.

연습 문제 9.1 뉴스 노출 평가하기

1. 해외에서 개인적 차원에 이르기까지 뉴스의 네 영역을 생각해 보라. 매일 당신의 시간의 몇 퍼센트를 이 영역의 뉴스를 검색하는 데 소비하는가?

   _____%   국제적 사건에 대한 뉴스 검색

   _____%   국내적 사건에 대한 뉴스 검색

   _____%   지역적 사건에 대한 뉴스 검색

   _____%   개인적 사건에 대한 뉴스 검색

   100%: 비율의 합

2. 네 영역에서 일어나는 사건에 대한 호기심을 평가하라. 즉, 네 영역에서 일어나는 일에 대해 더 자세히 알아보는 데 일반적으로 매일 어느 정도의 관심이 생기는가? 10등급은 모든 것을 알아내려고 하는 정도의 호기심을 의미한다. 0등급은 그 영역에서 일어나는 어떤 사건에도 전혀 관심이 없다는 것을 의미한다.

   국제적 사건에 대한 호기심 정도: _____

   국내적 사건에 대한 호기심 정도: _____

   지역적 사건에 대한 호기심 정도: _____

   개인적 사건에 대한 호기심 정도: _____

3. 네 영역에서 일어나는 사건에 대한 기존 지식 기반을 평가하라. 즉, 네 영역에서 일어난 사건의 사람들과 역사에 대해 얼마나 많은 정보를 알고 있다고 느끼는가? 등급 10은 당신이 전문가라고 느끼는 것을 의미하고, 등급 0은 그곳의 사람들과 사건에 대해 전혀 아는 바가 없다는 것을 의미한다.

   국제적 사건에 대한 뉴스의 기존 지식 정도: _____

   국내적 사건에 대한 뉴스의 기존 지식 정도: _____

   지역적 사건에 대한 뉴스의 기존 지식 정도: _____

   개인적 사건에 대한 뉴스의 기존 지식 정도: _____

연습 문제 9.2 뉴스 기사 분석을 위한 준비

1. 빈 종이를 하나 꺼내, 표 9.2에 제시된 구조를 그려라. 두 개의 칸을 만들어 한 칸에는 '기술'이라고 쓰고, 다른 칸에는 '지식'이라고 써라. 그리고 4줄을 아래로 더 만들어 각 칸마다 '인지적', '정서적', '심미적', '도덕적'이라고 써라. 표는 모두 8개의 칸을 가진다. 이 표를 복사하여 2개를 만들어라.

2. 현재 사건을 유발하는 중요한 이슈에 대해 생각해 보라. 현재로서는, 이 이슈나 현재 일어나고 있는 사건에 대한 뉴스 기사를 찾는 것을 걱정할 필요가 없다. 대신에, 이 작업은 이슈 그 자체와 뉴스 보도로부터 많은 것을 얻기 위해 필요한 기술과 지식을 파악하기 위한 것이다.

3. 이 주제의 이야기에 대한 기본적인 최소한의 이해를 얻기 위해 필요한 기술과 지식을 기록하라. 하루의 주요 사건을 따라잡기 위해 표면적인 사실들을 모니터하는 것처럼 일상적으로 뉴스를 보는 관점으로 기술과 지식을 생각하라.

4. 뉴스 기사에 나타난 사건들의 의미에 대해 훨씬 더 완벽하게 이해하기 위해 필요한 기술과 지식들에 대해 생각하라. 그 사건에 대한 전문가가 되려면 어떤 것이 필요한지 생각해 보라.

5. 질문 4에 대한 답변으로 작성한 내용을 살펴보라. 질문 3에 대한 답변으로 작성한 내용과 많이 다른가? 8개의 칸에 얼마나 많은 구체적인 정보들을 적었는가? 어떤 칸을 채울 때 가장 어려움을 느꼈는가? 왜 그 부분에서 어려움을 느꼈다고 생각하는가?

6. 이러한 결과를 당신의 친구가 적은 것과 비교해 보라. 특정 칸에 대해 당신의 친구가 세부 항목을 더 많이 적기도 했는가? 만약 그렇다면, 그 내용들이 당신의 사고의 폭을 넓혀 주는가? 더 많은 사람들과 비교해 볼수록 더 많은 차이점들을 볼 수 있을 것이다.

엔터테인먼트

핵심 개념 | 스토리 공식은 엔터테인먼트 메시지의 디자이너들이 대중의 관심을 끌어들이고, 수용자를 반복적인 노출로 조건화하는 데 도움이 된다.

▶ 이야기 공식
- 일반적인 이야기 공식
- 장르

▶ 어려움
- 미디어에 따른 어려움
- 변화하는 대중의 취향
- 위험 요소의 취급

▶ 패턴
- 인물 패턴
- 논란의 소지가 있는 콘텐츠 요소
  - 성적 묘사
  - 동성애
  - 폭력성
  - 언어

- 건강
  - 기만적 건강 패턴
  - 책임 있는 건강 패턴
- 가치

▶ 엔터테인먼트 메시지에 대한 미디어 리터러시 발달

▶ 요약

▶ 더 읽을거리

▶ 최신 자료

▶ 연습문제

프리랜서 대본 작가인 Katherine은 3주간의 기다림 끝에 Prestige Flims & Entertainment사의 부사장을 만나 그녀의 TV 영화 내용을 설명할 수 있었다. 만약 내용이 부사장의 마음에 든다면, Katherine은 대본 작업에 대한 보수를 받을 수 있게 되고, 그녀의 이야기는 Presitige사에 의해 텔레비전 시리즈의 파일럿 프로그램 형식의 2시간짜리 영화로 제작될 것이다.

극도로 긴장한 채 Katherine은 말문을 열었다. "이것은 어느 날 갑자기 고아가 된 남매의 눈으로 바라본 가족의 가치에 대한 이야기입니다. 오빠인 Tony는 14살이고 여동생 Chloe는 10살입니다. 이 이야기는 Tony와 Chloe 그리고 부모님이, 다니던 회사의 불법행위를 고발한 내부고발자인 아버지를 찾아내려는 사악한 기업의 폭력배들로부터 도망치는 것으로 시작됩니다. 아이들은 가까스로 폭력배들로부터 도망칠 수 있었지만 두 아이의 부모님은 결국 그들에게 살해되고 맙니다. 그렇게 가족도 친구도 없이 고아가 된 두 아이는 폭력배들의 눈을 피해 이리저리 도망을 다녀야만 하는 신세가 됩니다. 이 영화는 전반적으로 남매가 서로를 돌보며 어떻게 끈끈한 우애를 만들어 가는지를 다룹니다. 또 영화 속에는 폭력배들의 추적을 피하면서 이동수단과 잠자리 그리고 먹을거리를 구하기 위해 고군분투하는 남매의 모습들을 담을 것입니다. 또한 Chloe와 Tony가 느끼는 두려움과 굶주림에 대해 이야기하는 가슴 아픈 장면도 있습니다. 마지막 절정에 이르러 남매는 폭력배들을 매복 장소로 꾀어낼 방법을 떠올려 폭력배들을 죽입니다. 그리고 트렁크에 현금이 가득 찬 폭력배들의 차를 발견하게 되고 영화는 행복하게 막을 내립니다.

부사장은 밝은 미소를 보였다. "아주 마음에 들어요. 아주 훌륭한 요소들이 많네요. 비극적이고 액션과 서스펜스도 있고요. 살아남기 위해 고군분투하는 아이들도 있고 가족의 소중함에 대한 내용까지요. 폭력성도 가지고 있고 그에 대한 응징까지 아주 좋아요!"

"그러니까 이 기획안이 통과된 건가요?" 2년간 수많은 영화 프로젝트들을 찾아 다녔던 Katherine은 이 상황이 믿기지 않았다. 마침내 그녀가 해낸 것이다.

"네, 물론입니다! 그런데 한 가지 바꾸었으면 하는 게 있는데, 아주 작고 사소한 건데요. 만약 당신이 받아들인다면 일을 시작하죠."

"어떤 걸 바꾸라는 건가요?"

"Tony를 돌고래로 하면 어떨까요?"

"돌고래라면, 물고기요?"

"네! Tony를 물고기로 바꿉시다! 시청자들은 동물을 아주 좋아하거든요!"

인간은 10만년 넘게 이야기를 해오고 있다. Haven(2007)은 "이 행성의 역사 속의 모든 문화는 신화, 우화, 전설, 민담 등의 이야기를 만들어냈다(p.4)."고 지적한다. 그는 모든 문화가 문자를 창조한 것도 아니고, 모든 문화가 성문화된 법을 발전시킨 것도 아니며, 모든 문화가 논리적인 논쟁을 만들어 낸 것도 아니지만, 모든 문화는 이야기를 발전시키고 사용했다고 언급하였다. 이야기를 인간에게 그렇게 유용하게 만드는 것은 그것이 의미를 전달하는 수단이라는 점이다. 이 의미의 소통은 이야기 공식의 공유에 달려있다.

이 장은 미디어 메시지의 제작자들이 엔터테인먼트 이야기를 만들기 위해 사용하는 일반적인 스토리텔링 공식에 대한 고찰로 시작한다. 공식은 안내서이다. 즉, 그것은 이야기꾼들에게 이야기에 어떤 요소들을 넣어야 하는지, 그리고 어떻게 그 요소들이 조합되어야 하는지를 말해준다. 이 공식은 대중의 관심을 끌기 위한 방식으로 이야기를 어떻게 시작해야 하는지를 알려준다. 이 공식은 대중의 관심을 잡아두는 방식으로 이야기를 어떻게 진행해야 하는지 그리고 대중들이 즐거운 경험을 하게 되어 더 많은 이야기를 경험하고 싶어 하게끔 대중들에게 만족스러운 보상을 주는 방법을 제작자들에게 알려준다. 대중으로서 우리 역시 이러한 공식을 이해하기 때문에(무의식적이고 직관적이기는 하지만) 우리는 연기의 진행 과정을 쉽게 따라갈 수 있다.

이 장에서는 또한 미디어의 스토리텔링의 어려움과 미디어 스토리에서 자주 발견되는 요소에 대해 문서화된 패턴을 검토한다. 이러한 패턴들은 우리에게 미디어 스토리텔러가 가장 집중해 온 것과 시간이 지나면서 가장 중요하게 여겨온 것이 무엇인지를 말해준다. 마지막으로, 이 장은 엔터테인먼트 메시지로 미디어 리터러시를 향상시키는 데 도움이 되는 일련의 지침으로 끝을 맺는다.

이야기 공식

표면적으로, 미디어는 매우 광범위한 종류의 엔터테인먼트 메시지를 보여준다. 하지만 이러한 메시지를 분석해보면, 우리는 그것이 매우 표준적인 형태를 따르고 있음을 알 수 있다. 예를 들어, 상업용 TV의 모든 엔터테인먼트 프로그램의 스토리는 표준 시간 단위(30분, 1시간 또는 2시간)에 맞도록 설계되어 있으며, 모두 예고(teaser)와 스토리 크레딧(story credit)으로 시작하고, 상업용 메시지를 내보내기 위한 중단이 있다. 대중음악은 표준화된 음악 공식을 따른다. 완전하게 무작위로 배열된 음을 가진 노래는 없다. 음악의 공식은 각각의 음이 어떤 순서로 연주되어야 하는지(멜로디의 진행) 그리고 어떤 음들이 함께 연주되어야 하는지(화음)를 음악가들에게 알려준다. 이런 표준적인 리듬의 수는 그리 많지 않다. 결국 모든 음악 이런 표준적인 리듬을 창의적으로 재배열한 것일 뿐이다. 미디어의 메시지도 이와 마찬가지다.

이야기 공식은 대중뿐만 아니라 미디어 메시지의 제작자를 위한 지침이다. 이러한 공식은 제작자들이 이야기 요소를 선택하고 선택된 요소를 의미 있는 순서로 구성함으로써 메시지에 대한 의사결정 과정에 도움이 된다. 그들은 대중들이 등장인물에 대한 그들의 생각을 빠르게 처리하고, 펼쳐지는 행위를 효율적으로 이해하도록 돕는다.

> **더 생각해보기 10.1 − 비유: 집짓기와 이야기 구성하기 −**
>
> 집을 짓는 과정과 이야기를 구성하는 과정은 여러 면에서 비슷하다.
> 건축가들이 집을 지을 때, 모든 집들이 기초, 창문이 달린 외벽과 최소한 하나의 문, 그리고 지붕을 가지고 있어야 한다는 것을 안다. 기초는 여러 가지 재료(골재 콘크리트, 콘크리트 블럭 등)와 구조(지상, 반지하, 완전 지하)로 만들 수 있기 때문에 건축가들은 선택권이 있지만, 그들은 어떤 종류의 기초가 있어야 한다는 것을 알고 있다. 외벽에 대해서도 건축가들은 다양한 건축 자재(벽돌, 돌, 나무, 알루미늄 등)를 선택할 수 있다.
> 주택은 다양한 스타일(목장식, 2층 주택, 크래프트맨, Cape Cod 등)이 있을 수 있다. 이러한 각 스타일은 여전히 주택의 기본 요건에 부합해야 하지만, 각 스타일에는 주택의 기본 요건을 갖춘 고유의 가이드라인을 지닌다.
> 모든 주택이 건축의 가이드라인을 준수하고 있지만, 조명 기구와 페인트 색상 선택과 같이 이용할 수 있는 옵션이 너무 많아서 똑같은 집은 없다.
> 엔터테인먼트 메시지를 구성할 때, 스토리텔러들은 모든 이야기가 대중들의 관심을 잡아끌만한 시작점과 흥미로운 등장인물, 그리고 등장인물들 간 갈등으로 인해 대중들이 궁금해할만한 줄거리를 가지고 있어야 한다는 것을 알고 있다. 등장인물의 선택에는 많은 옵션(연령, 민족, 성격 특성 등)이 있다. 갈등은 인물과 인물, 인물과 사회, 인물과 가치관 사이에서 생길 수 있다.
> 이야기는 장르(드라마, 코미디, 로맨스 등)에 따라 달라진다. 각각의 장르는 일반적인 이야기 공식을 만들어내지만, 이야기 공식의 기본 요건에 부합되어야 한다.
> 모든 이야기가 스토리텔링 공식에 부합하지만, 스토리텔러가 선택할 수 있는 옵션이 너무 많아 정확히 일치하는 두 이야기는 없다.

다양한 미디어의 제약과 다양한 유형 또는 장르의 이야기에 대한 관습에 따라 많은 이야기 방식들이 있다. 나무 구조로 공식들의 배열을 생각해 보라. 나무줄기는 가장 일반적인 엔터테인먼트 이야기 공식으로 구성되어 있다. 여기에는 대중을 끌어들이는 방법, 이야기가 전개되면서 등장인물의 연기에 몰입되어 등장인물과 가상의 관계를 형성하도록 함으로써 대중의 관심을 붙잡아 두는 방법, 그리고 만족스러운 결론을 이끌어내기 위해 어떻게 등장인물의 연기를 풀어나갈 것인가에 대한 가이드라인이 포함된다. 이 가이드라인의 중심 줄기를 구분하는 것은 미스터리, 액션/어드벤처, 로맨스, 코미디와 같은 다양한 종류의 혹은 장르의 이야기에 대한 공식이다. 이들 주 가지에는 하위 가지가 있고, 하위 가지에는 더 작은 하위 가지와 잔가지가 있고, 그 가지들에 잎사귀가 달리는데, 이것이 각기 다른 개별적인 이야기들이다. 따라서 각각의 개별적인 이야기는 이야기 제작자가 일반 줄기로부터 모든 설계 결정을 통해 어떻게 자신의 방식으로 작업해왔는지를 보여주는 산물이다.

일반적인 이야기 공식

모든 스토리텔링 공식들 중 가장 일반적인 것은 모든 이야기들이 지녀야 할 것에 대한 가이드라인을 제공한다. 이런 공식은 모든 이야기는 적어도 한 인물에 대한 문제에서 시작되어야 한다고 말한다. 캐릭터는 자신이 원하는 것을 성취하고자 장애물을 극복하기 위해 고군분투하고 있으며 이는 다른 인물, 사회 제도, 가치관과 갈등을 겪는다. 이 갈등은 이야기 전반에 걸쳐 클라이맥스로 고조되는데, 이 갈등은 결국 오랫동안 생각해왔던 목표를 달성하거나 어떤 식으로든 갈등에 적응하는 캐릭터에 의해 해결된다.

따라서 일반적인 스토리텔링 공식은 세 가지 필수 가이드라인을 제시한다. 첫째, 모든 이야기는 갈등을 유발해야 한다. 이것은 시청자들을 연기 안으로 끌어들이고, 사람들은 갈등이 어떻게 해결될지를 보기 위해 이야기를 계속 따라간다. 둘째, 모든 이야기는 등장인물의 관점을 통해 전해진다. 이것이 주인공이다. 시청자들은 주인공의 관점을 통해 행위를 경험한다. 즉, 그들의 행위를 정당화하기 위해 사용하는 가치들을 경험한다. 셋째, 모든 이야기는 시청자들에게 감성을 자극할 필요가 있다. 이야기 속의 요소들이 더 생생할수록 강한 감성이 생성될 가능성이 더 높다. 감성 여행은 즐거움을 얻고자 하는 시청자들에게 주는 보상이다. 이 일반적인 공식은 미디어 메시지의 제작자뿐만 아니라, 좋은 캐릭터와 나쁜 캐릭터들을 쉽게 인식하고 이야기 속에서 우리가 어디에 있는지 빨리 찾을 수 있도록 시청자인 우리에 의해서도 사용된다. 공식에 가장 가깝게 따르는 이야기는 대개 대규모의 시청자를 보유하고 있다. 왜냐하면 가장 쉽게 따라갈 수 있기 때문이다. 엔터테인먼트 메시지에 대한 경험이 많을수록 이야기 공식을 더 많이 배울 수 있다. 우리는 특정 줄거리, 특정 진행 속도, 특정 유형의 등장인물, 특정 주제를 기대하도록 조건화되어 있다.

미디어 엔터테인먼트 이야기가 어떻게 시청자의 관심을 끄는지, 시청자들이 어떻게 그 이야기를 처리하는지, 그리고 그러한 이야기들이 시청자들에게 어떻게 영향을 미치는지 살펴보는 매우 많은 학술적인 문헌이 있다. 이야기 제작자들은 연구 문헌에서 많은 유용한 정보를 찾을 수 있다. 비록 이러한 경험적 연구들 중 많은 것들이 복잡하거나 모호한 결과를 제시하기 때문에 그 발견들이 확정적이기보다는 암시적이기는 하지만 말이다. 예를 들어, 연구에 따르면, 폭력이 전형적으로 시청자의 관심을 끌고 사로잡는 이야기 요소라는 것을 보여주지만, 이것은 모든 사람들에게 영향을 미치는 것은 아니며, 폭력 그 자체가 아니라 활동적인 요소인 폭력 묘사의 자극적인 면이 영향을 미치는 것으로 보인다(Zillmann, 1991). 또한, 연구는 유머가 미디어 이야기에 넣기에 바람직한 요소라는 것을 보여준다. 그러나 유머의 종류는 다양하고 유머는 개인적인 것이기 때문에 모든 관객들이 모든 종류의 유머를 '수용'하지는 않는다(Boxman-Shabtai & Shifman, 2014). 서스펜스가 유용한 특성으로 밝혀졌지만, 모든 관객이 같은 방식으로 서스펜스를 즐기는 것은 아니다(Shafer, 2014). 연구에 따르면, 일반적으로 사람들은 더 높은 현실감을 가진 이야기를 더 많이 즐기지만, 현실성은 최소한 6개의 다른 차원에 따라 평가될 수 있다(Cho, Shen & Wilson, 2014). 혐오감은 우리를 거북하고 불쾌하게 하지만, 시간이 지나면서 기능적으로 진화하여 극도의 혐오(즉, 피, 내장, 신체 일부)와 사회 도덕적 위반(즉, 부당함, 잔인함, 인종차별)에 대한 우리의 관심을 붙잡아둠으로써 우리가 계속 몰두하여 시청하게 만드는 엔터테인먼트 메시지의 질적 요소가 되었다. 그러나 모든 사람들이 엔터테인먼트를 즐길 때, 혐오감을 느끼는 것을 좋아하는 것은 아니다(Rubenking & Lang, 2014).

장르

전체적인 엔터테인먼트 이야기 공식은 다양한 장르에 걸쳐 서로 다른 방식으로 정교하게 만들어진다. 드라마, 코미디, 로맨스 장르의 이야기 공식을 살펴보자.

드라마. 드라마 장르는 보통 '비극, 미스터리, 액션/공포'라는 세 가지의 기본적인 하위 장르로 분류된다(Sayre & King, 2003). 비극은 고귀하고 착하게 여겨지는 인물이 반드시 등장한다. 하지만 그들은 셰익스피어의 비극처럼 스스로 이겨낼 수 없는 치명적인 약점을 가지고 태어났거나 영화 타이타닉과 같이 어떤 운명적인 재앙이 갑작스레 그들에게 찾아옴으로써 비극적 상황에 처하게 된다. 시청자들이 이런 비극을 즐기는 이유는 비극적 상황에 빠진 인물과 자신을 비교함으로써 자신의 삶이 그들보다 행복하다는 위로를 얻을 수 있기 때문이다.

미스터리의 공식의 중요한 요소는 '실종'이다. 예를 들어, 추리 미스터리에서는 누군가가 실종된다. 심각한 범죄는 보통 이야기를 촉발시키고, 초점적 인물은 누가 범죄를 저질렀는지를 알아내기 위해 정보를 찾아내야 한다. 시청자들은 스스로 그 미스터리를 풀려고 애쓰면서 그 이야기에 빠져든다. 베스트셀러 소설가 P. D. James는 그녀의 책 『Taking About Detective Fiction』(2009)에서 "성공적인 탐정소설의 공식은 50%의 좋은 구성의 추리, 25%의 등장인물, 25%의 작가의 필력이라고 하였다(p. 115)."

액션/공포의 공식은 주로 선과 악이 점점 깊어지는 갈등 속에서 서로 대립하는 구성으로 이야기를 이끌어 간다. 이 이야기에는 매우 전형적인 성격을 가진 인물 내지는 만화책에 나올법한 유형의 인물이 등장한다. 따라서 우리는 등장인물이 나오고 얼마 지나지 않아 누가 영웅이고 누가 악당인지를 알 수 있다. 인물들의 성격은 거의 고정적이고 변하지 않는다. 줄거리는 시청자의 흥분을 극대화하는 빠른 속도의 액션에 의지하게 된다. 공포와 서스펜스 그리고 복수가 이야기의 주된 감정이다. 이런 장르의 이야기의 거의 대부분이 폭력을 주요 요소로 사용한다. 폭력성의 공식은 범죄자들이 이야기의 마지막에 붙잡히기만 한다면 프로그램 내내 폭력적인 행동이 얼마든지 허용된다는 것을 보여준다. 이 장르는 적어도 광고가 끝나고 다음 쇼가 시작하기 전까지는 평화로움을 회복시켜 준다. 또한 이 장르를 통해 우리는 경찰관, 사설탐정, 선량한 사람들이 악당을 물리치기 위해 사용한 폭력이나 위법적인 행위는 허용 가능한 것이라 여긴다.

코미디. 코미디는 갑작스레 일어난 가벼운 갈등과 이를 해결하기 위한 행위를 하는 것을 공식으로 한다. 갈등은 언어로 강조되는데 대부분은 상대를 기만하거나 모욕하는 말로써 이루어진다. 등장인물들은 특이한 약점을 가지고 있으며 유머감각이 뛰어나다. 쇼의 마지막에 이르러 문제는 깔끔하게 해결되고 문제가 해결된 사실 자체로 등장인물들은 매우 행복한 결말을 맞는다.

코미디의 하위 장르 중 하나는 인물 풍자극이다. 일상적인 상황에서 광기어린 행동을 하는 기발한 등장인물들이 웃음을 만들어낸다. 등장인물들은 우리 모두가 매일 마주치는 어려운 상황에 처해 있다는 것을 알게 된다. 등장인물들이 이러한 상황을 헤쳐 나가려고 노력하는 과정을 통해 특정 사회 관습의 부조리가 잘 나타나게 되고, 그것은 우리를 웃게 만든다. Seinfeld나 Everybody Loves Raymond가 그 예다. 코미디의 또 다른 하위 장르로는, 특정 등장인물들이 다른 등장인물들에 대한 힘을 가지고 유머러스한 방법으로 권력을 행사하는 풋 다운(put-down) 코미디가 있는데, Two and a Half Men 그리고 The Office가 그 예다.

로맨스. 로맨스 이야기는 관계의 결핍으로 외로움을 느끼거나 배신이나 질투 또는 공포를 느끼는 부적절한 인간관계를 경험하고 있는 사람으로부터 시작된다. 시청자로서 우리는 주인공에게 감정이입을 하고 그녀의 고통을 함께 느낀다. 하지만 그녀는 이루어지기 힘든 목표에 대한 열망으로 가득 차 있다. 그녀는 비록 자주 가슴을 아프게 하는 좌절을 경험하지만, 성실함과 착한 성품 덕분에 자신의 목표를 향해 조금씩 나아간다. 마침내 클라이맥스에 이르러 그녀는 자신의 목표를 성취하고 시청자들은 그 모습에 엄청난 감동을 느낀다.

이런 로맨스 공식을 완벽히 습득한 작가는 엄청난 성공을 거둘 수 있다. 미국에서 판매되는 모든 도서 중 반절 정도가 로맨스 소설이기 때문이다. Barbara Cartland는 이 공식을 정말 잘 이해한 로맨스 소설가이다. 그녀는 모두 똑같은 기본적인 로맨스 소설의 법칙을 따르는 723권의 로맨스 소설을 출간했고 거의 10억 부 이상의 책을 판매하는 엄청난 성공을 거두었다. 그녀가 출간한 책이 몇 세기에 걸쳐 읽힐 만한 훌륭한 문학작품인가? 물론 그렇지 않다. 그녀는 특정 장르의 이야기 시장을 인식했고 그녀가 출간한 책은 그 시장의 요구에 상응하는 하나의 상품일 뿐이었다는 것이야말로 의심할 여지가 없다.

영화와 텔레비전을 통해 이런 종류의 이야기를 수년 간 접한 후, 우리는 등장인물과 줄거리, 주제에 대한 공식을 따르는 데 익숙해졌다. 우리는 이 공식을 너무나 잘 알고 있기 때문에 우리 중 많은 사람들은 자신도 이런 공식을 이용해 자신만의 쇼를 하나쯤은 제작할 수 있을 것이라 생각한다. 아마도 우리들 중 일부는 할 수 있겠지만, 대중 매체를 위한 엔터테인먼트 메시지를 제작하는 것은 매우 어려운 일이다. 그런 공식은 너무나 간단하지만, 프로그램 속에서 잘 작동하도록 만드는 것은 매우 어려운 일이다.

공통점 & 차이점
일반적인 이야기 공식과 장르 이야기 공식

공통점
- 둘 다 이야기를 어떻게 제시할지에 대한 결정을 내릴 때 미디어 엔터테인먼트 메시지의 생산자들이 사용하는 가이드라인이다.
- 둘 다 시청자가 노출되는 동안 미디어 스토리를 이해하기 위해 사용하는 템플릿이다. 이러한 공식은 등장인물이 누구인지 그리고 그들이 무엇을 할 가능성이 있는지에 대한 예상을 가능하게 한다.

차이점
- 일반적인 이야기 공식은 모든 미디어 스토리가 노출 내내 시청자의 관심을 끌고 붙잡아 두기 위해 갖춰야 할 요소들을 제시한다.
- 장르 이야기 공식은 특정 장르의 특징적인 요소를 추가하여 일반적인 이야기 공식을 만든다.

어려움

시청자들의 입장에서 이야기 공식들은 비교적 이해하기 쉬울지라도, 제작자들이 엔터테인먼트 메시지를 만들 때 이야기 공식을 잘 따르기란 대단히 어렵다. 어려움은 다양한 미디어를 이용해야 하고, 대중의 취향이 변화하고, 위험 요소를 다루어야 하기 때문에 생겨난다.

미디어에 따른 어려움

 당신이 한 매체에서 다른 매체로 이동하면, 엔터테인먼트는 새로운 이야기 방식을 가져와야 한다. 만약 당신이 어떤 이야기를 인쇄물을 통해 전달하기로 계획했다면, 당신은 눈이라는 하나의 지각 채널을 갖게 되며 당신은 독자들의 마음에 선명한 이미지를 만들 수 있는 단어를 사용해야만 한다. 당신이 어떤 이야기를 노래를 통해 전달하기로 계획했을 때 역시 당신은 선명한 이미지와 강한 감성을 불러일으켜야 한다. 하지만 이때에 당신은 반드시 수용자의 눈이 아닌 귀를 통해야 한다. 특히 노래의 경우, 듣기 좋은 단어를 사용해야 하는데 이것은 음악의 리듬과 잘 어울리는 특정한 억양을 이용해야 함을 의미한다. 그리고 종종 그러한 억양에는 일정한 리듬의 패턴이 존재한다. 더욱이 당신은 그 이야기를 2-3분 안에 끝내야 한다.

 상업용 텔레비전은 이야기를 전달하기 위한 가장 도전적인 매체 중 하나이다. 처음에는 지각적 제약이 거의 없어 보이기 때문에 가장 수월해 보일 수 있다. 즉, 시각적 요소뿐만 아니라 청각적 요소도 사용할 수 있다. 또한, 시청자의 읽기 능력을 걱정하지 않아도 된다. 그러나 공중파, 케이블, 주문형 비디오의 경쟁 채널이 너무 많아서 상업용 텔레비전에서 시청자를 끌어 모으기는 매우 어렵다. 또한 상업용 텔레비전은 광고로 인해 지속적인 방해를 받는데, 중간 광고 시간에 간혹 12개 이상의 광고를 내보내야 하는 경우는 시간도 4분 이상 지속되기 때문에 시청자의 관심을 계속 붙들어 맨다는 건 큰 도전이다. 따라서 이야기가 매우 강한 흥미를 불러일으키지 않는 한, 이야기에 대해 잊어버리고 채널에 지속적으로 머무를 의지를 잃어버린다. 그러므로 텔레비전의 스토리텔러는 처음부터 시청자들의 흥미를 불러일으키기 위한 장치를 마련해야 한다. 광고로 인한 휴식 이전에 절정의 장면을 만들어 쇼가 다시 시작될 때 어떤 일이 일어날지 시청자들이 궁금해 하도록 만들어 광고가 나가는 동안에도 채널을 바꾸지 않게 해야만 한다. 뿐만 아니라 채널을 돌리며 볼만한 프로그램을 고르고 있는 시청자들이 채널을 고정시킬 수 있는 흥미로운 상황이 지속적으로 연출되어야 한다.

 텔레비전 프로그램에서는, 제작자들이 잘 알려진 공식들을 사용해야만 할 뿐만 아니라 똑같은 줄거리의 이야기를 수백 번은 봤을 시청자들에게도 그들의 이야기가 신선하게 느껴지도록 이야기 공식을 깨트릴 만큼 충분히 창의적이어야 한다. 이 두 가지 과제는 동시에 달성하는 것이 불가능해 보이는데, 이것이 수십 회 이상 지속된 텔레비전 시리즈의 비중이 적은 이유이기도 하다.

 YouTube나 Hulu에 올라와 있는 비디오 같은 웹에 있는 엔터테인먼트 메시지는 전통적인 텔레비전 채널을 통해 나오는 비디오들이 가졌던 시간적인 제약을 갖지 않는다(그것들은 길이에 있어서 자유로울 뿐 아니라 언제 어디서나 재생될 수 있다). 하지만 이런 웹 메시지들 사이에서의 경쟁도 점점 심화되고 있다. 3대 TV 방송사가 60년 동안 만든 것보다 더 많은 동영상이 Youtube에 한 달 만에 올라온다. 지난 주 YouTube에 올라온 동영상을 모두 보려면 40년 넘게 쉬지 않고 시청해야 한다. 그러므로 당신이 올린 비디오가 많은 시청자들을 끌어들이기를 원한다면, 당신은 모든 경쟁에서 어려움을 극복해야 하는 큰 도전에 직면할 것이다.

변화하는 대중의 취향

이야기의 공식은 시간이 지남에 따라 변화하는 대중의 취향에 따라 진화해야 한다. 대중은 너무 많은 반복에 지루함을 느끼고 약간 색다른 무언가를 찾는다. 엔터테인먼트 메시지의 제작자들은 메시지 제작자들은 과거에 가장 성공적이었던 메시지를 분석해 보지만 단순히 복사할 수도 없으며 비슷한 성공을 기대할 수도 없다는 것을 알고 있다.

대중들은 어떤 것이 엔터테인먼트 안에서 다루어져도 되고 어떤 것은 용인될 수 없는가에 대한 그들만의 기준을 가지고 있다. 우리는 특히 욕설, 성적 묘사, 폭력성에 대해 대중들이 불쾌함을 느끼고 불만을 토로하는 것에서 대중들이 가지고 있는 허용 가능한 내용의 한계선을 알 수 있다. 텔레비전 프로그래머들은 본질적으로 보수적이고 시청자들의 심기를 불편하게 하는 것을 매우 두려워하기 때문에 결국 그들은 미국인들이 가지고 있는 지배적인 가치를 반영하는 콘텐츠만을 제시한다.

그러나 이러한 수용가능성의 선은 시간이 지남에 따라 사람들이 새로운 종류의 묘사에 대한 충격을 극복하게 되고, 그 후 결국 그것에 익숙해지게 되면서 변화하게 된다. 예를 들어, George Comstock(1989)은 1980년대 후반에 쓴 글에서 다음과 같이 지적했다.

오늘날 텔레비전에 나오는 많은 것들은 20년 전이나 10년 전에는 방송사는 물론 대중들에게도 받아들여질 수 없는 없는 것이다. 대중의 취향과 사회적 기준이 바뀌었고, 텔레비전은 각 시기에 수반되는 관습의 경계를 면밀히 살피며 이러한 변화에 어느 정도 적응했다. … 이러한 대중 엔터테인먼트의 관습은 텔레비전을 비롯한 다양한 미디어에게 대중들의 거부 반응을 최소화하는 법칙을 제공했다(p.182).

Comstock이 그런 글을 쓴 이후, 텔레비선은 계속 대중의 수용가능성의 선을 밀어붙였고, 1980년대 시청자들의 심기를 불편하게 했던 것은 오늘날에는 거의 주목을 받지 못한다.

대중음악 영역에서도 이와 동일한 공식의 진보가 있어 왔다. 인기 있는 노래의 기본적인 공식은 사랑 혹은 섹스에 관한 내용을 다루는 것이다. 예를 들어, Christianson과 Roberts (1998)는 지난 60년 간의 인기 있는 노래의 내용을 분석하였다. 그들은 모든 노래의 70%가 섹스와 사랑의 주제를 다루었다는 것을 알아냈지만, 그 주제들이 다루어지는 방식은 바뀌었다. 연구 초반부의 수십 년 동안 노래에 담긴 사랑은 감정으로 취급되었고 가사는 상징적이었다. 즉, 단어들은 행동을 제안했지만 섹스를 상상하는 것은 듣는 사람들에게 맡긴 것이다. 이와는 대조적으로, 연구 후반부의 수십 년간의 분석 결과, 사랑은 육체적 행위로서 취급되었고, 가사는 그러한 행위를 묘사하는 데 있어서 훨씬 더 노골적이었다.

위험 요소의 취급

엔터테인먼트 메시지의 제작자들은 엄청난 위험을 감수하고 있다는 것을 깨닫는다. 왜냐하면 엔터테인먼트 이야기를 들려주기 위해 미디어를 사용하는 것은 일반적으로 많은 자원을 소모하고 초기 투자를 회수할 기회가 매우 적기 때문이다. 예를 들어, 비디오 작가들은 이야기를 촬영하고 편집하는 데 몇 달의 시간을 쓰고 나서, 수백 명의 구독자를 끌어들일만한 비디오 웹 플랫폼에 그것을 올려놓는데, 이것은 광고주들을 끌어들이기엔 구독자의 수가 너무 적다. 만약 그 이야기가 너무 표준적이고 정형화되었다면, 시청자들이 지루함을 느끼고 다음 편을 보지 않을 수 있다. 하지만 반대로 기존의 공식에서 너무 많이 벗어난 이야기라면, 시청자들은 혼란을 느끼고 심하게는 불쾌감을 느낄 수도 있다.

TV 프로그래머가 엔터테인먼트 공식을 깨는 것에 대한 추측이 맞아 떨어질 경우, 그 프로그램은 매우 큰 인기를 끌 수 있다. Fox TV 네트워크는 1990년대에 When Good Pets Go Bad, World's Scariest Police Shootouts, Who Wants to Marry a Multimillionaire?와 같이 TV 스토리텔링의 허용 한계선을 뒤엎어버리는 쇼들을 방영해 큰 성공을 거두었다. 물론 이 쇼들은 엄청난 비판에 시달렸지만 많은 인기를 끌었고, Fox는 당시의 빅3 TV 방송사(ABC, CBS, NBC)들과 어깨를 나란히 할 만한 채널로 성장할 수 있었다.

TV 프로그램 제작자들은 위험을 감수하는 데 있어 꽤나 보수적인 성향을 지니고 있고 대부분 이런 위험 부담을 타인에게 전가하고 있다. 예를 들어, 주요 방송국들은 새롭게 편성되는 프로그램에 대해서 제작비의 80%만을 지원하는 예산 운영 방식에 대한 조약을 만들어 프로듀서들이 시청률을 높이도록 압박을 가한다. 그러니까 만약 당신이 하나의 텔레비전 쇼를 계획했고 시청자들이 그 파일럿 프로그램을 좋아했다고 가정해 보자. 방송국은 당신과 22편의 시즌을 제작하는 계약을 맺었다. 이 때, 당신은 엄청난 성공을 거두었다고 생각할 것이다. 방송국에 프로그램 아이디어를 제시하는 수천 명의 제작자들 중에 이런 기회를 얻는 제작자는 매우 적기 때문이다. 하지만 당신은 여전히 엄청난 난관에 직면해 있다. 22편을 제작하는 데에는 약 4천만 달러의 예산이 필요하지만 방송국은 오직 80%의 예산만 지원해 주기 때문이다. 하나의 시즌이 끝날 때 즘 당신은 8백만 달러의 손해를 보게 된다. 만약 당신의 프로그램이 한 시즌만 방영되고 끝이 날 경우 당신은 엄청난 빚을 지게 된다. 이 때문에 당신은 새로운 두 번째 시즌을 계약하기 위해서는 엄청난 시청률을 기록해야 한다는 극심한 압박감에 시달린다. 만약 당신이 두 번째 시즌을 계약하는 데 성공한다면, 당신은 훨씬 유리한 입장에서 계약 협상을 할 수 있는 힘이 생기고 이윤을 남길 수 있게 된다. 그리고 당신의 프로그램이 추가적으로 새로운 시즌을 계약할수록 당신은 시청자들을 사로잡는 당신의 능력을 뽐낼 수 있고 결국 더 많은 돈을 벌 수 있을 것이다.

할리우드 영화는 제작비가 너무 많이 들고 실패의 위험이 너무 크기 때문에 또 다른 매우 힘든 매체이다. 할리우드 영화의 90% 이상이 박스 오피스에서 기본 제작비를 돌려받지 못하고 있다. 제작자들은 가장 성공적인 영화들을 지속적으로 분석하여 그렇게 성공하게 만든 마법의 공식들을 찾으려고 한다. 예를 들면, 시나리오 작가인 Sue Clayton은 영화의 성공과 가장 밀접한 관련이 있는 요소가 무엇인지 알아내기 위해 할리우드 영화의 성공과 실패를 분석했다. 이 연구를 통해 그녀는 하나의 공식을 발견했고, 그 공식에 '성공적인 영화를 만드는 유전학적 청사진'이라는 이름을 붙였다. 이 청사진에 따르면, 성공적인 영화가 되기 위해서는 30%의 액션, 17%의 코미디, 13%의 선과 악의 대립, 12%의 사랑, 섹스, 로맨스, 10%의 특수효과와 10%의 플롯, 그리고 8%의 음악이 필요하다. 타이타닉과 토이스토리 2가 이 공식에 완벽하게 부합하는 영화이다(C. Baker, 2003). 영화가 성공하기 위해 이렇게 정밀한 수학적인 공식을 따라야 한다는 말은 다소 믿기 어려울지라도 모든 이야기들이 시청자를 끌어들일 만한 일련의 특성을 가지고 있다는 것만은 사실이다.

패턴

거의 1세기 동안 미디어 학자들은 이야기에 사용되는 요소들의 패턴을 파악하기 위해 미디어 메시지의 내용을 분석해왔다. 이러한 분석은 다음과 같은 질문에 대해 답하기 위해 수행되었다. 반사회적 내용(예: 폭력, 무책임한 성행위, 욕설, 불법 약물 사용)은 얼마나 많이 미디어에 묘사되고 있는가? 엔터테인먼트 이야기 속의 등장인물들은 성별, 민족, 사회경제적 지위(SES; socioeconomic status), 직업 등의 측면에서 현실적인 방식으로 묘사되고 있는가? 미디어 엔터테인먼트 이야기에서 묘사된 근본적인 가치는 무엇인가?

때때로 학자들은 이런 종류의 질문에 대해 하나의 소설, 하나의 영화, 또는 하나의 TV 시리즈에 대한 심도 있는 분석을 통해 답을 찾으려 할 것이다. 인본주의적인 연구 방식을 취하는 학자들은 종종 하나의 미디어 메시지나 한 제작자의 작품 안에서 흥미로운 패턴을 발견한다. 많은 엔터테인먼트 메시지에 걸쳐 이야기가 어떻게 전달되는지를 탐구하기 위해 광범위한 패턴을 문서화하는 데 관심이 있는 다른 학자들은 '콘텐츠 분석'이라는 방법을 사용하여 과학적으로 접근한다. 콘텐츠 분석은 다양한 대상(예: 인물의 성별, 나이, 민족, 직업 등)의 빈도를 세는 과학적인 기법이다. 콘텐츠 분석에 의해 도출된 발견의 유효성은 훨씬 많은 모집단에 대한 대표성을 띤, 분석의 대상이 되는 몇몇 표본에 의존한다. 이 방법은 20세기 말까지 잘 통했다. 1900년대 내내 대부분의 사람들은 같은 영화를 보러 갔고, 같은 음악을 듣고, 같은 TV쇼를 시청했기 때문에, 주류 미디어 메시지를 식별하여 대표적으로 샘플링하는 것이 비교적 쉬웠다. 예를 들어, TV 방송 초기에는 콘텐츠 분석가들은 전체 TV 시청의 95% 이상이 3개의 방송 네트워크(ABC, CBS, NBC)가 제공하는 쇼에 몰려있다는 것을 알고 있었다. 그래서 만약 이 세 방송국에 의해 방송되는 프로그램을 표본으로 추출한다면, 거의 모든 미국인들이 TV에서 보고 있는 것을 대표하는 샘플을 얻을 수 있었을 것이다. 그러나 1990년대 초에 시청자들이 세분화되면서, 국립 텔레비전 폭력성 연구소(NTVS; National Television Violence Study)에 의해 수행된 콘텐츠 분석은 절반의 시청자가 즐겨보는 프로그램을 파악하기 위해 무려 23개의 TV 채널에서 샘플을 채취해야만 했다. 그 이후로, 비디오가 인터넷으로 제공되면서 시청자들은 훨씬 더 잘게 세분화되었다. 2018년에는 최상위 TV 네트워크(CBS)가 평균 800만 명 정도로 전체 시청자의 약 2.4%의 시청률을 기록하였다. 평균 시청률 1%에 다다르는 방송사는 4곳(CBS, NBC, HBO, ABC)에 불과하다. 이제 연구자들이 전체 TV 시청에서 패턴을 파악하기 위해 콘텐츠 분석을 하려면, 아직 아무도 시도하지 않은 수백 개 이상의 TV 채널을 샘플에 포함시켜야 할 것이다. 게다가, TV 시청자들의 세분화와 매우 다양한 하위, 그 하위, 또 그 하위 장르의 확산으로, 어떤 연구도 전체 TV 엔터테인먼트를 대표하는 패턴을 제시할 수 있을 것으로 기대하는 것은 비현실적이다. 그 대신, 과학적 연구는 랩 뮤직비디오 안의 신체 이미지 주제(Zang, Dixon, & Conrad, 2010), 디즈니 애니메이션에 내포된 간접적인 공격성(Coyne & Whitehead, 2008) 또는 두 편의 TV 시리즈의 등장인물들이 성에 대해 이야기하는 방식 등 TV 프로그래밍의 아주 작은 조각 안에 어떤 패턴이 있는지 알아보려고 시도한다(Van Damme, 2010).

그러나 콘텐츠 분석가들이 과거에 발견한 지배적인 패턴을 이해하는 것은 여전히 유용하다. 이것은 성별과 민족적 평등 또는 대표성, 반사회적 행동의 확산, 그리고 여전히 미디어 콘텐츠에 영향을 미칠 수 있는 근본적인 가치에 대한 이슈에 당신을 민감하게 만들 것이다.

인물 패턴

1970년대부터 1990년대까지 텔레비전 콘텐츠를 분석한 결과, 이야기 제작자들은 실제 세상 사람들의 패턴과는 매우 다른 등장인물 패턴을 보여주고 있었다(표 10.1 참조). 성별, 민족, 연령, 결혼 여부, 사회경제적 지위, 직업의 패턴은 지난 몇 년 동안 텔레비전 세계에서 실제 세계와 비교했을 때 매우 달랐다. 만약 우리가 텔레비전 세계에서 이러한 인구통계학적 패턴을 발견하고 그것들이 현실 세계에서도 동일하다고 가정한다면, 우리는 스스로 잘못된 정보를 만들어내고 있을 것이다. TV와 실제 세계 사이의 직업별 차이를 보려면 표 10.2를 살펴보라.

표 10.1 텔레비전 세계의 인구통계학적 패턴

인구통계학적 특질	패턴
성별	텔레비전 세계에서는 남성이 여성보다 3배 정도 더 많았다. 남성들은 일반적으로 전업주부나 낮은 직급에서 일하는 여성들보다 더 다양한 직업에서 일하는 것으로 보일 가능성이 높았다.
민족	전체 등장인물의 80%가 백인 미국인이었다. 아프리카계 미국인들은 모든 등장인물의 약 10%로 뛰어오른 1960년대 후반 이전에는 텔레비전 등장인물의 2%에 불과했다. 1990년대에 아프리카계 미국인들은 중심 역할과 주변 역할에서 약 16%를 차지했는데, 이는 미국의 실제 인구에서 차지하는 비율(12%)보다 더 컸다. 그러나 히스패닉계는 다른 양상을 보였다. 히스패닉이 미국 인구의 약 9%를 차지하지만, 모든 텔레비전 등장인물 중 약 2%만이 히스패닉이었다.
연령	전체 텔레비전 등장인물 중 3/4은 20세에서 50세 사이였지만, 실제 세계에서는 인구의 1/3만이 이 연령대 사이에 있다. 어린 아이들과 노인들은 TV에서 잘 나오지 않는다. 19세 미만의 가상 캐릭터는 미국 인구의 1/3을 차지하지만 전체 TV 인구의 10%에 불과하다. 또한 50세 이상 캐릭터는 전체 텔레비전 캐릭터 중 약 15%를 차지했다.
결혼 여부	여성의 약 80%, 남성의 45%가 결혼을 한 것으로 나타났다. 당신 주위에서 결혼 상태를 알 수 있는 사람들 중에서 50% 가량의 여성들이 결혼했지만, 남성들 중에는 1/3도 결혼하지 않았다.
사회경제적 지위	텔레비전에 나오는 인물들의 거의 절반은 부유하거나 재벌이었고, 극소수(10% 미만)만이 하층민이었다.

출처: Comstock, Chaffee, Katzman, McCombs, and Roberts (1978); Davis (1990); Glascock (2001); Greenberg, Edison, Korzenny, Fernandez-Collado, and Atkin (1980); Mastro and Greenberg (2000); and Signorielli and Kahlenberg (2001).

표 10.2 TV 세계와 실제 세계의 직업유형 비교

직업	TV 세계(%)	실제 세계(%)
의료직 종사자	12.1	0.9
경찰	11.4	0.9
법조인	8.3	0.7
경영인/관리자	6.4	31.0
언론계 종사자	8.3	0.3
우주비행사	5.9	0.0001
판매직	2.6	11.8
범죄과학수사 전문가	4.5	0.01

출처: Medic, R. (2002, p. 16).

왜 남성과 백인 그리고 젊은 사람들의 수가 이렇게 우세할까? 그것은 아마도 TV 작가들의 인구통계학적 특징이 반영된 것으로 보인다. Turow(1992)는 미국 작가 협회의 영화나 TV 계통 종사자들 중 3/4가 백인 남성이라는 점을 지적했다. 소수 집단에 속하는 사람들은 전체 작가 중 2% 정도 밖에 되지 않았다. 그리고 이것은 작가 집단이 인구통계학적으로 다양화되지 못하고 있음을 보여준다. 1985년에 할리우드 텔레비전과 영화 산업에 종사하는 작가의 연령, 성별 그리고 인종에 대한 조사에서 백인 남성이 지배직임이 나타났다. 2002년에도 성별과 인종에 있어 똑같은 유형이 나타났고(Bielby & Bieby, 2002), Glascock(2001)은 프로듀서, 감독 그리고 작가 등을 포함하는 창의성이 요구되는 직업에서 남성이 3.6:1의 비율로 여성보다 수적으로 우세하다고 보고했다.

게다가, 텔레비전에서 전형적으로 묘사되는 등장인물들은 2차원적 스테레오타입(stereotype)이었다. 스테레오타입은 시청자들이 쉽게 알아볼 수 있다는 관점에서 긍정적이다. 그러나 스테레오타입은 편향적일 뿐만 아니라 종종 부적절하고, 이성적인 평가에 장애물로 작용하며, 사회적 변화에 저항하기 때문에 부정적인 효과도 있을 수 있다.

우리는 스테레오타입을 미디어 묘사뿐만 아니라 실제 현실의 정보를 다루는 데에도 사용한다. 예를 들어, 우리는 새로운 사람을 만났을 때 나이, 성별, 외모, 말하는 방식 등 우리가 즉각적으로 볼 수 있는 특징들에 근거해서 그 사람이 어떤 '타입'의 사람인지를 판단하려고 한다. 일단 누군가를 어떤 유형의 사람이라고 결정짓고 나면, 우리는 그 사람에 대한 특정한 기대를 형성한다. 예를 들어, 우리가 화려한 드레스를 입고 교회 계단 위에서 인형을 가지고 놀고 있는 다섯 살짜리 여자아이를 본다면 우리는 즉각적으로 구체적인 몇 가지를 추측해낸다. 반면에 더러운 티셔츠 사이로 뱃살이 빠져 나온 채로 담배를 피우며 소총을 청소하고 있는 중년의 남성을 본다면 아까와는 매우 다른 추측을 하게 될 것이다. 이처럼 스테레오타입은 우리가 어떤 사람이나 사건을 마주쳤을 때 그 사람을 빠르게 판단할 수 있는 일련의 기대를 제공한다. 그것은 등장인물을 창조해내는 데에 필수적인 과정이며 특히 엄청난 양의 정보가 매일 만들어지는 요즘, '대단히 복잡하고 시끄러우며 혼란스러운 현실'을 정리할 필요가 있다(Lipmann, 1922:96).

텔레비전 속 인물들은 시청자들이 그 인물을 쉽고 빠르게 인식할 수 있게 하는 공식에 따라 스테레오타입을 만들어진다. 표 10.3에 스테레오타입의 예시들이 있다. 각각의 스테레오타입은 마음속에서 선명한 이미지가 떠오르게 한다. 이런 유형의 인물들을 많이 보아왔기 때문이다. 이들 중 하나의 인물이 이야기 속에 등장했을 때, 그들이 어떤 유형의 인물인지를 파악하는 데에는 겨우 몇 초밖에 걸리지 않는다.

하지만 스테레오타입은 시청자들로 하여금 주어진 유형의 모든 사람들이 어떠한 부정적 특징을 갖는다고 믿게 만들 때에는 좋지 않게 작용한다. 이것이 아프리카계 미국인들과 여성들이 그들이 텔레비전에 묘사되는 전형적인 방식에 대해 불만을 토로하는 이유이다. 직업, 가족 관계, 노인, 몸의 이미지와 같은 몇몇 다른 영역에서의 스테레오타입도 위험하다.

표 10.3 보편적 스테레오타입의 예

- 남들과는 다른 독특한 방법으로 길거리의 인간쓰레기들을 처리하는 강하고 독립적인 경찰 탐정. 그는 항상 그의 권위주의적인 상사에게 짜증이 나지만 그만의 재치 있는 방식으로 사건을 해결한다.
- 괴짜 자녀와 멍청한 남년을 돌보는 엄마
- 남자 영웅과 로맨틱한 관계에 빠지는 젊고 섹시한 여자배우/모델/간호사/비서
- 깊이가 없고 오로지 겉모습과 옷에만 신경을 쓰는, 상식이 없고 멍청한 금발.
- 보통은 마약을 위해 사소하고 폭력적인 사건에 연루되는 젊은 불량배. 경찰관이 형량으로 겁을 줄 때도 터프하고 건방진 태도를 보인다.
- 우스꽝스러울 정도로 떨어지는 사회성을 보여주는 괴짜 남자 청소년. 매우 예민하지만, 사회적인 실수로부터 아무것도 배우질 못한다.

논란의 소지가 있는 콘텐츠 요소

엔터테인먼트 세계에서는 지루함을 제외한 모든 것이 용서된다. TV가 극심한 폭력성으로 인한 비판에 시달릴 때, CBS의 전 국장이었던 Howard Stringer는 "우리는 광대한 미개척지를 지루함의 황무지로 만들 수 없다(USA Today, July 1, 1993:2A)."며 맞섰다. TV를 비롯한 모든 엔터테인먼트 미디어는 절대 지루해져서는 안 된다는 것이 핵심이다. 그래서 그들은 성, 동성애, 폭력성, 언어와 같이 논란이 많은 주제를 수용 가능한 선에서 가지고 놀면서 시청자들을 자극한다.

성적 묘사

많은 미국인들은 텔레비전에서의 성적 묘사와 노출에 대해 불쾌감을 느낀다. 연방통신위원회(FCC; Federal Communications Commission)는 감시자로서 이런 상황에 민감하게 대응하고 있다. 예를 들어, 연방통신위원회는 2004년 Super Bowl에서 있었던 가슴 노출 사건에 대한 사람들의 엄청난 항의를 잠재우기 위해 CBS에게 55만 달러의 벌금을 부과했다(Fabrikant, 2004). 하지만 제작자들은 계속해서 성적 묘사에 대한 대중들의 허용 한계선을 실험하며 그 한계를 넓혀가고 있다.

1970년대부터 텔레비전에서의 성 행위는 일반적인 것이 되었다(Buerkel-Rothfuss, 1993; Cassata & Skill, 1983). 만약 우리가 선정성에 대한 개념을 성관계에 대한 시각적인 묘사로 제한한다면 황금시간대의 성적인 묘사의 비율은 한 번(Greenberg et al., 1993) 내지 두 번(Fernandez-Collado, Greenberg, Korzenny, & Atkin, 1978) 정도로 나타난다. 드라마의 경우는 이보다 높은 빈도를 보인다.

만약 선정성의 기준을 키스나 애무, 동성애, 매춘 또는 강간에 대한 시각적인 묘사를 포함하는 것으로 확대하는 경우, 황금시간대의 성적 묘사의 비율은 시간당 3번으로 증가하고 드라마의 경우는 3.7번으로 증가한다(Greenberg et al, 1993). 그리고 만약에 기준을 성적인 이미지와 성행위에 대한 대화를 나누는 것을 포함하는 것으로 확장하는 경우, 수치는 시간당 16번으로 증가한다(Sapolsky & Tabarlet, 1990). 섹스에 대한 대화의 대부분은 이른 저녁 시트콤에서 유머러스한 맥락에서 이루어진다.

1997년부터 2002년까지 10개의 채널의 2817개의 프로그램을 분석한 최근의 몇 가지 중요 연구들은 모든 쇼의 2/3(64%)가 선정적인 내용을 포함하고 있고, 14%는 성행위 자체를 포함하고 있다는 것을 알아냈다. 10대들 사이에서 가장 인기 있는 상위 20개 쇼들은 83%가 선정적인 묘사를 포함하고 있었다. 전반적인 비율은 시간당 3장면 정도였다. 2/3(67%)의 방송국의 황금시간대의 쇼들은 성행위에 대한 이야기나 선정적인 행위들을 포함하고 있었고 이는 시간당 평균 5장면 이상 나타났다. 성적인 묘사의 비율은 꾸준히 증가하고 있다. 성적인 묘사가 나타나는 쇼의 비율은 5년 동안 7%에서 14%로 2배 정도 증가했다(Kaiser Family Foundation, 2003; Kunkel, Eyal, & Donnerstein, 2007). 하지만 시간 주기를 더욱 길게 잡으면 정반대의 상황이 된다. 이런 현상을 설명하기 위해 Hetsroni(2007)는 텔레비전에 나타나는 성적인 묘사에 관한 콘텐츠 분석의 결과물에 대한 메타분석을 실행했다. 18개의 시즌, 2,588시간의 방송을 분석한 결과, Hetsroni는 대부분의 경우 선정적 내용이 나타나는 시간당 비율이 감소했다고 결론지었다. 이것은 성행위에 대한 대화나 이성애자 간의 성행위 내용이 줄었다는 면에서 부분적으로 주목할 만하다고 볼 수 있으나, 불법적인 성적 접촉이나 성행위의 위험성 내지는 그에 따르는 책임감에 대한 내용 역시 줄었다는 것을 의미한다.

어떤 결론을 믿어야 할까? 텔레비전에서의 선정적인 묘사는 증가하고 있는 걸까, 감소하고 있는 걸까? 선정적 묘사의 비율은 시간에 따라 감소하기도 하고 증가하기도 하며 이것이 일정한 주기를 지니고 있다는 것이 가장 적합한 대답이 될 수 있을 것이다. 일정 기간 동안 제작자들은 성적인 묘사에 대한 허용 기준을 넓게 잡다가 이에 대한 대중의 불만이 생기면 응답의 차원에서 선정적인 묘사를 줄이게 되는데, 이러한 과정에서 선정적 묘사의 비율이 증가했다가 감소하는 모습으로 나타나는 것이다. 결국 핵심은 선정적인 묘사는 앞으로도 엔터테인먼트 미디어 메시지와 한 요소로 존재할 거라는 점이다. 인간은 지금까지도 그랬으며 또 앞으로도 성에 대해서 항상 흥미를 느낄 것이기 때문이다.

대부분의 성적 행위에 대한 묘사는 건강의 측면에서 책임감 있게 다루어지지 않고 있다. Schrag(1990)는 미국의 어린이들과 10대들이 1년 동안 14,000번 이상 TV의 성적인 내용과 풍자에 노출되고 있다고 보고했다. 이 중 150번 미만의 경우에만 피임을 했다. 이렇게 피임을 하지 않는 성관계의 비율이 매우 높은 반면, 성병(STDs)이나 임신에 대한 묘사는 거의 나타나지 않았다. 하지만 이런 상황은 변화될 것을 보인다. 예를 들어 1997년에서 1998년 텔레비전 시즌의 9% 정도는 안전한 성관계에 대한 내용을 다루었다. 그리고 이 비율은 2001년에서 2002년 사이에는 15% 정도로 증가했다(Kaiser Family Foundation, 2003). 몇 년 뒤, Kaiser Family Foundation(2005)은 이어진 연구에서 성적인 장면의 수가 1998년에 비해 거의 두 배 가까이 증가했다고 보고했다. 이 보고서는 또한 '성관계를 하지 않거나 피임을 하거나 피임하지 않는 성관계의 가능한 결과'의 차이를 보여주는 것 같은 '더 안전한 성관계' 이슈에 대한 언급은 1998년 이후 증가했지만, 그 비율은 최근 몇 년 동안 변화가 없다고 발표했다. Kunkel et al.(2007)은 성관계의 위험성이나 책임감(콘돔을 사용하거나 욕구를 자제하는 것과 같은)과 관련된 주제가 텔레비전에서 많이 증가했지만 전반적으로는 아직 드물게 나타나는 것으로 보인다고 발표하며 위 연구의 내용을 확대시켰다. 이런 안전한 성관계에 대한 내용은 프로그램에서 그 내용이 비교적 중요한 위상을 차지할 때(예: 육체적 성행위가 이야기 안에서 직접 나타나는 경우) 가장 많이 나타났다.

연습문제 10.1을 통해 일부 미디어 엔터테인먼트의 콘텐츠 분석을 직접 수행해 보라. 콘텐츠 분석을 설정하고 수행하는 데 있어 어려움을 겪는다면, 결론에서 발견하게 될 패턴에 대한 의사 결정의 영향에 대해 생각해 보라.

동성애

미국의 텔레비전 산업은 오랫동안 동성애를 외면하고, 스테레오타입을 형성하고, 소외시켜 온 역사를 가지고 있다(Harrington, 2003). 1950년대에서 1960년대까지 게이와 레즈비언에 대한 내용 혹은 게이나 레즈비언인 등장인물은 실질적으로 텔레비전에 나오지 못했다. 게이인 등장인물이 등장한 것은 1970년대에 이르러서였다. 하지만 그들을 나타내는 방식은 두 가지 정도로 제한되어 있었는데, 하나는 커밍아웃에 대한 이야기였고 다른 하나는 그들을 'Queer monster(동성애를 하는 비정상적 인물)'로 다루는 이야기였다. 1970년대는 황금시간대 쇼에 게이 캐릭터를 등장시키긴 했지만, 그 역할을 연기하는 배우들은 이성애자들이었고 이성애자인 시청자들을 공략하는 데 마케팅의 초점을 두었다.

1980년대에는 Reagan 정권의 보수성과 HIV/AIDS에 대한 공포(그리고 이것과 게이들의 성관계의 관련성)의 확산으로 인해 동성애에 대한 묘사가 극도로 감소했다(Gross, 2001). 1990년대에 들어 게이 등장인물이 매우 빈번하게 나타나기 시작했는데, 이는 반동성애적인 편견으로 인한 게이에 대한 부정적 인식의 확산 그리고 게이를 소비자로 하는 시장의 성장과 관련된 것으로 보인다. 1990년대 후반까지 약 50여 개의 방송에서 이전 10년 동안 보다 2배 이상의 레즈비언이나 게이 혹은 양성애 성향을 가진 등장인물들이 나타났다. 1997년에는 황금시간대에 시청자들은 ABC의 Ellen에서 Ellen Morgan을 연기한 TV방송 최초의 레즈비언 배우이자 등장인물인 Ellen DeGeneres를 볼 수 있었다. 다음해에 NBC는 방송사 사상 첫 게이 주인공을 인기 쇼인 Will & Grace에 출연시켰다. 1999년 가을에는 빅4 텔레비전 방송국들이 26개의 새로운 시리즈를 제작했다. 그 중 17명의 게이 캐릭터가 등장했는데, 이는 흑인과 동양인, 라틴계 캐릭터를 모두 합친 숫자와 같았다. 그 큰 이유는 할리우드에 게이들이 많고 소수 민족이 많지 않기 때문이다(Brownfield, 1999).

많은 면에서 1990년대는 텔레비전에서 동성애를 그리는 오래된 '규칙'을 뛰어넘은 것으로 보였다. 그 규칙은 다음과 같다. (a) 게이나 레즈비언 캐릭터는 텔레비전 시리즈에 한 번 혹은 텔레비전 영화에 한 장면 정도로 등장을 제한한다. (b) 게이나 레즈비언 캐릭터의 동성애적 성향은 '우연히' 된 것이 아닌, '해결'되어야 할 '문제'이다. (c) 그들의 문제는 이성애자들에게 미치는 영향의 관점에서 탐구되어야 한다. (d) 게이와 레즈비언이 가진 성욕은 완전히 배제되어야 한다(Dow, 2001:129-130; Gross, 2001).

그 어느 때보다 동성애에 대한 묘사가 많아졌지만 학자들은 이것이 필연적으로 보다 진보적인 묘사라는 가정에 대해 경고한다. 텔레비전 역사를 통틀어, 게이들과 레즈비언들은 여전히 드라마보다 코미디에 출연할 가능성이 더 높으며, 여기서 '웃는 것'과 '웃음거리가 되는 것' 사이의 경계는 전략적으로 모호하다. 또한, 게이와 레즈비언 캐릭터들은 여전히 종종 이성애자인 배우들에 의해 그려지고 있고, 이성애자 시청자들을 대상으로 마케팅한다(Battles & Hilton Morrow, 2002; Dow, 2001; Gross, 2001).

최근 TV 프로그램에서 성적인 묘사를 분석한 결과, 전체 프로그램의 약 15%에서 비이성애자 묘사가 나타났다. 14가지 장르 중에서 오직 영화와 버라이어티/코미디 쇼만이 높은 비율로 비이성애적 콘텐츠를 다루었다. 상업용 방송망의 프로그램은 케이블 네트워크, 특히 프리미엄 케이블 영화 네트워크보다 비이성애적 콘텐츠를 적게 보여주었다(Fisher, Hill, Grube & Gruber, 2007). 또한, 18시즌 동안 텔레비전에 나타난 성적인 묘사의 콘텐츠 분석 결과에 대한 메타 분석에서, Hetsroni(2007)는 동성애에 대한 묘사 빈도가 상당히 증가했다고 말했다.

폭력성

폭력성은 1950년경부터 세기의 전환기에 이르기까지 모든 대중매체에서 가장 많이 연구된 형태의 콘텐츠였다. 학자들은 텔레비전에서 폭력사태의 양을 지속적으로 감시하여 적어도 60개의 주요 콘텐츠 분석을 실시했으나(Potter, 1999 참고), 그 후 관심이 줄어들었다.

기존의 연구에 따르면, 모든 엔터테인먼트 프로그램에 중 약 57%-80%에서 폭력성이 발견되었다(Columbia Broadcasting System, 1980; Greenberg et al., 1980; Lichter & Lichter, 1983; "NCTV Says," 1983; W. J. Potter & Ware, 1987; Schramm, Lyle, & Parker, 1961; Signorielli, 1990; Smythe, 1954; Williams, Zabrack, & Joy, 1982).

TV의 폭력성에 대한 가장 지속적인 연구는 Gerbner와 그의 동료들에 의해 진행되었다 (e.g., Gerbner, Gross, Morgan, & Sigmorielli, 1980 참고). 1960년대 후반 이후로 그늘은 다음과 같은 성의를 충족하는 폭력성의 빈도를 기록해 왔다.: (무기 소지 여부에 관계없이) 자기 자신 그리고 다른 이에게 물리적 힘을 노골적으로 행사하는 것, 본인의 의지에 관계없이 상해나 살해를 강요하는 것, 실제로 상해를 입히고 죽이는 것. Signorielli(1990)은 1967년부터 1985년 사이에 폭력적인 행동의 빈도는 시간당 4번에서 7번 사이로 나타났으며 4년 주기로 최고치를 보인다고 말했다.

TV의 폭력성에 대한 가장 포괄적인 분석은 National Television Violence Study(NTVS, 1996)에 의해 이루어졌는데, 이 조사는 아침 6시부터 밤 11시까지 23개 TV 채널에 걸쳐 모두 3,185편의 프로그램의 내용을 분석했다. NTVS의 연구는 57% 정도의 프로그램이 약간의 폭력성을 가지고 있으며, 프로그램의 1/3이 9개 이상의 폭력적인 상호작용을 나타냈다고 보고한다.

위의 수치들은 물리적인 폭력에 제한되어 있는 것으로 언어폭력은 포함하지 않았다. 언어폭력은 신체적인 폭력보다 TV 속에서 훨씬 많이 나타난다. 예를 들어, Williams et al.(1982)는 북아메리카(미국과 캐나다)의 TV에는 시간당 9번 정도의 물리적 폭력 장면이 나오고 이에 더해 9.5번 정도의 언어폭력이 나타난다는 것을 발견했다. W. J. Potter와 Ware(1987)은 미국 TV에는 시간당 8번의 물리적 폭력과 12번의 언어폭력이 나타난다고 말했다. 또한 Greenberg와 그의 동료들(1980)은 TV 프라임 타임에는 평균적으로 시간당 22번의 언어폭력과 12번의 물리적인 폭력이 나온다고 보고했다. 1970년대 중반부터 1990년대 중반까지 TV의 폭력성의 비율을 비교한 W. J. Potter와 Vaughan(1997)은 물리적인 폭력의 비율은 안정적으로 유지되고 있는 반면에, 언어폭력의 비율은 극심하게 증가했다는 것을 발견했다. 그들은 제작자들이 시청자들로부터 원성을 살 수 있는 물리적 폭력을 늘리는 것에 대해서는 신중한 입장을 취하지만 언어폭력의 경우는 매우 많이 증가했음에도 대중들에게 보다 쉽게 받아들여졌기에 지속적인 증가를 보인다고 말했다.

영화의 폭력성에 대한 과학적 연구도 이루어졌다. 예를 들어, 워싱턴에 위치한 Center for Media and Public Affairs에 의한 이 연구에 따르면, 1998년 가장 많은 수익을 올린 50편의 영화는 총 2,300개 정도의 폭력적인 장면이 포함되어 있다고 발표하였다. 센터장인 S. Robert Lichter은 "폭력성은 인기 있는 엔터테인먼트의 주요 요소로 이용될 뿐만 아니라, 종종 멋지고, 필요하고, 무해한 행위로 묘사된다."고 말했다(Goldstein, 1999:B1). 폭력적인 영화에 대한 다른 분석에서 Sapolsky, Molitor, Luque(2003)는 1990년대의 대중적인 슬래셔 영화(slasher film)[1]의 내용을 분석했고, 1980년대의 비슷한 영화와 비교했을 때 더 많은 폭력적인 장면을 가지고 있음을 발견했다. 한 가지 변한 것이 있다면, 최근의 슬래셔 영화는 선정성과 폭력성이 뒤섞이지 않았다는 것이다. 연구자들은 또한 여자들이 남자들보다 많이 희생되는 것은 아닌지에 대한 문제를 제기했는데, 모든 슬래셔 영화에서 남자가 여자보다 더 많이 희생된다는 결론에 도달했다. 하지만 그들은 그 결론에서 멈추지 않고 1990년대의 슬래셔 영화와 상업적으로 성공을 거둔 액션/어드벤처 영화 간의 비교를 통해 슬래셔 영화에서의 여성 희생자 비율이 더 높다는 것을 발견했다. 이것은 여성이 슬래셔 영화에 등장할 때 그들이 희생될 확률이 매우 크다는 것을 의미한다. 또한 여성들은 남성들에 비해 오랫동안 공포 상황에 놓이는 것으로 나타났다.

텔레비전의 폭력성은 빈도뿐만 아니라 그런 내용이 방송되는 맥락과 관련된 차원에서도 연구되었다. 예를 들어, W. J. Potter와 Ware(1987)는 대부분 폭력의 가해자들은 오히려 보상을 받는 반면, 피해자의 극심한 아픔이나 고통은 거의 드러나지 않는다는 것을 발견했다. 이것은 NTVS의 연구에서

---

1) 얼굴을 가린 살인마가 영화 속 등장인물을 몽땅 죽이는 난도질식 공포영화(역자 주).

도 나타났는데, 이 연구에서는 폭력적인 행위가 거의 처벌받지 않았고 피해자들이 피해로 인해 고통 받는 모습도 거의 나타나지 않는다고 언급하였다. 또한 폭력 행위의 가해자들 중 37% 정도는 매력적인 인물로 묘사되었고 44% 정도의 폭력은 정당한 행위로 그려졌다. 이런 상황들을 통해 연구자들은 TV 전체에서 폭력이 일반적인 것일 뿐만 아니라 대부분 바람직하고 매력적인 것으로 묘사된다는 결론을 내릴 수 있었다(Potter & Smith, 2000 참고).

미디어 속 폭력의 수위는 실제 현실에서 일어나는 폭력이나 범죄의 수위보다 훨씬 높다. 이것은 COPS와 같은 실제에 바탕을 둔 유사 리얼리티 범죄 쇼들을 연구한 Oliver(1994)의 견해이다. 그녀는, 연방수사국(FBI)의 집계에서는 살인, 강간, 강도, 총 폭행의 수치가 모든 범죄의 13.2%이지만, 텔레비전 세계에서는 이 네 건의 강력 범죄가 전체 범죄의 87%를 차지한다는 것을 발견했다. 또한 FBI는 범죄의 18%가 해결된다고 보고하지만, 텔레비전에서는 61.5%가 가해자의 체포나 살해, 자살로 인해 해결된다고 한다. 그리고 텔레비전은 시시한 범죄보다는 가장 자극적인 범죄에 초점을 맞춘다. 또한 텔레비전에서는 현실에서보다 더 만족스러운 해결에 이른다.

언어

'나쁜' 언어는 TV의 장벽을 부수고 이제 그 일부가 된 것으로 보인다. 예를 들어, Kaye와 Sapolsky(2001)는 방송 내용에 따른 시청 등급이 시행되었던 1990년대에 공격적인 언어의 사용이 증가했는지를 확인하기 위해 황금시간대의 방송 프로그램들을 조사했다. 시간당 저속한 언어의 사용 빈도는 1990년에서 1994년 사이에 증가 추세를 보였지만, 1997년에는 1990년보다도 약간 낮은 정도로 감소했다. 연방통신위원회(FCC)는 TV에 대해 '7개의 상스러운 언어'를 지정했음에도 불구하고 이중 5개의 언어는 황금시간대 방송에 나타났다.

사람들은 지속적으로 TV의 나쁜 언어에 대해 불만을 표시했고 연방통신위원회는 저속한 언어의 사용 여부를 확인하기 위해 TV 프로그램들을 감시했는데, 이런 결정을 하는 과정에서 연방통신위원회는 맥락을 고려 요소로 포함시켰다. 예를 들어, 많은 사람들이 영화 Saving Private Ryan(라이언 일병 구하기)의 상스러움에 대해 불만을 나타냈지만, 연방통신위원회는 영화 속에 상당히 많은 비속어들과 폭력이 나왔음에도 불구하고 이 영화가 유해물이 아니라고 결정했다. 그런 언어가 전쟁에서 싸우고 있는 군인이라는 맥락에서는 적합하다는 것이 연방통신위원회의 입장이었다("FCC Finds No Indecency," 2005). 최근의 연구는 TV 방송국의 비속어 사용이 2005년에서 2010년 사이에 69% 증가했으며 특히 가족들이 함께 TV를 보는 시간대인 밤 8시에서 9시 사이의 프로그램에서 가장 많은 증가를 보였다고 보고했다(Flint, 2010).

나쁜 언어는 음란성뿐만 아니라 인종과 성별에 대한 비방을 포함한다. 2007년 봄, 충격적인 언사로 유명한 라디오 DJ인 Don Imus는, 그의 라디오 방송에서 Rutgers 대학교의 여자 농구팀은 '곱슬머리 흑인 매춘부들'이라는 발언을 했다. 많은 청취자들은 무척 불쾌감을 드러냈고 그의 발언을 비판했다. 그리고 이것은 논쟁의 여지가 있는 방송을 만들던 미디어들의 관심을 불러일으켰다. 아프리카계 미국인들과 여성인권 운동가들은 심각하게 그의 발언을 비판했다. 비록 Imus는 대학의 관계자를 만나 정식으로 사과했고 여자 농구팀도 그의 사과를 받아들였지만 그는 해고되었다. Imus는 정치인들과 유명 인사들에게 독설을 하는 유명한 쇼 진행자로서 30년의 시간을 보낸 후에야 즉흥적인 그의 발언이 매우 심각하고 즉각적인 결과를 초래할 만큼 선을 넘어선 것이었음을 깨달았다.

건강

우리가 모든 종류의 쇼에 걸쳐 패턴을 볼 때, 텔레비전 세계는 일반적으로 건강에 유익한 것을 보여준다. 이러한 건강 묘사 패턴의 일부는 시청자들에게 건강한 메시지를 전달하는 데 매우 책임감을 지니지만, 일부의 다른 묘사 패턴은 기만적이다. 즉, 몇몇 묘사들은 건강에 대해 매우 오해의 소지가 있는 메시지를 보여준다.

기만적 건강 패턴

건강에 대한 기만적인 묘사에 대해 판단할 수 있는 많은 표지들이 있겠지만, 여기서는 그 중 5가지 경우에 대해 이야기하고자 한다. 첫 번째는, TV 속 인물들은 건강한 생활 습관(건강한 식습관, 규칙적인 운동, 질병을 예방하기 위해 건강검진을 받는 것과 같은)을 가지고 있지 않지만, 대부분의 캐릭터가 건강하고 탄력적이며 날씬하게 보인다는 것이다. 64.5%의 미국 인구가 과체중 내지는 비만인 것으로 추정되는 반면(American Obesity Association, 2004), TV 속 인물들은 남성의 6%, 여성 2%만이 과체중이거나 비만이다. 게다가 엔터테인먼트 프로그램 안에서 등장인물들은 먹고 마시는 것이 자주 하는 활동이지만, 그러한 고칼로리 식단 때문에 체중이 늘지는 않는다. 약 75%의 쇼에서 등장인물들이 무언가를 먹는 모습이 나온다. 하지만, 그들이 먹는 것은 보통 건강에 좋지 않다. 그들이 먹는 식사의 양은 전통적인 아침, 점심, 저녁 식사를 모두 합한 양의 절반 정도 밖에 되지 않고 나머지는 간식이 차지한다. 그나마도 과일을 간식으로 먹는 경우는 에피소드의 4~5% 정도 밖에 되지 않는다.

두 번째로, 많은 프로그램들이 높은 수위의 폭력성을 보이는 반면에 부상을 입고 고통을 느끼는 모습은 거의 나타나지 않는다. 사실 거의 대부분의 등장인물들은 건강하고 활동적인 모습을 보인다. 6~7% 정도의 주요 인물들만이 치료를 필요로 하는 질병에 걸리거나 부상을 입는 모습을 보였다. 폭력적인 장면 뒤에 고통이나 아픔 혹은 병원 치료를 받는 장면은 거의 등장하지 않았다. 어린이 프로그램에서도 심한 상해를 입었음에도 불구하고 3% 정도만 치료를 받았다. 황금시간대의 등장인물들은 건강할 뿐 아니라 운전 중에 안전벨트를 거의 하지 않음에도 불구하고 비교적 안전하다. 그리고 어떤 사고 뒤에도 그로 인한 후유증으로 고통 받는 경우도 거의 없다.

기만적인 건강 묘사의 세 번째 지표는 일상적이고 평범한 질병들이 거의 나오지 않는다는 것이다. 묘사되는 대부분의 건강 문제는 심각하거나 생명에 지장을 주는 경우이다. 의학적 도움을 받는 장면이 나온다 해도 예방이나 치료를 목적으로 하는 경우가 아니라 극적이고 사회적인 형태를 보인다. 텔레비전에서는 누군가가 자연사하는 경우는 거의 없다.

황금시간대의 등장인물들은 어떤 종류의 신체적 결함도 보여주지 않는다. 등장인물이 안경을 쓰는 경우도 드물다. 심지어 나이가 들어도 4명 중 1명만이 안경을 쓴다. 황금시간대의 등장인물 중 장애를 가진 인물은 2%뿐이다. 그리고 그들은 보통 노인들이거나 다른 이들에 비해서 덜 긍정적이며 어떤 사건의 희생자가 되는 경우가 많다. 어린이 프로그램에서는 거의 나타나지 않는다.

네 번째로, 정신건강은 매우 전형적인 방식으로 위험하게 묘사된다. 실제 정신 질병을 가진 사람들은 보통 활기가 없고 움츠려 있으며 겁이 많고 기피하는 모습을 보인다. 그러나 TV에서 정신 질환을 가진 인물들은 정신적인 문제가 없는 인물들에 비해 폭력 범죄자로 나오는 비율이 10배가 넘는다(Diefenbach & West, 2007). 텔레비전에서 정신 질환을 가진 인물들은 대부분 활발하며 정신없고, 공격적이고, 위험하며, 예측불허의 행동을 보인다.

다섯째, 의사들은 실제 현실에서의 수와 비교하여 텔레비전에서 크게 부풀려져 있다. TV 속 아픈 등장인물이 그리 많지 않음에도 불구하고 의사와 같은 건강관리 전문가들은 전문직 종사자 순위의 높은 곳에 랭크되어 있다. 그들은 실제 현실에 비해 5배나 된다. 그들보다 더 많은 캐릭터는 범죄자나 법 집행자뿐이다. 또한 TV 속 많은 의사들이 실제 의사들이 하는 것보다 훨씬 더 많은 시간을 개별 환자들에게 쓴다.

책임 있는 건강 패턴

텔레비전에서 술이나 담배, 불법 약물의 사용은 몇 년간 급격하게 감소했다. 1980년대 중반까지도 담배를 피우는 장면이 빈번하게 나왔지만 이제는 오래된 영화를 재방송하는 경우를 제외하고는 거의 완전히 사라진 상태이다.

술을 마시는 장면도 상당히 줄었다. 그리고 술을 마시는 장면이 나오는 경우에도 음주는 결국 좋지 않은 결과를 초래한다. 1980년대 중반까지만 해도 술을 마시는 것은 텔레비전에서 매우 일상적인 일이었다. 술 마시는 것은 커피나 차를 마시는 것의 2배, 탄산음료의 14배, 물의 15배 정도로 많이 나타났다. 술을 마시는 것은 사회적인 활동이자 행복한 일이었고 다른 문제를 초래하지 않았다. 그리고 술을 마시는 것은 거의 어떤 부정적 결과도 초래하지 않았다. 부정적인 결과라면 아주 약하고 일시적인 정도의 숙취가 나왔을 뿐이다. 많은 인물들이 음주를 했지만, 그 중 1%만이 술과 관련된 문제를 가진 것으로 묘사되었다.

이렇게 TV는 약물과 음주에 대해 이전보다 책임감 있는 모습을 보이고 있지만 영화는 그렇지 않다. 1996년부터 1997년까지 가장 인기 있었던 영화 200편을 분석한 결과, 등장인물들은 빈번하게 약물과 술을 남용했고 이 행동이 초래하게 될 결과를 걱정하는 모습을 보이지 않았다(Hartman, 1999).

몸의 이미지. 1967년부터 1997년까지 세 회사 잡지의 콘텐츠를 분석한 결과, 남성의 몸은 점점 군살이 없는 근육질의 V자형 모습으로 나타났다. 이상적인 남성의 육체는 첫 번째는 마르고 탄탄한 몸이다. "남성의 아름다움에 대한 사회문화적 표준은 힘과 건장함을 강조하는 것이다(Law & Labre, 2002:297)".

할리우드의 영화 역시 특정한 몸의 이미지에 대한 집착으로 인해 비판의 대상이 되었다. Alexandra Kuczynski의 저서『성형 중독: 15억 달러 성형 수술 집착의 실체(Beauty Junkies: Inside Our $15 Billion Obsession With Cosmetic Surgery)』에서 할리우드가 현실에는 존재할 수 없는 아름다움의 기준을 창조해 냈다고 비판했다. "가슴 달린 막대기(tits on sticks)라고 불리는 커다란 가슴을 가진 세련되고 균형 잡힌 최상의 날씬한 몸이 그 기준이다(Kantrowitz, 2006:54)." 그녀는 할리우드가 완벽한 몸을 가진 유명인들을 만들어냈고 미디어를 그런 이미지들로 넘쳐나게 하여 우리 모두가 그런 기준에 자신을 맞춰야 한다고 생각하게 만들었다고 지적했다. 그리고 사람들은 그런 기준을 만족시키지 못해 수술을 하거나 우울함에 빠졌다. 또한 Himes와 Thompson(2007)은 TV나 영화 속에서 과체중인 등장인물들이 어떤 모습으로 나타나는지에 대해 연구했다. 그들은 뚱뚱한 인물들에게 부정적인 낙인이 찍혀있다는 것을 발견했다. 날씬한 인물들은 뚱뚱한 인물의 면전에 대고 그들을 바보 취급하는 유머를 던졌다. 또한 남자 등장인물의 경우 여성들보다 3배 이상 뚱뚱하다고 비난받고 비웃음의 대상이 된다.

가치

한 문화가 가진 가치를 판단하는 방법 중 하나는 그 문화 속 예술을 연구하는 것이다. 예를 들어, 고대 그리스 로마의 문화는 완벽함과 균형 그리고 아름다움을 예술에 담았다. 중세 유럽의 예술은 예수의 일생 중에서도 탄생의 기적과 십자가에 못 박힌 희생, 그리고 부활에 초점을 두어 천주교의 권위를 나타낸다. 이 때 현세는 세속적이고 고통스러운 것인 반면 내세는 아름다운 것이었다. 르네

상스 시대의 예술은 과학적으로 세계에 접근하고 그 세계를 이해하려는 가치가 반영되었다. 유럽 낭만주의 시대의 초점은 르네상스 시대의 지성과 논리에서 벗어나 인간의 감성으로 이동했다. 그리고 현대에 이르러 예술은 정치 및 종교로부터 분리되어 개인과 개인이 세상을 바라보는 독특한 방법과 의미의 창출을 찬양하고 있다(Metallinos, 1996).

오늘날, 우리는 대중매체가 우리에게 전달하는 방대한 메시지에 대한 연구를 통해 그 이야기들이 현재 우리의 문화에 대해서 어떤 이야기를 하고 있는지를 답할 수 있다. 그리고 몇몇 연구자들과 사회비판론자들이 이미 이런 질문에 대답하려는 시도를 해왔다. 표 10.4는 두 명의 미디어 학자가 TV 엔터테인먼트를 관찰한 것이다. 첫 번째는 Comstock(1989)의 연구로 물질 소비를 주제로 다루었다. Comstock이 말하는 것은 이야기 속에 나타나는 광고에 대한 것이 아니라 이야기 자체가 지닌 가치에 대한 것이다. 그는 "많은 이야기들 속에 부자들만 등장하는 것은 아니지만 등장인물들이 살고 있는 집이나 가구들을 포함한 많은 것들이 그들의 수준에서 가질 수 있는 정도를 넘어선다."(p.172)고 말했다. 예를 들어, 유명 시트콤인 Friends에서 시간제 요리사인 Monica와 커피숍 웨이터인 Rachel은 맨해튼 다운타운의 가구가 잘 갖춰진 침실 두 개짜리 아파트에 살고 있다.

또한 Comstcok(1989)와 Walsh(1994)가 어떤 공통점을 가지고 있는지에 주목해야 한다. Walsh는 물질주의적 가치에 대해 걱정하며 이것이 건강한 사회로 나아가는 데 방해가 된다고 주장했다. Walsh는 시장가치라는 것은 동등한 부의 분배로부터 오는 행복과 즉각적 만족 그리고 이기주의라고 말했다. 하지만 건강한 사회를 만들기 위해서는 절제와 관용, 이해와 사회적 책임감으로부터 오는 자아존중감이 필요하다고 주장했다.

표 10.4 엔터테인먼트 메시지의 기저 가치

Comstock(1989)의 목록

1. 물질적 소비는 매우 큰 만족감을 준다.
2. 세상은 매정하고 위험한 곳이다. TV 세계에는 엄청난 범죄와 폭력이 존재한다.
3. TV 세계 속 인물들 중 부자이고 권력이 있는 사람은 다수이고, 노동자 계층은 아주 조금 뿐인 역피라미드의 계층 구조로 변화해왔다.
4. 남자는 여자에 비해 수입이 많고 높은 직위를 가지며 의사결정에 있어서도 보다 큰 영향을 미친다. 천천히 변화되고 있지만 균형을 이루기에는 아직 요원하다.

5. 직업적 위치는 높은 가치를 지닌다. 전문직은 가치 있는 반면, 육체노동은 하찮게 여겨진다. 중간 계층의 사람들은 가치 있는 직업을 갖는 것으로 신분 상승을 한다. 신분 상승은 자신감과 치열함을 통해 달성되며 선량한 마음만으로 달성될 수 없다. 신분 상승은 대개 매우 빠르게 그리고 고통 없이 이루어진다.
6. TV에서 항상 선행을 하고 남을 돕는 사람들은 권위 있는 직업을 가진 사람들이다. 사업을 하는 사람들은 대부분 믿을만하지 못하다. 그들은 남을 잘 속이거나 이득을 꾀하거나 힘을 과시하는 사람으로 묘사된다.
7. 법조인들은 과장되게 성공한 사람이며 강하고 정의롭게 나온다. 사설탐정들이 대부분의 경찰보다 낫다.
8. TV 속에는 초자연적 현상, 다른 행성의 생명체, 죽음 뒤의 삶 그리고 설명할 수 없는 악의적인 목적이 존재한다는 믿음이 있다.
9. 한 사람의 사리사욕은 굉장히 중요시된다. 사람들은 다른 이들의 감정에 대한 배려 없이 그들이 원하는 것을 갖는데 집중하도록 동기 부여된다. 간통, 범죄, 부하를 혹사시키는 상사, 자신의 목적을 위해 다른 사람들의 권리를 무시하는 경찰이 그 예다.
10. TV에는 용감하게 타인을 구조하거나 이타적인 행동을 하고 다른 사람을 배려하는 영웅다운 행동이 종종 묘사되며 바른 일을 하기 위해 어렵고 힘든 길을 선택하는 고군분투도 나타난다.

Walsh(1994)의 목록

1. 행복은 소유로부터 온다.
2. 가질 수 있는 모든 것을 가져라.
3. 가능한 빠르게 모든 것을 가져라.
4. 무슨 수를 써서라도 이겨라.
5. 폭력은 재미있는 것이다.
6. 항상 재미를 추구하고 지루함을 피해라.

젊은이들을 겨냥한 TV 프로그램 방향에 대해 불평 가운데, U. S. News & World report의 칼럼니스트인 John Leo(1999)는 다음과 같이 말했다.

"그런 쇼 안에는 중요한 문화적 메시지가 담겨있는데 그 중에서도 가장 뚜렷하게 보이는 것은 부모들이 어리석다는 것이다. 십대 드라마에 부모들은 등장하지 않거나 멍청하거나 엉뚱하거나 얼이 빠져 있거나 누군가에게 쫓기고 있거나 감옥에 있다. 틀림없는 메시지는 아이들이 어쨌든 거의 아무것도 모르는 부모들의 말을 들을 필요가 없이 혼자라는 것이다. 이는 TV 산업이 청소년들을 그들만의 윤리와 소비 패턴을 가진 자율적인 문화로 인정한 것이다.(p.15)"

젊은 사람들은 할리우드 영화의 중요한 소비층이고 일부 영화들은 그들의 관심을 끌기 위해 최선을 다하고 있다. LA Times 리포터 Claudia Eller(1999)는 저작권 매니저인 Warren Zide의 이력을 통해 할리우드에서 운용되는 가치를 조사했다.

"Zide는 영화 American Pie 대본을 팔기 위해 그와 그의 동료들이 연령 등급에 대한 걱정은 접어두고 가능한 한 야하게 쓰라고 조언했다고 말했다. 이것은 아주 좋은 조언이었다. 졸업식 전에 자신의 순결을 잃고자 하는 4명의 고등학생 친구들에 대한 준성인용 코미디는 Universal Pictures에 65만 달러에 팔리기 전에 몇몇 스튜디오들의 관심을 자극했다.(p.C5)"

Eller는 영화 대본에 대한 Zide의 반응을 인용했다. "내가 어릴 때, 나는 몇몇 준성인 영화를 매우 싫어했어요. 거기에 노출이 거의 없었기 때문이죠. 그럴 때면 나는 '아, 내가 속았구나.'하는 생각을 했죠." 이제 Zide는 저작권 매니저로서 묻는다. "우리 영화 속에 가슴과 엉덩이가 충분히 나오나요?(p.C5)"

엔터테인먼트 메시지에 대한 미디어 리터러시 발달

공식을 알고 있으면, 우리는 모두 꽤 미디어에 능통하게 된다. 우리는 모두 이야기를 따라갈 수 있다. 심지어 회상, 반어, 많은 등장인물이 있는 복잡한 이야기까지도. 우리는 신체적 외모로부터 어떠한 스테레오타입이 담겨 있는지 읽을 수 있고, 모든 종류의 성격적 특징을 그들에게 연결시킬 수 있다. 우리는 단순히 더 많은 이야기, 특히 다양한 장르와 하위 장르에 있는 이야기에 우리 자신을 노출시킴으로써 이야기 공식으로 미디어 리터러시를 쉽게 증가시킬 수 있다.

그러나 패턴을 고려하면, 미디어 리터러시에 대한 도전은 상당히 어렵다. 우리는 전형적으로 각각의 묘사를 개별적으로 처리한 후에 종종 몇 가지 사례 또는 문제가 있는 샘플에 근거하여 무의식적으로 패턴을 추론하기 때문에 패턴은 감추어져 있다(Tversky & Kahneman, 1973). 따라서 몇 편의 영화나 텔레비전 쇼를 본 후에 우리는 사람들이 옷을 입고 행동하는 방식과 같은 현실 세계에 대한 패턴을 유추한다. 이러한 추론은 전형적으로 매력, 로맨스, 성공, 건강, 가족 등에 대한 비현실적인 믿음을 낳는다.

미디어 스토리는 전형적으로 드라마틱하지 않거나(예: 집안일, 심부름, 이웃과의 사소한 대화) 시각적으로 흥미로워 보이지 않는 것(예: 혼자 생각하기, 독서, 산책, 다른 조용한 활동)은 경시한다. 만약 우리가 미디어에서 보는 드라마틱한 이야기의 패턴을 실제 삶에서 기대한다면, 우리의 기대는 비현실적일 것이다. 만약 우리가 그러한 비현실적인 목표를 달성하려고 노력한다면, 우리는 계속해서 실패하게 될 것이고 우울질 것이다.

하지만 제작자들은 실제 현실을 그대로 보여줘야 할 의무를 갖고 있지 않다. 가능한 한 많은 시청자를 끌어오는 것이 그들의 일이다. 이를 위해 그들은 보다 극적인 효과를 만들어 내기 위해 모든 창의력을 동원한다. 시청자들을 흥분시키고 깜작 놀라게 하기 위해 의도적으로 현실을 왜곡한다. 몇몇 창의적인 사람들은 실제 현실과 완전히 다른 가상의 세계를 만들어낸다. 이것은 우리가 일상적 삶에서 빠져 나와 가상의 사건을 경험하게 한다. 우리 삶의 단면을 포착하고자 하는 제작자들의 경우는 사람들의 호기심을 불러일으킬 만한 방법을 사용해야한다. 즉, 그들은 우리의 실제 삶의 일상적이고 주된 것을 표현하기보다 일상적인 것들 중에서 부분적으로 흥미로운 사람이나 사건의 일부를 강조한다. 이런 일들은 실제로 있었거나 일어날 수 있는 일이라는 점에서 실제 삶의 모습으로 받아들여진다.

엔터테인먼트 이야기의 제작자들은 심리학자도 사회학자도 아니다. 따라서 대개 그들은 사람의 마음은 어떤 것인지 그리고 사회는 어떻게 움직이는 것인지에 대해 말하려고 하지 않지만, 그들의 이야기 속의 드라마는 우리가 현실 세계를 살아가는 교훈으로 그 줄거리를 활용하게끔 유도하는 부작용을 가지고 있다. 이러한 이야기의 시청자로서 우리에게 위험한 것은 우리가 이러한 허구적인 이야기로부터 점차 사회적 교훈을 흡수한다는 것이다. 시간이 지남에 따라 우리는 현실적인 요소와 미디어가 지닌 '거리두기(one-step remove)' 요소를 혼동하기 시작한다. 결국, 우리는 미디어 스토리에서 우리가 지속적으로 보는 패턴이 실제 삶을 사는 방식이어야 한다고 믿게 된다.

엔터테인먼트 미디어에 제시된 비현실적인 내용을 다루는 방법은 제작자들에게 가상 세계를 보다 현실적으로 만들라는 압박을 하지 않는다. 하지만 이것은 다소 어리석은 방법이다. 이 상황에 대처할 수 있는 최선의 방법은 결국 미디어 세계의 내용 패턴을 스스로 깨닫고, 실제 세계의 패턴과 어떤 점에서 다른지 인식하여 그것에 더 민감해지는 것이다. 판타지와 현실의 차이를 구분하는 방법을 배우고 비현실적인 것에 동화되지 않도록 자신을 통제해야 한다. 그리고 미디어에 등장하는 사람들의 겉모습이나 그들의 행동에 기대어 비현실적인 기대를 갖는 것을 피해야 한다.

이제 당신은 인물과 줄거리 그리고 미디어 엔터테인먼트 스토리의 가치 패턴에 대해 보다 많이 알았고 미디어 콘텐츠에 대한 견고한 지식 구조를 얻었다. 미래에 이 지식 구조를 미디어 스토리 노출에 활용할 때 당신은 그 메시지들의 더 많은 부분들을 볼 수 있게 될 것이다. 표 10.5는 당신이 그러한 상황에서 노출이 되었을 때, 의식적이고 능동적인 태도 메시지를 읽어낼 수 있는 인지적, 정서적, 심미적, 도덕적 기술들이다. 표 10.5에 제시된 내용에 사고를 제한할 필요는 없으며, 제시된 정보들은 당신이 가진 다른 기술과 지식을 이끌어 내기 정보로 활용하면 된다. 그런 후, 엔터테인먼트 미디어를 시청할 때 필요한 지식들을 떠올려서 4가지 측면에서 의식적으로 그 기술들을 적용하면 된다.

표 10.5 엔터테인먼트 메시지에 대한 미디어 리터러시 기술과 지식 구조의 유형

	기술	지식
인지적	· 핵심 줄거리, 등장인물 유형, 주제를 파악하기 위해 엔터테인먼트의 콘텐츠를 분석할 수 있는 능력 · 엔터테인먼트의 공식을 파악하는 능력 · 다양한 전달수단과 미디어 간 핵심 줄거리, 등장인물 유형, 주제를 비교/대조할 수 있는 능력	· 엔터테인먼트 공식의 구성요소에 대한 지식
정서적	· 등장인물들의 감정 묘사를 분석할 수 있는 능력 · 이야기 속 인물들에게 자신을 투영해 볼 수 있는 능력 · 줄거리와 주제로부터 유발되는 감정을 조절할 수 있는 능력	· 이야기 속 상황에 처하게 된다면 어떤 감정일지 생각하기 위해 자신의 개인적인 경험을 떠올리는 것
심미적	· 이야기 속에 나타난 미술적, 예술적 요소를 분석하는 능력 · 다른 이야기에 사용된 예술적 요소들과 현재 보고 있는 이야기의 예술적 요소를 비교/대조할 수 있는 능력	· 대본, 연출, 연기, 편집, 사운드 믹싱 등에 대한 지식 · 좋은 이야기와 나쁜 이야기, 그리고 그 성격에 기여하는 요소에 대한 지식
도덕적	· 인물의 의사결정 속에 나타난 도덕적 요소 그리고 그 결정이 줄거리와 이야기의 근본적인 주제에 어떤 시사점을 가지는지를 분석하는 능력 · 다른 이야기와 지금 이야기의 도덕적 의사결정을 비교/대조할 수 있는 능력 · 제작자와 감독이 가진 도덕적 책임감을 평가하는 능력	· 다양한 의사결정에 있어 도덕적 체계가 어떤 역할을 하는가에 대한 지식과 당신의 의사결정의 내재하는 도덕성에 대한 지식 · 비슷한 주제를 다룬 좋은 이야기와 나쁜 이야기에 대한 지식 · 미디어업계 종사자들의 가치관에 대한 지식

미디어에 노출되는 동안 엔터테인먼트 메시지는 하나의 공식을 따르고 있다는 것을 기억해야 한다. 시청자들은 엔터테인먼트 메시지를 쉽게 따라갈 수 있게 해 주는 공식에 의한 인물과 줄거리를 원한다. 연습문제 10.2를 통해 미디어의 이야기들이 얼마나 철저히 공식을 따르고 있는지를 보라. 연습문제를 수행하는 동안, 다음의 질문을 염두에 두라. 이야기는 어떻게 표준적인 패턴을 따르고 어떻게 그것으로부터 벗어날까? 시청자들이 혼란스러워져서 무슨 일이 일어나고 있는지 모르기 전까지 이야기가 표준 공식에서 얼마나 벗어날 수 있을까?

계속해서 이런 질문을 던져야 한다. 그리고 회의적인 태도를 유지해야 한다. 어떤 것도 당연하게 받아들여서는 안 된다. 당신이 미디어에 노출되는 동안 이러한 능동적인 상태를 유지한다면 당신의 미디어에 대한 리터러시가 확장될 것이고 인생에 대한 과도한 기대를 하지 않도록 자신을 보다 잘 통제할 수 있을 것이다.

요약

제작자들이 엔터테인먼트 메시지를 만들 때, 그들은 모든 엔터테인먼트 이야기가 가지고 있어야 하는 일반적인 이야기에 의해 움직인다. 첫째는 장르 공식인데, 이것은 일반적인 이야기 공식 위에 특정한 장르적 요소를 추가함으로써 만들어진다. 둘째는 어떤 특정한 스토리텔링 요소에 대한 지식이다. 그것은 흥분의 요소, 유머의 유형, 리얼리즘의 정도와 형태, 긴장감, 감정적 반응에 대한 자극 등인데 그러한 것들은 수용자들의 특정 유형에 따라 작용한다. 따라서 특정 장르 내의 엔터테인먼트 메시지는 다른 장르 내의 메시지와 차별화되는 많은 공통점을 공유한다. 시청자로서 우리가 이러한 공식들을 더 많이 이해할수록, 우리는 엔터테인먼트 메시지에 묘사된 행위를 따르고 그 의미를 처리하는 데 더 효과적이고 효율적일 수 있다.

더 읽을거리

Cantor, M. G. (1980). Prime-time television, Beverly Hills, CA: Sage.
10년에 거쳐 배우, 작가, 제작자들을 인터뷰한 사회학자가 쓴 이 책은 텔레비전 업계의 방송 내용이 어떻게 결정되는지에 대해 설명하고 있다. 그녀는 모든 TV 프로그램이 개발 과정에서 많은 압력이 존재한다는 것을 보여주는 모델을 개발했다. 책 속의 예들은 다소 시대에 뒤떨어지는 것들이지만 책 속에서 제시한 원칙들은 여전히 적용 가능한 것들이다.

Haven, K. (2007). Story proof: The science behind the startling power of story. Westport, CT: Libraries Unlimited.
전문적인 스토리텔러로서의 배경이 있는 Haven은 이야기가 무엇이며 그것이 온갖 방법으로 인간에게 어떤 영향을 미치는지 분석하기 위해 과학 문헌을 조사하였다. 그는 이야기에 대한 나름의 정의를 구축하기 위한 기초로서 학계 전반에 걸친 연구문헌을 검토한 후, 이야기가 어떻게 항상 강력한 의사소통의 도구였는지를 보여준다.

Medved, M. (1992). Hollywood vs. America: Popular culture and the war on traditional values. New York: HarperCollins.
영화평론가인 저자는 할리우드의 가치관이 미국의 주된 가치관과 매우 다른 체계를 가진다고 주장한다. 할리우드는 이기주의를 찬양하고 주요 종교의 행태를 비웃으며 가족의 이미지에 눈물을 흘리지만, 폭력과 저속한 언어 그리고 미국에 대한 비판을 숭배한다. 그리고 할리우드 업계는 줄어드는 관객과 늘어가는 비판에 혼란을 겪고 있다.

Postman, N. (1984). Amusing ourselves to death: Public discourse in the age of show business. New York: Penguin.
이 책은 미디어, 그 중에서도 TV가 어떻게 우리가 미디어에 대한 기대를 형성하게 만드는가에 대한 심도 있는 논쟁을 담았다. 어떤 생각에 대한 우리의 관점은 그것을 표현하는 방법에 따라 형성되기 때문에 이제 우리는 이미지로부터 기인한 관점을 갖게 되었다. 우리는 더 이상 사고나 성찰에 대해서 반응하지 않고 오로지 즐거움에 반응한다.

최신 자료

학술지

Journal of Broadcasting & Electronic Media
(https://www.tandfonline.com/loi/hbem20)
Journalism & Mass Communication Quarterly

(http://journals.sagepub.com/home/jmq)

이들은 주로 콘텐츠 분석과 같은 과학적 유형 방법을 사용하여 대중 매체, 특히 TV의 엔터테인먼트 유형 메시지를 검토하는 연구 논문을 발행하는 학술지들이다. 연구의 결과는 일반적으로 엔터테인먼트 메시지가 보이는 넓은 패턴에 초점을 두고 있다.

Critical Studies in Media Communication
(https://www.tandfonline.com/loi/rcsm20)
Discourse & Society (http://journals.sagepub.com/home/das)
Film Quarterly (https://filmquarterly.org)
Sight & Sound (https://www.bfi.org.uk/news-opinion/sight-sound-magazine)

이 저널들은 인문학적 관점의 학술 저널들이다. 그래서 문화적, 비평적 관점에서 미디어 콘텐츠, 특히 영화나 텔레비전의 콘텐츠에 대한 분석이 주를 이룬다.

일반인 대상 잡지

Entertainment Weekly (https://ew.com)
TV Guide (https://www.tvguide.com)
Rolling Stone (https://www.rollingstone.com)
Hollywood Reporter (https://www.hollywoodreporter.com)
Billboard (https://www.billboard.com)

연습 문제 10.1 엔터테인먼트 콘텐츠 분석하기

1. 성적 행위에 대한 정의를 써라. 이것은 그렇게 쉽지 않다. 다음과 같은 문제를 고려해야 한다.

   - 등장인물은 무엇을 해야 하는가?
   - 등장인물의 의도는 무엇인가? 키스나 포옹은 항상 성적인 것인가?
   - 등장인물은 무엇에 대해 이야기하는가? 어떤 캐릭터가 자신이 하고 싶은 일을 이야기한다면, 그것이 중요한가?

2. 표집: 더 큰 메시지 집합을 대표할 수 있는 미디어 메시지를 몇 개 선택하라. 예를 들어, 시트콤을 조사하기 위해 황금시간대 네트워크 TV에서 두 개의 다른 시트콤을 선택하면 된다.

3. 표집 안의 메시지를 코딩하라. 당신의 정의를 충족하는 행위가 얼마나 일어나는지 세어 보라. 등장인물의 성별, 나이, 민족적 배경을 기록해 두라.

4. 성적 행위에 대한 자신의 콘텐츠 분석 결과를 교실에 있는 다른 학생들과 토론해 보라.

    a. 발견되는 행위의 수의 범위는 어느 정도인가? 그 범위는 성적 행위에 대한 정의의 차이 또는 쇼의 차이 때문이라고 볼 수 있는가?
    b. 성적 행위에 가장 자주 관여하는 인물의 유형을 프로파일링하라.
    c. 시트콤의 유형에 따라 캐릭터 프로파일에 현격한 차이가 있는가?

5. 이제 정의를 활용하여 연속극, 뮤직 비디오, 액션/벤처 드라마의 내용을 분석해 보라.

    a. 쇼의 종류에 따라 성적 행위의 빈도에 큰 차이가 보이는가?
    b. 쇼 전체에서 성적 행위에 관련된 인물들의 프로필에 큰 차이가 보이는가?

6. 이제 텔레비전 세계에서 성적 행위가 어떻게 묘사되는지 생각해 보라.

    a. 어떤 종류의 행위가 가장 보편적인가?
    b. 텔레비전 세계에서 성적 행위는 얼마나 책임감 있게 묘사되는가? 즉, 신체적, 정서적 위험이 자주 논의되거나 고려되는가? 성적 행위는 사랑스럽고 안정된 관계의 정상적인 부분으로 묘사되는가, 아니면 정복을 위한 게임 또는 바보 같은 행위로 더 묘사되는가?
    c. 당신을 놀라게 한 어떤 패턴을 발견하였는가?

7. 이 주제에 대한 강력한 지식 구조를 구축하기 위해 미디어에서 성적 행위를 어떻게 묘사하고 실제 세계에서 성의 역할에 대해 알아야 할 것은 무엇인가?

연습 문제 10.2 엔터테인먼트 프로그래밍에서 미디어 리터러시 기술 연마하기

텔레비전 프로그램 하나를 보고, 다음의 과제들에 대해 생각해 보라.

1. 분석: 다음 작업을 수행하며 프로그램 해체하라.

a. 주요 등장인물들을 나열해 보라.
b. 핵심 줄거리를 나열해 보라.
c. 폭력적인 요소가 있는가? 있다면 나열해 보라.
d. 선정적인 요소가 있는가? 있다면 나열해 보라.
e. 건강과 관련된 요소가 있는가? 있다면 나열해 보라.

2. 분류: 두 명의 주요 등장인물을 선택하라.

    a. 두 인물이 인구통계학적으로 어떻게 같은가/다른가?
    b. 두 인물의 성격이 어떻게 같은가/다른가?
    c. 두 인물이 줄거리가 나아가는 방식에서 어떻게 같은가/다른가?

3. 평가: 모든 등장인물을 고려하면서 다음을 판단해 보라.

    a. 당신이 볼 때, 어떤 인물이 가장 재미있는가? 왜 그렇게 생각하는가?
    b. 당신이 볼 때, 어떤 인물의 행동방식이 가장 도덕적인가? 왜 그렇게 생각하는가?
    c. 당신이 볼 때, 어떤 배우가 가장 연기를 잘 하는가? 왜 그렇게 생각하는가?
    d. 당신이 볼 때, 줄거리의 어느 부분이 가장 강한가? 어느 부분이 가장 약한가?
    e. 당신이 볼 때, 이 쇼의 주제는 무엇이라고 생각하는가?

4. 추상화 : 당신이 관찰한 쇼를 인물과 줄거리 등에 관해 50단어 이내로 묘사해 보라.

5. 일반화 : 당신이 관찰한 쇼의 특정 인물과 사건으로부터 보편적인 인물과 사건 패턴을 추론해 보라.

    a. 당신이 관찰한 쇼의 인물들의 인구통계학적 패턴에 대해 생각해 보라. 당신이 관찰한 쇼에 나타나는 인구통계학적 패턴은 실제 현실과 일치하는가?
    b. 쇼에 나타난 줄거리의 요소(성적 행위, 폭력, 건강)에 대해 생각해 보라. 쇼에 나타나는 그러한 요소들이 실제 현실과 일치하는가?

6. 감상: 다음의 질문에 답해 보라.

    a. 정서적 측면: 당신이 관찰한 쇼는 당신에게 어떤 감정을 불러일으켰는가? 만약 그렇다면, 그 감정들을 나열하고 어떻게 그 쇼가 그런 특별한 감정들을 불러 일으켰는지 설명해 보라.
    b. 심미적 측면: 수준 높은 대본, 연출, 편집, 조명, 세트 디자인, 의상, 음악이나 음향 효과 등이 있었는가? 만약 그렇다면 당신이 어떤 요소에 크게 감명을 받았는지 설명해 보라.
    c. 도덕적 측면: 당신이 관찰한 쇼는 도덕적 성찰을 불러 일으켰는가? 만약에 그렇다면, 당신은 그 쇼가 다룬 도덕적 성찰에 대해 고마움을 느끼는가?

광고

핵심 개념 | 우리는 수천 명의 광고주들의 목표를 달성시키기 위해 세심하게 계획된 광고 메시지로 가득 찬 문화 속에서 살고 있다.

- ▶ 만연한 광고
- ▶ 광고 메시지 구성의 과정
  - · 광고 캠페인 전략
  - · 아웃바운드 광고 관점
  - · 인바운드 광고 관점
- ▶ 광고에 대해 더 나은 미디어 리터러시 갖추기
  - · 개인적 필요 분석하기
  - · 광고 분석하기
  - · 광고 평가하기
- ▶ 요약
- ▶ 더 읽을거리
- ▶ 최신 자료
- ▶ 연습 문제

"저는 광고가 싫어요. TV 쇼를 보는 데 방해되고 또 웹사이트에 나타나는 팝업 광고나 배너 광고들은 어떻고요. 정말 짜증나요. 저는 그런 광고들을 완전히 무시해 버려요. 광고업자들에게 도움이 되질 않죠. 그들은 분명히 절 싫어할 기예요."

"꼭 그렇지만은 않을 거예요. 광고 제품들을 구매는 하나요?"

"어떤 거요?"

"예를 들어, 식료품을 사러 가게에 가면 시리얼, 과자, 치약 같은 것들을 사잖아요. 그때 잘 알려진 브랜드의 제품을 사나요, 아니면 자사 브랜드 제품을 사나요?"

"잘 알려진 브랜드의 제품을 사요. 하지만 그것들이 유명하기 때문도 아니고 또 많이 광고하기 때문도 아니에요."

"그럼 왜 그 제품을 사는 거죠?"

"그 제품들의 질이 더 좋기 때문이죠."

> "그걸 어떻게 알죠?"
>
> "모든 사람들이 알고 있잖아요."
>
> "만약 제품의 성분을 자세히 읽어본다면 자사 브랜드와 유명 브랜드의 성분이 거의 동일하다는 것을 알 수 있을 거예요. 자사 브랜드 상품도 결국 유명 브랜드 상품과 같은 법의 적용을 받기 때문에 자사 상품이라고 해서 유해한 성분이나 불순물을 가지고 있지도 않고요. 게다가 그 자사 상품들 중 대부분은 광고 브랜드들과 같은 생산 공장에서 만들어져요. 결국 그 제품 자체만을 구매하는 것이 아니기 때문에 광고하는 브랜드에 더 많은 대가를 지불하는 거예요. 광고까지 사고 있는 거죠."
>
> "하지만 여전히 잘 알려진 브랜드의 제품들이 더 좋다고 생각해요."
>
> "그렇다면 아마 광고주들은 당신을 분명히 사랑할 겁니다."

질문으로 시작해 보자. 광고하는 제품은 무엇인가? 일부는 '제품(products)'을 우리가 구매하는 옷이나 피자, 핸드폰 등과 같은 물건으로 받아들일 것이다. 다른 이들은 제품이 우리가 보는 광고라고 생각할 수도 있다. 어쨌든 광고 역시 업계의 사람들이 끊임없이 만들고 우리에게 보여주는 것이기 때문이다. 두 가지 해석 모두 표면적으로는 일부 사실이지만, 광고의 진정한 본질적 핵심을 놓치고 있다. 광고의 가장 중요한 제품은 바로 '당신'이기 때문이다.

광고주들은 당신을 비롯하여 모든 사람들로 하여금 시간과 관심 그리고 돈을 그들에게 주도록 훈련시켜 왔는데, 심지어 당신이 돈이 없을 때에는 외상으로 제품을 사도록 만들었다. 광고주들은 당신의 삶 속에서 수십만 개의 이미지, 문구, 생각과 욕망을 당신의 기억 은행에 집어넣을 특별한 메시지를 만들기 위해 당신의 일생 동안 수천 억 달러를 소비했다. 그들은 이 모든 일들을 당신의 동의하에 해왔고 심지어는 당신으로부터 환영받았다. 그리고 그들은 당신을 조건화시키는 비용을 당신이 부담하도록 설득해왔다.

이 장은 세 가지 목적을 달성하기 위해 구성되었다. 첫 번째 목표는 문화에서 광고의 양과 침투성에 당신을 민감하게 만드는 것이다. 두 번째 목표는 광고 메시지가 어떻게 설계되는지 이해하도록 돕는 것이다. 그리고 세 번째 목표는 당신이 광고 메시지를 더 체계적으로 분석하고 광고의 호소가 당신의 실제 필요와 얼마나 일치하는지 그 정도를 평가하도록 하는 것이다.

만연한 광고

미국은 광고의 포화 상태이다. 세계 인구의 약 4.3%를 차지하는 미국은 전 세계 광고비의 거의 절반을 흡수한다. 우리는 광고 메시지로 포화된 문화(표 11.1 참고)에 잠겨 있으며, 우리 문화에서 광고의 수는 매년 증가하고 있다. 1970년대에 평균적인 미국인은 하루에 약 500개의 광고에 노출되었다. 2000년대 초까지 그 수는 하루에 5,000개 정도로 늘어났다(Johnson, 2006a). 10년이 지난 지금, 컴퓨터와 모바일 기기의 확산으로 노출되는 광고가 하루에 10,000개 정도로 두 배로 늘었다(Saxon, 2018). 이것은 여러분이 매일 깨어 있는 매시간 매분마다 10개 이상의 광고에 노출되고 있다는 것을 의미한다. 이것이 가능한가? 이 숫자가 정확한지 확인하려면, 연습문제 11.1을 시도해 보라. 연습문제 11.1은 한두 시간(또는 몇 분 후에라도) 후에 당신을 피곤하게 만들 수 있다. 만약 피곤이 빨리 몰려온다면, 당신은 이 연습문제의 의도를 몸으로 느끼게 된 것이다. 당신은 당신이 알고 있던 것보다 훨씬 더 많은 광고 메시지에 끊임없이 노출되고 있다.

표 11.1 광고가 만연한 미국

미디어	광고
신문	• 전형적인 신문의 60%는 광고다. 신문은 이제 뉴스보다는 주로 광고를 위한 수단이다.
영화	• 영화관은 관객에게 광고를 쏟아 붓는다. 영화 상영을 기다리는 동안 일련의 광고가 스크린에 투사된다. 그리고 영화가 시작되면 보통은 그 영화관 매점 광고가 나오고, 사람들이 구매한 표에도 대개 광고가 인쇄되어 있다. • 영화 자체도 영화 안에 상품을 배치시키는 형태의 광고로 가득 차 있다. 할리우드에는 영화나 TV 쇼에 상품을 배치하는 일을 하는 30개 이상의 회사가 운영되고 있다.
라디오	• 수년 간, 시간낭 최대 광고 횟수에 대한 업계 표준은 18회였으니, 이것은 법적으로 부과된 제한이 아니라 일종의 지침이었다. 많은 라디오 방송국들이 이 지침을 초과해서 하루 중 특정 시간대에는 시간당 최대 40분까지 광고를 내보내고 있다.
TV	• 상업적 메시지에 대한 텔레비전 프로그램의 비율은 몇 년 동안 증가해 왔으며, 2009년에는 40% 이상으로 증가했다. • TV 광고는 이제 공항, 고급 호텔의 엘리베이터, 병원의 대기실에서도 사람들을 사로잡기 위한 메시지를 담고 나온다.
서적	• 광고주들은 소설에 상품을 배치하는 비용을 지불하고 있다. Cover Girl 화장품은 작가 Sean Stewart가 사춘기 소녀에 대한 소설에서 특정한 종류의 화장품을 언급하도록 했고, 출판사는 거래의 홍보력을 바탕으로 책을 3만 부에서 10만 부로 늘려 출판했다(Smiley, 2006).

컴퓨터	• 2012년에 인터넷의 미국 사용자에게 제시된 광고의 수는 5조 3천억 개 이상이었고, 445명의 광고주들은 2012년에 웹사이트에서 10억 개 이상의 광고를 내보냈다. 일반적인 인터넷 사용자는 매달 1707건의 배너 광고를 받는다(Morrissey, 2013).
미디어를 통하지 않는 광고	• 광고는 건물의 외벽, 택시와 버스, 경찰 순찰차, 공중화장실, 주유기, 상점 영수증 뒷면, 교회 게시판, 공립학교 교실, 심지어 길가는 사람의 옷에도 있다. • 저전력 무선 송신기가 장착된 말하는 광고판이 있는데, 이 광고판은 운전자들에게 광고판에 광고된 제품에 대한 자세한 정보를 위해 어디에 라디오 채널을 맞춰야 하는지를 알려준다. • 상업적 회사들은 러시아 우주선 발사(Pizza Hut)와 교황의 해외 순방(Frito-Lay와 PepsiCo)의 광고권을 획득하여 행사를 후원하고 있다.

매년, 광고에 사용되는 돈은 급격하게 증가한다. 1900년에 미국에서 약 5억 달러가 모든 형태의 광고에 쓰였다. 1940년에는 20억 달러였으므로 4배로 뛰는 데 40년이 걸렸다. 1980년에는 600억 달러로 40년 동안 30배의 성장률을 기록했다. 2018년에는 연간 2,200억 달러로 성장했다(Statista, 2018c). 이 숫자들은 너무 커서 이해하기 어렵다. 광고비 지출을 인구수로 나누면, 1940년에는 미국인 한 사람당 16달러, 1980년에는 260달러, 지금은 1인당 연간 약 675달러를 쓰는 셈이다.

만약 한 광고주가 전국에 신제품을 소개하고 기존의 제품들 속에서 소비자에게 그 상품을 존재를 알리고자 하는 경우, 그 제품을 출시하고 홍보하는 데 최소 50만 달러를 지출해야 한다. 물론 모든 새로운 상품 광고는 광고 시장을 더욱 어수선하게 만들게 되고 이후에 새로운 제품을 소개하는 데 더 많은 비용이 든다. 이와 같은 광고 비용 및 광고 수의 증가 그리고 광고를 할 수 있는 영역의 확대는 지난 몇 십 년 동안 계속 증가되었고 아마도 끝없이 계속될 것으로 보인다.

우리가 광고의 지속적 성장을 예측할 수 있는 이유는 무엇일까? 그 이유는 대중인 우리가 광고에 대해 전혀 거부감을 갖지 않기 때문이다. 물론 우리는 특정 광고를 비판할 때도 있고, 때때로 TV를 보는 중간에 프로그램이 상업적 광고에 의해 자꾸 끊길 때에 짜증이 나기도 한다. 하지만 광고에 대해 부정적인 태도를 보이는 미국인은 약 15% 정도에 불과하다.

별다른 생각 없이 광고를 지원하는 것에 비하면 우리의 비판의식은 매우 미약하다. '별다른 생각 없는' 지원이라 함은 우리들 중 대부분이 매일 우리가 얼마나 많은 광고에 노출이 되며, 그것이 우리의 태도와 행동에 어떤 영향을 미치는지에 대해 깨닫지 못한다는 것을 의미한다. 우리는 광고의 포화 상태를 수용했고 광고가 우리의 태도를 형성하는 것을 허용했다. 나는 당신이 광고에 얼마나 많은 영향을 받아왔는지를 이해시키기 위해 다음의 두 가지 예시를 제시하고자 한다.

첫 번째 예시는 광고된 제품에 대한 우리의 선호도이다. 슈퍼마켓과 편의점을 겸하는 약국(drug

store)에는 광고를 하지 않는 브랜드의 상품과 광고하는 브랜드의 상품이 같이 판매되고 있다. 광고된 브랜드와 광고되지 않은 상품의 성분 차이는 극히 미미하고, 어떤 경우에는 모두 같은 공장에서 생산되기 때문에 동일하기도 하다. 광고된 브랜드들은 광고되지 않은 상품에 비해 훨씬 더 비싸지만, 모든 제품군에 걸쳐 평균적으로 구매의 약 80%가 광고된 브랜드의 상품에 몰린다(Jones, 2004). 우리가 적은 돈으로 같은 것을 살 수 있는데 왜 광고된 브랜드에 더 많은 돈을 쓰려고 하는가? 그 답은, 광고가 우리에게 광고된 브랜드가 더 낫고 우리에게 추가 비용을 지불할 가치가 있다고 믿도록 조건화했기 때문이다. 즉, 우리가 광고된 브랜드를 구입할 때, 우리는 단지 제품 재료를 사는 것이 아니라 제품에 대한 믿음을 사는 것이다. 이것은 광고가 어떻게 성공적이었는지에 대한 분명한 표시이다.

광고의 영향을 보여주는 두 번째 사례는 모든 종류의 제품에 대한 광고주로서 당신 자신이 얼마나 자발적으로 참여했는지를 통해 알 수 있다. 지금 당신이 입고 있는 옷을 살펴보라. 셔츠, 바지, 신발, 모자, 책가방, 모바일 기기 등에 몇 개의 로고가 나타나 있는가? 당신은 그 로고들을 자랑스럽게 보여줌으로써 당신이 가는 모든 곳에서 그 제품들을 광고하고 있다. 그 제품을 만든 회사들은 당신에게 얼마를 지불하는가? 그들은 당신에게 어떤 대가도 주지 않는다. 그렇지 않나? 사실은 당신이 그들에게 돈을 지불하고 있다. 만약 당신이 그 귀중한 로고가 없는 똑같은 옷을 샀다면, 보다 적은 비용이 들었을 것이다. 따라서 당신은 특정 브랜드를 착용하고 로고를 표시하는 특권에 대해 더 많은 비용을 지불하기로 결정한 것이다. 이것은 당신이 그들을 위해 무료로 일하고 당신이 선택한 특권에 대해 돈을 지불하도록 설득한 생산자들에게는 좋은 거래이다.

광고 메시지 구성의 과정

광고비용이 너무 높고 계속해서 증가하기 때문에, 광고주들은 광고가 성공할 확률을 극대화하기 위해 매우 체계적인 디자인의 과정을 진행한다. 이 과정은 광고주들이 타깃 소비자(target audience)가 누구인지 그리고 제품을 어떻게 그 소비자에게 보여줄지를 결정하는 전체적인 홍보 전략의 개발에서 시작된다. 그러면 광고주들은 홍보를 아웃바운드 마케팅(outbound marketing)으로 할지 인바운드 마케팅(inbound marketing)[1]으로 할지 아니면 둘 다에 집중할지에 대해 생각한다. 아웃바운드 마케팅은 광고주들이 소비자의 관심을 끌어들이기 위해 광고를 디자인하고, 타깃 소비자의 집중도가 높은 전통적인 매체(텔레비전, 라디오, 신문, 잡지)에 광고를 게재함으로써 타깃

---

1) 아웃바운드 마케팅은 불특정 다수의 고객에게 상품의 구매를 권유하여 판매가 이루어지는 방식이고, 인바운드 마케팅은 고객이 먼저 상품에 관심을 보이며 접근을 하여 판매가 이루어지는 방식이다(역자 주).

소비자를 끌어 모으는 전통적인 방식이다.

이와는 대조적으로 인바운드 마케팅은 주로 인터넷을 사용하는 훨씬 새로운 방법이다. 광고주들은 제품을 위한 웹사이트를 디자인하고 사람들이 그들의 웹사이트를 방문함으로써 제품에 대한 관심을 나타내기를 기다린다. 일단 이러한 '인바운드' 잠재적 소비자들이 그들의 웹사이트에 접속하면, 광고주들은 그들이 제품을 구매하도록 하기 위해 단계별로 절차를 밟는다. 이 절차를 '구매 깔때기'라고 한다(표 11.2 참고).

광고주들이 홍보 전략을 어떻게 짜는지 먼저 살펴봄으로써 이 전반적인 절차를 살펴보자. 그런 다음 우리는 그들이 어떻게 아웃바운드 마케팅과 인바운드 마케팅을 병행하여 홍보 전략을 사용하는지 검토할 것이다.

표 11.2 아웃바운드와 인바운드 광고 관점 비교

아웃바운드 광고	인바운드 광고
목적은 잠재 고객들이 보통 시간을 보내는 장소와 미디어에 광고를 게재함으로써 소비자에게 손을 뻗는 것임.	목표는 잠재 고객이 웹사이트를 방문하여 제품에 관심을 보이면 구매 깔때기를 통해 물건을 사도록 유도하는 것임.
타깃 소비자에게 널리 광고를 퍼뜨리기 위해 전통적 대중 매체를 적극적으로 활용함.	소셜 네트워킹 사이트, 블로그, 비디오 및 사진 공유, 채팅방, 메시지 보드, 게시판, 위키, 소셜 북마크, 모바일 애플리케이션 등의 소셜 미디어를 적극적으로 활용함.
광고는 사람들이 관심을 기울이도록 충분히 설득력이 있어야 함.	메시지 흐름은 소비자 네트워크를 통해 상호작용함. 기업들은 소비자와 친해지고, 그들의 요구에 귀를 기울이고, 소비자 사이의 대화에 영향을 주기 위해 그러한 네트워크에 그들 자신을 개입시킴.
메시지의 흐름은 광고주에서 소비자로 일방향적임.	광고는 진행 중인 대화에서 잠재 고객과 소통하는 데 초점을 맞춤. 메시지는 개인적이고 즉각적임. 메시지는 소비자가 필요로 하는 정확한 순간에 전달됨.
광고 캠페인의 성공은 모든 광고가 실행된 후 판단할 수 있으며, 노출도(광고 캠페인 중 적어도 한 개 이상의 광고에 노출된 타깃 소비자의 비율)와 빈도(타깃 소비자 그룹의 각 사람이 해당 광고에 노출된 평균 횟수)의 두 가지 기준에 초점을 맞춤.	이 광고 전략의 성공은 구매 깔때기를 통해 잠재적 고객들이 절차에 따라 얼마나 잘 움직이는지를 모니터링 함으로써 지속적으로 판단됨. 문제가 확인되면 즉시 시정함.

출처: Scott (2013)에서 변형

광고 캠페인 전략

 기업이나 광고 대행사가 상품이나 서비스를 판매하기 위해 개발하는 기획안이 캠페인 전략이다. 캠페인 전략을 개발할 때, 광고주들은 세 가지 원칙을 따른다. 첫 번째 원칙은 광고의 역할이 진화한 다는 것이다. 수십 년 전 소비자들은 차이점보다 공통점이 더 많은 사람들로 간주되었다. 시간이 지남에 따라 사람들의 생활양식이 훨씬 다양화되면서 소비자들도 온갖 방식으로 분화되어 왔다. 그렇게 많은 다양한 생활양식들은 각기 다른 필요와 문제들을 가지고 있다. 광고주들은 끊임없이 변화하는 이러한 틈새 소비자를 식별하고 그들의 특화된 요구를 충족시킬 수 있는 제품을 개발하고자 열심히 일한다. 그리고 광고주들은 다양한 소비자층에게 어필하기 위해 메시지를 디자인하는 데 있어서 창의성을 발휘해야 한다. 이제 미디어 플랫폼의 확산과 함께 광고주들은 틈새 소비자를 찾아내고 그들에게 제시할 메시지를 테스트해 볼 수 있는 매우 효과적인 방법을 가지게 된 것이다.

 둘째, 기획자들은 광고가 위험한 시도라는 것을 안다. 위험이 큰 만큼 밑천도 많이 든다. 예를 들어, 현재 일반 슈퍼마켓의 진열대에는 4만~5만 개의 제품이 진열되어 있는데, 이는 평균적으로 7천 개였던 1990년대보다 크게 늘어난 것이다(Malito, 2017). 매달 수백 개의 신제품이 출시되고 있고 각 신제품에 대해 광고 예산이 5천만 달러 이상 지원되고 있음에도 불구하고, 신제품의 90%는 1년 이상 지속되지 못하고 있다.

 셋째, 광고주들은 광고가 예술일 뿐만 아니라 과학이라고 생각한다. 많은 사람들은 광고를, 쇼핑몰과 전시장 그리고 웹 페이지와 슈퍼마켓 진열대에 전시된 수십만 개의 상품을 구매하도록 자극하기 위해 창의적인 사람들이 매력적인 메시지를 만들어내기 위해 브레인스토밍을 하는 예술의 한 형태라고 생각한다. 그렇다. 많은 창의적인 사람들이 광고업계에서 일을 한다. 그러나 광고는 예술적 추구라기보다는 사업에 더 가깝다. 광고 캠페인의 설계는 대단히 기술적 전문지식을 가진 전문가들에 의한 치밀한 계획으로 수행된다. 광고는 누구를 대상으로 할 것인지, 제품을 어떻게 타깃 소비자에게 보여줄 것인지, 광고 메시지를 타깃 소비자에게 어떻게 전달할 것인지에 대한 중요한 결정을 내리기 위해 좋은 정보에 의존한다. 관련 정보를 생성하고 그것을 유용한 방법으로 해석하기 위해 합리적 과학을 필요로 한다.

 이 세 가지 원칙에 따라 광고주들은 광고 캠페인을 설계하면서 다음과 같은 다섯 가지 질문에 대해 최선의 답을 찾으려 노력한다(표 11.3).

표 11.3 **광고주가 캠페인 전략을 수립할 때 고려하는 주요 질문**

1. 광고 캠페인의 주요 타깃은 누구인가?
2. 광고 캠페인의 주요 목적은 무엇인가?

    정보 전달
    설득
    실천
    강화

3. 타깃 소비자는 어떻게 구매 결정을 내리는가?

    생각 또는 감정
    관여 정도성

4. 팔고 싶은 주요 효용은 무엇인가?

    물리적 특성
    기능적 특성
    특화된 특성

5. 광고 캠페인에서 제품 대변인이 필요한가?

1. 광고 캠페인의 주요 타깃은 누구인가? 광고 캠페인은 현재 해당 제품을 사용하고 있는 사람들에 대한 분석으로 시작된다. 규모가 큰 광고주들은 잘 확립된 브랜드와 많은 충성 고객을 확보하고 있다. 이 사람들이 광고 캠페인의 주요 타깃이다. 기업들은 브랜드 충성도를 높이기 위해 확보한 고객에게 지속적으로 광고를 해야 한다는 것을 알고 있다.

기업들은 또한 주요 타깃을 넘어 추가 소비 대상을 파악해 매출을 늘릴 기회를 늘 노리고 있다. 이를 2차 타깃이라고 한다. 이들은 경쟁사의 브랜드를 사용 중이면서 대체 브랜드로의 전환이 필요하거나, 제품에 대한 필요가 있지만 그 필요를 인지하지 못하는 사람들이다. 또한, 광고주들은 새로운 요구를 식별하고, 그 필요를 충족시킬 수 있는 새로운 제품을 개발하기 위해 문화를 지속적으로 모니터하고 있다.

타깃을 파악함에 있어서 광고주들은 일반적으로 기후 및 문화적 요구와 관련된 지역적 특색뿐만 아니라 사람들이 사는 곳(도시, 교외, 시골) 등과 같은 지리적 지표를 사용해 왔다. 인구통계학적 지표들, 특히 성별, 연령, 교육 수준도 중요했다. 또한 지난 수십 년 동안 광고주들은 생활양식 지표(소비 형태)뿐만 아니라 심리 지표(성취 욕구, 사회화 욕구 등)도 살펴 왔다. 그렇게 해서, 타깃 시장은 '18~34세 여성', '스포츠팬인 기술 노동직에 종사하는 남성' 또는 '가정을 막 꾸린 최근 대학 졸업자'로 묘사된다.

2. 광고 캠페인의 주요 목적은 무엇인가? 광고주들이 캠페인을 벌이는 목적은 무엇인가? 광고주들은 광고 캠페인의 목표를 명확하게 하기 위해 작업을 하는데, 그 목표는 정보 전달, 설득, 실천, 강화의 네 가지 유형 중 하나에 해당한다. 정보 전달은 제품이 새로 출시되는 순간 캠페인의 목적이 되기 때문에 광고주들은 타깃 소비자가 제품의 이름, 주요 특징, 구매 장소에 대해 알 수 있도록 광고 캠페인을 디자인해야 한다. 설득은 태도와 관련이 있다. 광고주들은 단순히 정보를 전달하는 것을 넘어 소비자들에게 제품에 대한 긍정적인 태도를 형성해야 한다. 행동 캠페인은 소비자들에게 제품을 사게 하거나 적어도 구매를 시도하게 하는 데 초점을 맞춘다. 강화 캠페인은 기존 고객에게 자신의 구매 습관에 대해 호감을 갖게 해 지속적으로 제품을 구입하여 소비하거나 사용하도록 하는 것을 목표로 한다. 대부분의 광고 캠페인은 강화 목표에 초점을 맞춘다. 왜냐하면 대부분의 광고 캠페인은 이미 확립된 제품과 잘 형성된 소비자 기반을 지닌 회사들에 의해 이루어지기 때문이다. 그래서 그들은 그 소비자 기반을 지켜내기 위해 많은 것을 광고한다.

3. 타깃 소비자는 어떻게 구매 결정을 내리는가? 고객들이 구매 결정을 어떻게 하는지 더 많이 알수록, 광고주들은 광고 캠페인을 더 잘 설계할 수 있다. 소비자 구매 결정 패턴을 판단할 수 있는 비교적 간단한 방법은 사고 대 느낌과 관여도(높고 낮음)의 두 차원을 따라 구별하는 것이다(표 11.4 참고). 사고에 의한 결정이란, 소비자는 제품에 대한 사실적 정보를 원하는 경향이 있고, 합리적인 요구를 가장 잘 충족시킬 수 있는 것을 선택하기 위해 여러 제품들을 논리적으로 비교해 가며 구매하는 것을 말한다. 느낌에 의한 결정이란, 감정에 의존하여 우리의 머리가 우리에게 말하고 있는 것과 상관없이 최고의 기분을 느끼게 하는 제품을 선택하는 것을 말한다.

관여도의 차원은 구매 결정이 우리에게 얼마나 중요한지를 의미한다. 구매 결정이 상대적으로 중요하지 않을 때(즉, 잘못된 제품을 선택한 결과의 영향이 경미할 때)에는 결정을 매우 빨리 내릴 수 있다. 이와는 대조적으로, 결정이 상대적으로 중요할 때(결과로 인한 영향이 장기적이며 구매 비용도 많이 들 때)에는 우리는 결정에 깊이 관여하게 되고 결정하기 전에 많은 정보를 수집하고 싶거나 감정에 의한 결정을 내리기 전에 선택에 대해 걱정하느라 많은 시간을 보낸다.

표 11.4 구매 결정 매트릭스

	사고에 의한 결정	느낌에 의한 결정
높은 관여도	차, 집, 가구	보석, 화장품, 옷, 오토바이
낮은 관여도	음식, 가재도구	담배, 술, 과자

4. 내가 팔고 싶은 주요 효용은 무엇인가? 어떤 상품이든 여러 가지 방식으로 광고될 수 있다. 광고주들이 캠페인을 디자인할 때, 그들이 강조하고 싶은 것이 무엇인지에 대해 생각한다. 물리적 특성, 기능적 특성, 특화된 특성의 세 가지 선택이 있다. 물리적 특성은 제품 자체의 실제 구성 요소를 가리킨다. 예를 들어 치약은 충치를 예방하기 위해 불소를 함유하고 있거나 박하 맛이 나는 화학물질을 함유할 수 있다. 기능적 특성은 소비자가 제품을 사용할 수 있는 방법을 말한다. 치약은 사용하기 더 편리하게 해주는 펌프 장치에 들어 있을 수 있다. 특화된 특성은 제품을 사용할 때 소비자가 느끼는 감정을 말한다. 치약은 입안을 상쾌하게 하고 치아를 희게 만들어 길거리를 걷다가 멋진 이성을 유혹할 수 있는 매력을 발산하는 방식으로 광고될 수 있다.

5. 광고 캠페인에서 제품 대변인을 활용해야 하는가? 광고주들은 종종 광고 캠페인에 제품 대변인을 활용한다. 대부분의 제품의 경우, 제품 대변인은 신뢰할 수 있고, 신뢰할 만한 가치가 있으며, 매력적이어야 한다. 신뢰성은 전문지식을 의미한다. 즉, 제품을 대변하는 사람은 자신이 무슨 말을 하고 있는지 정말로 알고 있다는 것이다. 신뢰할만한 가치란 그 사람이 그 물건을 사게 하기 위해 소비자에게 거짓말을 하기보다는 진실을 말하고 있다는 믿음을 말한다. 매력은 신체적 매력(Victoria's Secret의 란제리 모델, Abercrombie & Fitch의 6팩 복근을 뽐내는 남자 모델)을 나타낼 수 있지만, 소비자들이 광고를 보고 싶어 하게 만드는 다른 자질도 포함할 수 있다.

일반적으로 광고주들은 제품 대변인이 세 가지 특성을 모두 갖기를 원하지만, 때로는 하나의 특성이 압도적으로 우세해진다. 예를 들어, 의료 절차를 위한 의사 대변인은 신뢰도가 중요하다. 이 경우, 매력은 그리 중요하지 않다.

아웃바운드 광고 관점

전통적인 전략을 따르는 광고주들은 광고에 대해 아웃바운드 관점에 초점을 맞출 것이다. 이것은 타깃 소비자를 그들의 메시지에 노출시키기 위해 미디어 수단에 맞추어 광고를 디자인한다는 것을 의미한다. 따라서 광고가 전체적인 캠페인 전략의 목적을 달성하도록 하기 위해서는 메시지의 설계가 매우 중요하다. 그 광고의 기획을 카피 플랫폼(copy platform)이라고 부른다. 카피 플랫폼은 전체적인 캠페인 전략의 요소들을 광고인들이 광고를 직접 디자인하고 제작할 때 활용하는 기획안에 맞추어 변형한 문서이다. 이 기획안은 6개의 질문으로 구성된다(표 11.5).

표 11.5 광고주가 카피 플랫폼을 구성할 때 고려하는 주요 질문

1. 광고 캠페인의 주요 타깃은 누구인가?

    일반적 전략
    선제적 전략
    독특한 판매 제안(USP; unique selling proposal) 전략
    브랜드 이미지 전략
    포지셔닝 전략
    감정적 전략
    감동 전략

2. 광고 캠페인의 주요 목적은 무엇인가?

    하드 판매/소프트 판매
    진지함의 정도

3. 얼마나 많은 정보를 광고에 넣어야 하는가?
4. 어떤 종류의 이야기를 사용해야 하는가?

    문제-해결 구조
    대변인을 통한 정보 제공
    짜깁기

5. 누구를 광고에 캐스팅해야 하는가?
6. 설정은 어떻게 해야 하는가?

1. 어떤 메시지 전략을 사용해야 하는가? 메시지 전략에는 기본적으로 일반적, 선제적, USP, 브랜드 이미지, 포지셔닝, 감성적, 감동의 7가지 선택이 있다. 일반적 전략 광고는 제품의 주요 특징을 간결하게 설명한 것이다. 예를 들어, 만약 당신이 햄버거를 팔고 있다면, 당신은 간단히 "우리 햄버거는 99센트 밖에 하지 않으니 사세요."와 같은 말을 할 수 있다. 선제적 전략은 일반적 전략처럼 기술적이면서도 우월성을 주장한다. 예를 들어, "우리 햄버거는 마을에서 가장 싸기 때문에 사세요."라고 말할 수 있다.

USP 전략은 제품의 고유한 판매 제안(USP)에 초점을 맞춘다. 이 전략을 사용하기 위해서, 광고주들은 다른 경쟁자들에게 부족한 어떤 것을 알아내야 한다. 예를 들어, "우리 햄버거는 비밀 소스를

곁들인 유일한 버거니까 사세요."와 같이 광고하는 것이다. 브랜드 이미지 전략은 브랜드의 긍정적인 측면에 주목한다. 예를 들어, "맥도날드 버거니까 우리 버거를 사세요."와 같은 것이다.

포지셔닝은 제품 자체보다 소비자의 마음에 더 많은 관심을 집중시키는 심리 전략이다. 포지셔닝은 매장에서 제품이 놓인 지리적 위치를 가리키는 것이 아니라 소비자의 마음 속 심리적인 거리를 가리킨다. 포지셔닝은 경쟁사와 관련하여 제품이 '인식되는' 방식에 초점을 맞춘다. 버거를 예로 들면, 대부분의 소비자들의 마음속에 있는 두 가지 심리적 요인은 가격과 품질이다. 저가 햄버거에 대해 심리적으로는 McDonald's나 Burger King 같은 이름을 떠올리게 된다. 누군가의 마을에서 가장 질이 좋은 햄버거는 Ritzy Beef라는 이름의 식당과 관련이 있다고 하자. 그러면 당신의 광고는 "Ritzy Beef처럼 고품질이지만 맥도날드처럼 저렴하기 때문에 우리의 버거를 사세요."와 같은 것일지도 모른다. 이 광고는 질도 좋고 가격도 싸다는 심리적인 위치에 햄버거를 포지셔닝하려는 의도를 지닌다.

감정적인 메시지 전략은 기쁨이나 안도감과 같은 감정을 촉발시키는 데 초점을 맞춘다. 이러한 광고는 사람들을 웃게 하거나 어떤 식으로든 기분 좋게 하기 위해 유머를 사용할 수 있다. 아니면 어떤 문제에 대한 불안감을 촉발시키고 소비자들에게 그들의 제품을 사용함으로써 안도하게끔 유도할 수도 있다. 감정적인 전략과 유사하게, 감동 전략은 감정의 변화를 활용한다. 감동 전략에 있어서, 광고주는 소비자의 마음에 즐거운 추억을 불러일으키려 한다. 예를 들어, 한 버거 회사는 아이들이 경기 후에 버거를 먹는 것을 보상으로 보여주거나, 십대들이 축제 후에 버거를 먹는 것을 보여줄 수 있다. 이러한 이미지들은 좋은 시기에 대한 타깃 소비자의 기억을 소환하여, 그들이 그러한 경험을 되찾고 싶어 하게 만든다.

2. 광고의 어조는 어떠해야 하는가? 두 차원의 어조를 생각해 보라. 그 중 하나는 하드 셀(hard sell) 대 소프트 셀(soft sell)이다. 하드 셀 광고는 제품 대변인이 내일 사면 너무 늦기 때문에 엄청난 세일이 진행되는 오늘 당장 상점으로 달려가야 한다고 소리치는 것과 같이 압력을 가하는 것이 특징이다. 두 번째 차원은 진지함의 정도이다.

3. 얼마나 많은 정보를 광고에 넣어야 하는가? 많은 광고는 단 하나의 간단한 아이디어만 제시하는 데 초점을 맞추고 있다. 디자이너들은 광고 환경이 어수선하다는 것을 알고 있기 때문에, 사람들이 그들의 제품에 대해 한 가지 사실만 기억하도록 할 수 있는 것에 만족한다. 그러나 종종 광고주들은 그들의 목표를 알리거나 소비자들이 브랜드를 바꾸도록 하기 위해 더 많은 정보를 광고에 담아야 할 필요성을 느낄 것이다. 많은 정보를 담은 광고는 인쇄 매체에 더 효과적이어서, 소비자들은 세부 사항을 읽고 더 잘 이해할 필요가 있다면 특정 부분을 다시 살펴볼 수 있다. 정보가 많은 광고는 높은 수준의 교육을 받은 사람들에게 더 유효한데, 그들이 더 많은 정보를 다룰 수 있고 정보

처리에 어려움을 느끼지 않기 때문이다.

   4. **어떤 유형의 이야기를 활용해야 하는가?** 가장 표준적인 이야기 구조는 문제-해결 구조이다. 광고주는 사람들이 어떤 문제를 겪고 있는 것을 보여줄 때 갑자기 어느 누군가가 그들의 제품을 사용하면서 겪고 있는 문제가 없어지는 것을 보여준다. 이것은 Procter & Gamble이 가정에서 쓰이는 제품의 가치를 보여주기 위해 전형적으로 사용하는 방법이다.

   또 다른 스토리 구조는 카메라 안에서 제품 대변인이 타깃 소비자와 직접 대화하는 것처럼 보여주는 것이다. 대변인은 타깃 소비자가 제품을 사고 싶어 하도록 제품의 특징을 단순히 설명한다. 매력적인 대변인들은 청중의 관심을 끌어들여 붙잡아 두겠지만, 청중을 설득하는 데 있어서 그들의 신뢰감이 더 중요하다. 스토리 짜깁기는 제품을 매력적으로 보여주는 일련의 이미지들이다. 자동차 회사들은 종종 이런 이야기 구조를 텔레비전 광고에서 사용하는데, 모험심과 자유의 욕구를 불러일으키기 위해 구불구불한 시골길을 달리는 자동차의 사진을 수십 장씩 선보인다.

   5. **누구를 광고에 캐스팅해야 하는가?** 광고 캠페인이 제품의 대변인[2]을 활용한다면 캐스팅 결정은 쉽다. 그러나 많은 광고들은 제품 대변인을 활용하지 않기 때문에 기획자들은 우선 배우를 활용할지 실제 인물을 활용할지 결정해야 한다. 캐스팅의 핵심은 타깃 소비자들의 관심을 끌 만한 인물을 광고에 등장시키는 것이다. 게다가, 만약 카피 플랫폼이 문제와 해결 구조의 이야기를 요구한다면, 광고에서 문제가 있는 사람으로 묘사된 인물이 타깃 소비자들이 인식하기에 해당 제품에 의해 해결될 동일한 문제를 가지고 있음을 인정하는 것이 중요하다.

   6. **설정은 어떻게 해야 하는가?** 광고의 설정 또한 많은 생각을 필요로 한다. 단순한 문제-해결 구조의 이야기에서는 광고주들은 집이나 직장처럼 타깃 소비자가 문제를 경험할 가능성이 가장 높은 장소에서 일어나는 일들을 보여주고 싶어 한다.

   광고주들은 광고 캠페인과 카피 플랫폼에 대한 위의 여섯 가지 질문으로 시작하고, 모든 선택사항들을 체계적으로 검토하여 전체적인 광고 캠페인의 목표에 기여할 수 있는 일련의 광고를 만든다. 그러나 만약 광고주들이 위의 여섯 가지 질문에 모두 표준화된 방식으로 대답한다면, 그들의 광고는 여타의 광고처럼 보일 것이고, 따라서 그들의 광고는 쓸데없는 것들에 의해 방해받지 않고 소비자들이 그것에 관심을 기울이고 그것에 의해 영향을 받을 것이다. 대신에 광고 디자이너들은 창의성을 보여줄 필요가 있다. 그러나 창의성은 위의 모든 질문과 선택사항들이 무시하는 너무 틀을 벗어나는 생각을 말하는 것이 아니다. 창의성은 광고주 앞에 놓인 질문의 선택 사항에 대한 인식과 이해에서 출발하고, 새로운 방식으로 그 선택 사항들을 활용하는 것을 의미한다.

---

[2] 홈쇼핑의 쇼핑 호스트와 같은 역할을 하는 사람(역자 주).

공통점 & 차이점
캠페인 전략과 카피 플랫폼

공통점
- 두 가지 모두 광고주들이 사용하는 기획 도구이다.
- 두 가지 모두 사업적 인식(회사 목표와 경제성), 학문적 인식(다른 광고에서 작용하는 요인과 결과에 대한 연구) 그리고 예술적 해석(창의적 방법으로 비즈니스 감각과 연구 지식의 활용)을 요구한다.

차이점
- 캠페인 전략은 회사의 사업 목표와 마케팅 목표를 최대한 효과적이고 효율적인 방식으로 타깃 시장에 메시지를 안착시키기 위해 어떻게 전달할지를 하나의 기획안으로 변환한 것이다.
- 카피 플랫폼은 회사의 캠페인 전략을 개별 광고 메시지 설계에 사용할 수 있는 일련의 가이드라인으로 변환한 것이다.

인바운드 광고 관점

광고주들이 인바운드 관점을 사용할 때, 그들은 새로운 요구가 등장함에 따라 소비자들이 생각하고 있는 것을 파악하기 위해 그들이 구축한 소비자 기반을 끊임없이 모니터링한다. 그들은 인터랙티브 경험(예: 블로깅, 이메일, 소셜 미디어 사이트에서 친구 맺기)의 형태로 메시지를 디자인하고, 소비자의 관심을 사로잡기 위한 웹사이트를 디자인한다. 사람들이 웹사이트에 접근하고자 하는 의지를 보일 때, 광고주들은 구매 깔때기를 통해 소비자들이 절차를 밟아나가며 소비를 할 수 있도록 그들과 상호작용한다. 이 절차는 소비자에게 광고된 제품을 알리기 위해 정보를 제공하는 것으로 시작하여 점차 제품에 대한 관심을 불러일으키도록 한다. 그런 다음에는 광고주들은 웹사이트의 방문자들에게 제품의 특징에 대한 더 많은 정보를 주고 나서 쇼핑을 하도록 그들을 자극하고 결국 그 제품을 구입하게 한다. 그러나 구매 깔때기 절차는 제품 구매로 끝나지 않는다. 광고주들은 계속해서 구매자들이 선택에 대한 후회를 하지 않도록 하기 위해 계속해서 상호작용을 시도하고, 그렇게 함으로써 소비자들은 계속해서 그 회사의 제품을 구매하게 된다. 마지막으로, 광고주들은 구매자들이 소셜 미디어 사이트와 실생활에서 그들의 친구와 상호작용을 할 때 제품의 옹호자 역할을 하도록 조건화하기 위해 노력한다.

광고주들은 잠재 고객들이 제품에 대한 정보를 얻기 위해 인터넷을 탐색하고, 그 제품들의 구매 여부를 결정하는 양상을 지속적으로 모니터링한다. 광고주들은 인터넷에 제품을 더 효과적으로 배치하기 위해 모니터링을 통해 학습한 것을 활용한다. 이 절차를 SEO(search engine optimization; 검색 엔진 최적화)라고 하는데, 이 절차는 소비자들이 쉽게 탐색할 수 있도록 웹 사이트를 설계하고, 다른 사이트에서 광고주의 사이트로 이동하는 링크를 제공하며, 잠재 고객을 광고주의 사이트로 끌여들여 구매 깔때기를 통해 구매를 유도할 수 있는 적절한 키워드를 활용하는 전략이다.

광고주들은 웹페이지의 검색과 광고 카피를 위한 키워드를 디자인하기 위해 구매 깔때기를 활용한다. 광고주들은 사람들이 특정 카테고리에서 제품에 대해 검색하는 방법을 모니터링함으로써 사람들이 제품에 대해 더 많은 관심을 갖게 될 때 키워드를 어떻게 바꾸는지 조사를 한다. 광고주들은 사람들이 구매 깔때기의 입구에서 사용하는 키워드, 즉, 소비자들이 제품에 대해 잘 모를 때 사용하는 키워드를 주시한다. 이러한 키워드는 매우 일반적이며 전형적인 요구를 가리킨다. 광고주들은 사람들이 구매 깔때기를 통해 이동할 때 키워드가 어떻게 변하는지 모니터링하여 깔때기의 여러 지점에서 그들의 메시지와 키워드를 통합하여 잠재 소비자들이 깔때기의 넓은 입구에서 제품을 구매하는 좁은 바닥까지 계속해서 이동할 가능성을 높인다.

따라서 광고에 대한 인바운드 관점은 훨씬 더 지속적인 상호작용을 지향하며, 소비자들에게 제품을 구매하게 할뿐만 아니라 제품을 너무 좋아하게 만들어 그들을 광고에 전염시킬 수 있는 메시지를 보냄으로써 소비자들이 회사를 위해 무료로 일을 하게 하기 위해 노력한다.

광고에 대해 더 나은 미디어 리터러시 갖추기

일상생활에서 우리는 뉴스 메시지와 심지어 엔터테인먼트 메시지까지는 피할 수 있지만, 광고 메시지를 피할 수는 없다. 광고는 너무 만연해 있고, 광고주들은 당신을 그들의 메시지에 노출시키기 위해 새로운 방법을 활용하는 데 적극적이다. 우리는 얼마나 많은 노출을 경험하고 있는지 모르는 자동화 상태에서 수많은 광고 메시지와 마주친다. 또한, 우리가 자동화된 상태로 광고에 노출될 때에는 그들이 내세우는 바를 인식하지 않기 때문에 그들의 영향력을 무시할 수 없다. 특히 우리가 멀티태스킹을 할 때에는 광고의 주장과 반론을 분석할 가능성이 훨씬 낮기 때문에 더욱 그러하다(Jeong & Hwang, 2012).

우리가 무의식적으로 광고에 노출되는 동안 광고주들은 그들의 메시지를 우리의 잠재의식에 심을 수 있는데, 그 광고들로부터 얻은 정보는 점차 매력, 성적 매력, 관계, 청결, 건강, 성공, 배고픔, 몸매, 문제, 행복에 대한 우리의 정의를 형성한다. 예를 들어, 우리가 운전에 집중하면서 라디오를 켜놓을 수 있는데, 광고가 나올 때도 우리는 별로 주의를 기울이지 않는다. 그러다가 나중에 어떤 멜로디를 흥얼거리거나 어떤 구절을 떠올리거나 어떤 가게 앞을 지나치면서 그곳에서 세일이 진행되고 있다는 것을 '기억하는' 우리 자신을 발견한다. 이러한 소리, 말, 생각의 섬광은 우리가 주목하지 않았던 광고에 의해 형성된 잠재의식으로부터 생겨난다. 시간이 흐르면서, 그 모든 이미지, 소리, 아이디어들은 우리의 잠재의식에 패턴을 형성하고 우리가 우리 자신과 세상에 대해 생각하는 방식을 형성하는 데 깊이 관여한다.

광고에 대한 당신의 미디어 리터러시를 신장시키려면, 당신은 광고에 대한 좋은 지식 구조(표 11.6)를 구축한 후, 당신을 겨냥한 광고가 광고주의 목표보다 당신의 요구를 충족시키는 데 도움이 되는지를 점검하기 위해 주기적으로 그 지식 구조를 활용할 필요가 있다. 이 과제를 안내하기 위해 이 절에서는 세 가지 단계를 제시하고자 한다. 각 단계는 제시된 정보를 적용하는 데 도움이 되는 연습을 수반한다.

표 11.6 미디어 리터러시 관점에서 광고 메시지를 다루기 위해 요구되는 기술과 지식 구조

	기술	지식
인지적	· 설득의 핵심 요소들을 파악하기 위해 광고를 분석하는 능력 · 광고에 나타난 핵심 설득의 요소들과 실제 현실의 지식 구조 속의 사실을 비교하는 능력 · 광고 속 주장의 진실성을 평가할 수 있는 능력	· (미디어나 실제 현실에서) 다양한 자료를 기반으로 한 주제에 대한 지식
감성적	· 광고 속에 나오는 사람들의 기분을 분석할 수 있는 능력 · 광고 속에 나오는 다양한 사람들의 입장에서 생각해보는 능력	· 광고된 제품에 대한 필요를 어떻게 느끼는지 개인적인 경험을 회상하는 것
심미적	· 광고의 기술적·예술적인 요소를 분석하는 능력 · 한 광고를 제작하는 데 사용된 예술성과 다른 유형의 광고를 제작하는 데 사용된 예술성을 비교하고 대조할 수 있는 능력	· 대본, 그래픽, 사진 등에 대한 지식 · 성공적인 광고와 그렇지 못한 광고에 대한 지식, 광고의 질에 관여하는 요소들에 대한 지식
도덕적	· 광고의 도덕적인 요소를 분석할 수 있는 능력 · 광고주의 윤리적 책임감을 평가할 수 있는 능력	· 광고 비평에 대한 지식, 광고가 어떻게 우리의 태도와 행동을 조정하는가에 대한 지식 · 잘 발달된 도덕률

개인적 필요 분석하기

당신의 필요가 무엇인지 더 분명하게 인식할수록, 당신은 당신의 삶을 통제하기 위해 광고를 더 많이 활용할 수 있다. 만약 당신이 당신의 필요를 알지 못한다면, 광고 메시지의 끊임없는 홍수는 당신이 그것을 알지 못하는 사이에 당신의 요구를 만들어 내고 형성할 것이다. 이제 이 장을 읽는 것을 잠깐 멈추고 연습문제 11.3을 수행해 보라.

연습문제 11.3의 파트 Ⅰ은 어떻게 수행했나? 당신이 필요로 하는 것의 목록을 꽤 길게 떠올릴 수 있었는가 아니면 하나 혹은 두 개 정도밖에 떠올릴 수 없었는가? 당신이 필요로 하는 것의 순위를 정하는 것은 쉬웠는가, 어려웠는가? 파트 Ⅱ를 수행하면서 집에 얼마나 많은 제품을 들여 놓았는지를 알고 놀랐는가? 얼마나 많은 것들이 광고를 통해 알려진 브랜드인가에 대해서 놀라지는 않았는가?

이제 당신 자신의 필요를 얼마나 잘 알고 있는지 스스로에게 물어보라. 파트 Ⅰ의 순위를 파트 Ⅱ의 물품 목록에 따라 당신이 시간과 돈을 어떻게 쓰는지 비교해 보라. 당신의 우선순위에 있는 필요한 것들(파트 Ⅰ에 적힌 내용)이 당신의 물건과 시간 목록(파트 Ⅱ에 적힌 내용)에 반영되어 있는가? 예를 들어, 당신이 필요 1순위가 건강이라고 해보자. 당신의 옷장 안에는 다른 종류의 옷들보다 운동할 때 필요한 옷들이 더 많은가? 당신의 주방에는 많이 광고된 고칼로리, 고지방, 고당, 고염 성분의 과자가 없는가? 당신의 욕실에는 근육통을 위한 제품이 더 많은가 아니면 아름다움을 위한 제품이 더 많은가? 당신의 치약은 치아 미백을 위한 것인가 아니면 충치를 예방하기 위한 것인가? 당신의 시간 소비의 목록은 당신이 매우 능동적임을 보여주는가 아니면 대개 수동적이라는 것을 보여주는가?

만약 당신 스스로 조사한 필요들(파트 Ⅰ의 내용)이 당신이 지닌 물품 목록들(파트 Ⅱ의 내용)과 밀접하게 연관되어 있다면, 축하한다! 당신은 당신의 필요에 대해 잘 알고 있고 그것을 만족시키기 위해 당신의 자원들을 어떻게 활용해야 하는지를 잘 알고 있다. 그러나 만약 당신이 스스로 조사한 필요와 당신의 돈과 시간을 소비하는 부분에 차이가 있다면, 당신은 자신의 필요에 대해 잘못 인식하고 있는 것이다. 당신은 A, B, C가 필요하다고 말하지만, 실제로 당신이 필요한 것은 X, Y, Z이다. 당신이 실제로 필요로 하는 것이 무엇인지에 대해 인지하지 못하고 있음에도 불구하고 실질적인 필요를 만족시키고 있는 것이다. 보통은 당신의 필요를 만족시키지 못하기 때문에 이런 차이가 나타난다. 즉, 당신은 당신의 필요가 무엇인지에 대해서는 잘 인식하고 있다. 하지만 당신이 가게에 갔을 때 당신은 사실 필요로 하지 않는 것들을 많이 구입하고, 광고에 나오는 허풍을 믿고 싶기 때문에 그것들이 필요해지기를 바란다. 그러나 그렇게 믿고자 하는 의지만으로는 부족하다. 시간이 지날수록 (광고가 보여주는) 사회가 시키는 대로 행동하는 것처럼 보이지만, 당신의 주된 필요를 만족시키지 못하여 좌절하게 될 것이다.

우리의 자연적인 필요를 조절하는 것과 관련하여 가장 위험성이 큰 것은 처방약이다. 의사의 처방이 필요한 약에 대한 TV 광고는 매년 증가하고 있다. 2008년에 처방약 광고에 사람들은 평균 16시간 동안 노출되고 있는 것으로 나타났는데, 이는 주치의와 보내는 시간보다도 많은 시간이다. 이런 광고들은 그들의 주장을 부풀리고 그 약의 위험 요소들을 '이해할 수 없는 작은 글자의 바다' 속에 묻어버림으로써 대중들의 오해를 불러일으킨다(Foreman, 2009:E5). 이런 종류의 광고 내용을 분석한 결과 대부분의 광고가(82%) 제품 사용에 대해 약간의 사실을 광고하거나 합리적인 주장을 하는(86%) 반면에, 거의 모든 광고(95%)가 감정적으로 호소하고 있음이 나타났다. 이 광고들은 대부분 사회적 성취(78%)를 위해 그리고 삶의 일면을 통제할 수 있는 능력을 다시 얻기 위해(85%) 약을 복용하도록 사람들을 부추겼다(Frosch, Krueger, Hornik, Cronholm, & Barg, 2007). 이런 광고는 사람들로 하여금 그들 스스로 병을 진단해 광고에서처럼 멋진 삶을 살기 위해 광고에서 보았던 약을 처방해 달라고 의사에게 강요하게 만든다.

광고 분석하기

다음 단계는 몇 가지 광고를 분석하는 것이다. 당신의 환경에는 모두 분석하기에는 너무 많은 광고들이 있을 것이다. 당신이 가장 자주 구매하는 광고된 제품(예: 주기적인 식료품 구입) 또는 가장 중요한 제품 구매(자동차, 모바일 기기, 디자이너 의류, 휴가 상품)의 목록을 만들어 봄으로써 관리해 보자. 그런 다음, 해당 제품에 대한 광고를 찾아 분석해 보자(연습문제 11.4). 분석을 수행하는 동안 광고주가 캠페인 전략과 카피 플랫폼을 어떻게 구축했는지에 대해 가장 깊이 생각해 보자. 당신이 분석하고 있는 그 광고들 중에서 카피 플랫폼이 무엇인지를 잘 알게 해 주는 요소를 파악할 수 있는가?

그 광고는 단순히 당신에게 제품을 알리기 위한 정보를 제공하는 것인가 아니면 기존의 신념과 행동을 강화시키는 것인가? 대부분의 사람들은 광고는 사람들에게 그 제품을 사도록 설득하기 위해 고안되었다고 생각한다. 우리가 보는 광고들 중 이런 의도를 가진 것은 거의 없다. 많은 광고들, 특히 신제품에 대한 광고들은 제품이 존재한다는 것을 우리가 확실히 인지하는 것만을 의도하고 있다. 어떤 광고는 우리 마음속에 어떤 감정을 유발시키고 그 감정을 제품과 연결시키기 위해 고안되었다. 어떤 광고는 경쟁사의 주장에 대해 우리에게 방어 기제를 형성하도록 설계되어 있어서 우리가 그들의 경쟁사 중 한 회사 제품의 광고를 볼 때, 우리는 그 광고에 의해 영향을 받지 않을 수 있다. 그러나 광고의 가장 일반적인 의도는 강화다. 대부분의 광고는 이미 제품을 사용하고 있는 사람들 집단을 목표로 삼는다. 따라서 광고는 그 고객들에게 제품이 여전히 존재하며 그것이 여전히 좋은 제품이라는 것을 상기시키기 위해 고안되었다. 사람들은 대개 이미 구매한 제품에 대한 광고를 기억하기 때문에 광고 효과의 대부분은 기존의 태도와 행동을 강화하는 것이다. 따라서 강화는 광고의 강력한 효과이다. 대부분의 광고는 이미 구입한 제품에 대해 사람들에게 호감을 유지시키기 위해 고안된 것이다.

광고 평가하기

마지막 단계는 광고가 말하고 있는 것과 당신의 개인적 필요를 비교하는 것이다. 이 작업을 수행하기 위해서는 광고에 대한 평가가 필요하다. 즉, 광고주들이 당신의 실제 필요를 얼마나 잘 이해하고 그것을 충족시키기 위한 최선의 방법으로 그들의 제품을 얼마나 잘 표현하는지 가치 판단을 내려야 한다(연습문제 11.5).

만약 당신의 개인적인 필요와 당신이 구매하는 상품에 대한 광고의 호소 사이에 밀접한 연결 고리를 발견한다면, 광고가 당신의 삶에 긍정적인 영향을 미치고 있다고 결론지을 수 있다. 즉, 광고주들은 당신의 실제 요구를 파악하고, 당신이 만족할 수 있도록 돕는다. 이와는 대조적으로, 광고주들이 당신이 정말로 필요 없는 것을 필요하다고 믿게끔 만들려고 하는 것을 알아차린다면, 그들의 설득을 뿌리치기 위해 당신이 할 수 있는 것에 대해 생각해 볼 필요가 있다.

요약

우리는 광고 메시지로 가득 찬 문화 속에서 살고 있다. 더 나은 미디어 리터러시를 갖추어 넘쳐나는 광고의 영향으로부터 우리 자신을 보호하기 위해서 우리는 광고주들이 광고 캠페인과 메시지를 디자인하기 위해 활용하는 절차에 대해 더 자세히 이해할 필요가 있다. 우리가 광고 캠페인 전략과 카피 플랫폼에 대해 더 많은 지식을 갖게 되면, 우리는 광고 메시지를 더 잘 분석하고 평가할 수 있을 것이다.

더 읽을거리

Block, M. P., & Schultz, D. E. (2009). Media generations: Media allocation in a consumer-controlled marketplace. Worthington, OH; Prosper Press.
이 책은 SIMM(Simultaneous Media Usage)의 연구 결과를 소개하고 있는데, 미디어 이용과 소비자 행동에 대해 6년간 17만 건의 응답을 종합한 마케팅 연구이다. 이것은 얼마나 많은 데이터 마케터들이 지속적으로 정보를 수집하고 있는지 그리고 그 데이터들이 어떻게 효과적인 광고 캠페인의 기초가 되는지를 보여주는 하나의 예이다.

Fennis, B. M., & Stroebe, W. (2010). The psychology of advertising. New York, NY: Psychology Press.
두 명의 유럽 심리학 교수들에 의해 쓰인 이 책은, 인지심리학과 사회심리학 연구가 인간이 광고 메시지를 어떻게 처리하고, 특히 기억, 태도, 행동에 있어서 광고에 의해 어떠한 영향을 받는지에 대해 지금까지 우리에게 말해주는 것을 기술하고 있다. 저자들은 심리학 분야에서 나온 이론과 연구 결과를 매우 체계적이고 상세하게 제시한다.

Geddes, B. (2014). Advanced Google AdWorks (3rd ed.). New York, NY: Wiley.
저자는 구글이 광고에 사용하는 많은 절차를 개발한 인터넷 마케팅 컨설턴트이다. 이 책은 17장의 실용적인 정보, 때로는 매우 기술적인 정보로 구성되어 있는데, 이는 자신의 광고 캠페인에 아이디어를 적용하고자 하는 독자들에게 유용하다.

Lindstrom, M. (2016). Small data: The tiny clues that uncover huge trends. New York, NY: St. Martin's Press.
저자는 사람들의 숨겨진 믿음, 욕망, 감정을 발견하기 위해 사람들을 면밀히 관찰하고 문화의 세밀한 부분을 활용하는 비즈니스 컨설턴트이다. 그는 이러한 통찰력을 이전에 알려지지 않은 소비자의 요구를 충족시키려는 대기업들에게 판매한다.

Scott, D. M. (2013). The new rules of marketing & PR (4th ed.). Hoboken, NJ: Wiley.
마케팅 컨설턴트가 쓴 이 책은 인터넷이 제공하는 기회로 인해 광고와 홍보 분야의 직업들이 어떻게 변화해 왔는지에 대한 많은 실용적인 정보를 제공한다.

최신 자료

광고업계 정기 간행물

Advertising Age (http://adage.com)
Adweek (https://www.adweek.com)

전문 기관

American Association of Advertising Agencies (http://www.aaaa.org)
Association of Magazine Media (http://www.magazine.org)
Cable Television Advertising Bureau (http://www.thecab.tv)
News Media Alliance (https://www.newsmediaalliance.org)
Radio Advertising Bureau (http://www.rab.com)
Television Bureau of Advertising (http://www.tvb.org)
Video Advertising Bureau (http://www.vab.net)
Consumer and Educational AssociationsConcerned With Advertising
Ad Council (http://www.adcouncil.org)
American Advertising Federation (http://www.aaf.org)
Better Business Bureau (http://www.bbb.org)

학술지

다음의 학술지들은 대중 매체, 특히 신문, 잡지, 텔레비전, 웹사이트에 제시된 광고 메시지의 내용과 효과를 조사한 연구물을 출판한다.

Journal of Advertising (https://www.tandfonline.com/loi/ujoa20)
Journal of Advertising Research (http://www.journalofadvertisingresearch.com)
Journal of Broadcasting & Electronic Media
(https://www.tandfonline.com/loi/hbem20)
Journalism & Mass Communication Quarterly
(http://journals.sagepub.com/loi/jmq)

연습 문제 11.1 주위 환경의 광고의 양에 대한 인식 제고하기

목적: 이 연습은 당신이 매일 얼마나 많은 광고에 노출되는지를 테스트하기 위해 고안되었다. 하루 동안 종이 한 장을 주머니에 넣고 다니며 광고 메시지에 노출될 때마다 적는다.

1. 모바일 장치 및 컴퓨터: 화면의 여백에 배너 광고, 팝업 및 일반 광고가 있는지 확인하라. 여러 앱에서 새로운 기능을 나타내는 로고나 알림을 찾아보라. 그러한 것들은 모두 광고 메시지이다.

2. TV: 프로그램이 중단되는 횟수를 세어 보라. 중단 시간은 상업적인 용도이다. 각 중단 시간에 방영되는 개별 광고의 수를 세어 보라. 당신이 보고 있는 쇼, 곧 방영될 다른 쇼, 그리고 해당 채널에 대한 광고를 세는 것도 잊지 말아라. 프로그램 자체에서 제품을 배치시킨 간접 광고도 찾아보라. 예를 들어, 어떤 가족이 아침을 먹을 때, 시리얼, 주스 등의 제품 브랜드가 보이는가? 만약 등장인물이 고속도로를 달리고 있다면, 자동차의 브랜드 로고, 옥외 광고판에 노출된 상품의 이름, 건물이나 사업체의 이름이 보이는가?

3. 인쇄물: 만약 당신이 종이로 인쇄된 잡지와 신문을 읽는다면, 당신이 페이지를 넘길 때마다 보이는 개별 광고의 수를 세라. 신문과 잡지 수입의 약 80%는 광고에서 나온다. 만약 잡지의 발행 가격이 3달러인데, 당신은 광고도 없는 잡지를 15달러를 내고 살 의향이 있는가?

4. 미디어에 의해 나타나지 않는 것에 주목해라.
   브랜드가 박힌 옷을 입고 다니는 사람들이 보이는가?
   당신 주변에 있는 모든 제품에 대한 브랜드 이름이나 로고를 주목하라.
   다가오는 이벤트를 알리는 표지판의 광고를 세어 보라.
   제품과 서비스를 생산하여 당신에게 판매하는 사업체의 존재를 알리는 건물이나 다른 구조물에 쓰인 이름을 찾아보라.
   당신의 관심을 끌고 특정 제품을 연상시키도록 설계된 소리를 들어보라.
   사람들이 브랜드와 제품에 대해 말하는 것을 들어 보라.

연습 문제 11.2 광고의 효과에 대한 인식 제고하기

1. 브랜드에 대한 당신의 기억을 테스트해 보자. 두 가지 제품 범주(예: 아침 식사용 시리얼, 샴푸, 탄산음료, 감자 칩 등)를 선택하라.
   선택한 제품 범주 중 하나에서 기억할 수 있는 모든 브랜드 이름을 종이에 기록하라. 그런 다음 종이를 뒤집고 두 번째 제품 범주에 대해 기억할 수 있는 모든 브랜드 이름을 나열하라.
   마트나 편의점에 가서 당신이 선택한 각 제품 카테고리에 속하는 상품의 브랜드가 얼마나 많이 있는지 알아보라.
   이름을 다 적을 수 있었는가? 몇 퍼센트나 적을 수 있었는가?
   리스트에 기록하지 않은 것들 중에서, 그 제품의 광고 캠페인에 대해 어떤 거라도 생각나는 것이 있었는가? 만약 그렇다면, 당신은 리스트를 만들 때 그것을 왜 기억할 수 없었다고 생각하는가?

2. 다음에 당신이 쇼핑을 하러 편의점이나 마트에 갈 때, 당신이 보통 사는 광고 브랜드 대신에 광고되지 않은 제품(스토어 브랜드 또는 일반 브랜드)을 구입해 보라.
   (구입 후) 돈을 얼마나 절약했는가?
   돈을 절약할만한 가치가 있는가, 아니면 잘못된 선택을 했다고 느끼는가?

3. 친구들을 대상으로 맛 테스트를 해 보라. 광고된 콜라 몇몇 브랜드와 알려지지 않은 콜라의 몇몇 브랜드를 구입하라. 각 컵에 각기 다른 브랜드의 콜라를 부어라. 친구들에게 각각의 맛을 보게 하고 어떤 콜라가 어떤 컵에 들어 있는지 말해 달라고 요청하라.
   당신의 친구들은 정확한 브랜드를 맞출 수 있었는가?
   당신의 친구들은 자신의 선택에 확신을 갖고 있었는가, 아니면 대충 감으로 맞추고 있었는가?

인터랙티브 미디어

핵심 개념 | 인터랙티브 미디어는 경쟁적인 혹은 협력적인 목적을 가지고 자신만의 미디어 경험을 창조하기를 원하는 사용자들의 관심을 끌어 모으는 플랫폼이다.

▶ 경쟁적인 경험
· 전자 게임의 매력
· 전자 게임에 대한 심리학
· 전자 게임 플랫폼 설계
· 전자 게임 마케팅
· 대규모 다중 접속 역할 수행 게임

▶ 협력적인 경험
· 친교
· 데이트
· 삶
· 의견 공유

▶ 획득 경험
· 정보
· 음악
· 비디오
· 쇼핑

▶ 인터랙티브 미디어에 대한 리터러시
· 개인적 시사점
· 확장된 시사점

▶ 요약
▶ 더 읽을거리
▶ 최신 자료
▶ 연습문제

　인터랙티브 미디어의 가장 두드러지는 특성이 콘텐츠라는 점에서 인터랙티브 미디어를 산업 파트가 아닌 콘텐츠 파트에 포함시켰다. 비인터랙티브 미디어의 콘텐츠는 특정 이용자들을 끌어들여 반복적인 노출로 조건화하는 메시지의 공식을 아주 노련하게 적용할 수 있는 전문 작가나 제작자에 의해 만들어진다. 이와는 달리 인터랙티브 미디어는 전문적인 디자이너가 콘텐츠를 만든다기보다는 플랫폼을 만들어 사용자들을 끌어들이기만 하면, 사용자들은 다른 이들과 상호작용하면서 콘텐츠를 만들어 나간다. 이러한 사용자들은 콘텐츠의 제작에 대해 보수를 받지 않는다. 반대로, 사용자들은 무료로 콘텐츠를 만들 뿐만 아니라 종종 콘텐츠 접근에 대한 수수료를 인터랙티브 미디어 회사에 지불한다. 사용자들이 인터렉티브 플랫폼에 접속하기 위해 수수료를 지불하지 않더라도, 그들은 여전히 그러한 플랫폼에 제시된 광고에 노출되는 것에 동의한다.

인터랙티브 미디어의 플랫폼은 본질적으로 세 가지 유형이 있는데, 첫째는 경쟁적인 경험을 제공하는 것이고, 둘째는 협력하는 경험을 제공하는 것이고, 세 번째는 획득 경험을 제공하는 것이다. 이 장에서 세 가지 유형 모두를 자세히 살펴볼 것이다.

경쟁적인 경험

많은 인터랙티브 미디어 플랫폼은 이용자 자신, 컴퓨터, 혹은 다른 플레이어들과 경쟁하기를 원하는 사용자들의 관심을 끌기 위해 디자인되었다. 컴퓨터와 인터넷 그리고 모바일 장치 기술이 발전하면서 전자 게임은 대중 매체의 일부가 되었다.

이 모든 게임의 공통점은 디지털 게임 코드와 입력 장치를 가지고 있는 것인데, 디지털 게임 코드는 사용자를 끌어들일 수 있는 게임의 외형과 게임 방식, 시각적, 청각적 특질을 지배하는 것이며, 입력 장치는 플레이어들이 게임을 할 때 디지털 코드와 소통하기 위한 것이다(Kerr, 2006). 또한 전자 게임은 다른 대중매체의 형식과 비슷한 측면을 가지고 있는데, 게임이 특정 틈새 소비자에게 상당히 매력적으로 느껴지도록 만들어진 측면에서 상업적인 제품이고, 사용자의 습관적 이용을 조건화하도록 구성되었기 때문이다(Giddings & Kennedy, 2006). 하지만 게임은 관습적인 서사 구조의 이야기를 통해 사용자들을 끌어들이지 않는다는 점에서 다른 대중매체와는 차이가 있다(T. Friedman, 1995). 그 대신 게임은 플레이어들에게 게임 속에서 그들의 행동에 따라 자신만의 이야기를 만들어 나갈 수 있는 가능성을 제공한다. 이러한 게임들은 플레이어가 제시된 의미를 단순히 흡수하는 대신 메시지 자극에 대해 높은 수준의 주의를 기울이도록 한다. 플레이어들은 게임의 자극에 대한 반응으로 계속해서 결정을 내려야 한다. 그들의 결정의 결과가 전개되면서 그들은 자신의 이야기를 쓰는 경험에 더욱 깊이 빠져든다. 이러한 경험은 플레이어들이 게임의 세계를 탐험해 가면서 힘과 경이로움을 느끼게 한다.

전자 게임의 매력

사람들은 왜 전자 게임에 매료되는가? 경쟁의 욕구는 인간 본질의 한 부분이고 경쟁적인 게임을 하는 것은 문명 그 자체만큼이나 오래되었다. 천년 동안 인간들은 퍼즐을 풀거나 미스터리를 해결하며 자기 자신과 맞서왔다. 인간은 카드 게임과 보드게임(checkers, chess, Monopoly 같은 것들)을 발명해 한 명 내지는 여러 명의 사람들과 경쟁해 왔다. 그리고 컴퓨터의 발명으로 경쟁적인 플랫폼은 엄청나게 확장되었다. 컴퓨터화된 플랫폼에서 게임을 함으로써 언제든지 게임을 시작하고 원하는 시간만큼 게임을 잠시 중지할 수 있으며, 다음 행동을 결정하기 위해 최대한 많은 시간을 할애할 수 있으며, 성과에 대한 즉각적인 피드백을 받을 수 있게 되었다. 인터넷이 발달되면서 전세계 어느 곳에 있는 상대와도 게임을 할 수 있게 되어 지리적인 한계도 사라졌다. 또한 다중 접속 역할 수행 게임(MMORPG; massively multiplayer online role-playing games)과 같은 것을 통해 매우 많은 수의 사람들과도 경쟁할 수 있게 되었다. 그리고 모바일 장치의 확산으로 어디를 가든 게임 경험을 축적시킬 수 있게 되었다.

전자 게임은 플레이어의 감적적인 욕구와 인지적인 욕구를 만족시켜 준다(Tamborini et al., 2011). 10장에서 이미 살펴보았듯이, 사람들은 흥분을 느끼고 강렬한 감정을 경험하기 위해 엔터테인먼트 메시지를 찾는다. 게임은 플레이어를 흥분시키고 게임에 질 때(절망, 굴복, 화)나 이길 때(기쁨, 의기양양함)나 모두 어떤 감정을 촉발시킨다. 이런 감정은 때로는 사람들이 실제 삶에서 느끼는 일상적인 감정보다 훨씬 강렬하다. 전자 게임을 하는 것도 인지적 필요, 특히 능력과 자율성에 대한 필요를 충족시킨다. 우리 모두는 우리에게 동기를 부여하는 도전을 원하고, 또한 성취욕을 느낄 수 있는 그러한 도전에 직면하는 경험을 원한다. 전자 게임은 우리가 빨리 끝낼 수 있는 꽤 쉬운 작업으로 시작하여 점차 도전적인 과제를 부여하는 순서를 제공한다. 그러한 초기 과제의 성공은 보상의 만족감을 주는 역할을 하며, 이것은 우리가 더 도전적인 과업을 계속하도록 동기를 부여한다. 우리가 더 도전적인 과제를 완수함에 따라 보상의 느낌은 강해지고 자신감은 쌓이게 되는데, 이것은 우리를 훨씬 더 도전적인 과제로 나아가게 한다.

우리가 전자 게임에 매력을 느끼는 또 다른 이유는 우리에게 통제력을 행사할 기회를 주기 때문이다. 많은 사람들은 적절한 보상을 받지 못하는 일을 계속해서 열심히 해야 하는 실제의 삶에서 일어나는 일에 대한 통제권이 부족하다고 느낀다. 우리는 실제의 삶이 너무 일상적이어서 결코 발전이 없다고 느끼는데, Castronova(2005)는 이것을 시시포스(Sisphus) 문제라고 하였다. 시시포스는 그리스 신화에서 무거운 바위를 언덕 위로 밀어 올려야 하는 운명을 짊어진 인물이었다. 그가 꼭대기에 가까워질 때마다 그의 힘은 한계에 다다라 바위는 언덕 아래로 굴러 떨어졌다. 그래서 그는 매일 바위를 들어 올리는 일을 되풀이해야 했다. Castronova는 많은 사람들이 일상의 삶에서 어떤 짐을 아주 힘겹게 정상까지 밀어올리고 있다고 느끼기 때문에 성취욕을 맛볼 수 있는 전자 게임을 하게 되는 것이라 말했다. 비유적으로 그 바위를 정상까지 끌어 올리게 되면 바위는 다른 방향으로 굴러 떨어지게 된다. 그래서 게임은 사람들로 하여금 더욱 성취를 맛보게 하고 통제권을 더 많이 행사할 수 있다고 느끼게 한다.

전자 게임의 또 다른 매력은 공통의 과제에 대해 다른 사람들과 공유할 수 있는 기회를 제공한다는 것이다. 이러한 게임은 더욱 경쟁적이지만, 플레이어들이 팀으로 뭉쳐 구성원들에게 강한 애착을 갖게 되면 즐거움이 커진다(Schmierbach, Shu, Oldorf-Hirsch, & Dardis, 2012).

전자 게임에 대한 심리학

    사람들이 전자 게임을 어떻게 즐기는지 연구하는 심리학자들은 게임 경험의 핵심 특성을 설명하기 위해 몰입(flow)과 텔레스코핑(telescoping)[1]라는 두 가지 용어를 고안해냈다. 몰입은 사회심리학자인 Mihaly Csikszentmihalyi(1988)에 의해 만들어진 말이다. 그는 사람들이 어떤 과제를 수행할 때 몰두하는 것을 관찰했고 이러한 경험을 몰입이라고 불렀다. 이러한 몰입의 상태에 도달하기 위해서는 지금이 몇 시이고 어디인지를 잊어버릴 정도로 어떤 일에 깊이 빠져들어야 한다. 디지털 게임을 하다 보면, 플레이어는 게임에 너무 빠져서 스크린이 제시하는 세계로 빠져서 현실 세계에 있다는 감각을 잃어버리는 경우가 많다. 플레이어들은 게임의 즐거움에 너무 집중하게 되면 다른 욕구(목마름, 수면, 배고픔 등)는 부차적인 것으로 치부한다. 즉, 이러한 부차적인 욕구를 충족시키는 것은 게임에서의 목표 달성이라는 일차적인 필요를 충족시키는 것 이후로 연기된다. 몰입의 상태에서는 게임의 목표 달성 기대 이외의 다른 모든 것들은 잊혀 버린다.

    텔레스코핑은 Steven Johnson(2006b)이라는 사회학자에 의해 사용된 용어이다. 그는 이 용어를 전자 게임이 단계적으로 진행되는 과정에 어떻게 플레이어가 집중하는가를 나타내기 위해 사용했다. 게임의 모든 시점에서 플레이어는 성공적으로 달성한 이전의 목표에서 파생되었고, 게임의 말미에 다음 제시될 목표로 이끌 즉각적인 목표에 집중해야 한다. 즉각적인 목표에 대한 집중은 핵심적인 것으로 간주되며, 그 이외의 다른 모든 목표는 당면한 목표를 달성하기 위한 맥락으로 활용하는 배경이 된다. 따라서 게임 플레이어들은 주어진 시점에서 직면하는 즉각적인 목표에 집중하면서 맥락까지 염두에 두어야 한다. 플레이어들이 즉각적인 목표를 달성했을 때, 게임하는 것을 멈추지 않는다. 그들은 즉시 다음 목표를 달성해야 한다고 느낀다. Johnson은 "재능 있는 게이머들은 다양한 목표를 동시에 머릿속에 살아있게 하는 능력을 터득했다(p.54).""고 말한다. 텔레스코핑은 멀티태스킹과는 다르다. 멀티태스킹은 전화 통화, 온라인 대화, 아이팟으로 음악듣기, 인터넷 검색과 같은 서로 관련 없는 목표들의 무질서한 흐름을 다룬다. 하지만 텔레스코핑은 일련의 과정에 집중한 개념으로 목표들을 우선순위에 따라 정리하고 올바른 순서에 따라 그것들을 처리해나가는 것을 말한다.

---

1) Steve Johnson이 저술한 『Everything bad is good for you』은 우리나라에 『바보상자의 역습』이라는 책으로 번역 출판되었다. 그 책에서는 telescoping을 '접어 넣기'라고 번역하였다. '접어 넣기'라는 용어가 의미를 분명하게 전달하는 데 충분하지 않다고 판단하여 이 책에서는 '텔레스코핑'이라는 용어를 그대로 사용한다(역자 주).

몰입과 텔레스코핑의 경험은 매우 강렬하고 보람 있을 수 있다. 이것은 마치 그 경험을 반복하기 위해 플레이어를 계속해서 게임으로 끌어들이는 마약과 같은 것일 수 있다. 그리고 일단 플레이어가 그 경험을 느끼면, 그것이 중단되지 않고 지속되기를 원한다. 그것이 중단되면, 그들은 가능한 한 빨리 그 경험으로 되돌아가고 싶어 한다.

전자 게임 플랫폼 설계

새로운 전자 게임을 디자인하는 과정은 많은 다른 종류의 기술을 혼합하기 위해 팀워크가 요구되는 복잡한 작업이다. 각각 다른 전문 기술을 가진 약 12~20명으로 구성된 팀이 각 게임을 개발하고 테스트하는 데 약 15~18개월이 걸린다. 이들 팀원 중 일부는 전자 게임 산업을 이해하고 현재 그들의 게임 요구를 충족하지 못하고 있는 잠재적인 틈새 소비자를 식별할 수 있는 마케팅 기술을 가지고 있어야 한다. 또 다른 팀원들은 적절한 소비자를 유도하여 게임 경험에 끌어들이고, 게임을 계속 하고 싶게끔 조건화할 수 있을 정도로 인간의 심리를 잘 이해해야 한다. 어떤 팀원들은 매력적인 게임의 외양, 느낌, 소리를 개발할 수 있을 만큼 충분히 예술적인 감각을 지녀야 한다. 그리고 또 다른 팀원들은 이런 모든 아이디어가 화면에 잘 나타나도록 코드를 작성하기 위한 노련한 컴퓨터 프로그래머가 되어야 한다.

전자 게임의 디자인은 복잡한 아홉 단계로 정리될 수 있다(Castronova, 2001). 첫 번째, 아이디어를 떠올리고 데모의 형태로 개요를 짠다. 두 번째, 디자이너 팀은 플레이어들이 게임을 진행하는 동안 해야 할 것들을 결정한다. 세 번째, 아티스트들이 배경과 인물을 만든다. 네 번째, 프로그래머들은 디자이너와 아티스트들의 지시를 수렴해 디지털 코드를 만든다. 다섯 번째, 코드가 충분히 만들어지면, 게임의 알파 버전을 테스트하여 얼마나 잘 작동하는지 확인한다. 여섯 번째, 버그를 고치고 게임을 더 원활하게 돌아가게 하기 위한 수정 작업을 진행한다. 일곱째, 베타 버전은 더 많은 플레이어가 사용할 수 있도록 하여 테스트한다. 이상적으로, 이 베타 테스트는 테스트 기간 동안 게임을 무료로 다운로드하여 이용할 수 있게 함으로써 열렬한 게임 플레이어들의 커뮤니티를 형성한다. 여덟 번째, 베타 테스트의 결과에 경영진이 만족하면, 게임의 최종판이 만들어지고 배급자에게 공개된다. 마지막 아홉 번째로 배급자는 포장을 디자인하고 게임 디스크를 복제하여 도매 및 소매점에 배포한다.

Sykes(2006)는 게임 개발자들이 자신이 디자인하고자 하는 게임에 대해 세 가지 근본적인 결정을 내려야 한다고 지적하며 게임 디자인 과정을 상세히 기술하고 있다. 이러한 결정들은 플레이 범주, 플레이 형식, 그리고 감정적 어조와 관련이 있다. Sykes는 플레이 범주에 대해서 게임의 목적에 따라 결정되는 여섯 종류가 있다고 말한다. 게임의 6가지 범주는 대결(경쟁이 가장 주된 목적이며 즐거움도 경쟁으로부터 옴), 알레아(우연한 기회를 잡는 게임), 흉내(어떤 믿음을 만드는 플레이, 플레이어가 새로운 정체성을 부여 받음), 아일링스(플레이어는 놀이공원의 기구들처럼 일시적인 지각 체계의 불안정함 같은 어지러움을 추구함), 탐험(새로운 장소를 탐험하고 새로운 것을 발견하는 즐거운 경험), 사회적 놀이(특별한 모임에 가입하여 은어, 별명, 입문 의식 등을 공유하며 다른 사람들과 접촉함)가 그것이다. 각각의 여섯 범주는 각기 다른 틈새 소비층이 있지만, 인기 있는 게임은 대체로 이 중 두 개 이상의 특성들을 조합하여 하나의 새로운 게임을 만들어 보다 넓은 기반을 확보한다.

플레이의 형식에 대해 Sykes(2006)는 게임이 가질 수 있는 규칙의 개수에는 범위가 있다고 말한다. 비공식적으로는 규칙이나 규율이 거의 없는 게임이 있다. 플레이어들은 게임을 하고자 하는 동물적 충동이 자발적으로 나타나는 것을 경험한다. 그러나 공식적으로는 게임에는 따라야 하는 많은 규칙과 규율이 있다. 규칙을 잘 익혀서 그것을 자신에게 유리하게 사용할 수 있는 플레이어들이 가장 성공하게 된다.

감정적 어조는 설계자들이 플레이어들로 하여금 게임을 하면서 촉발시키고자 하는 감정 종류를 말한다. Sykes는 게임 설계자에게 개방된 범위가 있다고 지적한다. 일반적으로 게임에서 촉발되는 감정은 공격성이다. 설계자들은 플레이어를 다른 플레이어 또는 컴퓨터와의 갈등 상황에 빠뜨려 플레이어로 하여금 살아남기 위해서 싸워야 한다는 감정을 느끼도록 하는 방법을 알아낸다. 게임 설계자들은 플레이어가 보상을 받기 위해 점점 더 강한 상대와 싸워야 하는 레벨을 구축한다. 설계자들이 불러일으키고자 하는 또 다른 흔한 감정은 미스터리나 서스펜스인데, 플레이어들은 자신이나 다른 사람들에게 나쁜 일이 일어나기 전에 무슨 일이 일어나고 있는지 알아내야 한다.

위의 단락에서 설명한 디자인 결정 외에도, 설계자들은 또한 게임이 플레이어를 유인한 다음 반복적으로 플레이를 할 수 있도록 조건화하기 위해 몇 가지 일반적인 유형의 규칙을 따른다. 모든 성공한 디지털 게임에는 여섯 가지 설계 규칙이 적용된다. 게임 개발자들은 플레이어들이 게임을 거부할 위험을 줄이기 위해 조심스럽게 이러한 규칙을 따른다. 첫째, 게임에는 플레이어에 대한 보상이 존재해야 하며 이런 보상은 게임을 잘 하는 플레이어에게만 주어져야 한다. 게임을 잘 못하는 플레이어는 어떤 벌을 받아야 하는데 이것은 플레이어가 감당할 수 있는 수준의 것이어야 한다. 둘째, 게임이 상대적으로 배우기 쉬워야 한다. 물론 일부 게임은 매우 복잡하다. 하지만 그런 복잡함은 게임의 초반에는 나타나지 않고 플레이어들이 게임을 진행해감에 따라 점차적으로 조금씩 드러나는 것이다. 셋째, 게임 속에서 다음에 벌어질 일을 예측할 수 있어야 한다. 게임은 게이머들이 그들 행동의 결과를 예상할 수 있게 해주는 필연적인 규칙을 따라야만 한다. 넷째, 게임은 일관성이 있어야 한다. 이것은 특정 행동에 대한 결과가 늘 같아야 함을 의미한다. 다섯째, 게임이 어느 정도 익숙하게 느껴져야 한다. 이것은 설계자들이 플레이어들이 게임 속으로 무엇을 가져오는지를 고려하여 그것을 활용해야 한다는 것을 의미한다. 여섯째, 게임은 반드시 도전 의식을 불러일으켜야 한다. 게임이 너무 단순한 경우 플레이어들은 빠르게 흥미를 잃는다. 따라서 설계자들은 플레이어들이 게임을 지속하도록 점차적으로 보다 어려운 과제로 나아가는 단계를 설정하지 않으면 안 된다.

전자 게임 마케팅

비디오 게임의 마케팅 대상은 누구일까? 아마도 십대 소년들 쯤이라고 생각하겠지만 그렇지 않다. 전자 게임을 즐기는 사람들의 평균 연령은 30살이고 그들은 평균적으로 12년 동안 전자 게임을 해 왔다. 전자 게임을 즐기는 전체 인구의 68%가 18세 이상이다. 또한 47% 정도가 여성들이며, 18세 이상 여성이 가장 빨리 성장하는 마켓이다. 게다가 게임을 즐기는 범위도 굉장히 넓은데, 미국 전체 가구의 67%가 전자 게임을 하고 있다(Entertainment Software Association, 2017).

전자 게임 마케터들은 플레이어들의 틈새 성향을 알아내기 위해 심리적인 묘사로 나아갔는데, 이용자들을 보편적으로 '탐험가, 사교가, 성취가, 지배자'로 표현되는 4개의 유형으로 분류될 수 있다고 보았다. 네 가지 성향은 각각 다른 유형의 플레이어에 의해 구별된다. 탐험가 유형은 호기심이 많은 플레이어들로 게임 속 세상을 돌아다니며 모든 영토와 경험을 발견하고자 한다. 사교가 유형은 게임 속에서 다른 플레이어들과 상호작용하는 것을 좋아하는 사람들이다. 그들은 플레이어들이 공동의 목표를 달성하기 위해 협력하도록 어떤 게임이 그룹을 형성해야 하는 도전을 제시하기를 원한다. 이들은 게임 속에서 사회적 상호작용하기를 원하기 때문에 어떤 클럽에 가입하거나 결혼식, 파티, 다른 사회적 모임과 같이 다른 이들과 함께하는 문화적인 활동에 소속될 수 있는 기회를 얻고자 한다. 성취가 유형은 도시나 왕국 혹은 엄청난 개인적 부와 같은 것들을 쌓아 올리기 위해 게임을 한다. 이런 유형의 플레이어들은 게임 속에서 눈으로 볼 수 있는 어떤 자산을 축적해 다른 플레이어들로부터 존경받기를 원한다. 마지막으로 지배자 유형은 다른 이들을 지배하기를 원하는 플레이어들이다. 이들은 높은 수준의 경쟁이 존재하는 게임을 원하며 그 속에서 중요한 적들에 맞서 그들을 지배하기를 원한다.

게임이 일반적으로 플레이어에게 판매되는 반면, 게임 개발자들은 또한 게임 코드를 다른 게임 개발자들에게 판매한다. 이를 미들웨어 마켓(Middleware market)이라 부른다. 게임을 설계하는 데 필요한 깊이 있는 프로그래밍 기술이 부족한 예비 게임 설계자들이 있다. 이 개발자들은 게임을 지원하는 데 필요한 기본적인 프로그래밍인 게임 엔진을 구입한다. 이들은 이러한 게임 엔진을 사용하여 기본 코드에서 게임의 세부 사항(인물, 설정, 결정 포인트 등)을 구성해 나간다(Castronova, 2001).

비디오 게임 산업은 매년 수입이 증가하면서 매우 탄탄해졌으며, 미국에서만 22만 명의 사람들을 고용하고 있다. 2017년에는 하드웨어, 소프트웨어, 주변기기의 매출을 포함해 360억 달러로 사상 최대 매출을 올렸다(Enterprise Software Association, 2018). 하지만, 비디오 게임 산업은 또한 매우 위험하다. 개발비가 너무 비싸서 전자 게임의 약 3%만이 이익을 얻는다. 예를 들어, 보통 전자 게임을 위한 프로토타입 설계비용은 일반적으로 약 150만 달러이다. 콘솔 게임 개발의 최소 비용은 일반적으로 약 750만 달러인데, 이 금액은 게임 개발자들이 사용 허가가 필요한 캐릭터와 장소를 사용할 때는 증가한다(Havens & Lotz, 2012).

대규모 다중 접속 역할 수행 게임

대중적이면서 가장 중독성 있는 전자 게임은 대규모 다중 접속 역할 수행 게임(MMORPG; massively multiplayer online role-playing game)이다. 많은 MMORPG 게임들은 많은 플레이어를 끌어들이고 반복적으로 즐기도록 조건화하는 데 성공하여 그들로 하여금 게임의 사이버 세계가 실제 세계보다 더 중요하다고 믿도록 설득했다.

가장 인기가 있으며 정교한 MMORPG 중 하나는 2004년에 출시된 World of Warcraft(WOW)이다. WOW의 플레이어들은 Azeroth라고 불리는 중세 시대에 산다. 처음 게임을 시작하는 사람들은 더 경험이 많은 플레이어들에게 살해되는 것을 피하면서 몇 달을 자신의 캐릭터를 만드는 데 소비한다. 몇 달간의 경기 후에, 재능 있는 플레이어들은 레벨 60에 도달하게 되는데, 이때 길드의 다른 플레이어들과 합류하여 용을 죽이기 위해 던전을 급습하는 계획을 수행하고 다른 길드에 대항하는 대규모 전투에 참여한다.

WOW를 하기 위해 플레이어들은 19.99달러짜리 소프트웨어를 구매해야 하고 매달 14.99달러의 온라인 게임 이용료를 지불해야 한다. 2009년까지 WOW는 전 세계에서 1,150만 명이 이용하였고, 세계에서 가장 성공한 온라인 비디오 게임이 되었다(Fritz, 2009). 하지만 시간이 지나면서 다른 MMORPG의 인기가 높아짐에 따라 플레이어에 대한 치열한 경쟁은 2018년에 WOW의 정규 플레이어의 수를 약 500만 명으로 크게 감소시켰고, 이러한 하향 추세는 적어도 향후 5년 동안 계속될 것이라고 예측되었다(Statista, 2018d).

MMORPG는 중독성(Yee, 2002)이 있는 것으로, 심지어 사망하기 전까지, 밝혀졌다. 한국인 중 한 명은 리니지를 쉬지 않고 80시간을 하다가 탈진이 되어 숨진 채 발견됐다. EverQuest의 한 사용자는 자살을 시도하기도 했는데 그는 게임 세계에서 일어났던 사건에 대한 절망에서 벗어나지 못해 자살을 시도했다고 말했다 (Castronova, 2005:64). 생명을 위협하지는 않지만 더 확산되고 있는 MMORPG의 영향력은 대체이다. 이러한 게임들은 플레이어들에게 종종 실제 세계보다 훨씬 더 매력적인 사이버 세계를 제공하므로, 플레이어들은 시간과 자원을 사이버 세계로 옮기고 그들의 실제 세계를 대체한다. 많은 플레이어들에게 사이버 세계는 현실 세계에서 얻을 수 없는 경험을 제공하므로 플레이어는 사이버 세계로 이동하여 그곳에서 경제, 정치, 우정, 낭만적인 애정, 경력을 창조한다. Edward Castronova(2005)는 그의 책 『Synthetic Worlds』에서 다음과 같이 주장한다.

컴퓨터 게임 산업에서 지금 나타나고 있는 가상 세계는 평범한 사람들의 일상에서 중요한 주체가 되고 있다. 게임 속에서는 갈등, 지배, 무역, 사랑과 같은 게임 이상의 것들이 진행되고 있다. 사이버 공간에서의 삶을 살고 있는 사람들은 이미 100만 명을 넘어섰다. 이 수치는 계속 증가하고 있으며, 지구에 실재하는 국가들의 사회적 수준에서 우리는 사소한 혹은 사소하지 않은 영향력을 이미 느끼기 시작했다(p.2).

덧붙여 Castronova는 다음과 같이 말한다.

나의 관점으로 보건대, 실제 세계와 사이버 공간 가상 세계 사이의 경계가 사라지는 것은 심각한 문제이다. 그 경계가 사라지면, 우리는 지구상의 모든 대인관계의 인간적인 현상을 디지털 공간으로 변환함에 있어서 아무런 장벽도 존재하지 않는 상태로 나아갈 것이다(p.48).

Castronova가 게임 이용자를 연구한 결과, 57% 정도가 스스로 생계를 꾸려나가기에 충분한 돈을 벌수만 있다면 현실 세계에서의 직업을 그만두고 사이버 세계에서 일할 것이며, 플레이어의 3/4은 게임 속 사이버 세계에 주어진 모든 시간을 쓰기를 소망한다고 말했다(p.59).

경제 영역에서의 사이버 세계와 실제 세계 사이의 경계선은 파괴되고 있다. MMORPG 각각에 형성된 사이버 세계는 그들만의 자체 경제 구조를 가지고 있으며 플레이어들은 일과 비슷한 일련의 과제들을 수행하는 기회를 통해 '돈'과 같은 성질의 것을 번다. 이렇게 하여 번 돈은 다른 플레이어들이 가진 것과 교환을 할 수 있는 상태가 된다. 이런 식으로 플레이어들은 게임을 하고자 하는 욕구를 만족시킬 수 있고 게임 속에서 점차적으로 부를 축적해 나간다. 또한 플레이어들은 게임 속에서 그들이 번 자원들을 실제 세계로 가져와 교환하기도 한다. 예를 들어 다수의 EverQuest의 플레이어들은 사이버 세계에서 시간당 평균 300개의 플래티넘 피스(platinum piece)를 벌 수 있는 하찮은 일들을 한다. 플래티넘 피스는 EverQuest의 사이버 머니다. 그런 다음 그들은 eBay와 같은 온라인 마켓을 통해 플래티넘 피스를 진짜 돈을 받고 다른 EverQuest 이용자에게 판매한다. 환율은 EverQuest 플래티넘 피스 300개당 3.5달러 정도이다. 이런 식으로 한 사람은 EverQuest 속으로 출근해 시간당 3.5달러를 벌 수 있다(Castronava, 2005). 물론 3.5달러는 미국의 최저 생계비보다 훨씬 낮지만 다른 나라의 경우를 생각하면 괜찮은 수입니다. 따라서 가난한 제3세계 국가의 야망 있는 누군가는 EverQuest의 사이버 세계에 접속해 하루 종일 마우스를 클릭해 갑옷을 강화하기 위해 망치질을 해서 갑옷을 강화시킨 후에 이 갑옷을 eBay에서 다른 EverQuest 사용자에게 판매한다. 2004

년에 eBay에서 연간 3천 만 달러 정도의 가상 세계에 존재하는 상품 거래가 이루어졌다. 이 거래는 대부분 진짜 화폐로 이루어졌고 이것은 eBay가 외환 시장의 일부라는 것을 의미한다(Castronova, 2005:149). eBay는 이후 자사 사이트에서 가상 상품 판매를 금지했지만, 가상 상품 판매가 가능한 다른 사이트(예: Craigslist)는 존재하며, 많은 게임들이 가상 상품 교환을 위한 자체 사이트를 개발하기도 했다. 이것은 게임 마케터들로 하여금 EverQuest의 플래티넘 피스, Second Life의 린더 달러와 같은 그들만의 암호 화폐를 만들게 했다. 일부 기업가들은 또한 비디오 게임 세계 밖에서 암호 화폐를 만들었다. 비트코인은 이 장의 후반에 논의하겠지만, 암호화폐의 한 예이다. 2017년 말 현재 암호화폐 거래소는 뉴욕증권거래소의 일일 거래량보다 많은 500억 달러 이상의 일일 거래량을 기록하고 있다(Williams-Grut, 2017).

경쟁적인 인터랙티브 플랫폼이 당신에게 얼마나 중요한가? 연습문제 12.1을 수행하여 게임 경험의 목록을 작성해 보라. 만약 당신이 전자 게임을 하지 않는다면, 연습문제 12.1을 할 수 없겠지만 이 이슈를 간과하지 말라. 대신에 왜 전자 게임을 하지 않는지 스스로에게 물어보라. 당신의 모든 욕구가 현재 당신이 시간을 보내는 다른 방법으로 충족되고 있는가? 당신에게 가치 있다고 생각되는 기술을 개발하는 데 도움이 될 만한 게임이 있는가? 당신에게 더 감정적인 경험을 줄 수 있는 게임이 있는가?

공통점 & 차이점
전자 게임과 소셜 네트워크 사이트

공통점
- 두 가지 모두 사용자들이 동일한 물리적 위치에 있지 않은 상태에서 다른 사람과 상호작용할 수 있는 방법을 제공한다.
- 두 가지 모두 사이버 공간에 존재하며 컴퓨터, 태블릿, 스마트폰 또는 인터넷에 연결할 수 있는 다른 기기에서 접근할 수 있다.

차이점
- 전자 게임은 주로 경쟁적인 경험을 특징으로 하는 반면, 어떤 게임은 다른 사람들과 팀을 이루어 함께 과제를 수행해 나가는 기회를 제공하지만 팀워크의 목적은 다른 팀들과 경쟁하는 것이다.
- 소셜 네트워크 사이트는 주로 협력적인 경험을 특징으로 하며, 즉 사람들이 서로 간에 이익이 되도록 우정을 나누고 경험을 공유하기 위한 플랫폼이다.

협력적인 경험

협력적인 경험을 제공하는 인터랙티브 미디어 플랫폼은 매우 인기가 있다. 이 중 가장 인기 있는 것은 Facebook(2004년 출시), 트위터(2000년 출시) 등 이른바 소셜 네트워크 서비스(SNS)이다. 2008년에는 미국 인구의 24%가 소셜 미디어 사이트의 사용자였는데, 이 비율은 2017년 81% 이상으로 꾸준히 증가했다(Statista, 2018e).

SNS는 비교적 짧은 역사를 가졌지만, 특정 부류의 사람들이 자신의 특별한 요구를 충족시키고 특정한 도전을 극복하기 위해 어떻게 SNS를 이용하고 있는지를 보여주는 매력적인 연구가 있다. 비행청소년(Lim, Vadrevu, Chan, & Basnyat, 2012), 동성애자 (Vivienne, & Burgess, 2012), 그리고 기아로 고통 받는 사람들(Marwick, & Ellison) 등의 집단이 이에 속한다. 그러나 연구는 또한 다소 공개된 SNS에서 친밀한 인간관계를 유지하려고 하는 것이 위험하다는 것을 분명히 보여주었다(Baym & Boyd, 2012; Bazarova, 2012; Van Der Heide, D'Angelo, & Schumaker, 2012). 한 흥미로운 민족지학적 연구가 있는데, Ito와 그의 동료들(2009)은 미국의 어린이와 청소년들과 3년간 함께 지내며 그들이 인터랙티브 미디어를 어떻게 이용하는지에 대해 연구했다. 그들은 크게 두 가지를 발견할 수 있었다. 하나는 인터랙티브 미디어는 요즘 젊은이들에게 '친교와 흥미'라는 두 측면에서 엄청난 매력을 제공한다는 것이다. 두 번째로 연구자들은 미디어와의 상호작용이 관여 정도에 따라 달라짐을 관찰했다. 친구들과 '어울리는 것'과 소셜 네트워크를 확장하는 것은 최소의 정도로 관여하는 수준이다. 인터랙티브 미디어에 보다 깊게 관여하게 되면, 새로운 기술 또는 다른 종류의 미디어 리터러시를 개발해야 한다. 새로운 미디어 리터러시는 '온라인 발화의 신중함, 소셜 네트워크 활동에 참여하는 방식에 대한 미묘한 사회적 규범, 머시니마(machinima)[2], 매시업(mash-ups)[3], 리믹스, 비디오 블로그, 웹툰 그리고 팬서브(fansub)[4] 등과 같이 새롭게 출현한 미디어 장르' 등이 특징이다.

소셜 네트워크 접촉에는 여러 가지 유형이 있다. 어떤 이들은 친교를 경험하기를 원하고, 어떤 이들은 데이트 경험을 원하며, 일부는 현실과는 다른 세상에 살기를 원하고, 의견이나 가치관을 다른 이들과 공유하고자 하는 사람들도 있다. 많은 사람들이 이것들 중 몇 개를 원하거나 네 가지 유형을 모두 원하는 경우가 있다. 아래에서 각각에 대해 보다 자세히 알아보자.

---

2) 컴퓨터 게임 기술이나 소프트웨어를 이용하여 만든 애니메이션이나 짧은 영화로, 주로 컴퓨터 그래픽을 통해 제작함(역자 주, 네이버 용어사전 참조).
3) 두 노래를 합쳐서 만든 음악. 특히 한 노래의 음악과 다른 노래의 목소리를 합침(역자 주, 네이버 용어사전 참조).
4) 전문가에 의해 공식적으로 번역된 것이 아닌 팬에 의해 번역된 자막(역자 주)

친교

친교의 가장 보편적인 플랫폼은 SNS이다. 이 플랫폼은 개인에게 공개 프로필을 만들고, 방문자와의 연결을 생성하고, 개인적 정보를 공유할 수 있는 기회를 제공하는 웹 기반 플랫폼이다. 이러한 사이트는 사용자가 텍스트, 사진 및 비디오를 통해 사이트를 쉽게 구성할 수 있는 도구를 제공한다. SNS는 지리적 유대감보다 훨씬 강한 심리적 유대감을 형성시킨다. 사실, 지리적인 제한은 이제 세계 어느 누구와도 상호작용이 일어날 수 있을 만큼 거의 완화된 상태이다.

가장 초기의 SNS는 1997년에 출시된 Six Degrees였다. 그 후, 2003년 여름에 서비스를 시작한 MySpace는 사용자에게 친구들과의 연결 기능과 함께 사진과 관심사를 올리는 프로필 페이지를 제공하였다. MySpace는 게임, 블로깅(초창기에는 일기라고 불림), 심지어 별자리까지 제공했다. 얼리 어답터들은 사진을 올리고 적극적으로 블로그를 하면서 24시간 내내 친구들과 연락을 유지하기 위해 그것을 이용한 10대 소녀들이었다. MySpace는 그들이 프로필을 원하는대로 제작할 수 있게 해 주었는데, 이것은 초기 사용자들에게 강한 매력을 주었다. 그들은 또한 노래를 다운받을 수 있었고, 리믹스로 노래를 매시업할 수 있었다. 또한 MySpace는 사용자 자신, 유명인, 애완동물 또는 만들어진 정체성을 가진 완전히 가상의 인물 등 누구든 되고 싶은 사람이 되도록 허용함으로써 '가짜 인물'을 허용했다. 주요 활동은 '친구 맺기'였는데, 사람들이 나를 친구 목록에 추가하게 하고 나의 친구 목록에 그 사람을 올려주었다. 많은 사용자들은 가장 많은 친구 목록을 가지는 것이 경쟁이라고 느꼈다(Angwin, 2009:59-62).

2004년 4월까지, MySpace 회원만이 다른 MySpace 회원의 프로필을 볼 수 있었지만, 광고 정책이 바뀌면서 MySpace는 외부에 개방되었다. 2008년까지 MySpace스는 단연코 가장 많이 이용되는 소셜 네트워킹 사이트였다. 그러나 MySpace는 주요 경쟁사인 Facebook이 사람들에게 우수한 기술을 제공하고 그늘의 요구를 더 잘 충족시켜서 MySpace의 이용자와 광고주 대부분을 빼앗아감에 따라 하락세로 접어들었다.

2004년 출범한 Facebook은 순식간에 MySpace의 주요 경쟁자가 됐다. 이 웹사이트의 회원 자격은 처음에는 하버드대 학생들로 제한되었지만 보스턴 지역, Ivy League, 스탠포드 대학 등 다른 대학들로 확대되었다. 서비스 첫해 MySpace의 월 평균 방문자가 2,400만 명이었던 것에 반해 Facebook은 1,000만 명에 불과했지만 회원 자격을 대학생, 고등학생, 13세 이상으로 확장하면서 빠르게 성장하였다. Facebook은 회원들에게 친구들의 활동에 대한 최신 정보를 제공하는 뉴스 피드 같은 몇 가지 새로운 기능들을 제공하였다. 2011년 여름까지 Facebook은 전 세계적으로 6억 명의 이용자를 보유하였으며, 사실상 MySpace를 침몰시켰다(The New Tech Bubble, 2011). 2018년을 기준으로 Facebook은 전 세계적에서 22억 명이 훨씬 넘는 사용자를 보유하고 있는데, 이는 전년 대비 13% 증가한 수치이다. 디지털 마케팅 업체인 Zeporia에 따르면, 전체 여성의 76%, 전체 남성의 66%가 Facebook의 고정적 이용자이다(Zeporia Digital Marketing, 2018).

데이트

사람들은 친교를 넘어 데이트로 가기 위해 Facebook과 같은 일반적인 친교네트워킹 플랫폼을 자주 사용하지만, Tinder, OkCupid, Coffee Meets Bagel, Hinge, Tastebuds, Match.com과 같은 파트너를 찾기 위해 특별히 만들어진 SNS가 있다. 이 사이트들은 당신이 만나고자 하는 잠재적 데이트 상대와 당신에 대한 설문지를 작성함으로써 계정을 만들 것을 요구한다. 이들 사이트는 사람을 매치시키는 방식과 가입자에게 제공하는 서비스가 각기 다르다. 일부 사이트는 사용자에게 만남의 상대에 대한 제안을 보내지만, 다른 사이트는 GPS를 사용하여 파트너가 필요한 사람이 자신의 근처에 있는 상대에게 즉석 메시지를 보내도록 한다.

데이트 사이트는 파트너를 찾는 연령대의 사람들에게 인기가 있다. 연구에 따르면, 미국의 4천 9백만 명의 사람들이 데이트 사이트에 접속했다. 성인 싱글의 19%가 적어도 한 사이트에 등록되어 있고, 평균적인 사람들은 2.4개의 데이트 사이트에 등록되어 있다(Dating Sites Reviews, 2018).

삶

실제 현실에서의 소통보다도 가상의 친구들과 소통하는 것을 더 선호하는 사람들을 위한 가상의 친교 사이트도 존재한다. 그 중 하나가 Second Life로, "관계의 공간, 쇼핑의 공간, 일의 공간, 사랑의 공간, 탐험의 공간, 달라지는 공간, 당신 자신이 되는 공간"이라고 묘사되는 홈페이지이다(Second Life, 연도 미상). Second Life는 2003년 Linden Lab에 의해 만들어진 온라인 가상 세계이다. 13세 이상이면 누구나 가입해서 자신의 아바타를 창조할 수 있다. 이 아바타는 주민이라고 불리며 grid라고 알려진 세계를 탐험할 수 있고 다른 주민들을 사귀고 개별 혹은 단체 활동에 참여할 수 있으며 가상의 재산을 축적하고 거래하거나 다른 이에게 제공할 수 있다. 2013년까지 Second Life에 3,600만 개의 계정이 생성되었다. 2007년에 약 100만 명이 가입하면서 최고조에 달한 이후 감소하고 있지만 여전히 약 60만 명의 활성 사용자가 있다(Jamison, 2018).

의견 공유

자신의 의견을 공유할 수 있는 가장 대중적인 인터랙티브 플랫폼의 유형은 블로그인데, 이 블로그는 '웹 로그'라는 단어를 잘라서 만든 것이다. 블로그는 개인이 자신의 의견을 올리고 독자들의 반응을 불러오는 웹사이트다. 구조적으로 블로그는 텍스트 요소(일기 표기법, 취미, 인용문, 즐겨찾기 사이트 목록 등), 시각적 그래픽 요소(사진, 아이콘, 웹 링크), 상호작용적 요소(온라인 토론, 이메일 등)로 구성된다. 어떤 블로그는 작가 자신들에게 초점을 맞추기도 하고, 다른 블로그들은 이슈나 관심사에 초점을 맞추기도 한다. 블로그는 무제한의 청중, 무제한의 자유, 무제한의 크기를 제공한다. 따라서 그들은 주류 미디어 외부의 문제들을 다룰 수 있다. 블로그는 대화형이다. 즉, 반응을 이끌어내기 때문에 블로거들은 반응을 기대하며 자신의 생각을 게시한다.

첫 번째 블로그는 1994년에 온라인화되었다. 2012년까지 전 세계적으로 2억 개 이상의 블로그가 개설되었다. 지금은 블로그가 몇 개인지 정확히 알 수 없지만 2018년까지 Tumblr, Squarespace, WordPress 3대 플랫폼에 4억 4000만 개 이상의 블로그가 생겨났다(Mediakix, 2017).

대부분의 블로그는 개인의 신변잡기적인 의견을 개진하여 기껏해야 수백 명의 사람들이 방문하지만, 대중매체적인 자격을 갖춘 블로그들도 있다. 이 사이트들은 대개 특정한 부류의 대중을 많이 끌어들이기 위해 특정 주제에 대한 많은 게시물을 게재하는 데 초점을 맞추고 있다. 그러한 사이트들은 또한 광고가 많이 실린다. 예를 들어 Drudge Report(독특한 성향의 월간 방문자 160만 명)와 Huffington Post(방문자 77만 3000명)는 정치 블로그지만 연예, 비즈니스, 미디어, 라이프 스타일, 기타 주제에 대한 게시물이 있다. 그들은 주요 신문들과 경쟁하고 있는데, 독자들과의 접촉뿐만 아니라 메시지의 범위와 질 모두에서 경쟁하고 있다.

이 블로그 세계에는 사용자가 140자까지만 글을 써서 올릴 수 있는 Twitter(2006년 서비스 시작)가 포함되어 있다. 트윗은 일반적으로 사용자의 일상 생활(예: 아침식사로 무엇을 먹었는지)에 대한 일상적인 정보와 그들이 관심을 갖는 것에 대한 의견을 기록하는 충동적인 메시지들이다.

2012년까지 Twitter는 5억 5500만 명 이상의 사용자가 가입했으며, 그들은 매일 평균 5,800만 건의 트윗을 보낸다(NumberOf.net, 2015). 그 이후로 사용자 수는 줄었지만 트윗의 수는 엄청나게 늘어났다. 2018년까지 트위터는 하루 총 5억 건의 트윗을 보내는 활동적인 사용자 3억 3000만 명을 확보했다(Aslam, 2018a).

협력적인 인터랙티브 플랫폼이 당신에게 얼마나 중요한가? 연습문제 12.2을 수행하여 SNS 경험의 목록을 작성해 보라. 만약 당신이 SNS에 접속하지 않는다면, 연습문제 12.1을 할 수 없겠지만 이 이슈를 간과하지 말라. 대신에 왜 SNS를 하지 않는지 스스로에게 물어보라. 당신의 모든 욕구가 현재 당신이 시간을 보내는 다른 방법으로 충족되고 있는가? 당신에게 가치 있다고 생각되는 기술을 개발하는 데 도움이 될 만한 SNS가 있는가? 당신에게 더 감정적인 경험을 줄 수 있는 SNS가 있는가?

획득 경험

사람들은 정보나 물건과 같은 것들을 얻기 위해 인터랙티브 미디어를 사용한다. 물론, 사람들을 그것들을 거리의 상점에서도 구할 수 있지만, 인터랙티브 미디어 플랫폼이 활용하기에 훨씬 용이하다.

정보

현재 활용이 가능한 수많은 정보 및 교육 웹사이트가 있다. 이 웹사이트들 중 일부는 단순히 보유하고 있는 정보를 보여준다. Google과 같은 일부 웹 사이트는 특정 정보가 존재하는 다른 웹 사이트로 사용자를 안내하는 검색 엔진을 제공한다. 1998년 Google이 출시되었을 때, Google은 하루에 약 1만개의 검색 명령을 수행했지만, 1년 후에는 하루에 350만개의 검색 요청을 받았다. 현재 Google은 하루에 35억 개의 명령을 처리한다. 각 명령은 평균 1,500마일을 1,000대의 컴퓨터를 거쳐 0.2초 만에 사용자에게 되돌아간다(Internet Live Stats, 2018b).

몇몇 웹사이트들은 사용자와의 상호작용이 가능하다. 즉, 사용자들이 기여하는 것을 허용한다. 사람들이 이러한 사이트들과 상호작용을 할 수 있는 소프트웨어 기술을 위키(wiki)라고 부른다. 위키는 모든 사용자가 자료를 추가하고 편집은 물론 이전 사용자가 기여한 내용을 삭제할 수 있는 웹 사이트이다. 이 용어는 '빨리빨리'를 의미하는 하와이어 wikiwiki에서 왔다. 1994년에 Ward Cunningham이라는 컴퓨터 프로그래머는 가장 간단한 온라인 데이터베이스로 설계된 초기 위키 서버를 개발했다. 위키는 이용자들이 어떤 정보에도 쉽게 접근할 수 있을 뿐만 아니라 그 정보 기반에 기여할 수 있는 능력이 동등하다는 점에서 민주적인 시스템이라 할 수 있다.

지금까지 가장 잘 알려진 위키는 Wikipedia인데, 이 백과사전은 콘텐츠 작성을 위해 전문가를 고용하지 않고 누구나 콘텐츠 추가, 삭제, 편집을 할 수 있는 무료 웹 기반 백과사전이다. 2001년에 시작된 Wikipedia의 초창기 가장 큰 어려움은 일반 대중들이 대가 없이 백과사전의 내용을 자원해서 쓰도록 관심을 불러일으키는 것이었다. 그것은 이 어려움을 잘 이겨내고 있으며, 2018년까지 사용자들은 293개 언어로 4천만 개의 표제어에 대해 270억 개 이상의 단어를 생성했다(Wikipedia Statistics, 2018).

Wikipedia의 가장 큰 도전은 충분한 기여자들을 끌어들이는 것에서 벗어나 사용자가 작성한 글의 정확성을 확인하는 것으로 옮겨갔다. 또한 일정한 정치적 또는 종교적 지향성을 가진 사람들이 자신의 목적을 위해 정보를 왜곡하지 않았는지 확인하는 것 역시 지속적인 과제이다. 예를 들어, 2006년에 Wikipedia 관계자들은 국회의원들의 이행되지 않은 선거 공약이 이전에 등재된 글에서 삭제되고 있다는 것을 알아차렸다. 이러한 행위는 국회의원 보좌관들의 IP에서 자행된 것으로 밝혀졌다. 또한 법무부는 테러 활동에 연루되었다고 생각되는 특정 집단에 대한 언급을 삭제하고 있는 것으로 밝혀졌다. Wikipedia 관계자들은 또한 Scientology 교회의 지지자들이 그들에 대한 긍정적인 관점의 글을 입력하고 비판적인 관점에서 쓰인 내용을 편집하고 있다는 것을 알아차렸다. 이런 모든 경우에 그리고 더 많은 다른 상황에 대해 Wikipedia는 해당 인물이 편집 기능을 사용하지 못하도록 하여 자신들의 목적을 위해 표제어에 대한 정보를 왜곡하는 것을 막아야 했다(Linthicum, 2009).

Wikipedia를 성공적으로 만드는 것은 표제어에 대한 입력, 편집, 읽기를 통해 기꺼이 참여하고자 하는 지식인들이 많다는 것이다. 입력한 내용에 오류가 나타나면, 관련되는 정보를 가진 이들이 많기 때문에 대개 신속하게 수정이 된다. 이것은 소수의 전문가들이 생산할 수 있는 것보다 훨씬 더 광범위한 자원 공급을 보장받는다. 또한 관련된 지식을 가진 많은 사람들이 각 주제를 정교하게 만드는 데 기여한다. 즉, 구축된 내용이 많은 다른 사람들에 의해 구성된 것이기 때문에 더 자세한 정보를 제공할 수 있다(집단 지성이 얼마나 더 우수한지에 대해서는 Cass Sunstein(2006)의 『Infotopia』를 참고하라.)

음악

사람들은 1999년 Napster라는 이름의 소프트웨어가 출시된 이후, 네트워크를 통해 음악을 얻었다. 보스턴 Northeastern 대학의 학생이던 해커 Shawn Fanning은 Napster라는 파일 공유 소프트웨어 프로그램을 개발했다. 이 프로그램은 1999년 6월에 공개되었는데 1년도 안 되는 기간 동안 7,000만 명 이상의 사용자가 몰렸으며, 자신의 컴퓨터에 저장되어 있는 음악 파일을 다른 이용자들과 공유하기 위해 프로그램을 다운로드하였다. Napster는 수천 대의 개인 컴퓨터 안에 있는 음악 파일을 인터넷을 통해 다른 사용자들과 공유가 가능한 지정 폴더 방식을 사용하였기 때문에 사용자의 컴퓨터가 인터넷에 연결이 되어 있기만 하면 누구나 무료로 지정 폴더 안에 저장된 음악을 가져갈 수 있었다.

1999년 12월 미국 음반 산업 협회(RIAA)는 이 음악 공유 서비스가 저작권이 있는 음악의 해적 행위를 허용한다는 이유로 Napster를 고소하였다. 결국 RIAA에 의해 Napster는 2001년 7월 서비스를 중단하게 되었고, 이후 음반업계는 음악을 유료로 다운로드하는 마케팅을 해 왔다. Napster가 문을 닫은 이후, 인터넷 사이트에서 무료로 음악을 공유하는 것이 꽤 많이 바뀌었지만, 여전히 이 서비스를 이용할 수 있는 사이트들이 많이 있다. 이 사이트들에는 Free Music Archive, NoiseTrade, Musopen, Jamendo, SoundCloud 등이 있다.

비디오

비디오를 보거나 다운로드 할 수 있는 사이트가 많이 있다. 이들 중 일부는 상호작용적 미디어로서 사용자의 비디오 업로드를 허용한다. 가장 유명한 인터랙티브 비디오 사이트는 YouTube로, 2005년 2월 만들어졌다. 2005년 4월 최초의 비디오가 업로드 되었는데, '동물원의 나'라는 제목의 그 비디오는 사이트 설립자 중 한 명인 Jawed Karim이 샌디에이고의 동물원에 있는 모습을 담았다. 이 사이트는 2005년 11월 대중에게 공개되었고 이후 급속도로 성장했다. 2006년 7월, YouTube는 6만 5천 개 이상의 새로운 비디오가 매일 업로드 되고 있으며 하루 비디오 시청 건수가 1억 건 이상이라고 발표했다. 2007년의 YouTube 접속 범위는 2000년의 전체 인터넷 접속 범위의 수준에 이르렀다. 그리고 2018년 YouTube는 매달 16억 명 이상의 이용자가 방문을 하며, 이용자들은 매일 50억 건 이상의 동영상을 시청하며, 이용자들은 매 분마다 100시간 이상의 새로운 동영상을 업로드하고 있다고 발표했다(Aslam, 2018b).

쇼핑

사람들은 거리의 상점에서 온라인으로 제품 구매처를 옮겨가고 있다. 전자상거래는 비교적 오래되지 않았지만, 2014년 말을 기준으로 매출액이 3,040억 달러로 그해 미국 전체 소매 판매의 6.4%를 차지했다. 온라인 쇼핑은 계속 성장하고 있으며, 2018년에는 거의 5,000억 달러의 매출을 올릴 것으로 예상하였다(Reingold & Wahba, 2014).

전자상거래의 지배적인 두 플랫폼은 Amazon과 eBay이다. Amazon은 1994년 Jeff Bezos에 의해 만들어졌고 이듬해 온라인에서 책을 팔기 시작했다. 수년간 Amazon은 비디오, 소프트웨어, 전자제품, 의류, 가구, 음식, 장난감, 보석류도 판매하면서 다양화되었다. 이 회사는 Kindle이라 불리는 전자책을 위한 독자를 형성함으로써 더욱 다양해졌다. Amazon은 현재 미국에서 가장 큰 인터넷 소매업체로, 연간 매출이 1,780억 달러가 넘는다(Market Mogul Team, 2018).

1995년 9월, Pierre Omidyar는 온라인 경매 웹사이트로 eBay를 시작했는데, 이곳에서는 누구든 자신이 가지고 있는 생활용품을 팔고자 하는 경우 물건의 사진과 설명을 게시하고 다른 이용자들이 그 물건들에 대해 입찰할 수 있도록 하였다. 판매자가 입찰 조건을 받아들이면, eBay를 통해 거래를 마무리하고 구매자에게 물건을 발송한다.

2년이 채 되지 않은 시점에서 eBay는 100만 개 이상의 거래를 성사시켰다. 1998년 eBay는 주식 시장에 상장되었다. 2007년까지 단돈 몇 달러에 파는 품목에서부터 2001년에 490만 달러에 팔린 사업용 제트기인 Gulfstream 2호에 이르기까지, 전 세계적으로 1억 개의 물품을 판매하고 있으며, 등록된 이용자가 25억 명에 이르렀다. 2013년까지 eBay의 연간 매출은 160억 달러로 늘었지만 이후 2018년에는 약 95억 달러로 감소했다(MarketWatch.com, 2018).

인터랙티브 미디어에 대한 리터러시

　인터랙티브 미디어 플랫폼이 미디어 리터러시에 시사하는 바는 무엇일까? 이 질문에 대한 답은 기회와 중독 사이에 존재하는 차이에 있다. 전자 게임이나 소셜 네트워킹 사이트가 사람들의 경험을 확장시키고 그들 삶의 한계에 도전하는 기회로 이용되어 자기 자신에 대해 더 깊이 이해할 수 있게 된다면 상호작용적 미디어 플랫폼은 매우 유용한 도구라 할 수 있다. 이와 반대로 상호작용적 플랫폼이 사람들을 강하게 중독시켜 그들 스스로 사용을 멈출 수 없게 되는 경우 이런 플랫폼은 해로운 것이 된다. 따라서 사람들이 자신의 목표에 대해서 정확히 알고 게임을 그 목표를 달성하기 위한 도구로서 사용한다면 그들은 미디어에 대한 문식성을 가진 것이라 할 수 있다. 하지만 개인이 가진 목표가 플랫폼에 압도되어 게임이 주는 흥미와 즐거움 너머에 있는 해당 플랫폼의 목표를 위해 노예처럼 일하게 되는 경우 문식성은 감소된다.

　인터랙티브 미디어 플랫폼이 미디어 리터러시에 시사하는 바는 무엇인가? 시사점 중 일부는 개인적이기도 하고, 다른 일부는 더 광범위하다. 개인적 의미로는 부정적인 영향의 위험을 피하고 긍정적인 영향을 받을 수 있는 가능성을 높일 수 있도록 개인이 고려해야 할 사항이다. 좀 더 확장된 의미는 인터랙티브 플랫폼 사용의 증가가 사회와 경제를 변화시키는 것과 관련이 있다.

개인적 시사점

　인터랙티브 미디어 플랫폼에 계속 의존하고 있기 때문에 미디어 리터러시를 높이기 위해 할 수 있는 가장 중요한 것은 기회와 중독을 계속해서 명확하게 구분하는 것이다. SNS와 전자 게임을 개인의 욕구를 보다 효율적이고 효과적으로 충족시킬 수 있는 기회로 삼는다면, 욕구를 충족시키기 위해 미디어를 활용하는 것에 통제가 더 잘 이루어질 것이다. 이러한 인터랙티브 미디어 플랫폼은 실제로 당신의 경험을 확장할 수 있고 일상생활에서 경험하는 한계를 크게 넘어설 수 있는 많은 기회를 제공한다. 이러한 경험들은 당신에게 당신의 강점에 대한 훨씬 더 풍부한 이해와 당신 나름의 속도와 방법으로 당신의 약점을 다룰 수 있는 훨씬 더 많은 능력을 줄 수 있다.

　그러나 인터랙티브 플랫폼이 당신의 시간을 조절할 수 없을 정도로 당신을 강하게 조건화한다면, 중독으로 이어질 수 있다. 이러한 인터랙티브 플랫폼은 중독성이 매우 강해져서 기대에 부응하는 만족을 제공하지 않고도 당신의 자원을 많이 소비할 수 있다. 중독에 빠져들면 당신은 불행하고 우울함을 느낌에도 불구하고 인터랙티브 플랫폼은 당신의 삶이 계속해서 그것에 의지하도록 당신의 정신을 변화시킬 수 있다. 만약 당신이 이러한 플랫폼 중 하나에 중독된다면, 그것은 당신의 개인적인 목표를 지배하여 당신이 게임을 통해 어떤 흥분이나 즐거움을 느끼는 지점을 넘어서 플랫폼이 지향하는 목표를 달성시키기 위해 필사적으로 일을 하게 만든다.

이러한 플랫폼을 이용할 때는 인터랙티브 플랫폼을 이용하는 목적의 본질에 대해 고민할 필요가 있다. 친사회적인 목표는 사람들이 사회 속에서 타인들과 잘 어울리고 보다 성공적으로 지내는 데 도움이 된다. 비즈니스 원칙, 리더십, 대인 간 상호작용 등을 가르치는 전자 게임을 위해 시간을 보내는 사용자들은 친사회적인 행동의 가치를 배우고, 친사회적인 기술들을 발전시키고 있다. 하지만 많은 경쟁적인 게임들은 거의 싸우고, 훔치고, 누군가를 속이고, 심지어 사람을 죽이는 반사회적 행동을 조건화한다. 이런 게임을 하며 시간을 보낸 사용자들은 반사회적인 행동이 갈등 해소에 도움이 된다고 학습하게 된다. 플레이어들은 게임에서 성공하기 위해 이러한 반사회적 행동을 취하도록 조건화되며, 이것은 그들의 실제 삶으로 이어지게 된다.

확장된 시사점

인터랙티브 미디어 플랫폼의 인기는 경제와 사회를 변화시키고 있다. 이러한 변화를 느리게 하기 위해 개인으로서 할 수 있는 일은 거의 없지만, 그러한 변화를 예측하는 방법을 배운다면 변화를 활용할 수 있다.

사람들이 쇼핑 행태를 거리의 상점에서 웹사이트 쪽으로 옮겨감에 따라, 경제의 변화를 수반한다. 거리의 상점은 유지비와 제한된 상품으로 인해 경쟁하기 어렵다는 것을 알게 된다. 그래서 많은 상점들이 문을 닫고 있고 그곳에서 일하던 사람들은 직업을 잃게 된다. 그러나 웹사이트 판매와 관련하여 배송 회사나 콜 센터와 같은 곳에서는 일자리가 만들어진다.

또 다른 경제적 변화는 지금은 덜 가시적이지만 미래 사회에서는 중요한 의미를 가질 것 같다. 사람들이 자원을 가상 세계에서 쓸 때, 그 자원은 새롭고 쉽게 이해되지 않는 통화로 전환이 된다. 예를 들어, 사람들이 Second Life나 MMORPG와 같은 가상 세계에서 작업을 수행하고 노력의 대가로 거기에서 재화와 서비스를 받는다면, 그것은 우리로 하여금 일을 하는 것과 보수를 받는다는 것이 무엇을 의미하는지 재점검하게 만든다. 이러한 변화는 또한 현실 세계에서 가상 세계로 자원을 이동시킴으로써 현실 세계 경제의 동력을 감소시키는 효과를 가지고 있다. 따라서 사이버 세계 GDP는 증가하는 반면 실제 세계 경제의 GDP는 감소할 것이다. 이러한 현상은 이미 일어나고 있는 것으로 보인다.

이러한 변화는 또한 새로운 형태의 화폐를 만들어냈다. 사이버 노동자들에게는 일반적으로 실제 통화로 지불되지 않고 특정한 사이버 세계에만 존재하는 통화로 지불된다. 이것은 새로운 통화 교환의 필요성을 만들어낸다. 예를 들어, Bitcoin은 2008년에 발명된 암호 화폐(돈의 형태)로 이미 전 세계적으로 사용되고 있다. 인터넷 기업(Facebook, eBay, Yahoo 등)과 실제 세계 기업(AT&T, Fidelity, Western Union 등)은 모두 100개국에서 사용되는 Bitcoin을 받아들이고 있으며, 미국에서는 20만 개 이상의 기업이 이를 받아들이고 있다(Money Morning, 2013). 가상 화폐는 2013년 '가상 현금'을 활용한 결제 시스템 개발을 위해 미국 특허 신청을 한 JPMorgan Chase와 같은 은행들의 관심도 끌고 있다.

전자상거래와 새로운 통화의 성장에 기존의 현실 세계 정부들이 적응하기 위해 고군분투하고 있다. 미국 연방준비제도이사회(FRB)는 미국 달러화의 흐름을 경제를 조절하는 방법으로 규제하고 있는데, 이는 인플레이션을 낮추고 경기 침체를 막기 위한 것이다. 그러나 연방준비제도이사회(FRB)는 Bitcoin이나 다른 가상 세계 통화의 흐름을 규제할 힘이 없어 이들 통화의 사용량이 늘게 되면 동력을 잃게 된다.

자원이 사이버 세계와 현실 세계를 왔다 갔다 할 때, 세금에 대한 문제가 제기된다. 미국에서 벌어들인 소득에 대해 연방세를 징수하는 국세청은 미국인들이 가상 세계에서 버는 소득에 대해 어떻게 세금을 매길지 고민하고 있다. 만약 누군가가 가상 제품을 생산하는 사이버 세계에서 일하지만 실제 세계에서 그 가상 제품을 판매한다면, 그 소득에 세금을 부과해야 하는가? 만약 그렇다면, 어느 나라에서 세금을 부과해야 하는가? 만약 사람들이 사이버 세계에서 일하여 얻은 가상 자원을 실제 제품과 교환한다면 어떨까? 그것들은 소득으로 과세되어야 하는가? 만약 그렇다면, 우리는 어떻게 사이버 세계에서 물물교환 제품의 가치를 평가할 수 있을까?

사람들이 면대면 상호작용에서 벗어나 더 빈번한 가상공간의 상호작용으로 이동함에 따라 사회의 본질은 변화하고 있다. 친교의 본질을 생각해 보라. 당신의 가장 가까운 친구가 수천 km 떨어진 곳에 사는 사람, 즉 당신이 직접 접촉하지 않을 사람인가? 이 친구에게 당신은 설탕 한 컵, 스웨터, 차와 같은 유형의 물건을 빌릴 수 없다. 하지만 당신은 가까운 곳에 있는 이웃과 어울리는 것보다 비슷한 관심사를 바탕으로 더 깊은 관계를 형성할 기회를 찾고 있을 지도 모른다. 이러한 관계의 변화는 낭만적인 애착에 대해 훨씬 더 심오한 궁금증을 가질 가능성이 있다. 사람들은 문자 메시지와 영상통화를 통해 진정으로 가치 있는 로맨틱한 관계를 형성할 수 있을까? 육체적 접촉이 연애 관계의 필수적인 부분인가?

요약

인터랙티브 미디어 플랫폼은 사용자들에게 다양한 경쟁적인 경험과 협력적인 경험을 제공한다. 이러한 경험들 중 어떤 것도 본질적으로 부정적이거나 긍정적인 것은 없다. 어떤 경험이 부정적인 것이 될지 긍정적인 것이 될지는 이용자가 플랫폼에 어떻게 참여하는지 그리고 자신의 목표를 달성하기 위해 어떤 식으로 플랫폼을 이용하는지에 달려있다. 의미 있고 보람 있는 방식으로 흥분, 감정, 기술 연마, 다른 사람과의 관계 형성이라는 요구를 만족시키는 경험을 제공하는 도구로서 그러한 플랫폼을 전략적으로 이용하는 경우, 플랫폼은 매우 가치 있는 것이 될 수 있다. 하지만, 이 플랫폼이 개인의 삶을 지배하고 사람들에게 절망, 실패의 경험, 고립감만을 돌려주게 된다면, 그것은 매우 유해한 것이 된다. 미디어 리터러시의 관점은 다양한 플랫폼이 사용자의 특정한 요구를 충족시키는 정도에 대해 더 의식적이고 더 의미 있는 평가를 할 수 있는 방법을 제공한다.

더 읽을거리

Angwin, J. (2009). Stealing MySpace: The battle to control the most popular website in America. New York: Random House.
이 책은 2003년 여름 설립 이후부터 MySpace의 자세한 역사를 담고 있다. 또한 웹사이트를 소유한 회사(eUniverse, Intermix, News Corp.)와 창립자(Chris Dewolfe와 Tom Anderson)에 대한 뒷이야기도 약간 포함하고 있다. 이 책은 Wall Street Journal의 리포터에 의해 기사 형식으로 쓰였다. 작가는 인터넷 광고의 발전이나 개인정보 보호 등과 같은 커다란 이슈에 대해서도 약간 다루고 있다.

Bollier, D.(2008). Viral Spiral: How the commoners built a digital republic of their own. New York: The New Press.
이 책의 논제는 인터넷 공동선을 위한 엄청난 양의 자료의 공유가 이루어지는 창조적 공공재로서 창조되었다는 것이다. 1980년대의 무료 소프트웨어와 1990년대 World Wide Web의 개발로 인터넷은 만들어졌으며 지금까지 모든 사람들이 매우 다양한 방법으로 자유롭게 상호작용할 수 있는 오픈 소스 네트워크로 유지되고 있다. Boiller는 바이럴 스파이럴(viral spiral; 오류를 바로잡아 주는 사람)에 의해 오픈 네트워킹 구조가 상향식 혁신을 가능하게 만들었다고 주장했다. 인터넷이 가진 변화의 힘은 사람들이 무료로 다른 사람의 아이디어에 접근하여 새로운 아이디어를 창조하고 기존의 것을 변형하는 데에서 온다. 그러므로 변화는 계획되거나 명령받은 것이 아니며 또한 기계적인 것도 아니다. 차라리 변화는 복잡하고 우연한 것이다. 생각의 줄기는 역동적으로 퍼져나가 얽히고 설켜 다양한 방식으로 협력 체계에 포함된 모든 이들에게 영향을 미친다. 이런 식으로 인터넷은 집중 생산과 마케팅으로부터 오는 높은 비용을 피할 수 있었고, 이것을 사회적 공공재를 통한 다양성의 확산으로 대체할 수 있었다.

Castronova, E.(2005). Synthetic worlds. Chicago: University of Chicago Press.
교수이자 경제학자인 Edward Castronova는 컴퓨터 산업이 단지 그들의 게임이 플레이되는 가상 세계만을 만들어 내는 것이 아니라, 그 게임의 플레이어들에 의해 다른 가상 세계의 창조를 자극한다고 말한다. 게임을 이용하는 사람들은 단순한 플레이어가 아니다. 그들은 종종 게임 속에서 살아가기를 시도하고, 친교, 사랑, 고용, 사회적 유대감, 권력, 명성을 추구하는 것과 같은 인간적인 활동들을 그 안에서 수행한다. 그곳에서는 게임 그 이상의 것들이 진행되고 있다. 갈등, 지배, 무역, 사랑이 그것이다. 사이버 공간에서 살아가고 있다고 말할 수 있는 사람의 숫자는 이미 백만 명을 넘어섰다. 이 숫자는 여전히 늘어나고 있고 우리는 이미 이러한 행동들의 사소한 혹은 사소하지 않은 효과들을 실제 현실 사회 속에서 볼 수 있게 되었다. 저자는 특히 주로 MMORPG에 집중했는데, 게임 속 세상에 존재하는 세계의 경제 활동이 사이버 공간에서 실제 세계 속으로 확장되어 가는 것을 제시함으로써 경제적 관점에서 현상을 다루고 있다.

Ito, M., Horst, H. A., Bittanti, M., Boyd, D., Herr-Stephenson, B., Lange, P. G., et al(2009). Living and learning with new media: Summary of findings from the Digital Youth Project. Cambridge, MALMIT Press.
이 책은 젊은이들이 새로운 미디어를 어떻게 이용하고 그로 인해 무엇을 배우는지에 대해 조사한 3년간의 민족지학적 연구의 결과를 제시한다. 저자는 보다 새로운 미디어들이 리터러시와 학습 그리고 기존에 확립된 지식 체계에 대한 신세대와 구세대의 교섭의 역학 관계를 어떻게 변화시켜 왔는지에 대해 알고자 하였다(xiv쪽). 특히 이들은 새로운 미디어의 생태학, 대중 네트워크, 동료 기반 학습 그리고 새로운 미디어 문식성의 4가지 개념에 집중했다.

Lih, A.(2009). The Wikipedia revolution: How a bunch of nobodies created the world's greatest encyclopedia. New York: Hyperion.

이 책은 1995년에 Wikipedia에 대한 아이디어가 어떻게 시작되었고 2001년에 어떻게 온라인으로 가게 되었는지에 대해 말해준다. 8년 만에 Wikipedia는 200가지의 언어에 걸쳐 천만 개의 항목에 대한 정보를 무료로 축적했다. 이것이 어떻게 가능했을까? 이 책을 읽어 보라!

Nayar, P. K.(2010). An introduction to new media and cybercultures, Malden, MA: Wiley-Blackwell.
이 책은 7개의 장에 걸쳐 다양한 용어와 개념 그리고 새로운 미디어에 대한 떠오르는 이슈들과 사이버문화 창출에 대한 전반적인 해설을 제공한다.

최신 자료

Fileplanet (https://www.fileplanet.com/free-to-play/)
이 웹사이트는 가장 인기 있는 비디오 게임의 시험판을 볼 수 있게 해준다.

Wikipedia (http://en.wikipedia.org/wiki/Main_Page)
이것은 Wikipedia 웹사이트의 메인 페이지이다. 웹 기반 백과사전에 새로운 글들이 계속해서 추가된다. 만약에 아직까지 접속해 본 적이 없다면 이 놀라운 자료들을 확인해 보라. 이 사이트를 이용해 당신은 이 책에 제시된 거의 모든 개념에 대한 최신의 정보를 얻을 수도 있다.

연습 문제 12.1 당신에게 전자 게임이 어떤 가치를 갖는지 평가하기

1. 종이 한 장을 꺼내 당신이 컴퓨터나 모바일 기기(스마트폰이나 아이패드 등)를 통해 즐기는 게임의 목록을 적어보라. 각각의 게임을 일주일에 평균적으로 몇 시간 정도 하는지 생각해 보라.
2. 그 종이를 일주일 동안 지니고 다녀라. 전자 게임을 할 때마다 당신이 얼마 동안 게임을 하는지 기록해라.
3. 일주일이 지나면, 실제로 얼마 동안 게임을 했는지 기록한 시간을 합해 보라.

4. 일주일 전에 당신이 생각했던 것과 일주일 뒤에 당신이 실제로 게임을 한 시간의 합을 비교해 보라.

5. 스스로에게 다음의 질문들을 던져 보라.
   - 최초에 생각했던 시간보다 실제 게임을 즐긴 시간이 많은가, 적은가 아니면 똑같은가?
   - 결과에 놀랐는가?
   - 처음에 생각을 했을 때 당신이 주로 하는 게임의 목록을 모두 적을 수 있었는가?
   - 이런 결과가 전자 게임이 당신에게 얼마나 중요한지에 대해 무엇을 말해 주는가?
   - 모든 미디어를 사용하는 시간 중에서 전자 게임을 하는 시간의 비율은 몇 퍼센트인가?
   - 당신이 깨어 있는 시간에서 전자 게임을 하는 시간의 비율은 몇 퍼센트인가?

6. 게임을 통해 당신 얻는 것은 무엇인가?
   - 게임을 하는 동안 어떤 감정이 유발되는가? 그런 감정들은 느끼기를 바랐는가?
   - 게임을 통해 어떤 기술을 발달시켰는가? 그것이 당신에게 의미 있는 기술인가?
   - 게임을 하면서 자신감과 권력을 가진 듯한 느낌을 받는가? 만약 그렇다면 그런 느낌은 당신의 실제 생활까지 이어질 수 있는 것인가, 아니면 게임 속에서만 느낄 수 있는 감정들 인가?

7. 당신에게 전자게임을 하는 것은 얼마나 가치 있는가?
   - 6번의 질문에 대한 답들을 5번의 대답들과 비교해 볼 때, 당신이 게임에 투자하는 시간에 대한 충분한 보상이 당신에게 주어지고 있는지 생각해 보라.

연습 문제 12.2 당신에게 SNS가 어떤 가치를 갖는지 평가하기

1. 종이 한 장을 꺼내, Facebook, Twitter, Linkedin 등과 같은 당신이 친구/팔로워/계정 등을 만들어 놓은 가장 즐겨 찾는 소셜 네트워킹 사이트(SNS)를 적어보라. 각각의 사이트들을 일주일에 평균적으로 몇 시간 정도 이용하는지 추측해 보라.

2. 그 종이를 일주일 동인 지니고 다녀라. 각각의 SNS를 이용할 때마다 당신이 얼마의 시간을 썼는지 기록하라.

3. 일주일 지나면, 실제로 SNS에 얼마의 시간을 썼는지 기록한 시간을 합해 보라.

4. 일주일 전에 당신이 추측했던 것과 일주일 뒤에 당신이 실제로 이용한 시간의 합을 비교해 보라.

5. 스스로에게 다음의 질문들을 던져 보라.
    - 최초에 추측했던 시간보다 실제 SNS를 이용한 시간은 많은가, 적은가 아니면 똑같은가?
    - 결과에 놀랐는가?
    - 처음에 추측을 하던 때 당신이 주로 이용하는 SNS의 목록을 모두 적을 수 있었는가?
    - 이런 결과가 SNS가 당신에게 얼마나 중요한지에 대해 무엇을 말해 주는가?
    - 모든 미디어를 사용하는 시간 중에서 SNS를 하는 시간의 비율은 몇 퍼센트인가?
    - 당신이 깨어 있는 시간에서 SNS를 하는 시간의 비율은 몇 퍼센트인가?

6. SNS을 통해 당신이 얻는 것은 무엇인가?
    - 당신의 네트워크 크기는 어느 정도인가? 충분한가? 아니면 관리하기 힘들 정도인가?
    - 친구/팔로워/계정의 질은 어떤가?
    - SNS를 통해 어떤 기술을 발달시켰는가? 그것이 당신에게 의미 있는 기술인가?
    - SNS를 하면서 당신은 어떤 감정을 느끼는가?
    - 그 감정을 현실 세계에서도 유지시킬 수 있는가?
    - 당신의 실제 삶 속에서 SNS를 통해 발전시킨 대인관계 기술들을 사용하는가?
    - SNS에서 사귄 친구들은 SNS 상에서만 친구로 지내는가?

7. 당신에게 SNS에 투자해 온 시간은 어떤 가치를 지니는가?

    6번의 질문에 대한 답들을 5번의 대답들과 비교해 당신이 SNS에 투자하는 시간에 대한 충분한 보상이 당신에게 주어지고 있는지 생각해 보라.

Part V

효과 EFFECTS

13 미디어 효과에 대한 관점의 확장
Broadening Our Perspective On Media Effects

14 미디어 효과는 어떻게 작용하는가?
How Dose the Media Effects Process Work?

미디어 효과에 대한 관점의 확장

핵심 개념 | 우리가 미디어 효과에 대해 '타이밍, 가치, 의도성, 유형'이라는 4차원의 관점을 지닐 때, 우리는 미디어가 끊임없이 우리에게 행사하고 있는 광범위한 효과를 더 잘 평가할 수 있다.

- ▶ 효과의 타이밍
- ▶ 효과의 가치
- ▶ 효과의 의도성
- ▶ 효과의 유형
  - · 인지에 대한 효과
  - · 신념에 대한 효과
  - · 태도에 대한 효과
  - · 감정에 대한 효과
  - · 생리에 대한 효과
  - · 행동에 대한 효과
  - · 거시적 효과
- ▶ 네 가지 차원의 분석
- ▶ 미디어 리터러시 신장하기
- ▶ 요약
- ▶ 더 읽을거리
- ▶ 연습문제

    Suzanne는 7살, 10살짜리 남동생들을 돌보고 있었다. 남동생들은 텔레비전으로 스파이더맨을 보고 있었고, 그녀는 잡지를 읽고 있었다. 그녀는 새로운 샴푸 광고를 보았고 이후 쇼핑을 나갔을 때 이 브랜드의 제품을 사겠다고 다짐하며 잡지 광고 안에 있는 쿠폰을 찢어두었다.

    남동생들은 텔레비전 화면에 대고 소리를 지르고 있었다. Suzanne는 남동생들에게 조용히 하라고 소리친 후, 그녀가 다운받은 새로운 음악을 듣기 위해 iPod을 켰다. 노래가 시작되고 그녀는 노래 가사에 집중하며 읽던 잡지를 내려놓았다. 그녀는 그 음악이 마음에 들었고 "누가 이 노래를 불렀지? 이전에 들어본 적 없는 것 같은데?"하는 궁금증이 생겼다.

    그녀는 오늘밤에 있을 데이트에 대해 상상하기 시작했다. "Tim이랑 공포 영화를 보러 가면 좋겠다. 폐가 터지도록 소리 지르고 무서운 장면에서 그를 놀라게 하면 정말 재미있을 거야."

iPod의 음악이 끝나갈 무렵, 그녀는 행복감에 젖어 있었다. 하지만 그녀의 남동생들은 소리를 지르고 바닥에서 레슬링을 해대며 그녀의 기분을 다시 엉망으로 만들었다. Suzanne는 TV가 있는 방으로 달려가 싸움을 말리며 소리쳤다. "당장 그만 두지 않으면 Spiderman 비디오를 더 이상 보여주지 않을 거야! 각자 당장 의자로 돌아가서 앉아!"

다시 평화가 찾아왔고 Suzanne는 신문 속에서 젊은 불량배들이 차를 타고 달리는 영화 속 총격 장면을 보고 모방범죄를 저질렀다는 기사를 발견하고는 생각했다. "미디어가 어린 아이들에게 매우 나쁜 영향을 끼치네. 내 남동생들도 계속 저런 프로그램을 보다가는 결국 감옥에 가게 될 거야. 신이시여, 미디어가 저에게만은 이런 영향을 끼치지 않게 해 주셔서 감사합니다."

많은 사람들이 미디어의 영향(effect)[1]에 대해 좁은 관점을 가지고 있다. 우리는 세간의 주목은 받는 사건을 미디어의 영향에 대한 증거로 삼고 그 하나의 사건만으로 미디어의 효과가 무엇인지 결론을 내리고는 한다. 물론 세간의 주목을 받는 이런 사건들이 미디어의 영향을 나타내기는 하겠지만, 그런 종류의 사건들은 매우 드물게 일어나기 때문에 사람들로 하여금 미디어의 영향이 매우 드물게 나타나는 것이고 그런 영향력이 미친다 해도 그것이 자신이 아닌 다른 사람들에게 일어나는 일일 것이라 생각하게 만든다. 이것은 잘못된 생각이다. 미디어는 우리의 일상을 둘러싸고 매일 우리에게 영향을 미친다. 그리고 이런 영향은 다른 사람들에게만 미치는 것이 아니다. 미디어는 Suzanne과 우리를 포함한 모든 사람에게 영향을 미친다. 예를 들어, 위의 이야기에서 Suzanne은 새로운 샴푸를 사도록 설득을 당했고, 안정을 취하기 위해 다운로드한 음악을 들으면서 기분을 풀었고, 그런 다음 그날 늦게 보게 될 영화에 대한 싱싱으로부터 판지를 경험했고, 신문을 통해 범죄에 대한 기사를 읽고, 그 기사 하나만을 보고 그녀의 남동생들이 결국 범죄자가 될 것이라는 합리적이지 못한 두려움으로 일반화시켰다.

만약 우리가 좁은 관점에서 미디어의 효과를 바라본다면, 우리 주변에서 끊임없이 나타나는 미디어의 효과 중 많은 부분을 인지할 수 없을 것이다. 그러한 많은 효과 중 일부를 샘플링하는 것은 부록 A(https://study.sagepub.com/potter9e)에 제시되어 있다. 당신이 다양한 미디어 효과에 대해 많이 알수록 당신뿐만 아니라 당신 주변 사람들의 삶에서 끊임없이 일어나는 효과의 증거를 볼 수 있

---

[1] effect를 문맥에 따라 효과 또는 영향, 영향력으로 번역하였다(역자 주).

을 것이다. 그리고 이러한 인식은 당신이 어떤 영향을 계속 경험하고 싶고 어떤 영향을 피하고 싶은지 결정하는 데 도움을 줄 것이며, 당신이 목표를 달성하기 위해 미디어를 어떻게 이용하기를 원하는지에 대한 더 나은 방향 감각을 지니도록 당신의 정신적 위치(locus)를 강화시킬 것이다. 그 이후, 개선된 방향 감각을 사용할수록 미디어 효과에 대한 통제력을 높이고 부정적인 효과를 경험할 위험을 줄이면서 긍정적인 효과를 훨씬 많이 접할 수 있는 위치에 자신을 놓게 된다.

이 장의 목적은 미디어 효과가 무엇인지에 대한 관점을 확장함으로써 여러분이 미디어 효과의 매우 다양한 부분을 더 잘 인식할 수 있도록 돕는 것이다. 미디어 효과에 대한 이해의 확장을 안내하기 위해 4차원 분석을 시도하고자 한다. 그 4차원은 '타이밍(timing), 가치(valence), 의도성(intentionality), 유형(type)'이다. 이 장에서는 미디어 효과에 대한 이해를 돕기 위해 이 네 가지 차원을 사용하는 방법을 보여 줄 것이다.

효과의 타이밍

미디어의 효과는 즉각적으로 나타나기도 하고 오랜 시간에 걸쳐 나타나기도 한다. 미디어 효과의 타이밍에 대한 이런 구별은 그 영향력이 얼마나 오래 지속되는가 보다는 언제 영향력이 나타나는가에 초점을 맞춘 것이다.

즉각적인 효과는 미디어 메시지에 노출되고 있는 동안 나타나는 것으로 그 영향의 증거가 노출되는 동안 혹은 바로 직후에 관찰된다. 이런 영향은 아주 짧은 시간(영화를 보는 동안만 공포를 느끼는 것과 같이) 동안만 지속될 수도 있고 평생(대통령 선거의 결과를 알게 되는 것과 같이) 지속될 수도 있지만 이런 영향이 당신이 미디어에 노출되는 동안 당신 안의 무언가를 변화시킨 것이라는 점에서 즉각적인 효과에 해당한다. 예를 들어, 당신이 친구들의 Facebook에 방문하는 경우, 당신은 즉각적으로 그들이 어떻게 지내고 있는지를 알 수 있다. 또 당신이 스포츠 웹사이트를 방문했을 때 당신이 응원하는 팀이 중요한 게임에서 이겼다는 사실을 알고 바로 행복감을 느낀다. 그리고 액션/어드벤처 영화를 보고 나서 당신은 의자에서 뛰어내리거나 주변에 있는 친구를 상대로 과격한 행동을 할 수도 있다. 이 모든 것들은 당신이 미디어에 노출되는 동안에 일어나는 것이기 때문에 즉각적인 영향에 속한다.

장기적인 효과는 많은 노출 후에 나타난다. 한 번의 노출이나 하나의 메시지만으로는 이런 효과는 나타나지 않는다. 장기적인 효과의 조건들을 설정하는 것은 반복적으로 노출되는 패턴이다. 예를 들어, 온갖 종류의 광고에 몇 년간 노출이 되면, 우리는 좀 더 물질적으로 변한다. 즉, 문제를 해결하거나 행복한 삶을 사는 방법이 광고된 제품의 소비를 늘리면 된다고 믿는 경향을 지닌다(Opree,

Buijzen, van Reijmersdal, & Valkenburg, 2014). 단 한 번의 노출이나 사건이 이런 믿음의 원인이 되지는 않는다. 이런 믿음은 몇 년 동안의 노출을 통해 점차적으로 형성된다.

즉각적인 효과는 장기적인 효과에 비해 인식하기 훨씬 쉽다. 여기에는 두 가지 이유가 있다. 첫째, 즉각적인 효과는 메시지에 노출되는 동안에 나타나고 그것을 초래한 미디어 메시지와 쉽게 연결할 수 있어서 미디어의 영향을 받았다는 결론을 보다 쉽게 내릴 수 있기 때문이다. 장기적인 효과에 대해서는 많은 노출 후에 그리고 많은 일들이 삶에서 일어난 후에 나타나기 때문에 그 영향을 특정 미디어의 노출과 연결시키기 더 힘들다.

즉각적인 효과를 알아채기 쉬운 두 번째 이유는 그것이 보통은 갑작스러운 변화를 수반하기 때문이다. 예를 들어, 당신이 친구의 Facebook을 방문했을 때, 당신을 비방하는 게시물을 본 상황을 가정해 보면, 당신은 즉각적으로 친구에게 분노를 느낀다. 또는 당신 친구가 보낸 YouTube 클립을 보고 웃는 경우도 마찬가지다. 이런 갑작스러운 감정의 변화는 알아채기 쉽다.

효과의 가치

미디어의 효과는 긍정적일 수도, 중립적일 수도, 부정적일 수도 있다. 이 용어들은 가치가 다양하다는 것을 주목하라. 무엇이 긍정적인 것이고 무엇이 부정적인 것인지 결정하는 사람은 누구인가? 개인적 관점과 일반 사회적 관점에서 이에 대한 답에 접근할 수 있다.

개인적인 관점에서 긍정적인 효과의 한 가지는 개인적인 목표를 성취하거나 개인의 요구를 만족시킨다는 것이다. 이 경우, 당신은 당신의 목표를 인지하고 있으며 그 목표를 달성하기 위해 전략적으로 미디어를 이용한다. 예를 들어, 당신의 목표가 호기심을 충족시켜 줄 정보를 얻는 것이라면, 책이나 뉴스 혹은 인터넷에서 정보를 찾는 것은 긍정적인 효과이다. 이는 더욱 많은 정보를 얻고 더 높은 수준의 지적 성취를 달성하기 위한 목표로 나아갈 수 있다. 하지만 미디어는 끊임없이 당신과 당신의 자원을 사용하여 그들 자신의 목표를 달성하려고 한다. 그들의 목표가 당신의 목표와 충돌할 때, 이것은 당신에게 부정적인 영향을 초래할 수 있다. 예를 들어, 광고주들은 당신이 그들의 제품을 사는 데 점점 더 많은 돈을 쓰기를 원한다. 만약 당신이 실제로 당신이 가지고 있는 문제들을 극복하는 데 도움이 되는 제품을 산다면, 이것은 당신과 광고주 모두에게 긍정적인 효과이다. 그러나 만약 당신이 실제로 가지고 있지 않은 문제들로 고통 받고 있다고 광고주들이 설득하여 당신이 그들의 제품을 반복적으로 산다면, 이것은 광고주에게 긍정적인 효과가 되는 동시에 당신에게는 부정적인 효과이다.

우리는 또한 사회의 가치를 적용함으로써 넓은 사회적 관점에서 효과의 가치를 살펴볼 수 있다.

사회의 가치는 평화, 협력, 위협으로부터의 해방, 서로에 대한 존중 등과 같은 것이다. 이러한 친사회적 가치를 강화하는 미디어 메시지는 긍정적인 효과로 간주될 수 있다. 그러나 미디어 메시지가 사람들에게 범죄를 저지르는 방법을 가르치고 그 범죄 행동을 촉발시킬 때 미디어는 사회적 관점에서 부정적인 영향력을 행사하는 것으로 간주될 수 있다.

효과의 의도성

때로 우리는 일어날 효과를 기대하고 그 효과를 얻을 목적으로 특정한 미디어 메시지를 계속해서 찾기도 한다. 예를 들어, 우리는 지루함을 느끼면 흥미로운 것을 찾는다. 이런 의식적인 욕구를 채우기 위해 액션/공포 영화를 보러 간다. 영화를 보는 동안 우리의 혈압과 심장 박동이 증가하고 두려움에 떤다. 그럼으로 인해 우리의 필요는 충족되었다. 또한 우리가 미디어에서 사실적인 지식을 추구할 때, 우리는 의식적으로 특정한 효과를 얻기 위해 노력하고 있다. 예를 들어, 어떤 팀이 어제 경기에서 이겼는지 알아보기 위해 스포츠 웹사이트를 방문하거나, 새로운 메뉴에 대한 아이디어를 얻기 위해 요리 쇼를 보거나, 스마트폰으로 어떤 그룹이 당신이 사는 곳 주변에서 콘서트를 여는지 알려주는 앱에 접속한다. 의도한 효과를 발생시키기 위해 정보는 극히 중요할 필요가 없으며, 몇 분 이상 기억될 필요도 없다. 매일 당신이 주어진 기회를 이용하는 것을 배우기 위해 의도적으로 미디어를 사용하는 예는 수십 건이다.

여러 차례 우리는 하나의 이유로 미디어에 노출되지만, 우리가 추구하지 않았던 다른 효과도 발생한다. 예를 들어, 당신은 친구와 관계를 맺기 위해 소셜 네트워킹 사이트에 접속하여 그들의 삶에 일어난 새로운 것을 알아낸다. 우리는 그들의 재미있는 사진을 보고 웃고 싶고, 그들의 성공을 축하하고 싶어 한다. 이렇게 노출되는 동안 보통 의도한 효과가 일어나게 될 것이다. 즉, 우리는 웃게 될 것이고 친구들에 대한 정보를 얻게 될 것이다. 그러나 우리가 찾아내지 못한 다른 효과들도 발생할 것이며, 아마도 누군가가 그것을 지적하기 전까지는 알지 못할 것이다. 예를 들어, 우리의 행동은 반복적인 노출에 대해 조건화되어 우리가 SNS 플랫폼에서 매일 점점 더 많은 시간을 보내게 되고, 이것은 인터넷 중독과 같은 의도하지 않은 효과를 초래할 수 있다.

의도하지 않은 효과는 장기적이고 즉각적일 수 있다. 예를 들어, 수년 동안 신나는 영화를 보고 나면 당신은 현실 세계가 훨씬 더 흥미진진해야 한다는 믿음을 갖게 된다. 또한, 여러분의 감정적이고 생리적인 감각은 둔감해졌을지도 모른다. 즉, 여러분을 행복하게 만들기 위해서는 더 많은 흥분이 필요하다. 당신은 이런 일을 의도하지 않았지만 어쨌든 그런 일이 일어났다.

심지어 당신이 의도한 영향을 경험하는 동안에도 동시에 의도하지 않은 효과를 경험할 수 있다.

예를 들어, 당신이 단지 재미를 위해 폭력적인 영화를 보는 경우, 그 영화는 당신이 원했던 재미를 준다. 하지만 그 영화는 재미와 함께 당신에게 다른 영향을 준다. 아마도 당신은 감정이 무디어지는 영향을 경험할 것이다. 또한 세상은 못되고 위험한 곳이라는 믿음이 일반화되어 장기적으로 인지에 영향을 미친다.

의도적인 효과를 경험하고 있을 때에도 동시에 의도하지 않은 영향을 받을 수 있다. 예를 들어, 당신은 재미만을 위해 폭력적인 영화를 보는 경우, 그 영화는 당신이 원했던 재미를 선사한다. 하지만 이 영화는 또한 당신에게 세상이 비열하고 위험한 곳이라는 믿음을 받아들이도록 유도하는 것과 같은 다른 효과를 전달할 수도 있는데, 이것은 당신으로 하여금 여행이나 새로운 사람들을 만나는 것을 비이성적으로 두려워하게 만들 수도 있다.

방어 기제가 작동하지 않아 당신이 자동화 상태에 있을 때, 의도하지 않은 영향이 자주 발생한다. 당신은 무엇을 학습하고 있는지를 인지하지 못하기 때문에 적극적으로 정보를 처리하거나 평가하지 않는다. 그러나 능동적인 시청자가 되려 할 때도 의도하지 않은 효과가 발생할 수 있다. 예를 들어, 뉴스 프로그램을 보거나 시사 블로그를 읽는다고 생각해 보자. 당신은 전문가들이 특정한 목표에 도달하기 위한 방법으로 이야기를 돌리고 있다는 것을 이해한다. 그들은 당신에게 상황의 복잡성에 대해 알려주기 위해 그곳에 있는 것이 아니다. 그들은 언급하는 문제에 대한 타협이나 더 높은 깨달음의 경지에 도달하기를 원하지 않는다. 그들은 이 문제를 단순화하고 시청자들의 동의를 얻어내기 위해 양극화된 입장을 제시한다. 만약 당신이 이 정보를 능동적으로 처리한다면, 당신은 그들이 제시한 정보의 신뢰성을 평가한 다음 그들의 주장을 무시함으로써 그들의 영향력으로부터 자신을 보호할 수 있다. 이것은 단순히 양극화된 입장 중 하나를 받아들이는 것보다 훨씬 낫다. 메시지를 능동적으로 분석하고 평가함으로써 의견 형성에 대한 통제력을 얻게 되고, 그러면 훨씬 더 정보에 입각한 의견을 구축할 수 있게 된다.

효과의 유형

미디어에 대한 우려는 대부분 개인의 행동에 집중한다. 예를 들어, 폭력물을 보는 것이 사람들을 공격적으로 행동하게 하고, 성적인 행위 묘사는 사람들을 문란하게 만들며, 범죄 행위를 보는 것이 사람들로 하여금 그들이 미디어에서 목격한 범죄를 실제로 저지르게 만든다는 믿음이 존재한다. 하지만 우리는 미디어가 행동에 미치는 영향에서 나아가 인지, 신념, 태도, 감정 그리고 육체에 미치는 영향까지 확대하여 생각해 보아야 한다. 또, 미디어가 개인에게 미치는 영향에서 더 나아가 사회나 단체와 같이 좀 더 거시적인 차원의 영향에 대해서도 고려해야 한다. 그럼, 각각에 대해서 자세히 살펴보자.

인지에 대한 효과

　미디어가 우리에게 미치는 영향 중 아마도 가장 간과되고 있는 것이 인지에 미치는 영향일 것이다. 미디어는 우리의 마음속에 어떤 생각과 정보를 심어 우리가 알고 있는 것에 영향을 미칠 수 있다. 이런 현상은 미디어에 노출되는 동안 계속 나타나며 아마도 가장 강력한 영향을 미치는 요소일 것이다. 우리는 미디어에 노출되는 내내 끊임없이 정보를 얻는다. 하지만 사람들이 미디어가 우리에게 어떤 영향을 미치는가에 대해 생각할 때 미디어가 이런 식으로 영향을 미치고 있다고는 거의 생각하지 못한다. 당신이 책과 잡지 그리고 신문을 읽으며 얻은 모든 정보들을 한번 떠올려 보라.

　이런 인지적 학습은 사실적인 정보에만 국한되지 않는다. 우리는 매우 많은 양의 사회적 정보를 미디어를 통해 얻는다. 어린 아이가 그러하듯 우리는 부모님, 나이가 많은 형제, 친구 등의 롤 모델을 관찰하며 우리가 살고 있는 세계에 대해 많은 것을 배운다. 어린 아이들은 사회적인 모델을 관찰함으로써 학교에 들어가기 전까지 얻을 수 있는 대부분의 정보를 얻는다. 대중매체도 아이들이 보고 배울 수 있는 엄청난 양의 모델들과 행동을 보여준다. 아이들은 미디어와 함께 엄청난 시간을 보내며 생생하게 전달된 모델들(특히 텔레비전이나 영화)은 아이들의 사회화 과정에 강한 영향을 미친다.

　심지어 어른인 우리도 사회적 모델에 깊은 관심을 갖는다. 우리는 실제 현실 속에서 사회적인 모델을 찾지 못했을 때, 미디어를 통해 모델을 찾는다. 일부 사람들은 특정 직업 분야나 스포츠 분야에서 힘이 있거나 재치가 넘치거나 매력적인 외모를 가지고 있거나 매우 성공한 사회적 모델로부터 많은 것을 배우고자 원한다. 우리는 프로 운동선수나 유명 배우, 힘 있는 정치인 혹은 부유한 롤 모델들로부터 대리 만족하는 관계를 형성한다. 미디어를 통해 롤 모델들을 관찰하면서 우리는 성공과 행복이 어디로부터 오는가에 대한 많은 사회적 정보를 수집한다. 당신이 텔레비전 쇼나 영화에 나왔던 인물들에 대해 기억하는 것을 떠올려 보라. 그들의 이름과 얼굴, 행동, 재미있는 말 그리고 그들이 묘사한 감정에 대해서도 생각해 보라.

신념에 대한 효과

　신념이란 어떤 것이 실제인지 혹은 진실인지에 대한 믿음을 의미한다. 예를 들어, 대부분의 인간은 삶의 의미, 타인을 대하는 방법, 죽음의 순간에 벌어지는 일, 절대 신의 존재 여부에 대한 각자의 신념을 가지고 있다.

　미디어는 뉴스에 나오는 인물이나 가상의 이야기에 등장하는 인물들의 가치관을 우리에게 보여주면서 끊임없이 우리의 신념에 영향을 미친다. 그러한 신념들의 일부는 등장인물들에 의해서 표현되기 때문에 우리는 그것이 무엇인지 쉽게 알 수 있다. 이 경우 우리는 그것을 받아들일지 거부할지를 쉽게 판단할 수 있다. 하지만 많은 가치관들은 다양한 상황 속에서 실제 사람들이나 등장인물들이 어떻게 행동하는지 지켜보면서 오랜 시간에 걸쳐 형성되어 왔다. 예를 들어, 우리는 친구와의 관계에서 문제를 가진 사람들을 다룬 많은 영상을 보면서 그런 문제들을 어떻게 다룰 것인지에 대해 배운다. 그리고 시간이 흐름에 따라 우리는 우정이 무엇이고 또 우리가 원하는 방향으로 어떻게 우정을 발전시킬 수 있는지에 대한 신념을 갖게 된다. 이렇게 점차적으로 시간의 흐름에 따라 미디어 메시지는 매력이나 성공 혹은 인간관계 등에서 무엇이 중요한 것인가에 대한 우리의 신념을 형성할 수 있다.

태도에 대한 효과

태도는 어떤 대상에 대한 평가적 판단이다. 우리는 사람, 노래, 정치인 등과 같은 어떤 대상을 각자의 기준에 따라 비교한다. 만약 무언가가 우리의 기준을 만족했다면 우리는 이것이 괜찮다고 생각할 것이고, 만약 기준을 넘어선다면 좋은 것, 아주 좋은 것, 훌륭한 것, 뛰어난 것, 혹은 엄청 대단한 것이라고 판단할 것이며, 만약 무언가가 우리의 기준에 미치지 못한다면, 나쁜 것, 매우 나쁜 것, 끔찍한 것, 멋지지 않은 것으로 판단할 것이다. 미디어는 이런 모든 것들에 대한 우리의 판단에 영향을 미친다. 이것이 태도에 미치는 영향이다. 우리는 정치적 권위자, 종교 지도자 혹은 매력적인 인물이 평가적 판단을 드러내는 것을 듣고, 이것을 우리 자신의 태도로 쉽게 받아들일 수 있다. 또는 우리는 미디어의 영향에 의해 만들어진 어떤 기준을 이용하여 우리 자신의 마음을 정할 수도 있다. 예를 들어, 우리는 친구의 모바일 기기에서 흘러나오는 새로운 노래를 듣자마자 그것이 여태껏 들은 모든 노래 중에 최고라고 판단할 수 있다. 즉 그 노래에 대해 긍정적인 태도를 만들어 낸다. 또 우리는 신출직 공직자에 대한 성과에 대한 글을 읽고 나서 그 사람이 좋은 지도자라고 판단을 내릴 수 있다. 당신은 아마도 이런 예들이 미디어의 영향에 대한 적합한 설명이 아니라고 생각할지도 모른다. 하지만 미디어가 우리가 가진 기준에 영향을 미칠 수 있고, 우리가 지닌 기준으로 대상에 대해 판단을 내릴 때 결국은 미디어에 의해 영향을 받은 기준을 활용할 수 있다는 것을 기억해야 한다. 그러니 '인기 있는 음악' 혹은 '좋은 지도자'에 대한 당신의 기준이 무엇인지 생각해보고, 어떤 미디어가 당신에게 그런 기준을 형성하는 데 얼마만큼의 영향을 미쳤는지에 대해 스스로에게 질문을 던져 보라.

어떤 평가적 판단을 내릴 때 종종 신념이 기준으로 이용된다는 점에서 태도는 신념에 의존하는 것이라 할 수 있다. 예를 들어, 몇 년 동안 할리우드 영화와 패션 잡지, 인터넷 사이트 속에서 매력이 넘치는 남성과 여성들을 보고 나면, 멋진 복근과 탐스러운 머릿결을 가진 키가 크고 날씬한 사람이 매력적이라는 기준에 부합한다고 믿게 된다. 우리는 모든 사람이 이런 기준을 만족시킨다는 것은 불가능하다는 것을 알고 있지만 거울 속 자신의 모습을 볼 때뿐만 아니라 우리가 만나는 사람들의 매력을 판단할 때 이 기준을 이용한다. 이런 비현실적인 기준에 도달하는 사람이 거의 없기도 하거니와 우리 주변의 사람들은 누구도 미디어에 의해 형성된 비현실적인 매력의 기준에 부합하는 사람이 없기 때문에 우리는 주변의 사람들이 모두 매력적이지 않다는 태도를 취하게 된다. 미디어는 친구, 경험, 자기 자신에 대한 의견과 같이 구체적인 수준보다는 사회에 대한 의견 등과 같이 보다 일반적인 수준에서 사람들의 태도에 강력한 영향을 미치는 것으로 나타났다(Chock, 2011).

공통점 & 차이점
태도에 대한 효과와 신념에 대한 효과

공통점

- 둘 다 미디어 노출의 결과로 개인에게 발생할 수 있다.
- 둘 다 미디어 메시지에 단기 노출(미디어 노출 중 또는 직후) 혹은 장기간 지속적인 노출로 인해 발생할 수 있다.

차이점

- 태도 효과는 개인이 미디어 메시지의 일부 요소를 자신의 기준과 비교하여 해당 요소가 기준에 부합하는지, 기준에 미달하는지 또는 기준을 넘어서는지를 결정하는 평가적 판단이다.
- 신념 효과는 어떤 것이 진짜인지 혹은 사실인지를 받아들이는 것이다.

감정에 대한 효과

미디어는 우리가 대상에 대해 무언가를 느끼게 함으로써 감정에 영향을 미친다. 미디어는 공포나 분노 혹은 욕망과 같은 강렬한 감정을 촉발시킨다. 미디어는 또한 슬픔이나 짜증 그리고 지루함과 같은 미세한 감정들을 불러일으킬 수 있다. 감정적인 반응은 생리적인 변화와 관련이 있다. 사실 일부 심리학 이론가들은 감정이라는 것은 생리적인 반응 그 이상의 무엇도 아니라고 단정하였다(Zillmann, 1991). 만약 YouTube 비디오 영상 속 인물이 높은 수준의 자극을 불러일으켰을 때, 우리는 그 감정을 사랑이라고 생각할 수도 혹은 증오라고 생각할 수도 있다. 그것은 우리가 그 등장인물에 대해 긍정적이냐 혹은 부정적이냐에 달려있을 뿐이다.

우리 모두는 미디어 메시지에 노출되는 동안 어떤 감정 변화를 경험해 왔다. 공포 영화는 극도의 공포를 유발하고, 블로거는 우리를 분개하게 하며, 잡지 속 사진은 우리에게 욕망을 느끼게 하고, 차분한 음악은 평온한 감정을 느끼게 해 준다.

미디어는 장기적으로도 감정에 영향을 미친다. 장기적인 감정적 영향의 하나는 무감각화이다. 희생자의 고통에 대해서는 거의 다루지 않는 반면 폭력의 가해자에 집중해 그들이 얼마나 매력적인가를 보여주는 미디어의 폭력성을 수년간 시청하면서, 우리는 점차 미디어에 나타나는 희생자에 대해 강렬한 연민을 느끼지 못하게 되며 실제 현실 속에서도 그런 능력을 잃어버리게 된다. 우리는 아마도 노숙자들을 볼 때 그들 스스로 내린 잘못된 판단의 희생자라 여기며 동정할 가치가 없다고 생각할 것이다.

생리에 대한 효과

미디어는 우리 신체의 자동 시스템에도 영향을 미치는데, 이것을 생리적 영향이라 한다. 이것은 밝은 불빛을 볼 때 동공이 수축되는 것과 같이 대개 우리의 의식적 통제를 벗어나는 것들이다. 우리 스스로 동공을 어느 정도 넓힐지 통제할 수는 없다. 하지만 밝은 불빛을 멀리서 바라봄으로써 홍채의 수축을 막을 수 있다.

미디어는 많은 생리 작용을 유발시킨다. 서스펜스 미스터리는 혈압과 심장 박동 수를 높이고 공포 영화는 호흡을 가쁘게 만들고 손바닥에 땀이 나게 한다. 애국심이 강하게 녹아 있는 음악을 들을 때는 피부에 닭살이 돋기도 한다. 야한 사진을 보는 경우, 성적 흥분을 불러일으키며 심박 수가 높아진다(Malanuth & Check, 1980). 코미디물은 웃음을 멈출 수 없어 고통스러운 상황을 만들기도 한다. 음악을 듣는 것은 심박 수를 줄이고 호흡의 속도를 규칙적이고 느린 속도로 낮추어 우리를 진정시키고 긴장을 풀어줄 수 있다.

시간이 흐름에 따라, 특정 미디어 메시지에 대한 우리의 육체적 반응은 변화될 수 있다. 예를 들어, 처음 공포 영화를 보았을 때 우리의 심박 수는 거의 최대치에 이를 수 있지만, 계속해서 공포 영화를 보다 보면, 심박 수를 높이기 위해서는 더 잔인한 장면이 필요하다. 더 많은 공포 영화에 노출되면서 우리의 생리적 반응은 무뎌진다.

행동에 대한 효과

미디어는 어떤 행동을 촉발시킬 수 있다. 이것이 미디어가 행동에 미치는 영향이다. 예를 들어, 어떤 상품에 대한 광고를 본 후, 우리는 웹사이트를 방문하여 그 상품을 주문하기도 한다. 또한 인터넷 뉴스 사이트에서 충격적인 사건에 대해 읽은 후 그 사실을 말해주기 위해 친구에게 전화를 걸 수도 있다.

장기적으로 행동에 영향을 미치는 경우도 있다. 예를 들어, 처음 인터넷 서핑을 하기 위해 컴퓨터에 접속했을 때를 떠올려 보라. 처음에 당신은 많은 사이트들을 각각 잠깐 동안 방문하는 데 그쳤을 것이다. 하지만 시간이 지나면서 몇 개의 즐겨 찾는 사이트를 방문하는 패턴을 형성하여 그 사이트에서 점점 더 많은 시간을 보내게 된다. 아마도 당신은 어떤 특정 게임을 하거나 SNS에서 친교를 하는 것에 깨어있는 거의 모든 시간을 할애하고 있을지도 모른다. 당신의 인터넷 사용 습관은 운동이나 친구들과 만나서 어울리는 것 혹은 수업을 듣는 것과 같은 다른 행동을 대체될 수도 있다. 또한 인터넷 사용에 대한 습관적 행동은 중독으로 진행될 수 있다. 온라인보다 오프라인에서 만남을 통한 정서적 지원이 훨씬 만족스럽다는 연구 결과가 반복적으로 나왔음에도 불구하고 많은 사람들이 정서적 지원을 받기 위해 SNS 상의 친구들과 계속 교류하고 있다(Trepte, Dienlin, & Reinecke, 2015).

거시적 효과

위에서 제시된 6가지 유형의 영향들은 모두 개인에게 미치는 영향이다. 미디어는 조직이나 기관, 사회와 같은 큰 규모의 집단에도 영향을 미칠 수 있다. 이 영향은 거시적 효과를 낳는다. 정치인 집단과 같은 몇몇 조직들은 텔레비전이나 인터넷과 같은 미디어의 직접적인 영향을 받아 근본적으로 변화해 왔다. 가족이나 사회, 종교 등과 같은 다른 집단들도 다양한 사회적 압력에 의해 변화해 왔고, 미디어는 이런 압력을 강화하는 데 기여했다.

예를 들어, 가족 제도를 살펴보자. 몇 세대를 거쳐 미국의 가족 구성은 많은 변화를 겪었다. 두 부모가 모두 있는 전통적인 가족의 수는 줄어들었으며, 아이가 없는 부부, 한부모 가정 혹은 독신자들이 증가했다. 1970년대 초반에서 2009년까지 약 40년 동안 결혼한 부부와 자녀로 구성된 미국 가정의 비율은 45%에서 21%로 감소했다. 결혼율 역시 1972년 성인 전체의 75%에서 48%로 감소했다(U. S. Bureau of the Census, 2013).

전통적인 형태의 가족 감소를 불러온 원인 중 하나로 지목된 것은 미국에서의 높은 이혼율인데, 이는 텔레비전이 우리 문화로 침투한 이후 지속적으로 증가하고 있다. 1960년에 초혼 부부의 16% 정도가 이혼을 했으나, 50년 후에는 그 비율이 50%에 육박한 것으로 나타났다(U. S. Bureau of the Census, 2013). 비평가들은 이혼율의 증가와 텔레비전의 가정 붕괴 묘사가 단지 우연은 아니라고 주장한다. 그들은 텔레비전의 묘사가 사람들에게 이혼과 혼외 자식을 갖는 것이 받아들여질 만한 일이라고 인식하게끔 사회화시켰다고 주장하며 텔레비전이 너무 빈번히 이혼, 한부모 가정, 대안적인 삶의 방식에 대해 묘사했다고 지적했다. 많은 종류의 쇼와 오랜 세월에 걸친 이러한 묘사는 시청자들에 의해 정상 지표로 내면화되는 경향성을 지녔다. 시간이 지남에 따라 사람들은 그들의 결혼 생활에 만족하지 못하게 되었고 다른 상대와의 모험을 추구하게 되었다. 또한 인기를 끈 많은 텔레비전 시리즈들이 결혼 생활을 부정적인 방식으로 다루었고 젊은 사람들로 하여금 결혼이라는 것이 별로 매력적이지 않은 삶의 방식이라고 생각하게 만들었다.

  미디어는 가족들을 한 자리에 모이게 하여 공동의 경험의 나눌 수 있는 하는 잠재력을 가지고 있다. 가족들은 함께 미디어를 즐기고 미디어를 통해 대화와 결속의 기회를 가짐으로써 유대감을 형성할 수 있다. 예를 들어, 1970년대에 많은 가정들은 텔레비전을 하나만 가지고 있었고, 텔레비전 시청은 일반적인 가족 활동의 하나였다(Medrich, Roizen, Rubin, & Buckley, 1982). 하지만 이제는 그와 같은 방식으로 텔레비전이나 다른 미디어를 사용하는 가정은 거의 없다. 이제 가족들이 모두 모여 무언가를 보는 시간을 공유하는 경우는 거의 없다. 가족 구성원들은 다른 종류의 쇼를 다른 시간에 노트북이나 스마트폰 혹은 iPod와 같은 다른 플랫폼을 통해 각자의 방식으로 즐긴다. 그리고 가족 구성원들은 제각각 다른 내용을 시청하기 때문에 똑같은 미디어 경험을 공유하는 경우는 거의 없다.

  또한 부모들이 아이와 함께 보내는 시간도 줄어들었다. 1950년대에서 1990년대까지 부모들이 아이와 함께 보내는 시간은 40% 이하로 줄었으며(Pipher, 1996), 현재는 그보다 더 적다. Pipher는 "빠른 기술의 진보는 새로운 인간의 유형을 만들어 내고 있다. 다른 사람과 관계를 맺기보다 기계에 전원을 공급하는 인간, 가족 내보다 가상공간에 사는 인간이 그것이다(92쪽). 사람들이 이메일이나 팩스를 이용해 소통하면서 인간의 상호작용의 본질은 변화했다(88쪽)."고 하였다. 기술의 편리함은 타인과 우리를 단절시켰다. 우리는 다른 이들에게 점점 덜 의존하게 되었다(적어도 면대면 소통에 있어서) 사람은 인간으로서가 아니라 사물이나 서비스로 간주되기 쉬워졌다. Pipher는 72%의 미국인들이 그들의 이웃을 알지 못하고, 지난 20년간 그들의 이웃 사람과 시간을 보낸 적이 한 번도 없는 사람들의 비율이 2배가 되었다고 말했다.

  만약 우리가 텔레비전이 전통적인 가정 붕괴의 추세에 영향을 미쳤다는 주장을 받아들이더라도, 경제저 상황과 같은 다른 요인두 영향을 미쳤다는 것을 알아야 한다. 예를 들어, 가족을 부양하려면 더 많은 돈이 필요하다. 중산층 소득은 현재 59,000달러(Luhby, 2017) 정도여서 성인 두 사람 모두 일을 할 가능성이 높고, 이로 인해 아이를 낳고 집에서 키우는 일이 더 어려워졌다. 노동 시장에서 여성의 비율은 꾸준히 증가하고 있다. 현재 미국 노동 시장에는 거의 7천 5백만 명의 성인 여성이 있는데, 18세 미만의 자녀를 둔 여성의 70%가 일을 하고 있고, 18세 미만의 자녀를 가진 여성의 40%가 혼자 가계를 책임지고 있다(Dewolf, 2017).

가족 구성과 가족 내 상호작용의 변화의 또 다른 이유는 많은 사람들에게 가족보다 일이 더욱 중요해졌기 때문이다. 직장인들은 더 많은 시간 동안 일하며, 일하는 시간의 비율이 증가하면서 그들은 가족들과 멀어지게 되었다. 시간과 돈 그리고 생활방식에 있어서 높은 스트레스 요인이 있는데, 이것은 사람들에게 가정이라는 곳을 많은 에너지를 충전하는 공간이 아닌 직장에서 쌓인 스트레스에서 벗어나 휴식을 취하는 공간이 되게 만들었다. 한 세대 이상이 지나면서 미국인들은 개인의 인생에서 가족은 더 이상 가장 중요한 것이 아니라고 생각하게 되었다(Pipher, 1996). 그러나 역설적인 것은 사람들은 그들이 사랑하는 사람들과는 더 적은 시간을 보내면서, 광고주들이 그들에게 약속한 보다 행복한 삶이라는 것을 얻기 위해 더 많은 시간 일을 해 번 돈을 텔레비전에 광고되는 제품을 사는 데 쓰면서 점차 덜 행복해지고 있다는 것이다.

분명한 것은 지난 40년의 시간이 흐르는 동안 가족의 구조와 가족 간 소통 양식이 변화했다는 것이다. 이런 현상이 발생한 데에는 여러 이유가 있다. 미디어의 영향력은 이런 변화에 있어 핵심 요소이지만 유일한 요소는 아니다. 경제적 수요, 직업의 중요성 증대, 선호하는 삶의 방식의 변화와 같은 요인들이 가족 구성의 변화에 잠재적으로 기여했다.

네 가지 차원의 분석

이 절에서는 타이밍, 가치, 의도성 및 유형의 네 가지 차원을 활용하여 미디어 효과를 분석하는 확장된 예를 제시하고자 한다. 이 예를 통해, 미디어 회사들이 반복된 노출로 수용자들을 조건화하는 데 어떻게 성공하고 있는지 이해함으로써 점점 우려되는 인터넷 중독의 효과를 생각해 보자. 많은 미디어 회사들은 사람들, 특히 어린이들을 그들의 기술적 장치에 중독시켰다는 이유로 비난의 대상이 되고 있다.

이 분석을 시작하려면 우선 중독의 의미를 생각해봐야 한다. 그렇다. 미디어 회사들은 수용자들이 그들의 메시지와 제품에 반복적으로 노출되도록 조건화하는 데 매우 성공했다. 하지만 이것이 중독일까? 대답은 '아니요'이다. 미디어가 사용하는 조건화 절차에 의해 시청자가 중독될 수 있지만 중독은 습관적인 행동을 하도록 조건화되는 것만은 아니다. 중독은 중독된 행동을 멈출 수 없는 지경에 이르는 것을 말한다(Alter, 2017). Adam Alter(2017)는 그의 책 『Irresistible: The Rise of Addictive Technology and the Business of Keeping Us Hooked』[2]에서, 의학과 심리학 분야에서 중독의 개념을

---

[2] 2019년에 『멈추지 못하는 사람들』로 번역 출판되었다(역자 주).

화학적 의존성에 한정하여 사용하였는데 그것은 인체가 화학 물질(니코틴, 알코올, 헤로인, 코카인, 옥시토신 등)의 지속적인 섭취에 너무 의존하게 되어 그 물질이 없으면 참을 수 없는 지경에 이르는 것이라고 설명하였다. 이 화학 물질은 때로 뇌에 도파민의 분비를 자극하여 행복감에 빠질 정도의 쾌감을 느끼게 하기 때문에 이것의 지속적인 소비는 중독으로 이어지기도 한다. 시간이 지남에 따라 중독된 사람들은 화학 물질을 더 많은 양과 빈도로 소비해야 같은 수준의 쾌락을 유발할 수 있다는 것을 알게 된다. 결국 그들은 화학 물질의 소비가 인생의 다른 모든 것보다 더 중요해지는 시점에 도달하게 되고, 그들에게 중요했던 다른 것들(가족, 친구, 직업, 취미 등)을 희생시킨다. 그들의 삶의 질이 악화됨에 따라 화학물질의 소비를 조절하는 능력도 저하된다.

최근 건강 전문가들은 중독이 단지 화학 물질에 의해서만 유발되는 것은 아니라는 것을 알아냈다. 중독은 학습된 행동 패턴에 의해서도 유발될 수 있다. 어떤 행동들은 화학 물질을 복용하지 않더라도 화학 물질에 의해 유발되는 신체 반응과 동일한 신체 반응을 유발할 수 있다. 즉, 인터넷 도박, 쇼핑, 포르노 시청, SNS 활동과 같은 행동도 도파민의 분비를 촉발하는 것으로 밝혀졌다. 시간이 지남에 따라 어떤 사람들은 도파민의 분비가 일상생활에 너무 필수적이어서 도파민이 분비되는 습관적인 행동을 멈출 수 없게 되는 중독의 징후를 보이게 된다. 행동과 도파민 분비 사이의 이러한 연관성은 1954년 James Olds에 의해, 도파민이라는 신경 전달 물질을 분비하는 쾌락 센터인 시상하부를 자극하는 장치를 쥐의 뇌에 연결하는 실험을 통해 처음 발견되었다(Alter, 2017). 그는 이 실험에서 쥐의 뇌에 전극을 이식하고 나서 지렛대가 있는 우리에 쥐를 넣어 놓았다. 지렛대의 움직임은 도파민의 분비를 촉진하여 뇌의 쾌락 센터를 자극하였기 때문에 쥐들은 지렛대를 당기면 쾌감을 느낀다는 것을 빨리 알게 되었다. Olds는 실험쥐들이 완전히 지칠 때까지 계속해서 지렛대를 잡아당기는 것을 발견했다. 심지어 몇몇 쥐들은 심지어 탈진하여 죽기도 했다.

Alter(2017)는 많은 인터넷 회사들이 소비자들에게 그들의 제품을 습관적으로 사용하도록 조건화하는 방식으로 도파민 배달 수단을 마케팅하는 데 매우 성공했다고 설명한다. 그러므로 인터넷 플랫폼은 내기를 하거나 eBay에서 경쟁 입찰에 성공하거나 야한 사진을 보거나 Facebook 친구의 수를 증가시키는 형태로 사람들에게 즉각적인 쾌락을 줄기차게 제공하는 방식으로 고안되었다. 플랫폼 설계자들은 사용자들의 뇌에서 도파민의 분비를 자극할 수 있는 인터넷 플랫폼을 구축하는 방법을 알게 되어 사용자들이 더 많이 돌아올 수 있도록 만드는 기능들을 축적한다.

이제 인터넷 중독으로 알려진 미디어 효과를 분석하기 위해 네 차원을 활용해보자. 이 네 가지 차원에서 제공하는 언어를 사용하여 미디어 효과를 생각해 보면, 당신은 표면 아래로 파고들어 그 효과를 훨씬 더 깊은 수준에서 이해할 수 있을 것이다.

타이밍과 관련하여, 인터넷 중독은 분명히 장기적인 효과다. 한 번 노출로는 중독될 수 없다. 중독이 일어나려면 오랜 시간 동안 조건화되어야 더 이상 조절할 수 없는 습관적인 행동 패턴에 휘말리게 된다.

가치와 관련하여, 중독은 미디어 기업들에게 매우 긍정적인 것이다. 미디어 기업들이 수용자들을 그들의 서비스에 중독될 정도로 완전히 조건화하고자 할 때, 오랜 기간 동안 많은 노출을 할 수용자에게 의존할 수밖에 없다. 미디어 기업은 광고주들이 수용자에게 접근하는 권리를 판매할 수 있고, 따라서 광고로 인한 꾸준한 수입을 보장받을 수 있다. 하지만 그 효과는 수용자에게 부정적인 것이다. 수용자가 단기적으로 받는 즐거움은 긍정적인 것으로 볼 수 있지만(누구나 더 많은 즐거움을 원한다), 중독에 빠져 더 이상 노출을 통제할 수 없게 되면 부정적이 된다. 사람들이 인터넷 플랫폼에 중독되면, 비인터넷 활동에 대한 관심이 현저하게 감소된다. 즉, 사랑하는 사람, 친구, 그리고 다른 사람들과의 대면적 상호작용이 인터넷 활동보다 즐거움이 덜하다는 것이다. 직업과 학업에 대한 도전은 덜 중요해지고, 인터넷 활동에 많은 시간을 쓰기 위해 그러한 분야에서의 일을 대충 처리한다. 인터넷 플랫폼에서 원하는 바를 이루고자 할 뿐, 먹고 운동하고 자는 것에 거의 신경을 쓰지 않는다.

의도성과 관련하여, 사람들이 미디어를 사용함으로써 즐거움을 찾는 것은 의도적인 행위이지만, 그렇다고 중독되기를 원하는 사람은 없을 것이다. 그러므로 쾌락을 주는 인터넷 플랫폼의 사용은 중독될 지경에 이르기까지는 의도적인 것이다. 미디어 리터러시를 신장시키는 것은 인터넷 플랫폼의 사용이 증가할 때에 의도한 효과를 계속 즐기도록 하면서 행동의 조건화가 일어나지 않도록 하며, 중독이라는 의도하지 않는 극단으로 빠져드는 것을 막을 수 있도록 한다.

인터넷 중독을 유형별로 분석하는 것은 유형에 따라 다양한 효과를 보여주기 때문에 매우 복잡한 문제이다. 생리학부터 시작해 보자. 뇌에서 도파민을 분비시켜 쾌감을 느끼는 것은 인터넷 사이트와의 관계에 대한 생리적 반응이다. 시간이 지남에 따라 사람들은 낮은 수준의 도파민에 대한 내성을 갖게 되고 필요한 수준의 쾌감에 도달하기 위해서는 더 강렬한(또는 더 빈번한) 자극을 요구한다. 이것이 중독의 길로 가게 한다. 쾌락의 느낌은 생리적 요소를 필요로 하는 감정적인 효과이기 때문에 감정은 생리적 촉발 작용과 연결되어 있다. 중독은 사람들의 행동을 보면 쉽게 발견할 수 있다. 사람들이 중독의 영역으로 들어가면, 그들의 삶은 중독 행동에 의해 지배된다. 그리고 증가된 중독 행동 패턴을 유지하는 것은 노출이 많아져야 기대하는 수준의 쾌감을 느낄 수 있을 것이고 중독 행동을 멈추는 것은 정말로 끔찍한 일이라는 일종의 신념이다. 그래서 인터넷 중독은 생리적, 감정적, 행동적, 신념적 효과로 간주될 수 있다. 중독은 네 가지 모두의 결합이기 때문에 이 효과들 중 어느 하나로만 다루려고 하는 것은 실패할 가능성이 높다.

이 확장된 예에서 본 바와 같이 미디어 효과를 분석하기 위해 네 가지 차원을 활용하는 것은 중독 효과를 더 잘 이해하는 데 도움이 된다. 이 분석의 일부는 다른 분석보다 간단하다. 이 사례에서 인터넷 중독은 미디어 비즈니스의 관점에서 분석을 실시하느냐, 아니면 개별 수용자의 입장에서 분석을 실시하느냐에 따라 가치와 의도성 면에서 달라질 수 있는 장기적 효과임을 쉽게 알 수 있었다. 마지막으로, 유형별 분석은 당신에게 중독이 얼마나 복잡한지 그리고 사람이 인터넷에 중독이 되고 나면 그것을 극복하는 것이 왜 그렇게 어려운지를 보여준다.

미디어 리터러시 신장하기

미디어 효과에 대한 네 차원적 접근법이 어떻게 시야를 넓힐 수 있는지 보았으니, 이제 당신이 이 정보를 내면화하는 데 얼마나 능숙한지 살펴보자. 첫째, 당신의 주변 사람들에게서 얼마나 많은 미디어 효과를 확인할 수 있는지 보라(연습문제 13.1). 장기적인 효과와 즉각적인 효과, 긍정적인 효과와 부정적인 효과, 의도한 효과와 의도하지 않은 효과 모두를 살펴보아야 한다. 또한 다른 유형의 효과도 보이는지 확인하라.

연습문제 13.1이 워밍업이라면, 좀 더 어려운 과제를 해결해 보자. 연습문제 13.2과 13.3은 좀 더 체계적이고 완벽할 것을 요구한다. 즉, 6가지 유형 모두에 걸친 즉각적인 효과와 장기적인 효과의 예를 모두 발견할 수 있는지 살펴보자. 만약 한 번에 이 과제를 해결할 수 없다면, 당신이 다음 주를 보내는 동안 이 연습문제를 유념할 필요가 있다. 여러 효과가 발생할 때 이를 감지하여 기록할 수 있도록 노력하라. 그리고 어떤 효과의 사례들은 한 가지가 아닌 몇몇 유형에 맞는 요소를 가지고 있을 수도 있다. 예를 들어, 전자 게임을 한번 하고 나면 기분이 좋아지고(즉각적인 감정에 대한 효과) 나중에 전자 게임으로 다시 돌아가 훨씬 더 오래 하게 될 수도 있다(장기적으로 나타나는 행동의 조건화).

마지막으로 연습문제 13.4를 해결해 보라. 그러나 당장 제시된 모든 질문에 답할 필요는 없다. 제시된 질문들을 염두에 두어라. 일상생활 중 잠깐의 시간이 생기면, 연애, 대학, 직업에 대한 기대 같은 것들을 생각해 보라. 이런 기대는 어디서 나온 것인가? 그러한 기대는 현실적인가? 당신은 어느 정도까지 이러한 기대를 충족시키고 있는가? 당신의 행동 패턴이 당신 자신과 다른 사람들에 대한 당신의 신념에 어느 정도 부합하는가? 이것은 매우 중요한 질문들이다. 당장 그러한 질문들에 대답할 필요는 없고, 일상생활에서 그러한 문제와 즐거움에 직면하게 되면 그에 대한 통찰이 번뜩일 때를 기다리면 된다.

요약

미디어 리터러시 신장의 핵심은 미디어 효과가 무엇인지에 대한 당신의 관점을 넓히는 것이다. 미디어가 캔디 가게와 같은 것일 뿐이라는 생각의 함정에 빠져서는 안 된다(더 생각해보기 13.1을 보라). 세상에 대해 잘 모르는 어린 아이들이나 미디어에서 본 것을 모방하여 범죄를 저질렀노라 주장하는 범죄자들과 같은 사람들에게만 미디어가 영향을 미친다고 생각하면 안 된다.

> **더 생각해보기 13.1 − 캔디로 비유되는 미디어의 영향 −**
>
> 많은 사람들이 미디어의 영향을 캔디에 비유한다. 우리가 길을 걸어가고 있는데, 온갖 종류의 캔디를 무료로 나누어 주는 사람이 있다. 그들은 우리가 그들의 캔디를 맛보고 가게로 들어와 무언가를 구매하기를 바란다. 우리는 유혹을 이기지 못한다. 하나를 맛보면 그 맛이 좋아서 다른 하나를 더 원하게 된다. 그리고 종종 이정도 쯤은 해롭지 않을 것이라 생각하며 한두 개 정도를 더 먹는다. 하지만 몇 분 뒤 우리는 엄청난 양의 당분과 그에 따르는 엄청난 에너지를 경험한다. 또한 시간이 지나도 입안에 남아 좀처럼 사라지지 않는 단맛에 불쾌감을 느끼게 된다. 우리는 설탕이 치아를 부식시키는 것을 상상한다. 만약 어린이가 함께라면 아이들은 우리에게 사탕을 더 달라고 억지를 쓰며 우는 소리를 할 것이다. 그러면 우리는 엄하게 그들에게 안 된다고 말하지만 결국 저녁 식사를 망치게 된다.
>
> 많은 사람들이 미디어를 이 캔디 가게와 비슷하다고 생각한다. 그들의 메시지는 매력적이고 우리는 종종 그것을 시식하고 그 경험을 즐긴다. 하지만 이후에 우리는 죄책감에 휩싸인다. 우리는 우리가 그 시간에 더 중요하고 생산적인 일을 했어야 한다고 생각한다. 우리는 어떤 반복되는 멜로디나 노래 그리고 시답잖은 농담들을 떠올리며 그 메시지들이 우리의 뇌에 구멍을 내고 있다고 느낀다. 만약 어린 아이들이 함께라면 우리는 그들이 미디어에서 보았던 나쁜 말과 태도 그리고 행동을 따라 하지는 않을지 염려한다.
>
> 그렇다, 미디어는 '캔디'와 같은 메시지를 우리에게 제공한다. 만약 우리가 몇 해에 걸쳐 꾸준히 캔디를 먹는다면 우리의 동맥은 지방으로 막혀 온갖 건강에 안 좋은 영향들을 경험하게 될 것이다. 하지만 미디어는 다른 메시지들도 많이 제공한다. 만약 우리가 최초의 캔디의 유혹을 이겨내고 대신 미디어 식당의 다른 영역에 있는 더 영양가 있는 메시지를 추구한다면 더 균형 있게 온갖 종류의 비타민과 미네랄을 섭취할 수 있다. 좀 더 건강한 삶을 살기 위해, 우리는 무엇을 섭취해야 하는지에 대해 알아야 하며 약간의 운동과 자기 절제가 필요하다.

우리는 미디어 포화 상태의 환경에서 살고 있고, 미디어는 우리의 지식 구조와 신념, 태도, 감정, 행동의 형성에 끊임없이 영향을 미친다. 심지어 이런 영향들은 심장 박동이나 혈압 그리고 다른 신체적 반응을 불러일으키기도 한다. 미디어의 가장 강력한 영향은 이미 존재하던 믿음과 행동을 화석화시키는 강화이기 때문에 미디어가 우리에게 어떤 영향을 미쳤는가를 알기 위해 어떤 변화를 경험할 필요도 없다.

우리의 일상 속에서 즉각적인 영향과 장기적인 영향은 함께 작용한다. 즉각적인 영향은 우리의 지식을 넓히거나 이미 존재하는 지식 구조에 무게를 더해주는 새로운 사실을 제공한다. 장기적인 차원에서 우리는 그러한 사실들을 일반화하는 어떤 유형을 찾아 세계가 어떻게 돌아가는 것인지에 대한 결론으로 나아간다. 그렇게 일반화된 결론은 지식 구조의 일부가 된다. 만약 우리가 일반화된 결론을 도출하고 있음을 인지하지 못한다면, 우리는 그 과정을 통제할 수 없고, 그러한 일반화가 합리적이고 정확한지 확신할 수 없다. 그렇게 되면, 잘못된 지식 원리가 우리의 지식 구조 속으로 들어와 보다 불완전한 결론으로 우리를 이끌고 잘못된 방식으로 사실을 추구하게 만든다.

미디어 리터러시를 갖추기 위해서는 미디어 영향의 모든 범위를 이해해야 한다. 우리는 미디어가 언제 우리에게 부정적인 영향을 주는지를 인식하여 우리 자신을 보호해야 한다. 또 우리는 미디어가 우리에게 긍정적인 영향을 미치는 때를 인식하여 그 힘을 받아들이고 강화할 수 있어야 한다.

이제 당신은 미디어 효과에 대해 폭넓게 이해하게 되었으니 부록 B[3]의 효과 목록을 살펴보라. 이 목록이 미디어가 우리에게 미치는 모든 영향을 망라한 것은 아니다. 하지만 이 목록은 모든 종류의 효과의 예시를 제공한다. 당신의 삶 속에서 이런 미디어의 영향을 직접 찾아보고 다른 많은 미디어의 영향에 대해 보다 민감하게 대처하라.

더 읽을거리

Alter, A. (2017). Irresistible: The rise of addictive technology and the business of keeping us hooked. New York, NY: Penguin Press.

뉴욕대학교 경영대학원 교수인 저자는 행동 중독이 화학적 중독과 어떻게 같은 패턴을 따르고 있으며 같은 원인을 지니는지를 보여준다. 그는 자신의 주장을 인터넷에 대한 행동 중독, 특히 쇼핑, SNS, 포르노, 도박에 초점을 맞춘다. 책의 첫 번째 부분(3개의 장)은 중독의 생물학과 우리가 지난 수십 년

3) https://study.sagepub.com/potter9e

간 어떻게 행동 중독에 대한 이해를 신장시켜 왔는지를 다룬다. 제2부(6개의 장)에서는 인터넷 디자이너들이 어떻게 중독을 유발하는지를 다룬다. 3부(3개의 장)에서는 중독에 빠지지 않는 방법과 중독이 시작되었을 때 이를 벗어날 수 있는 몇 가지 방법을 제시한다.

Bryant, J., & Oliver, M. B.(Eds). (2009). Media effects: Advances in theory and research(3rd edition). New York: Routledge.
이 고전적 학술 서적은 대중 매체의 광범위한 영향에 대한 전문가의 글을 27개의 장에 담고 있다. 각각의 장은 미디어의 영향에 대한 이론(예를 들어, 의제 설정, 구축, 사회인지주의 이론 등), 영향의 유형(사회적 인식, 섭식 장애, 태도의 변화 등), 콘텐츠의 유형에 따른 영향(성, 폭력, 교육 방송 등)에 대해 깊이 있는 평가를 제공한다.

John, C. A. (2012). The information diet: A case for conscious consumption. Sebastopol, CA: O'Reilly Media, Inc.
저자는 미디어에서 통용가능한 모든 나쁜 정보 때문에 골머리를 앓게 된 정치 컨설턴트여서 사람들에게 왜 더 나은 정보를 소비해야 하는지 그리고 어떻게 해야 하는지를 보여주기 위해 이 책을 썼다. 그는 왜 쓰레기 정보의 소비가 우리 세계에 잘못된 이해의 문제를 야기할 수 있는지를 보여주기 위해 음식의 영양과 식단의 중요성을 비유로 사용한다.

Johnson, S.(2006). Everything ad is good for you. New York: Riverhead Books.
학자가 아닌 베스트셀러 작가인 Steven Johnson은 미디어가 해롭다는 기존의 입장은 잘못되었다고 주장한다. 그는 미디어에 노출되는 것 특히 텔레비전과 비디오 게임의 경우 피해를 주기보다 오히려 좋은 점이 많다고 말한다. 그는 미디어 메시지는 간단하지 않고 시간이 지남에 따라 계속해서 복잡해지고 있다고 말한다. 따라서 미디어에 대한 노출이 더욱 어려워진 동시에 바람직해졌다고 그는 말한다. TV 쇼의 스토리는 몇 십 년 전에 비해 훨씬 더 복잡해졌다. 그리고 오늘날의 비디오 게임들은 이전의 것들보다 훨씬 더 어려워졌다. 그는 이런 문화가 계속해서 보다 많은 지적 노력을 요구하는 추세로 변화하고 있다고 말한다.

Nabi, R. L., & Oliver, M. B.(Eds.).(2009). Media processes and effects. Los Angeles, CA: Sage.
이 책은 미디어의 영향에 대한 다양한 주제를 중심으로 한 37개의 장으로 구성되어 있다. 책은 다음의 6개의 섹션으로 구조화되어 있다. 개념 및 방법론적 문제들, 사회·정치·문화, 메시지의 선택과 처리, 설득과 학습, 콘텐츠와 수요자, 미디어 이슈들이 그것이다.

Potter, W.J. (2012). Media effects. Thousand Oaks, CA: Sage.
미디어 효과에 대해 저자는 이 책 『Media Literacy』의 13장과 14장의 내용을 심화 발전시켰다. 저자는 미디어 영향과 관련하여 더 많은 예시를 제공한다.

Storr, W. (2014). The unpersuadables: Adventures with the enemies of science. New York, NY: The Overlook Press.
저자는 과학적인 증거와 대립되는 신념을 가진 사람들(창조론자, 홀로코스트 폄하자 등)을 인터뷰해 온 저널리스트다. 그는 인간의 모든 추론과 지식은 우리가 우리 자신에게 말하는 이야기에 바탕을 두고 있으며, 우리의 이야기를 바꾸는 것은 심리적으로 매우 어려운 일이기 때문에 우리는 우리가 믿는 것에 부합하지 않는 진리의 모든 버전을 부정한다고 결론을 내린다.

연습 문제 13.1 미디어 효과에 대해 생각해 보기

1. 꽤 많은 시간을 함께 보낼 수 있는 어린아이 한 명을 선정하라. 그 아이가 보였던 행동 중에 미디어의 영향이라고 여겨질 수 있는 것이 있는가? (아래에 열거하라.)

   _____
   _____
   _____

2. 꽤 많은 시간을 함께 보낼 수 있는 부모님이나 이웃과 같은 어른 한 명을 선정하라. 그 어른이 보였던 행동 중에 미디어의 영향이라고 여겨질 수 있는 것이 있는가? (아래에 열거하라.)

   _____
   _____
   _____

3. 당신 또래의 친구 한 명을 선정하라. 그 친구가 보였던 행동 중에 미디어의 영향이라고 여겨질 수 있는 것이 있는가? (아래에 열거해라.)

   _____
   _____
   _____

4. 이제 자기 자신에 대해 생각해 보아라. 당신의 행동 중에 미디어의 영향이라고 여겨질 수 있는 것이 있는가? (아래에 열거해라.)라.)

   _____
   _____
   _____

연습 문제 13.2 미디어의 즉각적인 효과에 대해 인식하기

인지, 신념, 태도, 감정, 행동, 생리에 미치는 영향 간의 차이에 대해 생각해 보라. 그리고 특정 미디어에 노출된 후에 당신의 삶에서 당신에게 어떤 일이 벌어졌는지에 대해 생각해 보라.

빈 종이의 면을 여섯 칸으로 나누고 그것들을 각각 인지, 신념, 태도, 감정, 행동 그리고 생리에 미치는 효과라고 이름을 붙여라.

각각의 칸 안에 미디어에 노출된 이후에 즉각적으로 당신에게 나타났던 영향을 적어도 두 가지 이상 적어 보라. 그것들을 즉각적인 효과라 이름 붙이고, 그 미디어가 당신이나 당신이 알고 있는 사람에게 어떻게 영향을 미쳤는지 구체적인 예를 적어보라. 다음에 열거된 지침을 이용하여 생각해 보라.

   a. 인지: 미디어는 즉각적으로 생각이나 정보를 심을 수 있다.
   b. 신념: 미디어는 우리가 어떤 믿음을 받아들여야 한다고 말할 수 있다.
   c. 태도: 미디어는 어떤 것에 대한 평가적 결론에 영향을 줄 수 있다.

d. 감정: 미디어는 공포, 매료, 슬픔, 웃음과 같은 즉각적인 감정적 반응을 유발할 수 있다.

e. 행동: 미디어는 행동을 유발할 수 있다.

f. 생리: 미디어는 당신을 자극할 수도 진정시킬 수도 있다.

연습 문제 13.3 미디어의 장기적인 효과에 대해 인식하기

미디어가 어떻게 당신에게 장기간에 걸쳐서 조금씩 영향을 미쳐 왔는지에 대해 생각해 보라.
빈 종이의 면을 여섯 칸으로 나누고 그것들을 각각 인지, 신념, 태도, 감정, 행동 그리고 생리에 미치는 영향이라 이름을 붙여라.

각각의 칸 안에 미디어가 당신에게 미친 장기적인 영향력에 대해 2개 정도 적어 보라. 다음으로 각각의 영향력에 대해 구체적으로 묘사하라. 다음에 열거된 지침을 이용하여 생각해 보아라.

장기적인 효과: 서서히 축적된 정보, 태도 그리고 이미지 등은 실제 세상에 대한 신념을 형성하는 데 기여한다.

a. 인지: 종종 사람들은 무엇을 배우고자 하는 목적 없이 자신을 미디어에 노출시킨다. 더구나 오락거리를 추구하는 데 관심이 있다. 이것은 특히 텔레비전, 라디오 그리고 영화에서 더욱 그러하다. 하지만 이 경우에 정보의 습득과 태도의 변화가 생긴다. 이러한 유형의 학습을 우발적인 학습이라 부른다.

b. 신념: 어떤 평가의 기준으로 활용하는 가치가 쇠퇴하거나 강화되는 것.

c. 태도: 기존 태도를 쇠퇴시키거나 혹은 형성하는 것.

d. 감정: 사람들은 시간의 흐름에 따라 감정적인 반응에 대한 내성이 생겨 무감각해질 수 있다.

e. 행동: 단기적으로 새로운 행동이 학습될 수 있지만 시간이 꽤 흐른 뒤에는 나타나지 않는다.

f. 생리: 특정한 콘텐츠에 허용치가 증가하는 것. 하나의 매체 혹은 특정한 콘텐츠에 대한 생리적 의존도를 말한다.

> ### 연습 문제 13.4 미디어 문화 중 당신에게 내면화된 것은 무엇인가?
>
> 1. 당신은 운전 중 라디오를 들을 때, 흘러나오고 있는 음악에 만족한다 하여도 다른 채널에서 더 좋은 노래를 틀어주고 있을지도 모른다고 생각하며 채널을 돌려 보는가? 당신은 더 나은 무언가를 찾기 위해 텔레비전의 채널을 돌려 보는가?
>
> 2. 연인 관계에서 당신에게 더 중요한 것은 헌신인가 완벽인가? 당신이 연애를 하고 있을 때, 당신이 상대에게 지속적이고 강한 헌신을 할 때 행복을 느끼는가? 아니면 그 사람이 아마도 당신에게 가장 좋은 사람이 아닐 수도 있고 그보다 더 나은 사람이 있을지도 모른다고 생각하는가?
>
> 3. 대학에서 당신은 배움과 효율성 중 무엇을 더 중요하게 여기는가? 당신은 모든 수업에 충실했고, 모든 수업에 출석했으며, 수업을 통해 얻을 수 있는 모든 것을 얻기 위해 노력했는가? 당신의 경험을 확장하기 위해 다양한 종류(당신이 전혀 아는 것이 없는 몇 가지)의 수업을 들었는가? 아니면 당신은 직업 면접을 보러 간다거나 다른 수업의 학기말 리포트를 끝낸다거나 부족한 잠을 보충하는 것과 같이 수업 중의 시간을 보다 유익하게 보낼 무언가를 찾았는가? 당신은 어떤 과목이 보다 손쉽게 높은 점수를 받을 수 있는지를 생각하며 수업을 선택했는가?
>
> 4. 당신의 직업에서 명예와 성공 중 어떤 것이 당신에게 더 중요한가? 당신에게 첫 번째 큰 기회를 제공해 준 사장에게 보답한다는 생각으로 열심히 일하고 경력을 쌓을 만한 직장을 찾는가? 아니면 배울 수 있는 모든 것을 배우고 더 나은 곳으로 가기 위한 디딤돌로서 당신을 첫 번째 직장을 찾는가?
>
> 5. 당신이 중대한 문제에 직면했을 때, 당신이 그것은 단기간 안에 해결하지 못하면 분노를 느끼는가?

미디어 효과는 어떻게 작용하는가?

핵심 개념 | 미디어가 우리에게 어떻게 영향을 미치는지를 이해하는 데 있어서 대응적이기보다 예방적일 필요가 있다. 또한 우리는 미디어가 영향을 미치는 과정에 많은 요소들이 상호작용하고 있다는 사실을 알아야 한다. 우리가 이 두 가지 개념을 제대로 이해할 때 미디어 효과의 작용 과정을 통제할 수 있다.

▶ 미디어 효과의 지속성
  · 명시적 효과와 과정적 효과
  · 기준선 효과와 변동 효과

▶ 미디어 효과에 영향을 미치는 요인
  · 기준선에 영향을 미치는 요인들
    - 발달적 성숙도
    - 인지적 능력
    - 지식의 구조
    - 사회적 요인
    - 생활 방식
    - 개인의 정신 위치
    - 미디어 노출 습관

  · 변동 요인
    - 메시지의 내용
    - 묘사의 맥락
    - 내용에 대한 인지적 복잡성
    - 동기
    - 상태
    - 동일시 정도

▶ 영향을 미치는 과정
▶ 누구의 탓인지에 대해 생각하기
▶ 미디어 리터러시 갖추기
▶ 요약
▶ 더 읽을거리
▶ 최신 자료
▶ 연습문제

두 형제는 베트남 전쟁 당시 미국인 포로들이 납치범들에 의해 러시아 룰렛 게임을 하도록 강요당하는 영화 The Deer Hunter를 보고 있다. 러시안 룰렛은 권총의 하나의 실린더에만 총알이 들어 있고 다른 실린더는 비어 있는 게임이다. 경기에 참가한 각 사람은 차례대로 돌아가며 자신의 머리에 총을 겨누고 방아쇠를 당긴다. 운이 좋아서 실린더가 비어 있으면 총은 발사되지 않고 선

> 수는 살아남는다. 만약 운이 나쁘면, 실린더에 있는 총알이 발사되어 즉사하고 만다.
>
> 이 영화를 본 며칠 후, 두 형제는 부모님의 침실에서 놀다가 침대 밑에서 권총을 찾았다. 그들은 러시안 룰렛 게임을 하기로 결정했다. 결국 총이 발사되어 형제 중 한 명이 사망하게 된다.

앞서 소개한 이 비극적인 일은 실제 있었던 사건으로, 이 사건이 언론에 보도되었을 때, 누구에게 책임을 물어야 하는가 하는 문제로 많은 논쟁을 일으켰다. 영화나 TV 프로그램이 어린이들을 폭력적으로 행동하게 하는 요인이라는 비난 여론이 뜨거웠다. 이러한 현상은 많은 사람들이 전형적으로 대응적 관점을 취하고 있음을 말해 준다. 즉, 어떤 불미스러운 사안이 발생한 후에야 사람들은 그것에 대해 반응하고 책임 소재에 대해 논쟁하는 경향이 있다는 것이다. 이러한 대응적 관점은 없는 것보다는 낫다고 볼 수 있으나, 이와 같은 위험(이 경우 미디어에 의해 묘사된 장면이 유발시킨 해로운 행동들)에 대해 관심을 갖고 사전에 예방적 차원에서 사람들을 교육시킨다면 이러한 비극의 발생 가능성을 크게 줄일 수 있을 것이다.

미디어 효과에 있어서 미디어 리터러시 관점은 어떤 부정적 결과가 발생하고 난 후 그 원인을 일으킨 문제점을 해결하기에 이미 늦은 시점에서 누구의 잘못인가를 판단하는 데 집중하기보다 교육을 통해 잠재적 위험을 예방하는 데 집중해야 한다. 어떻게 예방할 수 있는지를 학습함으로써 부정적 결과에까지 이르는 과정을 더욱 효과적으로 통제할 수 있다. 또한, 부정적 결과를 피하면서 긍정적 결과를 얻는 효과도 얻게 될 것이다.

매스 미디어 효과에 대한 예방적 관점을 신장시키기 위해 이 장에서는 네 가지 핵심 개념을 강조한다. 첫째, 미디어 효과는 지속적으로 일어나고 있다는 것을 보여줄 것이다. 둘째, 미디어 효과를 형성하는 본질적 요인들이 무엇인지 설명할 것이다. 셋째, 비판에 대한 보다 폭넓은 관점을 가질 수 있도록 할 것이다. 넷째, 당신의 삶에서 미디어 작용 과정을 스스로 통제할 수 있음을 보여줄 것이다.

미디어 효과의 지속성

많은 사람들은 미디어 효과라는 것은 발생할 수도 있고 그렇지 않을 수도 있는 것으로 단순하게 생각한다. 이러한 생각의 문제점은 그것이 대응적이라는 데 있다. 만약 어떤 효과가 발생했는데, 그것이 부정적인 것이었을 때 우리가 할 수 있는 것이라고는 그 결과에 대해 안타깝게 여기며 비난의 대상을 찾고자 하는 것이 전부일 것이다. 또는 어떤 효과가 발생했는데, 그것이 긍정적이었다면 우리는 그저 감사히 여기며 다음번에 또 그와 같은 효과가 일어나기를 바랄 것이다. 이러한 태도는 다분히 대응적이기 때문에 미디어 효과에 대해 충분히 통제력을 지니지 못했음을 말해준다. 반대로 미디어 리터러시는 미디어 효과에 대해 예방적 태도를 지닐 수 있도록 도울 것이며, 미디어 효과를 통제할 수 있는 능력을 키워줄 것이다. 미디어가 미치는 모든 영향에 대해 많이 알수록 부정적 영향으로부터 여러분 자신을 보호하고, 긍정적 영향을 견인할 수 있을 것이다. 이 부분에서는 미디어가 우리에게 어떻게 영향을 미치는지에 대해 큰 그림을 보여주고자 한다.

명시적 효과와 과정적 효과

명시적 효과는 쉽게 관찰할 수 있는 미디어 효과를 말한다. 그러나 미디어의 영향으로 인해 우리의 몸과 마음에서 계속 일어나고 있는 다른 것들도 물론 있다. 이것이 눈에 보이건 그렇지 않건 간에 미디어는 끊임없이 우리가 생각하고, 느끼고, 행동하는 방법에 영향을 끼친다. 이렇듯 우리는 항상 미디어의 메시지에 의해 영향을 받는 과정에 놓여있기 때문에 이러한 효과를 과정적 효과라 일컫는다. 만약 우리가 명시적 효과에만 주목한다면 미디어가 우리에게 미칠 수 있는 영향의 정도를 절대적으로 과소평가하는 결과를 낳게 된다. 우리는 과정적 효과까지 고려해야 한다. 미디어 효과가 겉으로 드러나지 않아 명시적으로 관찰되지 않는다고 해서 영향을 미치지 않는 것은 아니기 때문이다.

명시적 효과와 과정적 효과 사이의 차이점을 설명하기 위해 앞서 소개했던 예를 다시 생각해 보기로 하자. 두 소년은 'The Deer Hunter'를 시청하는 동안에 영화에서 드러내는 메시지의 영향을 받고 있었다. 등장인물들이 행하는 러시안 룰렛 게임의 위험성에 그들은 흥분을 느꼈고, 그 게임이 한 번 해 볼만 한 멋진 것이라고 여기는 태도를 형성하게 됐다. 이러한 감정 및 태도의 변화는 겉으로 드러나지 않으나 두 소년은 미디어 메시지에 의해 영향을 받았음이 분명하다. 두 소년이 권총을 발견하고 게임을 시작한 후에야 효과의 명시성이 드러났다. 만약 부모들이 과정적 효과가 일어나고 있음을 깨달아 그 효과를 줄이기 위해 무언가 조치를 취했다면 두 소년의 운명이 그런 끔찍한 명시적인 결과로 치닫지 않았을지도 모른다.

대중과 더불어 매체 비평가들은 명시적 효과에만 국한하여 생각하는 경향이 있다. 그러나 만약 우리가 미디어 리터러시 관점에서 미디어 효과를 재고한다면, 과정적 효과라는 용어에 대해 깊이 생각해 볼 필요가 있다. 과정적 효과에 대해 더 깊이 이해할수록 미디어의 영향력을 더 잘 조정할 수 있다. 과정적 효과의 두 종류인 기본 효과와 변동 효과에 대해 알아봄으로써 이것에 대해 좀 더 세부적으로 살펴보도록 하자.

기준선 효과와 변동 효과

기준선 효과와 변동 효과의 중요한 차이점을 설명하기 위해 그림 14.1을 살펴보자. 그림의 수평선은 시간을, 수직선은 겪게 될 효과의 위험 정도를 나타낸다. 우리의 기준선(baseline)은 시간이 지남에 따라 지속되는 일반적인 위험의 정도이다(그림 14.1a). 때때로 위험 수준을 급격히 변화시킬 어떤 일이 발생하기도 한다(그림 14.1b). 정상적인 기본선에서 갑자기 뾰족 튀어나온 것이 보이는데, 그것이 바로 변동 효과이다. 변동은 대개 일시적인 것으로 짧은 시간 동안 나타난 후에 위험 수준은 기본 수준으로 돌아온다.

그림 14.1 기준선 효과와 변동 효과

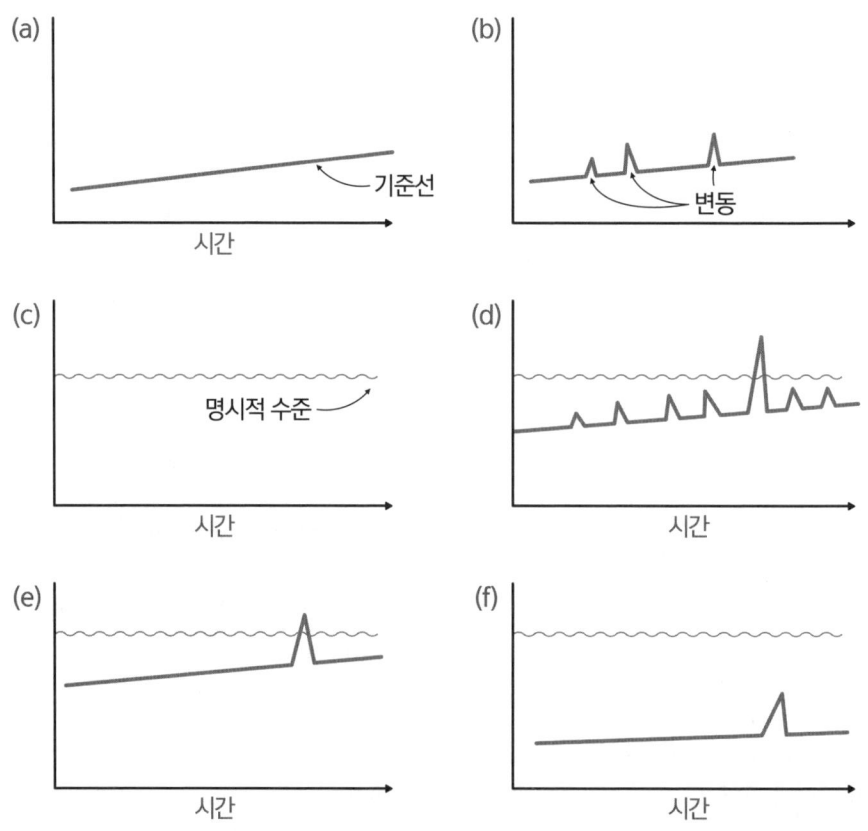

이제 명시적 수준(그림 14.1c)에 대해 함께 생각해 보자. 명시적 수준은 수위(水位)에 비유될 수 있다. 호수의 해수면을 바라보고 있다고 상상해 보자. 물고기 한 마리가 갑자기 그 해수면 위로 튀어 오른 후 다시 물속으로 들어갔다. 물고기가 물 밖으로 나오고 난 후에야 우리는 그 호수 속에 물고

기가 살고 있다는 것을 확신할 수 있게 된다. 그렇다고 물고기가 해수면을 뚫고 튀어 오르는 것을 보지 못했다고 해서 그 속에 거북이, 장어, 플랑크톤, 심지어는 네스 호수의 괴물과 같이 물속에 생명체가 살지 않는다고 단정할 수 없다. 해수면 위에서 가끔씩 일어나는 일을 관찰하는 것이 물 속 보이지 않는 곳에서 일어나는 모든 일을 설명해 줄 수는 없다. 미디어 효과도 이와 같다. 명시적 수준 아래에서 많은 효과들(기본 효과와 변동 효과)이 일어날 수 있고, 아주 드물게 명시적 수준을 뛰어넘을 만큼 강한 변동 효과가 일어난다(그림 14.1d).

미디어 효과에 관해 우리는 흔히 관찰 가능한 지식 또는 행동의 변화, 즉 명시적 수준 이상의 변동 효과만을 생각한다. 예를 들어 TV를 시청할 때, 감자칩 광고를 본 다음 그것을 먹기 위해 부엌으로 가지러 가게 된다. 또한 선거 유세를 하는 뉴스 프로그램을 본 후 어떤 후보자에 대한 태도가 변화됨을 알아차릴 수도 있다. 이러한 예들은 외적으로 분명히 드러나기 때문에 관찰할 수 있는 것들이다. 그러나 우리가 명시적 수준 이상의 변동 효과만 생각한다면 명시적 수준 아래에서 발생되는 효과, 즉 과정적 효과의 영향을 상당 부분을 놓치게 된다.

과정적 효과에서는 기준선이 중요하다. 앞서 설명한 바와 같이 기준선은 어떤 효과에 내재된 일반적 위험 수준을 말하는데, 시간이 지날수록 점차 안정되어 가지만 계속적으로 증가하거나 감소하기도 한다. 기준선은 장기간의 조건화에 의해 형성된다. 어떤 사람들의 경우, 기준선이 명시적 수준에 가깝게 형성되어 미디어에 노출된 후 오랜 시간 지나지 않아 그 결과가 명시적으로 드러나기도 한다(그림 14.1e). 반대로 기준선이 명시적 수준과 크게 차이가 나면 어떤 미디어에 한 번 노출된다고 해서 그 효과가 쉽게 관찰되지는 않는다(그림 14.1f).

공통점 & 차이점
기준선 효과와 변동 효과

공통점

- 둘 다 미디어 노출로 인한 효과의 패턴을 가리킨다.
- 둘 다 미디어 영향 요인의 조합이다.

차이점

- 기준선 효과는 관찰되는 효과가 명시적 수준에 얼마나 가까운지를 나타내는 지표 역할을 하는 장기적 영향 패턴을 나타낸다.
- 변동 효과는 기준선에서 일시적 일탈로 표현되는 즉각적인 영향을 말한다.

미디어 효과에 영향을 미치는 요인

기준선에 영향을 미치는 요인들

사람들의 기준선 형성에 가장 크게 영향을 미치는 일반적 요인은 무엇일까? 여기에서는 그 중 7가지 요인에 대해 논의하고자 한다. 다음의 7가지 요인은 사람들에게 미묘하지만 지속적으로 영향을 미치는 것으로, 사람들의 기준선이 비교적 안정되고 오래 지속될 수 있도록 만드는 역할을 한다.

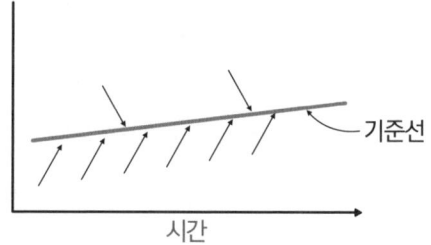

그림 14.2 기준선에 영향을 미치는 요인

발달적 성숙도

우리는 나이가 들어감에 따라 인지적, 정서적, 도덕적으로 성숙한다. 5장에서 살펴본 바에 의하면, 아주 어린 나이에는 인지나 정서, 도덕적 사고력의 발달이 시작되는 시기이기 때문에 완전한 발달이 이루어졌을 때에 비해 낮은 수준의 능력을 지니게 된다. 이 부분에 대한 성숙이 이루어지면서 우리는 더 많은 정보를 처리하고 보다 세련된 기능을 적용할 수 있게 된다. 이러한 과정을 통해 우리의 기준선을 경험하고자 하는 미디어 효과의 명시적 수준에 보다 가깝게 이동시키고, 피하고자 하는 효과에 대해서는 명시적 수준에서 멀어지게 하는 능력을 얻게 된다.

어린이들은 자라면서 인지적 능력도 발달하게 된다. 즉, 메시지의 핵심적이고 두드러진 특질에 의한 영향을 덜 받게 되고, 메시지에 담긴 더 많은 요소를 처리할 수 있게 되어 맥락을 좀 더 잘 이해할 수 있게 된다. 또한 고착화된 사고에서 벗어나 정확한 추론에 능숙해지게 된다. 아울러 판타지와 현실의 차이를 보다 분명히 인식하게 된다. 그리고 가장 중요한 것으로 미디어 노출과 자신에게 영향을 미치는 미디어의 잠재적 효과를 점검할 수 있는 메타적 사고인 사고 그 자체에 대해 생각할 수 있게 된다(Wilson & Drogos, 2009). 따라서 어린이는 성장하면서, 미디어 메시지를 처리하고 그것들로부터 배울 수 있는 자기반성적 노출 상태를 유지할 수 있게 된다. 이렇게 되면 자신의 기준선의 형성과 더불어 기준선으로부터 일어나는 변동을 제어하는 능력이 더욱 발달한다.

정서적 반응에 있어서 성숙도가 낮은 사람들은 자신의 감정이나 행동을 제어하는 능력에 한계를 보인다. Smith and Wilson(2002)은 뉴스에 대한 공포 반응이 나이에 따라 달라진다는 것을 알아냈다. 나이가 많은 어린이일수록 뉴스 기사를 이해하려는 경향이 강했고, 보도된 사건에 대해 더욱 공포감을 느꼈다. 또한 폭력적 액션/모험 영화에 대한 정서적 반응은 유머에 의해 영향을 받으나 성별에 따른 차이를 보였다. 예를 들어, 여성들의 경우 익살스러운 영웅이 등장하는 영화를 보면 스트레스가 증대되는 반면, 남성에게는 익살스러운 영웅 이야기가 스트레스를 다소 감소시키는 것으로 밝혀졌다(King, 2000).

5장에서 살펴본 것처럼, 우리는 같은 나이의 모든 사람들이 인지적, 정의적, 도덕적인 발달 수준이 같을 것이라는 맹목적인 믿음에 사로잡혀서는 안 된다. 물론, 어린이들은 어떤 영향력이 미치기에 쉬운 존재이다. 그러나 어린이들에게 미친 영향과 동일한 것에 의해 청소년이나 성인도 쉽게 영향을 받을 수 있다.

인지적 능력

발달적 성숙도는 잠재성을 나타낸다. 즉, 주어진 나이에서 사람들이 무엇을 이해할 수 있고 어떻게 사고하는가에 대한 한계를 말한다. 그러나 발달적 잠재성이 실제적 능력과 같다고 볼 수는 없다. 즉, 같은 잠재력을 지닌 모든 사람들이 서로 같은 정도의 인지적 능력을 드러내지는 않는다.

미디어 리터러시와 가장 관계 깊은 네 가지 인지적 능력으로 장 의존성, 지능 유형, 사고 유형, 개념적 분화를 들 수 있다. 이들은 각각 미디어 효과에 관한 개인의 기준선 형성에 영향을 미친다. 예를 들어, 장 독립적인 사람일수록 유동적 지능과 결정적 지능 두 가지 모두 더 높으며, 정보를 범주별로 개념적으로 구별하는 능력이 높은 사람일수록 자신의 기준선에 대한 통제력이 더욱 높다.

지식의 구조

아는 것이 많은 사람일수록 미디어로부터 얻는 것이 많다. 어떤 주제에 관해 방대한 양의 지식을 갖고 있다는 것은 견고하고 잘 발달된 지식 구조를 지니고 있음을 의미한다. 이런 사람들은 대개 다양한 주제에 관해 더 많은 지식을 얻기를 원하므로 그러한 정보를 자신에게 제공할 미디어를 찾는다. 그들이 어떤 주제에 대한 새로운 메시지를 발견하면, 기존에 자신이 가진 지식 구조에 새로운 정보를 신속하고 효율적으로 통합한다.

많은 주제에 대하여 우리는 주로 미디어가 제공하는 정보에 의존한다. 이것은 미디어의 사회적 영향력을 매우 강하게 만드는 요인이다. 왜냐하면, 실제 경험과 같은 다른 경로로부터 얻는 정보와 미디어로부터 얻는 정보를 비교하여 일일이 따져볼 수 없기 때문이다. 예를 들어, 대부분의 사람들은 프로 운동선수가 되는 것이 어떤 느낌인지 잘 모른다. 스포츠 프로그램의 인터뷰나 웹 사이트를 통해 얻은 정보로 프로 운동선수의 삶이 어떨 것이라는 약간의 식견은 있지만 그것을 확인할 기회를 가진 사람은 거의 없다. 다른 대부분의 뉴스 콘텐츠의 경우에도 다르지 않다. 일반 시청자들은 정치적 지도자, 중독 치료를 끝낸 연예인, 또는 범죄 수사관이 되어 본 경험이 전혀 없다. 소위 리얼리티 프로그램이라 불리는 것도 마찬가지이다. 시청자들은 Beverly Hills의 가정주부(Beverly Hills Housewife)나 임신한 고등학생(16 and Pregnant) 또는 아이돌 스타가 되기 위해 노래한 경험(American Idol)은 없다. 허구적 프로그램의 경우는 더욱 그렇다. 시청자들은 뱀파이어, 슈퍼 영웅은 물론이고 외과 의사, 변호사, 경찰관조차 되어 본 경험이 없다. 시청자들이 실제의 삶에서 그러한 경험을 확인할 기회가 없기 때문에 미디어에서 묘사하는 바가 얼마나 정확한지에 대해 명확히 판단하기란 불가능하다. 사람들에게 'TV 프로그램이 믿을 만한 것이고, 사람들의 삶의 방식을 적절히 나타내고 있는가?'라는 질문을 한다면, 대부분의 사람들이 그렇다고 답할 것이다. 시청 시간이 늘어날수록 TV 프로그램의 리얼리티가 실제와 가깝다고 인식하게 된다. 그것은 곧 실제 세계가 TV 속 세상과 비슷하다고 믿게 될 가능성이 크다는 것을 의미한다. 이것은 특히 어린이들이나 실제 세계에서의 다양한 경험이 적은 사람들은 더욱 그렇다.

사회적 요인

사회화 정도는 미디어가 미칠 영향력과 관계가 깊다. 오랜 기간 특정한 가치에 의해 지속적으로 사회화된 사람들은 상대적으로 견고한, 즉, 변화에 대한 저항력이 강한 기준선을 가지게 된다. 이런 사람들은 명시적 수준을 넘어설 만큼의 큰 변동이 있어도 미디어로부터 큰 영향을 받지 않는다. 예를 들어 부모나 친구, 학교, 종교 등으로부터 일생 동안 비폭력적 가치를 배워온 노인의 기준선은 폭력이라는 변동 행위와는 멀리 떨어져 있다. 그 노인이 어느 날 저녁 내내 매우 폭력적인 미디어 메시지에 노출된다 하더라도, 명시적 수준의 어느 부분에서도 폭력적 행동이 나타나지 않을 것이다. 반면 폭력적인 아버지를 보며 성장하고, 싸움을 잘 해야만 살아남을 수 있는 환경의 학교에서 공부하며, 친구들에게 의리를 표현하는 방법이 싸움이 전부인 곳에서 자라 온 사람은 폭력에 대한 명시적 수준에 매우 근접한 기준선을 가지고 있을 것이며, 미디어에 의한 약간의 자극만으로도 명시적 수준을 넘어서는 폭력적 행위가 드러날 것이다.

우리는 실제 삶과 미디어를 통해 사람들을 관찰함으로써 사회 규범을 배워간다. 미디어는 시청자들에게 많은 양의 사회적 정보와 소통하는 다양한 인물들을 보여준다. 이러한 메시지는 특히 어린이들의 사회화에 큰 영향을 끼치는데, 그 이유는 어린 아이들은 실제 삶에서 미디어 묘사와 균형을 맞출 수 있는 경험이 적기 때문이다. 게다가 성인들은 실제 삶에서 미디어 묘사와 균형을 맞출 수 있는 매우 제한된 정보만을 지니고 있기 때문에 그들 역시 미디어에 의해 많은 영향을 받는다. 예를 들어 공무원이 되어 본 적이 없고, 정당 활동을 해 본 적도 없고, 정치에 참여한 적이 없는 사람은 정치 세계의 이해와 후보자에 대한 정치적 능력에 대한 정보를 미디어에만 의존하게 된다. 현실에서 정치 경험이 거의 없는 사람들은 미디어 속 묘사가 실제와 어떻게 다른지 알아볼 길이 없기 때문에 미디어가 보여주는 것이 틀리지 않을 것이라고 받아들일 수밖에 없다.

우리는 학교, 부모, 친구 및 그 외의 사회 공동체에 의해 영향을 받는다. 예를 들어, 부모와 자녀가 함께 미디어에 노출될 때, 그것이 학습에 영향을 미치기도 한다. 미디어를 시청하는 동안 부모가 옆에서 자녀가 주목해야 하거나 이해해야 할 부분에 대해 안내한다면, 어린이들은 프로그램 내용의 주요 내용과 부수적 내용 모두를 더 잘 이해하고 기억하게 된다. 사람들이 또래 집단 내에서 소속감이 높고 유대가 긴밀할수록 집단에 의한 영향력은 높아지는 반면 미디어에 의한 영향력은 줄어든다.

생활 방식

다른 사람 및 공동체에서의 교류에 적극적으로 임하는 생활 방식을 지닌 사람들은 미디어에 의해 영향을 덜 받는다. 그러나 돈, 교육, 활력이 부족하여 실생활 경험이 부족한 사람들은 미디어에 더 많이 노출될 가능성이 높다. 가난한 사람이나 사회경제적 지위가 낮은 개인, 소수 인종, 노인과 같은 계층은 미디어, 특히 텔레비전에 의한 영향을 많이 받게 되는데, 그 이유는 사회적, 심리적 고립감을 미디어로 채우려는 성향이 강하기 때문이다. 그들에게 텔레비전은 세상을 보여주는 창이자 정보 획득의 보고로서의 역할을 한다.

개인의 정신 위치

2장에서 언급한 바와 같이 개인의 정신 위치(personal locus)는 미디어 노출에 대한 개인별 목표와 추진력의 조합이다. 이것은 위에 제시한 다섯 요인을 모두 반영하고, 활성화하는 역할을 하기 때문에 지금까지 언급한 요인들 중 가장 중요한 것이다. 더욱이 일곱 번째 요인인 개인의 미디어 노출 습관을 결정짓는 것이기도 하다. 개인의 정신 위치가 강할수록 성숙도, 기능, 지식 구조, 사회적 요인, 생활 방식을 최대한 활용할 수 있는 추진력을 갖는다.

개인의 정신 위치가 강한 사람은 과정적 효과에 대한 인지력 또한 높기 때문에 자신의 기준선을 개인적 목표에 부합하도록 형성한다. 즉, 그들은 미디어의 도움으로 자신이 이루고자 하는 특별한 효과를 가지고 있으며, 이 효과와 관련된 기준선을 명시적 수준에 가깝게 형성함으로써 적절한 미디어 메시지에 단 한 번만 노출되더라도 원하는 효과를 얻을 수 있게 된다. 개인적 정신 위치가 강한 사람들은 또한 자신이 원치 않는 효과가 있음을 알고, 그러한 효과의 명시적 수준으로부터 자신의 기준선을 멀리 두어 형성한다. 예를 들면, Jane과 Phyllis라는 두 친구가 있는데, 이들 둘은 모두 교우 관계에 대한 강한 욕구를 가지고 있다고 가정해 보자. Jane은 본인이 가진 그러한 욕구에 대해 매우 잘 알고 있어서 욕구 충족을 위해 미디어를 이용한다. Facebook에 가입하여 활발하게 친구들을 찾아다닌다. 새로운 친구의 관심사를 알기 위해 그들에게 문자를 보내고 공통의 관심사를 공유할 만한 친구에게 지속적으로 관심을 갖는다. 시간이 지남에 따라, 그녀는 지속적인 상호작용을 통해 그녀만의 교우 공동체를 만들기 위해 미디어를 이용했고, Facebook과 실제 세계에서의 활동을 통해 더욱 의미 있는 교우 관계를 형성할 수 있었다. 이에 반해 Phyllis는 외로움을 느껴서 그녀와 동일시할 수 있는 인물들이 등장하는 TV 드라마에 빠져들었다. 시간이 지날수록 그녀는 허구의 인물이 사는 세계에 점점 빠져들었고 본인도 그 안에 살고 있는 것처럼 느끼게 되었다. 그러나 그러한 미디어 경험은 상호작용적이지 않기 때문에 Phyllis는 다른 사람의 삶을 관찰만 할 뿐 친구를 사귀는 기술은 습득하지 못했고, 그로 인해 실제의 삶에서 어떤 사람을 만났을 때, 그 사람과 친근하게 상호작용하는 데 매우 큰 어려움을 느끼게 되고, 결국 교우 관계는 명시적인 수준에 이르지 못한다.

미디어 노출 습관

우리는 제각기 특정 유형의 미디어에 관심을 갖거나 특정 유형의 메시지에 관심을 갖는 미디어 노출 습관을 가지고 있다. 예를 들어, 어떤 사람들은 인터넷 서핑을 즐기며, 웹 사이트의 종류를 가리지 않고 방문한다. 이런 경우, 그들은 매우 광범위한 메시지에 노출되어 있어 그들의 기준선에 큰 영향을 미칠 가능성이 높은 단일 유형의 메시지는 없다. 반대로 어떤 사람들은 폭력적인 비디오 게임을 하거나 액션/모험 영화를 시청하는 데 대부분의 시간을 보내기도 한다. 이런 사람들의 기준선은 폭력적 행동의 명시적 수준에 가깝게 형성되어 있을 가능성이 높다.

변동 요인

미디어가 영향을 미치는 과정에서 당신의 기준선이 어디에 있는지 이해하는 것과 동시에 기준선을 벗어나 변동 효과를 발생시키는 요인을 모니터링하는 것도 중요하다. 이 부분에서는 변동이 일어날지 아닐지를 평가하는 데 중요한 역할을 하는 사람에 관한 세 가지 요인과 미디어에 관한 여섯 가지 요인을 제시할 것이다.

메시지의 내용

특정 미디어 유형에 자신을 노출시키는 것은 중요한 문제이다. 당신이 공포물이나 액션/모험물에 대한 습관적 노출 패턴을 지니고 있고 폭력 효과에 대한 당신의 기준선은 매우 높다고 가정해 보자. 만약 당신이 한 시간 동안 비디오를 시청한다면, 그것이 당신을 명시적 수준 이상으로 끌어올리기 충분할까? 그 해답은 당신이 시청하는 비디오의 내용에 달려 있다. 만약 등장인물들이 서로 돕는 친사회적 주제의 코미디 프로그램을 시청한다면, 당신은 명시적 수준에서 멀어지기 쉬울 것이다. 그러나 아주 폭력적인 프로그램을 시청할 경우, 당신은 명시적 수준을 향해 이동하기 쉬울 것이다.

묘사의 맥락

메시지의 의미는 묘사되는 방식, 특히 사회적 교훈으로 잘 드러난다. 미디어 속 인물이 매우 매력적으로 그려지고, 인물의 행동이 매우 정의로운 것으로 묘사되며, 그 행동으로 인해 어떤 보상까지 받게 될 때, 시청자들은 그 인물과 자신을 동일시하게 되어 그 인물의 관점에서 경험하게 되고 이러한 다양한 간접 경험에 의해 학습이 이루어진다. 시청자들은 인물에 의해 묘사된 경험의 의미를 받아들이게 된다.

미디어 속에서 폭력의 묘사가 매우 위험한 이유가 바로 여기에 있다. '착한 녀석들'은 '나쁜 녀석들' 만큼이나 폭력적인 행위를 저지른다. 그러나 착한 사람들의 폭력은 항상 정의로운 행위로 묘사되고, 처벌을 받는 일도 거의 없다. 이렇게 되면 폭력은, 좋은 사람이 되기 위해서는 꼭 필요한 것이며, 갈등 해결의 훌륭한 수단의 의미를 갖게 된다. 시청자들은 그들 스스로를 좋은 사람으로 여기기 때문에 폭력을 사용해도 괜찮다고 배우게 된다.

내용에 대한 인지적 복잡성

메시지를 해석함에 있어서 필요한 인지적 요건이 적을 때, 더 쉽게 메시지의 의미를 처리할 수 있다(Lang, Potter, & Boills, 1999). 서술이 작동 기억에 더 많은 것을 요구할수록 쉽게 이해되고 잘 기억될 수 있는 사실은 줄어든다(Fisch, 2000). 예를 들어, 어린이들은 읽기 유창성에 관계없이 지면보다 TV로 보는 뉴스를 더 잘 기억한다. 그 이유는 TV 뉴스가 한 번에 다양한 경로(사진, 문자, 음성)로 정보를 제공하기 때문이며, 정보가 의미적으로 중복이 될 때에는 그것들을 서로 보완하고 보강함으로써 더 나은 학습을 달성하기 때문이다(Gunter, Furnham, & Griffiths, 2000). 어린이들이 미디어 메시지의 교육적 내용을 이해하는 정도는 정보가 얼마나 중심적인 것을 설명하고 있는가에 따라 달라진다. 메시지의 주요 흐름과 관련 없는 사실은 메시지의 중심적인 사실에 비해 학습의 효율이 낮다. 또한 사람들은 감정적 단서를 함께 사용할 때 정보를 더 잘 기억한다(Bucy & Newhagen, 1999).

동기

우리가 특정 정보에 대해 의식적인 필요를 느낄 때, 미디어에서 그 정보를 적극적으로 찾게 되고 이러한 경험을 통한 학습 기회가 많아지게 된다. 우리가 정보 습득에 수동적일 때에도 학습이 일어나기는 하지만 정도성은 떨어진다. 또한, 학력과 지적 수준이 높은 사람일수록 미디어에서 정보를 탐색하고자 하는 동기가 더 강하다. 이런 사람들은 자신에게 가장 필요한 정보를 선택한다.

상태

상태란 어떤 자극에 대한 반응 과정에서 일어나는 일시적 욕구 또는 감정적 반응을 말한다. 때때로 삶에서 우리를 화나게 하거나 좌절하게 만드는 일들이 일어나곤 한다. 이런 상태는 미디어의 내용과 연결이 되어 어떤 효과를 발생시키기도 한다. 예를 들어, 좌절감을 겪고 있는 사람이 폭력적인 영상물을 시청할 경우, 두 조건(좌절감과 폭력) 중 한 가지만 일어나는 경우보다 폭력적인 행동을 하게 될 가능성이 훨씬 높아진다.

미디어는 우리의 심리적 상태를 자주 변화시킨다. 이러한 상태 중 가장 중요한 것은 아마도 흥분일 것이다. 우리는 흥분 상태에서 주의를 더욱 집중하게 되므로, 흥분 상태에서의 경험은 더욱 생생해진다. 우리는 이 생생한 묘사를 더 잘 기억하므로 흥분 상태에서 행동하게 될 가능성이 높다 (Comstock, Chaffee, Katzman, McCombs, & Roberts, 1978; Zillmann, 1991).

특정 제작 기법이 시청자들을 더욱 흥분시키는 경우도 있다. 이러한 기법에는 빠른 장면 전환, 한 프레임 내에서의 빠른 이동, 시끄러운 음악, 효과음 등이 있다. 물론 긴장감, 공포감, 생명을 위협하는 폭력, 성인물과 같은 특정 서사적 관습이 흥분을 유발하기도 한다.

대부분의 상태는 심리적이거나 감정적인 것으로 간주되지만, 인지적인 것도 있으며 그것은 미디어 리터러시에서는 특히 중요하다. 만약 당신이 배경과 맥락을 전혀 모르는 주제를 접하게 되면, 당신은 스스로가 무력한 상태에 있다고 느낀다. 이러한 인지적 무력감의 상태는 대개의 경우 좌절이나 절망을 느끼는 감정적 상태로 이어진다. 그러나 이 상태는 인지적 영역과 관련된 것으로 정보의 맥락 부족이 핵심이다. 다른 상태의 경우에서와 같이 인지적 상태의 지속 시간은 짧은데, 그 이유는 사람들이 대개 무력감의 상태를 유발할 수 있는 메시지를 피해버리거나 오히려 그 주제와 관련된 많은 정보를 찾아내기 때문이다. 그렇게 함으로써 맥락이나 배경을 모르는 주제에 관한 무력감의 경험을 끝내게 된다.

동일시 정도

우리는 동일시할만한 인물에 더 많은 주의를 기울이기 때문에 어떤 특정 인물에 대한 동일시도 과정적 효과에 영향을 미치는 주요 요인이 된다. 어떤 인물에 대한 강한 애착을 지닌 시청자들은 그 인물의 말과 행동을 신뢰한다(Hoffner & Cantor, 1991). 그 인물에 대한 애착이 강할수록 변동으로 나타날 영향의 가능성은 더 커진다(Bandura, 1986, 1994).

두 단계로 이루어진 인물과의 심리적 관계를 통해 우리는 미디어에서 묘사된 인물과 관련을 맺는다. 첫 번째는 우리가 그 인물에게 얼마나 매력을 느끼는지를 판단하는 단계이다. 매력은 그 인물이 우리와 비슷하다고 얼마나 우리가 느끼는지 아니면 우리가 그 인물처럼 되고 싶은지와 관련된 것이다. 두 번째 단계는 스스로가 그 인물의 역할이 '되어보는' 경험을 하는 것이다. 우리는 미디어 속의 이야기를 따라가면서 이 두 단계를 밟게 되는데, 이러한 양상은 미디어 속 이야기가 우리에게 영향을 줄 수 있는 정도를 증가시킨다.

영향을 미치는 과정

앞 절에서는 기준선에 영향을 미칠 뿐만 아니라 기준선의 변동을 촉발하는 여러 개별 요인을 제시하였다. 각 요인은 개별적으로 제시되었지만, 기준선이나 변동 효과에 대해 전적으로 책임이 있기 때문에 단독으로 작용하는 경우는 거의 없다는 것을 이해해야 한다. 각각의 요인은 변화를 일으키기 위해서는 어떠한 특정 시간에 여러 요인들이 조합되어야 하는 복잡한 과정으로 작용한다.

앞에서 각각의 요소들에 대해 하나씩 설명하였다. 미디어 효과를 연구하는 학자들은 일반적으로 다른 요인들을 통제한 채 한 번에 한 가지 요인만을 대상으로 실험을 진행하여 어떤 특정 요소가 특정 미디어 효과와 연관되어 있는지 여부를 밝혀내고자 한다. 그러나 시간이 지나면서 미디어 연구자들은 다변량 데이터 분석 방법으로 요인을 조합하는 연구를 진행하였고, 우발적 영향, 상호작용적 영향, 비대칭적 영향과 같은 것들을 발견하게 되었다. 우발적 효과는 특정 조건에서는 나타나지만 다른 조건에서는 나타나지 않는 것이다. 예를 들어, 연령(Smith & Wilson, 2002)과 성별(King, 2000)은 일반적으로 우발적 영향에서 언급되는 변인인데, 어떤 특정 영향은 어린 아이들에게만 일어날 뿐 성장한 청소년에게는 일어나지 않으며, 어떤 효과는 남서에게만 발생하고 여성에게는 발생하지 않기도 한다. 상호작용적 효과는 상호작용을 위한 몇 가지 요소가 없으면 효과가 발생하지 않는다는 것이다. 예를 들어, 변인 X가 독립적으로 작용하면 아무런 효과도 없고, 변인 Y가 독립석으로 작용하면 아무런 효과가 없는데, X와 Y 두 요인이 동시에 작용할 경우, 둘의 상호작용으로 인해 효과가 발생하는 것이다. 불은 상호작용적 효과의 한 예인데, 불이 붙기 위해서는 연료, 산소 및 열이 동시에 존재해야 한다. 이 세 가지 요인 중 어느 하나라도 없으면 다른 두 가지 요소가 아무리 많아도 불이 붙지 않는다.

비대칭적 영향은 한 요인이 다른 요인에 영향을 미치지만 반대의 경우는 성립하지 않는 경우를 말한다. 예를 들어, 가을에 나뭇잎들은 온도가 내려가면 색을 바꾼다. 온도 하락은 나뭇잎의 색깔에 영향을 미치지만, 나뭇잎의 색깔은 온도에 영향을 주지 않는다. 미디어 효과와 관련된 문헌에는 비대칭 영향의 예가 많다. 최근의 한 예는 Wright와 Randall(2014)의 연구에서 나온 것인데, 그 연구에서는 동성혼에 대한 지지가 포르노 소비를 늘리는 데 기여하지 않았지만, 포르노 소비로 인하여 동성혼에 대한 지지가 늘어남을 발견하였다.

미디어 효과에 관한 연구는 대략 5,000편 이상으로 그 양이 매우 방대하기 때문에(Potter & Riddle, 2007), 미디어 효과 과정의 복잡성에 대한 많은 의미 있는 관점을 제공한다. 하지만, 종종 연구들 간 주장들이 서로 어긋나는 부분들이 있어서 쉽게 받아들이기 힘들다. 예를 들어, 최근 소셜네트워크서비스(SNS)의 이용을 조사한 연구에서, 선택적 노출로 인해 개인의 학습에 방해가 된다는 연구가 있는 반면(Garrett & Stroud, 2014; Su & Feng, 2014), 다른 연구자들은 SNS의 이용이 이용자의 마음을 열게 하고 시야를 넓혀준다는 주장을 내세웠다(Lee 외, 2014). 단일 연구 내에서조차 종종 상반되는 결과가 담겨 있기도 하다. 예를 들어, Lewis, Tamborini, and Weber(2014)는 미디어 이야기에서의 인지적 충돌은 때로는 즐거움을 증가시키기도 하지만 즐거움을 감소시킨다고 보고했다. 명확한 답을 찾으려 했는데 연구 문헌에서 이와 같은 모호한 결과를 보는 것은 답답함을 초래한다. 그러나 영향력이라는 미디어 효과의 과정이 단순한 것이 아님을 깨달아야 한다. 그것은 복잡할 뿐만 아니라 많은 요소들이 상호작용을 한다. 이 과정을 이해하기 위해서는 연구 결과를 여러 층위로 분석할 필요가 있다. Lewis, Tamborini, Weber가 연구를 수행할 때, 그들은 사람들이 미디어 이야기에서 인지적 충돌을 이해하는 데 사용한 두 가지 다른 과정이 있다는 것을 알게 되었다. 첫 번째는 감사의 경험이 특징인데, 이것은 신중하고 느리게 진행되며 인지적 갈등의 결과로 나타난다는 것이다. 즐거움의 경험이 특징인 두 번째 과정은 자동적이고 빠르게 진행되며 인지적 충돌이 별로 중요하지 않을 때 일어난다는 것이다. 연구자들은 미디어 이야기에 대한 두 가지의 평가 과정이 직관적 선호에 대한 동일한 기본 틀에서 비롯되지만, 첫 번째 과정만이 인지적 충돌에서 나온다는 것을 발견했다.

누구의 탓인지에 대해 생각하기

이 장의 첫 부분에 소개되었던 러시안 룰렛 상황으로 돌아가서 다시 질문을 해 보자. 스스로에게 총을 쏜 소년의 죽음에 대해 미디어가 비난받아야 하는 것인가? 이와 같은 질문은 영화나 텔레비전 쇼, 또는 비디오 게임을 모방한 죽음에 대한 이야기를 들을 때마다 계속 제기된다. 어떤 사람이 미디어에서 본 것을 모방하여 죽었다는 사실이 사람들의 관심을 불러일으킨다 하더라도 이 문제에 대한 대중의 담론은 입장이 다른 그룹들 간 비난으로 양극화되는 것이 일반적이다. 예를 들어, 부모님들은 미디어를 탓할 것이고, 미디어는 총기 산업, 총기 소유권에 대한 규제의 허술함, 아이들이 놀만한 곳에 장전된 권총을 놓아두고 외출한 부모에게 비난의 화살을 돌릴 것이다. 총기 산업 관계자들은 총이 사람을 죽이는 것이 아니라 사람이 사람을 죽이는 것이라며 부모와 소년을 비난할 것이다. 누가 비난받아야 하는가에 대한 논쟁은 비생산적이다. 많은 요인들이 소년의 죽음에 작용했기 때문에 작용한 모든 요인들을 비난해야 한다.

이 복잡한 사회에서 어느 한 가지 요인에 의해서만 발생되는 결과는 거의 없다는 사실을 주지할 필요가 있다. 효과는 복합적으로 작용한다. 이를 쉽게 이해하기 위해서는 불의 발생을 예로 들 수 있다. 불을 피우기 위해서는 연료, 산소, 그리고 열이 필요하다. 이 세 가지 요인은 불을 피우는 데 필수적인 것들이다. 미디어 효과에 있어서도 미디어의 묘사, 사건과 관련된 사람들의 삶의 요인, 효과가 명시적 수준을 뚫고 지나갈만한 가능성에 기여하는 실제 세계의 상황에 대한 요인이 필요하다. 이 중 어떤 요인도 그 자체만으로는 책임이 없다.

누가 비난을 받아야 하는가? 그 대답은 질문을 어떻게 하느냐에 따라 달라진다. 만약 "권총 생산 회사가 권총을 이용한 범죄에 전적으로 책임을 져야 하는가?"라는 질문을 한다면, 다른 총기 범죄들도 모두 포함되기 때문에 대답은 당연히 "아니다"이다. 만약 "권총 생산 회사는 잘못이 없는가?"라고 물었다면, 권총이 폭력 범죄의 필수 도구로 이용되었기 때문에 이에 대한 대답도 "아니다"이다. 홀로 영향력을 발휘하는 요인은 없기 때문에 책임을 면하기 위해 어느 한 가지 영향만 탓할 것이 아니라 복합적인 영향을 인식하는 것이 가장 중요한 핵심이다.

미디어 리터러시 갖추기

미디어 효과의 작용 과정은 복합적인 것이다. 미디어가 영향을 미치는 과정을 이해하기 위해서 높은 수준의 미디어 리터러시를 갖추어야 하는 이유도 바로 이 때문이다. 리터러시 수준이 낮은 사람들은 미디어가 영향력을 행사하지 않거나 미디어의 영향력이 다른 사람에게만 미친다고 믿는다. 이것은 잘못된 생각이다.

당신에게 영향을 미치는 미디어 효과를 제어하는 힘은 미디어의 다양한 효과와 미디어 영향력이 다른 영향력과 어떻게 조합하여 작용하는지를 이해하는 데에서 시작한다. 우리는 명시적 수준을 뛰어 넘는 변동 효과와 함께 과정적 효과를 염두에 둘 필요가 있다. 또한, 변동 효과보다 더 중요한 기준선에 대해서도 이해할 필요가 있다. 이러한 과정을 통해 우리는 미디어 효과에 대한 예방적 관점을 지닐 수 있게 된다. 명시적 수준과 관련하여 우리의 기준선이 어디에 위치에 있는지 이해하면, 수준 높은 학습이나 전문적 견해의 활용, 많은 사람들을 행복하고 건설적으로 만드는 행동의 실천과 같은, 삶에서 경험하고 싶어 하는 효과에 대해 우리의 기준선을 명시적 수준에 더 가깝게 조절할 수 있다. 동시에 부정적 효과에 대해서는 명시적 수준으로부터 기준선이 점점 더 멀어지도록 조절할 수 있다.
    연습문제 14.1을 통해 이 장에서 배운 것을 얼마나 잘 적용할 수 있는지 살펴보자. 여섯 개의 간단한 시나리오의 상황에서 기준선의 위치가 어디쯤일지 짐작하기 위해 이 장에서 학습한 정보를 얼마나 잘 활용할 수 있는지 보라. 그런 다음 기준선에서 변동을 일으키는 데 어떤 요인들이 작용했을지 생각해 보라.
    그리고 당신이 좋아하지 않던 것을 경험한 것을 바탕으로 미디어 효과를 확인함으로써 현실적인 연습을 해 보자(연습문제 14.2). 당신 스스로를 당신의 성격, 습관, 환경을 분석하여 그러한 결과를 초래했을 가능성이 있는 모든 요인의 프로필을 작성하는 심리치료사라고 생각해 보라. 이 때, 당신의 프로필 구성이 학문적 바탕이 있는지 여부에 신경쓰지 말고, 단지 당신 본연의 지식과 당신이 이 장에서 배운 것을 활용하여 일련의 요인에 대해 합리적인 주장을 펴면 된다.

요약

    미디어 효과는 복잡한 과정으로 끊임없이 발생하고 있다. 이 개념에 좀 더 쉽게 접근하기 위해 아마도 은유적으로 생각하는 것이 유용할 것이다(더 생각해보기 14.1 참고). 우리의 생활에는 항상 날씨가 있고 우리에게 미치는 영향이 끊임없이 변화하고 있다는 생각에 모두 익숙하다.
    미디어의 영향과 관련하여 염두에 두어야 할 중요한 세 가지 개념이 있다. 첫째, 미디어 메시지에 의해 우리는 직접적·간접적인 영향을 계속 받고 있기 때문에 미디어 효과는 지속적으로 일어난다. 둘째, 미디어 효과는 우리 삶의 다양한 요인과 함께 작용한다. 셋째, 당신이 미디어 효과가 어떻게 작용하는지 이해를 한다면, 당신은 스스로의 삶에서 그 효과의 과정을 제어할 수 있다.
    지금쯤 당신은 다양한 미디어 효과와 그 효과가 작용하는 과정에 대한 지식 구조를 갖게 되었을 것이다. 이것은 미디어의 작용 과정을 통제하는 더 나은 관점을 제공함으로써 당신이 원하는 효과를 얻을 수 있게 만들어 준다. 그러나 발생할 수 있는 모든 미디어 효과를 변화시키는 다른 모든 요인에 대한 세부사항을 이 장에서 모두 언급할 수는 없다. 내가 당신에게 많은 효과에 영향을 미치는 것으로 밝혀진 다양한 유형의 요인에 대해 경고했지만, 독자들의 지식 구조를 정교화하기 위해서는 부가적인 미디어 효과 관련 강의를 듣거나, 미디어 효과 연구와 관련한 다소 방대한 자료들을 추가적으로 탐독할 필요가 있다.

> **더 생각해보기 14.1** – 미디어 효과를 날씨에 비유하기 –
>
> 　미디어 효과는 여러 면에서 날씨에 비유될 수 있다. 날씨는 항상 존재하지만 많은 형태를 취한다. 사람들을 추위에 떨거나 젖게 만들기도 하고, 때로는 뜨거운 태양으로 화상을 입히기도 한다. 그것은 모두 날씨이다. 날씨를 설명하는 요인의 수가 너무 많고, 그 관계가 매우 복잡해서 날씨를 정확히 예측하기는 아주 어려운 일이다. 그 많은 요인들을 다루기 위해 고도로 복잡한 모형과 슈퍼컴퓨터를 이용한다. 그러면 특정 지역의 연간 일조량이나 강수량을 예측하는 것과 같은 광범위한 수준의 예측 정확도를 높이는 데에는 도움을 얻을 수 있다. 그러나 슈퍼컴퓨터라 하더라도 누가, 어느 날에 비를 맞게 될 것인가를 정확하게 예측해 내는 것은 불가능하다. 기상청도 날씨를 통제할 수는 없으며, 날씨가 우리에게 미치는 영향은 스스로가 개인적으로 조절할 수 있다. 원하지 않는 효과를 피하기 위해 우산이나 자외선 차단제를 소지하거나 아예 밖으로 나가지 않을 수 있다. 그리고 날씨가 좋은 날은 기꺼이 만끽하기도 한다.
>
> 　날씨와 마찬가지로 미디어는 우리 주위에 항상 만연해 있다. 미디어의 영향 또한 날씨와 같이 그 효과를 설명하기 위한 요인의 수가 많고 과정이 복잡하여 예측하기 어렵다. 우리는 성능 좋은 컴퓨터를 이용하여 많은 수의 변인을 조사하고, 미디어 효과에 관해 많은 것을 연구해 왔다. 특정 유형의 메시지가 어떤 특정 종류의 사고나 행동을 유발한다고 대개 알고는 있으나, 정확히 누구의 사고나 행동을 변화시킬 것인지 찍어 예측할 수는 없다. 개인적으로는 미디어를 조절하는 데에는 큰 영향력이 없지만 우리가 사용할 의지만 있다면 우리에게 미치는 미디어의 효과를 조절하는 데에는 커다란 힘을 발휘할 수 있다. 이 힘을 사용하는 방법을 알기 위해서는 미디어 효과에 대한 충분한 리터러시가 요구된다.
>
> 　미디어의 영향과 날씨 사이에는 중요한 차이점이 한 가지 있다. 날씨의 경우 각각의 다른 형태에 대해 인식할 수 있고, 그 각각의 형태 변화가 언제 일어나는지를 알 수 있다. 변화가 일어날 때에는 눈으로 분명히 확인할 수 있는 흔적들이 많기 때문에 비, 안개, 눈의 차이점을 식별하는 것은 아주 쉬운 일이다. 그러나 미디어 효과이 경우 누군가가 언급하기 전까지 그 효과를 인식하는 데에는 어려움이 따른다. 누군가 알려준 후에야 좀 더 쉽게 알아챌 수 있게 된다. 우리는 긍정적인 것은 물론 부정적인 미디어 효과의 명시성을 알아챌 수 있도록 스스로를 훈련시킬 필요가 있다. 명시적 효과뿐 아니라 과정적 효과도 존재한다는 사실에 민감해져야 한다.

더 읽을거리

Strasburger, V. C., & Wilson, B. J.(2002). Children, adolescents, & the media. Thousand Oaks, CA: Sage.

이 책은 많은 양의 만화와 사진, 그래픽으로 채워져 있어 쉽게 읽을 수 있다. 책의 내용은 어린이들과 청소년들이 미디어에 의해 어떻게 영향을 받는지를 다루고 있으며, 광고, 폭력, 성관계, 약물 사용, 음악, 음식 묘사 등에 초점을 두고 있다. 전자 게임과 인터넷에 대해 지면을 할애하여 다루고 있다. 저자들은 미디어 콘텐츠가 개인과 사회에 미치는 폐해를 보여주기 위해 공중보건학적으로 접근한다. 이 책은 개인이 미디어로부터 스스로를 지킬 수 있는 방법들과 프로그래머, 광고 제작자, 정책 입안자, 교육자, 부모들, 연구자 등 미디어와 관련된 사람들에게 제시하는 제언도 포함하고 있다.

최신 자료

Journal of Advertising (https://www.tandfonline.com/loi/ujoa20)
Journal of Advertising Research (http://www.journalofadvertisingresearch.com/)
Journal of Broadcasting & Electronic Media
(https://www.tandfonline.com/loi/hbem20)
Journal of Communication (https://academic.oup.com/joc)
Journal of Communication Research (http://journals.sagepub.com/home/crx)
Journalism & Mass Communication Quarterly
(http://journals.sagepub.com/home/jmq)
Media Psychology (https://www.tandfonline.com/loi/hmep20)

미디어 메시지가 개인과 기관에 어떤 영향을 미치는지 조사한 연구를 발표하는 수백 개의 학술지가 있다. 위에 열거된 7개의 저널은 매년 발행되는 학술 잡지의 일부분이다.

연습 문제 14.1 메시지의 위험 수준 진단하기

미디어 메시지와 상호작용하는 인물의 특징을 나타내는 6가지 시나리오를 보자. 각각의 상황에 대해 다음 5가지의 내용을 생각해 보자.

a. 인물을 변동 위험에 처하게 한 미디어 효과는 무엇인가?
b. 선택한 효과에 대한 인물의 기준선이 어디쯤일지 생각해 보라. 어떤 요인이 기준선을 그 위치에 놓이게 하였는가?
c. 미디어 노출에 대한 어떤 요인이 명시적 수준으로 기준선을 밀어 올리는가?
d. 인물의 미디어 노출 경험 또는 인물 자신에 대한 어떠한 요인이 명시적 수준으로 기준선을 밀어 올리는가?
e. 그 인물은 명시적 수준으로 상승하는 것을 막기 위해 무엇을 해야 하는가?
f. 생리: 미디어는 당신을 자극할 수도 진정시킬 수도 있다.

시나리오 1: Bobby
Bobby는 토요일 오전에 TV에서 방영하는 액션/모험 만화를 보는 것을 좋아하는 5살짜리 아이이다. 엄마는 Bobby가 TV를 보는 시간에 다른 집안일을 할 수 있어서 TV가 돌보미의 역할을 한다고 생각하여 행복해한다.

시나리오 2: Jennifer
Jennifer는 볼 수 있는 모든 패션 잡지를 읽는다. 살을 빼고 걸맞는 명품 옷을 입는 것에 사로잡혀 있다.

시나리오 3: Cool Dude
Cool Dude는 대학교 2학년 학생이다. 지난 4년 동안 찾을 수 있는 모든 헤비메탈과 랩 음반을 다운로드했다. 그는 매일 밤 파티에 참석하여 입는 옷, 이야기, 스타일 덕분에 사회생활의 중심에 서 있다고 느끼고 있다.

시나리오 4: Alison
4살인 Alison은 지금 막 영화에서 Bambi의 엄마가 죽은 것을 보았다. 아이는 슬픔에 잠겨서 낮잠을 잘 수가 없다.

시나리오 5: Percy

Percy는 공포 영화를 즐겨 보는 10대 소년이다. 그러나 지금은 스릴을 느낄 수 없다. 최근 그는 영화를 보는 동안 공포를 느끼는 감각을 잃어버렸다. 그럼에도 자신을 흥분시킬 수 있는 정말로 섬뜩한 장면이나 소름끼칠만한 어떤 멋진 특수 효과가 나오길 기대하며 새로운 공포 영화를 지속적으로 관람한다.

상황 6: Harriet

Harriet은 중학교에서 왕따를 당하는 학생이었지만, 부모님의 허락 하에 Facebook 계정을 만든 이후 지금은 여러 나라의 친구를 사귀고 있다. 자존감이 크게 높아진 반면, Facebook에서 친구들과 연락을 주고받느라 하루 12시간 이상을 매달려있기 때문에 언제나 피곤함을 느낀다.

연습 문제 14.2 당신에 대한 미디어 효과의 프로필

1. 당신이 행동을 변화시킨 미디어 효과에 대해 생각해 보라. (아마 폭력적인 영화를 보고 나서 바로 공격적으로 행동하기 시작했을 수 있다. 또는 상품 광고를 보고 난 즉시 그걸 사기 위해 가게에 갔을 수도 있다.)

   a. 이 장에 제시된 7가지 기준선 요인을 보고 행동적 효과에 대한 당신의 기준선의 프로필을 작성하라.
   b. 명시적 수준을 넘어서 변동 파동을 일으킬 수 있는 미디어 메시지가 무엇인지 이 장에 제시된 6가지 변동 요인을 활용하여 프로필을 작성하라.

2. 인지적 효과(13장과 부록 B 참고)에 대해 생각해 보자. 인지적 효과에 대한 당신의 기준선을 그어 보자. 명시적 수준에 얼마나 근접해 있는가?

   a. 선택한 인지적 효과가 긍정적인 것이라면, 기준선을 명시적 수준에 더 가까워지게 하기 위해 무엇을 할 수 있는가?
   b. 선택한 인지적 효과가 부정적인 것이라면, 기준선을 명시적 수준에서 더 멀어지게 하기 위해 무엇을 할 수 있는가?

3. 인지적 효과(13장과 부록 B 참고)에 대해 생각해 보자. 인지적 효과에 대한 당신의 기준선을 그어 보자. 명시적 수준에 얼마나 근접해 있는가?

   a. 당신의 기준선이 명시적 수준과 멀어지게 하기 위해 무엇을 할 수 있는가?
   b. 기준선에서 변동이 일어나 명시적 수준을 뛰어넘은 일이 일어나지 않도록 하기 위해 피해야할 미디어 메시지의 종류를 작성해 보자.

4. 긍정적 태도 효과에 대해 생각해 보자. 그 효과에 대한 당신의 기준선을 그어보자.

   a. 명시적 수준과 가까워지게 하기 위해 무엇을 할 수 있는가?
   b. 기준선에서 벗어난 변동이 명시적 수준을 돌파할 수 있도록 검색해야 할 미디어 메시지의 종류를 작성하라.

5. 13장에서 언급한 4가지 차원을 활용하여 다른 긍정적/부정적 효과에 대해 생각해 보자. 각각의 효과에 대해 다음의 활동을 해 보자.

   a. 당신의 기준선을 만들어 보라.
   b. 더 큰 변동을 일으킬만한 미디어 메시지를 작성하라.
   c. 더 작은 변동을 일으킬만한 미디어 메시지를 작성하라.

도약 THE SPRINGBOARD

15 미디어 리터러시 증진을 위한 도움
Helping Yourself and Others to Increase Media Literacy

미디어 리터러시 증진을 위한 도움

핵심 개념 | 당신은 사회와 다른 사람들에게 영향을 줄만한 미디어 리터러시 전략들을 개발할 능력을 갖고 있지만, 우선 당신의 미디어 리터러시 수준을 증진시킬 필요가 있다.

▶ <u>스스로를 돕기</u>
- 10가지 지침
  1. 개인의 정신 위치를 강화시켜라
  2. 노출 패턴에 대해 명확히 인식하라
  3. 유용한 지식 기반을 다져라
  4. 정신 코드를 점검하라
  5. 의견을 점검하라
  6. 행동을 변화시켜라
  7. 실제와 판타지의 연속선에 관해 생각하라
  8. 메시지 디자인 기술을 익혀라
  9. 사생활을 당연한 것으로 여기지 마라
  10. 개인적 책임을 져라
- 이정표의 실례들
  - 인지적 사다리
  - 정서적 사다리
  - 도덕적 사다리
  - 미학적 감상 사다리
  - 리터러시의 수준의 예

▶ 다른 사람을 돕기
- 개인 간의 테크닉
- 개입
- 공교육
  - 현재 상황
  - 장벽
  - 당신이 할 수 있는 일은 무엇인가
- 사회적 테크닉

▶ 요약
▶ 최신 자료
▶ 연습문제

앞의 장들을 통해서 미디어 리더리시의 지식 체계 전반을 쌓게 된 것을 축하한다. 이제 낭신은 미디어 리터러시가 무엇을 뜻하는지 충분히 이해했을 것이고, 미디어 산업, 미디어 수용자, 메시지, 그리고 당신과 사회에 대한 미디어의 효과에 대한 충분한 기본 지식을 갖게 되었다.

당신은 이제 당신이 갖게 된 이러한 기술과 지식 체계를 어떻게 보존하고 증진할 것인가, 그리고 다른 사람들을 어떻게 도울 것인가에 대해 스스로에게 물어보아야 한다. 이 마지막 장에서는 당신이 이들 질문들에 답을 잘 할 수 있도록 도와 줄 것이다. 이 장에서 본 저자가 플랫폼으로서 언급한 것에 대해 생각해 보라. 그것들은 당신이 평생에 걸쳐서 경험하는 풍성한 미디어 메시지를 접하게 될 때 사고의 궤적을 더 잘 통제할 수 있게 해 주는 출발점 같은 것이다. 일단 당신이 지속적으로 미디어 리터러시를 증진시키기 위한 개인적 전략을 발전시키는 법에 대해 이해하도록 도울 것이다. 그리고 나서 타인의 미디어 리터러시를 증진할 수 있도록 도울 전략을 발전시키도록 이끌어줄 것이다.

스스로를 돕기

당신이 해야 할 첫 번째 일은 자신의 미디어 리터러시를 증진시키기 위한 개인적 전략을 개발하는 것이다. 개인적 미디어 리터러시 전략을 개발하는 목적은 현재 미디어가 지배하고 있는 영향력을 제어하기 위해서이다. 개인 전략을 발전시킬 때 본 절에서 제시하는 10가지 지침에 대해 생각해 보기를 바란다.

10가지 지침

1. 개인의 정신 위치를 강화시켜라

개인의 정신 위치는 당신의 목표를 인지하고 그러한 목표를 성취하기 위해 정보와 경험들을 탐색하고자 하는 추진력의 결합이라는 것을 기억하라. 그러기에 당신의 목표를 다음 두 가지 이유로 주기적으로 분석할 필요가 있다. 첫째, 당신의 목표가 무엇인지 분명히 알고 있어야 한다. 당신의 목표가 희미하면 당신은 삶을 나아지게 하기 위해 방황할 뿐 그것을 절대 찾지는 못할 것이다. 목표의 명확함은 당신에게 방향성을 제시해 주는 데 필요하다. 둘째, 당신이 본인의 목표라고 생각하는 것이 정말 당신의 목표인지를 점검해 보라. 당신이 성취하고자 하는 목표가 미디어와 같은 다른 무언가에 의해서 프로그램된 것이라면, 그러한 목표의 성취는 당신을 행복하게 하거나 만족시키지 못할 것이다.

일단 당신의 목표가 무엇인지 분명해지면, 당신의 목표를 성취하는 데 필요한 추진력을 충분히 가지고 있는지 자문할 필요가 있다. 만약 목표를 성취하기 위한 에너지가 없다면 계획은 무의미하다. 미디어 리터러시와 관련하여 하루 이틀 안에 모든 것을 변화시킬 수 없기 때문에 한꺼번에 많은 에너지가 필요한 것은 아니다. 그날그날 필요한 양의 에너지만 있으면 된다. 성장을 위한 핵심은 그것을 지속하는 것이다. 매일 미디어를 어떻게 활용하는지에 좀 더 많은 관심을 갖고 미디어 노출이 정말로 당신의 목표를 달성하고 있는지 지속적으로 평가한다. 광고주에 의해 강요된 기준 대신 자신의 기준을 사용하여 메시지를 평가하라. 당신이 이 과정에 지속적으로 관여하게 되면, 당신은 점차적으로 자신의 목표와 기준에 대한 인식이 증가된다는 것을 알게 될 것이고, 당신의 목표를 달성하는 많은 대안적인 방법들이 있다는 것을 알게 될 것이다. 그 방법들 중 일부는 과거에 당신이 의지했던 습관보다 더 성공적일 것이다.

우리 모두에게는 책을 읽고, iPod으로 강의를 듣고, 비디오 게임을 하고, 텔레비전을 시청하는 데 필요한 적정량의 정신적 에너지에 대한 기대치가 있다. 각각의 매체는 각기 다른 양의 정신적 에너지를 요구한다. 각각의 매체는 또한 각기 다른 종류의 인지적 개입을 요구한다. 메시지가 우리의 기대치를 만족시킬 때, 우리는 계속 우리를 노출시키지만 그것은 자동화된 상태에서 그렇게 하는 것이다. 그러나 메시지가 우리가 기대하는 것보다 더 많은 에너지를 요구하면, 우리는 그 메시지에 대한 노출을 멈추고 정신적 노력이 덜 드는 다른 메시지를 찾게 될 것이다. 이것은 자연스러운 반응이지만 때로는 도전적인 메시지에 머물면서 그러한 도전들을 헤쳐 나가는 것이 도움이 된다. 정신적 노력이 많이 소모될수록 이해력, 학습력, 그리고 순간 기억력은 더 높아진다. 또한 다른 사람들과 달리 당신이 더 많은 정신 에너지를 소비할 때, 당신은 그러한 메시지들로부터 더 많은 가치를 얻고, 당신을 다른 사람들과 차별화하는 강점을 지니게 될 것이다.

2. 노출 패턴에 대해 명확히 인식하라

주기적으로(일 년에 한 번 정도) 한 주간의 미디어를 사용한 일기를 써라. 이러한 연습을 반복함으로써 미디어, 미디어 전달 수단, 메시지에 대한 관심의 변화를 모니터할 수 있다. 이러한 변화를 모니터할 때, 다음과 같은 질문들을 스스로에게 하라.

- 다양한 미디어로 자신의 노출을 확장하고 있는가, 아니면 한두 미디어에만 고정되어 있는가?
- 다양한 미디어 전달 수단으로 자신의 노출을 확장하고 있는가? 예를 들어, Facebook에서 친구 수를 늘리기 위해 많은 시간을 보낸다고 가정하자. 친구의 수를 늘리는 것이 실제로 하고 싶은 전부인지 자문해 보라. 아마도 관계의 질을 높이는 것이 당신에게 더 중요해질 것이므로 공유된 관심사에 기초하여 더 깊은 관계를 발전시킬 수 있는 다른 인터넷 플랫폼을 찾게 될 것이다. 당신과 같은 취미, 사회적 이슈에 대한 우려, 또는 정치적 태도를 공유하는 사람들의 블로그와 관심 그룹을 찾아보라. 이러한 종류의 사람들과 공통점이 많을수록 더 의미 있는 관계를 구축할 더 많은 기회를 갖게 될 것이다.

다양한 웹사이트, 새로운 음악, 새로운 종류의 텔레비전 프로그램, 다른 잡지들을 경험해 보라. 당신이 이러한 노출을 모두 좋아할 필요는 없다. 오히려 그것들 중 많은 것들을 싫어할 가능성이 크다. 그러나 새로운 미디어 전달 수단을 경험해 봄으로써 당신은 습관적 노출로 인해 전달받던 메시지들보다 더 좋은 메시지를 찾을 수 있는 기회를 스스로 부여받을 수 있다. 또한 이전까지의 습관적 노출에서 얻던 미디어 메시지보다 더 좋아할 메시지를 발견하게 될 수도 있다. 때때로 다양한 미디어 메시지들을 탐색해보지 않으면 점차 기존의 좁은 식견으로부터 벗어나지 못하게 된다.

당신의 현재 미디어 노출 패턴이 개인적 목표의 충족에 기여하고 있는 정도를 생각해 보라. 스스로에게 다음과 같이 질문하는 것을 습관화하라. 나의 목적에 맞게 미디어 노출을 계획하고 있는가, 아니면 어떤 것이든 상관없이 자신을 노출시키고 있는가? 만약 당신이 개인적인 목표 없이 습관적 노출 패턴을 지니고 있다면, 당신의 존재는 대중 매체의 하나의 도구로 전락하게 된다.

3. 유용한 지식 기반을 다져라

지식의 핵심은 그것이 유용해야 한다는 것이다. 유용하지 않은 지식을 습득하는 것은 당신에게 도움이 안 된다. 이는 우리가 지속적으로 지식에 대한 우리의 필요를 인식하고 있어야 하고 그러한 필요를 충족시키는 데 초점을 맞춰야 한다는 것을 의미한다.

연습문제 15.1을 통해 미디어와 관련된 지식 구조에 대해 평가해 보라. 앞의 14개의 장을 통해 무엇을 배웠는가? 그리고 지금까지 당신의 일생을 통해 얻은 경험 중 미디어에 대한 지식 기반을 구축하는 데 도움을 주는 경험은 무엇이었나? 평가 결과에 차이가 있더라도 그러한 결점 때문에 어떤 식으로든 실패했다고 생각할 필요는 없다. 그 대신, 이 진단을 통해 지식 기반을 향상시키는 데 가장 큰 영향을 미치는 노력을 하려면 어떻게 해야 하는지를 알아보라.

세상을 좀 더 이해하기 위해서는 우리가 이미 갖고 있는 지식과 더 필요한 지식 사이에 격차가 늘 존재한다. 오로지 당신만이 그 지식의 격차를 스스로 좁힐 수 있다. 이는 지식의 격차를 해소하는 방법은 당신의 일반적 교육 수준보다는 더 높은 수준의 관심이 요구된다는 것을 의미한다(Chew & Palmer, 1994). 우리가 어떤 주제에 높은 관심을 가지고 있다면, 다양한 미디어와 출처들로부터 정보를 찾아볼 것이다. 그러나 우리가 주제에 대한 관심이 낮을 때에는 미디어가 우리가 얻을 정보의 양을 결정하게 내버려둔다.

4. 정신 코드를 점검하라

미디어 노출이 습관화되어있을 때 왜 그런 습관을 갖게 되었는지 스스로에게 물어 보라. 당신의 욕구를 충족시키기 위해 당신의 습관을 어느 정도까지 프로그래밍했는가? 그리고 대중 매체는 어느 정도까지 당신의 습관을 그들의 필요에 맞게 프로그램해 놓았는가? 이 질문들에 대한 답을 생각해 봄으로써 당신은 자신의 요구를 더 잘 충족시키기 위해 당신의 코드를 다시 프로그래밍할 수 있다. 재프로그래밍을 한 후에 당신은 자동화된 상태에서 일상적인 노출로 돌아갈 수 있지만, 그 시점부터 당신의 코드는 자동적으로 미디어의 목표보다는 당신의 목표에 더 많은 것을 전달하는 방식으로 실행될 것이다.

당신이 현재 가지고 있는 신념이 당신을 불행하게 만들고 있는지 아닌지를 판단하기 위해 주기적으로 당신의 정신 코드를 점검하라. 왜냐하면 당신의 신념은 현실적이지 않고 당신이 진짜 누구인지를 반영하지 않기 때문이다. 삶의 목적, 우정의 의미, 가족의 의미, 성공의 본질, 인생에서 직업의 역할, 매력적이라는 것이 무엇을 의미하는지, 그리고 로맨스와 사랑의 가치에 대한 당신의 믿음을 점검하라.

5. 의견을 점검하라

당신 자신에게 당신의 의견이 논리적인지 질문해 보라. 의견은 내세우기는 쉽지만, 사실과 논리에 의해 뒷받침되지 않으면 당신을 곤경에 빠뜨릴 수 있다. 또한 행동이 뒤따르지 않으면 의견은 쓸모가 없어진다. 종종 사람들은 사물에 대해 비판적인 의견을 갖더라도 불평만 할 뿐이다. 예를 들어, 사람들은 특정 프로그램뿐만 아니라 전반적으로 TV를 비판하는 것을 좋아하지만, 자신들이 불평한 프로그램에 자신을 계속해서 노출한다. 예를 들어, 1980년대 초 NBC의 스폰서 기관인 Roper Organization은 전국적 설문조사를 통해 응답자들에게 17개 특정 TV 쇼에 대한 반응을 표현하도록 했다. 이중 16개 프로그램은 종교 단체들로부터 성적인 내용과 폭력성에 대한 불평이 제기되었다. 응답자들의 13%만이 Dukes of Hazard에 대해 폭력적이 장면이 너무 많다고 대답했고, 10%는 Dallas에 대해 성적 묘사 장면이 너무 많다고 대답했다. 이들이 가장 안 좋은 점수를 받은 프로그램들이었다. 그러나 일반적으로 텔레비전에 대해 물어봤을 때는 응답자들의 50%가 TV에 성적 묘사와 폭력이 너무 많다고 대답했다 (The Roper Organization, 1981). 이 연구가 당신이 태어나기 전에 시행되기는 했으나 그 연구 결과는 여전히 당신에게 유효한가? 다른 사람들이 특정한 것에 대해 표현하는 것을 들은 의견을 통합하여 의견을 구축한 후, 당신의 의견에 대한 사실 여부를 확인하지 않고 모든 것에 대해 일반화하지는 않는가?

6. 행동을 변화시켜라

당신의 행동은 어느 정도까지 당신의 신념과 일치하는가? 예를 들어, 만약 당신이 사회가 너무 물질적이라고 생각한다면 물질적인 상품 구입을 가능한 한 피하는가? 당신이 물질적인 상품에 대한 소비를 최소화한다면, 당신의 행동과 신념은 일치한다고 할 수 있다. 그러나 물질적인 사회에서 낭비하는 것에 대해 계속 불평을 하면서도 정작 필요하지 않는 새로운 물건들을 사는 사람들이 있다. 최근 설문조사에서, 미국인의 82%가 필요로 하는 것보다 훨씬 많은 물건을 사고 소비한다는 데 동의했다. 또한 67%는 미국인들이 세계의 그 어느 국민보다도 더 많은 자원을 소비하고 더 많은 쓰레기를 만들어내기 때문에 세계 환경 문제의 많은 부분을 야기한다고 응답했다. 미국인들은 세계 인구의 5% 미만을 차지하고 있음에도 불구하고, 여전히 지구의 자원과 서비스의 30% 가까이를 소비하고 있다. 미국인들이 선택할 수 있는 슈퍼마켓의 물건의 수는 40,000가지 이상이며, 거기엔 200가지 이상의 시리얼이 포함되어 있다. 이 모든 물품들이 정말 필요한가?

신념과 행동의 불일치의 또 다른 예는 환경오염과 정화와 관련이 있다. 미디어는 공해 문제를 공공의 의제로 내놓았고, 이에 대한 담론은 1970년대부터 1990년대까지 상당히 증대되어왔다(Ader, 1995). 같은 시기에 공기 오염은 3분의 1로 떨어졌지만, 고형 폐기물은 25% 정도 증가했다. 재활용되는 고형 폐기물의 양은 계속 증가하고 있고, 디지털화로 인한 종이와 같은 일부 쓰레기는 그 양이 줄기는 했지만 매년 고형 폐기물의 총량은 증가하고 있다(Environmental Protection Agency, 연대 미상). 이 모든 정보들을 종합하면, 미국인들은 정부가 증가하는 쓰레기와 오염 문제를 해결하도록 압력을 가하는 것을 좋아하지만, 소비를 줄이고 재활용을 늘리는 방향으로 자신의 습관을 바꿀 가능성이 낮은 패턴을 보이고 있다.

당신의 신념에 맞춰서 당신의 행동을 바꾸는 것은 단순히 다른 사람들을 비난하고 아무것도 안 하는 것(이는 사회의 많은 문제들에 대해 흔히 보이는 현상이다)이 아니라 당신의 신념에 따라서 도덕적인 책임을 지겠다는 약속을 하는 것이다. 행동의 변화의 첫 번째 단계는 당신의 신념과 기존의 행동과의 일치 여부를 사실적으로 평가하는 것이다.

미디어에서 마음에 들지 않는 부분이 보이면, 광고주를 보이콧한다든가 구독을 중단한다든가 편지를 쓸 수 있다. 물론 이런 행동은 다른 다수의 사람들과 함께 행동을 취하지 않는 한 미디어에는 별 영향력을 행사하지 못한다. 그렇다고 해서 그러한 행동을 중단할 이유는 없다. 그러한 행동을 취함으로써 당신은 스스로 미디어에 대한 통제력을 갖게 되고, 새로운 힘이 당신의 삶에 변화를 줄 것이다.

7. 실제와 판타지의 연속선에 관해 생각하라

미디어 콘텐츠가 현실인지 판타지인지에 대해 자신에게 끊임없이 물어보라. 이것은 지속성이 있어야 한다. 어떤 메시지들은(예를 들어, Looney Toons) 판타지라는 것을 알아차리기가 쉽다. 그러나 다른 메시지들은 분명하지 않을 수 있다. 어떤 것들은 실제와 같은 배경과 사실적 상황들을 제시하더라도 여전히 판타지인데, Grey's Anatomy나 Two and a Half Men 등이 그러하다. 판타지 무대를 배경으로 사실적인 상황을 다루기도 하는데 Star Trek이 그 예이다. 미디어에서 사실과 판타지를 구별하는 것은 종종 메시지의 여러 다른 특성을 고려해야 하는 어려운 과제이다. 메시지를 분석적으로 생각해서 요소별로 구분한 뒤에 어느 부분이 사실적인지를 평가해야 한다. 메시지를 단순히 현실이나 판타지로 분류하려고 하지 말라. 미디어 메시지는 이 두 요소를 늘 가지고 있다.

현실과 판타지에 대해 인식하는 것은 텔레비전에 너무나 많은 리얼리티 프로그램이 방송되는 요즘 특히 중요하다. 비록 이런 프로그램이 사실적 요소들을 갖고 있기는 하지만, 판타지 요소들도 많이 포함하고 있다. 그리고 이들 리얼리티 쇼들 중 어떤 것들은 픽션 프로그램보다 덜 사실적인 요소들을 포함하고 있다. 리얼리티라고 표시되어있는 쇼와 픽션이라고 표시되어 있는 것들 간의 차이는 뚜렷하지가 않다. 메시지를 볼 때 단순히 표시되어 있는 것을 그대로 받아들이지 않도록 주의하라. 중요한 것은 그러한 메시지들을 다르게 이해할 수 있도록 당신이 언제 판타지에 노출되는가를 아는 것이다. 충분히 분석적이지 못하면 판타지 요소가 들어있는 많은 메시지들이 사실적으로 보일 수도 있다.

판타지 요소들을 현실 세계에서 활용하는 것은 위험하다는 이유 때문에 판타지를 적극적으로 기피할 필요는 없다. 미디어를 즐기는 데는 판타지도 나름대로의 역할이 있다. 판타지가 갖고 있는 상상력 넘치고 유머러스한 매력 때문에 판타지 메시지들은 매우 재미가 있을 수 있다. 판타지는 우리의 사고를 창의적으로 자극하기도 한다. 그러나 판타지는 우리의 상상력을 자극하는 도구이지 모방을 위한 모델이 아님을 인지해야 한다.

8. 메시지 디자인 기술을 익혀라

이제는 많은 미디어가 당신이 스스로 메시지를 생성하도록 기회를 제공할 뿐만 아니라 요구하고 있다. 가장 좋은 예가 Facebook 계정을 만들어 페이지를 디자인하고 지속적으로 업데이트를 하는 경우이다. 당신의 페이스북 페이지는 친구들의 것과 어떻게 다른가? 당신의 페이스북 페이지는 얼마나 미학적으로 디자인이 되어 있는가? 글과 함께 실은 사진과 그림이 있는가? 당신의 페이스북이 얼마나 잘 만들어져 있는지 보기 위해 사람들이 당신의 페이스북 페이지를 방문할까?

개인정보 측면에서 당신의 페이스북은 얼마나 잘 디자인되어 있는가? 당신에 대해 어떤 내용을 공개할 것인가는 정했는가? 당신의 페이스북에 있는 정보는 당신의 친구들에게 어떤 영향을 미치겠는가? 당신의 부모님께는? 미래의 고용주들에게는?

9. 사생활을 당연한 것으로 여기지 마라

예전에는 개인의 미디어 사용은 비교적 개인적인 것이었다. 그러나 오늘날에는 미디어 사용이 아주 자세히 추적되고 그 정보가 광고주들이나 당신의 미디어 사용 습관에 관심 있는 다른 어느 누구에게든 팔릴 수 있다. 당신의 웹사이트나 블로그에 메시지에 올리거나 트윗을 보내면 당신의 메시지를 보는 사람을 처음에는 어느 정도 제어할 수가 있다. 그러나 그 웹페이지 서버나 웹브라우저, 블로그 소유자, 인터넷 서비스 공급자가 당신의 메시지들을 복사한 후 인터넷의 다른 사용자들에게 팔면 당신은 곧 통제권을 잃게 된다. 당신의 메시지를 디지털 양식으로 보내게 되면 그것은 끊임없이 복제되고, 저장되며, 누구에게든지 배포될 수 있다. 그러므로 메시지를 디지털화하여 인터넷에 내보내기 전에 그 메시지를 읽을 수 있는 모든 잠재적인 독자에 대해 생각해 보라. 시장조사자들, 잠재적 고용주, 친구들, 미래의 배우자, 아이들, 부모들, 정부 관료 등 그 모든 독자들에게 당신은 어떤 인상을 주게 될 것인가?

10. 개인적 책임을 져라

이것이 아마 가장 어려운 일일 것이다. 미국인들은 다른 사람들에게 책임을 전가하는 것을 좋아하는데 그 이유는 문제가 내가 아닌 다른 곳에 있다고 생각하게 하고, 그러므로 그것을 고치는 것은 다른 사람의 일이라고 느끼게 해 주기 때문이다. 예를 들어, 과식의 문제에 대해 생각해보자. 미국질병통제예방센터(The Centers for Disease Control and Prevention, CDC, 2017)에 의하면, 미국인의 비만율은 연령에 따라 크게 증가하여, 2세에서 5세 아동은 9.4%, 6세에서 11세 아동은 17.4%, 12에서 19세 청소년은 20.6%, 20세 이상 성인은 37.9%가 비만이다(2017). 이는 개인적인 문제 같지만, 대부분의 사람들은 늘 과식을 하고, 운동은 거의 하지 않는다. 그들은 정부가 해결책을 내놓기를 기다리고 있다. 2006년까지 16개의 주가 공립학교에 정크 푸드 판매에 대한 법적 제한을 실시하여 체중이 늘어나는 것을 줄이려는 노력을 해왔다. 40개 주에서 6,300명의 공립학교 아동들을 대상으로 한 연구에서는, 학교에서 구입할 수 있는 군것질거리에 강력하고 계속적인 법적 제한이 있는 주에 사는 아동들이, 법적 제한이 없는 주와 비교해서, 5학년부터 8학년까지 체중이 덜 늘어났다고 밝혔다(Tanner, 2012). 그것이 좋은 소식이기는 하지만, 사람들이 의지가 너무 약해서, 스스로 해로운 것에 대한 소비를 줄이지 못하고 정부가 대신 규제해 주어야 한다는 것인지에 대해 물어볼 필요가 있다. 많은 사람의 의지가 그 정도로 약하다. 당신도 그 중 하나인가?

이정표의 실례들

미디어 리터러시 발달의 차이점들을 좀 더 잘 이해하기 위해서 사람들이 상이한 미디어 내용에 어떻게 반응하는지 몇 가지 예를 살펴보자. 그러한 반응은 인지적, 정서적, 도덕적, 미학적 감상의 학습 사다리에 놓인 위치에서 비교해 보면 가장 잘 이해될 수 있다.

학습 사다리는 우리가 미디어 리터러시 정도를 인지, 정서, 도덕, 그리고 미학의 네 가지 영역에서 증진할 수 있다고 알려준다. 이들 사다리를 각각 올라가는 것은 분석과 평가, 그룹화, 귀납, 연역, 종합, 추상화의 주요 기능들을 습득함으로써 성취된다.

인지적 사다리

인지적 사다리에서 첫 번째 단계는 인지, 즉, 미디어 메시지에 내재한 정보 요소를 인식할 수 있는 능력이다. 이는 분석 능력을 필요로 한다. 다음 단계는 이해이다. 이는 어떤 메시지이건 그것에 담겨 있는 관련된 요소들을 인지하고 그 요소들이 서로 어떤 연관이 있는지 알아보기 위해 그룹화를 하는 능력이다. 그 다음 단계는 평가인데, 이는 거대한 맥락적 정보들을 가지고 현재의 메시지들과 비교할 수 있는 템플릿을 만들 수 있는 능력이다. 이를 잘 하기 위해서는, 정교화된 지식 체계들의 형태로 되어있는 거대한 맥락이 필요하다. 그 맨 위 단계에서, 사람들은 메시지를 만들어낸 사람들의 한계와 자료들에 대해 자신들이 이해한 것과 비교하면서 메시지를 감상할 수 있다. 미디어 산업에 대한 개인의 지식 체계가 정교할수록 그 사람은 그러한 메시지에 내재한 가치 있는 요소들을 더 잘 즐기고 다른 요소들은 무시할 수 있다.

정서적 사다리

낮은 정서 발달 단계의 사람들은 감정이 그들을 통제한다. 그래서 그들은 감정을 통제하지 못해서 발끈하고 화를 낸다. 그들은 공포를 너무 강하게 느끼고 떨쳐버리지를 못한다. 또는 영화를 보며 우는 것이 창피하다고 느끼면서도 멈추지 못한다. 또는 감정을 느끼고 싶어도 전혀 느끼지 못하기도 한다.

높은 정서 발달 단계의 사람들은 자신의 감정을 변화시키고 통제하는 데 미디어를 사용할 수 있다. 예를 들어, 스트레스를 받는 여성은 게임과 버라이어티 프로그램을 포함해 전반적으로 텔레비전을 더 많이 보는 반면, 스트레스를 받는 남성은 액션과 폭력물을 더 많이 본다(Anderson, Collins, Schmitt, & Jacobvitz, 1996). 우울증에 걸린 사람들은 불쾌한 감정과 현실 세계의 자극을 피하기 위해 소셜 미디어를 사용하는데, 소셜 미디어를 사용하는 것은 오히려 우울증을 증가시키는 것으로 밝혀졌다(Sensa et al., 2017).

만약 사람들이 자신의 행동을 의식하고 있다면 감정을 조절하기 위한 미디어의 사용은 높은 단계의 미디어 리터러시를 보여주는 표지로 볼 수 있다. 즉, 이는 사람들이 특정한 필요를 만족시키기 위한 도구로서 의식적으로 미디어를 사용하고 있다는 것을 보여준다. 반면, 우울증을 느끼는 누군가가 무엇을 해야 할지를 몰라서 피곤해져서 잠이 들 때까지 그저 텔레비전을 볼 수도 있다. 이는 자신의 노출을 컨트롤하는 예라고 볼 수 없고, 다만 미디어 리터러시 수준이 낮은 증거로 보아야 한다.

도덕적 사다리

이는 미디어 메시지들의 도덕적 성격에 관한 견해의 발달을 요구한다. 일반적으로 우리는 묘사된 대상에 존재하는 요소들과 우리 개인의 가치관을 비교하면서 프로그램에서 주제를 도출해낸다.

이 사다리의 가장 낮은 단계에서는, 당신은 순전히 직감에 의해서이거나, 또는 다른 누군가가 판단을 단순히 받아들여서 메시지에 대한 도덕적 판단을 내린다. 당신에게 프로그램에 있는 요소들은 구별이 안 되는 덩어리이거나 모호한 것으로 보일 수 있다. 당신의 가치관에 따라 어떤 프로그램이 좋아 보이거나 안 좋아 보인다는 직관적 반응을 빨리 하게 된다. 당신의 가치관과 맞으면 좋게 느끼지만, 맞지 않으면 부정적인 반응을 하게 된다. 자신의 반응을 정확히 표현하지 못하는데, 그 이유는 그 반응이 주로 감정적이기 때문이다. 예를 들면, 당신이 존중하는 친구가, American Idol이 출연자들을 멸시하고 꿈을 망가뜨리는 도덕적으로 비난받을만한 프로그램이라고 믿는다면, 당신은 그 프로그램을 보지 않은 채 친구의 의견을 단순히 받아들일지도 모른다. 당신이 그 프로그램에 우연히 노출된다면 바로 부정적인 반응을 보이며 꺼버릴 것이다.

이 사다리의 중간 단계에서는, 등장인물들의 가치관 사이의 차이점을 구별하게 되고 당신과 같은 가치관을 갖고 있는 등장인물들과 당신을 동일시하게 된다. 그러한 등장인물들이 긍정적으로 그려지면(보상을 받거나, 성공하거나, 매력적이거나 등) 당신은 기분이 좋아진다.

보다 높은 단계에서는, 당신은 전체적인 서술 단계에서 의미를 생성하기 위해 과거의 개별적인 등장인물들을 생각하게 된다. 등장인물들을 그들의 행동과 분리시킴으로써 특정 인물이 마음에 들지 않더라도 당신의 가치관에 맞으면(또는 강화시키면) 그의 행동을 좋아하게 된다. 당신의 시각을 한 등장인물의 견해에만 묶어 두지 않고 많은 등장인물들에게 공감하려고 하는 가운데, 내러티브 전 과정을 통해 나타난 행동들의 다양한 결말들을 대리로 경험할 수 있다. 내러티브 안에서 당신은 서로 다른 도덕적 견해를 취할 수 있고 모든 참여자들의 견해로부터 나오는 행동을 충분히 이해할 수 있게 된다.

미학적 감상 사다리

　미학적 감상 사다리의 발달은 미디어 콘텐츠에 대한 즐거움과 이해, 감상을 증진시키는 것을 목적으로 한다. 미학적 사다리의 낮은 단계에서는, 사람들은 프로그램이 좋다거나 싫다는 매우 단순한 고정된 의견만을 갖는다. 이 의견은 직관적 결정에 의한 것으로 이성적 판단이 그다지 들어가지 않기 때문에 시청자들은 왜 자신이 그것을 좋아하는지를 설명하지 못한다.

　중간 단계에서는, 사람들은 연기를 극본과 연출로부터 구별할 수 있게 된다. 좋은 것과 좋지 않은 것을 인식할 수 있게 된다. 또한, 사람들은 이 메시지 안에서 한 예술가의 공연을 지난번 공연과 비교하고 유행을 파악해 낼 수 있다.

　보다 높은 단계에서는, 미디어 콘텐츠를 우리의 현재 문화와 우리 스스로를 들여다 볼 수 있는 통찰력을 제공하는 하나의 텍스트로 인식하게 된다. 이 단계에서는 예술적 기교와 시각적 조작을 인식하는 능력도 요구된다. 이는 시각적 미디어를 통해 의미가 만들어지는 과정에 대한 인식이다. 세련된 시청자들에게 기대하는 것은 해석자로서의 자신의 역할을 어느 정도 스스로 인지하는 능력이다. 이는 기교(연출된 행동과 편집)를 알아차리고 저자의 모습(프로듀서/연출가의 스타일)을 알아보는 능력을 포함한다.

　시각적 효과들에 대해 이해하는 것은 시각적 메시지들을 해석하는 데 전제되어야 하는 능력은 아니다. 하지만 이러한 관례를 배우는 것은 예술성에 대한 우리의 인식을 높이는 데 도움을 줄 수 있다. 또한 시청자들에게 시각적 이미지의 조작적 사용과 이데올로기적 의미를 꿰뚫어 볼 수 있는 능력을 제공한다. 이는 비판적 시각을 강화하는 데 도움이 된다.

　당신은 이러한 네 가지 사다리에서 당신의 위치를 빠르게 점검할 수 있는가? 할 수 있다면 당신의 인식도는 상당히 높은 것이다. 그러나 확실하게 당신의 위치를 정하는 것이 어렵다면, 텔레비전을 시청하거나 인터넷 서핑을 할 때 이들 사다리들에 대해 생각해 보라. 당신의 미디어 노출에 대해 점검해 볼 때, 당신의 수준이 어느 정도인지 더 잘 알게 될 것이다. 메시지 유형이나 당신의 기분에 따라 사다리에서의 당신의 위치가 달라진다는 것을 기억하라. 당신이 쉬고 싶을 때 단순히 판타지물을 찾는다면 당신은 낮은 단계에서 움직이고 있는 것이다. 그러나 다른 때에는 좀 더 높은 단계에서 움직일 수도 있을 것이다. 장기간에 걸쳐 미디어 메시지에 노출될 때, 당신의 본래 위치는 어디인지, 다시 말해 당신은 주로 어느 단계에서 움직이는지에 대한 감각을 발전시키게 된다.

이제 이들 학습 사다리들을 몇 가지 사례를 점검해 보는 템플릿으로 이용해보자. 이 분석은 미디어 리터러시의 각기 다른 단계들 간의 차이를 알아보는 데 목적이 있다.

리터러시의 수준의 예

사람들이 다른 종류의 콘텐츠에 노출되는 이유는 다양한데, 어떤 메시지든 간에 얻을 수 있는 이점도 다양하다. 이 때문에 하나의 메시지를 분석해서 그 메시지에 노출된 사람들은 모두 같은 의미를 발견하거나 그 메시지로부터 같은 것을 경험하게 된다고 간주하는 것은 불가능하다. 이를 설명하기 위해 텔레비전의 리얼리티 시리즈물과 Facebook 페이지의 두 가지 예를 들어보고자 한다.

리얼리티 시리즈물은 장르로서는 미디어 리터러시의 모든 수준의 시청자들에게 어필할 수 있다. 낮은 단계의 사람들은 거기 나오는 등장인물들이 실제이고 거기 나오는 상황은 실제로 일어나는 것이라고 느낀다. 그들은 자신들이 왜 그 등장인물들과 프로그램을 좋아하는지를 설명하지 못한다. 분석을 하지 않기 때문에 있는 그대로 받아들인다.

조금 더 높은 발달 단계에 있는 사람들은 거기 등장하는 인물들과 동질감을 느끼고, 자신의 무료한 삶보다는 더 재미있는 세계에 존재하는 등장인물들과 준사회적 상호작용을 하는 것을 즐기기 때문에 리얼리티 프로그램을 시청한다. 이는 강한 정서적 반응으로 이어진다. 다른 사람들은 매력적인 인물들이 어떻게 옷을 입고 행동하는지를 알고 싶어서 리얼리티 프로그램을 시청한다. 이는 등장인물들의 외모와 행동들을 인지적으로 이해하고 평가하는 것으로 이어진다.

더 높은 단계에서는, 사람들은 리얼리티 시리즈를 묶어서 거기 묘사되는 행동을 논의할 수 있다. 또는 자신의 친구에게 전화해서 거기 나오는 행동을 대화의 중요한 화제로 삼을 수 있다. 이들은 리얼리티 시리즈물이 없이는 존재할 수 없는 동호회를 유지할 목적으로 시청을 하는 것이다. 이를 위해서는 상당한 인지적 이해와 정서적 집착이 있어야 한다.

또한 이 단계에서는, 프로그램 시청 시 미학적, 도덕적 요소를 심도 있게 분석하는 양상을 띤다. 시청자들은 등장인물들의 삶에서 가장 재미있는 부분에 초점을 두고 일상의 문제를 거대한 도덕적 딜레마로 과장하여 지나치게 극화시키는 편집 기술에 감동한다.

다음은 Facebook 페이지를 만드는 예에 대해 생각해보자. 미디어 리터러시가 낮은 단계에서는 Facebook에 개인이 멋있다고 생각하는 스냅 사진들을 업로드하는 것이 전부이다. 친구 수를 늘이기 위해서 다양한 요소들을 첨가하고 메시지를 보낸다. 그리고 친구 수가 늘어나는 것을 모니터하고 관계 유지를 위해 온갖 짧고 피상적인 메시지들을 보내는 데 많은 시간을 쓴다.

높은 단계에서는, 자신의 페이지에 방문자들의 마음을 끌기 위해서 이미지와 사운드의 예술적 질을 높이려고 애쓴다. 조회 수와 업데이트해 놓은 것을 마음에 들어 하는 친구들이 늘어나는 것에 자부심을 갖게 된다.

미디어 리터러시가 가장 높은 단계에서는, 특정 목표(소수 정예 친구 집단을 강화한다거나 연애 대상자를 유인한다거나 미래의 고용주에게 자신의 웹디자인 능력을 자랑할 목적 등)를 충족시키기 위해 자신의 이미지를 만들어내고 유지하고자 하는 도구로써 Facebook을 활용하는 것에 많은 재량을 발휘한다. 자신들이 보여주는 모습을 아주 잘 의식하고 있으며 보인 모습이 장기적으로 긍정적인 이미지를 구축하는 데 도움이 되도록 신경을 쓴다.

미디어 리터러시를 갖추게 되는 것은 당신이 보거나 만드는 메시지의 유형에 의해서가 아님을 기억하라. 리터러시는 당신이 미디어를 볼 때 무엇을 생각하고 무엇을 느끼는지에 맞추어져 있다. 미디어를 보는 동안 당신이 적극적이고 의식을 많이 하면 할수록 미디어에서 얻게 되는 것이 더 많고 그런 경험은 당신의 목표를 성취하는 데 도움이 될 것이다.

다른 사람을 돕기

지금까지는 미디어 리터러시에 대한 당신의 수준을 스스로 높이는 것에 초점이 맞춰져 있었다. 이제부터는 다른 사람의 미디어 리터러시 수준을 높이기 위해 그들을 돕는 것으로 초점을 옮기고자 한다. 우선, 다른 사람(특히 어린이들)을 어떻게 직접적으로 도울 수 있는지를 고찰한 뒤, 공교육과 사회와 같이 더 큰 집단과 협력하면서 다른 사람들을 돕는 야심찬 과제들을 살펴보자.

개인 간의 테크닉

개인 간의 테크닉은 다른 이의 미디어 리터러시의 향상을 돕기 위해 그들의 일상생활에서 활용하는 비교적 비형식적인 것들이다. 연구자들은 주로 가족 환경에서 사람들이 사용하는 테크닉을 연구했으며 테크닉에 따라 효과가 다양하다는 사실을 발견했다(Nathanson, 2001a, 2001b, 2002 참조). 다른 사람들의 미디어 리터러시를 돕는 데에는 세 가지 주요 요소가 필요하다. 첫 번째 요소는 긍정적이고 건설적인 것이다. 당신이 다른 사람들을 성공적으로 돕고 싶다면 당신이 전적으로 그들의 이익을 염두에 두고 하는 것이지 그들에게 권력을 행사하는 것과 같은 외적 동기를 가지고 일부러 도움을 주는 것이 아님을 보여 주어야 한다.

두 번째 요소는 균형감이다. 비평과 감상 간 균형 잡힌 미디어에 대한 태도를 보여주어야 한다. 차 범퍼에 '당신의 TV를 죽여라'라는 스티커를 붙이고 돌아다니는 사람들도 있다. 그런 사람들의 의견은 중요하게 여기지 않게 되는데, 그 이유는 텔레비전이 우리 문화에 기여해 온 많은 긍정적인 효과를 인지하지 못하고 있는 듯해 보이기 때문이다. 미디어를 비판하는 것으로만 미디어 리터러시를 갖추게 하려는 노력은 입에 쓴 약만으로 사람들을 건강하게 만들려는 것과 같다. 미디어에 노출되는 것은 재미있는 것이기도 하기에 사람들이 좀 더 즐기면서 미디어 메시지들을 감상할 수 있는 방법들을 증대시키도록 하라. 그러고 나서 사람들이 미디어 메시지들에 대해 좀 더 분석적이 되고 비판을 받을 만한 요소를 가려낼 수 있도록 도와줘라. 부모들이 미디어에 대해 단지 부정적이고 비판적인 태도만 갖게 되면, 어린이들은 규범을 제한적이고 임의적인 것으로 인식된다. 많은 어린이들은 콘텐츠가 재미있고 그들의 필요를 충족시켜주는데 왜 어떤 종류의 콘텐츠는 그들에게 해로운지 잘 이해하지 못한다. 어린이들은 재미있다고 여기는 콘텐츠에 계속 노출됨으로써 부모의 규제를 뒤집을 가능성이 높다.

세 번째 요소는 어린이들의 인지적 처리 능력을 통해 그들이 스스로 판단할 수 있도록 (특히 아동들이 나이가 들수록) 하는 것이다. 만약 당신의 아이가 어떤 콘텐츠가 유해하다는 것을 알게 하고 싶으면, 단지 그들에게 그렇다고 말만 하는 것은 피해야 한다. 대신 그들이 그 콘텐츠를 분석해서 그들 스스로 어리석음과 통제, 유해함 등을 알게 하도록 돕는 것이 필요하다.

당신이 부모가 되면 자녀들이 두 가지 유형의 메시지들을 경험하는 것을 주의 깊게 모니터링할 필요가 있다. 첫 번째 유형은 식품에 대한 광고이다. 미국(Page & Brewster, 2007)과 다른 나라(Roberts & Pettigrew, 2007)에서 어린이의 건강에 좋지 않은 식품에 대한 광고가 많다. 광고주들은 건강에 대한 주장을 포장하여 광고된 음식이 인기, 성능, 분위기를 향상시킬 수 있다는 것을 암시하는 매우 교묘한 어법을 사용한다. 이러한 광고들은 미디어 리터러시를 갖추지 못해서, 광고의 주장을 분석하고 그런 주장의 많은 부분이 말도 안 되고 잘못되었다는 것을 알지 못하는 어린이들에게는 좋지 않은 효과가 있다. 그동안의 연구에 의하면, 유전과 운동 부족 등의 요인과 함께 고열량, 저영양 식품에 대한 광고 홍수가 건강에 해로운 식생활과 체중 증가를 가져온다고 한다. 2005년에는, 소아 비만에 영향을 미치는 광고에 대한 미국의 식품 산업의 비판 이후, 전국 단위 광고주들은 어린이들이 유해 식품에 대한 광고에 노출되는 것을 줄이는 새로운 정책들을 발표했다. 그러나 이러한 발표 전과 1년 후를 비교해 보았더니 아동들에게 노출된 텔레비전 식품 광고는 거의 변화가 없는 것으로 밝혀졌다(Warren, Wicks, & Wicks, 2007). 또한 이러한 유형의 광고가 책임감을 갖거나 감소될 것으로는 보이지 않는데, 이러한 식품이 시장에서 차지하는 비중이 너무 크기 때문이다. 그래서 이러한 사이클은 건강에 좋지 않은 식품을 계속 광고하고 소비가 증가하면 식품 회사들이 늘어나는 수요를 만족시키기 위해 이런 종류의 식품을 더 많이 생산해내는 것으로 이어진다. 이러한 사이클을 끊을 수 있는 가장 좋은 방법은 당신의 자녀들이 그들의 행동에 책임을 지고 다른 사람들, 예컨대, 규정을 제대로 만들지 않는 정부나 시장이 요구하는 것을 제공하는 식품 납품업자들이나 광고주와 같은 이들에게 책임을 전가하지 않는 것이다. 타인을 비난할 때, 당신이 바라는 바는 그들의 행동을 변화시키는 것이다. 그러나 당신 스스로 행동에 책임을 지게 되면 더 건강한 생활양식으로 즉시 바꿀 수 있다. 미국 내에서 과체중과 비만인 어린이들의 비율이 지난 30년간 세 배로 증가했다는 것(Warren et al., 2007)을 깨닫는다면, 좀 더 많은 어린이들이 그들 스스로를 외적 힘의 희생자가 아니라 자기 스스로의 삶을 통제할 수 있는 사람으로 인식할 필요하다는 것을 알 수 있다.

부모들이 갖는 두 번째 유형의 특별한 염려는 인터넷 메시지와 관련이 있다. 인터넷을 통해 어린이들이 해로울 가능성이 있는 각종 메시지를 접하기 쉽다. 여기서는 특히 세 가지 유형에 대해 언급할 필요가 있다. 유해한 메시지를 담은 한 가지 유형은 성적인 내용과 혐오 발언과 같은 내용을 담은 것이다. 어린이들의 인지적, 정서적, 도덕적 추론 능력은 자신들을 보호하는 방향으로 이들 메시지들을 처리할 수 있을 만큼 발달되지 않았다. 유해성 메시지로 간주될 수 있는 두 번째 유형의 메시지는 부적절한 관계를 형성하려는 의도를 지닌 것이다. 당신의 자녀를 보호해야 하는 세 번째 유형의 메시지는 당신의 자녀로부터 개인적 정보를 캐려고 하는 광고주나 다른 사람들로부터 오는 메시지이다.

그러므로 부모들은 자녀들이 어떤 사이트를 방문하는지를 잘 살펴볼 필요가 있다. 자녀들이 어떠한 개인 정보(주소, 전화번호, 학교 이름 등과 같은)도 유출하지 않도록 일러둘 필요가 있고, 온라인에서 만난 사람과 직접 만나는 일을 허락하지 말아야 한다. 불법적인 정보(아동 포르노나 혐오 발언과 같은)를 발견하게 되었을 때는 관계 당국에 알려야한다. 인터넷 상에서 누군가는 성별, 나이, 배경 등을 속이고 가상의 인물을 만드는 것은 어렵지 않다. 그래서 인터넷에서 타인이 밝힌 신분은 실제와 다를 수 있기 때문에 자녀들이 인터넷에서 만난 사람들에 대해 의구심을 갖도록 가르쳐야 한다. 너무 많은 시간의 노출은 중독으로 이어질 수 있으므로 부모들은 자녀들의 인터넷 사용시간을 정해 주어야 한다. 그렇게 될 때, 결국 인터넷 서핑은 온 가족들이 함께 할 수 있는 즐거운 활동이 될 수 있다.

개입

개인 간의 테크닉이 일상생활에서 활용되는 비형식적인 것이라면, 이와 대조적으로 중재(개입)은 형식적이고 특정 미디어 리터러시 목표들을 성취하고자 하는 의도로 심도 있게 고안된 것들이다. 미디어 리터러시 중재는 연구자들과 교육자들이 고안한 것인데 목표 집단을 선정하고, 그 집단이 미디어 메시지에 노출됨으로써 경험할 수 있는 특정 위험 요소를 찾아낸 후, 미디어 교육 자료들, 미니 강좌, 쟁점 토론 및 몇 가지 기술을 익히는 것을 포함하는 일종의 치료법을 의미한다. 그러한 치료법은 목표 집단의 구성원들에게 부정적인 미디어 효과를 극복하는 데 도움이 될 만한 정보나 긍정적인 생각, 동기나 기술을 제공하거나 미래에 경험할 수 있는 부정적인 효과를 미리 예방하기 위해 고안되었다(Potter & Byrne, 2009).

좋은 미디어 리터러시 중재 방법을 고안하는 것은, 미디어 효과의 범위(개인들에게 긍정적이거나 부정적일 수 있는 모든 것)와 그러한 효과에 기여한다고 밝혀진 개인과 미디어 메시지에 관련된 수백 개의 요인을 고려할 때 가장 어려운 과제이다(13장과 14장 참조). 수년간 미디어 리터러시 학자들은 다양한 중재 방법을 테스트하고 학술지에 그 결과들을 발표해 왔다. 최근에는, Jeong, Cho와 Hwang(2012)이 그러한 중재 방법들 중 50개 이상에 대해 메타분석을 한 결과, 일반적으로 미디어 리터러시 중재가 미디어 지식, 비평, 리얼리즘의 인식, 영향력, 행동적 신념, 태도, 자신감, 행동 등의 결과에 긍정적인 효과가 있다고 밝혔다. 그들은 또한 수업의 횟수가 많을수록 더 효과적이었지만, 더 많은 요소를 포함한 중재는 덜 효과적이었다고 보고했다. 이는 중재안을 고안하는 사람들이 한 가지 유형의 메시지나 요인들에 집중함으로써 치료법을 단순화시키고 치료를 서너 번 반복할 필요가 있음을 의미한다.

적절한 영향을 주도록 고안된 중재는 성공적일 수 있다. 예를 들어, Slater와 Rouner(2002)는 엔터테인먼트 프로그래밍에서 역할 모델의 영향력에 초점을 맞췄다. 그들은 프로그램에 자신의 역할 모델이 없다면, 그 프로그램에 덜 관여하게 되고 그로 인해 거기서 오는 메시지의 영향에 더 취약하다는 것을 알아냈다. 그래서 사람들이 적극적으로 관여하고 프로그램의 메시지에 반대하여 논쟁할 가능성이 있다면, 그들의 낮은 참여는 반론을 약화시킬 것이다. 그러므로 성공적인 중재를 설계하기 위한 열쇠는 긍정적인 역할 모델을 통해 사람들을 프로그램에 참여하도록 만드는 것이다.

Rozendaal과 그의 연구진(2011)의 주장에 따르면, 어린이들이 광고 효과에 덜 영향을 받도록 돕는 중재가 종종 실패하는 이유는 중재안이 단지 광고의 개념적 지식을 제공하는 데 치중하고 있기 때문이라는 것이다. 다수의 광고가 어린이들을 자극하도록 설계되었고, 어린이들은 보통 낮은 정교화 조건에서 광고를 이해하기 때문에 광고에 대한 지식만으로는 적절한 방어책이 안 된다고 그들은 지적한다. 어린이들의 광고 리터러시를 증진시키는 것을 목표로 하는 중재는 개념적 광고 지식의 실제적 활용뿐만 아니라 낮은 정교화 조건 하에서 방어책으로써 기능할 수 있는 낮은 수준의 노력이 요구되는 태도를 포함하는 광고 리터러시에도 주력하는 것이 필요하다고 제언한다.

기존 연구물에는 교육자들이 연구 참여자들(대개는 어린이들)의 미디어 리터러시를 증진시키기 위해 중재 방안을 고안했는데 그 결과를 분석해보니 미디어 리터러시의 수준이 신장된 것이 아니라 오히려 감소했다는 예들이 있다. 이것은 부메랑 효과라고 알려져 있다. 이 효과의 실례를 Byrne(2009)이 밝혀졌는데, 4, 5학년의 아동들을 대상으로, 연구자가 고안한 중재가 미디어의 폭력물에 노출된 후에 공격적으로 행동하는 것을 감소시키는 데 어떤 기여를 했는지를 실험했다. 이 실험에는 두 가지 중재와 하나의 통제 집단이 설정되었다. 첫 번째 중재에는 공격적으로 행동하지 말아야 한다는 지시적 수업이 담긴 것이었다. 두 번째 중재는 첫 번째 것과 같았지만 인지적 활동을 포함시켰다. 지시적 수업만 경험한 아동들은 공격적인 행동을 하려는 의욕이 커졌고 이 효과는 지속되었다. 따라서 이 실험은 부메랑 효과를 낳았다. 그러나 인지적 활동이 가미된 수업 형식을 띤 실험은 공격적 행동의 의욕을 감소시키는 결과를 가져왔으며, 따라서 성공적이었다. 여기서의 교훈은 다른 사람들의 미디어 리터러시를 증진시키는 것을 진심으로 돕고자 하는 사람들이 도움을 주기보다 오히려 해를 입히는 결과를 낳을 수도 있다는 것이다.

공교육

당신은 큰 규모의 집단에 속한 사람들의 미디어 리터러시 수준을 신장시키는 것에 관심이 있을 듯하다. 교육을 제도화하는 것은 이러한 과제에 부응하고자 하는 시도의 좋은 시발점이다.

현재 상황

비평가들은 미국의 공교육에서 미디어 리터러시 수업과 교육과정의 개발이 다른 많은 국가들보다 뒤쳐져 있다고 지적한다(Brown, 1991, 1998, 2001; Considine, 1997; Davies, 1997; Kubey, 1997; Piette & Giroux, 1997; Sizer, 1995). 미디어 리터러시 교육과정에서 미국을 훨씬 앞서가는 많은 나라들을 언급한다. 이들 나라에는 호주, 캐나다, 영국, 남아프리카, 스칸디나비아, 러시아, 이스라엘과 유럽의 많은 다른 나라들, 남아메리카, 아시아 등이 포함된다(Brown, 1991; Piette & Giroux, 1997). 예를 들면, 호주는 1990년대 중반부터 유치원부터 12학년까지 미디어 교육을 의무화해 왔다. 이 교육과정은 대중 예술에 대한 자유주의적이고 인본주의적 접근법과 함께 미학과 기호학을 강조한다(Brown, 1998).

영국과 몇몇 라틴 아메리카 국가들은 미디어 소비자의 권력 강화를 매우 중요시해서 종종 기업과 정부의 패권을 통한 산업 통제를 강조한다. 그러한 나라들의 미디어 교육은 반대 이념, 권력, 정치와 주류 미디어에 참여하는 방법이나 대안적 매체를 찾는 방법을 강조한다(Brown, 1998:45). 이러한 차이는 미국 내 많은 주들이 미디어 리터러시의 가이드라인을 마련하면서 줄어들고 있다(Zubrzycki, 2017).

비평가들은 미국이 세계에서 가장 미디어가 만연한 국가이기 때문에 미국의 미디어 교육에 대한 관심의 결여가 심각한 문제라고 지적한다. 미디어 소비에 더 많은 시간과 돈을 세계 어느 나라보다 더 많이 쓰면서도 미국의 교육 제도는 사실상 미디어 교육을 무시하고 있다고 할 수 있다(Sizer, 1995). 미국 학교에서 미디어 리터러시 교육을 위한 노력이 전무하다는 것은 아니다. 그러나 그 실체가 미미하고 전체적으로 미디어 리터러시 교육이 제도적 뒷받침을 받지는 못하고 있는 실정이다. 예를 들면, Brown(2001)은 미국 내에서 미디어 리터러시 교육에 대해 "개별적인 교사들이 영어나 역사, 사회 과목과 같은 전통적인 내용의 맥락 안에서 대중 매체를 수업에서 소개한다."고 언급했다. 그는, "교육과정 구성이 이미 꽉 차있는 스케줄 때문에 다른 과목을 더 추가할 수가 없어서 미디어 수업이 소개될 수 있다면 기존의 수업 안에 통합된 형태로 진행된다(p.683)"고 진술했다.

몇몇 주가 미디어 리터러시 계획안을 실험한 적이 있다. 십여 년 전에 Kubey(1998)는 위스콘신과 미네소타 주의 '주목할 만한 발전'과 함께 뉴멕시코와 노스캐롤라이나 주에서 '중요한 계획'이 있었다고 보고했다. 그리고 Hobbs(1998)는 미디어 리터러시 개념이 15개 주 이상에서 교육과정의 주요 골자에 포함이 되어있다고 보고했다. 많은 미국 학군에서 꾸준한 노력이 이루어짐에 따라 증가하고 있다. 미디어 교육에 대한 관심은 전국중등학교 교장협의회(National Association of Secondary School Principals)와 미국 소아과 학회(American Academy of Pediatrics)를 포함하는 주류 교육 기관들과 의료 종사자들 사이에서 증가하고 있다(Hobbs, 1998:24). 미디어 리터러시 계획이 증가하고는 있으나 미디어 리터러시의 중요성에 대한 논의와 의미 있는 실행으로 이어질지는 지켜볼 필요가 있다.

장벽

다른 국가들이 노력을 많이 하고 있는 것에 반해서 미국에서는 왜 미디어 리터러시 교육과정을 개발하고 시행하는 데 지속적인 노력을 거의 하지 않는 것일까? 미디어 리터러시를 더 개발하는 데는 많은 장애들이 있는 듯하다(Brown, 2001; Considine, 1997; Davies, 1997; Kubey, 1997 참조).

확실한 가장 심각한 장애는 미국 내에서 교육과 관련해서 집중된 의사결정이 어렵다는 것이다. Brown(1998)은 교육과정에 관한 결정이 15,000개 학군에 써서 있는데, 각 학군에는 개별적 학교 이사진과 실무진이 있다고 언급하였다. Kubey(1990)은 이 부분을 역설하면서 미국은 너무나 다양한 인구로 구성되어 있어서 이 사람들을 끌고 갈 수 있는 미디어 리터러시에 관한 중앙 정부의 정책이 없다고 지적한다. 또한, 미국의 교육비의 단 4%만이 연방정부로부터 나온다(Kubey, 1998). 따라서 미국에서는 교육과정에 관한 결정이 각 주, 특히 각 지역에 달려 있으며, 이들 각각의 의사 결정 기관들은 나름의 성격과 요구, 정치 과제 등을 안고 있다.

각 학교의 문화 안의 특별한 상황에 주의를 기울이지 않는 것이 1970년대에 시도되었던 미디어 리터러시 노력이 실패한 원인이라고 보고 있다(Anderson, 1983). Hobbs(1998)는 자신의 주장에 덧대어, "미디어 리터러시 정책들은 교사, 학부모, 학생들이 미디어 문화와의 애증의 관계에 대해 공통의 비전을 가지고 있는 학교 커뮤니티에서 가장 성공적이었다(p.23)"고 말하고 있다. Brown은 "만약 미디어 리터러시 연구가 살아남아서 성장하게 된다면, 학교 제도와 개별 학교의 행정가들은 그것을 공인하고 뒷받침해야 한다. 계획과 고립된 교사들의 에너지로만 이루어져서는 안 된다(p.52)."라고 말한다. Brown은 보다 총체적이고 지속적인 접근법을 요구했다.

미디어 리터러시 교육과정 프로그램은 교사, 행정가, 전문가, 부모의 협력으로 개발되어야 하고, 그들 모두가 체계적인 교육과정으로 만들어야 성공할 수 있다. 미디어 연구는 단지 무작위의 선택 과목이어서는 안 되며, 미디어 테크놀로지는 다른 과목들을 가르치기 위한 도구나 보조 장치 정도로 활용되어서도 안 된다. 이는 교육적, 행동적 연구 결과에 근거해서 참여자의 인지 발달이 지속적인 단계가 되도록 연구들을 발전시키는 것을 의미한다. 그것은 또한 여러 학기에 걸쳐서 학년이 올라감과 함께 지속적인 연구가 될 수 있도록 통합하는 것을 의미하기도 한다(p.52).

그러나 이 모든 것은 비용이 따른다. 다른 교육과정이 미디어 리터러시와 교체되어져야 한다. 교사들은 상당한 연수를 받아야 하고, 이는 교육 부담이 줄어야 가능할 것이다. 학부모들은 훨씬 더 많이 관여해야 할 것이다. 그것은 미디어 리터러시 교사들의 충분한 연수를 포함하는 지속적인 책임과 의무를 요구한다. Hobbs(1998)는 이에 대해 다음과 같이 언급하였다.

학교에 미디어 리터러시를 포함시키는 가장 성공적인 노력은 개념에 대한 확실한 정의를 이해시키기 위한 교원 양성에 2년 이상의 시간이 걸렸는데, 이는 학교 지역 안에서 상당수의 교사와 학교 지도자들 간 수업 실천과 관련되어 있었기 때문이다(pp.23-24).

그리고 나서, 교사들은 혼자 남겨지기보다는 여러 기관의 지속적인 지원을 받을 필요가 있다. Hobbs(1998)는 영국에서 교사의 업적에 관한 연구가 매우 부정적인 결과를 보였다고 설명한다. 미디어 리터러시 교육 연수를 마친 교사들 중에서 40%는 아무것도 하지 않았고, 25%는 어느 정도 무엇인가를 했으며, 10%는 창의적으로 탁월한 수행을 해 냈고, 나머지 25%는 어처구니없거나 위험한 일을 했거나 시간만 낭비했다.

자원이 주어지지 않는 한 미디어 교육을 실행하기에는 상당한 장애가 따른다. 예를 들면, 한 연구 보고에 따르면, 대부분의 고등학교 교사들이 미디어 공부가 중요하다고 믿으면서도, 40%는 시간과 교육과정의 여유가 없다는 이유로 전혀 가르치지 않았다(Brown, 2001에 인용). 같은 양상이 메릴랜드의 언어 교사들에게도 발견되었는데, 교사들은 미디어 리터러시가 중요하다고 여기면서도 연수, 자료, 시간이 부족해서 가르치지는 못했다고 한다(Koziol, 1989). Brown(2001)은 미디어 리터러시 교육의 어려움을 다루는 교육을 대학 학위 과정이나 교사 자격증을 따기 위한 워크숍에서 받은 교사는 거의 없다고 보고했다. 하지만 대부분의 교사들은, 단지 3분의 1만이 약간의 훈련을 받았음에도 불구하고, 자신들이 미디어 리터러시를 가르칠 자격이 된다고 생각하고 있었다.

교육과정 개발자들은 종종 미디어 리터러시 학자들에게 자문을 구한다. 그러나 학자들 간에 미디어 리터러시가 무엇이고 그 목표가 무엇인가에 관해서도 서로 의견이 분분하다(2장 참조). 교육과정 개발과 관련하여 정의를 내리는 데 계속 어려움이 따르는 두 가지가 어조와 텍스트이다. 어조와 관련해서 Brown(1991)은, "많은 미디어 워크숍과 교육과정이 방어적이다. 그것은 미디어 엔터테인먼트, 뉴스와 광고의 이미지와 메시지들의 유인으로부터 소비자들을 보호하려고 한다(p.45)."고 주장했다. 텍스트와 관련해서는, Hobbs(1998)는, "비록 미디어 텍스트가 교육에 꼭 필요하지만, 그러한 텍스트가 정보 전달 기능 이상으로 간주된 적은 거의 없었다(p.25)."고 밝히고 있다. 미디어 텍스트는 연구의 대상이 될 필요가 있다(Kress, 1992). 학생들은 그러한 텍스트를 생산하고 유통하는 사람들과 회사들을 분석하고 동기를 이해할 필요가 있다. 또한, 텍스트 자체도 생략된 부분, 구성방식, 그리고 미학적, 도덕적 관점에서 주장의 근거를 파악하기 위한 분석이 필요하다.

소비자 운동가, 교사, 학교 경영자에 이르면 의견의 다양성은 극대화된다. 또한 미디어 리터러시 교육과정의 구성, 교수 내용, 방법 및 평가에 대한 의견이 다양하다. 이러한 다양성의 장점은 미국 내 많은 다른 교육 제도에 폭넓은 아이디어와 다양한 교육과정 모델들을 제공한다는 것이다. 만일 대부분의 학교 시스템이 기업가적이고, 그들 지역의 특수 문화에 맞는 기술을 기꺼이 찾아낸다면, 이러한 다양성은 큰 이점이 될 수 있다. 그러나 대부분의 학군은 변화에 대해 매우 보수적이다. 교사들과 관리자들은 이미 많은 주제를 다루도록 요구받았다고 느끼고 있기 때문에 많은 논의 없이는 다른 하나를 더 추가할 수 없다.

학자들 간 사고의 다양성은 자료들을 전환할 설득력 있는 논의라기보다는 학구적인 토론처럼 보인다. 학자들이 설득력 있는 주장을 내놓기 위해서는 명확한 원칙하에 교육과정 설계, 교수, 평가의 3대 핵심 쟁점에 대한 의사결정을 이끌 수 있는 최고의 사고를 통합하는 관점을 제시해야 한다.

당신이 할 수 있는 일은 무엇인가

당신이 부모가 되면, 당신의 자녀가 속한 학군이 미디어 교육을 제공하도록 주장할 수 있다. 당신 자녀의 교실에서 자원봉사를 하면서 작게 시작해야 할 수도 있다. 당신이 가지고 있는 미디어 리터러시에 관한 지식으로 시범 수업을 실시해 보라. 아이들은 그 시간을 매우 좋아할 것이다. 왜냐하면 그 수업 시간은 학생들이 매일 사용하는 것과 관련이 있기 때문이다. 당신의 시범 수업이 성공하면, 학생들은 그것에 관해 얘기하게 될 것이고, 다른 학생들이 그와 비슷한 교육을 해달라고 요구하게 될 것이다. 작게 시작해서, 당신은 당신 자녀의 학교에서 지역적으로 수요를 늘릴 수 있다.

사회적 테크닉

사회적 테크닉과 관련해서 주요 내용은 산업체나 정부 또는 기관 등의 특정 부서에 압력을 가해서 대중적 문제의식을 고취시키고 특정 변화를 가져오는 것에 있다. 이를 성공적으로 이행하기 위해서는 우선 엄청난 의무감이 뒷받침된 전략이 필요하다. 그러한 전략은 변화에 영향을 줄만한 다년간의 노력을 요구한다. 또한 돈도 필요하다. 종종 사람들은 정치활동위원회나 컨설팅 회사를 먼저 발족하고 그 일을 뒷받침할 자금을 마련하기 위해 노력한다.

네트워크 또한 매우 중요하다. 힘 있는 사람들이나 단체와 관계를 형성함으로써 당신은 큰 미디어 회사의 이목을 끌기에 충분한 잠재적 힘을 가진 무언가의 일부가 될 수 있다. 부록 C(https://study.sagepub.com/potter9e)에 기재된 시민운동 단체 목록을 보라. 가장 관심이 가는 단체에 연락해서 정보를 보내달라고 문의하라.

미디어 산업의 관행과 내용을 변화시키는 것은 매우 어렵다. 미디어 산업은 대중의 수요에 대응해서 성장하고 발전해왔다. 산업이나 매체가 그 수요에 제대로 반응하지 않는다면 손해를 본다. 성공적인 CEO들은 그들의 결정이 큰 수익을 낳게 될 것이라는 자신감을 갖고 있다. 그러므로 당신이 제안하는 변화를 수용함으로써 수백만 달러를 손해 볼 위험을 무릅쓸 수도 있지만 그들의 경험을 무시하고 그들이 하던 일을 바꾸라고 요구하여 변화를 기대하지 말라. 지난 50년 동안 텔레비전 폭력에 대한 대중의 관심이 그렇게 큰 변화를 가져오지 못한 것은 바로 이 때문이다. 이 비작용성을 설명함에 있어서, 텔레비전과 영화에 대해 저술한 심리학자인 Stuart Fishoff(1988)은 다음과 같이 말했다.

결과를 가정해 보면, 결론은 논쟁의 여지가 없다. TV와 영화에서 보이는 공격성과 반사회적 가치는 시청자에게 큰 영향을 미친다. 하지만 이러한 사실이 할리우드와 뉴욕의 미디어 요금을 결정하는 사람들에게 어떠한 영향을 미치겠는가? 이 질문에 대한 대답은 '절대 아니다'이다(p.3).

그는 결론을 위해 심리학의 중요한 원리를 인용한다.

메시지를 수용하는 결과가 광범위하고 비용이 많이 들수록 시청자가 그 메시지의 정확도를 납득하기 위해서는 더 많은 사실이 필요하고, 기존의 신념을 유지하기 위해서는 메시지와 메시지 전달자를 폄하하는 데 더 많은 에너지가 들어갈 것이다(p.3).

그러므로 미디어 산업은 책임감 있게 행동한다는 것을 보여주는 긍정적인 효과에 대한 연구를 이용하면서도 부정적인 미디어 효과에 관한 연구에 대해서는 어떤 가치도 인정하기를 주저해 왔다. 이러한 태도는 많은 미디어 비평가들을 분노하게 만들었고, 많은 평범한 시민들이 그 문제를 해결하기 위해 무엇인가를 하고 싶어 하도록 자극해왔다.

사회적 테크닉의 또 다른 예는 매우 어린 어린이들을 텔레비전 광고의 영향으로부터 보호하는 것과 관련되어 있다. 1970년대 초반, 몇몇 소비자 단체들이 어린이들을 방송 학대라고 여겨지는 것으로부터 보호하고자 만들어졌다. 이러한 단체들 중에 눈에 띄는 단체는 ACT(Action for Children's Television)인데, 이 단체에서는 보통의 어린이 프로그램들이 시간당 16분 정도의 광고(이는 미디어 산업의 자율적 규제인 9.5분을 훨씬 넘는다)를 내보내고 있다는 것을 발견했다. 그리고 광고된 상품들은 대부분 영양가 없는 스낵과 소비자 눈을 속이도록 포장된 장난감들이었다. 많은 상품들은 그 프로그램 등장인물들에 의해 전달이 되어 특히 어린 어린이들에게는 프로그램과 광고가 구별이 잘 안 가게끔 만들어졌다.

이러한 압력은 FTC(Federal Trade Commission; 연방 상거래 위원회)로 하여금 1970년대에 청문회를 열게끔 영향을 주었다. FTC는 특정 종류의 광고를 금지할 것을 고려했다. 그러나 종국에 FTC는, 텔레비전 광고가 어린이들에게 위험할 수 있다는 증거는 있지만 실질적이고 효과적인 해결책은 연방정부의 정책 입안에 포함시킬 수 없다고 결론지었다. 주요 문제는 어린이가 누구인가를 정하는 것이었다. 즉, 몇 살이 되어야 더 이상 어린이가 아닌 것인가 하는 문제였다. 또한 어린이 텔레비전에 광고를 규제한다면 방송계에서 더 이상 어린이들을 위한 프로그램을 만들지 않게 될 수도 있다는 우려가 있었다.

사회적 전략의 또 다른 예는 1995년 가을에 일어났는데, 그 당시 유명한 정치인들이 텔레비전의 토크쇼를 청산하자는 캠페인을 벌이기 시작했다. 전 교육부 장관 William Bennett과 Joseph Lieberman(코네티컷-민주당) 의원, Sam Nunn(조지아-민주당) 의원이 앞장섰던 캠페인은 텔레비전 콘텐츠의 규제를 요구하지는 않았다. 대신, 여론 형성에 영향을 주고, 낮 시간 대 토크쇼의 콘텐츠를 '치명적'이라고 규정하며 일부 텔레비전 프로듀서들을 창피하게 하는 데 목적이 있었다. 이 비평가들은 20개의 전국적인 토크쇼 중 일부가 시청자들을 계몽하는 건설적인 방법으로 가정 학대, 약물 남용, 인종 차별의 심각한 문제들을 다루고 있다는 것을 인정했다. 그러나 어떤 쇼들은 소리 지르는 싸움이라든가 주먹싸움, 욕설, 그리고 부적절한 조언을 내지르는 관객의 모습을 보여주어 마치 서커스를 보는 것 같다고 지적했다. 저속한 프로그램의 예로, 그들은 10세의 나이에 성관계를 가졌던 소녀들을 다룬 Sally Jesse Raphael 쇼와 '아빠라고 불리는 71세의 남편과의 사이에 네 자녀를 둔 17세 소녀에 관한 이야기를 다룬 Jerry Springer 쇼를 제시했다(Hancock, 1995).

미디어 콘텐츠의 문제점에 대한 대중적 의식에 영향을 주고 미디어 산업에 변화를 꾀하고자 했던 사람들과 단체들의 예는 그 외에도 많다. 이러한 노력들은 프로그램 편성에 변화를 가져오기보다는 공적인 문제의식을 고취하는 데 성공했다. 이는 우리에게 다음과 같은 질문을 남긴다. 우리는 이러한 노력을 계속해야 하는가? 대답은 '물론 그렇다'이다.

얼마나 상상력이 풍부한지 보여라. 연습문제 15.2를 수행해 보라. 이상주의자가 되라. 그리고 어떻게 큰 차이를 만들 수 있는지 꿈꿔라. 물론 현실의 변화를 법제화하려 할 때 기대치를 축소할 필요가 있다. 이런 유형의 사회적 변화는 빙하의 속도로 움직인다. 변화가 나타나려면 수십 년이 걸린다. 빙하는 매우 느리게 움직이기 때문에 눈에 보이지 않지만, 그것은 끊임없는 압력을 가하고 있고, 변화는 끊임없이 일어나고 있다는 것을 기억하라. 사회 운동도 마찬가지이다. 그러나 우리가 헌신적이고 지속적인 압력을 행사할 수 있다면, 우리는 결국 변화를 일으킬 수 있다.

요약

미디어 리터러시는 하나의 시각이다. 이 시각을 갖기 위해서는 인식과 통제 능력을 신장시킬 필요가 있다. 이 장에 있는 연습문제는 당신의 지식 체계와 당신의 마음이 어떻게 작용하는지, 그리고 효과 과정에 있는 주요 요소들에 관한 지식을 적용하는 능력에 관한 당신의 인식 정도를 평가하는 데 도움을 주고자 만들어진 것이다.

미디어 리터러시는 사람들의 생각과 느낌의 패턴을 학습 사다리의 위치에서 비교하면 가장 명확하게 진단할 수 있다. 노출되어 있는 동안 이 사다리들을 염두에 두라.

미디어 리터러시를 증진시키기 위한 당신 스스로의 전략을 일단 발달시키고 나면, 다른 사람들도 그렇게 되도록 도움을 주고 싶어질 것이다. 당신 주위에 있는 사람들이 미디어를 더 잘 이해하도록 도움을 주기 위해 일상생활에서 비형식적으로 할 수 있는 모든 것들에 대해 생각해 보라. 이 과제에 더 관여하다 보면, 공식적인 관여 기제를 개발하고 사회와 공교육에 영향을 주는 것들을 생각하게 될 것이다.

이 책은 여기서 끝이 난다. 이 책이 당신에게 어떤 종류의 효과가 일어나도록 했는가? 정보와 논의들을 분석하면서 비판적으로 읽었는가? 여기에 제시된 요지들을 당신의 기존 지식 체계와 비교 또는 대조하였는가? 어떤 부분은 동의하고 어떤 부분은 동의하지 않으며 저자의 의견과 입장을 평가하였는가? 가장 유용하다고 생각된 정보는 미디어 리터러시에 관한 당신 자신의 관점과 그러한 관점을 성취할 수 있는 당신만의 테크닉으로 수용하였는가? 이러한 질문들에 당신이 그렇다고 대답하였다면 당신은 이 책에 인지적으로 잘 반응한 것이다. 양질의 인지적 반응의 핵심은 당신이 이 모든 정보에 동의하고 받아들이느냐를 말하는 것이 아니다. 핵심은 당신이 이 책을 읽을 때 당신의 마음이 지속적으로 적극성을 띠었는가 하는 것이다.

당신은 이 책을 읽는 동안 어떤 강한 정서적 반응을 보였는가? 예를 들어, 어떤 정보나 논의를 보며 화가 나지는 않았는가? 당신이 미디어 리터러시를 더 알아가는 것에 대해 도전의식이 들고 동기부여가 되는 것을 느꼈는가? 이러한 질문들에 '예'라고 대답한다면, 이 책에 정서적으로 잘 반응한 것이다. 양질의 정서적 반응의 핵심은 당신이 저자와 이 책에 대해 긍정적인 느낌을 갖느냐하는 것이 아니다. 핵심은, 이 책의 일부를 매우 싫어하거나 다른 부분은 매우 좋아함으로써 당신의 감정이 연루되도록 하는 것이다.

이 책을 읽는 동안 도덕적 견해를 취했는가? 예를 들어, 미디어 때문에 우리 문화에 무엇이 옳고 그른 것인지에 대한 감각을 발달시켰는가? 당신 자신과 다른 사람들에게 도움을 줄 무언가를 하고자 강한 결심을 했는가? 이러한 질문들에 '그렇다'고 대답한다면, 당신은 이 책에 도덕적으로 잘 반응한 것이다. 양질의 도덕적 반응의 핵심은 내 견해에 동의하는 것이 아니다. 중요한 점은 어떤 상황들에 대해 옳고 그름을 판단하는 것이고 당신 자신의 견해를 갖는 것이다.

마지막으로, 이 책에 미학적으로 반응하였는가? 저자가 챕터를 구성하고 중요 사항들을 조명하는 방식이 마음에 들었는가? 유용하고 창의적인 예를 몇 가지 발견했는가? 어떤 부분을 수정을 했으면 하고 느끼지는 않았는가? 이러한 질문들에 '그렇다'고 대답할 수 있다면, 당신은 이 책의 미학적 부분에 민감했다고 볼 수 있다. 물론 저자는 당신의 미학적 반응이 호의적이었기를 바란다. 그러나 호의적이었든 그렇지 않았든 간에 당신이 미학적 반응을 많이 할수록, 미학적 의식을 더 발휘할수록, 당신의 미디어 리터러시 발달에 도움이 된다.

더욱 중요한 것은, 당신이 미디어 리터러시를 많이 성취했음을 알게 되기를 희망한다. 당신은 많은 유용한 지식 체계와 기술을 갖추었다. 이러한 지식 체계와 기술을 계속 발달시키면서 당신이 하고 있는 것을 인지하고 발전 과정을 잘 관리하기를 바란다. 그리고 그것을 즐길 수 있기를 소원한다.

최신 자료

미디어 리터러시에 관한 많은 정보가 다양한 단체의 웹사이트에 실려 있다. 이들 정보 중 일부분은 책과 보고서, CDs, DVD 형태로 판매되고 있지만 많은 자료들이 무료로 제공되고 있다. 미디어 리터러시 단체의 웹사이트들을 추천하는 바이다.

Center for Media Literacy (http://www.medialit.org)
Center on Media Child Health (http://cmch.tv)
Children Now (http://www.childrennow.org)
Media Literacy Now (https://medialiteracynow.org)
National Association for Media Literacy Education (http://namle.net)

연습 문제 15.1 당신의 지식 체계 인식하기

1. 아래는 이 책의 각 장을 열거해 놓은 것이다. 각각은 그 장의 주제에 관한 지식 체계를 나타낸다. 이 책의 각 장에 있는 내용의 구성을 상기하라.

   a. 각 장의 핵심 개념을 기억할 수 있는가? 각 장의 주요 사항들과 부분들을 기억하는가?

   b. 각 장의 첫째 페이지로 가서 제대로 기억했는지 확인해 보라. 핵심 개념을 기억했다면, 1점을 주고, 각 주요 사항(개요에 있는 요지들)에 대해 각각 1점씩 주어라. 당신의 점수가 그 장에 대해 0~5점이 되어야 한다.

   c. '책'이라고 표시된 왼쪽 칸에 점수를 기록하라.

   d. 아래에 나열된 나머지 장들에 대해서도 같은 방식으로 기록하라.

책	추가경험	1부: 도입
_____	_____	1장 왜 미디어 리터러시를 신장시켜야 하는가?
_____	_____	2장 미디어 리터러시 접근법
		2부: 수용자
_____	_____	3장 수용자에 대한 개인적 관점
_____	_____	4장 수용자에 대한 산업적 관점
_____	_____	5장 특별한 소비자로서의 아동

3부: 산업

_____   _____   6장 대중 매체 산업의 발달

_____   _____   7장 경제적 관점

4부: 콘텐츠

_____   _____   8장 미디어 콘텐츠와 리얼리티

_____   _____   9장 뉴스

_____   _____   10장 엔터테인먼트

_____   _____   11장 광고

_____   _____   12장 인터랙티브 미디어

5부: 효과

_____   _____   13장 미디어 효과에 대한 관점의 확장

_____   _____   14장 미디어 효과는 어떻게 작용하는가?

2. 다음은 각 장을 공부한 후 읽은 다른 자료에 대해 생각해보라.

   a. '더 읽을거리'나 참고도서 목록에서 읽은 책 또는 논문 각각에 대해 2점을 줘라.

   b. 각 장을 공부한 이후 그 주제와 관련해서 읽은 각 도서에 대해서 1점을 줘라.

   c. 각 장을 공부한 이후 그 주제와 관련하여 중요한 경험을 한 경우 한 건당 1점을 줘라. (중요한 경험이란 그 장의 주제에 관해 누군가와 긴 대화를 나누거나 그 장에 나오는 원칙들을 의식적으로 적용하려는 노력을 했을 경우 등을 말한다.)

   d. 각 장당 합산한 점수를 '추가 경험'이라고 적힌 칸에 기록한다.

3. 각 장별로 숫자의 양상을 살펴보라. 현재 당신의 지식 체계 상태에 대해 무엇을 말해주는가?

   a. '책' 칸을 확인해 보라. 대부분 4점대와 5점대라면 당신은 매우 강한 지식 체계를 갖고 있는 것이다. 주로 3점대를 기록했다면, 지식체계가 좋은 시작 단계라 할 수 있다. 0점들이 있다면, 그 장들에 있는 정보 체계들을 다시 공부할 필요가 있다.

   b. '추가 경험' 칸을 확인해 보라. 3점대 이상을 받았다면, 당신은 지식을 확장하고 지식 체계를 확대할 강한 의무감을 보이는 것이다. 0점대들이 있는 부분에 대해서는 당신의 지식을 왜 확장할 의사와 능력이 없는지 스스로에게 물어보라.

   c. 숫자의 전체적 양상을 보라. 어떤 장들은 다른 장들에 비해 강점을 나타내는가? 특정 주제에 더 관심을 갖는 것은 그럴 수 있다. 그러나 균형이 중요함을 기억하라. 점수에 대해 자긍심을 가져라. 이제는 좀 더 노력하여 취약점을 극복할 때이다.

연습 문제 15.2 사회적 전략에 대한 공상

내년에 당신이 천만 달러짜리 복권에 당첨된다고 가정해 보자. 세금을 지불하고 난 후 당신의 현재 빚을 청산하고 온갖 사치품들을 사고도 3백만 달러가 남아있다. 그래서 당신은 그 돈으로 무언가 당신 삶에 가치 있는 것을 하기로 결정한다. 당신은 시민운동 단체 하나를 만들어서 사람들이 좀 더 미디어 리터러시를 갖추고, 사회의 몇 가지를 바꾸고자 한다. 다음의 이슈들에 대답하면서 테크닉에 대해 생각해 보라.

1. 목표: 당신 단체의 목표는 무엇인가?

   a. 당신이 성취하고 싶은 개인 상호적 목표들을 적어라.
   b. 당신이 성취하고 싶은 사회적 목표들을 적어라.

2. 대상

    a. 위에 정한 목표들을 성취하기 위하여 어떤 단체들을 변화의 대상으로 삼겠는가? 대상들을 적어 보라(온라인 부록 C 참고).

    b. 각 대상에 대해 구체적으로 어떤 면을 변화시키고 싶은가?

3. 테크닉: 그 변화를 어떻게 자극하겠는가?

    a. 대상에 속한 사람들에게 당신의 관점을 이해시키기 위해 무엇을 하겠는가?

    b. 대상에 속한 사람들의 행동을 변화시키기 위해 당신은 어떤 일을 하겠는가?

    c. 장애: 당신의 목표를 이루는 데 가장 장애가 될 수 있는 것을 무엇이라 생각하는가?

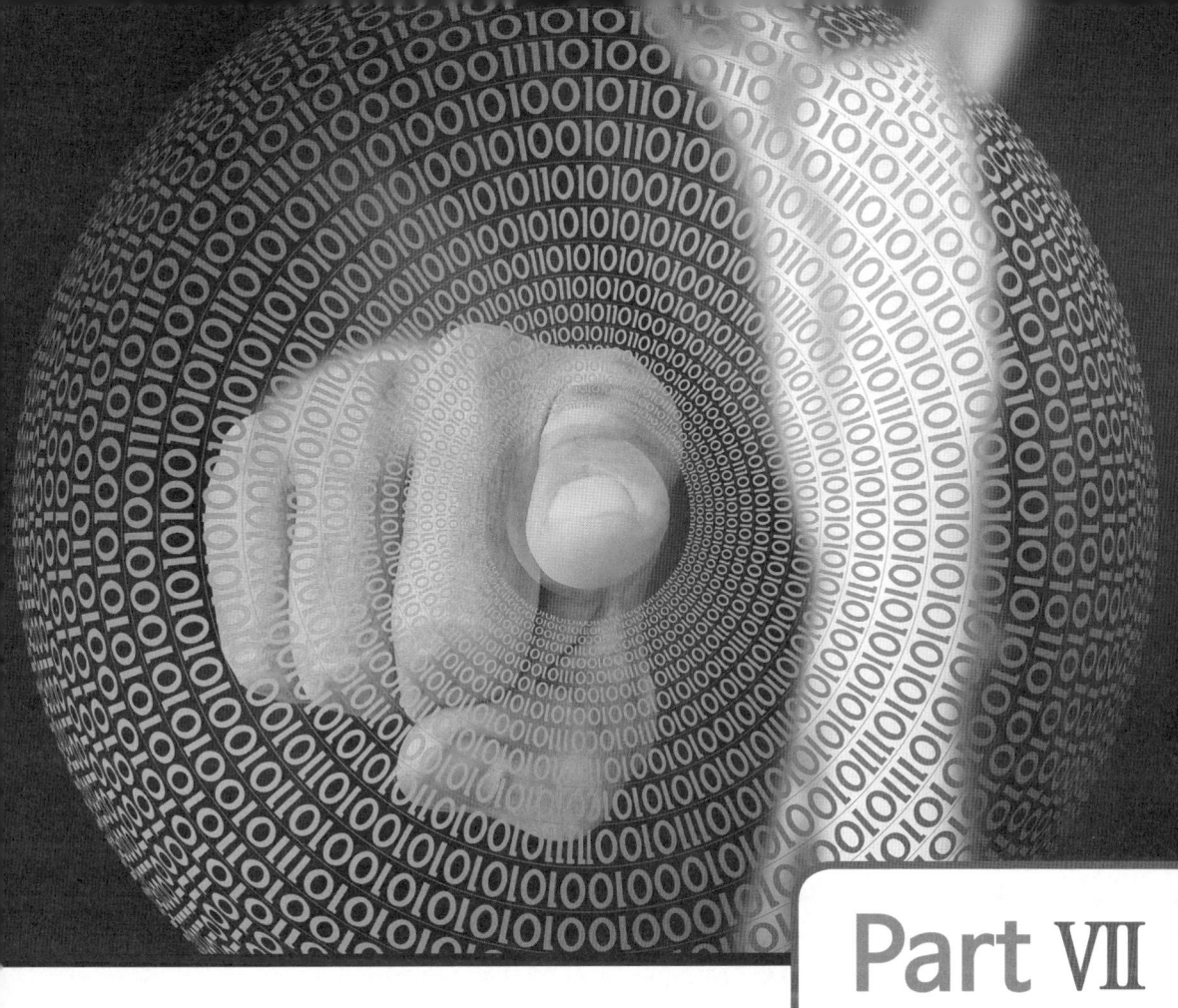

Part VII

직면한 이슈 CONFRONTING THE ISSUES

ISSUE 1 미디어 사업의 소유권
Ownership of Mass Media Businesses

ISSUE 2 스포츠
Sports

ISSUE 3 가짜 뉴스
Fake News

ISSUE 4 광고
Advertising

ISSUE 5 폭력성
Media violence

ISSUE 6 개인정보 보호
Privacy

직면한 이슈

15개 장에 대한 지식을 얻었으니 배운 내용을 넓고 체계적으로 적용할 준비가 되었다. 이 책의 각 부분은 대중 매체에 대한 여섯 가지 논의를 보여준다. 분석, 평가, 그룹화, 연역, 귀납, 종합 및 추상화 등의 강화 기술을 사용하여 이러한 각 논의를 얼마나 잘 해결할 수 있는지 확인해 보라. 각 논의들을 이해하기 위한 맥락으로 '미디어 산업, 수용자, 콘텐츠, 효과'라는 네 가지 핵심 미디어 리터러시 지식 구조를 사용하라. 7부에서 제시될 여섯 개의 이슈는 당신의 지식 구조를 계속 정교하게 만들고 기술의 강도를 높일 수 있는 기회를 제공할 것이다.

다음의 여섯 가지 이슈는 공공의 우려와 비판의 목소리가 높기 때문에 선정되었다. 각 이슈들은 그 이슈의 근간을 이루는 문제에 대처하는 다양한 방법들이 논쟁을 불러 일으켰다.

- 이슈 1은 미디어 사업의 소유권에 대한 소유권 논란을 제시한다. 평론가들은 미디어 산업에 있어서 굉장히 많은 사업권이 불과 소수의 몇몇 회사들에 너무 집중되었다고 주장한다. 그들의 주장은 타당한가? 이 논쟁의 근본은 무엇인가?

- 이슈 2에서는 '스포츠에 소비하는 돈이 지나치게 많은가?'라는 질문에 대한 다양한 답변을 검토한다.

- 이슈 3에서는 그동안 '가짜 뉴스'로 불렸던 문제를 다룬다. 뉴스는 얼마나 많은 다른 방법으로 가짜로 간주될 수 있는가?

- 이슈 4는 우리가 광고를 어떻게 비판하는지, 그 비판들이 타당하고 유용한지 분석한다.

- 이슈 5는 미디어에서의 폭력이 심하지 않은지, 폭력을 다루는 콘텐츠가 개인과 사회에 해를 끼치는지에 대한 끈질긴 논란을 다룬다.

- 이슈 6에서는 개인정보 보호에 대한 우려가 증가하고 있는 점과 새로운 미디어 환경이 어떻게 개인정보 보호를 더욱 어렵게 만들고 있는지를 검토한다. 당신이 모르는 것이 당신을 해칠 수 있다.

여섯 가지 이슈 각각이 상당한 논쟁을 불러 일으켰지만, 이러한 논쟁이 다소 피상적인 수준을 넘어서는 경우는 드물다. 현재까지 이 이슈들을 다루는 사람들은 양극화된 입장을 가졌던 경향이 있기 때문에 이러한 논쟁들은 과열된 양상을 띠었다. 당신이 이 이슈들에 대한 내용을 읽으면서 열린 마음을 가지도록 노력하고 논쟁의 다른 면에 있는 사람들이 무엇을 주장하고 있는지 이해하도록 노력하라. 논란을 가능한 한 많은 관점에서 보도록 노력하라. 피상적 논쟁에 그치지 말라. 논쟁의 모든 측면에서 나온 증거와 주장을 엄격하게 평가하라. 논란의 근간을 이루는 더 많은 층위를 밝히기 위해 깊이 파고들어라. 동료와 그 이슈에 대해 토론해 보라.

이슈를 다루는 여섯 개의 장은 각각 논쟁의 성격을 명확히 하고 논쟁 중인 내용을 개략적으로 설명하기 위해 논제를 서술하는 것으로 시작한다. 그러나 글에서는 당신이 어떤 방식으로 생각하도록 유도하기 위한 주장을 제시하지 않는다. 대신 스스로 생각할 수 있는 자료를 제시한다. 그러하니 논쟁에 참여하라. 주장이 설득력 있게 들리지 않으면 분석하여 문제를 파악하라. 제시된 증거가 맞는지 확인하라. 스스로 그 논쟁을 계속 파헤쳐라. 이 과정을 통해 당신은 정보에 입각한 의견을 발전시킬 수 있을 것이다.

미디어 사업의 소유권

이슈 | 미디어 사업의 소유권 집중화 경향은 경제와 사회에 해로운 영향을 미치는 바람직하지 않은 추세이다.

▶ 문제 제기
- 집중화를 비판하는 주장
- 집중화를 옹호하는 주장

▶ 집중화의 증거
- 집중화 추세
- 집중화 추세를 주도하는 요인
  - 효율성
  - 규제와 규제 완화

▶ 해로움의 증거
- 진입 장벽 증가
- 경쟁 수준 감소
- 대중의 목소리 감소
- 콘텐츠의 변화

▶ 정보에 입각한 의견 수립
- 시야 확장하기
- 증거의 재검토
- 기본 가치에 대한 고찰
  - 지역주의
  - 효율성
- 정보 파헤치기

▶ 더 읽을거리
▶ 최신 자료
▶ 미디어 리터러시 기술 적용

    대중 매체에 대한 가장 일반적인 비판 중 하나는 소유권에 관한 것이다. 평론가들은 소유권이 소수의 회사에 집중되는 경향이 존재하고 그러한 추세가 경제와 사회에 유해하다고 주장한다.

    이 장에서는 이러한 집중화 경향에 대한 비판론자와 옹호론자들의 주요 주장을 기술하고 이 문제에 대한 분석을 제시한다. 그런 다음 과연 얼마나 집중화되어 있는지를 파악하기 위해 미디어 사업의 소유 양상을 살펴보고자 한다. 그 후에 미디어 사업의 소유권 집중화 경향이 어떤 피해를 끼치는지 그 증거를 검토하여 과연 그것이 비평가들의 주장을 뒷받침하는지 분석한다. 마지막으로, 이 복잡한 이슈에 대해 정보에 입각한 당신만의 의견을 수립할 수 있도록 몇 가지 지침과 연습을 제시한다.

문제 제기

이 이슈는 점점 더 적은 수의 회사들이 점점 더 많은 수의 미디어 사업권을 소유하고 있다는 사실을 비판하는 사람들에 의해 제기되었다. 이 이슈의 다른 측면에는 매년 미디어 사업권을 계속해서 사들이는 대형 미디어 회사들이 있다. 이 문제에 대한 양쪽의 주장을 검토해 보자.

집중화를 비판하는 주장

미디어 기업의 소유 집중이 증가하는 것에 반대하는 비판론자들은 이러한 경향이 경제와 사회에 해를 끼치고 있다고 주장한다. 그들은 더 적은 수의 소유주들이 대중 매체를 더 많이 통제할 때, 경쟁이 감소하여 경제에 해를 끼친다고 주장한다. 이러한 대기업들은 시장의 진입 장벽을 높임으로써 새로운 회사의 시장 진입을 더 어렵게 한다. 경쟁이 약화되면, 품질을 높이고 가격을 낮게 유지하려는 동기 또한 약해진다. 따라서 소비자들은 경제적인 피해를 입는다.

비판론자들은 또한 소유의 집중이 사회 전반에 해를 끼친다고 주장한다. 민주주의에서 정보의 흐름을 통제하는 기업의 수가 적어지면 대중은 적은 범위의 의견에 노출되고 중요한 문제에 대해 정보에 입각한 결정을 내리는 데 이용할 수 있는 정보의 범위가 제한된다. 비판론자들은 또한 언론이 소수의 힘 있는 사업가들에 의해 통제될 때, 대중은 정보의 흐름을 통제하는 소수의 사람들이 선호하는 선전에 노출될 위험이 있다고 우려한다.

집중화를 옹호하는 주장

집중화 추세를 옹호하는 사람들은 개별 기업이 강해지면 경제 전반이 강화된다는 입장을 취한다. 더 강한 회사들은 더 많은 사람들의 요구를 충족시키기 위해 더 나은 제품을 개발하는 데 필요한 자본을 가지고 있다. 더 많은 사람들이 그 제품들을 구매함에 따라 더 많은 소비를 자극한다. 그리고 더 많은 제품을 생산하기 위해 이들 회사는 더 많은 원료를 소비하고 더 많은 직원을 고용한다.

옹호자들은 언론사들이 정치적 목적보다는 경제적 목적을 훨씬 더 많이 중요시하기 때문에, 정치적 견해를 관철시키려고 노력하기보다는 소비자들의 요구에 부흥하는 메시지를 생산하려고 노력한다고 주장한다.

집중화의 증거

이 섹션에서는 미디어 소유권 집중화의 증거를 살펴본다. 먼저 미국과 국제 시장의 미디어 사업 소유권 집중화 추세를 고찰하고 이러한 추세가 유지되는 이유가 무엇인지 분석한다.

집중화 추세

대중 매체를 포함한 모든 미국 내 산업의 집중화 경향에 대한 많은 증거가 존재한다. 이러한 경향은 Ben Bagdikian의 연구에서 명확하게 드러난다. 그는 1983년에 미디어 소유권의 패턴 분석을 실시하였는데, 미국에는 약 25,000여 개의 미디어 회사가 있음에도 불구하고, 상위 50개의 회사가 수익과 소비자의 절반 이상을 차지하고 있다는 것을 알아냈다. 그는 당시 대부분의 미디어 콘텐츠에 대한 결정은 CEO 50명의 손에 달려 있다고 경고했다. Bagdikian(1992)은 10년도 채 지나지 않아 매출과 관객의 절반 이상을 차지하는 회사가 23개로 줄어들었다고 보고했는데, 매일 발행되는 신문 부수의 대부분을 지배하는 회사는 11개사, 잡지 수입의 대부분을 지배하는 회사는 2개사, 전체 책 판매량의 절반 이상을 지배하는 회사는 5개사, 음반 시장의 95%를 공유하는 미디어 대기업 5곳, 미국 장편 영화의 89%를 차지하는 할리우드 스튜디오 8곳, 미국 전체 텔레비전 수입의 3분의 2 이상을 버는 텔레비전 방송 3곳(Bagdikian, 1992)이다. 2004년에 출간된 Bagdikian의 7번째 개정판에서는 미국 내 대중매체 수익 대부분을 창출한 기업이 5개로 줄었다고 주장하였다.

1980년대에는 2,140억 달러에 달하는 2,308건의 미디어 회사의 합병과 인수가 있었다(Ozanich & Wirth, 1993). 이러한 합병은 1990년대에 증가했으며, 그 이후로 계속되었다(연대표 1.1 참고). 미디어 산업의 자원 통합에 대한 이러한 경향은 더 새롭고 더 큰 회사의 CEO들에게 더 많은 자원을 관리하도록 함으로써 이들 CEO들에게 권력이 집중되었다.

미디어 회사들은 계속해서 인수, 합병, 그리고 재편을 하는데, 이러한 잦은 변화는 미디어 회사의 활동을 추적하는 것을 어렵게 만든다. 예를 들어, Westinghouse Electric Corporation은 1886년 피츠버그에서 철도 제동 장치 제조업체로 시작했다. 회사 설립 후 약 100년간 내구재 제조업을 유지하던 Westinghouse Electric Corporation은 사업을 확장하기 위해 다른 회사들을 인수하기 시작했다. 1995년, 주요 텔레비전 방송사 중 하나였던 CBS를 54억 달러에 사들였고, 이후 2년 동안 케이블 채널과 라디오 방송국을 사들이는 데 90억 달러를 더 지출했다. 1997년에는 본사를 뉴욕으로 옮기고 회사 이름을 CBS("CBS Headquarters," 1997)로 바꿨다. 그 후 CBS는 Viacom에 인수되었는데, 이 회사는 1971년에 Sumner Redstone이 설립한 미디어 대기업이었다. 2006년에 Redstone은 CBS와 Viacom을 분리하기로 결정했다. CBS Corporation은 Viacom의 '저성장 사업'으로 불린, CBS, CBS Radio, Simon

연대표 1.1
미디어 회사의 대규모 인수 합병 현황

1985

1986년: Capital Cities Communications는 Capital Cities/ABC를 설립하기 위해 American Broadcasting Company를 35억 달러에 샀다.

1986년: General Electric은 National Broadcasting과 NBC 텔레비전 네트워크의 모회사인 RCA를 64억 달러에 사들였다. 당시 그 거래는 미국 역사상 최대의 비석유 부문의 계약이었다. 같은 해, Capital Cities는 ABC를 인수했다.

1989년: Sony는 영화와 텔레비전 제작사인 Columbia Pictures Entertainment를 34억 달러에 샀

1990년: Warner Communication과 Time은 당시 세계에서 가장 큰 미디어 기업을 만들고자 141억 달러의 합병을 단행했다

1991년: 일본의 Matsushita Electric Industrial Co.는 69억 달러에 MCA를 사들였다.

1993년: New York Times는 Boston Globe의 모기업인 Affiliated Publications를 11억 달러에 인수했는데, 이는 미국 신문 역사에 있어서 가장 큰 계약이었다.

1990

1994년: Viacom은 영화, 출판, 스포츠 회사를 인수하기 위한 QVC와의 입찰 전쟁에서 승리한 후 Paramount Communicatios를 100억 달러에 인수한다.

1994년: Viacom은 비디오 대여 체인 사업체인 Blockbuster Entertainment를 80억 달러에 샀다.

1995년: Walt Disney는 당시 가장 큰 미디어 기업을 출범시키고자 Capital Cities/ABC를 190억 달러에 인수했다.

1995년: Westinghouse Electric은 CBS를 54억 달러에 사들이고 나서 15개의 TV 방송과 39개의 라디오 방송 서비스를 제공했는데, 이를 통해 미국 가정의 1/3에 직접 공급하였다.

1996년: Time Warner와 Turner Broadcasting System은 76억 달러의 합병을 단행했다. 이로써 연 매출 200억 달러를 넘는 세계에서 가장 큰 미디어 기업이 되었다.

1996년: 국제적 출판업체인 Penguin Group은 Seagram이 소유하고 있던 MCA의 미국 내 자회사였던 Putnam Berkley Group을 3억 3,600만 달러에 샀다. Penguin은 Arthur Miller, Gabriel García Márquez, Toni Morrison, E. L. Doctorow, Joyce Carol Oates와 같은 기존 작가들의 백리스트 책(backlisk book: 판매량은 크지 않지만 오랫동안 꾸준하게 팔리는 책)을 지니게 되었고, Putnam은 Stephen King, Terry McMillan, Tom Clancy, Patricia Cornwell 등의 작가가 쓴 신간 서적에 강세를 나타냈다.

1995

1997년: 두 라디오 회사의 합병으로 Chancellor Media가 탄생했다. 그 회사는 해마다 7억 달러의 수입을 벌어들이는 103개의 라디오 방송을 운영했다. 업계 1위의 라디오 그룹은 연 매출 11억 달러에 달하는 Infinity Broadcasting으로 Westinghouse Electric Corp.이 소유하고 있었다.

1998년: Compaq Computer는 Digital Equipment를 96억 달러에 샀다. 이 거래로 Compaq은 판매 부문에서 세계에서 3대 컴퓨터 회사 중 하나가 되었다. 그 점을 감안했을 때, 이 계약은 컴퓨터 산업의 역사에서 가장 큰 기업 인수였다.

1999년: Viacom은 CBS Television Network와 380억 달러의 합병을 발표했는데, 이는 미디어 회사 사이의 가장 큰 규모의 거래였다. 합병으로 인해 회사는 영화, 텔레비전, 라디오, 인터넷 사이트, 도서 출판, 그 외 다른 많은 부문으로 사업을 확장시켰다.

1999년: Clear Channel Communications는 166억 달러를 들여 AMFM 회사의 주식을 사들여 미국에서 가장 큰 라디오 회사로 탈바꿈했다.

2000

2000년: America Online은 1,640억 달러를 들여 Time Warner와 합병 계약을 체결했다. 이 계약은 미디어 산업의 인수 합병의 역사를 다시 쓴 가장 큰 규모의 거래였다.

2000년: Atlantic, Elektra, Warner Brothers라는 음반 회사를 소유한 Time Warner는 Virgin, Priority, Capitol의 음반 회사를 소유한 영국의 EMI Group과 세계에서 가장 큰 음반 회사를 만들기 위해 음악 산업의 합병에 동의하였는데, 이로써 합병된 회사는 해마다 80억 불의 수입을 올리게 되었다. 이 회사에 소속된 음악가만 2,500명에 달했다.

출처: Compiled from AP Online (2000), BtoBonline (2013), Chmielewski and Fritz (2009), Common Cause(연도 미상), Fabrikant(1995), Greimel(2000), Hayes(2017), Hofmeister(1997a, 1997b), Holstein(1999), Lorimer(1994), Lyall(1996), McDonald(2000), and Menn (2007).

2005

2005년: Paramount Pictures는 독립 영화 스튜디오였던 DreamWorks SKG를 16억 달러에 사기로 하였다. 이 계약에는 DreamWorks Animation SKG는 포함되지 않았다.

2006년: Walt Disney는 Apple의 Steve Jobs가 가지고 있던 애니메이션 영화사인 Pixar를 74억 달러에 인수할 것이라 발표하였다.

2006년: Vivendi's Universal Music은 BMG Music Publishing과의 20억 달러 인수 계약을 성사시켰다. 이 계약으로 인하여 Universal은 세상에서 가장 큰 음반 회사로 발돋움했다.

2006년: 인터넷 검색 엔진의 선두 주자인 Google은 16억 5,000만 달러에 유명 비디오 사이트 YouTube를 16억 5,000만 달러에 인수하기로 발표했다.

2007년: Google은 DoubleClick을 31억 달러에 인수하여 인간 행동에 대한 세부 정보를 모아둔 가장 큰 저장소를 온라인에 만들었다.

2007년: NBC Universal은 1998년 Oprah Winfrey와 몇몇 사람들에 의해 설립되었던 케이블 네트워크 Oxygen을 925만 달러에 샀다.

2010

2009년: Walt Disney는 40억 달러에 만화회사 Marvel을 샀다.

2011년: Comcast는 NBC유니버설의 지배지분(51%)을 300억 달러에 매입한다.

2011년: AT&T는 기존의 9,600만 명의 고객에 3,400만 명을 더 유치하고 Verizon Wireless보다 더 큰 회사로 태어나기 위해 독일의 Deutsche Telekom사의 T-Mobile을 390억 달러에 사들이려 했다.

2011년: Microsoft는 인터넷을 통해 상대방과 영상 통화가 가능한 소프트웨어를 개발한 SkyPe를 85억 달러에 인수했다.

2011년: 연방통신위원회(FCC)는 Comcast가 General Electric 소유의 NBC Universal의 과반수 이상의 지분을 인수하는 것을 승인했다.

2013년: A. C. Nielsen(TV 시청률 조사 회사)은 Arbitron(라디오 시청률 조사 회사)을 인수했다.

2014년: AT&T는 670억 달러에 Direct TV를 인수한다.

2015

2016년: Charter는 Time Warner Cable과 Bright House를 655억 달러에 인수해 그 당시 두 번째로 큰 케이블사업자가 되었다.

2018년: AT&T와 Time Warner사이의 850억 달러 합병이 승인되었다. Time Warner는 현재 Warner Media다.

2020

& Schuster, CBS Outdoor, Showtime, CBS Records, CBS TV Studios 및 대부분의 텔레비전 제작 사업을 맡게 되었다. 새로운 Viacom은 '고성장 사업(특히 MTV Networks와 BET Networks)'을 맡아서 향후 인수와 확장을 위한 충분한 수익을 창출할 수 있도록 하였다. Redstone은 두 회사를 모두 지배하기 위해 National Amusements이라는 회사를 만들었는데, 이 회사는 Viacom과 CBS를 비롯해 이후 10년에 걸쳐 인수한 다른 회사를 지배했다. National Amusements 산하에 있는 대부분의 회사들의 소유권은 모기업이 완전히 쥐고 있었다. 일부 회사에 대해서는 소유권의 일부만 가지고 있거나 어떤 회사에 대해서는 긴밀한 파트너십 협정으로 운영하기도 하여서 지배 구조는 매우 복잡하였다. 그러나 분명한 것은 Sumner Redstone이 National Amusements의 CEO이고 그는 거대 기업 산하에 있는 모든 회사들에 대해 강력한 통제권을 행사하고 있다는 것이다(표 1.1 참고).

합병의 추세는 둔화될 기미를 보이지 않고 있다. 오히려 증가하고 있는 것으로 보인다. 미디어 관련 기업 간의 합병 건수는 2011년부터 2012년까지 두 배 이상 증가했으며, 총액은 750억 달러에 육박하며 1,350건 이상의 합병 건수를 기록했다. 그러나 이러한 합병의 90%는 상대적으로 작은 규모로 이루어졌으며, 액수도 5천만 달러 미만이었다(BtoBonline, 2013). 매년 비교적 작은 규모의 합병이 계속되는 반면, 언론사 간 일부 초대형 합병도 있었다. 2016년, AT&T는 Time Warner 인수전에 나섰고, 2018년 6월 850억 달러 규모의 합병이 승인됐다. 같은 달, 미 법무부는 Disney's가 21st Century Fox와 524억 달러에 합병하는 것을 승인했다.

심지어 새로운 미디어 회사들은 인수 합병을 통해 더 강력해지고 있다. 예를 들어, 2004년 2월에 설립된 Facebook은 2005년부터 기술력을 가진 회사들을 인수하기 시작해서 2018년 여름까지 총 66개의 회사들을 사들이는 데 231억 달러 이상을 지출했다. 이러한 인수에서 가장 주목받은 것은 안면 인식 플랫폼인 Face.com(1억 달러), 영상광고 플랫폼 LiveRail(5억 달러), 사진공유 앱인 Instagram(10억 달러), 가상현실 스타트업인 Oculus Rift(20억 달러), 모바일 메신저 서비스인 WhatsApp(190억 달러) 등이다.

표 1.1 미국을 장악한 미디어 대기업들

Comcast (연간 매출 845억 달러)

1963년 설립, 본사: 펜실베이니아 주 필라델피아, 직원 139,000명

- 케이블 – 전국 케이블 텔레비전 최초 운영 업체 / 2,360만 명의 케이블 방송 고객, 1,800만 명의 디지털 케이블 고객 확보 / SpotsNet, E! Networks, Golf Channel 보유

- 뉴 미디어 – 초고속 인터넷 접속 / 1,590만 초고속 인터넷 고객, 760만 음성전화 서비스 고객 확보 / 최근 Verizon과 파트너십 체결하였는데 두 회사는 상대 회사가 갖고 있는 서비스에 대해 홍보와 판매를 할 예정

- 스포츠 – Philadelphia 76s(농구 채널)과 Philadelphia Flyers(아이스하키 채널)

- NBC Universal(Comcast가 지분의 51% 소유, 나머지 49%는 GE가 소유)
  텔레비전 – NBC 텔레비전 네트워크와 24개의 방송 채널 보유
  - 케이블 – MSNBC, CNBC, Bravo, USA Network, SyFy를 포함하여 40개의 TV 방송 채널 보유
  - 영화 – Universal Studios
  - 인터넷 – Hulu, Fandango 외 기타
  - 텔레문도(Telemundo) – 스페인어로 방송되는 16개 채널 보유
  - 기타 – Universal 테마 공원과 리조트

- 2015년에 Time Warner를 450억 달러에 매입
  - 방송 TV – CW Network와 Kid's WB!
  - 케이블 – Time Warner 케이블(1100만 가입자), 유료 케이블 채널(HBO 및 Cinemax), 지역 뉴스 케이블 채널 9 개; Turner Classic Movies와 The Cartoon Network)
  - 영화 – TV 프로그램과 영화 제작 (Warner Brothers Pictures, New Line Cinema, Fine Line Features, New Line International, New Line Television, Castle Rock Entertainment, and Telepictures Productions); 6,000개 이상의 영화, 25,000개의 TV 프로그램, 수천 개의 애니메이션을 소장한 도서관, 6,000개 이상의 영화, 25,000개의 TV 프로그램, 수천 개의 애니메이션 (Looney Tunes and Hanna-Barbera); Warner Brothers International Cinemas(미국내 123 개 스크린, 타국가에 650 개 스크린)
  - 음반 – Warner Brothers Music Group, Atlantic, Elektra, and

  - 잡지 – 미국에서 가장 큰 잡지 출판사로 전세계적으로 3억 명 이상에 이르는 독자와 140개 이상의 잡지 보유 Time, Life, People, Fortune, Money, Mad Magazine, Sports Illustrated, Entertainment Weekly, In Style, Sunset, Parenting, Southern Living, 그리고 Teen People 포함
  - 신문 – 일간 신문 7개
  - 스포츠 – Atlanta Braves(야구), Atlanta Hawks(농구), and Atlanta Thrashers(하키)
  - 기타 – Warner Brothers Studio Stores(전세계적으로 150개 점포 이상); MovieFone

Sony (연간 매출 792억 달러)

1946년 설립, 본사: 일본 도쿄, 직원 128,400명(미디어에 종사하지 않는 인력 포함)

- 텔레비전 – Columbia TriStar Television, HBO, Cinemax

- 영화 – Sony Pictures Entertainment, Columbia TriStar Motion Picture Group, Columbia TriStar Home Video, Columbia TriStar Television Group(Spiermman, Men in Black 제작)

- 음반 – Sony Music Entertainment, CBS Records, Columbia Records, Epic, Legacy, TriStar Music, RCA Records를 포함하여 50개가 넘는 음반 회사 소유

- 뉴 미디어 – Sony Playstation 비디오 게임

- 기타 – Sony Electronics, Sony Ericsson Mobile Communications

The Walt Disney Company (연간 매출 553억 달러)

1923년 Walt Disney에 의해 설립, 본사: 캘리포니아 버뱅크, 직원 180,000명

- 영화 – Walt Disney Studios, Touchstone Films, Miramax Films, Hollywood Pictures, Buena Vista Filmed Entertainment, Walt Disney Feature Animation, Buena Vista International, Pixar, DreamWoks와의 제휴

- TV 방송 – 10개의 TV 방송 채널과 ABC Television Network

- 케이블 – ESPN, Fox Family, Toon Disney, Disney Channel 외에 Lifetime, A&E, History Channel, Biography 채널 보유

- 라디오 – 277개의 라디오 채널과 ABC Radio Network 운영

- 잡지 – Discover와 Los Angeles Magazine

- 서적 출판 – Hyperion Books, ESPN Books, Disney Publishing Worldwide

- 음반 – Walt Disney Records, Buena Vista Records, Hollywood Records, Mammoth Records, Lyric Street Records, Wonderland Music Company

- 스포츠 – 야구팀 Anaheim Angels, 아이스 하키팀 Mighty Ducks of Anaheim

- 기타 – 11개 테마 공원, Marvel Comics(Spiderman, X-Men, Iron Man, Hulk, Fantastic Four를 포함하여 5,000여 명의 캐릭터 보유), 소비재, Disney Store, 크루즈 사업, 석유 및 천연가스 생산업체 지분

National Amusements (연간 매출 269억 달러)

Sumner Redstone은 1971년에 Viacom을 설립했고, 그 후 많은 인수 합병을 통해 2016년 CBS Corporation을 만들었다.; 현재 Viacom과 CBS Corporation은 많은 다른 회사들과 함께 National Amusements의 산하에 속해 있으며 Redstone이 관리하고 있다.; 본사 뉴욕: 직원 925,920명

- TV 방송 – CBS와 UPN television networks; Paramount Television Studio (JAG, Entertainment Tonight), Spelling Television King World Productions (Jeopardy, Wheel of Fortune); Viacom Stations Group (39 TV stations)

- 케이블 – 세계 160개 케이블 네트워크 장악: Comedy Central, Nickelodeon, MTV, VH1, TV Land, TNN (now Spike TV), CMT (Country Music Television), Showtime, and BET (Black Entertainment Television) 등.

- 라디오 – Entercom 과 Infinity Broadcasting의 183 radio stations; CBS radio network; Westwood

- 서적 – Simon & Schuster, Scribner, Pocket Books, Anne Schwartz Books, Archway Paperbacks, Lisa Drew Books, Fireside, Free Press, MTV Books, Nickelodeon Books, Pocket Books, Star Trek Books, 그리고 Washington Square Press
- 영화 제작 – Paramount Pictures (including a library of more than 2,500 titles), Nickelodeon Movies, MTV Films, Nickelodeon Studios, United International Pictures (33%), Spelling Films, Republic Entertainment, Worldvisions Enterprises
- 영화관 – Paramount Theaters, Famous Players Theaters (13개 국가에 1700여 개의 스크린), United Cinemas International
- 음반 – Famous Music (copyright holders of more than 100,000 songs)
- 뉴 미디어 – MTV Networks On Line, MarketWatch.com, CBS.com, CBSSportsLine.com, CBSMarketWatch.com, and Country.com
- 기타; Metro Networks

News Corporation (연간 매출 81억 달러)

1979 년에 설립; 본사 뉴욕시; 직원 64,000 명

- TV 방송 – Fox Network; 미국 27 개 방송국과 전세계 다수의 방송국
- 영화 – 20th Century Fox, Fox 2000, Fox Studios, Fox Searchlight, Fox Animation Studios Studio
- 라디오 – Fox Sports Radio Network
- 케이블 – FX Network, Fox Sports Net, Fox News Channel, Golf Channel, National Geographic
- 잡지 – MTV Networks On Line, MarketWatch.com, CBS.com,
- 신문 – Wall Street Journal 및 New York Post를 포함한 국제적인 175편의 신문
- 서적 출판 – HarperCollins, William Morris Books, Avon Books, 그리고 Regan Books
- 인터넷 – AmericanIdol.com, AskMen, Fox.com, 및 다른 사이트 소유
- 뉴 미디어 – DirectTV, Sky Network TV
- 스포츠 – Colorado Rockies (baseball)와 Staples Center의 부분 소유

출처: Compiled from Albarran (2002); Baker, Falk, and Manners (2000); Bettig and Hall (2003); CBS Corporation (n.d.); Chmielewski & Fritz (2009); Comcast. (n.d.); Croteau and Hoynes (2001); Flanigan (2003); Free Press (2012); NBCUniversal (n.d.); News Corporation (n.d.); Polman (2003); Sony Corporation (n.d.); The Walt Disney Company (n.d.); Time Warner (n.d.); Verrier and James (2003); Viacom (n.d.); and Yahoo Finance (2018)

집중화 추세를 주도하는 요인

미디어 사업의 소유의 집중화 경향에 대한 중요한 요인이 두 가지가 있는데, 그것은 효율성과 규제 완화이다.

효율성

규모가 큰 기업은 범위와 규모가 경제적이기 때문에 중소기업보다 더 효율적으로 운영될 수 있다(7장 참고). 대기업은 세 가지 유형의 인수 합병을 통해 이러한 효율성을 달성한다. 첫째는 수평적 합병이다. 이는 한 미디어 회사가 같은 형태의 미디어 회사를 사들이는 것이다. 예를 들면, 신문 회사 체인이 다른 신문 회사를 사들이는 것이다. 이러한 패턴은 1980년대에 매우 유행했는데, 신문사들은 수평적 합병에 의해 연간 거의 50~60%정도가 사라졌다. 따라서 신문사 체인들은 다른 많은 신문사들과 국내 및 국제 뉴스를 보도하는 데 드는 비용을 분담한다. 또한 자재(종이, 잉크 등)를 매우 대량으로 구입할 때 더 낮은 도매가를 요구할 수 있다.

둘째로는 수직적 합병이 있다. 이는 하나의 미디어 회사가 확장을 위해 메시지의 공급이나 분배 과정에 있는 업체를 사들이는 것이다. 출판 회사가 인쇄 공장이나 서점을 사들이는 것을 예로 들 수 있다. 또 다른 예는 필라델피아, 보스턴, 댈러스, 디트로이트, 피츠버그, 마이애미에 텔레비전 방송국을 소유하고 있었던 Viacom을 들 수 있다. Paramount Pictures의 소유권을 통해 눈에 띄는 수직적 통합을 이루었다. 그 결과로 텔레비전 네트워크(CBS 또는 UPN)를 통해 텔레비전 프로그램을 제작하고, MTV와 VH1을 통해 음악 방송을 내보내고, Simon & Schuster이라는 회사에서 서적을 출판하였다. 이 모든 회사는 Viacom의 소유이다.

셋째로는 복합적 합병이 있다. 이는 한 미디어 회사가 다른 미디어 회사나 미디어 회사가 아닌 다른 사업체를 사들이는 것을 말한다. 그 예로는 영화사가 신문사나 몇몇 라디오 회사, 연예 소속사, 그리고 식당 체인을 사는 것을 들 수 있다. 대기업은 경제의 한 분야가 나빠졌을 때 경기가 좋은 다른 부분에 비즈니스를 소유하고 있기 때문에 더 잘 생존할 수 있다. 따라서 대기업들은 모든 비즈니스에 자원을 분산시켜 어려움을 겪고 있는 비즈니스를 언제든지 도울 수 있다.

규제와 규제 완화

1900년대 초, 연방정부는 특정 미국 산업의 집중도에 대해 우려하게 되었다. 정부는 산업의 집중도를 감시하기 시작했고, 몇몇 기업(Standard Oil, American Tobacco, AT&T 등)이 너무 커져서 독점 기업이 되었을 때 강제 분할 명령을 내렸다.

연방정부는 대중 매체 산업 내에서 소유의 다양성을 장려하고 독점을 방지하기 위한 정책을 수립했다. 예를 들어, 1920년대에 라디오 산업이 형성되고 있을 때, 연방정부는 누가 라디오 방송 면허를 받았는지를 통제하는 데 관여하게 되었다. 라디오는 무선 신호를 송신(방송)하기 위해 전자기 스펙트럼을 사용해야 했기 때문에 당시의 다른 모든 미디어 산업과는 달랐다. 주어진 장소에 신문, 잡지, 영화관이 무제한으로 존재할 수 있었지만, 라디오의 경우에는 가능하지 않았다. 라디오나 텔레비전 신호를 방송하려면 주파수로 신호를 전송해야 한다. 만약 당신과 내가 같은 주파수를 사용하여 서로 다른 신호를 방송한다면, 우리의 신호가 서로 간섭을 일으켜 라디오 청취자는 알아들을 수 없는 신호를 수신할 것이다. 전자기 스펙트럼 중에서 무선 방송을 위해 이용할 수 있는 주파수는 한정되어 있기 때문에, 누군가는 누가 어떤 주파수를 사용할지 결정해야 했다. 연방정부는 전자기 주파수가 국립공원이나 모든 시민이 공유해야 하는 다른 자원처럼 모든 미국인의 것이라는 이유로 무선 방송 주파수를 할당하는 것이 연방 정부의 역할 중 하나라고 여겼다.

라디오 방송 초기에 정부는 연방통신위원회(Federal Communications Commission; FCC)에 개인이 방송 주파수를 신청하도록 요구했다. 이내 AM 주파수 신청이 엄청나게 밀려들어왔다. 그러나 전자기 스펙트럼에서 AM 주파수대는 겨우 117개뿐이었다. FCC는 117명을 선정해서 그들에게 각각 주파수를 할당할 수도 있었다. 그 결과 각각의 주파수를 이용해 미국 전역에 신호를 보내는 AM 라디오 방송국 117개가 만들어 질 수도 있었다. 하지만 FCC는 이런 선택을 하지 않았다. 대신 FCC는 미국을 많은 지역으로 나누어 시장 영역을 확장시켰고, 일부 주파수를 각 지역 시장에 할당하였다. 또한 각각의 라디오 방송은 사용할 수 있는 권역이 제한되어 있어서 정해진 지역을 벗어날 수 없었다. 방송이 그 지역을 벗어날 수 없었기 때문에 FCC가 서로 다른 지역에 같은 주파수를 할당하여도 신호가 서로 간섭을 일으킬 가능성에 대해 걱정할 필요가 없었다. FCC는 이 대안을 선택했다. 왜냐하면 그들은 가능한 한 많은 사람들에게 방송 주파수라는 제한된 자원을 분배하길 원했기 때문이다.

지역 수준에서 라디오 방송에 대한 소유권을 보장해 줌으로써 라디오 방송국이 지역 공동체에서 가장 흥미로운 일들을 다룰 수 있는 시스템이 구축되었다고 FCC는 믿었다. 민간 사업자는 '공익·편의·필수'를 영위할 경우 이들 주파수로 방송할 수 있도록 했다. 연방정부는 주파수 부족 때문에 라디오를 규제할 수 있었다.

1940년대 텔레비전이 등장했을 때, FCC는 미국을 215개의 지역 시장으로 분할하고 TV 방송권을 똑같은 방식으로 할당하였다. 현재 미국에는 6,800개 정도의 TV 방송국과 13,000개 정도의 라디오 방송국이 있다.

정부가 미디어 산업이 너무 집중되어 있다고 판단하면, 그들 회사에 수직적으로 통합되어 있는 사업들 중 일부를 매각하도록 제재를 가했다. 예를 들어, 1940년대에 정부는 영화 산업이 너무 집중되어 있다고 판단했고, 일부 영화 스튜디오들의 영화 제작, 배급, 상영을 통제했다. 이런 압력으로 영화 스튜디오들은 극장을 매각했고, 이로 인해 상영 부문이 사업에서 떨어져 나가게 되어 극장들이 서로 경쟁을 벌일 수 있게 되었다. 또 다른 예로 전자부품을 만들고, 통신 장비를 생산하고, 전화 서비스를 제공하는 AT&T가 있다. 1970년대 연방정부는 더 많은 경쟁을 허용하기 위해 그 회사를 해체하는 조치를 취하기 시작했다(Samuelson, 2006).

그 후, 1980년대에 연방정부는 모든 산업의 규제를 해제하기 시작했다. 1980년대까지 FCC는 한 회사가 같은 지역에서 AM 채널 7개, FM 채널 7개, 그리고 TV 방송 채널 7개만을 소유할 수 있도록 제한함으로써 방송이 독점적인 형태로 발전하는 것을 막았다. 1980년대에는 AM 채널 12개, FM 채널 12개, TV 방송 채널 12개로 규제가 완화되었다. 이후 1996년의 전자통신법은 경쟁을 활성화시킨다는 취지로 일정한 규모로 제한하는 것을 완화하였다. 또한 같은 지역 내에 TV와 라디오 방송 채널을 한 회사가 소유하는 것을 금지시켰던 규정을 폐지했다. 이러한 규제 완화는 미디어 회사들 간 합병의 도화선이 되었다. 1990년대, 복수의 텔레비전과 라디오 방송국을 산 회사들은 3천억 달러 이상의 자산 가치를 지니게 되었다(Croteau & Hoynes, 2001). 그 후 FCC는 주기적으로 공청회를 열어 소유권을 더 집중화하는 방향으로 정책을 펼쳤다. 현재는 한 회사의 방송 보도가 시청률의 39.5%를 넘지 않는다면, 그 회사가 원하는 만큼의 많은 텔레비전 방송국을 소유할 수 있다. 미디어 회사는 TV 시장에서 둘 이상의 방송국을 소유할 수 있게 되었고, 라디오의 경우에도 시장의 규모에 따라 단일 라디오 시장 내 3개에서 8개까지의 방송국을 포함해 원하는 만큼의 방송국을 소유할 수 있게 되었다. 현재 Clear Channel이라는 회사는 소유권에 대한 규제 완화에 힘입어 미국 내 200개 이상의 라디오 방송국을 가지고 있다.

시간이 지남에 따라 방송사들은 독점 방지 규정을 무시해 왔다. 방송사들은 정부가 복수 사업체를 소유할 권리를 제한하는 것은 부당하다고 주장해 왔다. 방송사 이외의 다른 비즈니스, 즉 잡지, 출판, 신문, 인터넷 사이트 비즈니스는 소유권 제한 규정에 영향을 받지 않는다는 사실을 지적했다. 영화 스튜디오에 대한 규제도 완화되었다. 소유권 규제의 완화를 반대했던 소비자 단체들은 방송 사업의 복수 소유가 국민에게 해를 끼쳤다는 설득력 있는 증거를 제시하지 못했다. 이와는 대조적으로 방송사들은 사업을 통합할 때, 그것이 더 효율적이고 이러한 효율성이 소비자들에게 이익이 된다는 점을 보여주었다.

케이블 사업자들 또한 규제 완화를 통해 사업을 확장하기 위해 싸웠다. 2009년, FCC는 케이블 시스템이 미국의 30% 이상을 서비스하는 것을 제한했다. 그 당시 미국 케이블 사업의 25%를 점유하고 있던 가장 큰 회사인 Comcast는 규정을 완화시키기 위해 FCC를 고소하여 소송에서 승리했다. 이는 제약이라는 것은 소비자들이 케이블에 대한 많은 대안으로 가진 역동적인 비디오 시장의 현실이 변화하고 있음을 반영하는 방향으로 전환하여야 하며, 결국 케이블은 독점으로 간주하지 않는다는 취지였다(Flint, 2009).

최근 몇 십 년간 합병에 대한 시장의 경향은 정부의 규제를 완화시키는 형태로 변화되었다. 예를 들어, 1996년 의회는 방송통신법(Telecommunication Act)을 통과시키고 마지막 남아있던 합병에 대한 제한을 풀었다. 그 한 해에만 250억 달러에 달하는 방송 회사 간의 합병과 230억 달러에 해당하는 케이블 사업 간의 합병이 있었다(Jensen, 1997). 1996년부터 FCC는 미국 내 독점을 금지하는 것에 덜 신경을 쓰고 있으며, 미국 기업이 세계 시장에서 경쟁하고 지배하기 위해 훨씬 더 강하게 성장할 수 있도록 허용하는 것에 더 신경을 쓰고 있다(Albarran & Chan-Olmsted, 1998). 전 FCC 의장 William Kennard는 세계화와 신기술의 현실을 인식하고 있을 뿐이라고 말했다.

1996년 규제 완화의 한 가지 특징은 한 회사가 같은 시장 안에서 두 개의 TV 방송국을 소유하는 것을 금지한 오랜 조항을 철폐한 것이다. TV 방송 시스템은 지역 사회의 소중한 자원이기 때문에 한 회사가 주어진 시장에서 한 개 이상을 소유하면 안 된다는 믿음이 지속되어 왔다. 거의 모든 지역에서 대부분은 매우 적은 방송국(보통 3~5개)만을 소유했으며, 이는 한 시장 내에서 적은 수의 방송국이 다양한 목소리를 낼 수 있도록 보장해 준다는 측면에서 중요했다. 그러나 시간이 지나면서 케이블 TV 서비스에 가입하는 사람들이 늘어나면서 규제 당국은 모든 지역 사회의 사람들이 다양한 목소리에 접근할 수 있다고 믿게 되었고, 그에 따라 방송국 소유권에 대한 제한은 더 이상 중요하지 않게 되었다.

미국 내 모든 산업에서 집중화가 심화되고 있다. 이 집중도를 측정하는 데 사용되는 핵심 지표는 해당 산업의 전체 수익 대비 상위 4개 기업(CR4)이 창출하는 수익이 차지하는 비율이다. 상위 4개 기업은 1997년에 평균 23%의 수익을 올렸고, 이는 2012년에 32%로 증가했다. 미국 내 모든 산업 중에서 미디어 산업이 집중도가 가장 높다. 1997년에 미디어 산업의 상위 4개 회사는 업계 총 매출의 45%를 창출했으며, 2012년에는 53%로 증가했다. 미디어 산업에서 가장 집중도가 높은 부분은 음반 사업이다. 2001년 상위 4개 회사가 음반 사업으로 인한 수익의 98%를 창출했다(표 1.2 참조). 다른 미디어 산업에 비해 집중화의 정도가 상당히 낮은 도서 산업에서도 상위 8개 기업의 수입이 전체 출판 수입의 절반을 차지한다. 더욱이, 미디어 산업의 집중도를 보여주는 표 1.2의 수치는 교차 소유 패턴을 고려하지 않기 때문에 미디어 산업의 집중도를 과소평가할 가능성이 높다. 즉, 한 회사가 여러 대중 매체 산업에서 수익을 소유하고 통제하는 것을 고려하지 않는다. 교차 소유가 얼마나 많은지 파악하기 위해 상위 미디어 대기업들이 각각 어떤 분야를 통제하는지 살펴보라 (표 1.2 참조).

표 1.2 대중 매체 분야에서의 집중화 지표

CR4	CR8	대중 매체
98	99	음반 산업
78	99	영화
77	91	잡지
77	88	라디오
53	80	케이블/위성 TV
48	69	일간 신문
30	50	서적 출판
해당 없음	해당 없음	지상파 TV
해당 없음	해당 없음	인터넷

* CR4: 상위 4개 회사가 차지하는 비율(총 수입의 비율)
CR8: 상위 8개 회사가 차지하는 비율(총 수입의 비율)
출처: Albarran(2002) 참고

해로움의 증거

미디어 소유권 집중에 대한 비판은 비평가들에게 해악의 증거를 제시하도록 요구한다. 집중화의 경향에 대한 증거는 충분하지만, 이러한 집중화가 해를 끼친다는 증거는 적다. 진입 장벽 증가, 경쟁 수준 감소, 대중의 목소리 감소, 콘텐츠 변화 등 네 가지 영역에서 이러한 주장을 검토해보자.

진입 장벽 증가

미디어 산업의 집중화 경향은 개인이 더 이상 미디어 사업을 창출할 수 없도록 진입 장벽을 높였는가? 이 질문에 대한 답은 미디어 사업 분야에 따라 달라질 수 있다. 라디오와 텔레비전 방송 사업에의 진입 장벽은 항상 매우 높았다. 그러나 신문, 잡지, 도서 출판, 녹음, 인터넷 사업에의 진입 장벽은 낮았고, 소유권 집중이 이들 시장에 진입하는 장벽을 높였다는 증거는 없다.

미디어 산업의 소유권 집중화 추세가 매우 강했던 지난 30년 동안 일반 대중들이 블로그 형태로 자신만의 신문과 잡지 제작을 가능하도록 한 인터넷의 부상도 있었다는 점을 명심해야 한다. 이제는 YouTube와 같은 플랫폼에서 동영상을 제작하고 시청자를 끌어들이는 것이 훨씬 쉬워졌다. 음반 제작자들과 출판 작가들은 녹음 스튜디오나 출판사와의 계약 없이도 그들의 메시지를 세상에 알릴 수 있는 기회가 훨씬 더 많아졌다. 그리고 모든 종류의 미디어 메시지를 공유하기 위한 플랫폼을 만드는 새로운 회사들이 번창하게 되었다(예: Amazon, Apple, Google, Facebook, YouTube 등). 한편 더 나은 메시지를 더 낮은 가격으로 또는 무료로 소비자들에게 제공하는 새로운 회사들과 경쟁해야 하기 때문에 전통적인 미디어 회사들은 이러한 새로운 미디어 환경에 적응하기 위해 고군분투하고 있다.

경쟁 수준 감소

소유권 집중화의 경향은 뚜렷하지만, 이것만으로 경쟁이 사라진 것은 아니다. 대기업은 여전히 서로 경쟁하고 있으며 이제는 다수의 새로운 인터넷 회사와 경쟁해야 한다.

컴퓨터 서비스와 하드웨어를 제공하는 회사 간의 수직적 합병을 보여주는 증거가 거의 없다. "컴퓨터 산업은 매우 세분화되어 있다. 몇몇 회사는 부품을 판다(Intel, AMD). 몇몇은 소프트웨어를 팔고(Microsoft, SAP), 몇몇은 서비스를(IBM, EDS), 몇몇은 하드웨어를 판다(Dell, Apple). 사업이 겹쳐지기도 하지만, 많지는 않다(Samuelson, 2006:45)." 또한 인터넷은 오래된 회사가 아닌 Google, Facebook, eBay 등과 같은 새로운 회사의 지배를 받고 있다. 이러한 새로운 인터넷 회사들은 이미 많은 합병 활동을 하고 있지만, 그들은 전통적인 미디어 회사들을 사들이지 않고 있다

대중의 목소리 감소

비평가들은 미디어 산업의 집중화가 증가함에 따라 개인의 미디어에 대한 접근성이 떨어진다고 주장한다. 여기에서의 접근은 누군가의 미디어 자산을 통해서 자신만의 특정한 관점을 전할 수 있는 능력을 의미한다. 이것은 적은 부수를 발행하는 잡지나 신문처럼 지역 수준에서는 비교적으로 쉽다. 편집자에게 보내는 대부분의 편지가 실리고, 대부분 뉴스를 써 본 경험이 없는 사람들의 기사를 산다. 또한 대부분의 시청자 참여 프로그램에서도 당신의 목소리를 들을 수 있다. 대조적으로, Time 잡지, TV나 케이블 네트워크 같은 전국적인 미디어 기업을 통해 당신의 목소리를 내기 위해서 대단한 기술과 인맥이 필요하다. 왜냐하면 그러한 채널을 이용하고자 하는 경쟁은 매우 치열하기 때문이다.

많은 비평가들은 미디어 산업이 집중화되면서 다양성을 잃는다고 주장한다. 목소리의 수가 적다는 것은 방송되는 의견의 수가 적다는 것을 의미해야 한다. 그러나 Einstein(2004)은 "수많은 연구에서 학자들은 미디어 소유권과 프로그램의 내용 사이에 인과 관계를 보이지 않는다고 결론을 내렸다."(p.vii)고 하였다. Einstein은 TV 프로그램의 수의 감소는 합병으로 인한 것이 아니라 텔레비전의 이익의 핵심인 광고에 대한 의존성에 때문이라고 주장했다. 이러한 의존성 때문에 프로그램의 길

이에 대한 시간 제한, 낮은 수준의 사고방식, 논란의 회피 등과 같이 콘텐츠 제작에 심각한 제약이 따른다. 지난 40년간의 TV 산업을 분석한 것에 따르면, Einstein은 산업은 더 집중화되었고, 프로그램 제작은 더 다양해졌다는 것을 밝혀냈다. 그녀는 다양성은 1960년대 말에 최고조였고, 그 후 FCC가 규제를 통해 사업체를 쪼개면서 감소하였다. 이후 규제가 완화되고 방송사에서 프로그램을 스스로 만들기 시작했을 때, 다양성은 급속도로 증가하였다.

인터넷을 고려할 때 대중 매체 사업의 소유권 집중화 추세로 인해 언론의 목소리가 작아지고 있다는 주장은 완전히 잘못된 것으로 보인다. Twitter와 같은 플랫폼은 모든 사람에게 발언권을 주었다. 이제 누구나 언제든지 의견을 말할 수 있게 되었다. Katy Perry와 같은 유명 인사들은 Twitter에 1억 950만 명의 팔로워를 보유하고 있다(Statista, 2018j). 이 수치를 시청자 수가 1억 860만 명으로 시청률에서 최고 수준인 TV 쇼와 230만 명의 독자를 보유한 최대 신문인 USA Today와 비교해보라.

콘텐츠의 변화

비평가들은 미디어 회사들 사이의 경쟁이 줄어들면, 메시지의 내용도 부정적인 방향으로 바뀐다고 주장한다. 또한 그들은 미디어 회사의 규모가 커질수록 콘텐츠의 질이 낮아지고 메시지는 대중들에게 해로운 내용으로 바뀐다고 주장한다.

미디어 콘텐츠의 질이 떨어지는가? 그렇다는 증거는 없다. 예를 들어, 한 대기업이 라디오 방송국을 인수했을 때, 콘텐츠의 질이 떨어진다는 연구 결과는 없었다. Lacy and Riffe(1994)는 라디오 방송의 소유권이 바뀌었을 때 라디오 방송국에서 방송되는 뉴스 내용에 일어나는 변화를 관찰했다. 연구 결과에 따르면, 방송의 소유권은 경제적 부문이나 지역에 아무런 영향을 미치지 않았고, 직원은 그저 뉴스 보도에 신경을 쓸 뿐이었다. 또한 신문 콘텐츠에 대한 연구에서도 신문 체인에 의해 신문사가 인수된 후에도 콘텐츠는 별 변화가 나타나지 않았다(Picard, Winter, McComb, & Lacy, 1988 참고). 변화의 증거가 없다는 것은 스토리, 편집자의 견해, 또는 뉴스를 게재하는 신문 지면의 비율 등에서 나타났다. Crider(2012)는 라디오 방송국 웹사이트에 게재된 뉴스 기사에 대한 콘텐츠 분석을 실시하여 현지 방송국 기자들이 취재한 뉴스와 다른 통신사로부터 사들인 뉴스의 양을 비교하였다. 그 결과, 지역이 작을수록 널린 선 있지만 대규모 기업 소유와 지역 뉴스 기사 양의 감소 사이에는 어떠한 관련성도 없다는 결론을 내렸다.

소유권 집중화의 경향은 해로운 콘텐츠를 증가시키는 원인인가? 이것에 대해 아직 직접적으로 검증된 바는 없지만, 라디오 산업에서 소유권 집중화가 부정적 발언과 외설적 발언을 증가시키는 것과 관련성이 있다는 간접적 증거는 있다. 한 조사 연구에 따르면, 큰 방송사가 라디오 방송을 더

사들일수록 유머와 농담을 섞어 진행하는 음악 프로그램이 지역 콘텐츠를 대체하는 경우가 많다고 한다. 2000년부터 2003년까지 미국의 상위 4개 라디오 회사는 국가 전체 청취자의 50%를 차지했을 뿐인데도 FCC에 의해 전체 벌금의 96%를 부과받았다(Hofmeister, 2005).

정보에 입각한 의견 수립

이것은 당신이 어떤 의견을 가질 수 있는 쟁점이다. 그러나 정보에 입각한 의견을 수립하기 위해서는 상황을 더 심층적으로 분석하여 그 견해를 축적할 필요가 있다. 이 섹션에서는 이 주제에 대한 정보에 입각한 의견을 수립하기 위한 몇 가지 단계를 제시한다. 소유에 대한 당신의 시야를 확장하는 것에서부터 시작해서 이 관점을 활용하여 더 많은 증거를 수집하고 이전에 수집된 증거의 유해성을 재검토하라. 다음으로, 우리는 당신의 의견이 근본적인 가치에 기초할지도 모른다는 생각에 직면하게 된다.

시야 확장하기

위에서 살펴본 바와 같이, 미디어 소유권에 대한 비판은 소유권과 통제권을 연결시키지만, 소유권 분석에서 보게 될 것처럼 이 연결은 결함이 있다. 만약 거대 미디어 기업이 각각 한 개인에 의해 소유된다면, 소유권과 통제권은 똑같을 것이다. 그러나 이것은 사실이 아니다. 미디어 대기업이 많은 미디어 사업을 소유하고 있는 반면, 미디어 대기업 자체는 소유권이 다양하다. 즉, 이들 대기업들 중 어느 기업도 한 사람 또는 소수의 권력자가 소유하지 않는다. 대기업은 수백만 명의 사람들이 소유하고 있다. 이들은 상장 기업의 주주들이다. 예를 들어, Disney의 소유권은 뉴욕 증권거래소에서 공개적으로 거래되는 15억 주 이상의 주식으로 분산되어 있다. 이들 주식의 35%만이 개인이 소유하고 있고, 나머지 65%는 연기금, 정부, 보험회사, 뮤추얼 펀드 같은 기관이 소유하고 있다. Disney의 지분을 소유하고 있는 기관은 총 2,663곳이고, 이 기관들 중 어느 기관도 Disney 주식을 7% 이상 소유하고 있지 않다. 개인별로는 Robert Iger 사장이 약 120만 주를 보유하고 있는데 이는 전체 주식의 약 0.08%에 해당된다. 만약 Robert Iger가 소유하고 있는 주식의 수를 12배까지 늘린다 하더라도 이는 지분의 1%에 해당할 뿐이다(Maverick, 2018).

소유권이 기업에 대한 어느 정도의 지배권을 부여하지만, 각 개인과 기업의 소유 지분은 너무 적어서 소유권을 지배권과 동일시하는 것은 어리석은 짓이다. 이러한 거대 미디어 기업들 중 어떤 것도 한 개인이나 단체가 소유하지 않는다. 주주들은 회사 이사회의 구성원들에게 투표를 하고, 이사회에 속한 사람들은 회사의 경영자들을 임명하고 사업 결정을 내린다. 기업을 지배할 수 있는 힘은 개별 주주들보다 경영자에게 훨씬 더 집중되어 있다. 그러나 한 회사의 최고 경영자의 권력도 개별 미디어 사업과 부서를 운영하는 데 필요한 일상적인 결정을 내리는 부하 경영자들과 고문, 분석가들에게 분산되어 있다. 따라서 회사를 통제하는 힘은 목소리나 미디어 메시지의 제한에 대한 문제보다 수익 창출에 훨씬 더 관심이 있는 수백 명의 개인들에게 분배되어 있다. 경영자들은 회사의 수백만 소유주의 부를 늘려야 하는 경제적 책임이 있으며, 회사의 수익을 늘려야만 이 돈이 주식에 대한 배당이나 주식의 가치가 증가하도록 회사에 재투자하는 형태로 소유주들에게 전달될 수 있다. 수익이 증가하면 누가 이득을 보는가? 그 해답은 수백만 명의 주주들뿐만 아니라 연기금이나 보험 혜택, 정부의 서비스에 의존하는 수백만 명의 사람들이다.

증거의 재검토

이제 미디어 소유권과 대기업의 수혜자에 대한 확장된 관점을 지니게 되었으니 해로움의 증거를 다시 살펴보자. 미디어 리터러시 적용 기술 1.1은 앞서 제시한 해로움의 증거를 다시 살펴보도록 지시한다. 그러나 이번에는 해로움을 일반 대중의 관점에서가 아니라 미디어 회사의 주주들이 받을 수 있는 피해에 대해 생각해 보라.

다음으로 당신의 지역 미디어 시장을 주의 깊게 관찰하라. 미디어 리터러시 적용 기술 1.2를 통해 지역 미디어 시장의 집중화 정도에 대해 판단하라. 먼저 해당 지역에서 미디어 비즈니스를 운영하는 회사의 웹 사이트에서 찾을 수 있는 정보를 수집하라. 이러한 웹 사이트는 충분한 정보를 제공해야 하지만, 제시된 모든 질문에 좋은 답을 얻기 위해서는 웹 사이트를 넘어서는 검색 전략을 개발해야 할 것이다. 정보 수집 후에는 미디어 비즈니스 전반에 걸쳐 패턴을 찾아라.

기본 가치에 대한 고찰

우리가 미디어 사업의 소유 집중이라는 이 문제를 깊이 파고들어 그 근저에 다다르면, 그 논쟁은 사람들의 근본적인 가치, 특히 지역주의(localism)와 효율성의 가치에 달려 있음을 알 수 있다. 지역주의는 가능한 한 많은 사람들에게 권력이 분산될 때, 그리고 정부가 개인 간의 차이를 보존하고 모든 목소리가 들릴 수 있도록 정보의 포럼을 보호할 때 더 나은 사회가 된다는 믿음이다. 이와는 대조적으로, 효율성은 모든 자원을 가장 효과적으로 사용할 때 경제가 더 잘 작동하기 때문에 불필요하게 중복되는 것들을 제거해야 한다는 믿음이다.

이 두 개의 가치 모두 매우 미국적이다. 미국 건국의 아버지들이 헌법을 제정하는 과정에서 이 두 개의 가치가 충돌하는 것을 볼 수 있다. 정부가 대중 매체 산업을 바라보는 시각에서도 이 두 개의 가치가 충돌한다. 그리고 우리의 일상생활에서도 이 가치들이 충돌하는 것을 볼 수 있다. 때때로 소비자로서 우리는 정보와 오락에 대한 우리의 다양한 요구를 충족시킴으로서 많은 선택권을 갖게 되기를 원할 때에는 지역주의를 선호한다. 그러나 어떤 때에는 우리는 쉽게 구할 수 있는 제품을 가능한 한 낮은 가격에 구하고 싶을 때에는 시장의 집중화를 선호한다.

지역주의

지역주의는 대중적 가치이다. 중요한 기관의 통제는 많은 사람들이 권력을 나눠가질 수 있도록 가능한 한 많이 분산되어야 한다는 믿음에 근거한다. 그러므로 권력의 상당량은 지역 수준에 머물러야 하고, 그렇게 되면 권력은 개인과 아주 가까워진다. 각 개인은 이성적인 존재이기 때문에 정치, 경제 무대에서 동등한 발언권을 지녀야 한다는 이상에 바탕을 둔다. 이는 각 개인의 자유를 최대화시킨다. 또한 모든 사람들이 가능한 한 많은 중요한 결정에 참여하도록 함으로써 대중들에게 권한을 준다.

지역주의는 미국의 전통의 일부이다. 미국의 건국의 아버지들은 국가 수준에서 더 효율적인 군주제와 같은 전체주의보다는 민주적 형태의 정부의 수립을 위해 이 가치를 따랐다. 미국은 개인이 조직이나 정부보다 더 중요하다는 믿음을 바탕으로 세워졌다. 정부는 국민들의 요구에 더 가까이 다가가고 국민들에 대해 더 책임의식을 느낄 수 있도록 연방 정부의 권력을 분권화하여 몇몇 분야에서 연방 정부의 권력을 제한하고, 이 분야에 대한 결정권을 주 정부나 지방 정부에 넘겨 권력을 분산시켰다. 그렇게 정치적인 권력은 구조화되고 다양한 층위로 나누어졌다. 미국에는 현재 18,000개의 지방자치정부와 17,000개의 군구(郡區, township)가 존재한다. 이 안에는 지역 거주자들에 의해 직접 선출되는 500,000개의 지역 행정 단위가 있고, 그 가운데 170,000 곳은 세금을 부과할 권력을 가지고 있다. 시간이 지남에 따라, 미국 국민들은 권력의 분산에 대한 가치를 유지하고 종종 비효율적으로 보일지라도 다층적이고 중복된 정부 구조를 계속해서 지지해 왔다.

효율성

지역주의의 가치에 반대하는 흐름은 집중화, 합병, 중앙집권화를 향한 강한 경향성을 띤다. 대부분의 미디어 기업은 작고 지역적인 차원에서 시작하지만 성장하면서 대기업의 성격을 띤다. 대기업이란 좀 더 효율적인 운영을 위해 강한 중앙 통제 시스템 하에서 다양한 상품과 서비스를 제공하는 복합 조직체이다. 대기업은 그들이 경쟁하는 시장의 많은 지분을 획득하면서 성장했다. 대기업은 더 많은 자원 통제권을 얻음으로써 이를 이루었는데, 이 과정에서 종종 다른 회사를 사들이거나 투자를 하였다.

　일반적인 산업계 전체의 경향은 점점 더 적은 사람이 더 많은 미디어를 통제하는 쪽으로 흐른다. 그리고 이러한 경향은 누군가가 미디어 회사를 인수하고 운영하는 비용을 높이게 되고 결국 그 시장으로 진입하는 것을 어렵게 만들 것이다. 오늘날, 이미 안정화된 미디어 기업에 속한 한 사업체를 인수하기 위해서는 굉장히 많은 돈과 전문 지식이 필요하다. 이 때문에 이미 미디어 사업을 소유하고 있는 회사만이 새로운 회사를 인수하는 데 성공한다. 모험적인 사업가는 여전히 잡지, 출판, 인터넷 산업 등으로 미디어 비즈니스를 시작할 수 있으나 이렇게 사업을 시작하는 경우는 매우 드물다. 작은 사업체는 빨리 망하거나 성공적으로 성장할 경우 거대 미디어 기업에 팔리는 것이 일반적이다.

　미디어 기업들이 더 커지고 더 집중화되면서 그들이 들어야 할 의견의 범위가 좁아질 위험이 있다. 예를 들어, 만약 당신이 천 명 정도 구독하는 잡지에 사연을 보낸다면, 그것이 실릴 가능성이 높다. 그러나 같은 사연을 백만 명 정도 구독하는 잡지에 보낸다면, 그것이 실릴 가능성은 훨씬 적어진다. 따라서 미디어 회사가 더 크고 강력해질수록 당신이 그 회사가 내보내는 메시지에 공헌하거나 그들의 결정에 영향을 끼칠 기회는 적어진다. 큰 회사는 더 많은 요청을 걸러내야만 하며, 그 과정에서 어떤 형태의 목소리도 전혀 영향을 끼치지 못할 가능성은 커진다. 하지만, 만약 여러분의 목적이 단순히 여러분의 의견을 개진하는 것이라면, 여러분은 블로그에 댓글을 달거나 Twitter에 글을 올릴 수 있다. 비록 당신의 게시물이 소수의 사람들에 의해서만 읽혀질지라도 당신은 다른 많은 장소에 계속해서 글을 올릴 수 있는 힘을 가지고 있다. 어떤 미디어 재벌도 여러분의 의견을 들어줄 청중을 만드는 것을 방해하지 않는다.

　이 문제에는 두 가지 측면이 있다는 것을 깨닫는 것이 중요하다. 즉, 양쪽 모두 장단점이 있다는 것이다. 어떤 사안의 각 측면의 주장을 이해할 때, 당신은 정보에 입각한 방식으로 자신의 의견을 수립할 수 있다.

정보 파헤치기

　이제 당신은 대중 매체 사업의 소유권에 대해 정보에 입각한 의견을 수립했을 거라 생각한다. 그러나 전통적인 미디어가 새로운 미디어와 경쟁하기 위해 고군분투하고, 미국뿐만 아니라 세계 각지의 정부가 대기업의 소유권의 집중화가 가져오는 실제 경제적, 사회적 해악이 무엇인지를 파악하고, 집중화가 가져올 수 있는 해악과 혜택 사이의 균형을 맞추려고 애를 쓰며, 대기업을 규제할 것인지 아니면 규제를 철폐할 것인지를 결정해 나감에 따라 이 문제는 계속해서 변화할 것이다. 이 문제는 복잡하고 끊임없이 변화하는 사안이다.

앞으로 열린 마음을 갖도록 노력하고 논쟁을 여러 관점에서 계속 예의주시하라. 주장을 곧이곧대로 받아들이지 말고 그러한 주장을 뒷받침할 수 있는 믿을 만한 증거를 요구하라. 계속해서 정보를 파헤쳐라.

더 읽을거리

Bagdikian, B. H. (2004). The new media monopoly. Boston: Beacon.
1983부터 Bagdikian은 집중화 정도를 추적하기 위해 미디어 산업에 대한 경제적 분석을 실시하였다. 매 개정판에 나올 때마다 미디어 분야(非미디어 분야도 포함)의 사업의 성장에 따라 힘 있는 회사들의 수는 점점 줄어갔음을 볼 수 있다. 미디어를 지배하는 회사의 몇몇 CEO들의 손에 의해 권력이 얼마나 집중화되는지에 관심 있는 사람이라면 반드시 읽어보아야 할 책이다.

Betting, R. V., & Hall, J. L. (2003). Big media, big money: Cultural texts and political economies. Lanham, MD: Rowman & Littlefield.
이 책은 Penn State University에 근무하는 두 명의 교수가 미디어가 이윤을 증대시킴에 있어서 별다른 제한을 받지 않고 있다는 것과 우리의 문화 안에서 의미 구성을 통제하고 있음을 언급하고 있다. 두 저자는 6개의 장을 통해 이 주제에 대해 세밀하게 접근하고 있다. 저자들은 미디어 회사 간의 합병의 결과로 겨우 몇 개의 거대 기업이 우리의 삶 속으로 더 깊게 파고들어 의미 구성을 위한 정보를 통제함으로써 가족, 친구, 종교, 교육의 자리를 성공적으로 대신하고 있음을 역설한다.

Downing, J. D. H. (2011). Media ownership, concentration, and control: The evolution of debate. In J. Wasko, G. Murdock, & H. Sousa (Eds.), The handbook of political economy of communications (pp. 140–168). Malden, MA: Wiley-Blackwell.
이 책의 저자는 대중 매체의 소유권 집중화 확대에 대한 우려에 대해 수년간 진행된 주요 논점을 체계적으로 정리한 학자다. 이 책의 어조는 순전히 서술적이다. 즉, 저자는 이 논쟁에 대해 어느 한쪽의 편을 들거나 자신의 주장을 펼치는 것을 피한다.

Einstein, M. (2004). Media diversity: Economics, ownership, and the FCC. Mahwah, NJ: Lawrence Erlbaum.

저자는 미디어 산업에서 합병이 다양성을 감소시키는지의 여부를 확인하였다. 이 책은 그 문제에 대해 역사적, 경제적 관점으로 접근한다. 저자는, 미디어 회사 간의 합병이 계속 일어나고 미디어 콘텐츠에 대해 의사 결정을 내리는 사람이 점점 줄어들고 있음에도 불구하고, 40년 전 미디어가 가졌던 다양성보다 현재의 미디어 메시지에서 더 많은 다양성이 존재한다고 결론을 내렸다.

Maney, K. (1995). Megamedia shakeout: the inside story of the leaders and the losers in the exploding communications industry. New York: John Wiley.
이 책은 1990년대 중반에 기술 환경에서 두각을 드러낸 주요 기업들을 잘 그려냈다. 전화, 케이블, 컴퓨터, 무선통신, 연예오락 사업 분야에서 일어났었던 일들에 대해 많은 일화와 이야기를 담고 있다. 이 책은 사실과 거론된 인물에 대해 개인적 묘사로 채워져 있다. 그러나 기술집약적 산업의 출시와 매수의 순환 속도는 매우 빨라서 책에 언급된 내용은 일종의 해프닝이며, 이 책 또한 한물 간 내용으로 볼 수 있다.

McChesney, R. W., Newman, R., & Scott, B. (eds.) (2005). The future of media: Resistance and reform in the 21st century. New York. Seven Stories Press.
19개의 장에 소개문을 더한 이 책은 미국 내 미디어 기업의 합병과 그것이 가능하도록 허용하고 장려하는 FCC의 역할에 대해 매우 우려해 온 학자들에 의해 쓰였다. 저자들은 기업의 인수 합병으로 인한 집중화 정도는 극소수 몇몇 기업으로 국한되어 있고, 이러한 경향은 결국 소비자와 국민들에게 불이익을 가져다준다고 주장하고 있다.

최신 자료

Columbia Journalism Review (http://www.cjr,org/resources/)
이 웹사이트는 미디어 기업의 주요 합병에 대해 확인할 수 있는 정보를 제공한다.

Vault.com (http://www.vault.com/wps/portal/usa)
이 웹사이트는 다양한 산업에 대한 유용한 정보를 제공한다. 특히 미디어 리터러시와 관련하여 출판, 신문, 인터넷, 뉴 미디어, 음악, 방송/케이블, 광고, 홍보 분야의 산업과 관련된 정보를 제공한다.

미디어 리터러시 기술 적용 1.1.
미디어 소유권 집중화 문제에 대한 대처

1. 분석 : 문제에 대해 더 깊이 파고 들기

    a. 소유권 집중화 경향이 왜 해로운지에 대한 추가적인 이유(이 장에서 제시된 것 제외)를 생각해 볼 수 있는가? 그것을 뒷받침할 증거를 찾을 수 있는가?

    b. 소유권 집중화 경향의 긍정적 측면(이 장에서 제시된 것 제외)을 생각해 보자. 그것을 뒷받침할 증거를 찾을 수 있는가?

    c. 이 문제를 바라보는 관점으로 사용될 수 있는 지역주의나 집중화를 넘어서는 기본적인 가치를 생각할 수 있는가?

2. 평가: 논쟁의 타당성에 대한 판단

    a. 이 장에 제시된 주장을 감안할 때, 그것들을 뒷받침할 가장 유효한 근거는 무엇인가?

    b. 잘못된 근거에 바탕을 두고 있는 주장은 무엇인가? 타당한 근거를 찾을 수 있는가? 아니면 이러한 주장을 모두 기각해야 하는가?

3. 유추: 증거에서 패턴 찾기

    a. 논쟁에서 패턴(정당하거나 또는 잘못된 추론)을 찾아보라.

    b. 패턴을 어떻게 계속해서 테스트할지 생각해 보라. 그러한 패턴들이 실제로 존재하고 미래까지 계속되고 있다는 당신의 믿음을 뒷받침하기 위해서는 어떤 종류의 증거가 필요한가?

4. 종합: 정보에 입각한 의견 수립

    a. 미디어 소유권 집중 추세에 대한 옹호자들의 주장 중 가장 타당하고 설득력 있는 것은 무엇인가?

    b. 비평가들의 주장이 중 가장 타당하고 설득력 있다고 생각하는 주장은 무엇인가

    c. a와 b에서 확인한 주장의 가치를 모두 인정하는 의견으로 통합할 수 있는 방법을 생각할 수 있는가?

5. 추상화: 간결한 입장 표현

200단어 이내로, 정보에 입각한 당신의 의견을 명확하게 표현하고 설득력 있는 근거로 그 의견을 지지할 수 있는가?

미디어 리터러시 기술 적용 1.2.
지역에서 일어난 미디어 소유권 집중화 평가하기

1. 당신이 사는 지역에 영화 상영관이 몇 개인가?
    a. 몇 개의 극장이 그 상영관을 통제하는가?
    b. 극장은 체인에 소속되어 있는가? 만약 그렇다면, 전체 상영관을 통제하는 체인의 수는 몇 개인가?

2. 당신이 사는 지역에 몇 개의 라디오 방송국이 있는가?
    a. 미디어 그룹이 소유한 라디오 방송은 몇 개인가?
    b. 지역에서 다른 미디어 사업을 전개하고 있는 기업이 소유한 라디오 방송은 몇 개인가?

3. 당신이 사는 지역에 몇 개의 텔레비전 방송국이 있는가?
    a. 미디어 그룹이 소유한 텔레비전 방송은 몇 개인가?
    b. 지역에서 다른 미디어 사업을 전개하고 있는 기업이 소유한 텔레비전 방송은 몇 개인가?

4. 당신의 지역 신문은 체인에 소속된 것인가? 만약 그렇다면, 신문의 본사는 당신이 사는 지역에서 다른 미디어 사업을 전개하고 있는가?

5. 당신이 사는 지역에서 출판되고, 당신이 사는 지역에만 유통되는 잡지가 있는가? 만약 있다면, 잡지를 발행하는 출판사는 다른 미디어 사업을 소유하고 있는가?

6. 지역 내 케이블 TV 서비스를 제공하는 회사의 이름은 무엇인가? 그 케이블 회사는 여러 미디어를 통제하는 복합 기업인가?

7. 전체적으로, 당신이 사는 지역에는 사람들이 목소리를 낼 수 있는 창구가 얼마나 많이 있는가? 얼마나 많은 개인 혹은 회사가 이 창구를 통제하는가?

8. 만약 당신이 지역에 존재하는 미디어를 통해 당신 자신을 표현하고 싶어할 때, 여러 수단 중 하나에 접촉하는 것은 얼마나 어려울 것이라고 생각하는가?
   a. 예를 들어, 당신이 새로운 정부 규제나 지역의 세금 정책을 비판하고자 한다고 가정해보라. 당신의 의사를 표현할 만한 공간이나 시간을 부여해 줄 것 같은 미디어는 어떤 것인가?
   b. 어떤 수단이 가장 어렵거나 불가능하다고 생각하는가?

9. 위의 질문들에 대한 답을 하는 동안, 당신의 지역 미디어는 얼마나 집중화되었다고 생각하는가? 즉, 많은 미디어가 매우 적은 수의 개인에 의해 통제되고 있지는 않은가?

10. 현지 언론의 집중화가 지역 경제와 사회에 미치는 해악은 무엇일까?

11. 위의 모든 질문에 대한 답변을 고려할 때, 당신 지역의 미디어 시장이 너무 적은 수의 개인들을 통제하고 있다고 생각하는가?

스포츠

이슈 | 자본의 순환이 스포츠를 이끈다. 일부 사람들은 자본의 순환이 스포츠를 망치고 있다고 생각하지만 다른 이들은 그것이 스포츠를 발전시킨다고 생각한다.

▶ 문제 제기
▶ 자본의 순환
  · 선수들
  · 구단주와 리그
  · 텔레비전 방송사
  · 광고주
  · 대중
▶ 올림픽
▶ 비디오 게임

▶ 정보에 입각한 의견 수립
  · 큰 그림
  · 지식의 확장
  · 비용 편익 분석
  · 파급 효과에 대한 고찰
▶ 더 읽을거리
▶ 최신 자료
▶ 미디어 리터러시 기술 적용

지난 40년간 스포츠는 극적으로 변해 왔다. 그 변화는 거대 자본으로부터 기인한 것이다. 전 세계적으로 스포츠에 매년 1조 3천억 달러가 소비되고 있으며(Plunkett Research, 2017) 이 금액은 자본의 순환에 의해 매년 계속 증가하고 있다. 이러한 자금 순환은 특히 스포츠 수입이 연간 5,190억 달러로 상승한 미국에서 영향력이 크다. 이는 전세계 인구의 5% 미만을 차지하는 미국이 전세계적으로 창출되는 스포츠 수입의 거의 40%를 차지한다는 것을 의미한다.

문제 제기

스포츠와 관련해 거대 자본이 스포츠를 망쳐왔는지 혹은 발전시켰는지가 논란이 되고 있다. 소유권 이슈와 마찬가지로, 스포츠에서의 논쟁은 사람의 가치로 귀결될 수 있다. 어떤 사람들은 개인 간의 동질성을 중요시하여 모든 사람들이 동등하게 대우받아야 한다고 믿는 평등주의적인 가치를 지니고 있다. 그들은 소수의 엘리트가 평범한 사람들보다 훨씬 나은 대우를 받을 때 분개한다. 이와는 대조적으로, 어떤 사람들은 개인마다 엄청난 차이가 있으며, 어떤 분야에서 뛰어난 재능을 가진 사람들은 막대한 보상을 받아야 한다고 믿는다. 재능이 별로 없는 사람들은 그 차이를 인정하고 최고의 성과를 낸 사람을 존경해야 한다고 생각한다.

우리에게 개인의 재능이나 삶의 가치를 결정하는 데 필요한 철학적 기준이 존재하지 않기 때문에 이 문제에 대해 궁극적으로 올바른 답은 없다. 대신, 우리는 시장 경제가 인재의 가치를 결정하게 한다. 그러나 시장은 일반적으로 수요와 공급의 힘에 의해 작동되지만, 비이성적인 힘도 시장을 움직여 인플레이션의 비이성적 거품이 팽창하여 시장의 조정을 촉발하기도 한다. 주식 시장도 경제가 전반적으로 그러하듯 거품과 조정을 여러 번 경험했다. 그래서 언제든지 시장은 특정 자원을 과소평가하거나 과대평가하고 있을 수 있다.

스포츠에서 돈 문제에 있어서는 당신이 지닌 가치가 중요하다. 금액이 지나치게 과도하지 않은지(예를 들어, 선수의 급여 및 소유주와 리그의 수익이 너무 높지 않은지 또는 팬이 평균적으로 지불해야 하는 비용이 적정 수준을 넘어섰는지) 또는 돈이 경기와 운동선수들의 수준과 비례하는지 등의 결정을 당신 스스로 내려야만 한다. 미디어 리터러시를 신장시키는 비결은 사실을 파악하고 논쟁에 대한 상반된 주장을 이해하는 것이다. 그런 후에 어느 쪽이 더 합리적이라고 판단되는지 개인적인 소견을 드러낼 수 있다. 이 장에서는 당신의 정보에 입각한 의견을 개진하는 데 도움이 되는 몇 가지 중요한 사실을 제시한다. 첫째, 어떻게 자본 순환의 주기가 가속화되고 있는지 그리고 그 가속화가 전통적인 스포츠를 어떻게 변화시키고 있는지를 보여준다. 그리고 자본의 순환이 고대 올림픽 스포츠와 새로운 비디오 게임의 개발에 미치는 영향을 예시로 제시한다. 이러한 정보를 활용하여 미디어 리터러시 기술을 강화하고 이 주제에 대한 보다 효율적인 지식 구조를 설계할 수 있는 방법에 대한 몇 가지 지침으로 이 장을 마무리하고자 한다.

자본의 순환

미국인들이 스포츠를 직접 즐기고, 관람하고, 그것에 대해 말하는 데 쓰는 시간과 비용은 매년 증가하고 있다. 오늘날 스포츠의 본질과 더불어 이런 증가 추세를 이해하기 위한 핵심은 자본의 순환을 이해하는 것이다. 대중매체는 자본의 순환을 가능하게 하는 필수 요소로서 존재해왔다. 미디어는 광고주들이 어마어마한 양의 돈을 순환 구조에 투입할 수 있는 수단을 제공한다. 또한 미디어는 엄청난 양의 노출을 지속적으로 제공하여 수백만 명의 사람들이 프로 스포츠뿐만 아니라 대학 스포츠 경기까지도 그들의 삶에 필수적인 요소라고 생각하게 만들었다. 그리고 미디어는 수많은 선수들을, 게임을 하는 것 외에 상업 광고주들을 위해 제품을 홍보할 수 있는 높은 값어치가 있는 유명인사로 만들었다.

이러한 자본의 순환은 다음과 같은 다섯 가지 구성 요소를 가지고 있다.

1. 운동선수의 재능은 매년 더 높은 연봉과 보너스를 요구한다. 운동선수의 능력은 그 수명이 짧기 때문에 재능 있는 운동선수들은 당연히 더 높은 연봉과 보너스를 제공하는 팀을 찾으려고 한다.

2. 스포츠 팀의 구단주들은 그들의 경기에 팬을 모으는 것뿐 아니라 방송 중계에서도 팬들의 이목을 끌어야 하기 때문에 경쟁력 있는 팀을 꾸리기 위해 재능 있는 선수들을 영입하는 데 기꺼이 많은 돈을 투자한다. 다른 팀의 구단주들 역시 자신을 팀을 개선시켜야 한다는 부담감을 느끼기 때문에 계속해서 최고의 선수와 코치를 영입하기 위해 지속적으로 더 많은 비용을 지불한다.

3. 텔레비전 방송사들은 팬들을 끌어들이기 위해 서로 경쟁을 하며, 그러한 경쟁은 경기 중계권에 대한 비용을 끌어올린다. 방송국 프로그래머들은 그들이 스포츠 방송 중계권을 갖게 되면, 회사가 더 많은 수익을 내고 더 성장한다는 것을 안다. 이와는 대조적으로 경쟁 방송사가 중계권에 대해 지나치게 비싼 값을 치르게 하면 그 방송사의 점점 약해진다.

4. 특정한 제품군의 광고주들은 열광적인 스포츠팬을 찾는다. 그들은 스포츠팬들에게 설득력 있는 광고 메시지를 전달하기 위해 스포츠 방송사들에게 프리미엄을 지불한다. 그들은 또한 고객들에게 다가가기 위해 스포츠 잡지, 스포츠 웹사이트, 신문의 스포츠 지면을 이용한다.

5. 우리 대중들은 좋아하는 스포츠 팀으로부터 엄청난 만족감을 얻는다. 그래서 우리는 텔레비전에서 방송되는 경기를 시청하고, 상업 광고의 방해를 견디고, 광고된 제품을 구매한다. 또한 우리는 특정한 스포츠 경기(Monday Night Football, 슈퍼볼, 플레이오프 게임 등)에서 엄청난 즐거움을 찾기 때문에 우리가 좋아하는 팀이 나오지 않을지라도 그 경기를 관람한다.

이 다섯 가지 요소들이 조화를 이루며 작용할 때, 순환 구조 안으로 더 많은 자본을 끌어들인다. 대중들은 스포츠 게임을 더 많이 관람하고, 광고 상품들, 그 중에서도 특히 운동선수들이 광고하는 제품을 더 많이 구입한다. 스포츠 쇼의 시청률이 높아짐에 따라 텔레비전 방송사들은 더 많은 시청자들에게 접근할 수 있는 기회를 제공한다는 점에서 광고주들에게 더 많은 요금을 요구한다. 텔레비전 방송사들은 더 많은 수입을 올려서 스포츠 게임 중계권을 얻는 데 더 많은 비용을 지불할 여력이 생긴다. 이는 다시 스포츠 리그들과 구단주들에게 보다 많은 수익을 가져다주어 최고의 선수들을 영입하는 데 더 많은 돈을 지불할 수 있게 만들고, 이로 인해 더 많은 팬들을 끌어들이기 위해 더 많은 경기를 할 수 있게 된다.

이 순환 구조는 계속해서 돌고 돈다. 선수들의 연봉이 올라갈 때마다 구단주들과 리그들이 더 많은 수익을 창출하기 위해 더 많은 방송국과 계약해야 하고, 광고 메시지를 내보내는 시간에 대한 비용이 광고주들에게 더 많이 부과되며, 광고주들은 더 많은 관중들을 원하고, 그 관중들은 더 재미있는 게임을 원하고, 그래서 더 좋은 선수들이 필요하고, 그 선수들은 더 많은 돈을 요구하고 …… 이렇게 자본의 순환 과정은 계속된다.

자본의 순환의 각 부분들을 더 자세히 살펴보고 순환과정에서 보다 능동적인 에이전트와 수동적인 에이전트를 구분해 보자. 구단주와 선수들과 같은 능동적인 에이전트들은 가격 협상에 있어서 가장 강력한 권한을 가진다. 이들을 제외한 텔레비전 네트워크, 광고주, 그리고 대중과 같은 에이전트들은 자본의 순환 구조에서 중요한 역할을 하긴 하지만, 그들의 행동은 능동적 에이전트에 대한 반응이며, 변화를 초래하는 경우는 드물다.

선수들

TV의 발달 이후 지난 50년간 프로 스포츠 선수의 연봉은 줄곧 상승해왔다. 이러한 경향을 잘 설명하는 예로, 1959년 보스턴 레드삭스 팀의 명예의 전당에 오른 선수인 Ted Williams를 들 수 있다. 그는 12만 5천 달러의 연봉을 제안받았다. Williams는 계약서에 서명을 하지 않은 채로 매니지먼트에게 제출하였다. 그는 구단의 제안을 거절한 것이다. 그가 계약을 거절한 이유는 그 계약금이 너무 과하다고 생각했기 때문이다. Williams는 그 해에 '겨우' 2할 5푼 9리를 친 자신이 그렇게 많은 돈을 받을 자격이 없다고 말했다. 물론 그 기록은 거의 대부분의 프로야구 선수들에게는 평균적인 수준 기록이었지만 Williams는 만족하지 못했기 때문이다. Williams는 연봉의 25%를 줄여줄 것을 요구했는데, 그 금액은 연봉을 삭감할 수 있는 최대 수준이었다.

Ted Williams의 시대 이후, Major League Baseball(MLB) 선수들이 받는 연봉은 급속도로 상승했다. 예를 들어, 2018년에 급여가 가장 높은 MLB 선수는 Mike Trout이었는데, 그의 소속팀 Anaheim Angels는 그에게 3,325만 달러를 지불했다(Badenhausen, 2018). 한 시즌에 총 162경기가 치러지기 때문에 한 게임당 약 205,247달러에 해당하는 셈이다. 따라서 Mike Trout이 6이닝을 뛰는 데 받은 급여가 Ted Williams가 한 시즌 전체를 뛰는 데 받은 급여보다 더 많다. 2018년에는 2천만 달러를 넘게 받은 야구 선수의 수는 총 41명이었다(Badenhausen, 2018).

National Basketball Association(NBA)에 따르면, Michael Jordan은 1995-1996년 시즌 동안 4백만 달러를 벌었는데, 그 해는 그가 Chicago bulls를 프로농구 리그에서 6년 동안 4번째 우승으로 이끌었을 때이다. 그는 그 해에 가장 가치 있는 선수로 불렸고, 많은 농구 팬들은 Jordan을 역사상 최고의 선수로 여겼다. 1년 후에, 그는 자유 계약 선수가 되었고, 1,800만 달러에 계약을 갱신했는데 이는 당시

리그에서 최고 연봉이었다(Rhodes & Reibstein, 1996). 2018년, NBA에는 2천만 달러 이상을 받는 선수가 38명이 있었다(Badenhausen, 2018).

National Football League(NFL) 선수들의 연봉도 급격하게 증가했다. 예를 들어, 1999년 시즌 2,000명의 NFL 선수의 평균 수입은 43만 달러였다. 그로부터 10년 후, 평균 연봉은 77만 달러로 상승했으며, 2018년에는 86만 달러로 증가했다(Woodruff, 2018).

운동선수들은 또한 상품들을 홍보하는 대가로 큰 수익을 올릴 수 있다. 기업들은 그들의 홍보가 판매량 증가에 효과가 있기 때문에 제품을 홍보해 주는 선수들에게 엄청난 비용을 기꺼이 지불한다. 예를 들어, Nike는 LeBron James에게 7년 계약에 9,300만 달러(한 해에 1,330만 달러)를 지불했으며 Adidas는 Derrick Rose에게 13년 계약으로 1억 8500만 달러(한 해에 1,420만 달러)를 지불했다(Saporito, 2012). 최고의 운동선수들은 경기를 통해서도 많은 수익을 올리지만 많은 선수들이 상품 광고를 통해 훨씬 많은 돈을 번다(표 2.1).

표 2.1 가장 연봉이 높은 운동선수(2018년 기준)

이름	종목	2018년 소득 (단위: 100만 달러)		
		경기 소득	광고 소득	총계
Floyd Mayweather	Boxing	275.0	10.0	285.0
Lionel Messi	Soccer	84.0	27.0	111.0
Cristiano Ronaldo	Soccer	61.0	47.0	108.0
Conor McGregor	Mixed martial arts	85.0	14.0	99.0
Neymar	Soccer	73.0	17.0	90.0
LeBron James	Basketball	35.5	52.0	85.0
Roger Federer	Tennis	12.2	65.0	77.0
Stephen Curry	Basketball	34.9	42.0	76.9
Matt Ryan	Football	62.3	5.0	67.3
Matthew Stafford	Football	57.5	2.0	59.5
Kevin Durant	Basketball	25.3	32.0	57.3
Lewis Hamilton	Racing	42.0	9.0	51.0
Russell Westbrook	Basketball	28.6	19.0	47.6
James Harden	Basketball	28.4	18.0	46.4
Canelo Alvarez	Boxing	42.0	2.5	44.5
Tiger Woods	Golf	1.3	42.0	43.3
Drew Brees	Football	29.9	13.0	42.9
Sebastian Vettel	Auto Racing	42.0	0.3	42.3
Derek Carr	Football	40.1	2.0	42.1
Rafael Nadal	Tennis	14.4	27.0	41.4
Alex Smith	Football	40.4	1.0	41.4

출처: Forbes(2018b)

몇 십 년 전까지만 해도, 구단주들과 리그들은 선수들의 계약과 연봉에 대해서 훨씬 더 많은 통제를 했었다. Whitson(1998)은 스포츠가 20세기 초반에 미국에서 상업화되었다고 설명하며 "스포츠는 운동선수들의 재능에 바탕을 둔 노동 시장으로 발전하였고, 부유한 팀들은 '떠돌아다니는 선수들'이 자기 팀으로 와서 뛰도록 재정적으로 유인하였다. 모든 종류의 주류 스포츠에서 카르텔이 형성되면서 노동 시장 유동성(향후 연봉)이 카르텔에 의해 제한을 받게 되었지만 직업 운동선수라는 것을 만들어냈다."(60쪽)고 말했다. 이렇게 카르텔은 선수들의 연봉과 선수들의 이적을 통제했으나 이러한 조정은 1970년대의 노동 운동으로 인해 깨졌으며, 지금은 운동선수들의 이동과 연봉 상승이 빈번하게 일어난다.

연봉 상승을 통제하고 팀들 사이에서 형평성을 유지하기 위해서 프로 스포츠 리그에서 연봉 상한선을 만들어야 한다. 하지만, 많은 구단주들은 수년간 일상적으로 이러한 상한선을 무시해왔다. 예를 들어, 1995년 NFL 시즌에는 연봉 상한선이 팀당 3,710만 달러였고, 리그 30개 팀 중 26개 팀이 그 상한선을 넘었다. Dallas Cowboys 팀의 경우 총 6,220만 달러를 지출했다("NFL Teams", 1996). 2018년에는 평균 연봉 상한선이 너무 높아져(1억 7,720만 달러까지 허용), 3개 팀만이 상한선을 초과했다(Lewis, 2018, March 5). 연봉 상한선이 훨씬 높아졌을 뿐만 아니라, 구단은 겉으로만 규정을 준수하는 것으로 보이게 하게끔 연금 상한선을 초과하면 물어야 하는 벌금을 피하기 위해 더 창의적으로 선수 계약서를 작성하게 되었다.

왜 구단주들은 계속해서 연봉을 올리려고 할까? 그 대답은 스타 선수에 대한 투자는 그 비용이 얼마든 최고의 투자가 되기 때문이다. 스타 선수들이 팀을 이기게 하고, 더 중요한 것은 그 선수들이 경기장에 많은 팬들을 불러 모은다는 것이며, 그보다 더 중요한 것은 텔레비전 시청자들을 끌어들일 수 있다는 것이다. 이것은 구단의 가치를 엄청나게 상승시킨다. 예를 들어, 1985년 Jordan이 신입으로 팀에 들어왔을 때 Chicago Bulls의 구단은 1,750만 달러의 가치로 평가되었다. 1996년 Bulls가 4번째로 NBA 우승을 거머쥐었을 때, 구단의 가치는 1억 7,800만 달러가 되었다. 구단주는 방송중계권, 관련 상품 그리고 티켓 판매를 통해 해마다 엄청난 수익을 얻을 수 있었다. Chicago Bulls는 United Center를 홈구장으로 사용하는데, 여기에서는 216개의 특별석을 17만 5,000달러에 판다. 1996년에는 모든 경기가 매진이 되었고, 1만 7000명 이상의 팬들이 시즌 티켓을 사기 위한 대기 리스트에 올라있었다(Rhodes & Reibstein, 1996). 현재 NBA 팀들은 평균 가치는 16억 5천만 달러를 호가하고 있으며, 가치가 가장 낮게 평가되는 팀도 10억 달러 이상이다(Badenhausen, 2018).

구단주와 리그

비록 각 리그들이 손해를 보았다고 주장하는 기간이 있기는 하지만 주요 프로 스포츠 리그들은 모두 매우 수익성이 좋다. 예를 들어 2011년 여름, NBA 선수의 계약 기간이 만료되어 리그가 선수연합과 새로운 계약 협상을 했는데, 이때 NBA는 이전 시즌에서 30개 팀 중 22개 팀이 적자였고 약 3억 달러의 손해를 보았다고 주장했다. 그럼에도 불구하고 그들은 TV 중계와 경기 관람으로 43억 달러의 수익을 올렸다(Pugmire, 2011). NBA는 엄청난 수익을 창출하기는 하지만, 특히 선수들의 연봉과 같은 부분에서 지출이 매우 크다며 선수들의 연봉 삭감을 주장했다.

하지만 전체적인 상황을 보면, 미국의 주요 스포츠 리그들은 운영이 잘되고 있는 것으로 보인다(표 2.2 참고). 모든 팀과 리그의 수입 대부분은 TV 중계권에서 창출되며, 구단주는 경기장의 프리미엄 좌석 및 의류 판매와 같은 추가 수입원을 적극적으로 개발한다. 또한 티켓, 매점, 주차, 의류 및 기타 기념품의 가격을 자주 인상한다.

표 2.2 미국의 4대 프로스포츠 리그

미디어 부문	NFL	MLB	NBA	NHL
팀 수	32	30	30	30
시즌 당 경기 수	16	162	82	82
경기 당 관중 수	67,405	30,023	17,830	17,446
팀의 평균 가치	19억 7천만 달러	13억 달러	16억 5천만 달러	5억 1천만 달러
리그의 연 수익	130억 달러	95억 달러	48억 달러	37억 달러
선수 평균 연봉	270만 달러	447만 달러	715만 달러	311만 달러

출처: Statista(2018i)

대학 스포츠는 거대한 엔터테인먼트 사업이 되어가고 있다. 대학들은 그들만의 팀을 소유하고 풋볼과 야구와 같은 대형 스포츠로부터 거대한 수익을 만들어내고 있다. 이러한 스포츠는 아마추어 운동선수라고 여겨지는 학생들에게 의존하고 있기 때문에 경기를 출전하는 데에 대한 돈을 지급할 수 없고 대신 장학금을 지급한다. 프로 팀들이 한 해에 지출하는 연봉과 비교했을 때, 등록금이 비싼 사립대학조차 약 200만 달러로 풋볼 팀을 운영하고 있으며 농구팀의 경우는 풋볼 팀의 반절 정도의 비용으로 운영한다. 대학들은 TV 중계권 수익, 경기 티켓, 주차장 운영, 매점을 통해서도 수익을 낸다. 대학 팀들은 한 시즌에 프로팀들만큼 많은 경기를 하지는 않지만 프로팀에게는 없는 또 다른 수익 출처는 운동 프로그램을 장려한다는 취지의 기부를 통해 세금 감면을 받으려는 기부자들이다. 그리고 대학들은 여기서 나아가 더 많은 수익 창출 요소를 찾고 있다. 대학 풋볼은 현재 특정 정규 시즌의 명명권을 팔고 있다.[2]

특히 최근에는 대학들이 풋볼 코치들에게 지불하는 급여가 계속 증가하고 있다. 2006년, 1부 리그 풋볼 코치의 평균 연봉은 95만 달러였다. 2014년 가을에는 평균 연봉이 두 배인 195만 달러로 증가했다(Brady, Berkowitz, & Schnars, 2014). 2018년에는 다섯 개의 가장 큰 풋볼 팀의 축구 코치들에게 지급되는 평균 연봉은 360만 달러였다(Boyd, 2018).

주요 대학들은 대학 스포츠를 통해 막대한 수익을 창출한다. 2016년, 1부 리그에 속한 231개 대학교는 스포츠를 통해 총 91억 5천만 달러를 벌어들였다. 이 수익의 대부분은 소수의 학교에 의해 창출되는데 상위 24개 학교가 연간 1억 달러 이상을 버는 반면, 거의 절반(44%)에 가까운 대학들은 연간 2천만 달러 미만의 수입을 올렸다(Gaines, 2016). 그러나 대학은 수입이 거의 없지만 상당한 비용이 드는 광범위한 스포츠 프로그램(예: 골프, 테니스, 육상, 배구, 크로스컨트리 등)을 지원하는 데 막대한 비용을 지출한다. 미국교육위원회(American Council on Education)에 따르면, 1,000개의 대학 스포츠 중 "프로그램 10개만 900만 달러의 순수익을 벌어들이고, 나머지 990개는 100만 달러의 손실을 볼 것"이라고 설명한다(Suggs, 2018).

텔레비전 방송사

스포츠 수익에서 가장 큰 상승은 텔레비전에서 기인한다. 방송사와의 중계권 계약 없이는 어떤 스포츠 리그도 살아남을 수 없었을 것이다. American Football League는 1960년대 초기에 170만 달러의 TV 중계권 계약으로 시작했다. 현재에는 이것이 큰돈으로 보이지 않지만, 1960년대 초반에는 리그의 생존을 결정할 수 있는 금액이었다. 1965년에 CBS는 NFL 경기를 중계하는 데 1,410만 달러를 지불했다. 1990년대 중반에 NFL은 중계권료로 5억 달러를 요구하였는데 이 금액은 다섯 개의 방송사 ABC, NBC, ESPN, Fox, TNT가 나누어야 할 정도로 큰돈이었다. 2014년에 NFL은 2014년부터 2021년까지 리그 중계권에 대해 연평균 49억 달러에 계약을 맺었다(Ozanian, 2016). NFL은 높은 TV 시청률을 보장하기 때문에 TV 방송국은 기꺼이 큰돈을 지불하려고 한다. 2012년 가을, 미국에서 최고의 시청률을 기록한 TV 프로그램 32개 중 31개가 NFL 경기였고(Eichelberger, 2013), 2017년에는 NFL 경기의 시청률이 하락하기 시작했음에도 불구하고, 여전히 대부분의 다른 텔레비전 프로그램보다

---

2) 2020년 한국의 프로야구는 신한은행으로부터 후원을 받아 '2020 신한은행SOL KBO리그'로 시즌의 이름을 붙였다. 이처럼 스포츠 시즌의 명명권을 판매하는 것은 특정 기업으로부터 후원을 받는 것을 의미한다(역자 주).

더 높은 시청률을 기록하였다(Deitsch, 2018).

　텔레비전 방송사들은 계속해서 시청률을 높이기 위해 응원하는 팀이 이기는 것에 의존할 수 없다는 것을 알고 있다. 네 개의 주요 프로 스포츠(풋볼, 농구, 야구, 아이스하키)는 각 경기당 단 두 팀이 참여하는데, 이것은 이긴 팀의 수가 진 팀의 수와 늘 같다는 것을 의미한다. 패배한 팀의 수 대비 승리한 팀의 수를 늘리는 방법은 없다. 그러므로 승리를 위한 경쟁만으로는 스포츠를 시장에서 성공시키기 충분치 않다. 따라서 텔레비전 방송사들은 스포츠 관중의 규모를 증가시키기 위해 다른 방법을 강구해야만 했다. 이를 위해 그들은 경기의 초점을 스포츠에서 엔터테인먼트 공식으로 바꾸어 왔다. 이것은 스포츠 해설자들이 좋은 스토리텔러여야 하는 것을 의미한다. 프로그램을 맡은 해설자들은 팀들의 역사를 모두 알아야만 하는데 특히 경기의 점수 차이가 너무 일방적인 경우 '두 팀 사이에 존재하는 전통적인 원한'과 같은 억지스러운 이야기를 말해주거나 사람들이 계속해서 그 경기를 보게 만드는 어떤 부차적 줄거리를 풀어내야 한다. 해설자들은 경기장 안과 밖에서 일어난 각 선수들의 노력들에 관한 흥미로운 이야깃거리도 전달해야만 한다. 또한 그들은 특정한 선수에 대해 그가 가진 용기 또는 초인적인 능력으로 언제라도 경기를 뒤집을 수 있는 영웅으로 꾸며주어야 한다.

　특정 선수들은 각 시즌마다 스포트라이트를 받는다. 그리고 훌륭한 경기를 펼치는 선수들은 Babe Ruth, Wayne Gretsky, Magic Johnson, Michael Jordan과 같은 전설이 된다. 심지어 스포츠팬이 아닌 경우에도 이 선수들에 대해 알고 있고, 이들의 명성은 더 많은 새로운 팬을 끌어들인다.

　광고주과 텔레비전 방송국은 스포츠에 엄청난 돈을 쏟아 붓기 때문에 리그가 스포츠 경기를 좀 더 흥미롭고 광고하기 쉽게 만들도록 요구한다. 리그는 그 요구를 따라 왔다. 예를 들어, 실제 풋볼 경기는 60분이지만 방송 시간은 3시간이 넘고, 한 시간 동안 경기 내용 자체는 10분이 채 안될 때도 있다. 그래서 해설자들은 수많은 일화들, 통계들, 그리고 흥미 있는 논평들을 제공해야만 한다. 프로그램의 PD들은 수없이 특정 장면을 반복 재생시키며 슬로우 모션 효과를 적용하고, 관중과 치어리더의 모습 등도 보여주어야 한다.

　시간이 흐름에 따라 프로 스포츠 리그는 팬들에게 더욱 흥미로운 경기를 제공할 수 있도록 경기 규칙들을 바꿔왔다 예를 들어 NBA는 3점 슛을 만들었는데 이것은 경기에 또 다른 차원을 추가시켜 경기를 더욱 흥미롭게 만들었다. 농구는 한 팀이 24초 안에 공격을 마무리 짓거나 슛을 던져야 하는 규정이 있다. NFL은 2점의 추가득점을 받을 수 있도록 규정을 바꾸어 뒤쳐져 있는 팀이 더 빠르게 앞선 팀을 따라잡을 수 있게 만들었고 이 규정은 경기를 보다 흥미롭게 만들었다. 풋볼 규정들은 게임에서 가장 흥미로운 플레이인 롱패스를 위해 필요한 선수인 쿼터백과 같은 가치 있고 공격적인 선수들을 보호하기 위해 변화하기도 한다.

광고주의 요구를 수용하기 위해서, NFL은 1960년대 중반에 2분 워닝[2]을 만들었는데 이것은 대체적으로 시청률이 높은 시간대에 상업 광고를 위한 휴식 시간을 보장해준다. 또한 NFL과 NBA는 작전 시간이 빈번하다. 선수들의 유니폼도 형형색색이다. 경기 안의 이러한 모든 변화는 시청자들의 흥미를 증가시켜 광고주들이 가능한 많은 시청자들을 확보하도록 하기 위한 것이다.

광고주

광고주는 목표 고객에게 광고 메시지를 전달하게 하기 위해서 텔레비전 방송국에 엄청난 비용을 지불한다. 1967년 Super Bowl이 처음 개최되었을 때 30초짜리 광고를 방송하는 데 드는 비용은 42,000달러였다. 2018년에 이르러 이 비용은 5백만 달러로 증가했다(Zarett, 2018).

광고주들은 경기장의 이름을 짓고 점수판, 벽, 티켓, 매점 상품 포장 등에 광고를 붙임으로써 경기장을 하나의 광고 수단으로 바꾸었다. 일부 농구 코트에는 광고가 그려져 있다. 하키 경기장에는 얼음과 링크 벽이 광고로 도배되어 있다. 몇몇 풋볼 팀들은 운동복에 광고(예: Nike Swoosh)가 새겨져 있으며, 자동차 경주의 경우 차량뿐만 선수의 유니폼도 광고로 덮여있다.

2004년 봄 시즌에, MLB는 심지어 베이스에까지 광고를 넣으려 시도했다가 엄청난 비난을 받았고 리그는 계획을 철회하였고 현재까지 광고를 하지 못하고 있다. 한 비평가는 이것이 "모든 수준에서 미국의 취미 성향을 약화시킨다."고 말했다. 이 비평은 사람들로 하여금 그 비평가가 지난 20년간 경기장 곳곳이 광고로 도배된 야구 경기를 본 적이 있는지 없는지에 대해서 궁금하게 만들었다. 또 다른 비평가가 예측한 미래에 대한 다음의 생각들은 매우 재미있다. 그는 "야구가 얼마나 더 가라앉을 것인가? 내년에는 야구 배트를 긴 코카콜라 병으로 대체할 것인가? 그리고 베이스들은 큰 햄버거 빵으로 바뀌지 않을까?" 하는 질문을 던졌다(Penner, 2004, pp.D1, D8).

기업들은 스포츠에 많은 돈을 기부하여 그 대가로 높은 가시성을 얻게 되면 만족해한다. 예를 들어, Frito-Lay는 1,500만 달러를 Fiesta Bowl에 후원하고, 그 대가로 3년간 대학 풋볼 경기의 스폰서 권한을 부여받았다. 그럼으로 인해 대회의 이름이 Tostitos Fiesta Bowl로 변경되었고, 경기장의 모든 광고판에 이 이름이 노출되었고, 경기를 중계하는 모든 해설자들이 언급해야 했다.

---

[2] 전후반이 끝나기 2분 전 경기가 잠시 중단되는 것을 말한다. 즉, 2쿼터와 4쿼터 종료 전 마지막 2분이 남으면 자동적으로 시계가 멈추고 타임아웃처럼 경기가 멈춘다. 이것은 작전이나 전략을 짤 수 있는 시간을 마련해 주기 때문에 뒤지고 있는 팀에는 아주 유용한 장치라고 볼 수 있다(역자 주).

대중

대중들은 언제나 스포츠에 관심을 가져왔다. 하지만 자본의 순환이 지속적으로 성장하기 위해서는 팬의 숫자가 매년 증가해야 한다. 또한 팬들의 기여도 해마다 증가하여 경기를 시청하고, 경기를 보기 위해 경기장에 가고, 그 팀의 상품을 구매하고, 광고주들을 지원하는 데 더 많은 시간을 할애해야 한다. 그리고 가장 중요한 것은, 각 지역의 일반적인 대중들은 자기 지역의 팀을 응원해야 한다는 것이다. 이러한 모든 행위들이 지금까지 일어났으며 계속되고 있다.

미디어는 대중들에게 매우 다양한 종류의 스포츠 경기를 제공하고 사람들은 스스로 그 메시지에 자신을 노출시킨다. 1998년, 연구자들은 그 해 8,000개 이상의 스포츠 경기가 방송되었다고 추정했다(Kinkema & Harris, 1998). 매우 많은 수로 보이지만 실제로는 하루에 22개 정도의 스포츠 경기가 방송된 것이며, 오늘날에는 이보다 더 많은 수의 경기가 방송되고 있다. 롱테일[3] 마케팅을 통해 엄청나게 다양한 종류의 스포츠 경기에는 틈새 고객들이 다수 존재하고 쌍방향 테크놀로지를 이용해 우리는 그간의 전통적 미디어가 제공해온 수준을 넘어서 더 다양한 종류의 스포츠 경기를 볼 수 있게 되었다.

자본 순환은 팬들의 지속적인 후원에만 의존하는 것이 아니라, 팬이 아닌 사람들로부터의 지지도 필요로 한다. 이것은 전세계가 새로운 스포츠 경기장을 짓는 것에서 분명히 나타난다. 주요 스포츠 리그들은 지자체의 공적 자금과 세금으로 경기장 건설에 필요한 돈의 많은 부분을 성공적으로 조달해 왔다. 1998년 여름부터 2003년 여름까지 5년 동안, 12개의 새로운 NFL 풋볼 경기장이 문을 열었는데 그 중 많은 지역들은 이미 풋볼 경기장이 있는 곳들이었다. 이 새로운 경기장에는 NFL팀의 구단주들이 부유한 고객이나 기업에게 빌려줄 수 있는 프리미엄 좌석이 적게는 82개(Seattle)부터 많게는 208개(Washington D.C.)가 설치되어 있다. 그러나 이러한 계약들의 가장 달콤한 부분은 NFL이 그 공사에 드는 대부분의 비용을 시사체에게 내도록 한다는 것이다. 오직 한 구단주(Daniel Snyder, Washington Redskins의 구단주)만이 공사비용의 절반 정도를 지불했고, Florida 주 Tampa에 있는 Raymond James 경기장, Texas 주 Houston에 있는 Reliant Stadium, Tennessee 주 Nashville에 있는 Coliseum 세 경기장의 경우, 해당 도시가 그 경기장을 짓는 데 드는 비용 일체를 부담했다. 그러므로 당신이 NFL팀(또는 MLB 또는 NBA팀)이 있는 도시에서 공항을 이용하거나 차를 빌리거나 호텔에 머문다면, 당신은 그 도시가 경기장을 짓는 데 필요한 재정적 뒷받침을 위해 세금을 낸 것과

---

[3] 롱테일(long-tail)은 다품종 소량 생산된 비주류 상품이 대중적인 주류 상품을 밀어내고 시장 점유율을 높여가는 현상을 말한다(네이버 인문과학 사전).

같다(Metropolitan Sports Facilities Commission, 연도 미상).

대부분의 도시들은 주요 스포츠 팀을 두는 것이 중요하다고 생각한다. 그런 팀을 가진 도시들은 그들을 지키기 위해 많은 공적 자금을 기꺼이 쓸 것이며, 그러한 팀이 없는 도시들은 스포츠 팀을 다른 도시로부터 끌어오고 심지어 새로운 경기장을 건설하기 위해 많은 공적 자금을 기꺼이 사용할 것이다. 프로 스포츠 경기장을 짓는 데 드는 비용은 엄청나게 올라가고 있으며 스포츠 팀을 꾸리기 위한 많은 비용을 조달하기 위해 납세자들에게 많은 세금을 내고 있다. Texas 주의 Houston의 예를 살펴보자. 1965년 시는 3,500만 달러를 들여 Astrodome을 지었다. 그리고 10년 뒤에는 NBA의 Houston Rockets를 위해 2,700만 달러를 들여 Compaq Center를 지었다. 그러니까 Houston은 빅 3 프로 스포츠 팀을 위한 건설비용에 총 6,200만 달러를 투자한 것이다. 이후, 2000년에 Houston은 다시 2억 5,000만 달러를 들여 야구 전용구장인 Minute Maid Park를 지었다. 그리고 2년 후에 Houston은 4억 4,900만 달러를 들여서 풋볼만을 위한 새로운 Reliant Stadium을 열었다. NBA팀인 Houston Rockets는 1975년에 2,700만 달러를 들여서 지은 Compaq Center에서 경기를 시작했는데, 2003년에는 1억 7,500만 달러를 들여 지은 Toyota 센터로 변경하였다(Reinken, 2003). 2009에는 새로운 NFL 경기장 건설비용은 10억 달러를 넘어섰다. Texas 주 Arlington에 있는 Dallas Cowboys의 AT&T 경기장 건설에 13억 달러가 들었고, Minnesota Vikings의 U.S. Bank 경기장은 11억 달러, San Francisco의 Levi's Stadium은 13억 달러, New York의 MetLife Stadium은 16억 달러가 들었다(Notte, 2017).

올림픽

고대의 올림픽은 아마추어 선수들이 4년마다 경쟁하는 자리였다. 물론 그 당시에는 프로 스포츠 선수들이 없었다. 고대의 올림픽은 1,200년 이상 지속되다 사라졌고 1896년에 '현대' 올림픽으로 되살아났다. 오랜 시간 동안, 현대 올림픽은 아마추어 운동선수에 대한 초점을 유지했고 어떤 종류의 프로선수의 참여를 금지했다.

세계 각국의 도시들은 4년마다 올림픽을 개최하기 위해 경쟁했다. 1932년까지 올림픽을 개최하는 비용은 계속 증가하여 해당 도시가 지출한 모든 비용을 회수할 수 없는 지경에 이르렀고, 결국 개최 도시에게 올림픽은 하나의 희생이 되었다. 그런데도 여전히 많은 도시들은 올림픽을 유치하기 위해 경쟁하는데, 그 이유는 개최 도시가 되는 것이 일종의 특권이기 때문이다. 또한 그 개최 도시를 세계에 자랑할 수 있는 엄청난 홍보 기회를 주기 때문이다.

결국 텔레비전이 등장하면서 방송사들은 국제올림픽위원회(International Olympic Committee; IOC)에 경기 중계권료를 기꺼이 지불하게 되었고, 이는 개최 도시가 올림픽을 운용하고 경기장을 짓는 데 드는 비용을 절감하는 데 도움이 되었다 (표 2.3 참고). 1964년에 NBC는 도쿄 하계 올림픽을 중계할 수 있는 권리를 위해 150만 달러를 국제올림픽위원회에 지불했다. 1980년에 소련이 2억 1,000만 달러에 더하여 5,000만 달러의 생산 장비를 남겨두고 싶어 했음에도 불구하고 NBC가 모스크바 하계 올림픽에 대한 권리를 얻는 데 필요한 비용은 8,500만 달러까지 치솟았다. 그러나 미국 정부가 1980년 올림픽에 출전하지 않기로 결정함에 따라 방송은 하나도 만들어지지 못했다. ABC는 1984년 2억 2,500만 달러를 LA 하계 올림픽에 지불했고, 9,100만 달러를 사라예보 동계 올림픽에 지불했다. 동계 올림픽에서 손해를 보았지만, ABC는 1988년 캘거리 동계 올림픽에 그보다 훨씬 많은 금액인 3억 900만 달러의 입찰가를 제시했다. NBC는 3억 달러로 1988년 서울에서 열

표 2.3 하계 올림픽 TV 중계권 계약금

연도	개최 도시	계약금(달러)
1960	로마	60만
1964	도쿄	160만
1968	멕시코시티	450만
1972	뮌헨	1,250만
1976	몬트리올	2,500만
1980	모스크바	9,550만
1984	로스앤젤레스	2억 2,550만
1988	서울	3억 500만
1992	바르셀로나	4억 100만
1996	애틀랜타	4억 5,600만
2000	시드니	7억 500만
2004	아테네	7억 9,300만
2008	베이징	8억 9,400만
2012	런던	11억 8,100만
2016	리오데 자네이로	9억 6,300만

린 하계 올림픽 중계권을 얻었다. NBC는 1996년 애틀랜타 올림픽에 4억 5,600만 달러를 썼고, CBS는 1998년 나가노 동계 올림픽을 중계하기 위해 3억 7,500만 달러를 투자했다. NBC는 호주 시드니에서 열린 2000년 하계 올림픽의 미국 독점 중계권료 7억500만 달러와 솔트레이크 시티에서 열린 2002년 동계 올림픽 중계권료 5억4500만 달러를 각각 입찰해 기록을 갱신했다. NBC 총 약 13억 달러를 투자했으며, 다른 미국의 방송사들은 그 입찰에 누구도 참여하지 않았다(Nelson, 1995). NBC는 또한 43억 8천만 달러에 4개의 올림픽 경기(2014년 러시아 Sochi 동계 올림픽, 2016년 브라질 리오데 자네이로 하계 올림픽, 2018년 평창 동계 올림픽과 2020년 도쿄 하계 올림픽)에 대한 중계권을 확보했다. 이 방송사는 이들 올림픽 중계로 손해를 본 적도 있다. 2010년 동계 올림픽을 중계하면서 NBC는 2억 3,300만 달러의 손실을 입었다(Flint, 2011).

이 돈은 어디로 가는 것일까? 이 돈은 IOC에 지급하는데, IOC는 다른 나라의 미디어에 경기를 중계할 권리를 판다. ABC가 1988년 동계 올림픽 중계를 위해 3억 900만 달러를 지불했을 때, 유럽방송연합(European Broadcast Union; EBU, 유럽의 32개국과 몇 백만 명의 인구를 대표함)은 570만 달러를 냈고, 소련(동유럽 동맹들과 함께), 북한, 쿠바는 서로 합쳐서 총 120만 달러를 냈다. 미국(또는 오히려 미국 텔레비전의 광고주)이 정말로 올림픽을 지지하고 있다는 것은 확실하며 미국의 지원이

없다면 올림픽은 매우 달라질 것이다.

IOC는 또한 올림픽을 후원하거나 경기 도중에 제품들이 보이게 하는 권리를 광고주들에게 판매한다. Real(1998)은 미국 텔레비전이 올림픽의 개최 비용을 점점 더 많이 부담하고 있다고 설명했다. 1960년에는 미국 텔레비전 자본의 0.3%는 올림픽 경기의 비용에 사용되었다. 1980년에는 미국은 비용의 6%를 지원했고, 1984년에는 50%를 지원했다. 현재 미국 텔레비전은 비용 일체를 지원하면서 개최 도시가 큰 수익을 낼 수 있게 한다.

올림픽은 광고를 위한 주요한 장소가 되었다. 현대 올림픽은 항상 광고를 받아왔다. 1896년에 Kodak 광고가 있었고, Coke는 1928년에 올림픽과 제휴 관계를 시작하였다. 그러나 올림픽이 더 많은 돈을 필요로 함에 따라 기획자들은 더 많은 광고 수익을 필요로 했다. 1976년 몬트리올 올림픽은 10억 달러의 적자를 냈다.

1984년 올림픽은 로스앤젤레스에서 열렸는데, 이 올림픽은 막대한 비용을 커버했을 뿐만 아니라, 2억 1,500만 달러의 엄청난 수입을 올렸다(Manning, 1987). 이는 여러 회사들과 다양한 행사와 장소에 대한 후원 계약을 맺었기 때문에 가능한 일이었다. VISA 카드는 후원과 프로모션에 단독으로 2,500만 달러를 투자했고, 146개의 회사들이 다양한 경기의 공식 스폰서가 되었다. 1996년 애틀랜타 올림픽에서 IOC는 180개 회사 및 브랜드와 프로모션 계약을 체결했다(Grimm, 1966). 공식 스폰서들 중 상위 10개의 회사(Coke와 IBM과 같은)가 지출한 금액은 총 21억 달러에 달했다(Jensen & Ross, 1996). 이것은 1996년 애틀랜타 올림픽을 개최에 쓰인 총비용 17억 달러를 넘어서는 것이었다(Boswell, 1996). 지금은, 대부분의 운동선수들의 옷에는 특정 기업의 로고가 새겨져 있다. 후원 계약은 일반적으로 종목별, 경기 전반에 따라 체결된다. 기업들은 올림픽 경기를 글로벌 마케팅의 기회로 활용하고 있다.

1984년 로스앤젤레스 대회 이후로, 올림픽은 개최 도시에 높은 상업성과 수익성을 가져다주었다. 현재는 올림픽 개최를 위한 도시 간 경쟁이 매우 치열하다.

올림픽은 경쟁자들보다 높은 가격으로 방송 중계권을 따내는 텔레비전 방송사에게는 큰 수익을 가져다주지 않는다. 방송 중계권을 얻기 위한 엄청난 비용 지출은 겨우 시작에 불과하다. 방송 제작에도 많은 비용이 소요된다. 1984년에 로스앤젤레스 하계 올림픽 당시, 미국이 올림픽을 위해 500명의 운동선수들을 출전시켰을 때, ABC는 3,500명의 사람들(1,400명의 엔지니어들, 1,800명의 보조 인력들, 그리고 300명의 제작자와 관리자)을 보냈다. 188시간의 방송을 위해 카메라 205대와 카메라 케이블 660마일, 헬기 4대, 하우스보트 3채, 차량 26대, 사무실 트레일러 35동, 그리고 404개의 중계 부스를 투입했다. 농구 백보드, 다이빙 풀의 바닥, 복싱의 링 포스트, 승마 안장에도 마이크를 설치하였다. 경기 중계에 1억 달러가 쓰였다. 이것이 방송국들이 광고를 엄청나게 팔아야 하는 이유이다.

시난 40년간 올림픽 경기의 시청률은 지속적으로 감소되어 평균 20퍼센트를 넘던 시청률은 2012년 런던 올림픽에 이르러 약 10퍼센트로 감소했다(Sandomir, 2012). 시청률 하락과 비용 상승이 가속화되는 상황에서, 텔레비전 방송사들은 올림픽 경기 중계로 인해 손해를 보았지만, 미래의 중계권을 위해 계속해서 가격을 올리고 있다. 왜냐하면 올림픽 중계가 많은 시청자를 끌어 모아 새로운 예능 프로그램을 홍보할 수 있는 수단이라고 여기기 때문이다. 그러므로 만약 그러한 프로모션이 올림픽 이후에 방영되는 쇼에 더 많은 시청자를 창출할 수 있다면, 방송사는 올림픽 방송의 손실을 만회하고 방송사가 한 해 동안 벌어들이는 전체 수익을 웃도는 수준으로 충분히 벌어들일 것이다.

올림픽 경기의 높은 상업성 때문에 IOC는 프로 운동선수들에 대한 제재를 유지시킬 수 없었다. 요즘 올림픽은 25년 전과 큰 차이가 있다. 올림픽은 아마추어 선수뿐만 아니라 프로 선수까지 포함한 최고의 운동선수를 위한 세계 최고의 쇼 케이스가 되었다. 그러나 더 중요한 것은, 올림픽이 세계 시장을 개척해 자신들의 제품과 서비스를 판매하고자 하는 국제적인 기업들을 위한 쇼 케이스이기도 하다는 것이다.

비디오 게임

비디오 게임은 지난 30년 동안 일반인들 사이에서 매우 높은 인기를 끌어 왔다. 지금은 전체 가구의 3분의 2 이상이 비디오 게임을 하고, 전체 게이머의 45%가 여성이다. 게이머는 전 세계적으로 하루 평균 6시간을 게임에 소비하며 이 수치는 미국에서 조금 높다(6.4시간). 그리고 거의 3분의 1(32.1%)의 아마추어 게이머가 프로 게이머가 될 수 있다면 본업을 그만두겠다고 말했다(Milligan, 2018). 비디오 게임은 인기가 높아져 이제 대학별 스포츠가 되었으며 프로 리그가 존재한다.

일부 대학에서는 비디오 게임을 축구나 농구와 같은 스포츠로 만들고 있다. 최고의 선수들은 연간 최대 19,000달러의 체육 장학금을 받는다. 대학의 비디오 게임 팀은 다른 경쟁력 있는 스포츠 팀과 재정 면에서 비슷하다. 플레이어는 스폰서 로고가 새겨진 팀 유니폼을 착용하고 대학은 게임 룸의 명명권을 판매하며 선수들은 하루에 최대 5시간을 연습한다. 대학별 Starleague는 이제 Harvard, Stanford 및 Georgia Tech와 같은 유명 대학을 포함하여 450개의 학교와 10,000명의 선수가 참가한다. 이 선수들은 장학금 30,000달러가 걸린 북미 대학 선수권대회(North American College Championship)에 출전한다(Gregory, 2015).

비디오 게이머를 위한 전문 리그도 존재하며, 이 리그의 게임은 ESPN과 같은 주요 케이블 채널에서 정기적으로 방송된다. TV의 자본이 e스포츠로 유입되고 있다. SuperData Research의 과거 예측에 따르면, 2015년에는 9,300만 명의 사람들이 e스포츠 경기를 시청할 것이라고 하였다. League of Legends가 2013년 10월에 프로 월드 챔피언십을 열었을 때, 3,200만 명이 경기를 시청했고, 이 숫자는 그해 NBA 결승 7차전보다 많은 수치이다(Gregory, 2015).

정보에 입각한 의견 수립

지금까지 제시된 스포츠와 자본의 순환에 관한 다양한 정보를 이용해 당신 자신의 정보에 입각한 의견을 수립할 필요가 있다. 우선 큰 그림을 생각해 볼 필요가 있다. 그런 다음, 당신은 스포츠에 대한 지식을 넓힐 필요가 있을 뿐만 아니라 자신의 비용과 혜택에 대해서도 넓힐 필요가 있다. 마지막으로, 이 문제에 대해 광범위한 시야를 유지하기 위해 이 이슈를 좀 더 넓게 생각해 보라.

큰 그림

이 장에서는 자본의 순환이 지난 몇 년간 스포츠에 대한 지출을 증가시켰으며, 현재 미국에서 연간 4,850억 달러 이상이 스포츠에 지출되고 있음을 보여주는 많은 수치를 제시하였다. 이 수치의 대부분은 특히 미국의 4대 프로 스포츠인 풋볼, 야구, 농구, 아이스하키에 집중한 사례들이었다. 표 2.2에 나타나 있듯이, 4대 리그의 총 수입이 310억 달러임을 알 수 있는데, 이것은 매우 큰돈이기는 하지만 미국 스포츠가 1년 동안 창출한 총수익의 6.4%에 지나지 않는다. 다른 93.6%는 소득은 어디서 발생할까? 위의 4개 스포츠 외의 다른 관중 스포츠는 추가적으로 400억 달러의 수익을 창출한다. 이것은 레이싱(말이나 자동차), 골프, 테니스, 배구 그리고 모든 다른 종류의 스포츠를 포함한다. 또한 이 수치는 대학이나 고등학교와 같은 프로 수준 이하의 모든 스포츠 관중들을 포함한다. 따라서 우리가 스포츠를 관람하는 데 들인 모든 비용을 합산하면, 이것은 미국에서 매년 스포츠에 소비되는 모든 돈의 약 11.8%를 차지한다. 나머지 88.2%는 스포츠 용품 구입, 레크리에이션 센터나 리그 가입, 골프 이용료 지출 등 스포츠에 직접 참여하면서 사용한 비용이다(Plunkett Research, 2018).

미국의 스포츠 산업은 약 130만 명을 고용하고 있지만, 그들 중 1% 미만이 프로 선수들이다. 다른 1%는 심판 그리고 임원들이다. 약 15%는 코치와 스카우트 담당자, 그리고 나머지는 경기장과 스포츠 용품 가게에서 일하는 고용인이다(Plunkett Research, 2017).

그렇다면 큰 그림은 스포츠가 미국인들에게 있어서 팬으로서뿐만 아니라 참가자로서도 매우 중요하다는 점이다. 우리가 스포츠에 사용하는 10달러 중 거의 9달러는 참가를 위한 비용이다. 그리고 우리의 참여는 미디어에서 주목받는 선수들의 팬으로서 우리가 지켜보는 경기 모습으로부터 자극을 받은 것이다.

당신이 스포츠에 대해 큰 그림을 그릴 때, 당신은 스타 운동선수에게 지급되는 엄청난 연봉을 넘어 그 선수들이 어떻게 당신으로 하여금 스스로 직접 스포츠에 참여하게 하는지 또는 단순히 운동을 하도록 고무시키는지에 대해 생각해 보아야 한다. 그리고 사고를 확장하면서 세간의 주목을 받는 스포츠 대회들이, 우리가 일상에서 접하는 많은 다양한 대회에 대해 도전을 준비하고, 목표를 세우고, 열심히 연습하고, 훌륭하게 해내는 것에 대한 교훈을 어떻게 가르쳐 주는지를 생각해 보라. 프로 운동선수들과 그들의 경기는 우리 경제와 사회에 엄청난 가치를 제공한다. 스포츠와 관련된 이런 이슈에 대한 당신 자신의 확고한 의견을 수립하면서 자본의 순환의 가속화를 촉발할 정도로 많은 양의 자본이 주어져야 할 만큼 가치가 있는 것인지 아닌지에 대해서 생각해 보라.

지식의 확장

이 장에서는 스포츠의 자본 순환에 대해 자세한 정보를 제공했지만 여전히 이 주제에 대한 더 많은 지식을 배울 필요가 있다. 미디어 리터러시 기술 21을 적용하여 이 이슈를 자세히 살펴보라. 그런 다음, 앞으로 빠르게 변화하는 자본의 주기에 대한 최신 정보를 어떻게 습득할 수 있을지 생각해 보라. 또한 스포츠의 성장에 제한이 있어야 하는지, 그렇다면 어떠한 제한이 필요한 지에 대해 생각해 보라. 스포츠의 성장에 제한이 없어야 한다고 생각하면, 다음의 세 가지 질문에 답해 보라. 첫째, 좋아하는 팀의 로고가 새겨진 티켓, 구내매점, 주차 및 의류에 대해 더 많은 돈을 지불할 의향이 있는가? 둘째, 지방 자치단체들이 경기장을 건설하고 스포츠 팀들이 다른 도시로 이주하지 않도록 세금 혜택을 주는 데 더 많은 세금을 낼 의향이 있는가? 셋째, 스포츠 게임 시청을 방해하는 상업 광고의 방송 시간을 더 많이 용납할 의향이 있는가?

비용 편익 분석

지금까지 우리는 스포츠의 전반적인 트렌드에 초점을 맞춰왔다. 당신은 지난 수십 년 동안 스포츠는 일반 시청자들에게 더 재미있고 흥미진진해져 왔음을 보았다. 대중들은 스포츠 경기와 그와 관련된 모든 종류의 개성에 점점 더 많은 관심을 보이고 있다. 그러나 스포츠의 비용은 계속 오르고 있다.

이제 미디어 리터러시 기술 적용 22를 통해 스포츠에 대한 경험을 심층적으로 분석하여 비용 편익 분석을 실시할 때가 되었다. 당신에게 드는 비용 중 일부는 명백하다. 팬으로서, 당신은 경기 티켓, 주차, 간식, 기념품을 구입함으로써 팀을 응원한다. 하지만 어떤 비용은 숨겨져 있다. 만약 경기장에 가지 않더라도, 텔레비전을 통해 그 경기를 시청하고 텔레비전에서 광고된 상품을 구입함으로써 당신의 팀을 지원할 수 있다. 그리고 당신이 경기를 보러 가거나 텔레비전에서 지역 팀의 경기를 시청하지 않더라도, 당신은 여전히 지방세를 통해 그 팀을 재정적으로 지원하고 있고, 시 위원회가 지역 연고 팀이 다른 곳으로 옮기는 것을 막을 목적으로 고급 경기장을 건설하기 위해 판매한 수익 채권에 대한 이자를 지불하고 있다.

파급 효과에 대한 고찰

더 넓은 방식으로, 그리고 미래로 나아가는 데 있어 자본의 순환이 스포츠에 미치는 영향이 무엇인지 생각해 보라(미디어 리터러시 기술 적용 2.3). 프로 스포츠의 변화는 어느 정도까지 대학 스포츠, 고등학교 스포츠, 레크리에이션 스포츠로 확대되었는가? 프로 스포츠의 변화가 작은 리그에서 야구를 하는 사람들의 기대에 부정적인 영향을 미치는가? 즉, 승리에 대한 압박이 너무 지나친가? 교내 스포츠나 지역사회 리그 경기를 보는 재미가 없어지는가? 스포츠의 자본 순환이 계속된다면 미래는 어떻게 될까? 이것의 위험성과 장점은 무엇인가? 스포츠의 자본 순환으로 인한 문제에 대한 해결책을 찾을 수 있는가?

이러한 미디어 리터러시 기술 적용 연습은 해결책을 찾는 것과 관련이 있다. 지금 당장 모두 하고 싶지 않더라도 괜찮다. 하지만 자본의 순환과 스포츠에 대한 당신의 의견을 개선하기 위해 계속 노력하라. 포기하는 비용을 좀 더 효과적으로 관리하고 더 많은 혜택을 요구하라. 이러한 것들에 대해 더 많이 생각할수록 당신의 자원을 더 현명하게 사용하게 사용하기 위해 정보에 입각한 의견을 더 많이 활용하게 될 것이고, 그로 인해 개인적으로 미디어가 당신에게 가지는 가치를 증가시킬 것이다.

더 읽을거리

Gaul, G. M. (2015). Billion dollar ball: A journey through the big-money culture of college football. New York, NY: Viking. (249 pages, including index)
이 책은 한 기자에 의해 쓰인 책으로 지난 수십 년 동안 대학 스포츠, 특히 풋볼이 어떻게 극적으로 변화해 왔는지를 보여준다. Gaul은 다음과 같은 질문에 답을 한다. 왜 대학은 코치에게 그렇게 많은 돈을 지불하는가? 어떻게 대학들이 풋볼 프로그램에서 막대한 수입을 올릴까? 주요 대학에서 풋볼의 우세는 덜 유명한 스포츠와 여성 스포츠에 어떤 영향을 주었는가?

Raney, A. A.(2009). The effects of viewing televised sports. In R. L. Nabi & M. B. Oliver(Eds.), Media processes and effects(pp.439-453). Los Angeles, CA: Sage.
이 책의 'Media processes and effects'라는 장은 비교적 최근의 미디어 속 스포츠 노출의 영향에 대한 실증적 연구에 대한 리뷰를 담고 있다.

Raney, A. A., & Bryant, J.(Eds.).(2006). Handbook of sports and media. Mahwah, NJ: Lawrence Erlbaum.
이 책은 미디어에서 스포츠를 다루는 전문가들이 쓴 다양한 내용들로 이루어져 있다. 스포츠 미디어의 발전, 스포츠 미디어의 산업과 보도 범위, 스포츠 미디어 관객들, 그리고 스포츠 미디어에 대한 비판적인 관점의 네 부분으로 구성되어 있다.

Wenner, L. A.(Ed.).(1998). MediaSports. New York: Routledge.
이 책은 '경기장, 연구소, 텍스트, 관객'의 네 파트, 총 17개의 장으로 구성되어 있다. 다소 오래 전에 나온 책이고, 대부분의 연구들이 1990년대 초중반에 초점을 두었지만, 스포츠가 미국에서 어떻게 지금과 같이 경제적, 사회적으로 강력한 힘을 갖도록 발전되었는가에 대한 가치 있는 통찰을 보여준다.

최신 자료

ESPN (http://espn.go.com)
스포츠를 전문으로 하는 이 텔레비전 케이블 네트워크는 선수, 팀, 대회에 관한 최신 정보를 제공하는 웹사이트를 가지고 있다.

Plunkett Research, Ltd.
(http://www.plunkettresearch.com/Industries/Sports/SportsStatistics/tabid/273/Default.aspx)
이 회사는 다양한 주제에 대한 연구를 수행하고 보고하며, 웹사이트는 선수들의 연봉, 다양한 스포츠 프랜차이즈의 가치, 경기의 관람객 수 등과 같은 스포츠 통계에 관한 정보를 얻을 수 있는 귀중한 자료다.

USA Today Salaries Databases (http://content.ustoday.com/sportsdata)
이 웹사이트는 미국 내 주요 스포츠의 프로 선수들과 팀들의 수익에 대한 자세한 정보를 제공한다.

미디어 리터러시 기술 적용 2.1.
지식의 확장

이번 장에서, 스포츠와 자본의 순환에 대한 이해를 돕기 위해 몇 가지 사실들을 당신에게 제시했다. 이 정보를 출발점으로 활용하여 다음의 질문에 답해 보고 이 장의 내용에 최근의 정보를 더하거나 이해를 확장할 수 있도록 새로운 연구 대상을 찾아보라.

1. 지식의 확장: 이 장의 핵심 주제를 하나 고른 후, 이 주제에 대해 당신이 가지고 있는 지식을 확장시키고 새로운 정보를 추가할 수 있는 당신만의 연구를 해 보라. 주제들은 다음과 같다.

- 프로 운동선수들이 홍보하는 제품
- 스포츠 경기장의 비용과 그 비용의 조달 방법
- 여러 스포츠의 선수들 연봉의 비교
- 스포츠에 의한 광고 지출 추적
- 다양한 스포츠팬들의 인구통계학적 프로필 찾기
- 더 많은 관람객들을 모으기 위해 경기는 어떻게 변화해 왔는가?
- 스포츠 팀의 구단주는 누구이며, 그리고 그들은 어떻게 그 스포츠구단을 살 수 있을 만큼 충분한 돈을 벌었는가?

2. 광고 콘텐츠 분석하기: 특정 스포츠의 중계 몇 개를 시청하라. 그러나 그 경기에 집중하기보다는 광고들에 집중하라. 모든 광고를 찾으라. 그리고 다음 질문에 답하라.

- 어떤 회사가 특정 스포츠에 가장 많은 광고를 하는가?
- 어떤 제품군이 스포츠를 이용해 가장 많이 광고되었는가?
- 위의 두 가지 질문들에 대한 당신의 답변을 바탕으로 거대 광고주들의 목표가 되는 시청자는 누구인지 생각해 보라.
- 이 광고들에는 어떤 호소 방법이 쓰였는가? 즉, 광고가 제품에 대해 말하고 있는 것은 무엇이며 왜 당신은 그 제품을 써야만 하는가?

3. 트렌드 예측하기: 하나의 스포츠를 고르고 만약 당신이 연봉 정보를 볼 수 있다면 평균 연봉이 얼마인지, 가장 많은 연봉을 받는 선수들이 십 년마다 얼마를 버는지를 알아보라.

- 그 정보를 미래의 10년, 20년, 30년에 대입해 보라. 평균 수준의 연봉을 받는 선수가 당신이 30, 40, 50살일 때는 얼마나 더 벌 수 있는가?
- 이 연봉을 경기 수로 나누어 보라. 보통의 선수와 가장 높은 연봉을 받는 선수는 미래에 한 경기당 얼마를 받을 수 있는가?
- 당신이 30, 40, 50살일 때 당신의 연봉이 얼마 정도일 것이라고 생각하는가? 당신이 한 해에 벌 수 있는 돈을 프로선수가 버는 데 얼마만큼의 시간이 걸리는가?

4. 이러한 이슈들에 대한 역사적인 관점을 갖기: 40~50년 전 스포츠의 양상에 대해 당신의 아버지나 어머니, 할아버지나 할머니와 이야기해 보라. 그들에게 다음과 같은 질문을 해 보라.

- 개인적으로 스포츠 경기에 참여했는가?
- 미디어를 통해 스포츠를 보았는가? 그렇다면, 어떤 스포츠와 어떤 미디어인가?
- 지난 몇 십 년 동안 가장 좋아하는 스포츠의 변화들에 대해서 인식하고 있는가? 그렇다면, 그러한 변화들에 대한 그들의 반응은 어떠한가?
- 요즘 운동선수들에게 주어지는 연봉에 대한 그들의 반응은 어떠한가?
- 게임 속의 광고와 미디어 보도 중의 광고의 양에 대한 그들의 반응은 어떠한가?

미디어 리터러시 기술 적용 2.2.
개인 목록

이 활동은 스포츠의 비용 편익 분석에 대한 안내를 위해 고안되었다. 비용 편익 분석에 있어서 일부 질문은 인터넷을 이용한 약간의 조사를 요구할 것이다.

얼마나 많은 스포츠를 당신이 좋아하는지 생각하는 것부터 시작하라. 가장 주요한 네 가지는 풋볼, 농구, 아이스하키, 야구다. 그러나 골프, 테니스, 육상, 경마, 자동차 경주, 배구 등에 대해서도 생각해 보라. 프로 스포츠 이외에 대학 수준과 고등학교 수준도 포함하라. 또한, 시 리그, YMCA 리그, 어린이 리그 등에 대해서도 생각해 보라.

1단계: 직접비용 추정하기

당신이 응원하는 스포츠에 대해 얼마나 많은 시간과 돈을 썼는지 생각해보고 그리고 다음 질문들에 대해 답하시오.

1. 당신이 각 스포츠를 보러 가기 위해서 얼마나 많은 시간을 들였는가?

    - 티켓의 가격은 얼마인가?
    - 경기장에 가는 교통비는 얼마인가?
    - 주차비는 얼마인가?
    - 그 경기에서 음식과 음료수에 얼마를 썼는가?
    - 기념품(책자, 응원 깃발 등)에 얼마를 썼는가?

2. 팀 로고가 있는 물건을 사는 데 얼마를 썼는가?

    - 옷(모자, 셔츠, 자켓 등)
    - 당신의 차에 부착할 부속물(깃발들, 번호판, 범퍼 스티커 등)
    - 당신의 책상에 놓을 물건(컵, 펜, 달력 등)
    - 다른 사람들을 위한 선물

3. 텔레비전으로 경기를 시청하기 위해 얼마나 많은 돈을 썼는가?

    - TV 스포츠 서비스를 위해 낸 돈 또는 케이블 이용료
    - 그 경기를 같이 보는 친구들을 위한 파티 비용
    - 스포츠 바에서 그 게임을 보는 동안 쓴 음식과 술값

4. 위의 모든 활동들을 위해 당신이 얼마나 많은 시간을 썼는가?

5. 다음의 것들을 하기 위해 얼마나 많은 시간을 썼는가?

    - 스포츠 팀, 선수, 그리고 게임의 점수에 대한 이야기
    - 지나간 시간들에 대한 추억담을 나누는 것

- 나쁜 게임, 선수, 경기에 대한 불평
- 당신의 팀, 선수들의 경력, 또는 게임의 미래를 예측해 보는 것

2단계: 간접비용 추정하기

1. 스포츠 경기에 광고된 제품을 사는 것에 얼마를 쓰는가?
(이 질문에 완전하게 대답하기 위해서는 당신이 보고 있는 스포츠 프로그램에서 광고되는 모든 제품들에 대해 분석해야 하고, 제품 구매 비용 중 몇 퍼센트가 스포츠 광고에 사용되었는지를 알아야 한다. 당신이 응원하고 있는 팀의 주요 스폰서를 생각하고 당신이 그 회사의 제품에 대해 매년 얼마를 쓰는지 계산해 보라.)

2. 당신의 지역은 지역 스포츠 팀들을 위해 얼마나 많은 돈을 쓰고 있는가?
경기장, 주차장 및 프로 스포츠, 대학 스포츠, 그리고 고등학교 스포츠를 위한 접근 도로를 만드는 비용을 생각해 보라. 이 모든 비용을 감당하기 위해 당신의 세금이 얼마나 들어가는지를 추정해 보라.

3단계: 직접적인 편익 추정하기

1. 지난 시즌에 당신이 응원하는 팀으로부터 얼마의 만족감을 얻었는가? 당신이 광적인 팬이라면 그리고 당신의 팀이 모든 대회에서 우승을 했다면, 당신의 만족도는 엄청나게 높을 것이다. 각각의 경기와 그리고 각각의 선수들의 경기력에 대해 얻은 만족감에 대해 생각해 보라.

2. 당신의 옷, 차, 책상 등에 당신이 응원하는 팀의 로고가 박힌 것에 대해 얼마나 큰 만족감을 느끼는가? 당신이 어떤 팀을 응원하는지를 다른 사람들이 아는 것이 당신에게는 중요한가? 만약 그렇다면, 왜 그런가? 당신은 팬으로서 그 팀과 당신을 동일시하여 그들이 질 때 부분적으로 책임감을 느끼고 그들이 이길 때는 당신도 축하를 받는가?

4단계: 간접적인 편익 추정하기

1. 당신이 응원하는 팀은 그들의 연고지에 얼마나 중요한가?
- 그 도시들은 그 팀들을 가짐으로써 얻는 경제적 혜택은 무엇인가?

- 그 도시들이 그들의 팀을 후원함으로써 얻는 홍보 혜택은 무엇인가?
- 그 도시들이 이러한 혜택을 누리기 위해서는 그 도시에 속한 팀이 경기를 이겨야 하는가?

2. 그 도시들이 경험하는 혜택들을 생각할 때, 그 중 얼마만큼이 당신과 같은 개인들에게 전해지는가?

5단계: 비용과 편익 비교하기
이제 당신이 위의 네 단계의 질문들에서 했던 생각을 바탕으로 비용과 편익을 비교해 보라. 당신이 생각하기에 당신이 받는 모든 종류의 편익이 당신이 팬의 마음으로 지불했던 돈과 시간들을 충분히 보상한다고 생각하는가?

- 만일 그렇다면, 당신에게 가장 가치 있는 편익은 무엇인가? 왜 그것을 그렇게 높게 평가하는가?

- 만일 그렇지 않다면, 어떻게 이 비용 편익 비교를 좀 더 당신이 기대한 가치 쪽으로 가지고 올 수 있는가? 똑같은 편익을 얻으면서 당신의 지출을 줄일 수 있는 방법이 있는가? 당신의 비용을 인상시키지 않고 그 편익을 더 증가시키는 방법이 있는가?

미디어 리터러시 기술 적용 2.3.
파급 효과에 대한 고찰

1. 시야 넓히기

- 덜 알려진 스포츠 경기에 미칠 파장을 생각해 보라.
    - 소규모 대학
    - 고등학교
    - 레크리에이션 리그
- 스포츠 이외의 일에 대한 파급 효과에 대해 생각해 보라.

- 지방세
- 교통 패턴과 정체
- 자녀에게 스포츠 가르치기
- 가족을 스포츠 경기에 데리고 가는 것
- 광고된 상품의 가격
- 경제 전반
- 다른 세계의 사람들이 인식하는 우리의 스포츠

2. 미래 상상하기

- 자본의 순환이 5년 후 스포츠를 어디로 가져갈지 생각해 보라.
  - 정상급 선수들의 연봉은 어떻게 될까?
  - 스포츠 쇼와 경기장에 얼마나 많은 광고가 나올까?
  - 티켓 가격은 어떻게 될까?
- 스포츠팬이 되면 앞으로 5년 후 어떤 이점이 있을지 생각해 보라.
  - 자본의 순환이 비용을 증가시키는 만큼 편익을 증대시킬 수 있을 것이라고 생각하는가?

3. 장단점 분석하기

- 자본의 순환이 스포츠를 성장시키는 것의 장점과 단점의 두 가지 목록을 만드는 것으로 시작하기.
- 열거한 각 장점을 점검하라. 어떤 장점에 단점이 포함되어 있는가? 그럴 경우, 장점에서 단점 요인을 제거하고 그것을 단점 목록에 추가하라.
- 열거한 각 단점을 점검하라. 어떤 단점에 장점이 포함되어 있는가? 그럴 경우, 단점에서 장점 요인을 제기하고 그것을 장점 목록에 추가하라.
- 점검이 끝나게 되면, 두 가지 순수한 목록, 즉 장점 목록과 단점 목록이 있어야 한다.
- 어떤 목록이 더 길까? 목록이 길다는 것은 당신의 의견이 그쪽에 있다는 것을 의미하는가?

4. 개선 권고하기

- 자본의 순환이 스포츠를 성장시키는 것의 장점과 단점의 두 가지 목록을 만드는 것으로 시작하라.
  - 선출된 정치인
  - 텔레비전 방송사
  - 미래 선수들
  - 광고주
- 위의 사람들이 당신의 권고를 따를 경우, 발생할 수 있는 결과를 생각하여 다음 사항에 답해 보라.
  - 스포츠 자본 순환에 어떤 이익이 생길까?
  - 상황을 악화시킬 수 있는 어떤 위험이 있을까?

가짜 뉴스

이슈 | '가짜 뉴스' 보도에 대한 언론 기관들의 비판은 토론의 인기 이슈로 떠올랐다. 그러나 토론의 양측은 무엇이 가짜 뉴스인지 알아내는 데 많은 어려움을 겪고 있기 때문에 논쟁과 제안된 해결책들은 문제의 본질을 밝힐 수 있을 만큼 충분하지 않다.

- ▶ **가짜 뉴스란 무엇인가**
  - 뉴스 기준에 따른 구분
    - 시의성
    - 중요성
    - 근접성
    - 명성
    - 비일상성
    - 흥미
  - 뉴스 발신자의 유형에 따른 구분
    - 채널
    - 전문성
  - 뉴스 발신자의 의도에 따른 구분
  - 정확성에 따른 구분
    - 사실의 정확성
    - 기사의 정확성
  - 맥락에 따른 구분
  - 아이러니
  - 결론
- ▶ **가짜 뉴스에 대한 미디어 문식적 조치**
  - 회의적인 태도를 지녀라
  - 분석적 태도를 지녀라
  - 팩트를 평가하라
  - 뉴스 기사를 평가하라
- ▶ **정보에 입각한 의견 수립**
- ▶ **더 읽을거리**
- ▶ **최신 자료**
- ▶ **미디어 리더러시 기술 적용**

'가짜 뉴스'를 내놓은 것에 대한 보도 기관들의 비판이 거세지고 있다. 이는 언론기관의 신뢰성에 대한 심각한 고발이기 때문에 중요한 비판이다. 만약 우리가 일상의 삶에서 가장 중요한 사람과 중요한 사건이 어떤 것인지에 대해 정확한 정보를 대중들에게 제공하는 저널리즘을 믿을 수 없다면, 우리는 누가 지도자가 되어야 하는지, 어떤 문제가 가장 중요하며, 그 문제들을 해결하기 위해 어떻게 해야 하는지를 결정하는 데 필요한 충분한 정보를 제공받는다고 믿을 수 없다.

가짜 뉴스라는 용어는 최근에야 대중화됐지만, 이미 이전에도 문맥에 따라 다양한 문제들을 비판하기 위해 사용되었다. 어떤 가짜 뉴스는 정치적 맥락 안에서 고려되어야 하고, 어떤 가짜 뉴스는 순전히 경제적 동기에서 나온 것이며, 어떤 것은 두 가지 요소를 모두 가지고 있다(Tandoc, Lim, & Ling, 2018 참조). 가짜 뉴스의 정의는 "경제적 이익을 위해 만들어진 완전한 허위 정보"(Silverman, 2016)라는 좁은 개념에서부터 "사실적 근거 없이 뉴스로 제시되는 뉴스"라는 매우 광범위한 개념에 이르기까지 다양하다(Allcott & Gentzow, 2017).

이 장은 '가짜 뉴스란 무엇인가?'에 대한 질문에 답하기 위해 이 용어가 어떻게 사용되었는가에 대한 분석으로 시작한다. 그리고 나서 우리는 다음 질문에 대한 답을 찾아나갈 것이다. 뉴스 소비자로서 우리가 가짜 뉴스를 인식해서 그 영향력을 피하기 위해 할 수 있는 것은 무엇인가?

가짜 뉴스란 무엇인가

'가짜 뉴스'라는 말은 '가짜' 기사를 뉴스로 내놓는 뉴스 보도나 뉴스 조직에 결함이 있다는 것을 암시한다. 이 비판을 이해하는 열쇠는 사람들이 뉴스에 대해 뭔가 가짜가 있다고 말할 때 무엇을 의미하는지 확인하는 것이다. 이 섹션에서 우리는 사람들이 '가짜 뉴스'라는 용어를 사용할 때 무엇에 대해 언급하는지 이해하기 위해 다섯 가지 분석적 차원을 적용하여 이 비판을 검토할 것이다. (1) 뉴스 기준, (2) 발신인 유형, (3) 발신인의 의도, (4) 정확도 및 (5) 맥락에 대해 기술하는 것으로 용어를 분석하고자 한다. 이 분석을 시작하기 전에 나는 몇 가지 핵심 용어들의 개념을 명확히 할 필요가 있다. 이 분석에서 '팩트'라는 용어는 (a) 사람, 사건, 장소 또는 시간이 분명하며, (b) 사실인 것으로 제시되며, (c) 검증할 수 있는 것을 의미한다. 뉴스 기사(또는 줄여서 기사/이야기)는 대중에게 알리기 위해 제시된 일련의 사실들이다. 나는 정보를 수집하고 그것을 뉴스로 제시하기 위해 관련된 일을 하는 모든 종류의 사람들을 가리켜 뉴스 종사자라는 용어를 사용하고자 한다. 따라서 뉴스 종사자는 개별적으로 일하는 사람들(블로거, 트위터 등)과 뉴스 조직에서 일하는 사람들(기자, 편집인, 오피니언 칼럼니스트, 매니저, 제작자, 광고주 등)을 포함하는 일반 용어다.

뉴스 기준에 따른 구별

우리가 뉴스를 분석해서 사람들에게 '가짜' 정보를 제공하는지 확인할 수 있는 한 가지 방법은 언론인들이 사용하는 뉴스 기준을 고려하는 것이다. 이 기준에는 '시의성, 중요성, 근접성, 명성, 비일상성, 그리고 흥미'라는 특성이 포함된다(Mediacollege.com, 날짜 불명). 기자들은 무언가가 이러한 기준을 충족시킬 때, 그것은 뉴스 가치가 있는 것으로 고려되어야 한다고 믿도록 훈련 받는다. 뉴스 조직이 이러한 뉴스 기준을 충족시키는 기사들을 제시할 때, 청중들은 그 기사를 '실제' 뉴스로 간주할 가능성이 높다. 반대로 기사가 이런 기준을 충족시키지 못했을 때, 그것을 가짜 뉴스로 간주할 이유가 있다. 이 여섯 가지 기준을 자세히 살펴서 무엇이 실제 뉴스인지를 결정하는 기준으로서 얼마나 타당한지 살펴보자.

시의성

뉴스라는 단어는 정확히 "새로운 것에 대한 이야기"라는 것을 의미한다. 따라서 이 기준을 적용하여, 우리는 뉴스를 오늘 일어난 어떤 것에 대한 이야기라고 생각해야 한다. 만약 지난주에 일어난 일과 똑같은 일이 벌어진다면, 그것은 뉴스로 간주될 수가 없다.

그러나 이 기준은 우리가 서로 다른 유형의 미디어를 고려하여 뉴스를 생각해 보면 무너지기 시작한다. 예를 들어, 5일 전에 일어난 사건에 대한 이야기를 보게 되었는데, 그것이 우편물 보관함에서 꺼낸 주간 뉴스 잡지에 실려 있다면 우리는 그 기사를 뉴스라고 생각하게 된다. 그러나 우리가 같은 5일 전 기사를 웹사이트에서 읽게 된다면, 우리는 왜 이 웹사이트가 이 기사를 '뉴스'로 제시하는지 의아해 할 것이다.

또한, 많은 사건들이 며칠이나 몇 주 동안 계속되기도 한다. 어떤 사건에 대한 기사가 전개되는 양상이 지속적으로 업데이트된다면, 그 각각의 기사는 시의적절하다 여겨질 것이다. 그러나 그러한 판단은 우리에게 시의성 이상의 것을 고려하도록 요구하고 또한 각각의 추가되는 기사들이 우리가 정말로 뉴스라고 결론지을 수 있도록 충분한 양의 새로운 자료를 제시하는지를 고려하도록 요구한다.

중요성

이 기준은 기사가 대중에게 얼마나 큰 충격을 주느냐를 가리킨다. 한 사람이 사망한 민간 항공기의 추락 사건은 수백 명의 승객이 사망한 상업용 여객기의 추락 사건에 비해 뉴스로서 덜 중요한 의미를 갖는다. 그리고 만약 어떤 뉴스에서 우리가 오늘 이용하게 될 항공사와 같은 항공사에 의해 운영되는 비행기의 추락에 대해 보도한다면, 그것은 다른 항공사의 비행기 추락에 대한 기사보다 우리에게 훨씬 더 큰 중요성을 갖게 될 것이다.

어떤 이에게 심리적 자극을 불러일으키는 사건에 대한 기사는 그들의 경험과 아무런 관계가 없는 사건에 대한 기사보다 그들에게는 훨씬 더 중요하다. 그러나 청중들을 자극할 만한 기사의 범위는 너무 광범위하고 다양해서 중요성의 요인을 지니는 뉴스 가치가 있는 사건과 그렇지 않는 사건 사이에 명확한 구분선을 긋는 것은 불가능하다. 그러나 기자들은 무엇을 취재할 것인지를 결정하는 데 있어서 끊임없이 그 선을 그어야 한다. 그러므로 어떤 사람이 자신에게 별로 중요하지 않다고 생각하는 사건을 보도한다고 비판한다면, 그것은 그 사람의 개인적 판단일 뿐이며, 그 사람이 뉴스로서 충분한 중요성이 없다고 그것을 가짜 뉴스라고 부른다면 그 근거는 약하다.

근접성

근접성의 기준은 대중에게 사건이 얼마나 가까운 곳에서 일어나는가를 말한다. 사건이 멀리 떨어진 곳보다는 그들의 마을에서 일어났을 때 마을 사람들에게 더 뉴스거리가 된다. 그러나 근접성이 지리적 맥락에만 국한될 필요는 없으며, 문화적 맥락에도 적용될 수 있다. 예를 들어, 아이슬란드는 지리적으로 영국보다 미국에 훨씬 더 가깝지만, 미국 사람들은 아이슬란드에서 같은 사건이 일어났을 때보다 근접성 면에서 영국에서 일어난 사건을 훨씬 더 뉴스거리가 될 수 있다고 생각할 수 있다. 언어와 역사를 고려할 때 영국은 아이슬란드보다 문화적으로 미국에 훨씬 가깝다.

명성

유명한 사람들은 유명하다는 이유만으로 더 많은 주목을 받는다. 당신의 팔이 부러지면 뉴스가 되지 않는다. 하지만 영국 여왕이 팔이 부러지면 그것은 큰 뉴스다. 그러므로 명성이라는 기준은 사람 또는 사건이 대중들에게 얼마나 잘 알려져 있는지를 가리킨다.

비일상성

전형적이지 않은 사건들은 보통 매일 일어나는 사건들보다 뉴스거리가 더 많은 것으로 여겨진다. 그와 관련된 잘 알려진 말이 있다. 개가 사람을 물면 그것은 뉴스거리가 아니지만 사람이 개를 물면 그것은 뉴스거리다.

흥미

인간사의 흥미로운 기사는 좀 특별한 경우다. 그것들은 종종 뉴스거리의 주요한 규칙을 무시한다. 예를 들어, 그것들은 시의성과 큰 관련이 없다. 그것들은 많은 사람들에게 영향을 줄 필요가 없고, 이 기사가 어디에서 일어나는지는 중요하지 않을 수 있다. 인간사의 흥미로운 기사들은 감정에 호소한다. 그것들은 재미나 슬픔과 같은 반응을 불러일으키는 것을 목표로 한다. 텔레비전 뉴스 프로그램들은 종종 시청자들에게 기분 좋은 반응을 남기기 위해 그 프로그램의 마지막에 웃기거나 기이한 기사를 배치한다. 신문은 종종 엉뚱하거나 흥미로운 기사들을 위한 지면을 할당하기도 한다.

위의 분석에서 보았듯이, 여섯 가지 기준 각각은 어떤 것이 뉴스 가치가 있는가를 결정하는 것과 관련이 있지만, 어느 것도 단순하게 판단하기가 쉽지 않다. 이 기준을 적용하는 데 있어서 어려운 이유 중 한 가지는 여섯 가지 중 어느 것도 명확한 범주로 구분되지 않기 때문이다. 즉, 사람들이 뉴스 가치가 있는 것과 뉴스 가치가 없는 것을 간단히 분류할 수 있도록 하는 분명한 구분선을 제공하는 기준은 없다. 그 대신에 여섯 개의 기준들은 연속성을 지니고 있으므로, 기자들은 어떤 사건이 뉴스 가치가 있다고 여겨질 만큼 하나의 기준에 대한 충분한 특성을 가지고 있는지에 대해 지속적으로 판단을 내려야 한다. 이러한 기준을 적용하는 데 어려움을 겪는 두 번째 이유는 이 기준들이 모두 상호작용을 함으로써 우리로 하여금 절충을 고려하도록 강요하기 때문이다. 예를 들어, 적당히 중요성을 지닌 사건이 어떤 사건이 근처에서 일어난다면 보통 뉴스가 되지만, 지구 반대편에서 일어난다면 뉴스가 안 된다. 또 다른 예로, 사람이 개를 문 것과 같은 기이한 사건은 비일상성의 기준에서는 뉴스로서 가치가 있지만, 중요성 면에서는 가치가 떨어진다. 이러한 기준들을 활용하여 어떤 것이 뉴스 가치가 있는지를 결정함에 있어서 필요한 판단의 정도를 고려해 보았을 때, 주어진 기사가 뉴스 가치가 있는지 그래서 그것이 가짜 뉴스가 아닌지에 대해서는 많은 의견이 제시될 가능성이 있다는 것은 놀라운 일이 아니다.

뉴스 발신자에 따른 구별

비평가들이 뉴스가 가짜라고 알아내는 또 다른 방법은 누가 이야기를 뉴스로 제시하는가에 초점을 맞추는 것이었다. 이것을 판단의 근거로 삼는 사람들은 진짜 뉴스를 제시하는 합법적인 전문가들과 가짜 뉴스를 발표하는 다른 사람들을 구분한다. 우리가 어떻게 합법적인 저널리스트와 비합법적 저널리스트를 구별할 수 있는가? 일반적으로 두 가지 방법이 사용되었는데, 한 가지 방법은 뉴스를 배포하는 데 이용되는 채널을 보는 것이고, 두 번째 방법은 전문성 표준을 활용하는 것이다.

채널

오랫동안 저널리스트는 "신문, 방송 매체 또는 유선 서비스에서 일하는 기자 및 편집자"로 간주되었다(Donsbach, 2010: 43). 디지털 미디어의 증가와 뉴스 기사를 제공하는 웹사이트와 블로그의 확산으로 인해 비평가들은 뉴스를 제공하는 채널에 따라 손쉬운 구분을 해 왔다. 그들은 전통적인 뉴스 공급자가 주류이고 그래서 타당하다고 간주한 반면, 온라인 사이트는 신뢰성이 전혀 없어 타당하지 않다고 생각했다(McCaffrey, 2010). 이것은 채널에 따라 쉽게 구별할 수 있는 방법이지만, 분석을 해 보면 금세 별로 가치 있는 구별법이 아니라는 것을 알 수 있다. 주류 언론들에 의해 생산되는 뉴스와 기사만을 신뢰할만한 것이라고 간주한다면, '주류'를 어떻게 규정할 것인가? 물론 대체적으로 ABC, CBS, NBC의 공중파 네트워크를 의미하겠지만, 거기에는 Fox도 포함되는가? CNN과 같은 공중파가 아닌 TV 방송사도 포함되는가? 주간 신문은 어떠한가? 인쇄물에서 인터넷으로 전환된 신문은 어떠한가? 여러분은 이것이 적절한 일관성을 지닌 구별법이 아님을 알 수 있다.

믿음이 가는 뉴스 기사 제공자와 그렇지 못한 뉴스 기사 제공자를 구별하는 기준으로 채널을 사용하는 것과 관련된 또 다른 문제는 많은 온라인 뉴스 제공자들이 전통적인 주류 뉴스 제공자들과 동등한 명성을 확립할 만큼 충분히 오래 있었다는 것이다. 일부 뉴스 조직은 인쇄물이나 방송 시장이 없는 순수 온라인 사이트(예: Google News, Yahoo News, Huffington Post, Slate, Breitbart)로서 고도로 경험이 많은 기자들을 고용하고 있다. 이러한 온라인 전용 뉴스 사이트들 중 다수는 신문과 방송 매체의 전통적인 뉴스 제공자보다 정확한 뉴스 기사를 제공하기 위해 더 높은 수준의 신뢰를 만들어냈다(Engel, 2017).

주류 언론은 역사적으로 타당한 뉴스를 제공함으로써 높은 수준의 신뢰를 얻기도 했지만, 신뢰를 주지 못한 예도 많다. 일례로, 2004년 CBS 방송은 George Bush Jr가 젊은 시절 베트남전에 참전했을 때, 공군에서 호혜적 대우를 받기 위해 가족 관계를 이용했다는 뉴스를 60 Minutes이라는 프로그램에 내보낸 적이 있다. 블로거들은 CBS가 그 기사의 근거로 삼았던 메모의 진위를 의심했다. 원본 메모가 잘못되었다는 블로거들의 주장이 맞았고, CBS는 그 기사를 철회해야만 했다. 게다가 CBS의 뉴스 앵커였던 Dan Rather는 그 일로 불명예스럽게 퇴임했다.

주류 언론이 타당하지 않은 뉴스를 내보낸 사례는 2015년에도 있었다. NBC Nightly News 앵커 Brian Williams는 이라크 전쟁 중 헬기 격추 당시 이라크 전쟁을 취재하는 그 헬기에 탑승하고 있었다는 기사를 방송으로 내보냈다. 이 사연이 거짓으로 밝혀지자 시청자들은 뉴스 앵커가 고의로 방송에서 거짓말을 했다고 혹평을 했고 Nightly News의 신뢰도는 추락했다. NBC는 6개월 정직이라는 징계를 내렸다. 비슷한 시기에 Jon Stewart는 1999년부터 진행해 오던 Daily Show의 은퇴를 발표했다(Poniewozik, 2012). 그의 시청자들은 매우 소중한 뉴스의 원천을 잃게 되어 슬퍼했다. 두 경우, 대중의 반응은 매우 달랐지만, 두 남자에게는 많은 유사점이 있었다. 두 사람 모두에게는 현재 일어나는 사건에 대해 매일매일 새로운 정보를 원하는 충실한 추종자들이 있었다. 두 사람 모두 주요 방송사의 저녁 뉴스 프로그램을 오랫동안 맡아온 앵커였다. 차이점은, Williams는 NBC의 뉴스 부서에서 일했고, 그의 프로그램은 매일 밤 200만 명의 시청자를 끌어 모은 반면, Stewart는 Comedy Central에서 일했고, 그의 쇼는 밤마다 300만 명의 시청자를 끌어 모았다는 것이다. 그러나 아마도 가장 중요한 차이점은, 두 남자가 모두 시사 문제에 대해 보도하는 했지만, 시청자들은 Stewart가 무언가를 꾸며내어 이야기하고 있는 때를 알 수 있었고 많은 시사 문제들을 단순히 팩트로서 제시하기보다는 재미를 가미한 풍자로 제시하고자 하는 그의 철저한 연구를 높이 평가했다는 점이다.

채널에 따른 구분법은 더 이상 유효하지 않다. 대중은 일반적으로 새로운 온라인 뉴스 조직보다 주류 전통적인 뉴스 조직을 더 신뢰할지 모르지만, 많은 예외가 있다(Engel, 2017). 즉, 주류 뉴스 조직들은 세간의 이목을 끄는 많은 실수를 저질렀고, 일부 온라인 뉴스 조직들은 좋은 뉴스 보도를 제공함으로써 확고한 명성을 쌓았다.

전문성

비평가들이 신뢰할만한 언론사와 그렇지 않은 언론사를 구분하는 두 번째 방법은 전문성이다. 그러나 저널리즘이 전문적인지 아닌지에 대해서는 끊임없는 질문이 있다. Ornebring(2010)은 전반적으로 지식, 조직, 자율성이라는 세 가지 자질로 전문성 여부를 가릴 수 있다고 언급했다. 그는 지식은 인지 기반과 특정 기술로 구성되어 있다고 말한다. 조직에 대해서는 다음과 같이 말하였다.

전문성을 지닌 사람이 정규직으로 종사하면서 생계를 유지하며 직업을 대표하는 합법적 전문 기구의 회원 자격을 요구할 수 있어야 하며, 기구의 공식적 윤리 규범이 전문가들을 관리해야 한다 (p.569).

자율성은 전문직 종사자들이 개인의 재량권을 상당히 많이 가지고 자신의 일을 할 수 있는 특성을 말하며, 업무 프로세스 자체에 대한 외부적 영향력은 존재하지 않거나 미미해야 한다. 따라서 이러한 지식, 조직, 자율성의 기준을 적용하면 의사는 전문가임을 알 수 있다. 의사는 자격을 받기 전에 시험을 통해 일정 수준의 지식과 기술을 얻어야 한다. 의사는 미국 의학 협회(AMA)와 같은 전문 협회에 가입할 필요가 없지만, AMA는 의사의 교육과 자격을 관리한다. 그리고 의사 스스로 어떤 지식과 기술이 자격 인증에 필요한지 결정한다. 다른 직업들(변호사, 회계사, 건축업자, 전기기사, 심리학자, 심리학자, 공립학교 교사, 마사지사 등)은 모두 사람들이 그 직업군의 일원으로 인증을 받고 그 직업을 실천할 수 있는 자격증을 따기 위해 어떤 지식과 기술을 갖춰야 하는지를 결정하는 조직 체계를 가지고 있다.

많은 언론인들이 그들의 일을 전문적 직업으로 여기지만, 앞의 특성들이 정확하게 적용될지 있는지는 의문이다. Ornebring의 세 가지 자질을 기준으로 봤을 때 저널리즘은 전문적 직업으로서의 자격을 갖추지 못한 것으로 보인다.

지식 기준. 지식에 대해서는, 기자들이 공유해야 하는 합의된 사실도 없고, 기자들이 매일 취재하는 다양한 이야기들이 제공될 수 있는 기반이 무엇인지 생각하는 것도 불가능하다. 범죄 기사를 다루는 기자는 정부, 스포츠, 오락, 종교 등을 다루는 기자들과는 다른 지식을 필요로 할 것이다. 어떤 분야를 취재하는 저널리스트가 전문 저널리스트로 간주될 만큼 충분한 지식을 가지고 있는지 평가하는 시험이 어떠해야 하는지는 상상하기 어렵다. 그래서 그러한 시험은 존재하지 않는다.

조직 기준. 기자들은 미국 신문 편집자 협회(ASNE)와 전문 기자 협회(SPJ)와 같은 전문 기구를 가지고 있다. SPJ는 1909년에 설립되었고 현재 미국에는 거의 300개의 지부와 9,000명의 회원을 보유하고 있다. 이 두 전문 기구 모두 회원들을 위한 윤리 강령을 가지고 있다. 예를 들어, SPJ(Society of Professional Journalists, 2018) 윤리 강령은 전문 언론인들이 "대중의 계몽이 정의의 선봉이며 민주주의의 근간이라고 믿는다. 윤리적 저널리즘은 정확하고 공정하며 철저한 정보의 자유로운 교환을 보장하기 위해 노력한다."고 명시하고 있다. 윤리적 저널리스트를 '(1) 진리를 추구하고 보고하고 (2) 피해를 최소화하며 (3) 독립적으로 행동하며 (4) 책임감 있고 투명하다'는 네 가지 원칙에 따라 정의하면서 진실성을 가지고 실천해야 한다고 언급하고 있다.

이 정의에 대해 두 가지를 주목할 필요가 있다. 첫째, 그것은 기자들이 윤리적으로 행동하도록 '독려'한다고 말함으로써 '윤리적 저널리스트'라면 무엇을 해야 하는지 그 행동의 틀을 보여준다. 그러나 그것은 그런 행동을 요구하지는 않는다. 따라서 이 정의는 윤리적이지 않은 사람들도 여전히 언론인으로 간주될 수 있음을 시사한다. 또한, 네 가지 기준에 대한 기술이 너무 개방적인 형태로 끝을 맺고 있다. 즉, 윤리적 저널리스트의 정의는 진실, 위해, 독립적 행동, 투명과 같은 핵심 용어의 의미를 명시하지 않고 있다. 또한 그 정의는 기자들이 누구에게 책임을 질 것인지, 즉 그들이 충성할 대상이 누구인지를 명시하지 않는다. 기자들은 그들의 뉴스 조직, 사회 전반 또는 일반 대중들 가운데에서 특정한 관점을 원하는 독자들과 같은 일부 대상에게 책임을 져야 하는가? 이들은 모두 중요한 대상이지만 기자들에 대한 기대는 제각각 다르다. 예를 들어, 만약 언론인들이 사회에 대해 일반적으로 책임을 져야 한다면, 그들의 기사는 그들이 혐오스럽다고 여기는 견해들조차도 개방적이고 민주적인 의견 교환을 촉진하기 위한 정보를 모든 부류의 대중들에게 제공할 필요가 있다. 이와는 대조적으로, 만약 뉴스 조직의 주요 수요자들이 정치적 성향을 지닌 특정 그룹의 사람들일 경우, 그 사람들은 기자들이 다른 유형의 정보는 쳐내고 그들의 기존 믿음을 뒷받침하는 정보를 제공할 것으로 기대한다. 그리고 저널리스트의 주요 충성 대상이 그들이 일하는 뉴스 조직이라면, 그들의 초점은 특정 소비 집단을 끌어들이고 반복적인 노출을 시도함으로써 그 사람들을 조종하는 데 있을 필요가 있다(4장의 내용을 상기하라).

종종 이러한 대상들은 뉴스에 대한 다른 목적을 가지고 있기 때문에 저널리스트는 가끔 다른 대상들을 소외시키거나 심지어 화나게 하지 않고서는 한 대상을 만족시킬 수 없다. 예를 들어,

Benjamin Franklin의 손자인 Benjamin Franklin Bache는 1790년에 할아버지의 신문사를 물려받았다. 상속 이후 10년 동안, 그는 John Adams 대통령 정부에 반대했고 많은 신문을 팔았다. 그의 기사가 Adams의 정당(연방주의당)을 무너뜨리는 데 중요한 영향을 미친 것으로 여겨질 정도로 연방주의당을 분노케 하였다. 18세기에는 '가짜 뉴스'라는 말이 쓰이지 않았지만, 연방주의당을 지지하는 사람들은 Bache의 기사를 가짜로, Bache를 자격 있는 저널리스트가 아니라 정치적 글쟁이로 여겼을 것이다. 19세기 후반까지 신문들은 전형적으로 특정한 집단을 겨냥했었고 각 신문들은 특정 정치적 성향을 가진 사람들에게 어필했다. 그러나 1880년대에 penny 신문[1]이 부상하면서 신문들은 잠재적인 독자층을 넓히기 위해 그들의 뉴스에 '객관적인' 모습을 보이려고 했다. 즉, 독자들이 어떠한 정치적 성향을 지녔든 그들에게 불쾌감을 주지 않으려고 노력함으로써 신문들은 광범위한 독자들을 끌어들이기 시작했다. 그러나 21세기에는 인터넷에 쉽게 접속할 수 있게 되어 수만 명의 사람들이 자신들의 정치적 관점과 같은 사람들에게 제시할 웹사이트를 만들 수 있게 되었으며, 이들 블로거들 중 많은 수가 스스로를 합법적인 언론인으로 간주하고 있다.

1922년에 미국 신문 편집자 협회(ASNE)는 '책임감, 언론의 자유, 독립성, 진실과 정확성, 공명정대함, 그리고 공정한 경쟁'라는 6원칙이 담긴 성명서를 채택했다. 이 문서는 1975년에 개정되면서 "원칙의 성명서"라는 이름이 붙었다. Kaplan(2010)은 이 성명서에 대해 다음과 같이 기술했다.

공정성과 엄격한 사실성 기반의 이 전문적인 강령은 미국 저널리즘의 가장 자랑스러운 업적으로 칭송되어 왔다. 민주주의를 위한 중요한 도구로 여겨지는 객관성을 고려해 보았을 때, 통상적으로 공적인 담론으로 인식되던 부패, 원색적 비난, 당파적 의견을 벗어나 중립적이고 사실적인 정보의 공유와 공공의 논의를 위한 공간을 확보하고 있는 것으로 추정된다(p.25).

그러나 의사, 변호사, 회계사 등과 같은 다른 직군에 종사하는 사람들처럼 기자들에게는 자신의 직업에 필요한 요건을 확실히 준수했는지를 확인하는 인증 절차는 없다. 또한 그들의 일을 감시하고 윤리 규약을 위반하는 사람들에게 제재를 가하는 전문 조직도 없다.

자율성 기준. 기자들은 뉴스를 정확하게 보도하기 위해 항상 외부의 압력으로부터 자유로워지려고 노력해왔다. 그러나 이러한 자율성은 정치적 영향, 즉 정보를 얻고 자유롭고 공개적으로 보도

---

[1] penny 신문은 1830년대 이후 미국에서 대량 생산된 저렴한 타블로이드 스타일의 신문이었다. 저가 신문들의 대량 생산은 수작업 인쇄에서 기계식 인쇄로 바뀌면서 가능해졌다. 다른 신문의 가격은 약 6센트인 반면 penny 신문은 1센트에 팔렸는데, 이로 인해 중산층 시민들이 합리적인 가격에 뉴스를 접할 수 있도록 하는 데 혁명적인 역할을 했다(역자 주, 위키백과 인용).

할 권리에 대한 정부의 간섭으로부터 독립성을 지키는 데 초점을 맞추고 있다. 기자들은 경제적 영향으로부터 자율성을 지키는 것에 대해서는 덜 경계해왔다. 이 때문에 Ornebring(2010)은 저널리즘이 현재 역전문화(reverse professionalization) 되어가고 있다고 주장하였다. 즉, "저널리즘은 덜 일관적이고 덜 자율적인 직업으로 전락하고 있으며, 사회 내 저널리즘의 지위, 소비자들에게 유용한 저널리즘의 질, 그리고 아마도 가장 중요하게는 민주주의의 한 축으로서 저널리즘의 역할에 부정적인 영향을 미칠 것으로 생각한다."고 기술했다(p.569).

발신인의 유형에 따른 분석에서 보았듯이 누가 기자인지 아닌지를 검증하는 전문 조직은 없다. 언론인들이 특정한 지침을 따르도록 독려하는 전문 기구들이 있지만, 그러한 기구들은 지침을 따르도록 요구할 힘이 없다. 그러므로 우리는 누구를 진짜 뉴스 공급자로서 신뢰해야 하고 누구를 가짜 뉴스 공급자로 간주해야 하는지를 알려주는 어떠한 권위에 의존할 수 있는 상황이 아니다.

뉴스 발신자의 의도에 따른 구별

뉴스 기사를 보낸 사람의 의도는 가짜 뉴스가 무엇인지 판단하는 기준으로 활용될 수 있다. 뉴스 기사의 목적이 대중에게 정보를 전달하는 것이었는데 발신자가 이러한 목적에서 벗어나 설득하고자 하는 의도를 가질 때, 이러한 일탈은 가짜 뉴스로 간주될 수 있다.

때때로 이러한 일탈은 뉴스 기사처럼 보이도록 만들어진 유료 광고와 같이 상대적으로 발견하기 쉽다. 종종 뉴스 소비자들이 그들의 설득력 있는 메시지를 깎아내리는 것을 원하지 않는 광고주들은 그들을 뉴스 기사처럼 보이게 할 것이다. 때때로 이러한 광고들은 작은 인쇄물이나 자그마한 회사 로고로만 표시될지라도 발신자가 자신을 지지 대상(상업적 회사, 정당 또는 공직에 출마한 후보)과 동일시했을 때 비교적 쉽게 식별할 수 있다. 그러나 많은 경우 그 기사를 집어넣는 데 누가 돈을 지불했는지 확인하지 못하며, 이러한 관행은 실제로 그것이 광고로 나타나게 되면 수신자들로 하여금 그 기사가 뉴스라고 착각하게 만든다.

네이티브 광고[2]는, 광고가 제시되는 플랫폼의 일부로 인식되게 하거나 '원래 있던' 콘텐츠로 보이게 하는 일종의 은밀한 마케팅 관행이다. 가짜 뉴스의 일종으로 '실제 뉴스의 외관과 느낌을 활용한다.'(Tandoc et al., 2017:11) 네이티브 광고는 아날로그 시대의 인쇄 광고에서 발전하여 새로운 디지털 미디어 공간으로 확산되었다(Carlson, 2015; Einstein, 2016; Sonderman & Tran, 2013). 많은 전통적

---

1) 배너 광고처럼 본 콘텐츠와 분리된 별도 자리에 존재하지 않고 해당 웹사이트의 주요 콘텐츠 형식과 비슷한 모양으로 제작한 광고를 뜻한다(역자 주, 위키백과 인용).

뉴스 매체 및 디지털 전용 뉴스 미디어는 네이티브 광고를 수주할 뿐만 아니라 광고주를 대신하여 이런 유형의 콘텐츠를 만들어낸다. 그러나 이러한 경향은 정보에 입각한 시민들에게는 좋지 않다. 어떤 연구에서는, 뉴스 웹사이트에 네이티브 광고가 등장할 때, 25% 미만의 성인들만이 그들이 보고 있는 것이 뉴스 내용이라기보다는 광고라는 것을 인식한다고 밝혀냈다(Amazine & Muddiman, 2018; Amazine & Wojdynski, 2018). 대학생, 고등학생 및 중학생 디지털 미디어 이용자를 대상으로 한 연구(McGrew et al, 2017)에서도 유사한 결과가 도출되었다. 그러나 소비자들이 네이티브 콘텐츠와 다른 콘텐츠를 구별하는 데 어려움을 겪음에도 불구하고, 출판인들은 네이티브 광고와 같이 다른 유형의 콘텐츠에 대해 소비자들이 주의를 기울이게 하는 데 별로 도움이 되지 않았다(Einstein, 2016).

뉴스 기사처럼 보이는 광고를 보고 나서 그것이 광고라는 것을 깨닫는 소비자들은 그것이 잘못된 것이고 그 뉴스 기사를 가짜 뉴스라고 낙인찍기 쉽다. 그 기사에서 제시된 사실들은 모두 정확할 수 있고 그 기사는 시의적절성, 중요성, 근접성, 명성, 비일상성, 그리고 흥미의 특징을 보여줄 수 있다. 그러나 만약 그 기사가 자사 제품을 팔려고 하는 회사에 의해 의뢰되었다는 것을 알게 된다면, 사람들은 이 기사를 타당한 뉴스로 간주하지 않고 가짜 뉴스로 낙인찍을 것이다. 이 경우, 가짜는 기사 그 자체가 아니라 보낸 사람의 의도에서 비롯된 것이다.

다른 관점을 깎아내리거나 무시하는 반면, 자신의 관점을 옹호하는 정보는 과도하게 포장하여 제시하는 성향을 송신자가 가지고 있을 때 뉴스 기사의 설득력 있는 의도를 발견하기가 훨씬 어렵다. 우리는 이러한 유형의 메시지들은 사설이나 오피니언 기사에서 많이 볼 수가 있다고 생각한다. 사설이나 오피니언 기사에 대해서는 독자들은 사실에 대한 균형 잡힌 표현이 아니라 메시지의 발신자가 가지고 있는 관점을 옹호하는 에세이로서 다루도록 경각심을 갖게 된다. 그러나 설득이라는 분명한 표현이 없을 때에는 독자들은 제시되는 정보가 그들에게 무언가를 알려주기 위한 것이고 이것은 오해의 소지가 있을 수 있다는 가정으로 생각이 자리 잡는다.

뉴스가 갖는 정보 전달과 설득이라는 두 가지 유형의 의도 사이의 경계는 시간이 흐르면서 모호해져 왔다. 그리고 어떤 문제에 대해 강한 의견을 가진 일부 편집자들은 그들이 기자로서의 임무를 수행할 때 어떻게 기사를 다루는지를 보여주기 위해 강한 입장을 피력하게끔 허락한다.

정확성에 따른 구분

사람들이 어떤 것을 가짜 뉴스라고 판별하는 네 번째 방법은 사실의 정확성을 기준으로 삼는 것이다. 언뜻 보면 사실의 정확성은 가짜를 진짜와 확실하게 구분할 수 있는 매우 분명한 기준인 것 같지만 정확성의 개념을 분석해 보면 반드시 그렇지는 않다. 가장 간단하게 사실의 정확성 명칭부터 검토해 보자.

사실의 정확성

뉴스 기사의 구성 요소는 사실들이다. 즉, 어떠한 사건에 대해 누가, 무엇을, 언제, 어디서, 왜 그랬는지를 따진다. 기자들이 정확한 사실을 제시한다고 믿을 때에는 사람들은 어떤 기사를 진짜 뉴스로 판단하고, 기자들이 게으름이나 편견을 통해 부정확한 사실을 제시한다고 믿을 때, 사람들은 그 기사를 진짜 뉴스로 판단하는 것은 이해할 만하다. 이 구별은 충분히 간단해 보이지만, 그것을 분석해 보자.

사실의 정확성 여부를 판단하기 위해서는 진실에 대한 표준이 필요하다. 많은 사실들은 우리의 기억 속에 존재하거나 우리가 쉽게 찾아볼 수 있는 명확한 진실 기준을 가지고 있다. 예를 들어, Donald J. Trump는 2017년 1월에 미국 대통령에 취임했다. 우리는 그것을 좋아할 수도 좋아하지 않을 수도 있지만, 이것은 정확하다고 검증할 수 있는 사실이다. 그는 미국의 제45대 대통령이다. 정말 그런가? 44명이 대통령에 취임했지만 Grover Cleveland는 연속되지 않은 두 번의 임기를 수행했기 때문에 Cleveland는 제22대, 제24대 대통령이라는 것을 알고 있었는가? 그렇다면 Trump를 트럼프를 44대 대통령이라고 부르는 게 정확한가, 45대 대통령으로 부르는 게 정확한가? 어느 쪽이든 논리가 성립될 수 있다. 대통령을 지낸 사람 수를 센다면, 트럼프는 44번째다. 그런데 우리가 리더십의 변화 수를 센다면, 트럼프는 45번째다.

종종 어떤 사실이 한 가지 이상의 진실 표준을 가질 수도 있다. 예를 들어, 미국 노동통계국(2018)은 2018년 5월 고용인구가 161,539,000명이며, 실업률은 3.8%로 하락했다고 발표하였다. 그런데 2018년 5월의 미국 인구는 327,988,000명이었다. 그래서 전체 인구에서 취업자 수를 빼면 실업자가 166,449,000명으로 미국 인구의 50.8%에 달한다. 실업률의 정확한 수치는 3.8%인가, 50.8%인가? 정답은 두 수치 모두 정확하다는 것이다. 두 수치 모두 정확할 수 있는 방법을 이해하려면 수치가 어떻게 계산되는지 이해해야 한다. 즉, 두 수치 모두 정확한 계산이지만, '실업'의 정의의 차이 때문에 계산의 수치가 달라진 것이다. 일상생활에서 우리는 '비고용'을 단순히 일하지 않는 것으로 정의하지만, 노동 통계국은 매우 다르게 정의하고 있다(이슈 3.1 참조).

> **이슈 3.1.** 미국에서 실업률은 무엇을 의미하는가?

팩트: 2018년 5월, 실업률 50.8%
근거
- 미국 인구: 327,988,000명
- 고용 인구: 161,539,000명
- 비고용 인구: 166,449,000명
- 결론: 인구의 50.8% 실직 상태

팩트: 2018년 5월, 실업률 3.8%
근거
- 미국 노동부는 2018년 5월 현재 161,539,000명이 미국에서 일하고 있다는 것을 인정했다.
- 그러나, 미국 노동부는 실업률을 계산하기 위해 총 인구 수치를 사용하지 않고, 대신에 '노동 인구'라고 불리는 수치를 사용한다.

- 노동 인구는 총 미국 인구에서 아래에 해당하는 사람을 배제하여 그 수를 줄인다.
  - 16세 이하의 모든 사람
  - 군 복무 중인 모든 사람
  - 보호 시설에 있는 모든 사람(수감자, 환자 등)
  - 장애 때문에 일을 할 수 없는 모든 사람
  - 은퇴한 모든 사람
  - 어떤 이유에서든 일을 원하지 않는 모든 사람

*출처: 미국 노동통계국(2018)

　실업률이 낮다고 주장하려는 사람들은 3.8%의 수치를 선택할 것이고, 실업률이 너무 높거나 뭔가가 잘못되어 가고 있다는 주장을 펼치려는 사람들은 더 높은 수치를 선택할 것이다. 우리가 실업에 관한 여러 가지 뉴스 기사를 읽고 그 수치가 보도마다 다르다는 것을 알아차린다면, 우리는 그 수치들 중 많은 수가 부정확하다고 가정함으로써 그러한 보도들의 많은 부분을 가짜 뉴스로 간주할 것이다. 우리의 자연스러운 경향은 한 가지 수치를 골라 그것을 하나의 사실로 간주하는 동시에 다른 모든 것을 부정확하다고 낙인찍는 것이다. 그러나 우리가 그렇게 하게 되면, 어떤 수치들의 부정확함보다는 우리의 오해가 더 잘못된 결과를 가져온다.

　여러 가지 진실 표준을 가지고 있지만 단순한 사실적 근거를 가지고 있는 것처럼 보이는 수치들의 예는 많이 있다. 예를 들어, 내가 Santa Barbara에 있는 우리 마을의 기온에 대한 내 기상 앱을 확인했을 때, 앱에 따라 각기 다른 온도를 보여주는데, 때로는 20도 차이가 날 때도 있다. 이것이 어떻게 가능한 걸까? Santa Barbara는 몇몇의 매우 다른 세세한 기후를 가진 도시다. 그래서 Santa Barbara 기온은 해변가 15도, 도심 한복판 21도, 산속 등산로는 26도를 기록할 수도 있다. 각각의 수치는 Santa Barbara 시의 일부 지역 내의 온도를 정확하게 제시하는 것이다. 그래서 나는 어떤 하나만 믿을 수가 없어서 나는 옷을 어떻게 입을지 결정하기 위해 날씨를 볼 때, 내가 가야 할 곳의 날씨를 주목해서 본다. 각 앱이 각기 정확한 정보를 제공하지만, Santa Barbara에서는 현재 온도에 대한 정보는 어떤 특정 지역에 대해서만 정확하기 때문에 '가짜' 온도를 내게 제공했다고 내가 비난할 수는 없는 일이다.

그러므로 뉴스 기사가 가짜인지 아닌지에 대한 판단을 내리는 것은, 보도된 수치를 그 수치가 무엇이어야 하는지에 대한 개인의 믿음과 비교하는 것처럼 간단하지 않다. 많은 팩트들이 다양한 진실 기준을 가지고 있기 때문에 그것은 훨씬 더 복잡하다. 그리고 어떤 팩트가 단 하나의 진실 기준만을 가지고 있을 때에도, 그것은 부정확하게 보도될 수 있다. 왜냐하면 뉴스 기사와 보도에 관련된 모든 사람들이 그것이 정확하지 않음에도 불구하고 그것이 정확하다고 믿었기 때문이다. 정확한 수치를 모르면서도 추측으로 기자들의 질문에 답하는 '전문가' 소식통을 인터뷰하는 경우도 있는데, 이는 부정확한 경우가 많다. 기자들에게 충분한 시간이 주어진다면, 그들은 전문가들이 말하는 것의 정확성을 체크할 수도 있다. 그러나 종종 기자들은 전문가의 의견을 신뢰하기 때문에 정확성을 체크하지 않는다. 그러면 부정확한 사실이 사실로 보도된다. 이것은 가짜 뉴스인가? 그 기자는 전문가 소식통의 말을 정확히 보도했기 때문에 정확하다고 말할 것이다. 그 전문가는 그가 진실로 그 사실이 옳다고 믿었기 때문에 정확했다고 말할지도 모른다.

기사의 정확성

어느 기자가 한 뉴스 기사에서 20가지 사실을 제시했는데 한 가지 사실을 제외한 모든 사실이 정확하다고 가정해 보자. 이 경우, 우리는 그 기사를 정확하다고 보아야 하는가? 이 질문에 답하려면 전체 기사의 가치에 대한 판단이 필요하다. 이 판단은 전형적으로 기사가 95% 정확하니 그 기사를 믿어야 한다고 판단할 수 있는 것처럼 그리 간단하지 않다. 어쩌면 단 하나의 거짓이 너무 중요해서 전체 기사의 신뢰성을 무너뜨릴 수도 있다.

맥락에 따른 구분

'뉴스 기사'라는 구절에서 '기사'라는 단어는 뉴스 작업자들이 어떤 사건이나 인물 또는 이슈를 대중들에게 알리기 위해 여러 가지 사실들을 순서에 따라 배열하여 제시함으로써 메시지를 만들어낸다는 아이디어를 반영한 용어이다. 이러한 배열은 벌어진 사실들의 간단한 목록이 될 수 있다. 예를 들어, 뉴스 작업자는 누가, 무엇을, 언제, 어디에서에 대한 정보만 아무런 가공 없이 나열할 수 있다(이슈 3.2 참조). 이 기사에는 부정확한 것이 없을지도 모르지만, 이 기사는 너무 축약되어 있어서 대중들에게 이 기사가 다루고 있는 사건의 중요성을 이해시키는 데 도움이 되는 맥락을 제공하지 못한다. 편집자들은 이 기사가 중요한 사건에 관한 것이라고 생각할 때, 기자들에게 더 많은 정보를 수집하고 그 기사를 더 세심하게 다루어줄 것을 요청한다. 이 과정은 전형적으로 대중들에게 더 많은 맥락을 제공함으로써 대중들이 사건의 중요성을 인식할 수 있게 한다는 것을 의미한다.

기자들이 중요도가 높은 사건이나 인물에 대한 기사를 쓰도록 배정받았을 때, 그들은 더 많은 사실들을 수집해야 한다. 그렇게 하는 것은 기자들로 하여금 어떤 사실들을 수집할 것인지 그리고 중요성을 부각시키기 위해 많은 사실들을 어떠한 순서로 배열할 것인지를 판단하는 과정에서 더 나은 선택을 하도록 만든다. 사건에 대한 세부사항에 대해 늘어남에 따라, 뉴스 작업자들은 어떤 세부사항을 포함시키고 어떤 것을 빼야 하는지에 대한 많은 결정에 직면하게 된다. 또한, 그들은 세부사항을 제시하는 순서를 결정해야 한다. 그들은 기사의 앞부분에 제시된 세부사항들이 뒷부분에 제시된 세부사항들보다 읽힐 가능성이 더 높다는 것을 알고 있다. 또한, 우리는 심리학 연구를 통해 기사에서 먼저 제시된 정보가 독자들의 기대를 형성하여 제시된 요소의 의미를 해석하는 특정한 경로로 독자를 이끌 가능성이 있다는 것을 안다. 이슈 3.2는 더 많은 세부사항이 포함된 기사의 확장이 대중들에게 사건(시장의 구속)의 의미를 이해시키는 데 있어서 어떻게 더 풍부한 맥락을 제공하는지를 보여준다. 기사를 풀어내는 방법이 하나는 부정적인 맥락에서 Smith에 대해 말하고 있고, 다른 하나는 긍정적인 맥락에서 Smith를 그려내고 있음을 주목하라.

이슈 3.2. 뉴스 기사에서 맥락

간단한 사실
John J. Smith가 지난밤에 시청에 있는 그의 사무실에서 체포되었다.

Smith에 대한 부정적 맥락
John J. Smith 시장은 횡령 혐의로 세 번째로 체포되었고, 수감된 채로 시립 구치소에서 밤을 보냈다가 오늘 새벽 10만 달러의 보석금을 내고 풀려났다. Smith 시장은 시에서 승인한 프로젝트에서 100만 달러 이상의 납세자 자금을 빼돌려 개인적으로 유용한 혐의로 기소되었다.
시 의회 의원인 Horace T. Resnick은 "Smith 시장은 계속해서 공적자금을 유용하고 있나. 우리 시 의회에서는 매우 가치 있는 프로젝트에 대한 자금 지원을 승인했지만 시장은 계속해서 이 사업에 대한 자금 이전을 거부하고 있다. 이것은 말도 안 되는 권력 남용이며 그는 이에 대한 책임을 져야 한다."고 말했다.
Smith 시장은 중죄인 횡령 혐의로 유죄 판결을 받으면, 즉시 공직에서 물러나야 한다.

Smith에 대한 긍정적 맥락
John J. Smith 시장의 정적들은 어젯밤 그에 대한 체포 영장을 발부했다. 지난해 시 의회에서 Resnick 체육시설 건립을 위해 승인한 자금의 집행을 미룬 혐의로 반대파가 그를 공직에서 해임시키려 한 것은 올해 들어 세 번째다.
Smith 시장은 "우리 도시는 이미 많은 운동 시설을 갖추고 있다. 초등학교 주변의 인도 설치처럼 우리에게 절실히 필요한 것에 돈을 써야 할 때, 필요 없는 것에 돈을 쓰는 것은 정당화 될 수 없다. 몇몇 시 의원의 애견 프로젝트보다 아이들의 안전이 더 중요하다."고 말했다.

전형적으로 이러한 중요성이 전달될 수 있는 몇 가지 다른 방법이 있다. 그래서 언론인들이 독자들의 기대에 맞춰서 그들의 기사를 구성하면, 그러한 독자들은 그 기사를 실제 뉴스로 간주할 가능성이 더 높다. 그러나 기자들이 독자들의 기대를 저버렸을 때, 독자들은 그 기사를 가짜 뉴스로 간주할 가능성이 더 높다.

맥락은 독자들이 기사의 의미를 해석하는 데에 더 많은 정보를 준다. 그러나 뉴스 작업자들이 그들의 기사에 맥락을 더하면, 그들은 그들 자신의 개인적인 편견을 드러내게 된다. Smith 시장의 예를 보면, 한 기자는 Smith 시장에 대해 부정적인 시각을 갖고 있는 것처럼 보이는 반면, 다른 기자는 긍정적인 시각을 가지고 있는 것을 볼 수 있다. 9장에서 보았듯, 대중들은 뉴스 근로자들이 그들의 기사에서 국민과 사건에 대해 균형 잡힌 시각을 전달해 주기를 기대한다는 것을 상기하라. 그러나 균형을 잡기가 쉽지 않다. 기자들은 동일한 수의 긍정적인 사실과 부정적인 사실을 제시할 수 있지만, 이것만으로는 균형을 보장할 수 없다. 왜냐하면 일부 사실이 더 중요할 수 있고, 대중들이 의미를 해석하는 방식에 더 많은 비중을 둘 수 있기 때문이다. 그래서 균형이라는 것은 기자들이 모든 기사에서 성취하려고 노력하는 가치 있는 목표이지만, 균형이 실제로 이루어졌는지에 대한 판단은 대중들에게 달려 있다.

여기서 중요한 관심사는 편견이다. 기자들이 조사하여 기사를 쓸 때, 그들은 피할 수 없는 많은 결정을 내려야 한다. 일부 기자들은 열린 마음을 가지고 과학자들처럼 이 일에 접근한다. 인간으로서 그들은 어떤 문제에 대해 의견을 가질 수도 있다. 하지만 그들이 과학자로서 그 문제를 다룬다면, 그들은 기꺼이 모든 관점을 고려하고 각각의 관점을 명확하고 정확하게 제시하려고 할 것이다. 이러한 관점에서 기자들은 스스로를 완벽한 정보의 제공자로 보고, 대중들이 그들 자신의 생각을 결정하도록 한다. 이들의 목표는 의견 차이가 존재하는 사회에 기여하는 것이지만, 알려지지 않은 의견보다는 알려진 의견을 제시하는 것이 좋다. 이와는 대조적으로 다른 언론인들은 변호사나 토론자와 같은 유형으로 과제에 접근한다. 그들은 정보를 수집하고 그 정보를 보고하는 데 있어서 자신의 의견(또는 편집자의 의견)을 타인을 이끄는 도구로 사용한다. 즉, 자신의 관점을 뒷받침하기 위해 가능한 한 많은 정보를 수집하려고 한다. 자신의 관점에 반하는 정보를 접했을 때, 그 논쟁에서 이기기 위해 다른 관점의 정보를 (a) 반박하거나 (b) 깎아내리거나 (c) 완전히 무시한다.

우호적인 관점에서 쓰인 기사들은 대중들의 감정적 반응을 훨씬 강하게 자극한다. 대중들이 기자와 같은 의견을 지니게 되면, 그들의 의견이 좋은 의견이라는 확신이 더 크게 들기 때문에 그들은 좋은 감정을 느낀다. 이것은 강화되고, 대중들은 계속해서 그 기자가 전달하는 기사를 찾을 가능성이 더 높아진다. 반면, 기자와 같은 의견을 갖지 않게 되면 대중들은 기분 나쁨을 느끼게 된다. 이런 나쁜 감정을 누그러뜨리기 위해 대중들은 그 기사를 잘못된 것으로 깎아내린다. 즉, 그것을 가짜 뉴스라고 간주한다.

사람들은 기자들이 객관적일 것으로 예상한다. 그러나 9장에서 보았듯, 진정한 객관성은 달성할 수 없다는 것을 유념하라. 그 대신, 기자들은 뉴스 기사에서 중립성, 균형성, 완전성, 맥락의 고려를 성취하려고 노력한다. 뉴스 기사에서 이러한 특성을 일관되게 보여주는 기자들은 진짜 뉴스를 제공하는 사람으로 간주된다. 그러나 이러한 특성은 대중에 의한 해석, 즉 기사가 제시되는 방식이 이러한 특징을 지니는지를 유추해 내야 한다. 모든 독자들이 똑같은 해석을 하는 것은 아닐 것이다.

아이러니

뉴스 조직은 편견의 위반보다 사실의 위반에 훨씬 더 민감하게 반응한다. 뉴욕 타임스(NYT)에서 매우 잘 나가던 27살의 Jayson Blair 기자의 경우가 그 예이다. 그는 자신의 경력을 쌓기 위해 신문 지면의 가장 눈에 띄는 곳에 실릴만한 흥미로울 기사를 쓰려고 했다. 그러나 그런 기사를 쓰기 위해 그는 모든 이야기를 지어내기까지 하면서 사실을 마음대로 조작하였다. 마침내 타임스 편집자들이 그의 기사를 확인하게 되면서 많은 조작이 발견되었고, Blair를 즉시 해고했다. 하지만 타임스는 신뢰도에 큰 타격을 입게 되었고, 결국 편집자는 신문 1면에 14,000단어의 사과문을 실어야만 했다(Wolff, 2003년). Blair는 자신의 기사를 쓰기 위해 광범위한 인터뷰를 실시했고 상당한 양의 조사를 했기 때문에 자신의 기사는 강력한 사실적 근거를 가지고 있다고 설명했다. 하지만, Blair는 그의 기사를 쓸 때, 그가 언급한 사람들의 신원을 보호하기 위해 사람들과 장소의 이름을 바꾸었다. 그는 또한 이야기의 빈칸을 메우기 위해 사실들을 재정비하고 정보를 추론하여 좀 더 설득력 있는 이야기, 즉 그의 독자들이 가난과 마약 중독과 같은 그가 쓰고 있는 문제들을 더 생생하게 이해할 수 있게 읽히고 기억되는 이야기를 만들었다. 따라서 그가 전달하고자 한 "진실"은 누가 정확한 시간과 장소에서 무엇을 했는지에 대한 구체적인 내용보다는 큰 그림의 패턴에 더 가까웠다(Wolff, 2003).

결론

지금쯤 여러분은 뉴스 기사가 잘못됐기 때문에 가짜 뉴스라는 꼬리표를 붙여야 한다는 독자들의 판단을 촉발할 수 있는 아주 많은 요소들이 있다는 것을 이해해야 한다. 아마도 그 기사는 너무 오래되었거나 보도할 만한 충분한 중요성이 결여되었다고 판단될 것이다. 또는 아마도 독자들은 발신자를 언론인이 아니거나 발신자가 정보를 주기보다는 설득에 더 관심이 있는 것으로 간주할 것이다. 또는 아마도 독자들은 잘못된 사실이나 오해의 소지가 있는 맥락을 확인했을 수도 있다. 이러한 모든 인식은 가짜 뉴스에 대한 비판을 촉발할 수 있다. 이렇게 다양한 비판의 근거들을 고려할 때, 어떻게 이 문제를 미디어 문식적 방식으로 다룰 수 있을까?

가짜 뉴스에 대한 미디어 문식적 조치

가짜 뉴스를 다루는 것은 쉽지 않다. 거기에는 끊임없는 경계, 점검, 무시가 필요하다. 이 과제를 가능한 한 쉽게 수행하기 위해 나는 다음과 같은 연속적인 4단계 절차를 제안한다.

회의적인 태도를 지녀라

첫째, 어떤 뉴스 기사가 어떤 식으로든 가짜가 될 수 있다는 가능성에 대해 경계해야 한다. 이것은 노력이 거의 필요하지 않기 때문에 쉬운 첫걸음이다. 여러분은 뉴스 기사에 관하여 무언가가 옳지 않을 수도 있다는 신호에 대한 감정적 반응에 단순히 의지하게 된다. 여기서의 과제는 여러분이 여러분의 뉴스 레이더에 대한 적절한 민감도를 설정하는 것이다. 만약 여러분의 레이더가 충분히 민감하지 않다면, 많은 거짓 또는 오해의 소지가 있는 기사들은 감지되지 않을 것이다. 만약 여러분의 레이더가 너무 민감하다면, 여러분은 너무 강박적이게 되고 완벽하게 좋은 뉴스 기사에 대해서 신경 쓰느라 시간을 낭비하게 될 것이다. 적절한 수준의 민감도를 갖는 것은 특정 뉴스 조직과 언론인들에 대한 경험을 통해 신장될 것이다. 어떤 기사가 당신에게 좋지 않은 신호를 보내면, 다음 단계로 넘어가라.

분석적인 태도를 지녀라

뉴스 기사에 대해 불편함을 느낄 때, 다음 단계는 무엇이 여러분을 괴롭히고 있는지 알아내기 위해 그것을 분석하는 것이다. 기사에 문제가 있을 수 있는 것을 식별하는 데 활용할 수 있는 다섯 가지의 분석 차원이 있다(미디어 리터러시 기술 이슈 3.1 및 3.2 참조). 여러분이 뉴스 기사에 노출될 때 여러분의 마음속에 가장 먼저 드는 질문들을 염두에 두라. 여러분이 그 질문들에 만족할만한 답을 찾는 데 어려움을 겪거나 그 기사가 여러분을 감정적으로 불편하게 만든다면, 빨간색으로 표시하라. 일단 어떤 기사에 대해 우려를 불러일으킨다고 꼬리표를 붙이고 나면, 여러분은 팩트가 제시되는 방식뿐만 아니라 팩트를 확인할 필요가 있다.

팩트를 평가하라

다음 단계는 기사에 뭔가 문제가 있다는 여러분의 느낌이 타당하다는 것을 확인하는 것이다. 이 작업에서 가장 간단한 것은 팩트의 정확성을 확인하는 것이다. 그 기자는 정보의 모든 출처를 확인했는가? 위험, 보복 또는 기타 위해에 직면할 수 있고 다른 곳에서는 얻을 수 없는 정보를 가지고 있는 정보원에 대해 익명성을 보장하고 있는가? 정보의 출처가 확인되었을 때, 기자는 대중들이 그 정보의 출처를 믿을 만한 것으로 여겨야 하는 이유를 설명했는가? 기자가 서로 반대되는 듯한 두 가지 사실을 제시했다면, 그 차이점을 해결하고 설명하려고 노력했는가? 삽화와 재연이 포함되어 있다면, 그에 대한 표시를 했는가?

뉴스 기사를 평가하라

기자가 단순히 사실을 나열하고 있는가, 아니면 맥락을 제공하려고 노력하는가? 기자들이 맥락을 제공할 때, 그들은 기사를 홍보하거나 소개하거나 요약하는 데 있어서 잘못 제시하거나 지나치게 단순화되지 않도록 각별히 주의하는가? 모든 옹호 및 비판의 관점이 명시적으로 표시되는가?

더 어려운 것은 기자의 의도를 확인하는 것이다. 즉, 기자는 가능한 한 명확하고 중립적으로 사건을 제시하려고 했는가? 아니면 그 기사가 전해지는 방식 때문에 여러분으로 하여금 기자가 여러분을 특정한 관점으로 설득하려고 하는 것을 걱정하게 만드는 것일까?

어떤 식으로든 어떤 기사가 가짜 뉴스로 간주할 수 있는 결함이 있다는 것을 확인했다면, 여러분은 그것을 무시할 필요가 있다. 또한, 그 기사가 해당 저널리스트가 쓴 '하나뿐인 기사'인지 아니면 그 기자에게는 결코 신뢰를 보내서는 안 되는 것인지에 대해서도 생각해 볼 필요가 있다. 이를 위해서는 그 기자가 쓴 다른 기사들에 대한 분석이 필요할 것이다. 그리고 여러분은 그 문제가 어느 한 명의 기자보다 크고 전체 뉴스 기관에 영향을 주는 것인지 아닌지 결정할 필요가 있을 것이다.

정보에 입각한 의견 수립

가짜 뉴스 문제에 있어서 정보에 입각한 의견을 수립하기 위해 균형을 잡는 것이 중요하다. 여러분은 뉴스에 대해 비판적일 필요는 있지만 지나치게 비판적일 필요는 없다.

뉴스에서 듣는 모든 것을 믿지 않도록 조심해라. 부정확한 사실들을 제시하는 많은 기사들이 있고, 정확한 사실만을 담고 있는 기사들조차도 기자의 편견 또는 설득적 의도로 인해 여러분을 건설적이지 못한 맥락으로 유도할 수 있다. 여러분이 많은 분야에서 잘 발달된 지식 구조를 가지고 있다면, 부정확할 수 있는 사실들을 집어내는 것이 더 쉬워질 것이다. 그리고 여러분이 뉴스 정보에 대한 여러분 자신의 필요를 명확하게 인식하고 그러한 필요를 충족시키기 위한 강한 추진력을 갖춘 정신 상태라면, 뉴스 기사가 당신을 호도하고 미묘한 속임수로 현혹시키려고 할 때 더 잘 지각할 수 있을 것이다.

동시에, 뉴스 기사에서 듣는 모든 것을 가짜 뉴스라고 비난하지 않도록 유의하라. 모든 사실을 확인하고 공정하고 균형 잡힌 뉴스를 제시하려고 하는 진정성 있는 많은 뉴스 제공자들이 있다. 물론, 부정확한 사실이 보도되는 것처럼 보일 때도 있을 수 있다. 여러분이 이러한 경우를 접하게 되면, 뉴스 조직을 엉성하거나 조작적이라고 낙인찍는 대신 가능하면 그 사실의 정확성을 스스로 확인하라. 이것은 당신 스스로 정보를 얻어 의미를 구성하라는 것이라기보다 당신을 설득하려고 노력하는 강한 정치적 또는 경제적 동기를 가진 사람들을 위해 선봉에서 활동하는 뉴스 조직이 있다는 것을 말하는 것이다. 이 문제를 미디어 문식적 방식으로 처리하는 열쇠는 당신이 믿을 수 있는 뉴스 조직과 믿지 말아야 할 조직 사이의 차이를 구별할 수 있도록 회의적이고 분석적인 태도를 갖추는 것이다.

더 읽을거리

Kurtz, H. (2018). Media madness: Donald Trump, the press, and the war over the truth. Washington, DC: Regnery Publishing.

트럼프 취임 1년차의 언론 보도에 대한 한 언론인의 분석이다. Kutz는 트럼프에 대한 언론의 취재가 대체로 부정적이었던 것은 대통령직의 정상화를 막으려는 언론인들의 편견 때문이라고 주장한다. 그는, 언론이 그의 행동과 말을 균형 있게 보도하기보다 부정적인 면을 증폭시키고 긍정적 측면을 깎아내리고, 이로 인해 트럼프는 언론이 지속적으로 거짓 뉴스를 보도한다고 비판을 하고, 이것은 다시 언론인들을 분노하게 만드는 비생산적인 순환구조를 만들어 냈다고 주장하였다.

Levitin, D. J. (2016). A field guide to lies: Critical thinking in the information age. New York, NY: Dutton.

학술적이고 베스트셀러 작가인 Levitin은 미디어에 제시된 사실들이 어떻게 오해를 불러일으키거나 노골적인 거짓말을 할 수 있는지를 보여준다. 이 책은 세 부분으로 구성되어 있다. 첫 번째 섹션은 6개의 장으로 구성되어 있는데, 여기에서는 숫자가 청중들을 오해하게 만드는 많은 방법들을 보여준다. 4개의 장으로 구성된 두 번째 섹션은 단어가 어떻게 의미를 왜곡시키는지를 보여준다. 5개의 장으로 구성된 세 번째 섹션에서는 과학, 논리, 통계에 대한 배경 지식이 부족할 경우 어떻게 대중들이 '팩트'에 의해 어떻게 오도될 수 있는지를 보여준다.

Nichol, T. (2017). The death of expertise: The campaign against established knowledge and why it matters. New York, NY: Oxford University Press

이 책은 사람들이 더 이상 전문 지식을 인식하거나 그것에 대해 관심을 갖지 않도록 문화가 어떻게 변해 왔는지를 보여준다. 인터넷의 발달과 함께, 모든 주제에 대한 정보는 매우 쉽게 구할 수 있게 되어서 사람들은 사실처럼 보이는 정보에 빠르게 접근할 수 있다. 그러나 누구나 인터넷에 어떤 것이든 올릴 수 있기 때문에 정보의 대부분은 검증되거나 교정되지 않은 결함을 지니고 있다. 그리고 사람들은 좋은 정보와 나쁜 정보의 차이를 구별할 수 없기 때문에 나쁜 정보는 여론을 형성하는데 있어서 좋은 정보만큼의 많은 비중을 갖는다.

최신 자료

Mediacollege.com
(http://www.mediacollege.com/journalism/news/newsworthy.html)
이 웹페이지에는 무엇이 기사를 뉴스거리가 되게 하는지를 보여주는 기사와 그 예시가 포함되어 있다.

미디어 리터러시 기술 적용 3.1.
분석적인 태도를 지녀라

뉴스 기준에 대한 분석 차원

1. 그 기사에서 그것이 뉴스가 아닌 것 같다고 느끼게 하는 무언가가 빠져 있는가? 빠진 내용은 중요한 내용인가? 시의적절한 내용인가?
2. 그 기사가 '뉴스 가시' 기준을 충분히 충족시키지 못하면서 왜 뉴스로 제시되고 있는 것일까?

뉴스 발신자의 유형에 대한 분석 차원

1. 기사의 보도 주체(기자, 편집자, 뉴스 조직)가 언론인으로 간주될 만한 전문적 시각이 결여되어 있다고 느낀다면, 무엇이 부족한가?

2. 기자들이 해야 할 행동에 대한 여러분의 기대는 현실적인가?

뉴스 발신자의 의도에 대한 분석 차원

1. 여러분은 그 기사가 정보적 가치가 부족하다고 느끼는가? 만약 그렇다면 무엇이 빠졌는가?
2. 여러분은 그 기사가 설득적인 의도를 가지고 있다고 느끼는가? 만약 그렇다면, 그 기사에서 어떤 요소들이 당신을 그렇게 느끼게 하는가?

정확성에 대한 분석 차원

1. 여러분은 그 기사가 부정확한 사실을 보도한다고 느끼는가? 만약 그렇다면, 여러분은 어떤 사실이 부정확하다고 믿는가? 그리고 그 이유는 무엇인가?
2. 핵심 정보의 제시가 부족해서 기사가 부정확하다고 느끼는가? 그렇다면 어떤 중요한 정보가 누락되어 있는가?

맥락에 대한 분석 차원

1. 사건의 의미를 해석하는 데 도움이 되는 맥락이 빠져 있다고 느끼는가? 만약 그렇다면 무엇이 빠졌는가?
2. 기자가 보도하는 사건의 맥락이 보도된 사건의 의미를 조직적으로 왜곡하고 있다고 느끼는가? 만약 그렇다면, 어떻게 왜곡하고 있는가?
3. 기자의 편견이 뉴스에 영향을 미치고 있다고 느끼는가? 만약 그렇다면, 그 편견이 타당한 뉴스를 보도하는 기술의 부족에서 기인한다고 생각하는가? 아니면 기자가 대중들을 현혹시키기 위해 일부러 그러한 관점을 기사에 포함시켰다고 생각하는가?

미디어 리터러시 기술 적용 3.2.
가짜 뉴스에 대한 이슈

1. 익숙하지 않은 기사 분석하기
신문, 잡지 또는 여러분이 전에 접근한 적이 없는 온라인 뉴스 제공처를 선택하라.

a. 뉴스 가치에 대한 분석
그 기사는 뉴스로 보도되기에 충분한 가치를 지니고 있다고 생각하는가?
만약 그렇다면, 어떤 뉴스 기준이 그러한 당신의 결정에 가장 큰 영향을 주었는가?
만약 그렇지 않다면, 어떤 요소가 누락되었는가? 즉, 그 기사는 여러분에게 뉴스 가치로서의 가치를 지니기 위해서는 무엇이 더 필요한가?

b. 뉴스 발신자에 대한 분석
여러분은 그 기사를 쓴 사람에 대해 무엇을 발견할 수 있는가? 그 기자는 전문적인 기자인가? 그 사람의 교육 경력이나 현장 이력은 어떤 것이 있는가?
여러분은 뉴스 조직에 대해 어떤 정보를 찾을 수 있는가? 언론 공동체와 대중들 사이에서 그 뉴스 조직에 대한 평판은 어떠한가?
누가 그 뉴스 조직을 소유하고 있는가? 대기업 소유인가, 아니면 독립 언론사인가?

c. 뉴스 발신자의 의도에 대한 분석
여러분은 그 기사가 정보 전달에 가까운지 설득에 가까운지 알 수 있는가?
그 기사의 어떤 요소가 당신에게 그렇게 판단하게 했는가?

d. 정확성에 대한 분석
여러분은 그 기사에서 어떤 팩트가 부정확한 것으로 보인다고 판단할 수 있는가?
만약 그렇다면, 왜 그것이 부정확하다고 생각하는가? 그 팩트들의 출처는 무엇인가?
만약 그렇지 않다면, 왜 모든 팩트가 정확하다고 느끼는가?
전체적인 기사가 정확하다고 판단하는가?

e. 맥락에 대한 분석
여러분은 그 기사가 단순한 사실의 나열이라고 생각하는가, 아니면 맥락이 반영된 구성이라고 생각하는가?
만약 전자라면, 여러분은 그 기사가 맥락을 지녔다면 더 나았을 것이라고 생각하는가?
만약 후자라면, 반영된 맥락이 공정하다고 생각하는가 아니면 편향된 시각을 지니고 있다고 생각하는가?

2. 익숙하지 않은 음성/영상 뉴스 분석하기
텔레비전, 라디오 또는 인터넷에서 뉴스 기사를 선택하라. 만약 여러분이 웹사이트를 선택한다면, 오디오, 비디오, 사진이 있는 이야기를 찾아라

3. 익숙한 뉴스 출처의 뉴스 기사 분석하기

여러분에게 익숙한 뉴스 출처에서 뉴스 기사를 선택하라. 위와 동일한 다섯 단계의 분석을 수행하라. 이 출처에 대해 당신의 과거 경험에 특별한 주의를 기울이라.

- 과거 경험으로 인해 뉴스 분석이 더 쉬워진 것은 어떤 측면인가?
- 과거 경험으로 인해 새로운 관점에서 뉴스 분석을 수행하는 데 방해가 될 수 있는 것은 어떤 측면인가?

광고

이슈 | 우리는 광고의 홍수 속에서 살아가고 있다. 광고에 대한 일부 대중적인 비판은 공개적인 담론을 형성하지만, 우리를 더 걱정해야 할 문제들은 더 깊은 수준에 놓여 있다.

▶ 문제 제기
▶ 잘못된 비판
  · 광고는 기만적이다
  · 기업은 잠재의식을 파고드는 광고로 대중을 조종한다
  · 광고는 고정관념을 고착화한다
▶ 개인적 가치관에 근거한 비판
  · 광고는 과도하다
  · 광고는 필요하지 않을 것을 사도록 조종한다
  · 광고는 우리를 너무 물질주의적으로 만든다

▶ 책임에 대한 비판
  · 잠재적으로 해로운 상품에 대한 광고
  · 보호 대상 그룹에 대한 침투
  · 개인정보 침해
  · 필요의 변화
▶ 정보에 입각한 의견 수립
▶ 더 읽을거리
▶ 미디어 리터러시 기술 적용

11장에서 살펴본 바와 같이 광고는 우리 문화 전반에 만연해 있다. 우리는 매일, 언제 어디서나 모든 종류의 광고에 지속적으로 노출되는 것을 피할 수 없다. 따라서 우리는 다양한 이유로 광고를 비판하게 된다. 이 장에서는 이 비판의 정당성 여부에 대해 고찰하고 광고에 대한 비판을 분석한다.

문제 제기

일부 사람들은 광고주들을 소비자의 주머니를 털어내기 위해서라면 뭐든지 하는 비양심적인 조작자라고 여긴다. 그들은 광고가 사람들을 너무 물질주의적으로 만들어 문화를 나쁘게 변화시켰다고 생각한다. 즉, 물건도, 생각도, 사람도 쉽게 쓰고 버리는 사회를 만들었다고 생각한다.

한편, 다른 이들은 광고주들을 창의적으로 더 많은 소비를 촉진시킴으로써 경제 활성화에 기여한 영웅이라 생각한다. 광고주들에 대해 가장 높은 생활수준과 무엇이든 상상할 수 있는 다양성을 가진, 가장 부유한 사회를 생산한 사람들이라고 생각한다. 그들은 광고를 보람 있는 일을 하며 성공가도를 달리는 창의적인 사람들의 화려한 직업이라고 생각한다.

대부분의 사람들은 광고가 당연한 생활환경의 한 부분이라 여기고 광고에 그다지 신경을 쓰지 않고 광고에 대한 비판을 하지 않는다. 하지만 때때로 특정 광고는 불쾌감을 주기 때문에 사람들의 이목을 끌고 비판을 불러일으키기도 한다.

대부분의 사람들이 광고에 대해 긍정적인 태도 내지는 중립적인 태도를 보임에도 불구하고 각자 나름대로 불만을 가지고 가끔씩 광고를 비판하는 우리 자신을 발견한다. 하지만 이런 비판들은 대개 표면적인 수준에 머무를 뿐이고 진정 우리를 짜증나게 하는 것이 무엇인지를 찾기 위해 깊이 파헤치는 경우는 드물다. 하지만 표면적 비판을 분석하는 과정을 통해 종종 우리는 기존에 해보지 못한 새로운 생각을 가능하게 하는 깊이 있는 통찰을 하기도 하며 그런 표면적 비판의 방향이 잘못되어 있다는 것을 인식하기도 한다.

이러한 상황은 광고를 비판해야 하는지의 여부와 만약 그렇다면 그 비판이 무엇이어야 하는지에 대한 문제를 제기한다. 광고에 대한 비판을 세 가지 종류로 구분함으로써 광고 비판에 대한 분석을 시작하고자 한다. 첫 번째 종류의 비판은 광고에 대한 부정확한 아이디어에 기반을 두고 있기 때문에 이러한 비판에는 결함이 있다. 두 번째 유형의 비판은 개인적인 가치에 기반을 두고 있다. 그리고 세 번째 유형의 비판은 사회적 책임과 경제적 책임의 차이를 조명한다. 이러한 세 가지 종류의 비판에 대해 살펴본 다음, 광고에 대해 정보에 입각한 의견을 수립하는 데 도움이 되는 몇 가지 지침을 제시하고자 한다.

잘못된 비판

광고에 대한 대중적인 비판 중 다음의 세 가지-광고는 기만적이다, 기업은 잠재의식을 파고드는 광고로 대중을 조종한다, 광고는 고정관념을 고착화한다-는 잘못된 것이다. 그 이유를 살펴보자.

광고는 기만적이다

연방거래위원회(FTC; Federal Trade Commission)에 의해 시행되는 '광고의 진실성'을 보장하기 위한 연방법이 있다. FTC는 1914년 미국의 소비자를 보호하기 위해 설립되었다.

연방법에 따르면, 광고는 진실하고 오해의 소지가 없어야 하며, 필요에 따라 과학적 증거가 뒷받침되어야 한다. 연방거래위원회(FTC)는 이러한 광고의 진실성에 관한 법률을 시행하며, 신문, 잡지, 온라인, 우편물, 광고판 또는 버스 등 광고가 게재되는 매체에 상관없이 동일한 기준을 적용한다 (Federal Trade Commission, 연도 미상).

이것은 매우 명확한 목적의 진술로 들리고, 실제로 그렇다. 그러나 광고가 진실인지 오도인지를 판단하는 것은 매우 어려운 일이다.

일상적인 언어에서 우리는 상대를 기만하는 언어는 거짓말이라고 여긴다. 그렇다면 광고는 거짓말일까? 거짓말이 거짓으로 증명될 수 있는 주장을 하고 있다는 점에서 광고는 거짓말이 아니다. 광고주는 증명할 수 없는 주장을 제시하면 경쟁사가 이를 적발해 연방거래위원회에 고발할 것을 알고 있다. 연방거래위원회는 고발된 광고주를 조사하여 벌금을 부과하거나 허위 사실 공표에 관한 시정 광고를 명령하기도 한다. 그러므로 광고주는 노골적인 거짓말을 피하려고 조심한다. 즉, 그들은 검증 과정에서 거짓으로 판명될 수 있는 주장을 피한다.

그러나 광고주들은 과장 광고라 불리는 것을 활용함으로써 실제로 거짓말을 하지 않고 그들의 제품에 대한 과장된 주장을 믿게 할 수 있다는 것을 알고 있다. 과장 광고는 자사 제품의 우수성이나 가치가 있다는 주장이 진실하다는 인상을 주지만 진실에 대해 검증할 수 없는 주관적 주장을 제시하는 홍보성 발언이다(표 4.1 참조). 광고주는 제품의 객관적인 품질이나 특징에 대한 주장보다는 의견을 표현하는 방식인 과장된 표현으로 제품을 포장한다. 따라서 실제로 상품에 대한 주장이 약하거나 나타나지 않아도 강력한 주장을 하고 있다는 환상을 심어줌으로써 제품에 실제보다 더 많은 것이 있다고 믿도록 우리를 속이려 한다(표 4.2 참조). 법적인 관점에서, 이러한 허황된 주장은 거짓임이 증명될 수 없기 때문에 기만적이지 않다. 그러나 소비자의 관점에서 볼 때, 과장 광고의 주상은 의도적으로 잘못된 주장이다.

표 4.1 과장 광고의 기술

기술	설명	예시
부분적 진실	핵심 내용은 진실이지만 사실을 실제보다 과장하여 대중을 오도한다.	과일 주스 음료로 분류되는 많은 브랜드는 단지 10%의 과즙만 함유하고 있다.
사이비 조사	설문조사의 질에 대한 충분한 세부 정보를 제공하지 않은 채 설문조사에 의해 뒷받침되는 주장을 제시한다.	"조사 대상 치과의사 5명 중 4명이 X 제품을 추천했다고 한다." 이 다섯 명은 누구인가? 아마도 그들은 그것을 추천하는 대가로 돈을 받았을지도 모른다.
사이비 주장	제품에 대한 명확한 주장을 제시하지만 그 주장을 검증할 수 있을 만큼 충분한 세부사항을 제시하지 않는다.	한 치약 광고가 "이 치약은 충치를 박멸한다."고 주장한다. 하지만 어떻게 충치를 박멸하는지에 대한 정보를 제공하지 않는다. 충치를 박멸하는 것이 치약 속의 화학 물질인가, 칫솔질인가, 아니면 양치질 습관인가?
정체불명의 제품과의 비교	제품을 우월하게 보이게 만드는 암시적 비교가 제시되지만, 실제로는 의미 없는 주장이다.	"X 제품은 세척력이 더 낫다." 뭐가 더 낫다는 것인가? 다른 브랜드보다 우수하다는 것인가? 아니면 세척을 안 하는 것보다 낫다는 것인가?
이전 제품과의 비교	이유를 설명하지 않고 최신 버전의 제품을 이전 버전보다 낫다는 주장을 제시한다.	"X는 새롭고 개선되었다!" 겉으로 보이기에 이것은 좋은 것처럼 보인다. 이전 버전에 무슨 문제가 있었는가? 그리고 내년에 다시 새롭게 개선될 현재 버전은 무엇이 문제인가?
연관성 없는 비교	불특정 다수 제품보다 고아고하는 제품이 낫다고 주장한다.	"X는 동종 제품 중 가장 잘 팔리는 제품이다." 어떤 종류를 말하는가? 그 종류가 너무 좁게 정의되어 있어 그 종류에는 오직 하나의 브랜드만 존재할 수도 있다. 또한 그 제품의 가격이 가장 싸거나 너무 빨리 닳아서 베스트셀러일지도 모른다.
병치	어떤 주장도 제기하지 않지만 시각적으로 주장이 암시되어 시청자들은 제품을 긍정적인 무언가와 연관시키게 된다.	웃는 사람이 제품을 들고 있으면 시청자는 제품과 행복을 연관지어 생각하게 된다.

온라인으로 제품에 대한 긍정적인 후기를 게재할 사람을 고용하는 광고주의 관행은 불법적이지 않고 기술적으로 거짓말을 하지 않는 또 다른 형태의 속임수이다. 구매자의 70% 정도는 온라

인 사용 후기 사이트(Yelp, TripAdvisor, Angie's List 등)에 남겨진 후기를 믿는다고 응답했지만, 사용 후기 작성자의 최대 30%는 실제 사용자가 아닌 것으로 나타났고, 결국 제품에 대한 '사용 후기'의 3분의 1 정도는 구매자가 작성한 객관적인 리뷰가 아니고 광고주들에 의해서 고용된 사람들에 의해 작성된 제품을 극찬하는 내용들이다. 이들 중 일부는 그 회사와 관련된 사람에 의해 작성되는데, 그들의 친구나 가족 그리고 직원들이 신분을 위장해 리뷰를 남긴다. Amazon의 상위 1000명의 리뷰어를 대상으로 조사한 결과, 85% 정도가 자신이 검토하던 기업으로부터 무료 제품을 받은 경험이 있는 것으로 나타났다(Grant, 2013). 또 온라인에서 자사 제품의 판매를 늘리기 위해 회사가 가짜 리뷰를 구입하는 관행은 Amazon뿐 아니라 Google과 Facebook에서도 계속 만연한 문제가 되고 있다(Stterling, 2018).

표 4.2 과장 광고의 예

회사	슬로건
Seattle's Best Coffee	가장 좋은 것을 드립니다
Gillette Razors	남자가 얻을 수 있는 최선입니다
Folgers Coffee	아침을 여는 가장 좋은 것
Papa John's Pizza	더 좋은 재료, 더 좋은 피자
L'eggs Pantyhose	멋진 L'eggs 한 켤레보다 더 좋은 것은 없다
U.S. Army	당신이 될 수 있는 모든 것이 되십시오
Ford Trucks	강한 포드를 만들다
Kellogg's Frosted Flakes	그들은 훌륭합니다!
Coors Light Beer	로키만큼 시원합니다

기업은 잠재의식을 파고드는 광고로 대중을 조종한다

잠재의식을 파고드는 광고가 있을까? 다시 말하면, 우리의 잠재의식을 파고들어 알지 못하는 사이에 우리에게 영향을 미치는 광고가 있는가? 이 질문에 대답하게 위해서 우리는 우선 '잠재의식을 파고든다'는 말의 의미를 명확히 할 필요가 있다. 잠재의식을 파고드는 설득의 대중화된 버전은 메시지의 설계자가 사람들이 의식적으로 인지할 수 없는 메시지에 무언가를 덧붙임으로써 대중을 속이려 한다는 것을 의미하지만, 사람들의 무의식적인 마음은 여전히 '추가적인 메시지'를 인지한다. 예들 들어, 1950년대에 James Vicary는 "팝콘을 먹어"와 "콜라를 마셔"라는 메시지를 극장 영화에 삽입했고, 너무 빨리 투사되었기 때문에 광고를 본 사람이 없는데도 불구하고 극장 관객들이 팝콘과 콜라를 훨씬 더 많이 샀다고 주장했다. 이후 Vicary의 주장은 허위사실로 밝혀졌다. 하지만 이 이야기는 문화 속으로 들어왔고 많은 사람들은 일부 부도덕한 광고주들이 우리를 항상 잠재의식에 파고드는 메시지에 노출시킨다고 믿는다.

잠재의식을 파고드는 광고가 우리에게 영향을 미친다는 것 역시 사실이 아니다. 잠재의식을 파고든다는 것은 우리가 인지 가능한 한계 영역 이하를 의미한다. 예를 들어, 인간의 눈은 이미지가 약 16분의 1초 미만으로 보이면 그것을 볼 수 없다. 이것은 이미지를 인식하는 능력보다 낮다. 실제로 스크린에 투사되는 것은 사진의 연속임에도 그 이미지들을 부드러운 흐름으로 인식하는 이유다. 만약 이 장면들이 초당 12개 정도로 투사되면 우리는 장면들 사이에 깜박거림을 감지할 수 있지만 그래도 우리는 이를 여전히 움직임으로 인지한다. 일단 각각의 장면들이 초당 16개 정도의 속도로 투사되면 깜박거림이 사라지는데, 이는 우리 눈이 인지하기에 그 속도가 너무 빠르기 때문이다. 각각의 이미지 사이에 깜박거림은 여전히 존재하지만, 우리가 그것을 인지하지 못하는 것뿐이다. 할리우드 영화는 초당 24개 이상의 프레임으로 투사된다. 이런 속도라면 어떤 개별 프레임도 우리에게 특별한 인상을 남길 수 없다. 마찬가지로 비록 광고주가 매 초마다 한 프레임 정도의 광고를 삽입한다 해도 그 장면은 인간의 지각능력의 한계를 넘기에는 너무 짧을 것이다. 감각기관이 어떤 이미지를 인지하지 못한다면, 그것은 우리에게 어떤 영향도 주지 않을 것이다. 이 점을 좀 더 명확히 하기 위해 오디오를 예로 들어보자. 개는 들을 수 있지만 당신은 듣지 못하는 높은 음역의 소리를 내는 개 호루라기를 이용해 당신의 개가 당신에게 오도록 훈련시킬 수 있다. 이 음의 높이는 인간의 청력 범위 밖에 있는 소리이다. 즉, 그 소리는 들을 수 있는 인지 능력의 선 안으로 들어오지 못한다. 당신은 개 호루라기를 불 때마다 사람이 찾아오도록 훈련시킬 수 있을까? 그럴 수 없다. 사람은 당신의 호루라기 소리를 들을 수 없고, 당신이 호루라기를 불고 있다는 사실 자체도 알지 못하기 때문에 자신이 인지할 수 없는 자극에 어떤 반응도 할 수 없다. 따라서 인간의 인지 능력을 벗어난 잠재의식적인 자극은 인간에게 어떤 영향도 미칠 수 없다.

잠재의식적인 광고 효과라는 용어는 종종 "광고의 무의식적 효과"의 의미로 사용되기도 한다. 이 무의식적 효과야말로 우리가 고려해야 할 강력한 힘을 가지고 있다. 잠재의식과 무의식은 다른 것이다. 잠재의식은 메시지 자체를 인지하지 못하지만 무의식은 그것에 대해 신경 쓰지 않을 뿐이지 메시지를 인지한 것이기 때문이다. 따라서 이런 메시지는 우리가 인식하지 못하는 사이에 우리의 잠재의식 속으로 들어온다. 광고는 존재하지 않는 세상을 만들어 그것을 현실인 것처럼 인식하게 하고 우리가 그 세상의 일부가 되기를 원하게 만든다. 광고는 우리의 매력이나 몸매, 향기, 순수한 미소, 인간관계, 자아상, 행복감이 어떤 특정 물건을 사용함으로써 변화될 수 있음을 보여주는 방식을 사용한다. 광고주들은 무엇이 진짜인지에 대한 우리의 인식을 변화시킬 수 있다. 예를 들어 1970년대까지 광고주들은 대부분 백인 연기자를 고용하고 다른 인종에 대한 배타적인 태도를 보여서 사람들로 하여금 소수 민족이 존재하지 않거나 존재한다 해도 별로 중요하지 않다고 믿게 만들었다. 이후 1970년대에 이르러서야 아프리카계 미국인들이 TV에 출연하기 시작했고, TV 쇼와 광고 속에 출연하는 흑인 연기자의 비율이 약 10% 정도까지 상승했다. 그러나 다른 소수 민족들은 여전히 광고에 거의 나오지 않았다(Mastro & Sten, 2003). 최근 광고에 대한 분석 결과에 따르면, 광고에 등장하는 사람들의 19%가 소수민족 출신이다. 이 연구는 단순히 인물들의 민족성을 보는 것을 넘어 다른 특징들도 살펴보았다. 광고에 묘사된 사람들 중 0.06%가 장애인이거나 성 소수자이며, 0.29%만이 한부모라는 것을 발견했다. 장애인이 인구의 17.9%, 성 소수자가 1.7%, 한부모가 25%를 차지하고 있다는 점을 감안할 때 광고가 이들 그룹을 심각하게 과소평가하고 있음을 나타낸다(Rogers, 2016).

광고는 제품 판매 이상의 역할을 하기 때문에 전 세계에서 다양한 유형의 사람들의 중요성에 대한 우리의 인식을 형성하며 미디어 메시지의 패턴이 우리의 인식을 왜곡한다는 사실에 관심을 갖는 것이 중요하다(Coltrane & Messineo, 2000). 비록 광고는 특정 상품을 구매하도록 유도하고 있지만, 깊이 살펴보면 모든 광고는 사람들에게 누가 그룹 내의 사람이고 누가 그룹 밖의 사람인지, 행복해지려면 뭐가 되어야 하는지, 성공하거나 정상적으로 보이기 위해서 어떻게 보이고 행동해야 하는지를 가르쳐준다. 이를 이해하기 위해 표면적으로는 특정 브랜드의 치약을 사용하라고 호소하는 단순한 한 치약광고를 예로 들어 보자. 표면적으로 보이는 것과는 달리 이 메시지에는 여러 층위의 의미가 내포되어 있다. 더 깊은 차원에서 이 광고는 건강의 중요성에 대해 말하고 있다. 훨씬 더 깊은 수준에서, 그것은 소비지상주의에 대한 메시지를 전달한다. 즉, 광고는 당신에게 치아를 청결히 하기 위해 어떤 것을 살 필요가 있다고 말한다. 당신은 치아를 단순히 물로만 닦을 수 없기 때문이다. 또한 더 깊은 차원에서는, 당신이 그 제품을 사용해 양치를 하는 한 충치를 일으킬 수 있는 음식을 먹는 것에 대해 죄의식을 느낄 필요가 없으므로 충치를 야기할 만한 음식을 먹어도 된다는 허락이 내포되어 있다. 이처럼 '단순한' 치약 광고에도 여러 층위의 의미가 내포되어 있다. 이 중 몇몇은 의식적으로 제시되어 있고(특정 광고에서 만들어진 표면적 주장), 몇몇은 무의식적으로 제시되어 있다(문제 해결 방법, 건강의 본질에 대한 것 등).

광고는 고정관념을 고착화한다

대부분의 광고주는 고정관념을 광고에 이용해야 한다. 30초짜리 텔레비전 광고는 등장인물이 이 차원적이고 전형적인 인물이 아니라고 느끼게 할 만큼 충분한 설명을 할 시간이 없다. 광고주들은 그들의 메시지를 매우 빠르게 보여줘야 한다. 이것은 광고 속의 등장인물을 포함한 모든 것들을 단순화시켜 나타내야 함을 의미한다.

이런 비판을 분석할 때, 문제점은 그런 묘사가 고정관념의 형성보다 부정적인지 긍정적인지에 더 관련되어 있다는 것을 알 수 있다. 만약 어떤 집단에 속하는 모든 사람들(모든 여성, 모든 아프리카계 미국인 등)의 부정적인 특징이 묘사된다면, 이는 비판받을 만하다. 만약 모든 젊은 금발 여자들이 멍청하다고 묘사된다면, 이는 부정적 고정관념이고 많은 이들이 불쾌감을 느낄 것이다. 그러나 모든 계층의 사람들이 매력적이고 똑똑하고 성공한 모습으로 묘사된다면, 이것도 고정관념이기는 하지만 그다지 비판을 받지는 않을 것이다. 따라서 광고가 고정관념을 이용한다는 비판은 대체로 어떤 집단을 부정적인 방식으로 묘사하는 것에 대한 불만이다.

개인적 가치관에 근거한 비판

개인적인 가치관에 근거한 광고에 대한 대중적인 비판은 세 가지가 있다. 이러한 비판은 광고 자체에 대해 알려주는 것보다 광고에 대해 불평하는 사람들의 허용 수준에 대해 더 많이 알려준다.

광고는 과도하다

이 장의 앞부분에서 보았듯이 우리의 문화는 광고의 포화 상태에 있다. 이것이 과도한지 아닌지는 판단을 필요로 한다. 이것은 당신이 허용 가능한 양에 대한 기준을 가지고 있어야 한다는 것을 의미한다. 만약 당신이 광고의 과도함에 대해 높은 기준을 세웠다면, 아직까지는 광고의 양이 그 수준에는 도달하지 못했기 때문에 광고가 과도하지 않는다는 결론을 내릴 것이다. 이처럼 광고가 과도하다는 비판은 얼마나 많은 광고가 존재하는지보다 사람들의 기준에 대해 말해주는 바가 더 크다.

여론 조사에 따르면, "TV 광고가 너무 많다고 생각하십니까?"라는 질문에 약 70%의 사람들이 그렇다고 응답했다. 반면 "당신이 광고를 보는 것이 텔레비전을 무료로 보는 것에 대해 지불하는 적절한 대가라고 생각하십니까?"라는 질문에 70%가 그렇다고 대답했다. 그러나 TV는 무료가 아니다. 단지 당신이 각각의 프로그램을 볼 때마다 돈을 내지는 않기 때문에 그렇게 보이는 것뿐이다. 대부분의 사람들은 매달 위성 케이블 회사에 비용을 지불한다. 더욱이 숨겨진 비용도 존재하는데, 광고된 제품을 구매하는 행위로 이어지는 간접적인 지원이 그것이다. 예를 들어, 당신이 비누나 치약을 샀을 때, 그 물건 가격의 35% 정도는 광고를 하는 데 사용된다.

이 비판을 좀 더 면밀히 검토해 보자. 매일 두 가지 출처에서 오는 원치 않는 메일인 정크 메일을 생각해 보라. 한 가지 출처는 전자 메일인데, 원치 않는 전자 메일을 스팸이라고 부른다. 전 세계적으로 발송되는 스팸 메일은 매일 145억 건으로 추산되며(Bauer, 2018), 많은 스팸 메일이 매일 수억 건씩 발송되고 있다(Bauer, 2018). 전자 메일 서비스 공급자는 스팸을 걸러내고, 원치 않는 메시지가 서비스를 방해하지 않도록 필터를 개선하기 위해 열심히 노력해 왔다. 이러한 필터는 2014년 스팸 메일 비율을 70% 이상에서 2018년 50% 이하로 낮추는 데 성공했다(Statista, 2018h).

정크 메일의 다른 출처는 물리적인 것이다. 마케팅 담당자들은 인쇄된 쿠폰 및 광고가 실린 수백만 장의 전단지를 발송한다. 2008년, 평균적인 가정은 매년 848개의 정크 우편물을 받았다. 이 정크 우편물의 무게는 1인당 약 18kg으로 추정되며, 이 정크 우편물의 40%는 매년 쓰레기 매립지에 미개봉 상태로 매립된다. 환경적 관점에서 볼 때 이러한 형태의 광고는 과도하게 많은 양이다.

당신은 스스로 광고가 과도한지 아닌지를 결정해야 한다. 결정을 내릴 때에는 허용 가능한 광고량에 대한 기준을 생각해야 한다. 당신은 이 기준을 어떻게 정했는가? 그리고 만약 당신이 정크 메일의 양이 과도하다고 판단을 내린다면, 과도함에 대처하기 위해 무엇을 해야 하는지 생각해 보라. 정크 메일은 금지되어야 하는가? 그렇다면, 당신은 정크 메일 광고가 매년 6460억 달러의 매출을 올린다고 주장하는 정크 메일 산업에 대해 어떻게 생각하는가(Caplan, 2008)? 정크 메일은 응답률이 낮기 때문에 정크 메일을 활용하는 마케터는 메시지를 대량 발송해야 한다. 물리적 정크 우편물의 응답률이 4.4%인 반면 전자 스팸 메일의 응답률은 0.12%에 불과하다(Pulcineella, 2017). 이런 형태의 광고를 대폭 줄이면 매출도 급감하지 않을까? 매출이 줄면 제품을 광고하는 기업이 돈을 덜 벌기 때문에 사회 서비스 지원을 위한 세금을 적게 내고 직원을 해고해야 하기 때문에 실업률이 높아지며 경제 전반에 타격을 줄 수 있다. 당신이 어떤 형태의 광고에 대한 제한을 요구할 때, 그러한 제한이 어떻게 경제의 일부에 해를 끼칠 수 있는지 생각해 보라.

광고는 필요하지 않는 것을 사도록 조종한다

이 비판을 분석하는 핵심은 필요를 어떻게 정의하느냐이다. 만약 생존을 위한 최소한의 필요에 한정한다면, 광고주들은 우리에게 기본적인 생존을 위해 필요한 것 이상을 사라고 부추긴다는 결론을 내려야 한다.

'필요'라는 것을 분석하면, 우리는 이런 기본적 생존을 위한 것들 외에 우리가 매우 다양한 욕구가 있다는 것을 알 수 있다. 심리학자인 Abraham Maslow(1970)은 인간의 욕구에는 단계가 존재한다는 점을 지적했다. 그의 이론에 따르면, 인간의 욕구에는 일정한 단계가 있어서 낮은 단계의 욕구가 충족되면 더 높은 단계의 욕구를 가지게 되기 때문에 늘 어떤 종류의 욕구를 충족시키기 위해 노력한다고 한다는 것이다. 가장 기본적 단계의 욕구는 생존에 대한 욕구(음식, 물, 주거)이다. 그 다음 단계는 안전에 대한 욕구(질병이나 포식자의 공격으로부터 벗어나는 것)이다. 그 다음은 사회적 욕구(우정, 가족, 그룹에 소속감을 느끼는 것)이다. 그 다음은 자존 욕구(성취, 자신감, 다른 이들로부터 존경 받는 것)이다. 그리고 가장 높은 수준의 욕구는 자아실현의 욕구(창의성과 도덕성을 통해 자아를 실현하는 것)이다. 예를 들어, 생존과 안전에 대한 욕구가 충족되면, 우리는 더 높은 수준의 사회적 욕구의 단계로 나아가게 되고 우정이나 가족 문제에 주목한다. 이러한 사회적 욕구 때문에 다양한 상황에 대처하기 위해 여러 가지 종류의 옷이 필요하다. 그리고 특정한 차가 필요하고 특정한 집에 살 필요가 있다. 우리는 또 자신의 생활방식에 맞는 특정한 종류의 음식과 음료를 원한다. 이 모든 제품들은 사치품인가, 필수품인가? 모든 사람들을 각자 스스로 무엇이 자신에게 필요한 것인지 정의해야 한다.

광고는 우리를 너무 물질주의적으로 만든다

일부 비평가들은 광고가 우리를 너무 물질주의적으로 만든다고 주장한다. 하지만 이런 비판을 분석하면, 다음과 같은 문제에 직면하게 된다. 어느 정도가 심각한 정도인가? 일부 사람들은 우리가 자원을 보존하고 최소한의 소비만을 하며 살아야 한다고 주장한다. 하지만 다른 이들은 우리가 더 많은 것을 얻기 위해 노력해야 한다고 말한다. 이것은 우리가 제한된 자원을 소진하는 것으로 보인다면, 이 문제를 해결할 방법을 찾아야 한다는 관점이다. 미국은 전세계 인구의 5% 정도를 차지함에도 불구하고 거의 30% 정도의 지구 자원을 소비한다. 미국인들은 200종의 시리얼을 포함해 4만 가지 이상의 슈퍼마켓 물품 중에서 원하는 것을 선택할 수 있다. 정말 이렇게 많은 제품들이 필요한 걸까?

이런 풍족한 환경에 살고 있음에도 불구하고 미국인들을 물질만능주의에 대해서는 불만을 표한다. 한 설문조사에 따르면, 80% 이상의 미국인들은 자신이 필요한 것보다도 훨씬 많은 소비를 하며 살아가고 있다고 말했다. 그리고 약 3분의 2의 사람들이 미국이 세계의 환경 문제들을 유발하고 있다는 데 동의했다. 왜냐하면, 그들이 세계에서 가장 많이 자원을 소비하고, 가장 많이 쓰레기를 만들어내기 때문이다(Debate.org, 2018; Koenenn, 1997). 하지만 여전히 해마다 엄청난 소비를 지속하고 있다. Clark(2000)은 개인의 물질만능주의(소비 욕구를 충족을 위해 각자가 어떤 상품을 구매하는 것)가 1960년 이후로 계속 증가하고 있다고 보고했다. 나아가 Kaneblei(2008)은 유럽인에 비해 미국인의 개인 지출이 50~90% 정도 더 높고, 상당수의 미국인들이 자신들이 버는 돈 이상으로 무언가를 사고 있다고 보고했다. 이렇게 대중들은 소비에 대해 모순적인 태도를 보인다. 너무 물질만능주의가 되었다고 비판하는 동시에 계속해서 더 많은 상품을 사고 있다.

책임에 대한 비판

 마지막 네 가지 비판은 책임에 중점을 둔다. 각각의 비판은 경제적 책임과 사회적 책임 사이에 충돌이 있음을 보여준다. 회사를 운영하는 사람들은 회사의 소유주에게 경제적 책임을 진다. 회사 운영자의 의무는 회사 소유주의 부를 증가시키는 것이다. 그러나 대중은 기업이 사회적 책임을 져야 한다고 생각한다. 이는 기업이 사회복지에 적극적으로 기여하기를 바라는 것이 대중이 반드시 기대하는 바는 아니지만(예: 박애주의), 최소한 기업이 사회에 적극적으로 해를 끼치지 않기를 기대한다는 것을 의미한다.

 우리는 광고주들에게 경제적 책임이 사회적 책임보다 더 중요하다는 것을 인식해야 한다. 광고의 첫 번째 가장 중요한 목적은 광고주의 매출과 시장 점유율의 증가이다. 만약 광고주들이 이러한 경제적 책임을 충족시킴과 동시에 사회적 책임을 다할 수 있다면, 그들은 두 가지 모두를 수행할 것이다. 광고주들은 사회에 해를 끼치려고 하지 않고, 소비자를 불쾌하게 하지 않기 위해 열심히 노력한다. 그러나 경제적, 사회적 책임을 둘 다 질 수 없을 경우, 반드시 한 가지를 선택해야 한다. 광고주들이 이러한 선택에 직면했을 때, 거의 경제적 책임을 선택한다. 이것은 몇 가지 중요한 비판을 유발할 수 있다. 이러한 비판들 중 다음 네 가지에 초점을 두고 살펴보자.

잠재적으로 해로운 상품에 대한 광고

 개인과 사회에 잠재적으로 해로울 수 있는 제품들이 있는데, 특히 일부 집단 사람들에게 그리고 특히 그 제품이 적절히 사용되지 못하는 경우에 그러하다. 이들 제품 중 상당수는 합법적으로 구입할 수 있으며, 이들 제품의 마케터들은 기존 사용자들이 그 제품을 더 많이 사도록 만들어야 할 뿐 아니라 새로운 사용자를 찾아야 한다. 예를 들어, 알코올 음료 제조업자들은 그들의 제품을 성인들에게 판매하는 것은 합법적이지만 청소년과 어린이들에게는 그렇지 않다는 것을 확실히 알고 있다. 그들은 또한 텔레비전이 강력한 광고 매체라는 것을 알고 있지만, 주류 광고를 TV에 내보낼 경우 청소년과 어린이가 광고를 볼 수 있다는 것도 인지하고 있었다. 맥주 회사들은 항상 광고를 위해 텔레비전을 활용했지만, 수류 제조업체들은 사회적 책무를 다하기 위해 텔레비전을 활용하는 것을 피했다. 하지만 1996년 가을, Joeseph E. Seagram & Sons는 전국의 독립 TV 방송국을 통해 위스키 브랜드의 상업 광고 2개를 내보내기 시작했다. 그 회사는 매출을 늘리려는 욕구에 자극받았고, 강력한 광고 매체인 TV를 계속해서 활용하지 않는 것은 사업상 좋지 않다고 느꼈다. 총괄 영업 책임자였던 Tod Rodriguez는 회사의 이런 움직임을 변호하며 "TV에는 주류 광고보다 더 해로운 내용들이 많이 있다."(Gellene, 1996:D2)고 말했다. 많은 사람들은 이 사건에 대해 매우 분개했고 Seagram

Company의 행동이 자신의 이속만을 차리는 짓이라 비난했다.

　미국의 1위 맥주 회사인 Anheuser-Busch는 1998년 회사의 맥주 판매량이 부진하다는 것을 발견했다. 당시 이 회사의 주요 고객층은 젊은 남성이었으나 판매를 증가시키기 위해 회사는 부차적인 소비층으로 여성을 공략하기로 결정했다. Anheuser-Busch는 여성이 회사 매출의 17%에 불과하기 때문에 여성이 활용도가 낮은 그룹이라고 생각했다. 그래서 여성들을 대상으로 마케팅을 하지 않는다는 스스로 정한 원칙을 깨고 여성의 시청률이 높은 낮 시간에 TV 광고를 하기 시작했다. 이 회사의 한 컨설턴트는 "여성을 타깃으로 한 광고는 반드시 진행되어야 합니다. 하나의 성별만이 맥주를 월등히 소비한다는 것은 말도 안 되는 일이니까요."라고 말했다(Arndorfer, 1998:8).

　1980년대까지 제약 회사들은 의사들에게만 약을 판매했다. 이후 1980년대에 이르러서 그들은 일반 대중들을 대상으로 마케팅을 시작했다. 제약 회사들은 만약 의사를 거치지 않고 바로 대중들에게 접근하면 의사의 처방이 필요한 약품들, 특히 항우울제의 늘릴 수 있다고 생각했다. 그들은 특정 질병에 대한 증상을 가진 사람들이 광고된 약을 처방해 달라고 의사에게 요구할 것이라고 추측했다. 물론, 이것은 건강한 사람들도 그들이 약품의 광고에 묘사된 증상을 가지고 있고 그들 역시 처방전을 받기 위해 의사들에게 압력을 가할 것이라고 생각할 수 있다는 위험까지 소개했다. 이런 마케팅 전략은 효과가 있었다. 1998년에서 2008년까지 항우울제의 판매가 400% 이상 증가했지만, 항우울제를 복용하는 사람의 3분의 1도 안 되는 사람들만이 지난 1년 동안 정신과 전문의를 만나봤을 뿐이다(Wehrwein, 2011). 이것은 광고를 본 많은 사람들이 우울하다고 생각할 때 정신과 전문의가 아닌 일반 가정의에게 가서 처방전을 받았다는 것을 의미한다. 그리고 항우울제의 사용은 2017년까지 미국에서 12세 이상 인구 8명당 1명 이상이 구입할 정도로 계속 증가하였다(Sifferlin, 2017).

　주류, 맥주 그리고 의약품은 모두 합법적인 것들이고, 각각은 개인에게 책임감 있게 그리고 심지어 긍정적인 방식으로 이용될 수 있다. 하지만, 대중매체를 통하여 설득력 있는 메시지를 공격적으로 확대하여 사람들로 하여금 이러한 제품을 더 많이 사용하도록 장려하는 것은 사회에 큰 악영향을 끼칠 가능성이 있다.

보호 대상 그룹에 대한 침투

　심리학자, 부모, 사회 비평가들은 특히 부적절한 제품들에 대한 광고 공세로부터 아이들을 보호하는 것에 대해 우려하고 있다. 5장에서 언급했듯 어린이들은 광고의 어떤 요소를 이해하는 데 필요한 관점이 충분히 발달되지 않았기 때문에 스스로를 보호할 수 없다. 또한 아이들은 어른들보다 상품에 대한 경험이 적기 때문에 어떻게 돈을 사용할 것인가를 결정하는 데 있어 그렇게 정교하지 못하다. 하지만 광고주의 관점에서 아이들은 중요하고 매력적인 소비층이며, 많은 광고주들은 매년 아이들이 그들의 제품을 소비하도록 설득하기 위해 더 많은 돈을 투자하고 있다. 예를 들어, 담배 회사들은 수십 년 동안 젊은이(14~24세)를 주요 소비층으로 공략해 왔다. 1991년, 십대들에게 제품을 어필하기 위해 고등학교와 대학교 주변에서 집중적인 광고 활동을 하는 Joe Carmel 캠페인을 벌였다. 5년 만에 Camels이 십대들로부터 벌어들인 수입은 600만 달러에서 4억 7600만 달러로 상승했다(Holland, 1998). 십대들은 담배 광고에 대해 어른들보다 3배 이상의 효과를 나타냈다. 담배 브랜드 광고의 79%가 재미있고 선정적이며 대중적인 것으로 묘사된다("Study Links Teen smoking," 1996).

개인정보 침해

광고주들은 경제적인 목표를 추구하는 과정에서 당신의 경제생활(다른 많은 활동뿐만 아니라)을 모니터하며 당신의 행동을 변화시키기 위해 고안된 메시지를 통해 당신의 일상적인 삶에 난입함으로써 계속해서 당신의 개인정보를 침해한다. 광고주들은 당신이 구매하는 모든 제품에 대한 정보를 수집하고, 당신의 온라인 쇼핑 행동을 모니터하며, 블로그와 소셜 네트워킹 사이트상의 관심사를 감시한다(이 주제에 대한 자세한 내용은 이슈 6을 보라).

소매업체들은 빅데이터를 활용하여 점점 더 정교하게 고객에 대한 상세한 정보를 알아내고 있는데, 이는 엄청난 양의 정보를 처리하는 업체들이 모든 사람을 대상으로 모여들고 있다는 것을 의미한다. 빅데이터 리서치 회사는 모든 사람의 제품 구매, 미디어 이용, 금융 거래 등의 정보가 담긴 데이터베이스를 지속적으로 확장하고 있다. 소매업체는 거대한 마케팅 리서치 회사로부터 이러한 데이터를 구매하고, 이것을 소비자를 대상으로 하는 광고 메시지를 보내는 데 활용한다(Marr, 2017).

광고주들은 끊임없이 이런 정보를 이용해 당신이 그들의 제품을 더 많이 구입하도록 만들기 위한 방법을 찾는다. 예를 들어, 온라인 소매업자들은 그들의 온라인 쇼핑 사이트를 방문한 사람의 98% 정도가 물건을 구매하지 않고 그냥 떠난다는 사실을 알고 있다. 그래서 그들은 방문객 각각에 대한 데이터를 수집하고 메시지를 보내 다시 방문하도록 유인한다. 이것을 리타깃팅(retargeting)이라고 한다. 광고주들은 당신이 길을 걸을 때 무슨 생각을 하고 있는지를 알고 싶어 해서 당신이 원하는 것을 팔고 있는 가게를 지나는 순간 당신의 스마트폰에 광고를 보낼 수 있다. Loopt와 Foursquare 같은 기업은 고객의 위치를 휴대전화로부터 광고주에게 전송해 고객이 광고주의 상점에 가까워지면 고객에게 특별한 메시지와 할인 제안에 대한 메시지를 보낼 수 있게 한다. 모바일 광고 수입은 2009년 23억 달러에서 2017년 258억 달러로 증가할 것으로 예상하였다(Mobile

Commerce, 2014). 그들의 목적은 당신의 스마트폰을 당신만큼 스마트하지만 당신보다 더 빠르게 움직이게 하는 것이다(Pariser, 2011). 만약 당신의 전화기가 당신보다 더 똑똑하다고 믿는다면, 이것은 당신이 스스로 생각할 때 필요한 정신적 에너지를 소모하지 않아도 되기 때문에 좋은 일이다.

데이터를 수집하는 대기업은 당신의 명시적인 지시나 허가 없이 정보를 수집한다. 우리가 앱을 다운로드하거나 온라인에서 회사와 거래하기 위해 사용자 계정을 만들 때마다 소수의 사람들만이 이해할 수 있는 전문 용어로 된 긴 목록에 동의해야 한다. 만약 당신이 계정을 설정하는 데 필요한 '동의' 버튼을 클릭하면, 당신은 사생활에 대한 많은 권리를 포기하게 되며, 회사는 당신의 거래에 대한 정보를 수집한 후 그것을 다른 판매업체에 판매할 수 있게 된다.

필요의 변화

아마도 광고가 가진 가장 강력한 영향력은 광고는 여러 가지 방법으로 필요에 대한 우리의 믿음을 변화시킨다는 것이다. 한 가지 방법은 광고는 필요에 대한 우리의 믿음을 공공재로부터 사유재로 변화시켰다는 것이다. 공공재는 사회가 소유하며, 무료 혹은 아주 적은 비용을 내고 함께 사용하는 것(공원, 해변, 도시의 거리, 다리, 대중교통 시스템 등)이다. 사유재는 당신이 사서 소유하고 마음대로 할 수 있는 것(당신의 옷, 자동차, 가구, 전화기 등)이다. Harvard 대학의 경제학자 겸 사회 비평가 John Kenneth Galbraith(Arens, 1999)는 광고가 사회적 자원을 통해 많은 대중이 얻던 혜택을 일부 개인에게 한정되게 만들고 이로 인해 엄청난 낭비가 발생하도록 사회 변화를 초래했다는 점에서 사회에 근본적으로 부정적인 영향을 끼치고 있다고 주장했다. 여러 사람들 태우고 이동할 일이 별로 없는 개인에게 큰 차나 SUV를 판매하는 것은 연료 낭비이며, 이로 인해 주차장과 고속도로를 만드는 데 더 많은 비용을 투자하게 만든다. 만약 이런 비용이 대중교통에 투입된다면, 자원은 훨씬 더 효과적으로 사용될 것이고 모든 사람들이 더 많은 혜택을 누리게 된다. 광고는 개인적인 수요를 촉진한다. 만약 광고가 아니라면 소비자들은 물건을 훨씬 덜 사들였을 것이며, 사적인 수요를 충족시키기 위해 들어가는 자원의 일부는 공교육, 공원, 대중교통과 같은 공공의 이익을 위해 재분배될 수 있었을 것이다.

Galbraith와는 대조적으로 역사학자 David Potter(Arens, 1999)는 광고가 사회에 긍정적인 영향을 준다고 말한다. 그는 광고가 정보 전달 및 가치 학습의 측면에서 학교나 교회와 견줄만한 사회적 기관이라고 보았다. 미국에서 중요하게 여기는 가치는 천연 자원을 풍부하게 변화시키는 것이다. 광고는 이러한 가치를 지지하고 소비와 향유에 대한 우리의 내재적 욕구를 강화한다. 하지만 Potter는 광고가 사회적으로 우선시되어야 하는 책임 의식을 가지지 않는 것에 대해 우려를 표했다. 다른 기관들(가정, 교육, 종교 등)은 이타적이며 개인과 사회를 발전시키기 위해 노력한다. 광고는 매우 다르다. 광고는 이기적이다. 광고는 오직 광고비용을 지불한 회사의 제품을 마케팅하는 것에만 책임감을 지닌다.

광고는 또한 우리가 점점 더 많은 욕구를 가지고 있다고 우리를 조건화했다. 성공, 사랑, 아름다움에 대한 우리의 기준을 미묘하게 그리고 점진적으로 형성함으로써 우리가 그 기준에 부응하지 못하고 있다고 믿게 했다. 이것은 그러한 기준을 충족시키기 위해서는 더 많이 소비해야 한다는 잘못된 욕구를 유발한다. 이것의 한 예는 여성복이다. 1930년, 보통의 미국 여성은 9벌의 옷을 가지고 있었다. 현재 보통의 미국 여성은 매년 60벌 이상의 옷을 구입한다(Wolverson, 2012).

정보에 입각한 의견 수립

광고만큼 만연하고 중요한 문화적 현상에 대한 의견을 수립하는 것은 중요하다. 또한 이러한 의견은 잘못된 정보보다는 정확한 사실에 의해, 평가 기준으로 활용하는 당신 자신의 개인적 가치에 의해, 사회적 책임과 경제적 책임의 차이에 의해 수립되어야 한다. 이 장에서 제시된 자료를 읽음으로써 정보에 입각한 의견 수립에 첫발을 내딛었다. 이제 미디어 리터러시 기술을 활용하여 정보에 입각한 의견을 계속해서 발전시킬 필요가 있다(미디어 리터러시 기술 적용 4.1 참조).

우리는 일반적으로 광고 메시지보다는 예능과 뉴스와 같은 유형의 메시지를 검색하고 그 안에 있는 정보를 처리하는 데 더 적극적이다. 반면에, 거의 모든 광고 메시지에 대해서는 우리가 얼마나 많은 노출을 경험하고 있는지에 대한 모르는 자동성의 상태에서 거의 모든 광고 메시지를 마주한다. 인터넷을 서핑하고 라디오를 듣고 잡지를 훑어보면서 우리는 오락적인 메시지와 뉴스를 찾을 뿐 그 안에 포함된 광고에는 많은 주의를 기울이지 않는다. 특히 한 번에 여러 일을 처리할 때에 더욱 이런 경향을 보인다.

이 모든 계획되지 않은 광고 노출로부터 우리 자신을 보호하기 위해 우리는 자동 처리 상태에 머물러 있기 때문에 모든 광고에 주의를 기울일 필요가 없다. 하지만 광고에 대한 노출은 우리가 주의를 기울이지 않아도 계속되며, 결국 우리는 무의식적인 상태로 광고에 노출되게 되는데 이것이 바로 광고주가 원하는 것이다. 우리가 멀티태스킹을 하면서 광고에 관심을 두지 않을 때, 광고의 주장과 반론에 대한 분석을 거의 하지 않기 때문에 설득적인 메시지에 의해 더 많은 영향을 받는다(Jeong & Hwang, 2012). 광고에 무의식적으로 노출되는 동안, 광고주는 그들의 메시지를 우리의 잠재의식에 심을 수 있고, 거기에서 그들은 점차적으로 매력, 성적인 끌림, 인간관계, 청결, 건강, 성공, 가난, 몸매, 문제, 행복에 대한 우리의 정의를 점차적으로 형성한다. 예를 들어, 우리가 차 안의 라디오를 켜고 운전에 집중할 라디오에서 흘러나오는 광고에 많은 주의를 기울이지 않는다. 그러다가 나중에 광고 음악을 흥얼거리거나 어떤 문구가 떠오르거나 어떤 가게를 지날 때 그 가게가 세일 중이라는 사실을 '기억하는' 우리 자신을 발견할 수 있다. 이러한 번뜩이는 소리, 단어, 아이디어는 우리가 주목하지 않았던 광고에 의해 형성된 우리의 잠재의식으로부터 나온 것이다. 시간이 지날수록, 이 모든 소리와 이미지, 아이디어들은 우리의 잠재의식 속에서 패턴을 형성하고 나아가 자기 자신에 대한 그리고 세상에 대한 우리의 사고방식을 완전히 지배한다.

더 읽을거리

Jones, J. P.(2004). Fables, Fashions, and Facts about advertising: A study of 28 enduring myths. Thousand Oaks, CA: Sage.

이 책의 저자는 대형 광고 회사에서 25년간 일한 경력을 가진 대학 교수이다. 이 책에서 Jones는 대중이 광고에 대해 지니는 20여 개의 신념을 다루며, 이 신념이 각기 어떤 결함이 있는지를 보여준다.

Kirkpatrick, J.(2007). In defense of advertising: Arguments from reason, ethical egoism, and laissez-faire capitalism. Westport, CT: Greenwood.

국제 비즈니스 마케팅을 전공한 교수에 의해 쓰인 이 책은 광고 비판에 사용되는 경제적, 철학적 기초들에 대한 심도 깊은 분석을 통해 이런 비판들이 잘못된 세계관을 기반으로 하고 있다고 주장한다. 저자는 광고가 소비자의 합리적 욕구를 지지하기 때문에 긍정적이라는 결론을 내린다.

미디어 리터러시 기술 적용 4.1.
광고 이슈에 직면하기

1. 분석: 과장 광고가 어떻게 활용되는지에 대해 더 자세히 분석하라.

    a. 샘플: 20개에서 50개 사이의 광고 샘플을 분석하라. 패턴을 볼 수 있도록 충분한 수의 광고를 분석해야 하지만, 너무 많은 광고를 분석하는 것은 부담스러운 작업이므로 권하지 않는다. 좋아하는 잡지, 웹 사이트 및 비디오에서 광고를 찾아보라.

b. 다음 질문에 답하기 위해 광고의 주장에 집중하라.
얼마나 많은 광고가 검증 가능한 주장을 제공하고 과장 광고에 의존하는가?
어떤 과장 광고의 기법이 가장 자주 보이는가?
어떤 종류의 제품들이 과장 광고를 더 많이 사용하는 경향이 있는가?

2. 평가: 정보에 입각한 판단을 하라.

   a. 광고가 과도한지 여부를 판단하라.
우리 문화에 적합한 광고의 양에 대한 당신의 개인적인 믿음을 생각해 보라. 그 믿음은 어디에서 왔는가?

   b. 광고가 필요 없는 제품을 사도록 조장했는지에 대해 판단하라.
당신의 진정한 필요가 무엇인지 생각해 보라. 광고가 당신의 필요를 변화시켜 당신이 더 많이 소비하도록 만들었는가?

   c. 광고가 당신을 너무 물질주의적으로 만들었는지 판단하라.
어느 정도의 물질주의가 적절한지에 대한 당신의 개인적인 믿음을 생각해 보라. 그 믿음은 어디에서 왔는가?

3. 비교/대조: 광고에 대한 의견의 차이점과 유사점을 찾아라.

   a. 어떤 의견이 광고에 대해 가장 비판적이었는가?

   b. 광고에 대한 어떤 의견이 당신에게 가장 중요한가?

   c. 이 장을 읽고 이 연습을 수행한 후에 광고에 대한 어떤 의견이 변화하였거나 변화할 가능성이 있는가?

4. 종합: 광고에 대한 전반적인 정보에 입각한 의견을 구성하라.

   a. 당신이 광고의 어떤 점을 가장 좋아하는가? 그것들을 나열하라.
당신은 왜 그것을 가장 좋아하는가?

b. 당신은 광고의 어떤 점을 가장 싫어하는가? 그것들을 나열하라.
당신은 그것들이 당신이나 사회에 영향을 미칠 가능성이 높기 때문에 싫은가?
그것들이 이미 해를 입혔기 때문에 싫은가 아니면 미래에 어떤 해를 입힐까봐 싫은가?

c. 당신이 작성한 위의 두 목록을 비교하고 당신이 광고가 더 긍정적이라고 느끼는지 혹은 더 부정적이라고 느끼는지에 대해 판단하라.

d. 부정적인 영향의 위험을 줄이면서 동시에 긍정적인 효과의 가능성을 높이기 위해 광고에 대한 일상적 노출에 대처하는 방법을 생각해 볼 수 있는가?

5. 추상화: 의견을 간결하게 표현하라.

a. 광고에 대한 전반적인 정보에 입각한 의견을 50단어 이하로 표현할 수 있는가?

b. 당신의 의견을 표현하는 방식이 다른 사람에게 당신처럼 생각하도록 자극할 수 있겠는가?

폭력성

이슈 | 대중매체가 존재한 이래로 대중들은 대중매체의 폭력성에 대해 불평해왔다. 하지만 대중매체는 여전히 많은 폭력을 보여주고 있다.

▶ 문제 제기
▶ 대중의 잘못된 인식
　· 폭력과 그래픽성의 동일시
　· 맥락의 무시
　· 부정적 효과의 간과
▶ 제작자의 잘못된 믿음
　· 폭력은 스토리텔링에 필수적이다
　· 제작자 말고 다른 것들을 탓해라
▶ 정보에 입각한 의견 수립
　· 개인에 대한 시사점
　· 제작자에 대한 시사점
　· 잘못된 인식을 뛰어넘기
▶ 더 읽을거리
▶ 미디어 리터러시 기술 적용

　사람들은 미디어를 이용한 이후 줄곧 폭력성에 대해 불만을 토로해 왔다. 비난은 주기적으로 증가하고 감소했으며, 현재 우리는 90년대의 극렬한 비판 이후 그 순환 주기의 잠잠한 시기에 있다 (연대표 5.1 참고). 그러나 이러한 논쟁은 언제든지 다시 재점화될 수 있다. 다시 논쟁의 열기가 뜨거워졌을 때, 당신은 정보를 바탕으로 한 의견을 준비할 것인가, 아니면 감정에 호소하는 수사에 휩쓸릴 것인가?

문제 제기

　미디어 폭력성의 이슈는 일반적으로 미디어에 너무 많은 폭력이 내재되어 있다는 비판으로 표현된다. 이런 방식으로 이슈를 프레임화하면, 미디어 소유권, 스포츠, 가짜 뉴스 등의 이슈에서 그랬던 것처럼 미디어의 폭력성을 분석할 수 있다. 이러한 분석은, 비판은 자신이 판단하고 있는 것(이 경우, 미디어 폭력)을 일반적으로 폭력에 대한 그 사람의 허용 수준을 보여주는 가치관인 어떤 기준과 비교해야 하는 일종의 평가적 판단이라는 인식에서 시작된다. 그러므로 폭력에 대한 가치가 낮은 사람들은 미디어에 노출된 폭력의 양이 너무 많다고 판단할 것이다. 반대로, 폭력에 대한 가치가 상대적으로 높은 사람들(예를 들어, 공격적인 성격의 이야기들은 그들의 에너지를 솟구치게 한다)은 미디어에 노출된 폭력이 그리 많지 않다고 판단한다.

그러나 미디어 폭력 이슈에 대해서는 서로 다른 가치관에 기대어 논란을 추적하는 것에 그쳐서는 안 된다. 거기에는 훨씬 더 많은 것이 있다. 평가되는 요소들, 즉 사람들이 폭력적이라고 인식하는 묘사들로 구성된 평가 방정식의 다른 측면을 더 깊이 파고들 필요가 있다. 미디어 폭력에 대한 대중의 인식을 분석했을 때, 세 가지 잘못된 인식이 있다는 것을 발견할 수 있다. 이 장에서, 세 가지 대중의 잘못된 인식을 살펴볼 것이다. 그러고 나서 미디어 메시지 제작자가 갖고 있는 두 가지 잘못된 믿음을 검토하고자 한다. 그리고 이러한 잘못된 사고를 극복하는 방법과 미디어 리터러시를 신장시키는 데 도움이 되는 일련의 지침을 제시할 것이다.

연대표 5.1
미디어 폭력의 양에 대한 여론

1970

1975년: Gallup 여론 조사에 따르면, 미국인의 3분의 2가 현재의 폭력적인 프로그램을 받아들일 수 없는 수준이라고 한다 (Cooper, 1996).

1985

1993년: 한 여론 조사에 따르면, 70%의 미국인들이 TV 오락 프로그램의 폭력성이 지나치다고 느끼고 있고, 57%는 TV 뉴스가 폭력적인 범죄에 대한 이야기에 너무 많은 관심을 준다고 생각한다(Galloway, 1993).

1994년: Parents 매거진의 여론조사에 따르면, 응답자의 87%인 압도적인 다수가 미디어의 '폭력성이 매우 심각하다'고 답했다(Diamant, 1994).

1995년: Time/CNN의 설문조사에 따르면, 미국 성인의 52%가 영화나 텔레비전 쇼, 그리고 대중 음악에 묘사되는 폭력의 양에 대해 매우 우려하고 있으며, 다른 25%는 상당히 걱정스럽다고 답했으며, 9%만이 전혀 걱정하지 않는다고 응답했다(Lacayo, 1995).

1997년: Los Angeles Times가 실시한 전국적인 여론 조사에 따르면, 응답자의 3분의 2가 텔레비전 프로그램의 질이 지난 십 년 동안 계속 나빠졌다고 생각하고, 90%의 사람들은 텔레비전이 현재 10년 전보다 훨씬 폭력적이고 선정적으로 변했다고 믿고 있다(B. Lowry, 1997).

1997년: USA Weekend가 21,600명을 대상으로 한 설문에서, 응답자의 92%는 텔레비전의 콘텐츠가 특히 폭력성, 선정성, 저급함이 측면에서 다른 어떤 때보다 불쾌감을 자아낸다고 말했다.

2000

1999년: Gallup의 설문조사에서 따르면, 국민의 75%가 텔레비전에 나타나는 폭력성과 미국의 범죄율 사이에 상관관계가 있다고 생각한다.

20013년: ICM의 여론 조사에 따르면, 73%의 사람들이 영화, 텔레비전, 컴퓨터 게임과 같은 스크린 매체의 폭력성이 사회에서 폭력을 조장한다고 믿는다.

2015

대중의 잘못된 인식

대중들은 미디어 폭력에 대해 세 가지의 잘못된 인식을 지니고 있다. 이 잘못된 인식은 (1) 미디어의 폭력과 그래픽성을 동일시하고, (2) 폭력의 맥락을 무시하며, (3) 부정적 효과를 간과한다는 것이다.

폭력과 그래픽성의 동일시

대중이 너무 많은 폭력을 보여주는 미디어를 비판할 때, 그들은 실제로 폭력의 양에 대해서가 아니라 보기에 불쾌한 그래픽 묘사에 대한 불평이 주를 이룬다. 미디어 노출 시 사람들은 카운터를 가지고 있지 않기 때문에 주어진 시간 동안에 미디어에서 얼마나 많은 폭력 행위를 목격했는지 알 수 없다. 대신에 대중은 불쾌한 그래픽 묘사가 나타나기 전까지 계속해서 미디어의 폭력을 용인한다. 사람들은 불쾌해지는 기분을 싫어하기 때문에 불쾌감을 주는 그래픽 묘사에 노출되는 것을 꺼린다. 따라서 한두 가지 공격적인 행위에 대한 기억은 그들의 비판에 동기를 부여하는 것이지 대중들의 허용 범위를 넘어서는 정도의 행위의 축적은 아니다.

이것은 불쾌감을 유발하지 않는 다른 모든 폭력적인 묘사에 대한 의문을 제기한다. 그러한 장면은 보여주어도 괜찮은가? 폭력 행위에 대한 미디어 콘텐츠를 세심하게 분석하는 미디어 학자들은 폭력에 대한 명확한 정의에서부터 시작한다. 그들은 자신의 정의와 일치하는 폭력적인 행동의 발생 빈도를 측정한다. 따라서 폭력에 대한 미디어 학자들의 내용 분석은 그들이 지닌 폭력의 정의에 영향을 받는다. 표 5.1을 보고 이 8가지 질문에 답해 보라. 만약 당신이 모든(또는 거의 모든) 질문에 아니라고 대답한다면, 당신은 일반 대중과 미디어 폭력에 대한 개념을 공유한다. 그러나 만약 당신이 미디어 학자라면, 당신은 그들 중 모든(혹은 거의 모든) 질문에 그렇다고 대답할 것이다. 미디어 학자들은 연구를 통해 사람들이 이러한 조건에 지속적으로 노출될 때 부정적인 영향을 받을 수 있다는 것을 알기 때문에 이 모든 질문에 그렇다고 대답할 것이다. 이와는 대조적으로, 대중은 그러한 조건에서 불쾌감을 느끼지 않을 것 같기 때문에 이 모든 질문에 아니라고 대답할 것이다.

표 5.1 폭력을 정의하는 핵심 요소들

1. 행위가 직접적으로 사람에게 가해져야 하는 것인가? 폭력배들이 야구 방망이를 휘둘러서 차가 완전히 부서졌다. 이것은 폭력인가?

> 2. 행위가 반드시 사람에 의해서 행해져야 하는가? 산사태로 인해 흙더미가 마을을 덮쳐 20명의 사람들이 사망했다. 자연에 의해 행해진 것도 폭력인가? 자연은 대본을 쓰거나 프로그래밍을 생성하지도 않는다는 것을 기억하라.
>
> 3. 행위가 의도적이어야 하는가? 은행 강도가 추격을 당하며 차를 빠르게 몰았다. 그가 모퉁이를 돌 때, 보행자를 들이받았다(혹은 우편함을 부쉈다). 이것을 폭력적인 행위인가?
>
> 4. 행위가 해를 끼치는가? Tom이 Jerry에게 총을 쏘았지만 총알이 빗나갔다. 이것은 폭력인가? 아니면 만약 Tom과 Jerry가 만화 주인공들이고 Tom이 Jerry 위로 쇳덩이를 떨어뜨려 Jerry가 일시적으로 팬케이크처럼 납작하게 된 것은 어떤가? 잠시 후, Jerry는 원래대로 돌아왔고 괜찮아 보인다.
>
> 5. 눈에 보이지 않은 폭력은 어떤가? 스크린 밖에서 악당이 등장인물을 향해 총을 발사해 비명 소리와 함께 쓰러지는 소리를 듣기만 했다면, 총에 맞는 장면을 직접보지 못했을지라도 이것은 폭력인가?
>
> 6. 행위가 폭행과 같이 반드시 물리적이어야 하는가, 아니면 모욕과 같은 언어도 될 수 있는가? 만약 Tom이 심하게 Jerry를 모욕했다면, 그 결과로 프로그램 속에서 남은 시간 동안 Jerry는 정신적, 감정적으로 고통을 받았다면 이 행위는 폭력인가? 만약 Tom이 Jerry를 말로 난처하게 만들어서, Tom이 방에서 뛰쳐나와 넘어지고 팔이 부러졌다면?
>
> 7. 판타지는 어떤가? 만약 100명의 전투원들이 10층짜리 건물 크기의 거인으로 변해, 그들의 적들을 짓밟아 버린다면 이것은 폭력인가?
>
> 8. 유머러스한 묘사는 어떤가? 세 명의 바보들이 망치로 서로를 때린다면, 이것은 폭력인가?

대중들이 갖는 미디어 폭력에 대한 개념은 심각한 (비인간적인) 방식으로 묘사되고, 그래픽으로 나타나는 피해자들에게 심각한 신체적 피해를 초래하는 물리적 폭력에 한정된다. TV 프로그램이나 영화에서의 폭력의 정도에 대한 관객들의 판단은 폭력적인 행동의 횟수보다 그래픽성의 정도와 훨씬 깊은 관련이 있다(Potter et al., 2002). 예를 들어, 사람들은 액션/어드벤처 영화의 자동차 추격전이나 총격전보다 드라마 속에서 어떤 등장인물이 예기치 않게 총에 맞아 총알이 살과 뼈를 뚫고 지나가는 장면을 더 잔인하다고 생각할 수도 있다. 지속적인 자동차 추격전이나 총격전, 희생자가 화면으로는 나타나지 않는 폭발 장면이 담긴 영화와 비교했을 때, 영화 속 고도로 그래픽화된 장면 하나만으로도 더 폭력적이라는 인식을 유발할 가능성이 훨씬 높다.

폭력에 대한 대중의 인식은 그 묘사가 불쾌감을 불러일으키는 것인지 아닌지에 달려 있다. 만약 피나 신체 훼손 같은 그래픽 요소가 생생하게 묘사되는 경우, 그것은 관객을 불쾌하게 하고 불평을 유발할 가능성이 높다. 따라서 제작자들은 폭력을 정제함으로써 관객을 불쾌하게 하는 것을 피한다. 제작자들은 희생자의 피해를 거의 보여주지 않는 방식으로 폭력의 그래픽성을 제거하면, 관객들이 훨씬 불쾌감을 덜 느낀다는 것을 알고 있다. 연구 결과에 따르면, 관객들은 정제된 폭력을 용인하지만, 묘사가 유별나게 생생할 때는 시청자의 즐거움의 흐름을 방해하고 강렬한 부정적인 감정을 경험한다(British Broadcasting Corporation, 1972; Diener & De Four, 1978; Diener & Woody, 1981).

폭력에 대한 대중들의 정의 안에 포함된 또 다른 핵심 요소는 유머가 위장이라는 것이다. 유머가 폭력을 덮어 버리면 대중들은 폭력을 보지 못하는 것처럼 보인다. 이것은 모든 사람들이 당연하게 여긴다. 이에 대한 한 가지 일화가 있다. 몇 년 전, 나는 뉴욕에서 Viacom의 Standards and Practices 부서 직원들과 회의를 했다. 회의에 참석한 일곱 명의 여성들은 Viacom의 케이블 채널인 MTV, VH1, Nickelodeon에 방영될 프로그램들의 사전심의를 하는 사람들이었다. 나는 뮤직비디오를 보고 있었는데, 회의실에 있던 일곱 명의 여성들은 뮤직비디오가 그들의 기준에 적합한지, 아니면 그들이 판단하기에 시청자들의 기분을 불쾌하게 할 만한 묘사들이 있는지 판단하는 방법을 설명하였다. 한 시간 동안, 그 여성들은 뮤직비디오의 일부를 보여주고 그들이 어떻게 다양한 음악가들에게 여성을 폄하한다고 느껴지는 장면들을 제거하게 하거나 수위를 낮추도록 요구하는지를 설명했다. 마침내, 내가 질문을 할 수 있는 기회가 왔을 때, 나는 "저 비디오 속에 나타난 폭력성은 어떤가요?" 하고 물었다. 몇몇 여성들은 자신들은 그 문제에 매우 민감하고 비록 몇몇 특정 가사 속에 폭력성이 내포되어 있기는 하지만 그 비디오에는 직접적인 폭력적 장면이 없다고 열심히 대답했다. 그리고 나는 Nickelodeon의 폭력성에 대해 질문했다. 긴 침묵의 시간 동안 그 여성들은 내가 마치 2 더하기 2이 7이라고 주장하는 3학년 어린아이인 것처럼 바라보았다. 그 중 한 여성이 매우 혼란스러운 듯 대답했다. "하지만 Nickelodeon 안에는 그 어떤 폭력성도 없어요." 나는 혼란스러운 표정을 되돌려 주며 말했다. "Bug Bunny와 Ninja Turtles 같은 토요일 아침 프로그램들은 어떤가요?" 그녀의 의문스러운 표정은 커다란 미소로 바뀌었고 그녀는 대답했다. "그것들은 폭력적이지 않아요. 그것들은 만화니까요!" 이 여성은 판단력이 부족했기 때문일까? 그렇지 않다. 그들은 일반적인 대중들이 보는 관점에서의 폭력에 대한 정의를 통해 매우 정확하게 폭력성에 대해 이해하고 있었다. 이 여성들은 대중들이 가장 무자비한 장면일지라도 만화 안에서 표현되면 그것에 신경 쓰지 않는다는 것을 알고 있었을 뿐이다.

폭력이 유머로 위장될 수 있는 이유는 무엇일까? 유머가 시청자의 마음속에 있는 폭력의 위협을 제거하는 경향이 있는 것으로 보인다. 시청자들이 무언가를 폭력적이라고 느끼기 위해서는 어느 수준의 개인적인 위협을 느껴야 한다. 이러한 통찰은 영국의 Barrie Gunter(1985)의 작업에서 찾아 볼 수 있다. 그는 화면 속의 시간적·공간적 설정이 그들의 실제생활과 유사할수록 폭력 행위에의 심각성에 대한 시청자의 인식이 더욱 높게 나타난다고 보고했다. 반면에, 그는 폭력적인 묘사가 만화나 과학 소설과 같이 확실하게 판타지 안에서 일어날 경우, 그것을 본질적으로 폭력, 공포, 불안과는 거리가 먼 것으로 인식한다는 것을 발견하였다(Gunter, 1985: 245). 다른 연구자들 역시 사람들이 실제로 일어날 확률이 높은, 즉, 그들의 일상생활에서 일어날 수 있을 것 같은 장면에 대해서 훨씬 더 우려한다고 보고했다(Forgas, Browns, & Menyhart, 1980).

대중들은 또한 등장인물이 피해자에게 감정적·정신적·사회적 해를 입히는 언어폭력과 같은 신체적이지 않은 피해를 초래하는 공격성이나 폭력에 대해서는 걱정하지 않는다. 이와 관련하여 몇몇 연구들은 물리적 형태의 폭력보다 언어폭력이 최대 3배에 이를 만큼 훨씬 더 빈전하게 일어난다고 밝혔다(B. S. Greenberg et al., 1980; Martins & Wilson, 2012; W. J. Potter & Vaughan, 1997). 한 예로, Martin & Wilson(2012)는 2세에서 11세 사이의 어린이들에게 가장 인기 있는 50개의 TV 프로그램에서 사회적 공격성의 묘사에 대한 내용 분석을 실시했다. 그 결과, 표본의 프로그램 중 92%가 일부 사회적 공격성을 포함하고 있는 것으로 드러났다. 평균적으로 이러한 프로그램에는 사회적 공격성이 드러나는 장면이 시간당 14개, 즉 매 4분마다 한 장면씩 등장했다.

요약하건대, 평균적인 양으로 텔레비전을 보는 시청자들은 일주일에 한 번 정도 심각한 물리적 피해를 입히는 폭력 행위의 묘사를 접하는 것으로 나타났다. 이것이 미디어에 폭력이 너무 많다는 대중의 비판의 근거가 된다. 하지만 보통의 사람은 일주일에 100건 이상의 물리적 폭력 장면에 노출되고 있으며 이들 중 거의 대부분은 정제되거나 유머로 위장되어 있다. 추가적으로 200-300회 정도 물리적이지 않은 폭력에 노출되는데 이는 혐오 표현, 심한 모욕, 다른 이를 폄하하는 장면 등이 그것이다. 그렇다. 텔레비전의 전반에 걸쳐 매우 많은 양의 폭력성이 존재하며 그 양은 평균적인 대중의 인식을 훨씬 웃돈다.

맥락의 무시

미디어 폭력에 대해 대중들이 가지고 있는 두 번째 잘못된 믿음은 그 문제가 묘사하는 맥락이 아니라 폭력의 양에 맞춰져 있다는 것이다. 그래서 이 믿음은 미디어 속에 나타나는 폭력의 양을 줄이면 개인이나 사회에 대한 폭력의 유해성이 감소할 것이라는 주장을 한다. 여기에서 근본적인 가정은 유해성이 묘사의 빈도에 맞춰진다는 것이다. 빈도는 부차적인 것이고 가장 중요한 것은 맥락이라는 점에서 이 믿음은 잘못된 것이다. 미디어가 폭력을 묘사하는 방식은 시청자들에게 폭력의 의미가 무엇인지를 보여주는 것이며, 그 의미는 미디어의 영향력에 있어 매우 중요한 역할을 한다.

이 관점을 이해하기 위해 다음 두 개의 시나리오에 대해 생각해보자. 첫 번째 시나리오는 다음과 같다. 매우 이기적이고 옹졸하며 못생긴 두 형제가 살고 있었다. 그들은 매우 빈약했지만 각자 총을 가지고 있었고, 가족끼리 가게를 열심히 운영하는 이웃을 권총으로 위협하여 돈을 갈취했다. 어느 날 밤, 그들은 사람들에게 강도짓을 하고 재미로 그들에게 폭력을 행사했다. 그 폭력의 피해자들은 공포와 재정적인 어려움, 육체적 아픔 등의 온갖 종류의 고통으로 인해 괴로워했다. 결국 그들은 체포되어 감옥에 보내졌고 그곳에서 자신들보다 더 크고 강한 다른 범죄자들에게 구타를 당하게 된다. 그들이 처벌받는 과정은 형법에 의해 재판을 받고 장기간의 투옥을 선고받으면서 구체적으로 드러난다.

두 번째 시나리오에서, 두 형제는 재치 있고 매우 똑똑한 젊은 학생들이다. 그들은 개인 데이터베이스를 해킹해서 치료비를 과도하게 부과하는 의사들과 사람들을 속여 그들의 정당한 권리를 가로채는 보험 조사관을 찾는 데 시간을 보낸다. 밤에는 목표물을 붙잡아 자신들의 비밀 연구실로 데려와 첨단 기계로 그들을 고문하고 최첨단의 약품을 그들에게 먹여 그들 스스로 범죄 행위를 자백하게 만든다. 목표물이 된 사람이 고문을 당한 사실이 분명함에도 불구하고 시청자들은 피나 신체가 훼손되는 장면은 전혀 보지 못했다. 이후 형제는 목표물을 죽이고 그 시체를 조심스럽게 유기한다는 것을 암시한다. 하지만 이들은 결국 구속되어 재판에 넘겨졌지만 경찰은 이들의 범행 증거를 충분히 찾아내지 못해 배심원단이 무죄 평결을 내린다.

첫 번째 시나리오는 실제 우리 삶 속에서 일어날 개연성이 더 크다. 시청자들은 그 두 형제와 자신을 동일시하지 않을 것이고 아마도 폭력에 대한 역겨움을 느끼고 희생자에 대한 동정심도 상당히 느낄 것이다. 이 프로그램을 시청하는 사람들은 그 형제들의 행동을 모방하고 싶다거나 폭력을 행사하고 싶다고 느끼지도 않을 것 같다. 나아가 시청자들은 그 프로그램을 본 다른 사람들도 아마 폭력을 행사하고 싶어하지 않을 것이라고 믿을 것이다. 반면에, 두 번째 시나리오의 경우는 미디어에서 발견되는 폭력적인 묘사의 전형적인 패턴을 근접하게 따르는 것으로, 가해자를 미화하고 폭력을 정제한다. 이런 종류의 묘사를 접한 사람들은 종종 폭력이 문제를 해결하는 좋은 수단이 될 수 있다고 믿기 쉽다. 만약 대부분의 미디어 묘사가 첫 번째 시나리오의 모습을 따른다면, 시청자로 하여금 실제로 어떻게 폭력이 발생하는지 그리고 폭력이 얼마나 해로운 것인지를 보여준다는 점에서 폭력적인 묘사의 빈도를 늘리는 것은 좋은 일일 것이다. 하지만 대부분의 미디어 묘사가 두 번째 시나리오의 유형을 따른다면, 시청자들은 폭력이 문제를 해결하는 좋은 방법이며, 폭력이 정의롭고, 나쁜 사람들만 해를 입는다는 것을 배우게 될 것이기 때문에 폭력적인 묘사의 빈도를 늘리는 것은 좋지 않은 일일 것이다.

폭력이 묘사되는 방식에서 맥락은 모든 종류의 부정적 영향이 발생할 확률을 증가시킨다. 폭력을 정제하는 것은 희생자의 고통에 대해 시청자들이 둔감해지도록 이끈다. 폭력의 미화는 시청자들이 폭력에 매력을 느끼게 하고 시간이 지남에 따라 폭력적인 행동에 대한 사회적 규제를 약화시킨다. 폭력을 유머로 위장하여 평범한 일로 만드는 것은 폭력으로 인한 처벌을 받을 위험이 경미하다고 믿게 만든다. 만약 폭력이 현재의 TV업계 전반에서 사용하고 있는 방식이 아니라 도덕극(morality play)의 맥락에서 제시되었다면, 미디어 폭력에 대한 반복적인 노출은 사람들에게 폭력은 용납될 수 없으며, 가해자는 어떤 식으로든 처벌을 받고, 폭력은 절대 정당화 될 수 없고, 희생자와 그가 사랑하는 사람들에게 심각하고 장기적인 피해를 입힌다는 사실을 가르쳐 줄 수 있다는 점에서 긍정적일 수 있다.

부정적 효과의 간과

만약 당신이 일반인에게 "미디어의 폭력은 영향력이 있을까요?"라고 묻는다면, 대부분의 사람들은 누군가가 영화나 뉴스에서 나왔던 잔혹한 범죄 행위를 모방한 매우 끔찍한 사례들을 떠올리며 그렇다고 대답할 것이다. 하지만, 만약 당신이 같은 사람에게 미디어의 폭력이 당신에게도 영향을 미쳤는지 다시 묻는다면, 아마 대부분은 그렇지 않다고 대답할 것이다. 이런 식으로, 대부분의 사람들이 다른 사람들은 미디어의 영향을 받지만 그들 자신은 그런 영향으로부터 자유롭다고 생각한다. 이렇게 자기 자신과 다른 사람을 바라보는 관점의 차이를 '제3자 효과'라고 부른다.

미디어 폭력에 대해 이렇게 제3자 효과가 나타나는 이유는 폭력적인 장면을 본 뒤, 자기 자신이 공격적으로 행동할 것이라 믿는 사람은 거의 없지만, 다른 사람들의 공격적인 행동을 야기한 영향력에 대한 많은 증거들을 갖고 있기 때문이다. 많은 모방 범죄 사례, 영화나 비디오 게임의 폭력성을 모방하여 학교 안에서 학생들이 총기 난사 사건을 벌인 사례도 많이 있다. 또한 많은 어른들은 그들의 자녀들이 액션/어드벤처 쇼나 세계 레슬링 연합(WWF)에서 본 폭력적인 텔레비전 쇼의 등장인물들을 따라하는 것을 알고 있다. 우리는 아이들이(혹은 우리가 어린 시절에) 폭력적인 장면에서 보았던 소리와 움직임을 흉내내며 집안 여기지기를 뛰어다니고, 형제자매나 애완동물들을 추격했던 것을 기억한다. 하지만 우리는 이제 더 이상 그런 식의 행동을 하지 않기 때문에 결국 우리가 받은 영향은 없다고 볼 수 있다. 하지만 물리적인 형태의 폭력뿐만 아니라 언어적 형태를 함께 고려하여 좀 더 면밀하게 검토해 보자. 만약 대담한 범죄자가 경비가 삼엄한 은행을 털고 그를 추격하던 자동차들과 헬리콥터들을 폭발시킨 것을 보았다면, 당신은 이런 식의 폭력적인 행동을 모방하고자 하지는 않을 것이다. 하지만 등장인물들이 매우 재치 있는 방법으로 다른 등장인물을 모욕하고, 헐뜯고, 당황하게 하는 인물 묘사를 본다면, 당신이 그런 행동을 모방할 가능성은 꽤 높다. 우리가 물리적 폭력과 더불어 언어폭력을 고려하면, 모방과 같이 거의 발생하지 않을 것이라 짐작했던 폭력의 악영향이 원래 우리가 생각했던 것보다 훨씬 빈번하게 일어나는 것을 볼 수 있다. 이런 주장을 가능하게 하는 것은 미디어 폭력에 대한 노출로부터 발생할 수 있는 영향에 대한 편협한 관점이다. 육체적인 공격성과 비교했을 때 사회적인 공격성은 더 모방하기 쉽기 때문에 육체적인 공격성에 대한 묘사보다 사회적인 공격성 묘사가 우리에게 훨씬 많은 부정적인 영향을 미치며, 이런 영향들이 단순히 행동뿐만 아니라 정서에도 부정적인 영향을 미친다는 것을 알 수 있다. 일례로 Mares, Braun, Hernandez(2012)는 중학생들을 대상으로 십대 초반 아동들(8–14세)에게 인기 있는 프로그램 중에서 심각한 수준의 사회적 갈등에 대한 묘사를 내포하고 있는 프로그램을 보여주는 실험했다. 이 연구는 십대 초반 아동의 습관적인 미디어 노출이 중학교에서 특정한 무리를 만나게 될 것이라는 예상(인물 도식), 친구가 없거나 놀림을 당하게 될 것이라는 예상(행동 양식), 그리고 앞으로의 학교생활에 대한 불안감과 상관관계가 있다는 것을 발견했다. 높은 수준의 갈등이 나타난 에피소드를 본 학생들은 낮은 수준의 갈등이 나타난 에피소드를 본 학생들보다 적개심을 더 많이 가지고 있었고 앞으로의 학교생활에서 친구가 없을 것이라는 생각을 하며 훨씬 많이 하고 더 많이 불안해하며 학교에 가는 것에 덜 긍정적이었다(이런 영향은 부분적으로 등장인물의 적개심에 대한 인식에서 기인했다).

중요한 미디어 효과로서 폭력의 모방을 염려할 필요가 있지만, 그밖에도 중요한 여러 가지 영향이 있다(표 5.2 참고). 미디어의 부정적인 영향 중 일부는 다른 것들보다 발견하기 쉽고, 어떤 것은 부정적인 영향을 더 많이 초래할 수도 있지만, 미디어 폭력의 영향은 종류와 상관없이 모두 중요하다. 이 모든 영향은 당신과 당신 주변 사람들에게 일어날 수 있다. 이들 각각은 그간의 연구에 의해 잘 문서화되었다. 일부는 모방, 탈억제(disinhibition), 끌림(attraction) 등과 같이 폭력에 노출되는 동안 발생하는 즉각적이 영향이 있다. 반면에 중독, 탈감각화(desensitization), 비현실적인 신념의 배양 등 오랜 시간에 걸친 많은 노출에 의해서 형성된 징후인 장기적인 영향도 존재한다. 또한 행동적인 측면의 영향들도 있지만 생리, 태도, 정서, 인지에 미치는 영향도 있다는 사실도 유념해야 한다. 미디어 폭력의 포괄적인 영향력을 고려하면, 미디어 메시지가 폭력의 광범위한 사용을 통해 모든 사람들에게 많은 영향력을 행사한다는 사실을 더 쉽게 이해할 수 있다.

표 5.2 미디어 폭력 노출의 즉각적·장기적 영향

영향	즉각적 영향	장기적 영향
행동적 효과	· 모방/모사 행동: 미디어 폭력에 노출되면 미디어 묘사를 모방하는(또는 충실하게 따르는) 공격적인 행동을 유발할 수 있다. · 새로운 행동 촉발: 미디어 폭력에 대한 노출은 사람들로 하여금 미디어에 묘사된 것과 다른 행동을 하도록 유도할 수 있다. · 탈억제: 미디어의 폭력성에 노출 되는 것은 시청자가 본래 지니고 있던 폭력적인 방식으로 행동하지 않으려는 자제력을 감소시킨다. · 끌림: 많은 사람들이 폭력에 끌린다. 폭력 자체보다 폭력적 묘사의 자극적인 성격에 끌린다.	· 행동 훈련: 폭력적인 비디오 게임은 플레이어들이 상대를 죽이도록 훈련시킨다. 반복적인 비디오 게임은 장기적으로 특정 행동 패턴을 형성하고 강화시킨다.
심리적 효과	· 싸움-도주 반응: 폭력성에 노출되는 것은 일시적으로 사람들을 심박 수와 혈압 상승과 같이 생리적 흥분을 촉발할 수 있다.	· 생리적인 습관화: 폭력적인 자극에 반복적으로 노출되면 위협에 대한 반사 생리적 반응의 강도가 약해진다. · 중독: 오랜 시간 폭력적인 장면을 습관적으로 보는 것은 사람들의 반응을 둔화시키며 계속해서 폭력적인 것에 스스로를 노출하여 강렬한 '무아지경의 흥분 상태'를 추구하게 한다. 이전과 같은 정도의 흥분을 경험하기 위해서 더 생생하고 강렬한 형태의 폭력을 찾아야만 한다. 이런 식으로 폭력은 시간이 흐름에 따라 내성이 생기고 더 심하게 더 의존하게 된다는 점에서 마약과 같다.
정서적 효과	· 일시적인 공포: 폭력에 노출되면 강렬한 공포 반응을 일으킬 수 있다.	· 무감각화: 일부 묘사들은 매우 빈번히 나타나 더 이상 우리가 그것을 두렵게 느끼지 않게 만든다. 우리의 허용 수준이 높아져서 예전에는 우리를 무섭게 하거나 심지어 화나게 했던 것들이 더 이상 그 역할을 하지 못한다.

태도적 효과	• 즉각적인 태도의 형성/변화: 사람의 태도는 단 한 번의 노출에도 형성되거나 바뀔 수 있다.	• 장기적인 태도의 강화: 미디어는 너무나 많은 폭력적인 메시지를 제공하고, 그런 메시지들은 대개 같은 맥락적인 요소에 의해 나타나기 때문에 폭력에 대한 시청자들의 기존 태도는 시간이 흐름에 따라 강화된다. 이것은 태도를 더 고착화시키기 때문에 시간이 지날수록 바꾸기 어렵게 만든다.
인지적 효과	• 특정 행동과 교훈의 학습: 미디어 폭력에 노출되는 것은 비록 사람들이 결코 그 지식에 따라 행동하지 않을지라도 폭력을 사용하는 방법을 배울 수 있다.	• 사회적인 규범 학습: 문제를 해결하는 성공적인 방법으로 폭력을 사용하는 이야기에 반복적으로 노출되는 것은 사람들로 하여금 폭력을 용인되는 사회적 도구라고 믿게 한다. • 비현실적인 믿음의 배양: 폭력을 사용하는 이야기에 반복적으로 노출되는 것은 사람들로 하여금 세상은 폭력적인 곳이며 폭력에 의해 희생될 가능성이 매우 높다고 믿게 한다.
사회에 대한 영향	\multicolumn{2}{c}{• 기관의 변화: 각종 프로그램에서 해마다 폭력이 미디어에 스며들면, 기관들이 변화해야 한다는 압박감을 준다. • 사법 제도: 대중이 범죄가 가장 중요한 사회 문제 중 하나라고 생각할 때, 선거에 나서는 후보자들은 범죄에 대한 강한 공약을 내놓는다. 지방자치단체들은 더 많은 경찰을 고용하고, 특정 범죄의 검거를 확대하고, 사람들은 특정한 권리를 포기하도록 요구받으며, 법원은 범죄자에게 더 무거운 형량을 내리도록 압력을 받고, 수감자의 수는 증가하고, 해당 지자체는 더 많은 교도소를 짓기 위해 세금을 올린다. • 교육: 공립학교에서 일어난 몇몇 유명한 총기 사건으로 인해 많은 학교들이 이제 교문에 금속 탐지기를 설치했다. 또한 개인 사물함을 검사하고, 학교 건물 안으로 들어갈 수 있는 사람을 제한하고 있다. • 종교: 사람들이 사회를 더 두려워할 때, 엄격한 도덕성을 제안하고 더 나은 세상에 대한 희망을 주는 종교에서 위안을 찾으려는 경향이 있다. • 가족: 피해에 대한 두려움은 부모로 하여금 그들의 자녀를 믿기 어렵게 만들었다. 폭력적인 묘사로부터 공격적인 규범을 배우는 커플들은 평화적인 해결책을 찾음으로써 그들의 문제를 다루려는 의지가 덜한 대신 더 논쟁하려 하고, 그러한 대립에서 더 정당성을 느끼고, 해결 과정에서 상대를 지배하고 싶어 한다.}	

아마도 미디어 폭력에 대한 지속적인 노출로부터 야기되는 가장 보편적인 효과는 매우 미묘해서 대부분의 사람들이 이를 간과하고 있을 것이다. 그것은 바로 세상이 매우 폭력적이라는 축적된 믿음과 그와 관련하여 자신이 희생당할지도 모른다는 공포다. 물론, 실제 세계에서도 폭력과 범죄는 존재하지만 일반적인 대중들이 믿는 만큼은 아니다. 미국의 범죄율은 1960년부터 1990년까지 증가하다가 감소하기 시작했다. FBI 통계에 따르면, 1993년 인구 1000명당 재산관련 범죄 건수는 47.4건이었는데 2016년에는 24.5건으로 줄었고, 1000명당 강력범죄 건수는 1993년 7.5건에서 2016년 3.9건으로 줄었다(Gramlich, 2018a). 범죄율이 1990년대 내내 하락하고 있음에도 불구하고, 1996년에 실시된 여론 조사에 의하면 미국인 중 7%만이 폭력 범죄가 이전 5년 동안 감소했다고 믿는 것으로 나타났다(Whitman & Loftus, 1996). 또한 1992년 3월부터 1994년 8월까지 범죄가 미국에서 가장 중요한 문제라는 인식이 5%에서 52%로 뛰어올랐다(Lowry, Nio, & Leitner, 2003). 그리고 범죄의 하향 추세와 범죄에 대한 우려의 상승 추세의 차이는 계속해서 커지고 있다. 2016년 선거의 유권자들을 대상으로 실시한 여론조사에서 57%가 2008년 이후 범죄가 더 심해졌다고 답했다(Gramlich, 2016).

실제 삶 속에서 어떤 범죄도 경험하지 못하는 사람들이 범죄를 문제로 인식하는 것은 어디에서 기인한 것일까? 그것은 미디어로부터 온 것이다. 미디어는 끊임없이 범죄에 대한 이야기를 보여준다. 케이블 TV 쇼가 연이어 세간의 이목을 끄는 범죄를 선보이고 있다. 또한 미디어는 뉴스를 통해 현재 굉장히 끔찍한 범죄들이 많이 일어나고 있다는 인상을 강화시킬만한 범죄 뉴스를 지속적으로 방송한다. 연구자들은 범죄에 대한 보도로 점철된 지역 텔레비전 뉴스의 노출과 범죄에 대한 공포 사이에 연관성이 있다는 것을 발견했다(Romer, Jamieson, & Aday, 2003).

미디어 폭력의 인식에 있어서의 모든 한계(폭력과 그래픽성의 동일시, 맥락의 무시, 부정적 효과의 간과)를 고려하면, 대중은 일상적으로 미디어의 폭력이 실제보다 훨씬 적게 나타난다고 인식한다. 그래서 대중들이 미디어에 너무 많은 폭력이 제시된다고 불평할 때에도 사실은 미디어 폭력의 양을 크게 과소평가하고 있는 것이다. 폭력에 대한 더 폭넓은 개념(미디어의 폭력에 대한 노출이 초래하는 광범위한 부정적인 영향에 대한 개념)을 지니게 되면, 폭력에 대한 대중의 좁은 개념이 정말로 잘못된 것이라는 것을 알 수 있다.

제작자의 잘못된 믿음

미디어 메시지 제작자들도 잘못된 믿음을 지니는데, 이것 또한 이 문제에 기여한다. 그 중 하나는 많은 시청자를 끌어들이는 데 스토리텔링에서 폭력이 필수적이라는 믿음이다. 두 번째 잘못된 믿음은 누군가가 실제 삶에서 끔찍한 폭력 행위를 저지르고 폭력에 대한 미디어 노출을 비난할 때, 제작자가 방송한 폭력적 콘텐츠는 아무런 책임이 없다는 것이다. 각각의 잘못된 믿음에 대해 좀 더 자세히 살펴보자.

폭력은 스토리텔링에 필수적이다

　폭력은 스토리텔링에 널리 퍼져있다. 어린이들을 위한 이야기조차 폭력에 의존한다(빨간 망토, 아기돼지 삼형제, 헨젤과 그레텔 등). 가장 존경 받는 많은 문학 작가들의 작품에도 폭력이 있다(예를 들어, 셰익스피어의 역사와 비극에도 여러 폭력적인 행위가 나타난다). 폭력은 등장인물을 생사의 갈림길에 내몰아 스토리텔링의 필수 요소인 갈등과 행동을 고조시킨다. 하지만 관객들을 끌어들이고, 갈등을 고조시키고, 보는 이를 흥분시키는 다른 방법들도 있다. 폭력은 스토리텔링의 도구이긴 하지만 유일한 도구는 아니다.

　폭력이 있는 스토리를 좋아하는 관객도 있지만 그렇지 않은 관객도 있다. 어떤 연구는 많은 사람들이 폭력이 이야기의 재미를 감소시킨다고 생각한다는 것을 반복적으로 보여주었다. 예를 들어, Weaver, Jensen, Martins, Hurley, & Wilson(2011)에서는 "어린이들이 만화 속 폭력을 좋아한다는 가정이 널리 퍼져있지만, 폭력적이지 않은 프로그램들 역시 폭력성이 있는 것만큼 혹은 그 이상의 인기를 얻는다는 기존 연구에서는 이러한 가정이 지지를 받지 못했다."(49쪽)고 언급했다. 그들은 이 주장을 테스트하기 위해 실험을 수행했고, 폭력은 아이들이 만화를 좋아하는 것과 어떤 관련성도 없다는 것을 밝혀냈다. 그들은 남자 어린이들이 만화 속 행동을 좋아하고 폭력이 그 행동을 고조시킬 수 있다는 것을 발견했다. 여자 어린이들의 경우, 폭력은 만화 속 행동이나 만화가 주는 즐거움을 높여주지 않았다. Weaver(2011)는 이 연구이 메타 분석에서 폭력이 대부분의 사람들에게 있어 텔레비전 시청의 즐거움을 감소시키는 것으로 나타났다고 말했다. 대부분의 사람들은 폭력을 좋아하지 않고 그것을 피하려고 노력하지만, 일부 사람들은 폭력을 좋아하고 그것을 찾아서 보기도 한다.

　선택적 노출은 중요한 부분이다. 일부 사람들은 폭력적인 메시지를 찾고 그들에게는 그러한 메시지들이 욕구를 충족시키고 즐거움을 준다. 하지만 대부분의 사람들은 폭력을 추구하지 않는다. 예를 들어, 폭력적인 비디오 게임은 폭력에 대한 높은 욕구를 가지고 있는 사람들을 끌어들이는 것으로 밝혀졌다. 그러한 게임은 욕구를 충족시키고, 시간이 지남에 따라 욕구를 강화시키며, 플레이어들이 실제 생활에서뿐만 아니라 게임을 할 때 더 공격적인 행동을 하도록 만든다(von Salisch, Vogelgesangm Kristen, & Oppl, 2011).

　사람들이 이야기를 만들 기회가 있을 때 동영상으로 어떤 이야기를 만들어내는지를 보는 것은 매우 흥미롭고, 이것이 YouTube가 허용하는 것이다. YouTube에서 최고 등급과 최고 시청률을 기록한 동영상을 분석한 결과, 폭력성이 있는 동영상의 비율은 상업적인 주류 텔레비전보다 훨씬 적었다(Zelenkauskaite, & Samson, 2012). 콘텐츠 분석에서는 상업적인 텔레비전 프로그램의 약 60% 정도가 일부 폭력을 포함하고 있는 반면, YouTube는 13%만이 폭력적인 요소를 포함하고 있다는 것을 일관되게 보여주었다(Weaver et al., 2012).

제작자 말고 다른 것들을 탓해라

청소년이 학교나 영화관에서 총을 들고 불을 지르는 등 세간의 이목을 끄는 폭력 행위가 발생하면, 뉴스 미디어는 곧바로 이것을 사회적인 의제로 설정하고, 많은 사람들은 미디어를 비난한다. 미디어 제작자들과 프로그래머들은 그 비난을 그들의 부모나 총을 판매한 사람 혹은 다른 누군가에게 돌리려고 한다. 사회에서 발생하는 폭력적인 사건이 단 하나의 문제로 인한 것이라는 믿음은 잘못된 것이다. 세간의 이목을 끄는 폭력 사건은 오랜 시간에 거쳐 여러 종류의 영향을 받음으로써 발생한다. 어느 한 요소도 사건의 원인으로 지목되기에 충분하지 않기 때문에 책임 소재를 한 곳으로 몰아가는 것은 잘못된 것이다. 비판의 대상은 나뉘어져야 한다.

정보에 입각한 의견 수립

지금까지 미디어의 폭력성에 대한 대중과 제작자의 잘못된 인식을 살펴보았다. 이제 그에 대한 이해를 바탕으로 미디어 폭력에 대한 당신의 의견을 수립해야 할 때이다. 우선 이 잘못된 인식이 초래할 수 있는 영향을 살펴보면 당신이 피해야 할 것이 무엇인지 알게 된다. 그런 다음, 잘못된 인식에서 벗어나야 한다.

개인에 대한 시사점

대중들이 미디어 폭력을 개념화하는 방법은 잘못됐다. 폭력적인 묘사의 빈도보다 묘사의 맥락이 더 중요한 요소라는 것을 깨닫기 위해서는 개개인의 시야를 넓히는 것이 중요하다. 맥락이 폭력을 정제해도 폭력은 사라지지 않는다. 폭력을 정제함으로써 제작자들은 시청자들이 불쾌해하지 않도록 폭력의 존재를 감출 뿐이다. 하지만 우리는 폭력적인 행동에 대해서 불쾌감을 느껴야만 한다. 우리는 폭력으로 인해 희생자가 느끼는 고통을 봐야 한다. 우리는 또한 유머로 위장된 폭력과 사회적이고 언어적인 폭력을 무시해서는 안 된다. 요컨대, 우리는 폭력에 대한 개념을 넓힐 필요가 있다.

대중이 폭력을 정의하는 방식은 아이러니를 만들어낸다. 사람들을 가장 화나게 하는 폭력의 종류는 오히려 사람들이 더 많이 노출되어야 하는 유형의 폭력이다. 반면에, 대부분의 사람들이 불평하지 않는, 심지어는 인식하지도 못하는 폭력성들이야말로 그들에게 가장 해로운 것들이다. 사람들이 폭력적인 장면을 보았을 때, 그들이 불쾌함을 느껴야만 하고 비난을 해야만 한다. 이러한 반응은 폭력적인 행위에 적절한 것이다. 그것은 사람들이 폭력에 민감하다는 것을 보여준다. 하지만, 그들이 불평하지 않는다면, 그것은 폭력성에 대해 그들이 둔감해졌음을 보여주는 분명한 지표이다. 미디어에는 엄청난 양의 폭력적인 묘사가 나타나고 이들 중 거의 대다수에 우리는 불평하지 않고 있다. 이렇게 대부분의 사람들은 거의 모든 종류의 폭력에 둔감해졌고 그들은 계속해서 TV를 보고 있다.

만약 하나의 쇼가 고도의 그래픽으로 심각한 폭력을 보여준다면, 사람들은 불쾌감을 느끼고 이런 유형의 묘사는 너무 폭력적이고 미디어에 나타나서는 안 된다고 비난할 것이다. 그들의 의도는 그러한 유형의 콘텐츠를 없애도록 프로그래머들에게 압력을 가하는 것이다. 하지만 거기에는 그래픽성이 축소되거나 유머러스한 맥락에서 보여준다면, 폭력적인 장면들이 시청자에게 불쾌감을 주지 않을 거라는 암시가 담겨 있다.

텔레비전 프로그래머들이 너무 많은 폭력에 대한 불평을 들을 때, 많은 창의적 유형은 폭력적인 행동의 양을 줄이는 것이 아니라 그러한 행동들을 정제하는 것이다. 이것은 희생자에게 가해지는 피해를 덜 보여준다든지 유머로 피해를 감추는 것으로 폭력을 덜 시각화한다는 것을 의미한다. 정제된 폭력은 시청자들을 폭력 행위가 그렇게 큰 문제가 아니라고 믿게 만든다. 따라서 그래서 텔레비전에서 피해자가 겪는 피해를 적게 보여주는 것은 시청자들이 불쾌함을 느낄 기회를 줄인다. 하지만 이와 동시에, 정제된 폭력은 시청자들은 둔감하게 만들기 때문에 사람들은 현실 세계에서 폭력의 피해자에 대한 동정심도 잃어간다. 따라서 제작자들이 사람들이 가장 불평하는 모든 폭력 행위를 없애버린다면, 그들은 사회에 더 많은 해를 끼치게 될 것이다.

다른 아이러니는 사람들이 미디어가 너무 많은 폭력을 보여준다고 비판할 때, 실상 그들은 99% 이상의 폭력을 놓치고 있다는 것이다. 왜냐하면 폭력은 정제되거나 위장되어 있으며 사람들의 인식은 오직 물리적인 폭력에만 국한되어 있기 때문이다. 대중들은 덜 모방적이고 해를 끼칠 가능성이 적은 폭력에만 초점을 맞추고 있는 것이다. 대중의 비판이 너무 편협하고 잘못된 문제에 집중되어 있다.

제작자에 대한 시사점

미디어 메시지 제작자는 시청자를 형성하여 광고주들에게 시청자를 임대하고 광고주의 메시지에 대한 접근권을 팔 수 있도록 하는 사업을 하고 있다. 그들은 폭력적인 메시지의 시장이 존재한다는 것을 알고 있다. 하지만 그런 메시지들의 상당수는 개인과 사회에 해를 끼친다. 이러한 해악들 중 많은 것들이 단지 미디어의 폭력 묘사 때문만은 아닐지라도 그것에 기여하는 하나의 요인은 될 수 있다. 우리는 생태학적인 관점에서 사회가 광범위한 요소들에 민감하게 반응하는 복잡한 유기체라는 것을 알아야 한다.

우리는 또한 경제적인 관점으로 미디어를 기업처럼 볼 필요가 있다. 기업들은 자원을 소비하고 그 자원을 변형해 상품으로 만드는데 이때 유해한 부산물이 포함되기도 한다(Hamilton, 1998 참고). 예를 들어, 만약 미디어가 유해한 오염물질을 공용수나 대기 중으로 무단 투기한 제조 공장이라면 환경보호 기관은 이를 경제 문제로 파악하고, 제조업체에 오염물질을 줄이라는 압력을 가하고 그것을 처리하기 위한 벌금을 부과할 것이다. 만약 폭력적인 메시지가 지속적으로 실생활에서 폭력적인 행동을 하는 경향이 있는 특정 시청자를 끌어들이고 있다면, 그런 욕구를 만족시키고 행동을 강화하는 일련의 메시지를 제공한 회사에 대해 그 메시지를 판매함으로써 얻은 수익의 일부를 폭력적 메시지의 유해한 부산물을 처리하기 위한 비용으로 지출하는 경제적 의무를 부과해야 한다.

잘못된 인식을 뛰어넘기

미디어 폭력에 대한 자신의 의견이 '정보에 입각'하기 위해서는 잘못된 인식을 뛰어넘어야 한다. 당신은 미디어에서 어떤 종류의 묘사가 폭력을 구성하는지에 대한 당신의 관점을 넓히는 과제를 수행함으로써 그 과정을 시작하게 된다. 폭력에 대한 정의를 한 문장으로 적어 본 후, 표 5.1의 8개의 질문에 대해 당신의 정의를 확인해 보라. 당신은 일반 대중이 사용하는 것 이상으로 당신의 정의를 넓혔는가? 당신의 정의는 미디어 학자들의 정의만큼 광범위한가?

다음으로, 미디어 콘텐츠 분석을 실시하여 정의를 얼마나 잘 적용할 수 있는지 알아보자(미디어 리터러시 적용 기술 5.1 참고).

이제 미디어 콘텐츠의 폭력 패턴에 대해 민감해졌으니, 해당 콘텐츠에 대한 노출에서 발생 가능한 효과로 관심을 전환해 보자. 미디어 리터러시 기술 5.2에 제시된 여섯 가지 시나리오를 살펴보자. 미디어 효과에 대한 다양한 설명을 일반 원칙으로 활용한 후, 추론 과정에서 미디어 효과에 대한 설명을 주어진 시나리오와 비교할 필요가 있다. 시나리오가 특정 효과의 정의에 부합하면, 그 시나리오가 해당 효과의 예라고 결론을 내릴 수 있다. 이러한 추론 과정을 거친 후, 다시 이 페이지로 돌아와 당신의 결론이 나의 결론과 어떻게 다른지 확인해 보라.

미디어 리터러시 기술 적용 5.2에서 어떤 결론을 내렸는지 살펴보자. 나는 나의 결론을 제시하겠지만, 비록 당신의 결론이 나와 다르다고 해서 당신의 결론이 틀렸다는 것을 의미하지 않다는 것을 알았으면 한다. 아마도 어떤 시나리오는 당신의 삶에서 경험했던 것을 생각하도록 자극했고, 따라서 당신은 많은 추가적인 세부사항을 바탕으로 그 시나리오를 상세하게 설명했을 것이다. 만약 그러한 추가적인 세부사항들이 당신의 결론을 뒷받침한다면, 당신의 결론에 자신감을 가져라.

나의 결론은 다음과 같다. 첫 번째 시나리오에서는, 나는 꽤 표준적인 모방 효과를 본다. 이런 상황에서는, 당신이 정말로 흥분하지 않는 한, 그것은 해롭지 않다! 하지만 지금 일어나고 있는 일은 관망이 당신을 큰 혼란에 말려들게 하고 있다는 것이다. 심장 박동 수와 혈압이 높아진다. 당신은 싸움-도주 모드로 전환하고 있다. 당신과 비슷한 상태에 있는 파트너를 보면, 레슬링이 재미있을 것이라는 데 동의한다.

두 번째 시나리오는 일시적인 공포 반응을 나타낸다. 그 영화는 당신의 마음속에 강한 이미지와 심장에 강한 공포감을 심어주었다. 비록 당신의 침실과 주변에 익숙할지라도, 이 영화를 본 날 밤에, "방 안에 다른 무언가가 있다." 다른 무언가는 실체가 있는 괴물이 아니라 마음속의 유령이다. 이 유령은 손바닥에 땀이 나고 가슴이 두근거리게 할 수 있다. 잠을 자는 데는 별로 도움이 되지 않는다!

세 번째 시나리오는 태도 효과의 강화일 가능성이 높다. 영화가 보여준 대부분의 이미지는 아마도 당신에게 새로운 것이 아닐 것이다. 비록 여러분이 도심에서 조직 폭력배의 싸움을 실제로 본 적이 없더라도, 여러분은 이전의 미디어 노출을 통해 그에 대한 이미지를 가지고 있다. 그리고 당신은 이미 빈민가와 아프리카계 미국인 10대 남성들이 매우 위험하다는 태도를 가지고 있다. 물론 이 두 가지 모두 고정관념이다. 그리고 고정관념이 강할수록 자신의 태도가 왜곡되어 있는지 알아보기 위해 실제적인 정보를 찾는 일은 줄어들 것이다.

네 번째 시나리오는 끌림 효과다. 당신은 과거의 액션/모험 영화, 특히 Steven Seagal 주연의 영화를 흥미진진하고 즐겁게 본 경험이 있다.

다섯 번째 시나리오는 패턴을 일반화하는 인지적 효과다. 당신이 거주하는 지역에서 일어난 몇 가지 살인 사건에 기억이 당신으로 하여금 패턴을 보게 한다. 당신은 5년 전이나 어렸을 때 일어난 살인 사건을 기억할 수 없기 때문에, 당신이 사는 지역에서 살인율이 증가하고 있다는 패턴의 경향성을 본다. 당신 마을의 실제 살인율은 낮아졌지만(미국 전체의 살인율은 지난 10년 동안 감소해 왔다), 지역 뉴스는 당신에게 강한 인상을 주고 당신 마음속에 오래 기억될 수 있는 섬뜩한 살인 이미지를 제시하는 데 있어 점점 효율적이 되고 있다.

여섯 번째 마지막 시나리오는 무감각화 효과에 대한 것일 가능성이 높다. 미디어를 통해 많은 폭력에 노출되면, 단순한 미끄러짐은 아무것도 아닌 것처럼 보인다. 또한 미디어에서는 심각한 폭력 행위의 피해자들이 좀처럼 고통이나 피해를 잘 드러내지 않기 때문에, 당신은 "저 정도 넘어진 걸로 아이가 다치겠어?"하고 생각한다.

당신의 해석에서 가치관을 볼 수 있는 열쇠는 당신이 나와 얼마나 많은 의견이 일치하는가에 있는 것이 아니라 당신이 얼마나 잘 추론의 기술을 적용할 수 있었는가에 있다. 이 경우, 광범위하게 가능한 미디어 효과에 대한 명확한 정의의 형태로 일련의 타당한 일반 원칙을 수립할 필요가 있었다. 그런 다음 정의와 일치하는 내용을 찾기 위해 시나리오의 세부사항에 대한 분석이 요구됐다. 마지막으로, 결론에 도달하기 위해 세부사항과 일반 원칙을 활용하여 논리적으로 추론할 필요가 있었다.

다른 이슈뿐만 아니라 폭력성이라는 이슈에 계속 직면할 때, 계속해서 추론의 기술을 활용하라. 이를 위해 당신이 가지고 있는 일반적인 원칙의 타당성을 계속 점검하라. 그런 다음 세부 사항(일반적으로 미디어 메시지 자체 또는 그 안에 있는 요소)을 발견하면, 분석을 수행하여 실제로 무엇이 있는지 확인하라. 결론을 추론할 때 직관적이기보다 논리적이도록 노력하라.

더 읽을거리

Bushman, B. J., Huesmann, L. R., & Whitaker, J. L. (2009). Violent media effects. In R. L. Nabi & M.B. Oliver(Eds), Media processes and effects(pp.361-376). Los Angeles, CA: Sage.
이 장은 미디어 폭력에 노출되어 나타나는 영향에 대해 비교적 최근의 실증적인 연구들에 대해 검토한다. 저자들은 강한 심리학적 관점을 취하고, 실험과 설문조사의 방법을 사용한 연구에 초점을 맞추고 있다.

Cantor, J.(2009). Fright reactions to mass media. In J. Bryant & M. B. Oliver(Eds.), Media effects: Advances in theory and research(3rd ed., pp.287-303). New York: Routledge.
이 상은 폭력 그리고 폭력과 관련된 미디어 콘텐츠가 대중들, 특히 아이들에게 공포 반응을 유발하는 것을 어떻게 발견했는지에 대한 문헌을 검토한다.

Jordan, R. H., Jr. (2017). Murder in the news. Amherst, NY: Prometheus Books.
이 책은 왜 살인사건이 뉴스에서 그렇게 두드러지게 다뤄지는지에 대한 미디어 산업 내부의 이야기를 제시한다. 저자는 미국의 살인 수도로 불리는 시카고에서 TV 기자 겸 앵커로 40여 년 동안 활동한 언론인이다. 이 책은 저널리즘의 중요한 이슈를 읽기 쉽게 제시하며, 다양한 일화를 인용하여 살인 사건이 다른 범죄나 더 중요한 다른 사건들에 비해 미디어에서 더 자주 다루어지는지 이유를 설명한다.

National Television Violence Study(1996). Scientific report. Thousand Oaks, CA: Sage.
미국 케이블 텔레비전 협회는 이 330만 달러의 프로젝트에 자금을 지원하여 미국 텔레비전에서 폭력의 만연과 맥락, 폭력적 프로그램 시작 전에 나오는 경고와 권고의 효과, 폭력 방지를 옹호하는 공익광고의 효과를 조사하였다. 일부 장들은 매우 기술적이며 많은 통계를 포함하고 있지만, 전체 보고서는 현재까지 텔레비전의 폭력 문제에 대한 가장 포괄적인 분석 중 하나이다.

Potter, W. J.(1999). On media Violence. Thousand Oaks, CA: Sage.
이 책은 미디어 폭력의 노출로부터 오는 효과를 다룬 학문적 문헌에 대한 심도 있는 분석을 제공한다.

Potter, W. J.(2003). The 11 myths of media violence. Thousand Oaks, CA: Sage.
이 책은 미디어의 폭력성에 대한 공론화의 현주소를 조명하는 장으로 시작하여 변화의 예후를 되돌아보는 장으로 끝난다. 중간에는 미디어 폭력에 대한 잘못된 믿음을 다루는 11개의 장이 있다. 종합하면, 이런 근거 없는 믿음들이 사람들(일반 대중, 미디어 산업에 종사하는 사람들, 미디어 규제 기관들, 미디어 연구자들)을 비생산적인 생각의 미로 속에 가두어 놓는다. 근거 없는 믿음에는 텔레비전에는 너무나 많은 폭력성이 있고, 미디어는 시장의 욕구에만 반응할 뿐이며, 미디어의 폭력의 양을 줄이는 것이 이러한 문제를 해결할 것이라는 생각 등이 포함되어 있다.

Sparks, G. G., Sparks, C. W., & Sparks, E. A.(2009). Media violence. In J. Bryant & M. B. Oliver(Eds.), Media Effects: Advances in theory and research(3rd ed., pp.269-286). New York: Routledge.
이 장에서는 미디어 폭력 논란에 대한 간략한 역사를 소개한 후, 미디어 폭력 현상과 그것이 시청자들에게 어떤 영향을 미치는지 설명하려는 연구와 이론적 작업에 대해 검토한다.

미디어 리터러시 기술 적용 5.1.
미디어의 폭력성 분석하기

1. 폭력적인 장면이 많은 것으로 유명한 텔레비전 쇼를 보라. 당신의 정의를 이용하여 얼마나 많은 장면들이 당신의 정의에 해당하는지 보고, 그 수를 세어 보라.

   표 5.1에 제시된 8가지 질문에 당신이 "아니요"라고 대답한 것에 근거한 정의를 이용했을 때, 얼마나 많은 행동이 포함되는가?

   표 5.1에 제시된 8가지 질문에 당신이 "예"라고 대답한 것에 근거한 정의를 이용했을 때, 얼마나 많은 행동이 포함되는가?

2. 폭력적인 장면을 포함하고 있는 다른 프로그램을 보되, 이번에는 폭력적인 장면이 어떻게 묘사되는지에 주목하라.

   얼마나 많은 폭력들이 악역에 의해서 저질러지고, 또 얼마만큼의 폭력이 "착한 사람"에 의해서 행해지는가?

   얼마나 많은 폭력적인 행동이 화면 속에서 처벌을 받는가, 즉, 가해자가 행동을 중단하거나 어떤 식으로든 제재를 받는 폭력적인 행동이 얼마나 많은가?

   얼마나 많은 폭력적인 행동이 피해자의 현실적인 피해를 보여주는가?

   얼마나 많은 폭력적인 행동이 정의롭게 묘사되는가?

   폭력을 행사하는 것이 좋은 것인지 나쁜 것인지에 대해 이러한 맥락의 패턴이 무엇을 말해 주는가? 즉, 이 프로그램의 제작자들은 폭력을 사용하는 것이 좋은 것인지 나쁜 것인지에 대해 무엇을 가르쳐 주고 있는가?

3. 시트콤을 보고 언어폭력이 나타나는 장면의 수를 세어 보라. 즉, 헐뜯고 비방하고 모욕을 주고 다른 등장인물을 난처하게 만드는 경우를 세어 보라.

   어떤 유형의 등장인물이 언어폭력을 가장 많이 행사하는가? 그들은 주인공인가? 그들은 매력적인가?

   언어폭력을 저지른 등장인물에게는 무슨 일이 벌어지는가? 그들은 처벌받거나 (웃음으로) 보상받는가, 아니면 어떤 일도 일어나지 않는가?

   언어폭력을 당한 피해자들은 피해를 입은 것으로 보이는가? 만약 그렇다면, 어떤 종류의 피해이고, 그 피해는 얼마나 지속되는가?

   이러한 언어폭력의 패턴과 맥락은 언어폭력을 저지르는 것이 좋은 것인지 나쁜 것인지에 대해 무엇을 말해 주고 있는가?

미디어 리터러시 기술 적용 5.2.
미디어의 부정적 효과를 인식할 수 있는가?

1. 몇 시간 동안 만화나 WWE(World Wrestling Entertainment)를 보고 나면, 당신이나 당신의 아이는 레슬링을 하고 싶은 기분이 드는가?

2. 늦은 밤에 혼자 공포 영화를 본 후에, 긴장을 풀고 잠드는 데 어려움을 겪는가? 아니면 일어나 다시 한 번 잠금장치를 확인해 봐야 한다고 생각하며 침대에 누워 있는가, 아니면 복도에 불을 켜놓고 있는가?

3. 늦은 밤에 혼자 공포 영화를 본 후에, 긴장을 풀고 잠드는 데 어려움을 겪는가? 아니면 일어나 다시 한 번 잠금장치를 확인해 봐야 한다고 생각하며 침대에 누워 있는가, 아니면 복도에 불을 켜놓고 있는가?

4. 당신은 신문을 대충 훑어보다가 Steven Seagal의 새로운 액션/모험 영화가 지금 막 개봉했다는 것을 알았다. 당신은 매우 흥분되어 영화를 보고 싶어 견딜 수가 없다.

5. 저녁 뉴스를 보던 중, 지난 밤 당신의 마을에서 일어난 두 건의 잔인한 살인 사건에 대해 듣게 된다. 지난 1년 동안 당신 마을에서 일어난 살인 사건에 대한 이전 뉴스를 회상하며 기억한다. 당신은 살인율이 급격히 증가하고 있다고 결론지었다.

6. 당신은 십대 소년이 슈퍼마켓 안에서 물에 미끄러져서 넘어지는 것을 보았다. 당신은 '바보 같군. 가는 곳을 똑바로 보지 않은 자기 잘못이지. 그리고 다치지도 않았네.'라고 생각한다. 당신은 그곳을 떠났고 더 이상 그것에 대해 신경 쓰지 않았다.

개인정보 보호

이슈 | 미디어 기술의 변화는 마케팅 담당자들, 정부, 범죄자들이 개인의 개인정보를 침해하는 것을 더 쉽게 만들었다.

▶ 문제 제기
▶ 개인정보에 대한 범죄 위협
　· 개인정보 도용
　　- 직접 도용
　　- 간접 도용
　　- 경제적 목적
　　- 정치적 목적
　· 컴퓨터 강탈
　· 정보 파괴
▶ 개인정보에 대한 비범죄 위협
　· 정보의 수집과 판매
　· 통제
　· 스팸
▶ 여론과 규제
　· 여론
　· 규제

▶ 정보에 입각한 의견 수립
　· 정보에 대한 평가
　　- 당신에 대해 공개적으로 사용할 수 있는 정보에 대한 목록을 작성하라
　　- 개인정보 수준에 따라 당신에 대한 정보의 지도를 그려라
　· 위협에 대한 평가
　· 개인정보 보호 전략
　　- 개인 정보를 제거하라
　　- 부정확한 정보를 수정하라
　　- 지속적으로 위협을 모니터하라
　　- 개인정보의 위협으로부터 당신의 컴퓨터를 보호할 소프트웨어를 설치하라
　　- 인터넷 브라우저의 기본 설정이 쿠키를 수집하지 않도록 하라
▶ 더 읽을거리
▶ 최신 자료
▶ 미디어 리터러시 기술 적용

새로운 정보 기술이 정보의 생성, 저장 및 공유 방법을 바꾸면서 지난 20년 동안 개인정보에 대한 이슈가 크게 증가했다. 정보가 종이에 저장되었을 때, 그 정보를 기록한 종이를 안전하게 보관함으로써 비공개로 유지될 수 있었다. 우리에 대한 정보는 우리가 접촉한 모든 사람들과 사업체에 흩어져 있었다. 우리는 각 개인과 사업체가 우리의 정보를 존중할 거라 기대했고 우리가 허락하지 않는

한 우리의 사적인 상호작용을 제3자와 공유하지 않을 거라고 믿었다. 그래서 우리는 누구에게 어떤 정보를 주고 누가 어떤 정보를 공유할 수 있는지를 통제할 수 있었다. 그러나 그 모든 것이 갑자기 바뀌었다.

은행, 상점, 정부 기관, 심지어 친구들과의 거의 모든 교류에 대한 정보는 이제 쉽게 복제되고 다양한 제3자에게 널리 배포될 수 있는 전자 파일로 기록된다. 이러한 제3자 중 상당수는 정보 마케팅 회사인데, 그들은 여러 출처에서 개인의 금융 거래 세부 사항, 우정, 건강, 위치 및 생각에 대한 방대한 양의 정보를 수집해 데이터베이스를 만드는 일을 한다. Acxiom Corporation은 이러한 회사 중 하나로 23,000대 이상의 컴퓨터 서버를 통해 매년 50조 개가 넘는 고유한 데이터 거래를 지속적으로 수집, 대조 및 분석한다. Acxiom은 미국 가구의 96 %에 대한 광범위한 데이터를 보유하고 있으며 전 세계 7억 명의 소비자에 대한 프로파일을 축적해왔다. 이러한 프로파일에는 인종, 성별, 전화 번호, 차량 종류, 교육 수준, 자녀 수, 집 크기, 포트폴리오 크기, 최근 구매 내역, 연령, 키, 몸무게, 결혼 여부, 정치 성향, 건강 문제, 직업, 애완동물 소유 및 품종, 심지어 왼손잡이인지 오른손잡이인지 등 개인별로 최소 1,500 항목의 특정 정보가 포함되어 있다(Goodman, 2015). Acxiom은 이러한 정보를 판매해서 매년 10억 달러 이상을 벌어들인다(Acxiom, 2018).

우리가 모르는 사이에 우리에 대한 정보가 얼마나 많이 수집되었고, 우리 삶의 가장 내밀한 세부 정보까지도 사고 싶어 하는 마케팅 담당자나 정부를 비롯하여 그 누구라도 그것을 얼마나 쉽게 이용 가능하게 되었는지를 아는 사람은 거의 없다. 따라서 개인정보는 미디어 리터러시의 가장 중요한 이슈 중 하나가 되었다. 이 이슈의 한 편에는 다른 사람들의 태도와 행동에 변화를 주기 위한 전략을 극대화하기 위해 개인에 대한 무제한의 정보를 원하는 기업, 정부, 조직이 있다. 이 이슈의 반대편에는 우리, 대중이 있다. 우리는 얼마나 많은 개인정보가 침해당했는지에 대해 상대적으로 무지했기 때문에 이 이슈에 신속하게 대처하지 못했다. 따라서 이 장의 목적은 지난 수십 년 동안 발생한 일을 보여줌으로써 개인정보의 문제가 왜 그렇게 중요한지 이해할 수 있도록 하기 위함이다.

문제 제기

개인정보 보호는 개인이 자기 자신에 대한 개인적 정보를 은닉하는 것이다. 일상 언어에서 개인정보 보호에는 4가지의 원칙이 있다. 첫째, 개인은 자신에 대한 모든 정보를 다른 사람과 공유하고 싶어 하지 않는다는 것이다. 자기 자신에 대해 자기 스스로 지키고 싶어 하는 정보들이 있다. 둘째, 개인정보는 가변적 조건이다. 즉, 사람은 어떤 사람들과는 정보를 공유하지만 다른 사람들과는 공유하지 않을 수도 있다. 예를 들어, 우리는 친구들에게는 전화번호나 주소, 이메일을 알려주지만, 우리에게 원치 않는 메시지를 보내는 텔레마케터나 광고주들에게는 우리의 연락처와 관련된 정보를 알려주지 않는다. 우리는 의사가 우리의 건강 상태에 대한 기록을 완전히 알고 있기를 바라지만, 이 정보를 다른 사람과 공유하는 것을 원하지 않으며 심지어는 친구나 부모님과도 공유하고 싶어 하지 않는다.

셋째, 개인은 자신에 대한 정보를 소유하고 그것을 통제할 수 있어야 한다. 만약 다른 사람이나 단체가 개인정보를 그 사람의 허락 없이 통제한다면, 이것은 개인정보의 침해다. 넷째, 개인정보를 다른 사람과 공유하는 데 있어서 경계를 설정하면, 해당 사용자는 그 경계를 존중해야 한다. 예를 들어, 우리가 가까운 친구에게 우리 자신에 대한 정보를 줄 때, 우리는 그들이 먼저 우리의 허락을 구하지 않는 한, 또는 적어도 그 정보를 제3자에게 전달했다고 우리에게 말하지 않는 한, 그들이 제3자와 우리에 대한 정보를 공유하지 않는다는 공정성의 기본 원칙을 따를 것이라고 기대한다. 그리고 상거래를 할 때에도 사업체가 이 원칙을 따를 것이라 기대한다. 즉, 인터넷 상거래를 통해 무언가를 구매할 때, 우리는 판매자가 우리의 개인정보를 존중하고 거래에 대한 정보를 다른 사업자와 공유하지 않기를 기대한다.

이상의 4가지 원칙은 모두 다른 조직과 개인뿐만 아니라 대중매체 사업자에 의해 일상적으로 위반되고 있다. 이러한 광범위한 위반을 가능하게 하는 세 가지 요인은 다음과 같다. 첫째, 컴퓨터와 인터넷에 의해 가능하게 된 초고속 전송 능력과 정보 디지털화 기술의 발전으로 모든 종류의 사람들이 쉽게 정보를 수집하고, 저장하고, 변형하고, 사용하고, 다른 사람들에게 팔 수 있게 되었다. 둘째, 개인정보를 보호하기 위한 규정과 법률은 자신의 개인정보를 보호하고자 하는 소비자보다 개인의 정보를 얻고자 하는 기업에 더 우호적이다. 셋째, 이 이슈에 대한 대중의 인식 수준이 매우 낮다. 즉, 자신의 개인정보가 얼마나 많이 침해되었는지를 이해하는 사람은 거의 없다.

개인정보의 이슈는 본질적으로 위협과 보호 사이의 경쟁이다. 현재 위협은 많고 보호는 거의 없기 때문에 이 경쟁에서는 위협이 훨씬 앞서 있다.

이러한 위협의 주요 원인 중 하나는 범죄자들이다. '보안' 데이터베이스를 해킹하고, 정보 및 사람들의 신원을 도용하고, 데이터베이스를 감염시키는 바이러스를 유포하는 개인, 조직 폭력배, 특정 단체가 이러한 범죄자에 속한다. 개인 정보에 대한 위협의 또 다른 주요 원인은 개인정보를 포기하도록 강요하는 비범죄자 부류이다. 개인의 '허락' 하에 개인정보를 대량 수집하여 자체 마케팅 목적으로 이용하거나 제3자에게 판매한다. 금융 기관, 온라인과 오프라인 상의 판매업자 및 개인에게 세금을 부과하거나 허가를 내 주는 정부 기관과 같이 범죄는 아닌 방식으로 개인정보를 지속적으로 침해하는 단체 및 조직이 많이 있다.

이 장에서는 매일 일어나고 있는 개인정보에 대한 광범위한 위협을 제시한 다음, 디지털 시대에 개인정보를 보호할 수 있는 몇 가지 방법을 보여줄 것이다. 개인정보가 침해되는 속도에 비해 정부의 대처 속도가 현저히 느리기 때문에 정부가 개인정보 보호를 위해 법률과 규정을 통과시켜 개인정보를 보호해 줄 것이라 기대하기 힘들다. 우리의 개인정보에 대한 이러한 위협들은 너무 새롭고 빨리 진화하고 있어서 규제 당국은 합법적인 사업의 권리를 침해하지 않으면서 우리를 보호하기 위한 다양한 규제와 법률을 실험하기 시작했다. 규제 당국이 해결책을 찾는 동안 당신은 이러한 위협이 무엇인지 이해해야 할 필요가 있다. 그러면 당신은 지금 당장 개인정보를 보호하기 위한 조치를 취할 수 있다.

개인정보에 대한 범죄 위협

사이버 범죄가 급격하게 증가하고 있다. 연방수사국(FBI) 인터넷범죄신고센터(IC3)에 접수된 사이버범죄 신고 건수는 2000년 1만 6,840건에서 2017년 30만 건 이상으로 늘었다(FBI, 2018년). 이러한 사이버 범죄의 많은 건수가 개인이나 소규모 해커 집단에 의해 저질러지는 반면, 일부는 외국 정부를 위해 일하는 조직에 의해 저질러진다. 2017년 사이버 공격의 20% 이상이 중국, 11%는 미국, 6%는 러시아 연방에 의해 저질러졌다(Sobers, 2018).

사이버 범죄에 따른 비용도 급격히 증가하고 있다. 사이버 범죄로 인한 피해는 2001년 177억 달러에서 2017년 6천억 달러 이상으로 증가했는데, 주로 악성 프로그램, 특히 랜섬웨어(ransomware)의 공격으로 인해 피해액이 이처럼 증가했다(McAfee, 2018). Forbes 기사는 사이버 범죄 비용의 추정치가 실제 비용보다 얼마나 과소평가되는지를 보여준다. 왜냐하면, 사이버 범죄 비용을 추정할 때에는 범죄자의 공격을 받은 후 데이터베이스를 복구하기 위해 회사가 지출하는 직접 비용과 미래의 공격을 막기 위해 보호 서비스를 구입하기 위해 지출한 비용만 포함시키기 때문이다. 이들 사이버 범죄에 의한 피해 복구비용 추정치에는 데이터 침해로부터 복구하기 위해 소비되는 개인의 돈과 시간, 그리고 해킹된 회사가 평판을 잃어버려서 생기는 비용과 같은 후속 비용을 포함시키지 않는다. 사이버 범죄로 인해 잠재적 고객을 잃게 되면 회사의 미래 매출이 감소될 뿐만 아니라 회사가 투자를 받는데 문제를 일으켜 회사의 수입을 감소시킨다. 이러한 모든 비용을 고려하면, 사이버 범죄로 인한 피해액은 연간 6조 달러에 가깝다(Eubanks, 2017). 이 비용은 전 세계 인구 1인당 790달러라는 것을 감안하면, 우리는 사이버 범죄가 매우 심각한 문제라는 것을 알 수 있다!

이 절에서는 사용자의 정보에 접근할 권한이 없는 사람과 조직이 사용자의 개인정보를 침해하기 위해 불법적인 수단을 사용할 때 발생할 수 있는 위협을 검토한다. 사이버 범죄의 세 가지 주요 위협은 개인정보를 도용하고, 컴퓨터를 강탈하고, 정보를 파괴하는 것이다.

개인정보 도용

우리 모두는 지키고 싶은 개인정보를 가지고 있지만, 그것이 컴퓨터나 모바일 기기, 또는 클라우드에 저장된다면, 범죄자들은 그 정보를 훔칠 수 있다. 이 절에서는 먼저 사이버 범죄자들이 어떻게 당신의 개인 정보를 직간접적으로 훔칠 수 있는지 살펴본 후, 범죄자들이 훔친 정보로 무엇을 하는지 알아볼 것이다.

직접 도용

일부 사이버 범죄자들은 자신의 컴퓨터로 피해자들과 상호작용을 함으로써 직접 개인정보를 훔친다. 가장 널리 사용되는 두 가지 기술은 피싱(phising)과 스파이웨어(spyware)이다. 사이버 범죄자들이 피싱 수법을 이용할 때, 그들은 일반적으로 잠재적 피해자들에게 평판이 좋은 회사인 것처럼 위장하여 메시지를 보낸다. 피싱은 보통 이메일이나 메신저를 통해 이루어지는데, 사용자에게 합법적인 웹사이트와 거의 동일한 가짜 웹사이트에 개인정보를 입력하도록 유도한다. 예를 들어, 당신이 거래하고 있는 은행의 보안 담당자라고 사칭하는 사람으로부터 추가 비용 없이 당신 계좌의 보안 등급을 높여주겠다는 이메일을 받을 수 있다. 범죄자는 당신에게 제공된 링크를 클릭하라고 촉구한다. 링크를 클릭하면, 은행 로그인 화면과 똑같은 화면이 뜨지만, 실제로는 범죄자가 만든 웹사이트이다. 당신은 당신 계정에 로그인한 다음, 당신이 진짜로 계좌의 주인인지를 확인하기 위해 이름과 주소, 전화번호와 주민등록번호를 입력하라는 요구를 받는다. 이런 정보를 주고 나면, 그 보안 담당자는 당신이 보안 인증을 통과했으며, 진짜 당신이 맞다는 것을 확인하게 되어 기쁘다고 말할 것이다. 그리고 보안 등급을 높이기 위해 당신이 가지고 있는 은행 계좌 번호의 목록을 요구할 것이다. 당신이 이러한 개인정보를 제공하면, 당신의 보안 등급을 높아지는 것이 아니라 당신의 보안을 파괴하는 것이다.

흔히 사용되는 또 다른 피싱 사기는 범죄자들이 물건을 경매하는 전자 경매 사이트를 개설하는 것이다(Lee & Light, 2003). 가짜 경매 사이트에서 물건을 낙찰 받은 사람은 상품이 우편으로 발송될 수 있도록 수령인의 이름과 주소를 보내라는 요구를 받는다. 수령인은 상품이 도착할 때까지 기다렸다가 돈을 지불하기 전에 물건을 실제로 확인할 수 있다는 사실 때문에 신뢰할 수 있는 회사와 거래하고 있다고 믿게 된다. 그러나 상품은 도착하지 않고 피해자의 이름과 주소는 범죄자에 의해 도용당한다.

또한 사이버 범죄자는 스파이웨어를 컴퓨터나 모바일 기기에 심어서 개인정보에 접근할 수 있다. 스파이웨어는 일반적으로 전자 메일 첨부 파일을 열 때, 컴퓨터에 자동으로 다운로드되는 작은 크기의 프로그램이다. 스파이웨어 프로그램이 하드 드라이브에 설치되면, 키 입력, 방문한 사이트,

신용 카드 번호, 전자 메일 주소, 비밀번호 등과 같은 개인정보를 사용자 모르게 수집한다.

간접 도용

사이버 범죄자들은 당신의 컴퓨터에 접속하거나 심지어 어떤 방법으로도 당신에게 연락하지 않고도 엄청난 양의 개인정보를 훔칠 수 있다. 거대한 데이터베이스를 해킹하여 당신에 대한 정보를 포함하여 수백만 명의 개인정보를 훔친다. 당신에 대한 개인정보는 수백, 어쩌면 수천 개의 서로 다른 데이터베이스에 존재하기 때문에 사이버 범죄자들은 많은 출처를 가지고 있다. 당신이 은행, 보험 회사, 정부 기관, 소매업자, 도매업자 등과 어떤 종류의 금융 거래나 온라인상의 사회적 상호작용(이메일, 업로드, 다운로드, 게시물 등)을 할 때마다 그 기관은 당신에 대한 정보를 데이터 파일에 저장하고 다른 판매업체로부터 추가 데이터를 구입함으로써 당신에 대한 정보를 늘린다. 어떤 회사들은 방화벽을 만드는 소프트웨어를 사용하여 데이터베이스를 보호하려고 한다. 그러나 신용카드 번호와 건강기록 등 민감한 파일을 1000개 이상 가지고 있는 기업의 41%가 데이터베이스 보호를 위한 방화벽이 없는 것으로 집계됐다(Sobers, 2018).

해커들은 이러한 방화벽을 도전으로 간주하며 많은 해커들이 다양한 종류의 방화벽을 뚫거나 침입할 수 있었다. 개인정보보호센터(Privacy Rights Clearinghouse, 2018)는 해킹 활동을 감시하기 시작한 2005년 이후 8,209건의 개별 데이터 침해 사례가 공개됐으며, 총 106억 건 이상의 기록이 해킹됐다고 보도했다. 위반 건수는 매년 증가하고 있으며 앞으로도 계속해서 증가할 것으로 예상된다. 2017년, 미국에는 130개의 대규모 표적형 위반이 발생했으며, 그 수는 연간 27%까지 증가할 것으로 예상되었다(Sobers, 2018). 몇 가지 주요 사례에 대해서는 연대표 6.1을 참조하라.

해킹을 당한 회사가 지출하는 비용은 실로 어마어마하다. 2017년에는 사이버 범죄 비용이 급증하여 2016년보다 23% 가까이 더 증가하였다. 50,000건 이상의 기록이 해킹된 회사의 경우, 데이터 침해에 대한 평균 비용은 630만 달러이다. 대기업이 해킹을 당하면 비용이 훨씬 크다. 예를 들어, Equifax는 해킹을 당한 데이터베이스를 복구하기 위해 2017년 7월에 40억 달러를 지출해야 했다(Sobers, 2018). 해커들은 범죄에 대한 목적이 다양하지만, 단순화시키면 크게 경제적 목적과 정치적 목적으로 분류된다.

출처: "AOL Is Sued" (2006), D'Innocenzio and Collins (2013), Loobrok (2017), "Online Reputations in the Dirt" (2011), Privacy Rights Clearinghouse (2018), Rodriguez and Pierson (2011), and Sobers (2018).

연대표 6.1
최근의 개인정보 침해 사례들

2000

2004: AOL의 한 직원은 9,200만 개의 이메일 주소를 훔쳐 스팸 발송자에게 28,800달러에 팔았다. 회사는 복구에 40만 달러를 지출했다. 이 직원은 법정에서 유죄 판결을 받고 15개월의 징역형과 벌금을 선고받았다.

2005: Bank of America의 한 직원은 연방정부 직원들이 사용하는 신용카드와 연계된 1,200만 건의 개인정보 기록이 담긴 컴퓨터 테이프를 잃어버렸다.

2005: 해커들은 CardSystems Solutions의 데이터베이스에 침입해 4,000만 건의 Discover, Visa, MasterCard, American Express 카드 번호 정보에 접속했다.

2006: UCLA는 해커들이 재학생과 졸업생, 교수진, 직원 중 약 80만 명에 대한 개인정보에 접근했었던 사실을 시인했다.

2005

2006: 국가보훈처의 한 데이터 분석가가 2,600만 개 이상의 개인 기록을 노트북에 저장하여 그의 집으로 가져갔는데, 이후 그 노트북을 도둑맞았다. 이로써 1975년 이후 군 복무를 한 거의 모든 사람들의 신원을 확인하는 데 필요한 모든 정보들이 공개되었다.

2007: 해커가 TJ Maxx의 9,400만 건의 기록에 접속했다.
2008: 해커가 Heartland의 1억 3천만 건의 기록에 접속했다.
2009: 해커가 미군의 7,600만 건의 기록에 접속했다.

2009: 5월, 해커들은 약사들이 약물 남용 처방전을 추적하는 데 사용하는 Virginia 주의 웹사이트에 침입하였다. 그들은 800만 명 이상의 환자들에 대한 기록을 삭제하고, 삭제된 기록의 반환에 대해 1,000만 달러를 요구하는 협박문으로 홈페이지를 바꾸어 놓았다.

2010

2011: 해커들은 온라인 게임 시스템 운영에 사용되는 Sony 네트워크에 있는 7,700만 개의 계정의 이름, 주소, 비밀번호, 신용카드 정보에 접속했다.

2013년: 2월, Twitter는 25만 명의 사이트 이용자의 정보(이름, 이메일 주소, 암호화된 비밀번호)에 해커들이 접속한 사실을 발표했다.

2013년: Target은 1억 1천만 명의 신용 카드 정보를 해킹으로 도난당했다. 이로 인해 Target은 고객에게 천만 달러를 배상해 주어야 했다.

2013년: 6월, Myspace는 해킹으로 인해 3억 6,000만 개의 계정의 이용자 이름, 이메일 주소, 비밀번호 등을 모두 도난당했다.

2013년: 8월, Yahoo는 10억 개의 계정이 유출되어 사상 최대의 해킹을 당했다고 밝혔다. 해커는 생년월일과 이메일 주소부터 암호화된 보안 질문과 답변, 비밀번호에 이르기까지 모든 정보를 훔쳤다.

2014: eBay는 1억 4,500만 개의 계정을 해킹당했다.

2015

2015년: 7월, 해커들은 기혼자를 위한 데이트 사이트인 Ashley Madison을 해킹해 이용자 3,200만 명에 대한 정보를 훔쳤다. 그런 다음 해커들은 사용자 이름, 주소, 비밀번호, 전화번호, 검색 기록 등에 대한 데이터를 온라인에 게시했다.

2016: Uber는 승객과 운전자 5,700만 명에 대한 데이터를 도난당했다.

2016: 5월, LinkedIn은 도난당하여 공개 판매된 1억 1,700만 개의 계정 정보를 가지고 있다.

2017: 7월, 신용 점수를 결정하기 위해 개인의 구매 및 결제 이력에 대한 광범위한 데이터를 수집하는 신용보고국 Equifax는 1억 4,300만 건의 기록을 해킹당했다.

2020

2018: 4월, Facebook은 8,700만 개의 계정을 해킹당했다.

2018: 6월, Ticketfly는 2,700만 개의 계정을 해킹당했다.

경제적 목적

　경제적 목적 때문에 해킹을 하는 해커들은 훔친 정보로 돈을 벌고자 한다. 다른 범죄자에게 훔친 정보를 판매하거나 해킹한 데이터베이스에 있는 사람의 신원을 도용하기 위해 그 정보를 이용함으로써 돈을 번다.

　도난당한 정보를 매매하는 시장은 다크웹에서 활성화되어 있다. 요즘은 판매 가능한 정보가 너무 많아 일부 데이터의 가격이 현저히 낮다. 예를 들어, 신용보고국(credit reporting bureau) 전문가에 따르면, 다크웹에서 주민등록번호는 1달러, 신용카드나 직불카드는 5달러, 은행 정보는 15달러, 유효한 운전면허증은 20달러, 졸업장은 100달러, 그리고 미국 여권은 1,000달러에 거래된다고 한다(Stack, 2018).

　범죄자들이 당신에 대한 몇 가지 정보(이름, 생년월일, 주민등록번호)를 가지고 있으면, 당신의 신분을 도용할 수 있다. 신분 도용은 모든 종류의 경제 자원(신용 카드, 대출, 주택, 면허 등)을 신청하고 대가를 지불하지 않고 그 자원을 소비하고자 누군가의 정체성을 가장하기 위해 개인에 대한 주요 신상 정보를 이용하는 것을 의미한다. 물건을 판매한 회사는 청구서 지불 기한이 되면, 신분 도용 피해자에게 비용의 지불을 요구한다. 물론 이 피해자는 실제로 어떠한 구매 행위도 하지 않고 소비된 자원의 어떠한 혜택도 받지 못했지만, 불법적인 거래는 피해자의 이름으로 이루어졌기 때문에 여전히 판매 회사로부터 지불 요청을 받는다. 신분 도용 피해자는 (a) 모든 비용을 지불하거나, (b) 비용을 지불하지 않는 대신 신용 등급이 낮아지거나, (c) 구매한 것이 없다고 판매자를 납득시켜야 하는 세 가지 선택권만 주어진다. 하지만 판매자는 피해자의 이름으로 물품 구매가 이루어졌다는 증거를 가지고 있기 때문에 피해자의 입장에서 그 거래가 사기였음을 입증하는 것은 매우 어렵다.

　연방통상위원회(FTC)에 접수된 민원에 따르면, 신분 도용의 가장 흔한 형태는 신용카드 사기(2017년 13만 3,015건), 고용이나 세금 관련 사기(8만 2,051건), 전화나 공공요금 사기(5만 5,045건), 은행 사기(5만 517건) 순으로 나타났다. 2017년 한 해 동안 신분 도용에 따른 전체 손실은 9억 500만 달러로, 2016년 대비 21.6% 증가했다(Tatham, 2018).

　신분 도용 피해자의 약 85%가 신용카드 발급 및 취업이 거부되거나 경찰이나 채무 추심 회사로부터 통보를 받거나 주문하지 않은 물건의 신용카드 명세서를 받는 등의 상황에 처했을 때야 비로소 피해 사실을 알게 된다. 피해자의 15%만이 회사에서 소비자가 제출한 신청서나 주소 변경 요청을 검증하는 등의 긍정적인 조치를 취했을 때 피해 사실을 인지하게 되는 것으로 나타났다.

　비록 피해자들이 피해 사실에 대해 더 빨리 알아내고 있지만, 신분 도용의 피해로부터 완전히 회복하기까지는 그 어느 때보다도 훨씬 더 오랜 시간(최장 10년)이 걸린다. 피해자들은 부당하게 낮은 신용 점수와 싸우고, 이로 인해 대출 이자 증가, 신용카드 수수료 인상, 보험료 인상 등을 피해를 떠안는다. 피해자들이 범죄의 증거를 입증했음에도 불구하고, 기록을 삭제하기를 거부하는 수집 기관 및 신용 기관과 싸워야 한다. 피해자에게 미치는 정서적 충격은 반복되는 구타, 폭행, 심지어 강간과 같은 더 폭력적인 범죄의 희생자들이 느끼는 것과 비슷하다. 어떤 희생자들은 더럽고 더럽혀지고 부끄러워하고 당황하며 도움을 받을 자격이 없다고 느낀다. 다른 이들은 신분 도용의 영향으로 배우자와의 관계가 악화되거나 파탄에 이르거나 가족 구성원의 지원이 끊겼다고 말한다.

정치적 목적

모든 해커들이 경제적인 목적을 가지고 있는 것은 아니다. 어떤 해커들은 정치적인 목적을 가지고 있다. 즉, 어떤 회사에 권력을 행사하기 위한 목적으로 회사의 방화벽을 뚫는 것이다. 이런 범죄들을 핵티비즘(hacktivism)[1]이라고 부른다.

핵티비즘의 한 형태는 정치 활동가들이 공개적으로 어떤 조직을 당혹스럽게 할 목적으로 그 조직의 '보안' 데이터베이스에 침입하는 것이다. 수십 년 동안, 중국 정부는 여러 기업과 정부로부터 민감한 정보를 훔치고 그 정보를 사용하여 그러한 조직들을 당혹스럽게 하는 행동을 후원해왔다(D'Innocenzio & Collins, 2013:B4). 이들 중국 해커들은 Google의 방화벽을 뚫고 미국 정부 고위 관계자, 중국 정치운동가, 아시아 국가 관계자, 언론인, 군 인사 등의 Gmail 계정 정보에 접속했다. 또 다른 예는 Sony 영화사가 김정은 북한 국방위원장을 소재로 한 풍자 영화(The Interview)를 공개하자, 북한 정부 요원들이 Sony를 해킹한 사건이다. 해커들은 약 100테라바이트의 정보를 빼내서 미공개 영화 파일 공유 사이트에 업로드하고 Sony의 많은 관계자를 곤란하게 할 수 있는 내부 메모와 이메일을 공개하겠다고 협박했다(Altman & Frizell, 2015).

어떤 개인들은 정부나 사업체들이 비밀리에 잘못된 활동을 하고 있다고 믿을 때, 그러한 조직이나 단체를 곤란하게 만들기 위해 핵티비즘을 실천한다. 2006년에 Julian Assange가 설립한 WikiLeaks는 해킹주의자들이 훔친 데이터를 공개하는 국제 비영리단체 사이트다. 예를 들어, 2016년 누군가가 미국 민주당 전국위원회의 보안 파일을 해킹한 후, 이메일 44,053건과 Hillary Clinton 대통령 선거 캠프에서 일한 최고 전략가들의 17,761건의 첨부파일을 WikiLeaks에 공개했다. 이 정보의 공개는 Cliton 선거 캠프를 당혹스럽게 만들었고, Clinton 낙선의 요인으로 작용하였다는 이유로 비

---

[1] 핵티비즘은 정치·사회적 목적으로 목표물의 서버 컴퓨터를 해킹하거나 무력화하는 행위를 말한다. 해커(hacker)와 정치 행동주의를 뜻하는 액티비즘(activism)의 합성어로 단순히 컴퓨터 보안 장치를 뚫고 침입하는 해커와는 차이가 있다(역자 주, 위키백과 사전 참조).

난받아왔다. 핵티비즘을 실천하는 해커들은 또한 WikiLeaks를 이용해 육군(예: Guantanamo Bay의 수감자 처리 매뉴얼), 국무부, 중앙정보국, 출입국관리소 등 미 정부 각 기관에 저장되어 있는 개인 파일을 해킹해서 민감한 정보를 공개해 왔다. 해커들은 또한 WikiLeaks를 이용해 각국 정부가 비밀로 하려고 했던 전세계 스캔들에 대한 정보를 빼내서 세상에 공개했다(Lohrmann, 2017).

컴퓨터 강탈

개인정보 침해의 두 번째 주요 범죄 형태는 해커가 당신의 컴퓨터를 강탈(hijacking)하는 것인데 이것은 해커들이 당신의 컴퓨터의 통제권을 장악하는 것이다. 강탈의 형태 중 한 가지는 해커들이 랜섬웨어를 사용하여 당신의 컴퓨터를 사용할 수 없게 정지시키는 것이다. 해커에 의해 완전히 강탈당한 당신의 컴퓨터 화면에는 당신이 돈을 지불할 때까지 컴퓨터를 풀지 않을 것이라는 메시지가 나타난다. 일반적으로 해커들은 개인 컴퓨터를 대상으로 하기보다는 조직의 컴퓨터 네트워크를 마비시켜 훨씬 더 많은 돈을 요구할 수 있는 대기업의 서버를 목표로 한다.

랜섬웨어의 사용이 놀라운 속도로 증가하고 있다. 랜섬웨어 피해액은 2017년에 50억 달러를 넘었고 이는 전년 대비 15배 수준이었다. 2019년이 되면 14초마다 기업 하나가 랜섬웨어 공격에 희생되고 그에 따른 피해비용은 115억 달러로 늘어날 것으로 추산됐다. 보건의료업계는 랜섬웨어 공격을 가장 많이 받고 있으며, 2020년에는 피해액이 4배로 늘어날 것으로 예상된다(Sobers, 2018). 2017년까지 주요 의료 데이터베이스는 매일 해커들에 의해 해킹당했다(SecureLink, 2018).

또 다른 형태의 강탈은 범죄자들이 당신의 컴퓨터를 해킹해서 다른 강탈한 컴퓨터와 연결하여 봇넷(botnet)을 만드는 것이다. 봇넷은 감염된 컴퓨터(bot)의 네트워크로, 해커는 원격으로 이것을 제어하여 계속해서 스팸을 보내고, 신용카드 번호를 알아내고, 인터넷 활동을 모니터하고, 사용자의 키 입력을 기록한다. 일부 봇넷은 하루에 300억 건의 스팸 메일을 발송하는 것으로 밝혀졌다. 이런 활동의 대부분은 봇넷 컴퓨터를 소유한 개인이 알지 못하는 사이에 벌어진다(Sarno, 2011)

다른 형태의 강탈은 광고주들에 의한 것으로 브라우저를 이용해 당신이 연결하는 웹페이지를 탈취하거나 당신의 컴퓨터에 검색엔진을 심는 방식을 취한다. 이것은 별로 큰 잘못은 아닌 듯 보이지만, 이러한 브라우저 혹은 검색 엔진은 당신을 특정 광고 웹사이트로만 안내하도록 설계되어 있다. 이 중 하나가 SearchCoolWeb인데, 게임이나 쇼핑 등의 온갖 종류의 흥미로운 주제를 가진 페이지를 제공한다. 비록 이러한 페이지들이 당신의 인터넷 서핑을 도와주는 서비스처럼 보이지만, 실제로 당신의 브라우저는 강탈당한 것이며, 당신의 인터넷 브라우징은 당신이 다른 웹사이트에 접속하는 것을 막으면서 당신을 특정 웹사이트로만 안내하는 해커에 의해 통제되고 있는 것이다.

정보 파괴

범죄의 세 번째 유형은 바이러스를 이용해 저장된 정보를 파괴하는 것이다. 바이러스는 작은 보통 소프트웨어 프로그램에 삽입하는 작은 코드 문자열(일반적으로 2-4kb의 크기)로, 종종 .com 혹은 .exe로 끝나는 파일 확장자에 붙어서 들어오는 경우가 많다. 바이러스 코드는 정상적인 코드 사이에 자신을 숨기고 활성화될 때까지 잠복하고 있다가 활성화되면 기존 데이터의 일부를 삭제하거나 메모리의 큰 부분을 다시 포맷하거나 디렉토리의 파일 주소를 삭제하여 저장된 정보를 파괴하므로 바이러스에 감염된 이후로는 정보를 컴퓨터에서 찾을 수가 없게 된다.

컴퓨터 바이러스는 매우 전염성이 강하다. 감염된 컴퓨터가 다른 컴퓨터와 상호작용을 할 때마다 바이러스가 전염된다. 대부분의 바이러스는 숨겨져 있기 때문에, 사용자들은 바이러스를 퍼뜨리고 있다는 것을 전혀 알지 못한다.

바이러스의 수는 30년도 채 되지 않아 급격하게 증가했다. 1986년, 미국 국립 컴퓨터 보안 협회는 알려진 바이러스는 4개에 불과하다고 추정했다. 그러나 2000년까지 확인된 바이러스는 5만 개가 넘는 것으로 추산되었다. 2011년에는 Norton Utilities 컴퓨터 소프트웨어를 판매하는 Symantec Corporation는 100만 개 이상의 바이러스가 존재한다고 추정했다(DaBoss, 2013). 그로부터 4년 후에는 전세계적으로 매일 100만 개의 컴퓨터 바이러스가 유입되고 있는 것으로 추정되었다(Harrison & Pagliery, 2015). 최근 가장 심각한 바이러스 중 하나인 Wannacry는 150개국에서 40만 대 이상의 컴퓨터를 감염시켰고, 프로그래머들은 이 특정 바이러스로부터 컴퓨터를 보호하기 위한 코드를 만들어야 했다. 이 바이러스에 감염된 컴퓨터 사용자와 회사는 총 40억 달러의 손해를 감수해야 했다. Wannacry의 공격으로부터 컴퓨터를 보호하기 위해 업데이트된 소프트웨어를 설치한 사용자들은 그 바이러스의 추가 공격을 막을 수 있었지만, 사용 후 처음 몇 달 동안 54억 건의 바이러스 공격이 있었다(Sobers, 2018).

개인정보에 대한 비범죄 위협

위에서 설명한 위협과는 대조적으로, 이 절에서 제시하는 내용은 합법적이다. 합법적인 기업이나 연구 회사와 같은 상업 단체들은 당신이 사적인 것으로 보호하고 싶어 하거나 비밀로 유지되고 있다고 생각하는 당신에 대한 정보에 자주 접근한다. 이런 유형의 위협의 이면에 있는 동기는 경제적 이윤 추구이다. 즉, 일부 상업적 기업은 마케팅을 위해 이 정보를 직접 사용하여 당신이 특정 물건이나 서비스를 구매하도록 유도한다. 다른 조직들은 개인정보를 다른 조직에 판매하기 위해 수집한다.

이 절에 제시된 개인정보에 대한 위협은 모두 합법적이다. 그 이유는 우리가 그 기관들에게 우리에 대한 정보를 수집하고 심지어 판매할 수 있도록 허락했기 때문이다. 우리가 신용카드나 예금계좌, 상점 할인 카드, 휴대전화 서비스, 웹사이트 회원으로 등록할 때 우리는 항상 어떤 긴 글을 읽으라는 권고를 받아 왔다. 작은 글자와 난해한 법률 용어 속에 묻혀있는 것은 그들의 서비스를 이용하는 동안 우리에 대한 모든 정보를 수집할 수 있는 권한을 서비스 제공자에게 승인하는 것과 관련된 항목들이다. 더 나아가, 추가 항목은 그 서비스의 제공자에게 그 정보의 전부 혹은 일부를 '제3의 제공자'와 공유할 수 있는 권한을 승인하는 것이다. 여기서 '제3의 제공자'는 최초에 당신에게 정보를 요구했던 회사와 당신 사이의 거래와 직접적으로 관련되지 않은 모든 조직을 의미하는 것이다. 그런 글을 읽으라는 요구를 받았을 때, 우리들 대부분은 마지막 단계에 도달할 때까지 빠르게 내용을 훑어보고는 '승인' 버튼을 클릭하고는 모든 가입 절차가 끝나서 해당 서비스를 이용할 수 있다는 사실에 안도감을 느낀다. 그런 다음 우리는 서비스를 이용하면서 서비스 제공자가 어느 정도로 그 서비스 이용 실태를 모니터링하고 기록하며 그 정보를 이용해 우리의 서비스 이용을 통제하고 그 정보를 다른 기관에 팔아넘기고 있는지에 대해 대체로 알지 못한다.

정보의 수집과 판매

당신이 컴퓨터를 사용하는 매 순간, 당신의 활동은 모니터링되고 있다. 인터넷 서비스 공급자는 당신이 어떤 웹사이트에 방문하고 얼마나 오랫동안 머무르는지에 대한 정보를 수집한다. 검색 서비스를 제공하는 Google이나 Yahoo와 같은 회사들은 수년간 당신이 검색한 내용의 데이터를 수집해왔다(Levy, 2006). 그리고 이 회사들은 고객들이 계약을 갱신하면서 당신의 개인 데이터를 그들에게 더 많이 제공하도록 격려하고 있다.

당신을 모니터링하는 데 있어서 매우 수준 있게 성장한 인터넷 서비스의 대표적인 예는 Facebook이다. Facebook은 모든 사용자가 그들의 서비스를 이용하여 게시한 모든 내용을 복사해 놓는다. 여기에는 사진과 글, 오디오, 비디오, 링크, 개인정보, 심지어 모든 이메일도 포함된다. 더욱이 Facebook은 모든 의사 표현을 모니터한다. Facebook의 설립자 Mark Zuckerberg는 Facebook이 이 자료를 이용할 수 있는 권리를 가질 뿐만 아니라 심지어 이용자가 탈퇴를 하는 경우에도 영구적으로 기록을 보관할 권리를 가진다고 설명했다(Sarno, 2009a). 2011년에 Facebook은 얼굴을 인식하는 기능을 추가했는데, 이는 이용자들에게 사이트 이용에 대한 보너스로서 제공되었다. 이 기능은 누군지 못 알아본 어떤 사람의 사진 위에 커서를 두면 그 사람의 이름을 보여준다. 당연히 이런 기능으로 인해 가장 큰 이득을 보는 것은 Facebook이다. 회사는 이 기능을 통해 당신의 친구가 누구이고 당신이 그들에게 어떤 이야기를 하는지를 더 잘 추정할 수 있기 때문이다. 얼굴 인식과 같은 기술적 혁신으로 Facebook은 인터넷의 거대한 신분 저장소가 되어 가고 있다("Trolling for Your Soul," 2011).

Facebok은 사용자의 정보를 수집해서 다른 회사의 마케팅 담당자에게 성공적으로 판매해 왔다. 2007년 Facebook의 연간 매출액은 1억 5,300만 달러였고, 2017년에는 407억 달러로 늘었다(Statista, 2018k). 사용자에게 아무 것도 판매하지 않는데 어떻게 그 많은 수입을 올리는 게 가능했을까? 그 해답은 사용자의 대한 정보와 관심을 모든 종류의 마케팅 담당자들에게 판매한다는 것이다. Facebook은 2004년 상장 준비를 할 때, 주식 발행 요건으로 재무 기록을 공개해야 했다. 초창기 금융 서류에 의하면, Facebook 이용자 한 명의 가치는 80.95달러라고 추정했다. 시간이 지나면서 Facebook이 사용자들로부터 얼마나 많은 정보를 수집하고, 그 정보를 얼마에 판매하고 있는지 모니터링하면서 Facebook은 개인의 프로필 페이지가 1,800달러의 가치가 있고 당신의 우정은 0.62달러의 가치가 있다고 밝혔다(Goodman, 2015:55). 그래서 Facebook은 당신에게 계정을 개설하기 위한 금전적 지불을 요구하지 않지만, Facebook이 당신에 대한 모든 정보(생각, 표현된 욕구, 우정, 사진, 생활 지표)를 수집하고, 그것을 원하는 방식으로 사용할 수 있는 권리를 허가해 줄 것을 요구한다. 그리고 개인정보에 관한 질문을 받았을 때, Mark Zuckerberg는 '개인정보는 더 이상 사회적 규범이 아니다.'라고 대답했다(Goodman, 2015:71).

2018년 4월, Zuckerberg는 미국 상원 상무위원회와 사법부 앞에서 개인정보와 데이터 수집에 관한 증언을 요청받았다. Zuckerberg는 5시간 동안 진행된 세션에서, Facebook이 사용자의 개인정보를 보호하는 데 신경을 쓴다고 거듭 강조했지만, Facebook이 사용자들의 정보로 무엇을 하느냐는 질문을 받았을 때 다음과 같이 대답했다. "맞다, 우리는 사람들의 허락을 받아 이용자의 정보 중 일부를 저장해 둔다."(Watson, 2018). 그는 Facebook이 사용자의 개인정보를 광고주들에게 판매한다는 사실은 거듭 부인했지만, Facebook은 광고주들이 그들의 광고를 매우 표적화된 방식으로 Facebook에 게재하는 것을 돕기 위해 저장된 개인정보를 이용한다고 말했다. Facebook은 정보 자체를 광고주들에게 직접 팔지는 않을지 모르지만, 정보에 대한 접근 권한을 판매하고 있는 것은 분명한다.

Zuckerberg는 자신의 사생활 침해에 대해서는 매우 걱정하는 것처럼 보인다. 2013년 캘리포니아 Palo Alto에 위치한 자신의 집 주변을 둘러싸고 있는 집 네 채를 3천만 달러에 매입한 뒤 이 집들을 허물어 자신의 집 주변에 사생활 보호 장벽을 만들었다. 또한, 카메라 렌즈가 그의 집안을 녹화하는 것을 막기 위해 컴퓨터 카메라 렌즈를 테이프로 붙여 놓았다(Oremus, 2018). 의회 증언에서 Dick Durbin 상원의원이 어젯밤 묵었던 호텔의 이름을 공유해도 괜찮겠느냐고 묻자, Zuckerberg는 "아니요. 이 자리에서 공개되는 것을 원하지 않습니다."고 대답했다. 그는 "모든 사람이 자신의 정보가 어떻게 사용되는지를 통제할 권리가 있다고 생각한다."고 말했다(Watson, 2018).

의회가 현재 개인정보에 대해 매우 신경을 쓰고 있기 때문에, Zuckerberg는 두 측면에서 심한 압박을 느끼며 매우 신중한 입장을 견지하고 있다. 한쪽은 대중과 잠재적 규제기관이 그가 Facebook 사용자의 개인정보를 보호하는 책임을 지고 있다고 믿게 만들어야 한다는 압박이고, 다른 한쪽은 수십억 달러의 광고 수익을 계속 창출하기 위해서는 가능한 한 많은 양의 개인 사용자 데이터를 사용하는 것이 필수적이 되도록 하는 사업 모델을 보존해야 한다는 압박이다. Zuckerberg가 자신의 입장을 표명하는 데 매우 신중한 반면, 다른 인터넷 거물들은 더 솔직하다. 2009년 12월, CNBC의 Maria Bartiromo는 Google의 소비자 추적 증가에 따른 개인정보 침해 문제에 대해 Google CEO인 Eric Schmidt에게 물었다. Schmidt는 "누구에게도 알리고 싶지 않은 게 있다면, 애초에 하지 말아야 할지도 모른다."고 대답했다(Goodman, 2015:77).

SNS의 인기가 높아지면서 새로운 모니터링 산업이 성장했다. 감정 분석이라고 불리는 기업들은 이제 다양한 주제, 필요, 제품, 서비스에 대한 인기의 상승과 하락을 모니터링하기 위해 SNS를 통해 수백만 개의 게시물을 선별하고 있다(Kennedy, 2012).

인터넷 서비스 제공자(ISP)와 소셜 네트워크 서비스(SNS)는 사용자와 직접 상호 작용을 하는 제2의 주체이다. 새로운 기업들이 수많은 제2의 주체로부터 정보를 수집해 그 정보로 훨씬 더 큰 데이터베이스를 구축함에 따라 제3의 회사의 산업은 그 규모가 급격하게 성장했다. 예를 들어, BlueCava는 전 세계의 모든 컴퓨터, 스마트폰 및 온라인 기기의 데이터베이스를 수집하고 이러한 데이터를 사용자 정보에 연결한다. 이런 대규모 작업에는 딥 패킷 검사(deep packet inspection)라는 방법을 사용하여 ISP의 활동을 추적하는 Phorm과 같은 프로그램을 사용하여 서버를 통과하는 트래픽을 분석하고 각 ISP에서 고객의 활동에 대한 종합적인 프로파일을 구축한다(Pariser, 2011).

개인정보 수집을 위해 쿠키(cookie)라는 또 다른 도구가 사용된다. 이것은 아주 작은 컴퓨터 파일인데 당신이 여러 웹사이트에 접속하는 동안 당신의 하드 드라이브에 만들어진다. 쿠키는 당신의 인터넷 활동을 모니터하는 것을 가능하게 해 준다. 하지만 대부분의 사람들은 쿠키가 무엇인지에 대해 정확히 알지 못하거나 전혀 알지 못한다.

Netscape는 1994년 혁신적 브라우저 기능으로 쿠키를 개발했다. 그것은 사용자들에게 쿠키가 인터넷 사이트, 특히 Amazon과 같은 '장바구니' 기능을 제공하는 사이트를 쉽게 이용할 수 있을 것이라고 말했다. 소비자들이 페이지에서 페이지를 이동하며 살 물건을 고를 때, 가상의 점원은 Netscape가 쿠키라고 불리는 작은 파일 안에 해당 아이템을 목록화하여 계속 추적한다는 구상이었다. 쿠키에는 사용자의 이름, 주소, 신용카드의 정보도 들어있다. 쿠키는 컴퓨터의 하드 드라이브에 계속 남아 사용자가 다시 쇼핑을 할 때, 자동으로 사용자의 정보가 엑세스되어 사용자가 결제 및 우편정보를 다시 입력하지 않아도 되도록 편리하게 만들었다. 구매 정보도 입력되어 있어 인터넷 판매업자가 쉽게 정보에 접근하여 특정 품목에 소비자를 안내할 수 있었다. 판매업체는 또한 이 정보를 업로드하여 소비자의 검색 기록 및 관심사에 대한 프로필을 쉽게 작성할 수 있다.

Netscape가 쿠키를 처음으로 개발했을 당시, 그들은 고객들에게 그것이 어떻게 작동하는지 말하지 않았다. 쿠키의 사용 빈도가 높아지면서 고객들의 불만은 적어졌다. 하지만, 결국 일부 소비자들은 하드 드라이브에서 이런 비밀스러운 일이 벌어지고 있다는 것을 알아냈다. 1996년 1월, 쿠키 기술에 대한 일부 뉴스가 보도되었을 때 사람들은 자신의 개인정보가 자신들이 모르는 사이에 어떻게 침해되었는지 알게 되었고 엄청난 비난이 터져 나왔다. Netscape의 담당자는 엄청난 비난에 놀랐고 일축했다. 예를 들어, Netscape의 Navigator 2.0의 상품 매니저인 Alex Edelstein은 쿠키 기술은 별로 중요하지 않은 문제이고 '곧 없어질 것'이라고 발표했다(Pew Internet & American Life Project, 2000). 하지만 쿠키는 없어지지 않았다. 이어진 여론 조사에서, 쿠키가 무엇인지를 이해하고 있는 사람들은 계속해서 쿠키 사용을 비판했다. 2000년 한 여론조사에서 절반 이상의(54%) 인터넷 이용자들은 웹사이트들이 이용자들을 추적하는 것은 그들의 개인정보가 침해된다는 점에서 유해하다고 말했다. 단지 27%의 사람들만이 쿠키가 특정 고객에게 맞춤 정보를 제공한다는 점에서 유용하다고 말했지만, 다른 27%는 절대로 개인정보를 제공하지 않을 것이라고 말했다(Pew internet & American Life Project, 2000).

이러한 압력 속에서 Netscape는 웹 브라우징 소프트웨어의 차기 버전에 쿠키를 비활성화할 수 있는 도구를 추가했지만, 사용자들은 이 도구가 무엇인지 스스로 알아내야 했고 그 도구를 사용하는 것은 그렇게 쉽지 않았다. Netscape는 사용자가 특별히 선택하지 않는 한 쿠키를 계속 사용하는 옵션을 유지하였다. 따라서 사용자들은 쿠키를 거부하기 위한 적극적인 조치를 취하지 않는 한 쿠키가 계속 컴퓨터에 심어지는데, 이는 쿠키가 무엇인지 알지 못하거나 설정된 옵션을 변경하지 않는 사용자들은 쿠키를 통제할 수 없다는 것을 의미한다. Netscape에서는 사용자가 쿠키의 위치를 찾기 위해 두 개의 메뉴 화면을 찾아 내려가야만 했다.

Microsoft는 Internet Explorer의 최신 버전에서 쿠키를 제어할 수 있는 장치를 내장했다. 인터넷 사용자들은 이제 사이트가 제3의 쿠키, 즉, 웹 전체에 걸쳐 사용자의 활동을 추적하는 데 도움이 될 수 있는 쿠키를 배치하려고 할 때, 경고 메시지를 받게 된다. 하지만 인터넷 브라우저가 이런 새로운 도구들을 제공해도 쿠키 거부 설정을 하는 사람들은 10%에 지나지 않는다. 왜냐하면 다수의 사람들은 쿠키가 무엇인지에 대해 알지 못하고 또 어떻게 그것을 방지하는지 모르기 때문이다(Pew Internet & American Life Project, 2000).

쿠키는 이제 ISP와 온라인 상점 외에 다른 회사에서도 사용되고 있다. 현재는 쿠키 파일을 이용해 웹 전체에 걸쳐 사용자의 활동을 추적하고 각 사용자의 분명한 관심과 필요에 따라 광고를 유발하는 '제3의 광고 네트워크'가 있다. 이러한 제3의 광고 네트워크 중의 하나가 Doubleclick인데, 이것은 웹사이트의 배너 광고를 서비스하기 위해 생겨났다. 인터넷 브라우저에서 컴퓨터에 자동으로 다운로드된 쿠키를 확인할 수 있다(표 6.1 참조). 당신의 컴퓨터에는 많은 쿠키가 저장되어 있을 것이다. 리스트를 확인해 보라. 어떤 쿠키는 이름을 보면 누가 당신의 컴퓨터에 그 쿠키를 심었는지 알 수 있지만, 다른 쿠키는 매우 비밀스럽고 누가 심어놓았는지에 대한 정보가 없다.

표 6.1 컴퓨터의 쿠키를 확인하는 방법

컴퓨터에서 쿠키를 검사한 적이 없는 경우, 가능한 한 빨리 이것을 수행하라. 가장 인기 있는 웹 브라우저에 대한 지침은 아래와 같다.

Google Chrome

1. Chrome이 열리면 왼쪽 상단 모서리에 'Chrome'이라는 단어가 나타난다. 그 글자를 클릭하라.
2. 드롭다운 메뉴에서 '기본 설정'을 클릭하라.
3. 설정 화면이 나타날 것이다. 이 화면 아래쪽으로 스크롤하여 '고급'을 클릭하면 추가 옵션이 나타난다. 첫 번째 옵션에 '개인정보 보호 및 보안'이라는 제목이 붙어 있다. 각 항목에 대해 기능을 켜거나 끌 수 있는 스위치가 있다.

Microsoft Explorer

1. 브라우저 페이지의 오른쪽 상단에 있는 '도구' 탭을 클릭하라. 그러면 드롭다운 메뉴가 나타날 것이다.
2. 드롭다운 메뉴의 맨 아래에 '인터넷 옵션'이 있다. 그것을 클릭하라.
3. 위쪽에 탭이 7개 있는 상자가 나타날 것이다. '개인정보' 탭을 클릭하라.
4. 상자 왼쪽에는 설정 막대가 보인다. 막대를 위로 이동하면 보안이 강화되고, 막대를 아래로 이동하면 보안이 약화된다. 막대를 이동하면 오른쪽에 쿠키 설정을 변경하는 방법을 나타내는 설명을 볼 수 있다.

Safari

1. Safari가 열리면 왼쪽 상단 모서리에 'Safari'라는 단어가 나타난다. 그것을 클릭하라.
2. 드롭다운 메뉴에서 '기본 설정'을 클릭하라.
3. 화면 중앙에 상자가 나타날 것이다. 그 상자의 위쪽에 아이콘들이 있다. '개인정보' 아이콘을 클릭하면 쿠키 및 추적을 허용(또는 금지)하는 옵션이 표시된다.

> **Mozilla Firefox**
>
> 1. Firefox가 열리면 왼쪽 위 모서리에 'Firefox'라는 단어가 나타난다. 그 글자를 클릭하라.
> 2. 드롭다운 메뉴에서 '기본 설정'을 클릭하라.
> 3. 왼쪽에 몇 가지 옵션이 나열된 새로운 화면이 나타날 것이다. '개인 정보 및 보안'을 눌러 옵션을 업데이트하라.

 쿠키의 사용과 관련한 일부 충격적인 사례가 있다. 이러한 사례들은 쿠키가 한 사람의 컴퓨터 활동을 모니터하는 데 얼마나 강력한 위력을 발휘하는가를 보여준다. 보스턴의 테크놀로지 회사 Pharmatrak은 대중에게 알리지 않고 건강 관련 사이트에서 소비자의 활동을 추적해 왔다는 것을 인정했다(Pew Internet & American Life Project, 2000). 연방 정부의 일부 기관도 쿠키를 이용해 민간인을 감시하는 데 관여한 것으로 드러났다. 미국 연방의약통제정책국(일명 '마약국')이 인터넷 사용자들의 마약 관련 정보를 추적하기 위해 쿠키를 사용한 것으로 드러났다. 미연방수사국(FBI)은 'Carnivore'라는 것을 개발하였는데, 이것은 용의자의 이메일 계정을 오가는 모든 트래픽을 당사자가 알지 못하는 사이에 동의 없이 몰래 수집할 수 있는 장치이다. 이것은 법원의 명령이 없이 이루어지는 도청과 매우 유사하다.

 당신의 활동을 모니터하기 위한 미디어 기술은 컴퓨터의 이용에만 한정되어 있지 않다. 당신의 전화기와 다른 모바일 장치도 가능하다. 당신이 전화를 거는 매 순간 당신이 어디에 전화를 걸었고 얼마나 오랫동안 통화를 했는지를 알려주는 항목이 데이터베이스에 생성된다. 휴대폰의 경우, 당신이 어디에서 전화를 했는지에 대한 정보까지 기록된다. GPS 기술을 이용하면 당신이 전화기를 사용하고 있지 않을 때에도 당신이 어디 있는지 찾을 수 있으며, 광고주들은 이런 정보를 즉각적으로 이용할 수 있다. 예를 들어, Placecast는 스마트폰의 GPS 추적 데이터를 이용하여 잠재적인 소비자들을 추적하고, 그들이 특정 상점에 가까이 접근하면 그들에게 솔깃한 제안의 광고를 전송한다.

 휴대전화 기기 및 다른 무선 연결 기기들의 대중화로 인한 정보의 디지털화는 조직이 사실상 당신의 모든 행동을 모니터하는 것을 가능하게 만들었다. 신용카드니 수표를 사용하여 결제하거나 상점의 카드를 스캔하여 할인을 받을 때마다 그 구매 기록이 남는다. 2010년, 미국인들은 직불카드 및 신용카드 사용액은 3조 7천억 달러에 달했다. 이제는 스마트폰 앱을 이용하면 당신은 상점으로 가는 길에 물건을 구매할 수 있으며, 그저 상점에 들러 물건을 받기만 하면, 당신의 은행 계좌에서 구매 대금이 자동으로 빠져나간다. 종이 없는 거래로의 전환이 이루어지고 있는 것이다("Money? There's an App for That," 2011). 현금과 달리 카드나 휴대전화를 이용한 거래는 다른 데이터베이스와 결합될 수 있는 전자 기록을 남기고, 당신의 구매 습관을 알고 싶어 하는 마케터들에게 당신의 모든 구매에 대한 전체 그림이 모아지고 판매된다.

많은 회사들이 매일 매 순간 당신이 어디에 있는지 모니터하는 서비스를 제공한다. 모바일 기기가 있으면, 서비스 제공업체에 항상 위치를 알려주는 GPS 추적기가 설치되었을 가능성이 높다. Verizon과 AT&T와 같은 회사들은 이미 당신이 매일 어디를 돌아다니는지, 당신이 누구에게 전화를 걸었는지에 대한 데이터를 가지고 있다. 그들은 이러한 정보를 도시 계획가, 상업적 이익을 추구하는 사람, 그리고 그 외 다른 사람에게 판매한다. 다른 회사들(예: Facebook, Twitter, Google+)은 모두 네트워크에 있는 사람들에게 당신의 위치를 알려주는 "체크인" 기능을 가지고 있다. Facebook은 기업들이 잠재 고객이라고 생각하는 사용자들을 추적해 자사 제품에 대한 쿠폰과 특별 구매 안내문을 보내는 'Facebook Offers'를 만들었다. Facebook 사용하는 누군가가 이 제안을 클릭하게 되면, 네트워크에 있는 다른 사람들이 그가 어떤 제품을 사는지 알 수 있게 해 준다(Tucker, 2014). 마케터들은 소비자들이 서로에게 강한 영향력을 행사한다는 것을 알기 때문에 이것을 좋아한다.

추적 장치를 판매하여 주변 사람들의 활동을 모니터할 수 있게 하는 회사도 있다. 예를 들어, Navizon은 벽 콘센트에 꽂을 수 있는 장치를 판매하는데, 이것은 지정된 영역 내에서 Wi-Fi를 사용하여 모든 전화기를 모니터한다(Tucker, 2014:17). 또한, Sonar와 같은 앱들은 방 안의 VIP들을 확인할 수 있다; Banjo라는 앱은 가까이에 있는 Twitter, Facebook, Instagram 사용자들의 이름을 알려준다.

회사들은 또한 우리가 우리 자신의 활동을 모니터하는 것을 돕기 위해 장치를 판매하지만, 그런 데이터를 수집하여 마케터들에게 판매한다. 예를 들어, Apple, Nike 및 FitBit은 사용자의 움직임, 수면, 심박 수를 측정하는 스마트워치를 판매한다. 그에 앞서 Jawbone은 사용자의 수면(1억 3,000만 시간), 걷기(1조 6,000억 보 이상), 먹기(1억 8,000만 품목 이상) 패턴을 기록하는 기기를 통해 얻은 정보를 마케터들에게 판매한 바 있다(Walsh, 2014).

기업들은 소비자에 대한 훨씬 더 많은 정보를 모으기 위해 계속해서 새로운 기술들을 개발하고 있다. 현재 많은 제조업체들이 자사 제품의 사용을 모니터할 목적으로 자사 제품에 센서를 내장하고 있다. 보험회사들은 자동차로 고객의 운전 스타일을 파악해서 나이나 성별이 아닌 운전 실력에 따라 보험료의 차등을 둔다("Building With Big Data," 2011). Google은 지구상의 모든 집과 상점의 거리 사진을 가지고 있고, 위성은 당신의 집 뒷마당에 무엇이 있는지가 보일 정도로 정밀한 사진을 찍는다. 운전할 때, 상점이나 관공서에 있을 때, 심지어 길을 걸어갈 때도 당신의 움직임을 기록하는 카메라가 어디에나 있다.

이러한 기술 혁신의 많은 부분이 우리에게 상당한 이익을 제공하지만, 심각하게 우리의 사생활을 침해하기도 한다. 사생활 침해의 상당 부분은 우리가 알지 못하는 사이에 벌어지고 있다. 예를 들어, 2011년 11월, 한 뉴스는 Carrier IQ라는 회사가 1억 5,000만 대의 휴대폰에 사용자의 동의 없이 문자와 모든 이력, 웹 사용 기록, 방문한 장소의 기록에 접근할 수 있는 소프트웨어를 설치했다는 사실을 보도했다. 2012년 2월에는 Facebook, Yelp, Foursquare, Instagram 등에서 다운받은 앱들이 iPhone과 iPad의 연락처 정보를 추출하는 것이 밝혀졌다(Calabresi, 2012).

어떤 회사가 당신에게 제공하는 '무료' 앱에 주의해야 한다. 일단 그 앱을 컴퓨터나 휴대폰에 설치하게 되면, 그것은 당신에 대한 모든 종류의 정보를 수집하기 시작하며 수집한 정보를 앱을 '제공했던' 회사에 보낸다. 기업들은 디지털 모바일 네트워크를 인간의 삶을 추적하고 그들에 대한 정보를 수집하는 세계적인 시스템으로 간주한다. 법조계도 마찬가지다. 만약 당신이 핸드폰을 사용한다면, 그들이 당신의 통화 내용에 접근하는 것은 아주 쉬운 일이다. 유선전화 정보는 사생활로 보호되기 때문에 유선전화를 도청하기 위해서는 영장이 필요하지만, 휴대폰의 경우는 그렇지 않다. 1986년의 법은 저장된 통화 내용을 허가 없이 검색할 수 있는 허점을 가지고 있었다. 2011년, 유선전화에 대한 3천 번의 합법적인 도청이 이루어졌고, 같은 해 연방과 주, 그리고 지방의 법 집행 기구들은 130만 건의 휴대폰 데이터를 도청했다. 미국 연방 보안 보고서는 범죄자를 추적하는 데 걸리는 시간이 42일에서 2일로 줄어들었다고 보고했다(Calabresi, 2012).

인터넷과 휴대폰을 이용해 고용주는 직원들의 활동을 좀 더 쉽게 모니터할 수 있게 되었다. 예를 들어, Dow Chemical Company는 직원들의 이메일을 검색해 음란물이나 폭력적인 이미지가 발견되자 관련된 직원 50명을 해고했다. 한 설문조사에 따르면, 고용주의 75% 이상이 직원들이 업무용 컴퓨터를 어떻게 사용하는지 감시하고(방문한 웹사이트, 이메일 확인), 사무실 전화도 모니터한다고 답한 것으로 나타났다(Levy, 2006b).

개인의 활동을 감시하는 정보가 심해져서 FTC(공정거래위원회)는 이러한 위협에 관심을 가지게 되었고, 소비자의 사생활을 보호하기 위해 더 많은 일을 하도록 기술업계에 압력을 가하기 시작했다. 소비자 사생활 침해에 대한 우려는 사물 인터넷이 성장함에 따라 더욱 커지고 있다. 사물 인터넷은 소비자의 사용 실태를 제조업체에 자동으로 보고하는 센서가 부착된 가전제품, 자동차 등과 같은 제품을 일컫는다(Bailey, 2015).

상업적인 사업체뿐만 아니라 법 집행 기관들도 개인에 대한 엄청난 양의 정보를 수집한다. 이들 기관은 카메라와 일련의 장치를 이용해 이메일과 휴대전화 사용을 감시할 때만 범죄 행위를 모니터하고 있다고 주장한다. 그러나 어떤 범죄가 언제, 누구에 의해 저질러질지 미리 알지 못하기 때문에 결국 모든 사람을 항상 감시하게 된다. 또한 자체 모니터링 장치가 충분한 정보를 제공하지 못할 경우, 법 집행 기관은 상업적 기업들에게 추가 데이터를 제공하도록 압력을 행사한다. 예를 들어, 2013년에 사법기관은 AT&T에 형사와 민사 사건에 관한 30만 건의 정보를 제공하도록 요청했다. 이들 중 대부분(248,000명)은 소환장의 발부 등을 통해 합법적으로 시행되었지만, 그렇지 않은 경우도 많았다. 2009년, Sprint는 경찰이 이용자의 위치를 실시간으로 파악하는 것을 돕기 위해 Sprint 서비스를 사용하는 모든 휴대전화의 위치를 영장 없이 알아 낼 수 있는 권리를 제공하는 법 집행 포털까지 만들었고, 이 포털은 1년 동안 800만 번 이상 사용되었다(Goodman, 2015).

정부 기관들이 가능한 모든 방법을 동원해 지속적으로 개인의 사생활을 감시함으로써 우리의 사생활을 얼마나 침해되어 왔는지를 깨닫는 사람은 거의 없다. 이것이 바로 WikiLeaks가 폭로한 내용이 대중에게 충격적이었던 이유다. 2017년 3월, WikiLeaks는 9,000쪽 가까운 문서를 통해 CIA가 사이버 무기로 사용해온 스마트폰, 스마트TV, Wi-Fi 라우터, 컴퓨터 등 인터넷과 연결된 모든 해킹 도구를 상세히 공개했다. CIA는 그들이 'Wipping Angel'이라고 부르는 프로그램을 사용하여 이들 장치에 내장된 마이크를 통해 몰래 대화를 녹음해 왔다. CIA는 또한 데이터를 암호화하기 전에 보안 앱에 저장되어 있는 개인정보에 접근하고 있는 것으로 밝혀졌다("Surveillance," 2017).

당신이 개인정보라고 생각하는 많은 정보는 누구나 쉽게 접근할 수 있으며, 대부분은 대가 없이 이용된다(예: 123people.com, PeekYou.com, Snitch.name 사이트를 확인해 보라). 누구든지 Zillow.com을 통해서 이웃의 위성사진을 볼 수 있다. 심지어 당신은 BlockShopper.com을 통해 각 부동산이 누구의 소유인지도 찾을 수 있으며, 언제 그 부동산을 매입했고, 얼마를 지불했는지도 알 수 있다(Sarno, 2009b).

당신에 대해 수집된 대부분의 정보는 그것을 나눠주기보다 판매하는 회사에 의해 데이터베이스로 축척된다. 고객들에게 수집된 정보를 판매 하지 않겠다고 약속한 일부 회사들조차 시간이 흐르면 그것을 판매해야만 하는 상황에 처하게 된다. 예를 들어, 2000년, Toysmart.com이 파산신청을 했고, 연방통상위원회는 가장 높은 입찰자에게 고객의 데이터를 팔도록 강요했다. 회사는 사이트 이용자들에게 사이트 내에서의 활동을 추적하여 얻은 정보를 누설하지 않을 것이라 약속했었지만, 법원이 지정한 감독관은 고객 명단이 채권자들의 빚을 갚는 데 도움이 될 만한 중요한 자산이라고 믿었다. 법원은 이 경우에 대해 고객들의 개인정보를 지키는 것보다 채권자의 빚을 부분적으로라도 갚는 것이 더 중요하다는 판결을 내렸다.

통제

마케팅 담당자, 정부 기관, 그리고 다른 기관들이 우리에 대한 많은 정보를 수집하고 구입하는 이유는 그 정보를 이용해 우리가 생각과 행동에 대한 통제권을 행사할 수 있기 때문이다. 그리고 수집된 개인정보가 우리의 가장 내밀한 정보인 가치관, 두려움, 동기와 같은 정보일수록 그들이 우리의 태도와 행동의 형성에 더 많은 힘을 행사할 수 있다는 것을 알고 있다. 예를 들어, 온라인 쇼핑을 할 때, 우리는 모든 제품들을 살펴보고 있다고 생각한다. 하지만 실제로는 그러한 사이트들은 우리에 대한 정보를 사용하여 특정 제품을 안내하는 한편 다른 제품과 거리를 두게 하여 우리의 쇼핑을 통제한다. 그러한 사이트는 우리가 관심을 가질만한 제품만을 보여 주어 효율적인 쇼핑 경험을 제공함으로써 소비자에게 이익이 된다고 주장한다. 그러나 구매 유도의 대부분은 사이트에 비용을 지불함으로써 제품에 대한 관심을 유도하고자 하는 광고주의 영향을 받는다.

가장 정교한 '구매 유도(guidance)' 알고리즘은 Google이 개발했다. 우리가 Google에서 검색을 할 때, 우리는 키워드에 표현된 주제에 대해 가장 적절한 정보를 보여주고 있다고 생각하지만, 실제로는 유료 배치(paid placement)에 의해 결정된 소수의 사이트 목록으로 연결되고 있다. 유료 배치는 검색 엔진이 검색 결과를 제시할 때, 게시되는 사이트의 위치를 지불한 돈에 따라 바꿀 수 있는 검색 알고리즘의 일부로 Google에서 개발한 방법이다. 판매업체가 Google에 더 많은 비용을 지불할수록 그 회사는 검색 결과의 맨 위에 배치될 가능성이 높다.

인터넷 검색은 또한 과거의 검색 이력에 의해 통제되며, 이는 또 다른 문제를 야기한다. 정보와 제품에 대한 현재 및 미래의 검색이 우리의 검색 이력에 의해 통제될 때, 우리는 계속해서 같은 검색 결과에 노출되고, 이는 시간이 지남에 따라 우리의 인터넷 경험을 좁히는 경향으로 나타난다. 예를 들어, Amazon과 같은 회사는 모든 소비자의 구매에 대한 모든 정보와 이전 쇼핑 활동 이력에 대한 정보를 수집하고, 그 정보를 사용하여 현재 쇼핑 활동을 안내한다. 이러한 상점들은 당신의 검색 이력을 바탕으로 당신이 가장 흥미를 보일 것으로 예상되는 제품을 안내하여 당신의 쇼핑 경험을 더 효율적으로 만들어 줌으로써 당신에게 도움이 되는 일을 한다고 주장한다. 그러나 이것은 당신의 선택을 제한하는 역할을 한다.

판매자들만이 당신에게 상당한 통제력을 행사하는 것은 아니다. 검색 엔진도 마찬가지다. 예를 들어, Google은 검색 알고리즘에 키워드와 검색어에 따른 광고의 배치뿐만 아니라 사용자의 검색 기록도 이용한다. Eli Pariser(2011)은 그의 저서 『Filter Bubble: What the Internet Is Hiding From you』에서 만약 친구와 함께 같은 시간에 같은 내용을 Google에 검색하는 경우, Google이 결정한 '개인적 관심사'를 바탕으로 검색 알고리즘을 조정하기 때문에 당신과 친구의 검색 결과는 다르게 나타날 것이고 말했다. 이에 대해 Google은 개인에 대한 검색을 맞춤화하여 개별 사용자에게 더 유용한 검색 결과를 만들기 위해 고안된 혁신이라고 주장한다. 하지만 Pariser은 이런 검색 맞춤화의 효과가 인터넷상에서 새로운 정보에 대한 접근을 열어주기보다는 광범위한 정보에 대한 노출의 폭을 좁히는 경향이 있다고 지적한다.

스팸

당신이 어떤 상품을 구매하거나 서비스를 이용하도록 당신이 요청하지도, 원하지도 않은 메시지를 보내 사생활을 침해하는 데 미디어를 이용하는 것을 스팸이라고 부른다. 이것은 특히 이메일 계정에 집중되어 있지만 당신의 휴대폰 문자 및 웹 서핑을 하는 동안 웹페이지를 가득 채워서 당신의 이목을 끌기 위한 장치인 팝업 광고나 배너 등도 포함된다.

스팸 메일은 발송자에게 우리가 이메일 주소를 주지도 않았고 우리와 연락을 취하도록 초대하지도 않았다는 점에서 사생활을 침해하는 것이라고 볼 수 있다. 그래서 우리가 스팸 발송자로부터 원하지 않는 메시지를 받았을 때, 우리는 그들이 어떻게 우리의 이메일 주소를 알아냈는지, 그리고 왜 우리가 그들이 홍보하는 제품에 관심이 있을 것이라고 생각하는지 궁금해서 다소 유린당한 기분이 든다. 그리고 스팸이 이메일을 완전히 꽉 채우거나 이메일 서비스를 느리게 만들 경우, 이것은 짜증을 불러일으키는 주요인이 된다.

매년 스팸의 양이 증가하고 있다. 2004년 하루에 150억 개의 스팸 메일들이 발송되는 것으로 추정되었으며, 이 숫자는 전체 이메일의 60% 이상을 차지한다("Can Spam," 2004). Pingdom은 2011년까지 매일 3000억 건의 이메일이 발송되었으며, 이중 89.1%가 스팸 메일이라고 추정했다. 다행스럽게도 대부분의 이메일 공급 회사는 지속적으로 업데이트되는 우수한 스팸 필터를 사용함으로써 대부분의 스팸은 걸러지고 있기 때문에 우리가 그것을 볼 필요가 없다. 보통의 이메일 계정 하나는 매일 약 100개의 스팸 메시지를 받는다. 그러나 스팸 필터의 위험은 다른 사람이 무엇이 스팸인지를 결정한다는 것이다. 따라서 당신이 읽어야 하는 일부 메시지가 스팸으로 걸러질 수 있다.

스팸 메일 100만 건 중 25건 정도만이 광고로서의 기능을 수행하기 때문에 스팸 발송자는 더 많은 메일을 보내야만 한다. 스팸 발송자들은 하루에 3천만 통의 이메일을 보내야만, 전통적인 미디어를 통해 소비자들을 광고 메시지에 노출시키기 위해 일주일에 수백만 달러를 쓰는 주요 광고주들과 비슷한 노출률을 달성할 수 있다.

스팸 메일을 통해 마케팅에 성공하기 위한 열쇠는 수백만 개의 유효한 이메일 주소에 접근하는 것이다. 스팸 메일 발송자는 어디서 그 많은 이메일 주소를 알아내는 걸까? 한 가지 방법은 이메일 주소 목록을 구입하는 것이다. 에메일 주소 1억 개를 2,000달러에 구입할 수 있다. 두 번째 방법은 대기업의 데이터베이스를 해킹해서 주소를 훔치는 것이다. 또는 회사의 개인 전자메일 데이터를 해킹하여 전자메일 주소를 훔칠 수도 있다. 두 가지 방법이 모두 동원되기도 한다. 예를 들어, 2004년 여름, AOL은 원치 않는 메일로 그들의 서비스를 방해하던 스팸 발송자들과의 싸움 끝에, ALO 직원 중 한 명이 9,200만 명의 이메일 주소록을 10만 달러에 팔아넘긴 사실을 알아냈다. 스팸 발송자는 그 주소록을 이용해 자신이 운영하는 온라인 도박 사업을 홍보하고, 그 주소록을 다른 스팸 발송자에게 몇 만 달러에 팔아넘겼다(Gaither, 2004b).

인터넷 서비스 제공자(ISP)는 특히 스팸 메일을 경계하는데, 갑작스럽게 100만 개의 메시지가 쇄도할 경우 시스템이 느려지고, 시스템이 다운될 수 있기 때문이다. 스팸 메일로 인해 서비스가 느려지고 시스템이 다운되면 소비자는 불만을 갖게 되고 결국 더 빠르고 더 신뢰할 수 있는 다른 ISP를 이용하게 된다. 따라서 ISP는 스팸 메일을 식별하여 가능한 한 많이 걸러내기 위한 프로그램을 신속하게 개발하기 위해 많은 기술 인력을 고용할 수밖에 없다.

ISP의 이러한 대응에 스팸 메일 발송자들도 반격한다. 예를 들어, 2013년 봄, 스팸 감시 단체인 Spamhaus는 방대한 양의 스팸 정보로 조직의 운영을 방해하는 대규모의 서비스 거부 공격(denial-of-service attack)으로 거의 와해되었다(Satter, 2013). 스팸 메일 발송자에 대한 보복 행위의 또 다른 예는 스팸 메일 발송자 블랙리스트를 발행하고 있던 Monkeys.com에 대한 2003년 공격이다. 1년 6개월 후, 스팸 발송자들은 Monkeys.com을 잠식해 나갔고, 그 사이가 폐쇄되기 전 열흘 간 대규모로 스팸 메일을 보내는 맹공을 퍼부었다. Monkeys.com의 운영자는 "나는 적들의 정교함의 수준과 짐승 같은 악의 수준을 모두 과소평가했다."고 말했다(Gaither, 2004a:C1).

거대한 스팸 발송자 그룹의 중 하나는 그들 스스로를 Alabama Spammers라고 부른다. 이 그룹은 Earthlink의 고성능 서버에 수십 개의 계정으로 동시에 접속하였다. Earthlink의 스팸 방지팀은 수 분 안에 공격을 감지했지만, 보통 계정을 식별하고 모든 접속을 수동으로 종료하는 데에는 한 시간 정도가 소요되었다. 그 시간 동안 Alabama Spammer는 수천 개의 메시지를 보낼 수 있다. 반면 Earthlink 고객의 계정에 스팸을 보내기 위해 고객 정보를 빼낸 100개의 기업을 상대로 마피아 조직을 타진할 때 사용되었던 RICO법(조직범죄 피해자 보상법)에 의거하여 상대로 민사소송을 제기하기도 했다(Gaither, 2004a) 이 소송은 2003년에 스팸 메일로 인해 미국 기업들이 100억 달러의 손실을 입었다고 주장했다. Scott Richter이 소유한 OptInRealBig.com(지금의 Media Breakaway)도 소송을 당한 회사 중 하나였다. 이 회사는 인터넷 사용자들에 대한 정보를 모으기 위해 콘테스트와 프로모션을 이용하고, 이 주소들을 다른 스팸 발송자에게 판매했다. Richter의 Inferno라는 다이어트 약 판매, Jennifer Lopez의 약혼반지 복제품, 이라크에서 가장 갖고 싶어 하는 놀이 카드, 식물 성분의 정력 강화제 등의 프로모션을 진행했다. 그는 매일 수 억 개의 이메일을 보냈고, 그의 회사는 가장 큰 스팸 발송자가 되었다. Richter은 스팸 발송자라는 말을 좋아하지 않았다. 그는 "우리는 이메일 마케팅 세계의 발전소이다. 나는 내가 하고 있는 일이 정당하다고 생각한다."고 말했다(Jerome & Bane, 2004:125-126).

스팸 발송자의 활동은 이메일에만 국한되지 않는다. 그들은 전자책 형식의 메시지의 확산으로

Amazon을 공격했다. 아마존의 Kindle 서비스 이용자들은 아마존에 접속해 전자책을 구매하여 그들의 Kindle에 다운로드한다. 그러나 Kindle에서 제공하는 도서의 목록은 사적 상표권(PRL; Private Label Right)을 지닌 콘텐츠 형태의 스팸으로 인해 막히고 있는데, 이것은 보통 한 권당 99센트 정도에 판매된다. PRL 전자책이 스팸으로 간주되는 이유는 무엇일까? 답은 이 책들의 대부분은 이미 출판된 책 중 잘 팔리고 있는 책을 단순히 가져다가 다른 인구통계학적 책으로 보이도록 약간의 변화를 주는 사람에 의해 쓰였을 뿐만 아니라, 판매량을 늘리기 위해 이러한 작업을 여러 번 하기 때문이다. 적극적인 스팸 발송자들은 Autopilot Kindle Cash라 불리는 DVD를 구매하기도 하는데, 이것은 한 단어도 쓰지 않고도 하루에 10권에서 20권 가량의 Kindle 도서를 만드는 방법을 가르쳐 준다. 이 책들은 Amazon에 다른 합법적인 책들과 함께 등록이 되고, 이 가짜 전자책들로 인해 제공 도서의 목록이 엄청나게 막히게 된다. 이 문제는 얼마나 심각한 수준일까? 2002년, 일반적인 출판사나 서점을 통해 구매할 수 있는 전통적인 형태의 종이책이 미국에서 21만 5천 권이 출판되었다. 같은 해, 3만 3천여 권의 비전통적인 서적(보통 출판사를 통하지 않고 작가 개인이 직접 출판하는 서적)이 출간됐다. 즉, 2002년에 한 해 동안 출판된 전통적인 형식이 아닌 책은 전통적인 책의 15% 정도에 불과했다. 2010년에 이르러, 전통적인 형식의 책의 출판은 31만 6천 권으로 증가한 반면, 비전통적인 형태의 서적의 수는 2,800만 권으로 증가했으며 이것은 전통적인 형태의 책 출판 규모의 886%이다 ("Spam Clogging Amazon's Kindle," 2011).

스팸의 또 다른 형태는 광고 지원 소프트웨어인 애드웨어를 사용하는 것이다. 일부 상업적 사이트에 접속하면, 해당 사이트는 사용자의 컴퓨터로 작은 크기의 프로그램을 보낸다. 이 애드웨어는 하드 드라이브에 저장되어 자동으로 컴퓨터에 광고를 다운로드하고 해당 광고를 팝업, 배너, 텍스트 내 링크, 자동 재생 비디오 광고, 기타 상업용 콘텐츠의 형태로 광고를 지속적으로 보여준다. 또한 이 광고 지원 애플리케이션은 사용자의 허가 없이 다른 웹사이트로 안내하고 검색 관련 정보를 수집한다.

스팸 발송자와 인터넷 회사 간 전쟁이 계속 증폭되고 있다. 인터넷 회사의 기술자들은 꿀단지(honey pot)이라고 부르는 스팸 덫을 설치하여 스팸 메일을 수집하고 분석하여 스팸을 보내는 사람들일 무엇을 하고 있는지를 알아낸 다음, 스팸 방지 소프트웨어를 개발하여 그것을 걸러내도록 한다. 이에 대응하여 스팸 발송자들은 그 소프트웨어를 구매해 어떻게 그것을 피할 수 있는지를 알아내려고 한다. 양측은 상대방이 개발한 창조적 기술을 배워가며 더 정교해져 간다.

여론과 규제

여론은 개인정보 보호에 대해 강력하게 지지한다. 하지만 규제 당국의 입장에서는 사적인 것과 공적인 것을 구분하는 명확한 선을 긋는 법률을 제정한다는 것은 어려운 일이다. 현재도 개인정보와 관련된 몇 가지 법률이 존재하긴 하지만, 범법자들을 기소하고 처벌하는 것은 대단히 어렵다.

여론

지난 몇 십 년 동안, 미국 국민들에게 개인정보는 점점 더 중요한 문제가 되어왔다. Lou Harris 여론 조사에 따르면, 개인정보에 대한 권리를 걱정하는 미국인의 비율이 1970년 34%에서 1998년에는 90%로 증가한 것으로 나타났다(Identify Theft Resource Center, 2002). 지난 20년간의 여론 조사는 기업과 정부가 개인정보 특히 인터넷 사용과 관련된 개인정보를 어떻게 조금씩 파헤치고 있는지에 대한 대중들의 우려가 지속적으로 증가하고 있음을 보여준다. 10명 중 9명의 사람들이 옵트아웃(opt-out; 정보 주체의 동의를 받지 않고 개인정보를 빼내가는 것)을 싫어했는데, 그것은 그들의 개인정보가 침해되고 있다는 사실을 알았을 때, 그런 침해를 예방하는 방법을 찾기 위해 조치를 취하는 것을 꺼리기 때문이다. 대신에 대중들은 기업들이 개인의 데이터를 수집하고 판매함에 있어서 이용자의 허가를 요구하는 옵트인(opt-in; 정보 주체가 동의를 해야만 개인정보를 처리하는 것)을 원한다(Electronic Privacy Information Center, 2013). 나아가 여론조사에서 따르면, 웹에서의 활동을 추적하는 것은 불법이어야 하고, 그것을 금지하는 연방법이 있어야 한다고 생각하는 사람의 수가 절반이 넘었고 종종 이 수치는 3분의 2에 달하기도 한다. 사람들은 현재의 자율 규제적인 환경은 그들의 개인정보를 보호하기에는 불충분하다고 생각한다. 2014년 한 조사에 따르면, 미국인의 91%가 사람들이 개인정보를 수집하고 사용하는 방식을 통제하지 못하고 있다는 것에 '동의' 또는 '매우 동의'한다고 밝혔다. 소셜 미디어 사용자의 약 80%가 소셜 미디어 플랫폼에서 공유하는 데이터에 접근하는 광고주와 기업에 대해 우려하고 있다고 응답했으며, 64%는 정부가 광고주를 규제하기 위해 더 많은 노력을 기울여야 한다고 답했다. 2017년 한 조사에서는 응답자의 10% 미만이 자신이 이용하는 소셜 미디어 플랫폼이 개인정보를 보호하고 있다고 믿고 있는 것으로 나타났다. 74%는 자신들에 대한 개인정보를 사용할 수 있는 주체를 통제하는 것이 매우 중요하다고 답했지만, 9%만이 자신의 데이터 사용을 충분히 제어할 수 있다고 답했다. 이는 미국인의 3분의 2가 현행법이 개인정보를 보호하기에 충분하지 않다고 생각하는 이유와 64%가 광고주에 대한 규제가 더 많아져야 한다고 생각하는 이유를 설명한다(Rainie, 2018).

사람들이 개인정보의 위협에 대해 더 많이 인식하고 개인정보를 보호를 위해 무언가를 하고 있다는 증거가 있다. Pew Research Center의 조사에 따르면, 모바일 이용자의 54%가 어떤 앱이 개인 정보를 수집하는 양을 알고 나서 그 앱을 설치하지 않기로 했으며, 모바일 이용자의 30%는 어떤 앱이 공유를 원하지 않는 개인정보를 수집한다는 사실을 알게 된 이후에 이미 설치되어 있던 앱을 제거했다. 젊은 휴대전화 이용자들은 회사나 개인이 사생활 침해인 것 같은 방식으로 그들의 전화기에 접속을 했다고 보고할 가능성이 나이든 사용자들보다 두 배 더 높았다(Electronic Privacy Information Center, 2012).

규제

개인정보에 대한 이러한 위협들이 계속 증가하고 더 심각해지는 동안, 규제 당국과 법 집행 기관은 적절하게 대처하는 데 매우 느렸다. 이 느린 대처의 한 가지 문제는 제한된 관할권이다. 모든 법 집행 기관은 법률이 작용할 수 있는 영역의 지리적 제약이 있으며, 인터넷 활동은 사이버 공간에서 이루어진다. 예를 들어, 미국이 스팸을 불법으로 만드는 연방법을 통과시킬 수 있지만, 미국의 지리적 경계 밖의 스팸 발송자는 여전히 미국 내 컴퓨터 사용자들에게 수백만 개의 메시지를 전송할 수 있다. 따라서, 스팸 발송자가 법을 위반했는지, 만약 그러하다면, 누가 법을 집행할 것인지, 또 무슨 권리로 다른 국가에게 해당 스팸 발송자를 미국 재판소로 보내라고 요청할 수 있을지도 분명치 않다.

일부 지역에서 정부는 이런 위협들 중 일부에 대한 추가적인 법률을 다루기 시작했다. 예를 들어, 2003년 연방통상위원회(FTC)는 CAN-SPAM(Controlling the Assault of Non-Solicited Pornography and Marketing Act; 비청탁 음란물 및 마케팅 공격에 따른 폐해 규제)이라 불리는 법을 도입했고, 2008년 규제를 강화했다. 이 법으로 인해 이메일 메시지의 발신자는 자신이 누군지 더 분명하게 드러내도록 했고, 메시지의 수신자가 발신자로부터 올 미래의 메시지에 대해 수신을 거부할 선택권을 가졌다. 2004년 가을, 캘리포니아는 스파이웨어 방지법, 즉, 컴퓨터의 소유자에 대한 정보를 수집하기 위한 소프트웨어의 배포를 금지하는 법안을 통과시켰다(S. Lawrence, 2004). 다른 주들도 이런 흐름에 동참하고 있다. 하지만 현 시점에서 문제가 되는 것은 개인정보를 보호하려는 정부의 규제보다 개인정보에 대한 위협이 빠르게 증가하고 있다는 것이다.

연방 정부는 이런 위협을 통제하기 위한 새로운 규제와 법안을 통과시키는 데 더디게 대처하고 있는데, 이는 기존의 규제와 법률을 집행하는 기관들이 이것의 시행에 너무 많은 어려움을 겪고 있기 때문이다. 범법자들을 추적하는 데 많은 비용이 들고, 그들을 찾아내도 나라 밖으로 이동하여 간단하게 처벌을 피하기도 한다. 일례로, 2003년 10월, 캘리포니아에서 PW Marketing이라는 회사 대표였던 Paul Willis와 Claudia Griffin에게 요청하지 않았거나 오해의 소지가 있는 이메일을 보냈다는 이유로 2백만 달러의 벌금형이 내려졌는데, 이는 스팸 발송자에게 내려친 최초의 벌금형이었다. 하지만 두 사람은 벌금을 피하기 위해 다른 나라로 도주했다(Healey, 2003). 2004년 1월 1일, 스팸 발송자들이 사용하는 많은 속임수를 금지하는 새로운 법이 시행되었다. 이에 대응하여 많은 스팸 발송자들은 동일한 사업을 지속하면서 기소를 피할 수 있도록 미국 밖으로 사업장을 옮겼다. 인터넷의 가상적 지리의 개념은 법과 집행에 대한 전통적인 사고방식에 도움이 되지 않는다.

산업 단체들은 소비자에 대한 모든 종류의 정보에 접근할 수 있는 사업 관행을 유지하기 위해 열심히 노력하고 있다. 만약 뜻대로 된다면, 계속해서 당신의 하드 드라이브에 쿠키를 심을 권리를 갖게 되고, 당신의 쇼핑 및 다른 모든 활동을 모니터하고, 당신에 대한 정보를 무제한 수집하고, 모든 종류의 미디어를 통해 당신에게 광고를 보내고, 특히 컴퓨터와 모바일 장치를 통해 수집한 당신에 대한 정보를 다른 광고 회사에 판매할 것이다. 이들 사업체가 당신에게 그들의 정보 사용을 제한할 수 있는 선택권을 제공할 때, 그 사업체는 당신의 동의를 구하는 부담을 지는 대신, 당신에게 "동의하지 않습니다."라고 말을 해야 하는 부담을 지운다.

지난 수십 년 동안, 미국 의회는 인터넷 개인정보에 대한 청문회를 열어 다양한 법안을 발의했지만, 이렇다 할 법안이 통과되지 못했다. 그러나 유럽연합은 2018년 봄에 일반 데이터 보호 규정(GDPR; General Data Protection Regulations)이라는 주요 법안을 통과시켰다(https://gdpr-info.eu/). GDPR은 온라인상의 데이터를 보호하기 위한 세계에서 가장 엄격한 규정으로 여겨진다. 왜냐하면, 이 규정은 사람들에게 그들의 개인정보를 통제할 권리를 훨씬 더 많이 부여할 뿐만 아니라, 기업들이 개인정보를 수집하고 취급하는 방법을 제한하기 때문이다. GDPR은 자신에 대한 온라인 데이터를 기업에 요청할 권리, 데이터베이스에서 개인정보를 삭제해 줄 것을 요청할 권리, 소셜 미디어를 검색할 때 남겨진 정보의 흔적을 줄일 수 있는 권리 등 개인에게 개인정보를 통제할 수 있는 권한을 부여한다. 기업은 또한 개인정부가 어떻게 처리되고 있는지 더 명확하게 설명해야 하며, 광고주들이 어떻게 개인정보를 사용할 수 있는지에 대한 더 많은 제약을 만들었다. 기업이 이러한 규성을 준수하지 않으면, 기술 거대(tech giants)[2] 기업의 경우, 10억 달러 이상의 벌금을 내야 한다. GDPR은 집단행동 방식의 소송을 준비하는 개인정보 보호 단체가 기업에 더 많은 법적 압력을 행사할 수 있게 했다.

유럽연합(EU)은 28개 회원국이 기술 거대 기업에 대한 반독점법 시행 강화의 기준을 마련하고

---

2) 정보 기술 산업에서 가장 크고 가장 지배적인 회사를 가리킨다. Big tech 또는 S&P 5라고도 하는데, 미국에서는 Amazon, Apple, Google, Facebook, Microsoft가 이에 속하며, 이들을 'Big five'라고 부른다(역자 주, 위키백과 참고).

있으며, 기업에 대한 조세 정책을 강화할 준비를 하고 있다고 밝혔다. 유럽의 최고 반독점 관리인 Margrethe Vestager는 새로운 개인정보 보호 규정은 기업 활동을 제한할지라도 환경 및 공중 보건을 보호하기 위해 산업체를 감시하는 '강력한 유럽 전통'의 일부라고 말했다(Satariano, 2018).

GDPR로 인해 전세계의 주요 기술 기업들은 유럽에서 사업을 계속하기 위해서 회사 정책을 수정해야 했다. 이러한 혁신적인 규제들은 브라질, 일본, 한국이 유럽의 선례를 따르도록 자극했고, 일부 국가들은 이미 유사한 데이터 보호법을 통과시켰다. 유럽 관리들은 데이터 보호를 일부 무역 거래와 연계시키고, 이전에 견제받지 않았던 실리콘 밸리의 힘을 약화시킬 수 있는 유일한 방법은 통일된 글로벌 접근 방식이라고 주장하면서 모방 사례가 계속 생겨나기를 장려하고 있다(Satariano, 2018).

유럽의 적극적인 태도는 수년간 기술 산업을 규제하는 데 별다른 조치를 취하지 않았던 미국과 확연히 대비된다. 가장 최근에는 Trump 행정부는 세금 인하와 규제 완화를 모색하고 있다. 하지만 많은 미국의 기술 회사들은 유럽에서 상당한 규모의 사업을 하기 때문에 이러한 새로운 규정에 대응할 필요가 있다는 것을 알고 있다. Facebook과 Google은 GDPR의 요구조건을 충족시키기 위해 대규모의 팀을 배치하여 사용자들이 개인정보 보호 설정에 접근할 수 있도록 하는 방법을 정비하고 사용자의 데이터를 너무 많이 침해할 있는 특정 제품을 재설계했다. Facebook은 기술자, 제품 관리자, 변호사 등 전세계적으로 약 1,000명의 직원들이 이 작업에 참여하고 있다고 말했다. 또한 실리콘 밸리 회사들은 규제가 더 심해지기 전에 법률 제정에 영향을 주기 위해 신속하게 로비스트들을 고용하고 있다. Google과 Microsoft는 이미 유럽연합(EU)에 대한 로비 활동으로 각각 약 450만 유로(약 530만 달러)의 예산을 쓰고 있다(Satariano, 2018).

정보에 입각한 의견 수립

정보가 풍부한 세상에 사는 것은 많은 장점을 가지고 있다. 광범위한 정보 자원을 통해 기업은 소비자의 발전하는 요구를 모니터하고 해당 요구를 충족시킬 수 있는 제품과 경험을 구축하도록 돕는다. 이 데이터베이스는 조직이 어떠한 문제(건강, 범죄, 교통, 날씨, 자원 부족 등)를 조기에 발견하고 이러한 문제를 줄이기 위해 고안된 전략을 모니터하는 데 도움이 된다. 데이터베이스 간에 빠른 정보 공유는 매우 효율적으로 구매를 완료하고, 의료 진단을 받고, 여행하고, 친구와 연락하고, 원하는 때에 원하는 경험과 정보를 찾게 해 준다. 그러나 단점도 많이 있다. 그 중 가장 심각한 것은 개인 사생활의 실질적인 소멸이다. 우리가 전자 상거래를 완료하면, 개인은 그 거래에 의해 만들어진 정보에 대한 통제력을 영원히 잃게 된다. 그 정보는 당신의 전자 프로필을 지속적으로 확장하는 수많은 데이터베이스에 추가되면서 여러 번 복제된다. 방화벽 뒤에서 '보호되고 있다'고 생각하는 정보는 다양한 정부기관에서 일하는 사람들뿐만 아니라 해커들에 의해 불법적으로 자주 접근되고, 심지어 마케터들에 의해서도 합법적으로 접근된다.

개인정보에 대한 이슈에 대해 중요한 첫 번째 단계는 개인정보 침해의 위험에 대해 아는 것이다. 만약 당신이 이러한 위험에 대해 모르고 지낸다면, 당신은 계속해서 사생활의 많은 부분과 어쩌면 당신의 정체성까지도 잃게 될 것이다. 일단 개인정보 침해의 위험에 대해 알게 되면, 적어도 가장 심각한 위협으로부터 자신을 보호하기 위한 조치를 취해야 한다. 이 절에서는 개인정보 보호를 위한 세 가지 방법을 제시하고자 한다. 첫째, 당신은 정보에 대한 평가를 해야 한다. 둘째, 위협에 대한 평가를 해야 한다. 그리고 셋째, 개인정보 보호 전략을 세워야 한다.

정보에 대한 평가

정보 평가는 당신이 현재 이용 가능한 정보를 확인하는 것부터 시작된다. 그런 다음, 당신이 유지하고 싶은 개인정보의 수준에 따라 해당 정보를 조직할 필요가 있다.

당신에 대해 공개적으로 사용할 수 있는 정보에 대한 목록을 작성하라

계정이 있거나 자주 방문하는 웹사이트를 검색하라(미디어 리터러시 기술 적용 6.1 참조). 금융, 쇼핑, 의료, 교육, 정부, 사회 분야의 사이트에 중점을 두어라. PeekYou.com, www.intelius.com, Snitch. name 웹사이트 중 하나로 이동하라. 당신의 이름을 입력하고 다른 사람들이 당신에 대해 쉽게 얻을 수 있는 정보가 무엇인지 확인하라.

개인정보 수준에 따라 당신에 대한 정보의 지도를 그려라

이 과제를 비교적 단순하게 수행하려면 개인적인 것, 제한된 공유, 그리고 전체 공개의 세 가지 수준만 고려하면 된다. 연구 결과에 따르면, 우리는 친구, 가족, 지인 등과 개인정보를 공유할 때 각각 다른 수준을 적용한다(Vitak, 2012).

이제 동심원 3개로 이루어진 지도를 그려 보라. 그림을 그리고 나면, 가운데 작은 원은 작은 도넛과 같은 중간 밴드와 큰 도넛과 같은 바깥 밴드로 둘러싸이게 된다. 가운데에 있는 가장 작은 원 안에 절대 비밀로 유지하고 싶은 깊고 어두운 비밀을 적어라. 이곳은 당신의 깊은 비밀 창고이다.

다음으로, 중간 밴드를 몇 개의 칸으로 나누어 인간관계의 유형에 따라 각각의 그룹을 만들어라. 예를 들어, 가까운 친구, 직장 동료, 부모, 형제, 의료 전문가, 상담사 등의 그룹을 만들 수 있다. 각 그룹마다 해당 그룹에 속한 사람들과 어떤 종류의 정보를 공유할 것인지 생각해 보라.

마지막으로, 외부 밴드에 '공개'라고 표시하고 이 공개 밴드에는 당신에 대해 대중이 알아도 되는 정보를 기입하라.

당신이 원하는 개인정보 지도를 완성한 후 현실과 비교하여 체크해 보라. 당신이 SNS에 올린 글, 게시한 글과 사진, 블로그 쓴 글, 이메일 이력 등을 살펴보라. 당신은 지속적으로 적절한 정보를 적절한 사람들과 공유하고 있는가? 그렇지 않다면, 개인정보를 보호하기 위해 변경해야 할 사항은 무엇인가?

만약 당신이 다른 사람들과의 적절한 개인정보를 공유하는 데 신중했다면, 얼마나 그 사람들이 다른 사람들과 당신의 개인정보를 공유하지 않을 거라고 신뢰하는지 당신 스스로에게 물어보라.

이 단계의 목적은 개인정보가 당신에게 어떤 의미인지에 대해 생각해 보도록 하는 것이다. 개인정보에 대한 당신의 생각은 너무 복잡한가? 아니면 현실적인가? 주변 사람들이 개인정보에 대한 당신의 기대를 얼마나 이해하고 존중해줄 거라고 믿는가?

위협에 대한 평가

다음 단계는 개인정보 보호를 위해 인터넷 서비스를 얼마나 신뢰할 수 있는지 조사하는 것이다(미디어 리터러시 기술 적용 6.2 참조). 당신이 가장 많이 방문하는 웹사이트부터 시작해서 개인정보 보호 정책을 주의 깊게 살펴보라. 모든 사이트들은 개인정보 접근 권한에 대한 이용자의 동의를 구하는 약관을 제공해야 한다. 당신은 이러한 개인정보 보호 약관이 무엇을 말하고 있는지 이해할 수 있는가 아니면 약관에 사용된 용어가 당신을 혼란스럽게 하는가?

그러한 사이트의 개인정보 보호에 대한 기본 설정은 무엇인가? 기본 설정이 옵트인(opt-in)[3] 정책인가 옵트아웃(opt-out)[4] 정책인가? 개인정보 보호에 대해 옵트인 정책이라면, 광고주들이 메시지를 보내거나 쿠키 속에 정보를 저장하게 만들기 위해서는 소비자가 무언가를 반드시 해야만 한다. 즉, 광고주들은 우선적으로 고객에게 요청하고 확실한 허락을 얻기 전까지는 메일을 보내거나

---

[3] 정보 주체가 동의를 해야만 개인정보를 처리할 수 있는 방식. 개인정보를 수집, 제공, 이용하거나 광고 메일, 문자 메시지 등을 보낼 때 정보 주체가 이에 대한 동의를 한 경우에만 개인정보를 처리할 수 있다(역자 주).

[4] 정보 주체의 동의를 받지 않고 개인정보를 처리하는 방식. 단, 정보 주체가 거부 의사를 밝힌 경우에는 개인정보를 처리를 바로 중지해야 한다(역자 주).

소비자의 컴퓨터 속에 쿠키를 심어 정보를 기록할 수 없다. 반대로 옵트아웃 정책을 지향한다면, 사용자가 중지를 요청하기 전까지 기업은 어떤 정보라도 전송할 수 있는 권리를 가지고 있고, 쿠키를 만들 수 있는 권리를 가지고 있다는 것이다.

기업은 압도적으로 옵트아웃 정책을 선호하는데, 왜냐하면, 사용자가 정지를 요청할 때까지 그들이 원하는 것은 무엇이든 할 수 있기 때문이다. 또한 대부분의 사람들은 사업체들이 어떻게 그들의 개인정보를 침해하고 있는지 알지 못하기 때문에 사업체에게 정보 수집을 중지하라고 요청하는 사람은 거의 없다. 이것을 사람들에게 설명했을 때, 인터넷 이용자의 86%가 옵트인 정책을 선호한다고 답했다.

하지만, 대부분의 규제는 기업에 유리하도록 만들어지고 있다. 한 예로, Clinton 행정부, 연방통상위원회, 광고주 연합회의 협상 끝에 타결된 법안은 웹서비스 제공자가 인터넷 이용자들의 인터넷 활동을 모니터하는 것에 대한 옵트아웃 절차를 밟지 않는 한 그들의 활동을 추적해도 된다는 권한을 주었다. 이러한 개인정보 보호 기준은 온라인 광고주들에게 매우 호의적인 것으로 받아들여졌고, DoubleClick의 주가는 하루만에 13%나 상승했다(Pew Internet & American life project, 2000).

개인정보를 보호하기 위해 비교적 소수의 현명한 사용자들은 자신만의 옵트인 정책을 실천하고 있으며, 일부 웹사이트는 자신들의 개인정보를 얻을 가치조차 없다고 판단하고 있다. 또 인터넷 이용자의 24%는 웹사이트 실제 정보를 주지 않기 위해서 가짜 이름이나 가짜 정보를 제공한다고 답했으며, 인터넷 이용자의 9%는 전자우편을 보호하기 위해 암호화를 사용한다고 답했으며, 5%는 방문하는 웹사이트에서 컴퓨터의 정체성을 숨기는 '익명화' 소프트웨어를 사용한다고 답했다. 그러나 대부분의 사람들은 스스로를 보호하는 방법을 모르고 있으며, 인터넷 이용자의 56%는 쿠키가 무엇인지 몰랐고, 쿠키를 피하는 방법을 아는 사람은 더 적었다. 인터넷 이용자의 10%만이 쿠키를 거부하도록 브라우저를 설정하였다(Pew Internet & American Life Project, 2000).

당신이 하는 행동 중 어떤 행동이 개인정보 보호에 위협이 되는지 생각해 보라. 당신이 모르는 사람들이 접속할 수 있는 웹사이트에 당신이 게시물을 올리는 것을 생각해 보라. 당신이 오늘 게시한 것이 다른 사이트로 복사되었을 수도 있고, 그것이 또 다른 사이트로 복사되었을 수도 있다. 당신이 게시한 이미지를 지운다고 해도, 그 이미지는 웹상의 수백 개의 다른 곳에 존재할 수 있다. 더욱 위험한 것은 그런 이미지들(당신의 말, 목소리 등)이 당신이 올린 원래 메시지에서 왜곡될 수 있기 때문에 널리 유포되는 것은 당신을 당황하게 할 수 있다. 이제 범위를 넓혀라. 이 장의 앞부분에서 언급한 불법적 위협뿐만 아니라 합법적 위협에 이르기까지 모든 위협에 대해 생각해 보라. 그런 다음, 개인정보 지도에 있는 그룹에 대한 위협도 생각해 보라.

개인정보 보호 전략

타인이 우리를 위해 우리의 개인정보를 보호하기를 기대할 수 없다. 더군다나 규제 당국이 우리의 개인정보를 침해하는 새로운 기술의 개발 속도를 따라잡지 못할 확률이 높다. 우리 자신의 개인정보를 보호해야 하는 책임은 우리 각자에게 있다. 만약 우리가 스스로를 보호하기 위한 일을 하지 않는다면, 우리의 사생활은 거의 남아 있지 않을 것이다.

지금까지 파악한 위협에서부터 시작하라(미디어 리터러시 기술 적용 6.3). 이러한 위협을 줄이고 가능하다면 제거하기 위해 수행할 수 있는 작업의 목록을 만들어라.

개인 정보를 제거하라

만약 당신이 공유하기를 원하지 않는 무언가를 발견하는 경우, 웹사이트에 연락을 취해 변경을 하거나 삭제를 하도록 요청하라. 해당 정보를 삭제할 수 있는 권한을 가진 사람의 휴대전화 번호나 이메일 주소를 찾아보라. 대부분의 웹사이트는 '연락처' 메뉴가 있다. 만약 사이트를 운영하는 사람이 누구인지 모르는 경우, Google에서 "whois www.사이트 이름.com"(따옴표 포함)을 입력해 보라. 만약 콘텐츠를 제거하지 않는 것이 사이트 정책이라면, 게시물에서 이름을 지워줄 수 있는지 또는 검색 엔진에 콘텐츠가 표시되지 않도록 차단할 수 있는지 물어보라.

만약 당신이 확인한 모든 웹사이트에서 당신에 대한 정보를 삭제할 수 있다고 해도, 여전히 기존의 데이터베이스에 당신에 대한 정보가 남아있을 가능성이 높고, 그 정보는 미래에 그것을 사용할 다른 회사에 팔릴 것이다. 이런 위험성을 제거하기 위해서는 Intelius와 같은 1차 데이터 브로커를 찾아 그 사이트에서 당신을 검색해 정보를 없애달라고 요청해야 한다. 1차 데이터 브로커는 공공 기록으로부터 정보를 수집한다. 또한 Spokeo와 같은 2차 데이터 브로커를 찾아 당신을 검색해 정보를 없애달라고 요청해야 한다. 2차 데이터 브로커는 1차 데이터 브로커의 정보를 수집하고 거기에 소셜 네트워크나 다른 온라인 출처에서 수집된 데이터를 추가한다. 또한 개인정보 보호 관련 회사인 Abine과 같은 사이트에도 가 봐야 한다. 그들은 25개의 주요 데이터 공급업체의 목록을 관리하고 각 업체의 옵트아웃 정책에 대한 지침을 제공한다.

경계심을 늦추어서는 안 된다. 몇 달에 한 번씩 사람을 찾아주는 사이트에 가서 당신을 검색해서 데이터 수집가들이 당신을 다시 목록에 추가하지 않았는지를 확인해야 한다. Account Killer와 같이 거대 네트워크에서 당신의 프로필을 어떻게 제거하는지 알려주는 사이트를 통해 더 자세한 지침을 얻을 수 있다.

Gmail과 같은 사이트에 새롭게 가입할 때 가능한 한 개인정보를 적게 제공하라. 만약 계정이 빈

칸을 남겨두는 것을 허용하지 않는다면, 거짓 정보를 입력하라. 만약 가입을 위해서 반드시 당신의 이메일 주소를 제공해야 하는 경우, 새로운 이메일 계정을 만들어서 가입 절차를 마치고 가입 확인 메일을 받은 뒤에 그 계정을 삭제하라. 당신의 계정 설정을 확인해 당신의 프로필이 비공개 상태인지 그리고 검색 엔진에서 찾을 수 없는지를 확인하라. 가명을 사용하면 된다고 생각할 수 있지만, 당신의 모든 가명에 대한 정보를 수집하는 PeekYou와 같은 회사들이 있다는 것을 기억하라. 그래서 그런 방법은 통하지 않는다.

부정확한 정보를 수정하라

당신의 요청에 따라 당신에 대한 정확한 정보를 제공하는 사이트도 있다. 이 경우 부정확한 정보를 발견하면 해당 웹사이트에 연락을 취해 잘못된 정보를 수정해야 한다.

당신이 대하여 온라인에 게시한 것에 대한 책임은 당신에게 있다는 것을 기억하라. 예를 들어, 만약 1년 전에 Facebook에 파티에 완전히 빠진 낯부끄러운 사진을 게시했지만, 이제 나는 저렇지 않기 때문에 이것이 '부적절하다'고 생각한 당신은 그 사진들을 지울 수 있다. 하지만 Facebook은 복사본을 보관할 것이고, 당신의 페이지를 방문한 사람들이 지난 1년 동안 가져간 사본들도 많을 것이다.

지속적으로 위협을 모니터하라

당신에 대한 정보 요청에 대해 회의적으로 생각하라. 당신은 그 정보를 요구한 사람이 누구인지를 알고 있는가? 만약 그렇다면, 당신은 그 사람이나 기관을 신뢰하는가? 소셜 네트워크에서 낯선 사람의 친구 요청을 받는 것에도 매우 신중해야 한다. 그 요청은 광고주나 스팸 발송자, 심지어 범죄자로부터 온 것일 수 있다. 개인정보를 요청하는 사람이 누구인지, 그들의 개인정보 보호 방침이 무엇인지를 알기 전까지는 당신의 개인정보는 절대로 제공해서는 안 된다.

특히 당신의 금융 거래 내역을 모니터하여 당신에게 청구된 금액이 실제로 당신이 구매한 것이 맞는지를 확인하는 것이 중요하다. 당신의 모든 신용카드와 현금카드 명세서 및 계좌의 예금 인출 내역을 확인해야 한다. 또한 당신의 신용기록을 확인해서 접근 권한이 없는 개인이나 기업이 당신에 대한 정보에 접근하지는 않았는지 확인해 보라. 현재 50개 주 모두 거주민들에게 매년 세 개의 주요 신용 평가 보고 기관을 통해 무료로 신용기록을 확인할 수 있도록 하고 있다. Annualcreditreport.com으로 가서 당신의 신용 기록을 확인하라. 그리고 누가 당신의 신용 정보에 접속했었는지를 확인하라. 접근한 사람이나 회사는 당신이 사용하는 은행이나 당신이 입사 지원을 했던 곳과 관련이 있는가? 만약 그렇지 않다면, 그것은 당신의 신분을 도용하기 위한 시도일지도 모른다.

개인정보의 위협으로부터 당신의 컴퓨터를 보호할 소프트웨어를 설치하라

Google의 Gmail, Microsoft의 Hotmail, 그리고 당신에게 이메일 계정을 제공하는 당신의 대학과 같은 주요 인터넷 서비스 공급자들은 매일 많은 직원들이 위협을 식별하고 걸러내기 위해 일을 하고 있지만, 당신의 컴퓨터를 보호하기 위해 소프트웨어를 설치하는 것은 좋은 생각이다. Norton, McAffee와 같은 몇몇 회사들은 당신의 하드 드라이브에 설치되어 방화벽을 만들고 모든 종류의 위협, 특히 스팸이나 스파이웨어, 애드웨어를 차단해주는 소프트웨어를 판매한다. 아니면 온라인에서 무료로 제공되는 소프트웨어를 찾아 다운로드할 수도 있다. 이런 것들을 프리웨어라고 하며 다운로드가 가능한 서비스가 많지만, 이런 소프트웨어들은 스파이웨어만을 차단해주거나 애드웨어만을 차단해주는 식으로 대개 한 종류의 위협만을 겨냥한 것들이다. 만약 프리웨어를 이용하고자 하는 경우, 제품에 대한 리뷰가 있는 믿을만한 사이트를 이용하는 것이 좋다. 먼저 소프트웨어를 확인하지 않는다면, 당신을 보호해주는 것처럼 보였던 프로그램이 애드웨어나 스파이웨어 프로그램일 수도 있다.

인터넷 브라우저의 기본 설정이 쿠키를 수집하지 않도록 하라

당신이 신뢰하는 사이트에만 쿠키 수집을 허용하라. 이를테면 당신이 이용하는 온라인 은행은 당신의 계좌 및 당신의 예금에 접속하기 위해 쿠키가 필요하게 된다.

쿠키 자체는 본질적으로 나쁘거나 누군가의 개인정보를 반드시 침해하는 것은 아니다. 하지만 쿠키는 광범위한 개인정보 침해의 포문을 열었다. 가장 포괄적이고 극단적 사례로, 한 웹서비스 회사는 한 여자의 구매 내역, 음악 취향, 추구하는 투자 정보, 가장 걱정하는 건강 문제, 관심을 끄는 뉴스 기사에 정보들을 종합하여 한 인터넷 이용자의 프로필을 만들 수도 있다. 당신이 하드 드라이브 안에 쿠키가 존재하도록 허락할 때, 해커는 당신의 컴퓨터 속으로 들어가 쿠키에 있는 정보를 읽음으로써 당신의 관심사, 경제 상황, 건강, 성격, 생활 방식에 대해 많은 것을 유추할 수 있다.

결론적으로, 여기서 제공한 지침을 따르려면 상당한 양의 작업이 필요하다. 마음의 평화를 위해 투자를 하는 것이라고 생각하라. 이 투자는 당신이 나중에 부정적인 결과에 대처하기 위해 소비해야 하는 노력에 비하면 상대적으로 적다.

더 읽을거리

Calvert, C. (2004). Voyeur nation: Media, privacy, and peering in modern culture. New York; Basic Book.

이 책은 우리 문화가 관음증에 집착하게 된 과정을 여실히 보여주고 있는데, 관음증은 정부의 독재자적인 사고(Big Brother mentality)와 감시의 기술적 진보로 가능해졌다. 그러나 법 체계가 이런 현상에 보조를 맞추지 못해 우리의 사생활이 심각하게 제한되고 있다고 말한다. 작가는 펜실베니아 주립 대학의 교수로 미디어 법, 개인정보, 이것들 간의 상호관계 등에 관한 전문가이다.

Goodman, M. (2015). Future crimes: Everything is connected, everyone is vulnerable, and what we can do about it. New York, NY: Doubleday.

법 집행 전문가가 저술한 이 책은 우리가 의존하고 당연하게 받아들이게 된 기술의 이용 가능성 때문에 미국인의 사생활이 거의 아무것도 아닌 것으로 전락해 버렸다는 놀라운 사실들을 제시한다. 총 16장으로 구성된 이 책은 우리의 사생활이 어떻게 침해되고 있는지에 대한 압도적인 사례를 제시한 후, 우리가 그나마 남은 사생활을 보호하기 위해 무엇을 할 수 있는지에 대한 몇 가지 제안으로 구성된 4페이지 분량의 부록을 제시한다.

Jones, M. L. (2016). Ctrl+Z: The right to be forgotten. New York: New York University Press.

한 학자가 저술한 이 책은 미국과 다른 국가의 개인정보 보호 권리에 관한 법률적 이슈를 다룬다. 잊힐 권리에 대한 유럽인들이 생각에 초점을 두고 있으며, 사람들이 어떻게 디지털 미디어로부터 자신을 보호함에 있어서 더 많은 선택권을 주기 위해 세계 각국의 법률이 어떻게 제정되어야 하는지를 보여준다.

MacKinnon, R. (2012). Consent of the networked: The worldwide struggle for Internet freedom. New York, NY: Basic Books.

이 책은 주로 미국을 포함한 전세계 국가들이 어떻게 법과 치안을 사용해 정보의 공개적 공유를 방지하는지에 초점을 맞추고 있지만, 정부뿐만 아니라 기업들이 인터넷을 이용하여 개인의 동의 없이 정보를 침해하는 방법을 제시한다. 마지막 장에서, MacKinnon은 사람들이 어떻게 자신의 권리를 당연하게 여기는 것을 그만두고 '네티즌 중심적인' 인터넷을 구축할 수 있는 방법에 대한 자세한 계획을 제시한다.

O'Neil, C. (2016). Weapons of math destruction. New York, NY: Crown.
저자는 헤지펀드와 스타트업 기업에서 일하면서 인터넷에서 채굴한 데이터를 이용해 예측모델을 개발해 온 수학자다. 이 책에서 저자는 이러한 모델들이 특정한 요소들을 중시하고 다른 요소들을 무시하는 방식 때문에 모든 종류의 사람과 기관에 해를 끼치고 있다고 설득력 있게 주장한다. 대기업이 빅 데이터를 이용하여 더 많은 수익을 추구할 때, 많은 개인들이 지식이나 동의 없이 차별을 받는다는 것을 설명하기 위해 교육, 사업, 투표, 건강 의료 분야에서 많은 사례를 제시한다. 또한 이러한 모델은 특정 부류의 사람들의 기회를 제한하고 그들이 건강, 재정적 행복, 직장에서의 성공을 성취하기 힘들도록 만드는 경향이 있다.

Pariser, E. (2011). Then filter bubble: What the Internet is hiding from you. New York: Penguin.
작가는 인터넷 활동가로 특정 웹 서비스(특히 Google, Netflix, Amazon, Facebook, Pandora)가 검색 정보를 기록하고 이를 상업적 마케팅의 목적으로 활용하고 있는 것에 대해 비판한다.

Solove, D. J., Rotenverg, M., & Schwartz, P. M.(2010). Privacy, information and technology(2nd edition). New York: Aspen.
세 명의 로스쿨 교수가 쓴 이 책은 미디어 메시지를 이용할 때, 개인정보 보호와 관련된 문제에 대해 강력한 법적 접근을 제시한다.

Tucker, P. (2014). The naked future: What happens in a world that anticipates your every move? New York, NY: Current.
이 책의 논지는 개인의 사생활이 거의 완전히 없어졌음에도 불구하고, 빅 데이터(회사에 의해 수집된 사람들이 하는 모든 것에 대한 정보)가 모든 사람들에게 더 나은 미래를 가져다 줄 거라는 것이다. 저자는 빅데이터가 건강, 범죄 예방, 교육, 인간관계에 대한 연구의 개선에 이바지할 것이라고 주장한다.

> ### 최신 자료
>
> **Electronic Frontier Foundation (https://www.eff.org/)**
> 이 비영리기관은 네트워크로 연결된 세계에서 대중의 자유가 공격받을 때, '방어의 제1선'으로 스스로를 홍보해 왔다. 1990년에 설립된 이 회사는 언론의 자유, 개인정보 보호, 소비자 권리 보호 등의 공익을 위해 싸웠다. 공식 웹사이트에 접속하여 '개인정보' 탭을 클릭하면, 관련 소송이나 뉴스 기사, 자료 및 연구 논문에 대한 최신 정보를 얻을 수 있다.
>
> **Electronic Privacy Information Center (http://epic.org/)**
> 1994년 워싱턴 D.C.에 설립된 EPIC은 시민 자유 문제에 대중의 관심을 집중시키고, 개인정보 보호, 수정헌법 제1조, 헌법적 가치를 보호하는 임무를 지닌 공익 연구 센터이다.
>
> **National Cyber Security (http://nationalcybersecurity.com/)**
> 2008년 미국 국토안보부가 만든 NCC는 연방정부의 통신망, 특히 국가안보국, 연방수사국, 국방부 사이에서 사이버 보안에 관한 정보를 모니터링하고 공유한다.

> ### 미디어 리터러시 기술 적용 6.1.
> 정보 평가

1. 분석: 웹사이트를 검색하여 이용 가능한 정보의 목록을 만들어라.

   a. 금융
      - 금융 기관(은행, 신용조합, 투자회사)의 웹사이트에서 당신에 대해 제공하는 정보는 무엇인가?

   b. 쇼핑
      - 계산할 때 할인 받을 수 있는 상점 카드가 있는가?
      - 쇼핑 웹사이트(Amazon, Macy's 등)에 계정을 생성했는가?

c. 건강관리
- 당신의 의료 보험 회사는 당신에 대해 어떤 정보를 제공하고 있는가?
- 개인병원, 클리닉, 대형병원의 웹사이트에 당신의 계정을 가지고 있는가?
- 애완동물을 위한 동물병원의 웹사이트에 당신의 계정을 가지고 있는가?

d. 교육 기관
- 당신의 고등학교와 대학교 웹사이트에서 당신에 대한 어떤 기록을 온라인으로 확인할 수 있는가?
- 학자금 대출 계좌가 있는가?

e. 정부
- 시청, 도청, 국가는 당신에 대해 어떤 정보를 제공하고 있는가?
  - 세금을 부과·징수하는 기관: 국세청, 세무서 등
  - 면허 기관: 운전면허, 자동차등록, 자격증 등
  - 재산등록: 건물 및 토지의 소유, 임대, 구역 변동 등
  - 경찰 기관: 구속 기록, 범죄 기록 등
  - 선거 관련 기관

f. 소셜
- 이메일로 당신에 대한 어떤 정보를 공유했는가?
- SNS에 올린 당신에 대한 정보는 무엇인가?
- 회원가입이 필요하고 웹사이트가 있는 사회단체의 회원인가? 만약 그렇다면, 해당 단체는 당신에 대해 어떤 정보를 수집했는가?
- 개인 블로그나 웹사이트가 있는가?

2. 그룹화: 당신에 대해 이용 가능한 정보를 나열한 후, 그룹을 묶어서 원하는 개인정보 지도를 작성하라.

  a. 전적으로 개인적인 정보: 가장 비밀로 하고 싶은 정보는 무엇인가? 이것은 가장 친한 친구가 아니면 누구와도 공유하고 싶지 않은 정보다.

  b. 제한된 공유: 이것은 당신이 제한적으로 공유하고자 하는 정보다.

  c. 공개 정보: 이것은 당신이 모든 사람들과 기꺼이 공유할 수 있는 정보다.

미디어 리터러시 기술 적용 6.2.
위협 평가

1. 평가: 바라는 개인정보 지도를 기준으로 삼고, 사용자가 이용 가능한 정보를 표준과 비교하라.
   - 그 정보들 중 일부는 기준을 충족시킬 수 있다.
     - 당신이 대중에게 공개되어도 좋다고 생각하는 정보는 이제 누구나 이용할 수 있다.
     - 특정 개인이나 회사에게만 이용할 수 있어야 한다고 생각하는 정보는 암호가 필요한 웹사이트에 저장되어 있으며 당신이 허락한 사람들만 접근할 수 있다.
   - 그 정보들 중 일부는 당신의 기준에 미치지 못할 수 있다.
     - 당신이 특정 개인에게만 공개되어야 한다고 생각하는 정보를 공개 웹사이트에 게재했다.
     - 당신의 개인정보를 이용함에 있어서 제한을 지켜줄 거라 믿었던 웹사이트가 당신의 신뢰를 저버렸다.

2. 분석
   - 특별히 보호해야 한다고 생각하는 당신에 대한 정보(금융 기록, 건강 기록 등)가 있는 웹사이트에 방문하라.
   - 개인정보 보호 정책을 찾아 해당 법률 용어를 모두 분석하여 자신의 권리를 이해할 수 있는지 확인하라.
   - 그 사이트는 무엇을 보호하겠다고 약속하고 있는가?
   - 그 사이트는 어떤 종류의 정보를 누구와 공유할 것인가?
   - 그러한 정보 공유에 대한 그들의 다양한 이유는 무엇인가?
   - 당신의 개인 정보를 훔치거나, 당신의 신원을 도용하거나, 당신의 정보의 일부를 변경하려고 시도하는 범죄자들로부터 각 사이트는 당신의 정보를 얼마나 잘 보호하고 있다고 생각하는가?

미디어 리터러시 기술 적용 6.3.
개인정보 보호 전략의 신장

종합: 지금까지 당신에 대해 이용할 수 있는 정보가 무엇인지 확인하기 위해 당신의 세계를 분석하고 다양한 종류의 정보에 대한 적절한 개인정보 보호 수준을 평가했으므로, 이제 당신은 모든 정보를 전략의 공식에 통합할 준비가 되었으며, 이는 당신이 즉시 위협을 감소시키고 장기적으로는 그 위협을 최소한으로 유지시키는 데 도움을 줄 것이다. 당신의 특정한 필요에 따라 자신만의 계획을 세워야 한다. 나는 다음의 다섯 가지 제안을 제시하여 당신이 적절한 전략을 세울 수 있도록 안내하고자 한다.

1. 현재 있는 곳에서 개인정보를 제거하라.

2. 계속 이용 가능하도록 허용하고자 하는 정보의 부정확한 내용을 수정하라.

3. 위협을 지속적으로 모니터하라. 기업의 개인정보 정책이 변경되는지 모니터하라.
   당신의 신용 점수가 변경되지 않았는지 신용평가기관에 확인하라.
   당신에 대한 어떤 정보가 이용 가능한지 모니터하려면 대중적인 사이트를 확인하라.
   - Google에 당신의 입력을 검색해 보라.
   - PeekYou.com, www.intelius.com, Snitch.name 등이 사이트를 확인하라.

4. 개인정보의 위협으로부터 당신의 컴퓨터를 보호할 소프트웨어를 설치하라.
   - 안티바이러스 소프트웨어
   - 안티스팸 소프트웨어
   - 애드웨어 차단 프로그램
   - 스파이웨어 검사 프로그램

5. 인터넷 브라우저의 기본 설정이 쿠키를 수집하지 않도록 하라.
   회사가 그들의 서비스를 이용하기 위해 쿠키 설정을 요구할 경우(은행과 같이), 쿠키를 허용하기 전에 회사를 알고 신뢰할 수 있는지 확인하라.

참고문헌

Abelman, R. (1999). Preaching to the choir: Profiling TV advisory ratings users. *Journal of Broadcasting & Electronic Media, 43,* 529-550.

Acxiom. (2018). Financial summary. Retrieved from https://investors.acxiom.com/financial-information/default.aspx

Ader, D. R. (1995). A longitudinal study of agenda setting for the issue of environmental pollution. *Journalism & Mass Communication Quarterly, 72,* 300-311.

Albarran, A. B. (2002). *Media economics: Understanding markets, industries and concepts* (2nd ed.). Ames: Iowa State Press.

Albarran, A. B., & Chan-Olmsted, S. M. (1998). The United States of America. In A. B. Albarran & S. M. Chan-Olmsted (Eds.), *Global media economics: Commercialization, concentration and integration of world media markets* (pp. 19-32). Ames: Iowa State University Press.

Allcott, H., & Gentzkow, M. (2017). Social media and fake news in the 2016 election. *Journal of Economic Perspectives, 31*(2), 211-236.

Alter, A. (2017). *Irresistible: The rise of addictive technology and the business of keeping us hooked.* New York, NY: Penguin Press.

Altheide, D. L. (1976). *Creating reality: How TV news distorts events.* Beverly Hills, CA: SAGE.

Altman, A., & Frizell, S. (2015, January 5). Hollywood hacked: Why no company is immune. *Time Magazine,* p. 26.

Amazeen, M. A., & Muddiman, A. R. (2018). Saving media or trading on trust? *Digital Journalism, 6,* 176-195.

Amazeen, M. A., & Wojdynski, B. W. (2018, February 7). The effects of disclosure format on native advertising recognition and audience perceptions of legacy and online news publishers. *Journalism.* doi:10.1177/1464884918754829

American Obesity Association. (2004, June 24). *AOA factsheets.* Retrieved from http://obesity.org

Anderson, C. (2006). *The long tail: Why the future of business is selling less of more.* New York, NY: Hyperion.

Anderson, D. R., Collins, P. A., Schmitt, K. L., & Jacobvitz, R. S. (1996). Stressful life events and television viewing. *Communication Research, 23,* 243-260.

Anderson, J. A. (1983). Television literacy and the critical viewer. In J. Bryant & D. R. Anderson (Eds.), *Children's understanding of television: Research on attention and comprehension* (pp. 297-327). New York, NY: Academic Press.

Angwin, J. (2009). *Stealing MySpace: The battle to control the most popular website in America.* New York, NY: Random House.

AOL is sued over privacy breach. (2006, September 26). *Los Angeles Times,* p. C2.

AP Online. (2000, March 13). *Timeline of major media mergers. Financial Section.*

Arens, W. F. (1999). *Contemporary advertising* (7th ed.). Boston, MA: Irwin McGraw-Hill.

Arndorfer, J. B. (1998, December 21). A-B looking for women via daytime TV programs. *Advertising Age, 69*(51), 8.

Aslam, S. (2018a, January 1). *Twitter by the numbers: Stats, demographics & fun facts.* Retrieved from https://www.omnicoreagency.com/twitter-statistics/

Aslam, S. (2018b, February 5). *YouTube by the numbers: Stats, demographics & fun facts.* Retrieved from https://www.omnicoreagency.com/youtube-statistics/

Austin, E. W. (1993). Exploring the effects of active parental mediation of television content. *Journal of Broadcasting & Electronic Media, 37,* 147-158.

Austin, E. W., Bolls, P., Fujioka, Y., & Engelbertson, J. (1999). How and why parents take on the tube. *Journal of Broadcasting & Electronic Media, 43,* 175-192.

Badenhausen, K. (2018a, February 7). NBA team values 2018: Every club now worth at least $1 billion. *Forbes*. Retrieved from https://www.forbes.com/sites/kurtbadenhausen/2018/02/07/nba-team-values-2018-every-club-now-worth-at-least-1-billion/#563cd4af7155

Badenhausen, K. (2018b, April 11). Major league baseball's highest paid players for 2018. *Forbes*. Retrieved from https://www.forbes.com/sites/kurtbadenhausen/2018/04/11/major-league-baseballs-highest-paid-players-for-2018/#bb4a4a65e3fb

Bagdikian, B. (1992). *The media monopoly* (4th ed.). Boston, MA: Beacon.

Bagdikian, B. (2004). *The new media monopoly* (7th ed.). Boston, MA: Beacon.

Bailey, B. (2015, January 7). FTC chief says gadget industry must prioritize privacy. *Santa Barbara News Press*, p. A1.

Baker, C. (2003, August). Cracking the box office genome. *Wired*, p. 52.

Baker, M. R., Falk, L., & Manners, J. (2000, January). The big media road map. *Brill's Content*. pp. 99–102.

Bandura, A. (1986). *Social foundations of thought and action: A social cognitive theory*. Englewood Cliffs, NJ: Prentice Hall.

Bandura, A. (1994). Social cognitive theory of mass communication. In J. Bryant & D. Zillmann (Eds.), *Media effects* (pp. 61–90). Hillsdale, NJ: Lawrence Erlbaum.

Barthel, M, (2018, June 13). Newspaper fact sheet. *Pew Research Center*. Retrieved from http://www.journalism.org/fact-sheet/newspapers/

Bash, A. (1997, June 10). Most parents don't use ratings to guide viewing. *USA Today*, p. 3D.

Battles, K., & Hilton-Morrow, W. (2002). Gay characters in conventional spaces: Will and Grace and the situation comedy genre. *Critical Studies in Media Communication, 19*, 87–106.

Bauder, D. (2000, March 14). CBS to air two reality TV shows. *Tallahassee Democrat*, p. B1.

Bauer, E. (2018, February 1). 15 outrageous email spam statistics that still ring true in 2018. *Propeller*. Retrieved from https://www.propellercrm.com/blog/email-spam-statistics

Bauer, R. A., & Bauer, A. (1960). America, mass society and mass media. *Journal of Social Issues, 10*, 3–66.

Baym, N. K., & Boyd, D. (2012). Socially mediated publicness: An introduction. *Journal of Broadcasting & Electronic Media, 56*, 320–329.

Bazarova, N. N. (2012). Public intimacy: Disclosure interpretation and social judgments on Facebook. *Journal of Communication, 62*, 815–832.

Beam, R. A. (2003). Content difference between daily newspapers with strong and weak market orientations. *Journalism & Mass Communication Quarterly, 80*, 368–390.

Becker, L. B., Kosicki, G. M., & Jones, F. (1992). Racial differences in evaluation of the mass media. *Journalism Quarterly, 69*, 124–134.

Bettig, R. V., & Hall, J. L. (2003). *Big media, big money: Cultural texts and political economies*. Lanham, MD: Rowman & Littlefield.

Bialik, K., & Matsa, K. E. (2017, October 4). Key trends in social and digital news media. *Pew Research Center*. Retrieved from http://www.pewresearch.org/fact-tank/2017/10/04/key-trends-in-social-and-digital-news-media/

Bielby, D. D., & Bielby, W. T. (2002). Hollywood dreams, harsh realities: Writing for film and television. *Context, 1*, 21–27.

Blumer, H. (1946). Collective behavior. In A. M. Lee (Ed.), *Principles of sociology* (pp. 185–186). New York, NY: Barnes & Noble.

Boczkowski, P. J., & Mitchelstein, E. (2013). *The news gap*. Cambridge, MA: MIT Press.

Bollier, D. (2008). *Viral spiral: How the commoners built a digital republic of their own*. New York, NY: The New Press.

Boswell, T. (1996, July 20). Between the commercials, waiting for the real show. *Washington Post*, p. G9.

Boxman-Shabtai, L., & Shifman, L. (2014). Evasive targets: Deciphering polysemy in mediated humor. *Journal of Communication, 64*, 977–998.

Boyd, J. (2018). *List of top FBS head coach salary for NCAA football in 2018*. Retrieved from https://www.boydsbets.com/highest-paid-college-football-coaches/

Brady, E., Berkowitz, S., & Schnaars, C. (2014, November 20). Higher demands, higher salaries. *USA Today*, pp. C1, C7–C9.

British Broadcasting Corporation. (1972). *Violence on television: Programme content and viewer perceptions*. London, England: Author.

Brooks, D. (2011). *The social animal: The hidden sources of love, character, and achievement*. New York, NY: Random House.

Brown, J. A. (1991). *Television "critical viewing skills" education: Major media literacy projects in the United States and selected countries*. Hillsdale, NJ: Lawrence Erlbaum.

Brown, J. A. (1998). Media literacy perspectives. *Journal of Communication, 48*, 44–57.

Brown, J. A. (2001). Media literacy and critical television viewing in education. In D. G. Singer & J. L. Singer (Eds.), *Handbook of children and the media* (pp. 681–697).Thousand Oaks, CA: SAGE.

Brown, J. D., El-Toukhy, S., & Ortiz, R. (2014). Growing up sexually in a digital world: The risks and benefits of youths' sexual media use. In A. B. Jordan & D. Romer (Eds.), *Media and the well-being of children and adolescents* (pp. 90–108). New York, NY: Oxford University Press.

Brownfield, P. (1999, July 21). As minorities' TV presence dims, gay roles proliferate. *Los Angeles Times*, p. A1.

Bruner, J. S., Goodnow, J., & Austin, G.A. (1956). *A study of thinking*. New York, NY: John Wiley.

BtoBonline (2013, January 2). Media M&A activity in 2012 doubled. *AdAge*. Retrieved from http://adage.com/article/btob/media-m-a-activity-2012-doubled/288333/

Bucy, E. P. (2004). The interactivity paradox: Closer to the news but confused. In E. P. Bucy & J. E. Newhaghen (Eds.), *Media access: Social and psychological dimensions of new technology use* (pp. 47–72). Mahwah, NJ: Lawrence Erlbaum.

Bucy, E. P., & Newhagen, J. E. (1999). The emotional appropriateness heuristic: Processing televised presidential reactions to the news. *Journal of Communication, 49*, 59–79.

Buerkel-Rothfuss, N. L. (1993). Background: What prior research shows. In B. S. Greenberg, J. D. Brown, & N. Buerkel-Rothfuss (Eds.), *Media, sex and the adolescent* (pp. 5–18). Cresskill, NJ: Hampton.

Building with big data (2011, May 28). *The Economist*, p. 74.

Bullas, J. (n.d.) 35 mind numbing YouTube facts, figures and statistics–Infographic. Retrieved from https://www.jeffbullas.com/35-mind-numbing-youtube-facts-figures-and-statistics-infographic/

Bureau of Labor Statistics (2015, December 17). Occupational outlook handbook summary. Retrieved from https://www.bls.gov/news.release/ooh.nr0.htm

Bureau of Labor Statistics. (2018, June 1). The employment situation—May 2018. Retrieved from https://www.bls.gov/news.release/archives/empsit_06012018.pdf

Byrne, S. (2009). Media literacy interventions: What makes them boom or boomerang? *Communication Education, 58*, 1–14.

Byrne, S., & Lee, T. (2011). Toward predicting youth resistance to Internet risk prevention strategies. *Journal of Broadcasting & Electronic Media, 55*, 90–113.

Calabresi, M. (2012, August 27). The phone knows all. *Time*, pp. 30–31.

Calvert, C. (2004). *Voyeur nation: Media, privacy, and peering in modern culture*. New York, NY: Basic Books.

"Can Spam" (2004, January 5). *Providence Journal*, p. A8.

Cantril, H. (1947). The invasion from Mars. In T. Newcomb & E. Hartley (Eds.), *Readings in social psychology* (pp. 619–628). New York, NY: Holt.

Caplan, J. (2008, December 15). De-cluttering your mailbox. *Time*, p. 58.

Carlson, M. (2015). When news sites go native: Redefining the advertising–editorial divide in response to native advertising." *Journalism, 16*, 849–865.

Cassata, M., & Skill, T. (1983). *Life on daytime television*. Norwood, NJ: Ablex.

Castronova, E. (2001, December). *Virtual worlds: A first-hand account of market and society on the cyberian frontier*. CESifo Working Paper Series No. 618. Munich, Germany: Center for Economic Studies & Ifo Institute for Economic Research.

Castronova, E. (2005). *Synthetic worlds*. Chicago, IL: University of Chicago Press.

CBS Corporation. (n.d.). Retrieved from http://en.wikipedia.org/wiki/CBS_Corporation

CBS headquarters, name taken over by Westinghouse. (1997, December 2). *Santa Barbara News- Press*, p. A6.

CBSNews.com (2009, February 11). *V-chip still not taking flight*. Retrieved from http://www.cbsnews.com/8301-207_162-303136.html

Centers for Disease Control and Prevention. (2017, May 3). *National Center for Health Statistics: Obesity and overweight*. Retrieved from https://www.cdc.gov/nchs/fastats/obesity-overweight.htm

Cheang, M. (2016, June 2). Why are there so many movie sequels? *Star 2.com*. Retrieved from https://www.star2.com/entertainment/movies/movie-news/2016/06/02/why-are-there-so-many-movie-sequels/

Chew, F., & Palmer, S. (1994). Interest, the knowledge gap, and television programming. *Journal of Broadcasting & Electronic Media, 38*, 271–287.

Chmielewski, D. C. (2011, May 31). Bringing order to YouTube's chaos. *Los Angeles Times*, B1, B3.

Chmielewski, D. C., & Fritz, B. (2009, September 1). Marvel makes for mightier mouse. *Los Angeles Times*, pp. A1, A7.

Cho, H., Shen, L., & Wilson, K. (2014). Perceived realism: Dimensions and roles in narrative persuasion. *Communication Research, 41*, 828–851.

Cho, S. (2007). TV news coverage of plastic surgery, 1972-2004. *Journalism and Mass Communication Quarterly, 84*, 75–89.

Chock, T. M. (2011). Is it seeing or believing? Exposure, perceived realism, and emerging adults' perceptions of their own and others' attitudes about relationships. *Media Psychology, 14*, 355–386.

Christianson, P. G., & Roberts, D. F. (1998). *It's not only rock & roll: Popular music in the lives of adolescents*. Cresskill, NJ: Hampton.

Clark, T. N. (2000, September). Is materialism rising in America? *Society, 37*, 47–48.

CNN Library. (2018, March 22). *Facebook fast facts*. Retrieved from https://www.cnn.com/2014/02/11/world/facebook-fast-facts/index.html

Coltrane, S., & Messineo, M. (2000). The perpetuation of subtle prejudice: Race and gender imagery in 1990s television advertising. *Sex Roles: A Journal of Research, 42*, 363–389.

Columbia Broadcasting System. (1980). *Network prime time violence tabulations for 1978-1979 season*. New York, NY: Author.

Comcast. (n.d.). Retrieved from http://en.wikipedia.org/wiki/Comcast

Common Cause. (n.d.) *Media mega mergers: A timeline*. Retrieved from http://www.commoncause.org/site/pp.asp?c=dkLNK1MQIwG&b=4923181

Comstock, G.A. (1989). *The evolution of American television*. Newbury Park, CA: SAGE.

Comstock, G. A., Chaffee, S., Katzman, N., McCombs, M., & Roberts, D. (1978). *Television and human behavior*. New York, NY: Columbia University Press.

Connell, S. L., Lauricella, A. R., & Wartella, E. (2015). Parental co-use of media technology with their young children in the USA. *Journal of Children and Media, 9*, 5–21.

Considine, D. M. (1997).Media literacy: A compelling component of school reform and restructuring. In R. Kubey (Ed.), *Media literacy in the information age* (pp. 243–262). New Brunswick, NJ: Transaction Publishers.

Cooper, C.A. (1996). *Violence on television: Congressional inquiry, public criticism and industry response*. New York, NY: University Press of America.

Coyne, S., & Whitehead, E. (2008). Indirect aggression in animated Disney films. *Journal of Communication, 58*, 382–395.

Crider, D. (2012). A public sphere in decline: The state of localism in talk radio. *Journal of Broadcasting & Electronic Media, 56*, 225–244.

Croteau, D., & Hoynes, W. (2001). *The business of media: Corporate media and the public interest*. Thousand Oaks, CA: Pine Forge Press.

Csikszentmihalyi, M. (1988). The flow experience and its significance for human psychology. In M. Csikszentmihalyi & I. S. Csikszentmihalyi (Eds.), *Optimal experience: Psychological studies of flow in consciousness* (pp. 15–35). New York, NY: Cambridge University Press.

DaBoss. (2013, February 2013). *Number of viruses*. Retrieved from https://www.cknow.com/cms/vtutor/number-of-viruses.html

D'Alessio, D., & Allen, M. (2000). Media bias in presidential elections: A meta-analysis. *Journal of Communication, 50*, 133–156.

Danny. (2018, April 26). 37 mind blowing YouTube facts, figures, and statistics – 2018. *MerchDope*. Retrieved from https://merchdope.com/youtube-stats/

Dating Sites Reviews. (2018, June 10). *Online dating statistics and facts*. Retrieved from https://www.datingsitesreviews.com/staticpages/index.php?page=Online-Dating-Industry-Facts-Statistics#ref-GODI-2018-15

Davenport, T. H., & Beck, J. C. (2001). *The attention economy: Understanding the new currency of business*. Boston, MA: Harvard Business School Press.

Davies, M. M. (1997). Making media literate: Educating future media workers at the undergraduate level. In R. Kubey (Ed.), *Media literacy in the information age* (pp. 263–284). New Brunswick, NJ: Transaction Publishers.

Davis, B. (1990). Media hoaxes. *Wilson Library Bulletin, 64*, 139–140.

Debate.org (2018, June 25). *Is modern society too materialistic?* Retrieved from http://www.debate.org/opinions/is-modern-society-too-materialistic?ysort=3&nsort=5

Dehnart, A. (2018, February 14). *The most-popular reality TV shows of 2017*. Retrieved from https://www.realityblurred.com/realitytv/2018/02/most-popular-reality-tv-shows-2017-ratings/

Deitsch, R. (2018, January 3). Why the NFL's ratings saw a steep decline in 2017. *Sports Illustrated*. Retrieved from https://www.si.com/tech-media/2018/01/03/nfl-ratings-decline-espn-fox-nbc-network-tv

DeWolf, M. (2017, March 1). 12 stats about working women. *U.S. Department of Labor Blog*. Retrieved from https://blog.dol.gov/2017/03/01/12-stats-about-working-women

Diamant, A. (1994, October). Media violence. *Parents Magazine, 69*, 40.

Diefenbach, D. L., & West, M. D. (2007). Television and attitudes toward mental health issues: Cultivation analysis and the third-person effect. *Journal of Community Psychology, 35*, 181–195.

Diener, E., & De Four, D. (1978). Does television violence enhance programme popularity? *Journal of Personality and Social Psychology, 36*, 333–341.

Diener, E., & Woody, L. W. (1981). TV violence and viewer liking. *Communication Research, 8*, 281–306.

D'Innocenzio, A., & Collins, T. (2013, February 3). Hackers make their way into Twitter. *Santa Barbara News-Press*, pp. B1, B4.

Donsbach, W. (2010). Journalism as the new knowledge profession and consequences for journalism education. *Journalism, 15*, 661–677.

Dorr, A. (1981). Television and affective development and functioning: Maybe this decade. *Journal of Broadcasting, 25*, 335–345.

Dorr, A. (1986). *Television and children: A special medium for a special audience*. Beverly Hills, CA: SAGE.

Dorr, A., Kovaric, P., & Doubleday, C. (1989). Parent-child coviewing of television. *Journal of Broadcasting & Electronic Media, 33*, 35–51.

Dow, B. J. (2001). Ellen, television, and the politics of gay and lesbian visibility. *Critical Studies in Media Communication, 18*, 123–132.

Doyle, G. (2002). *Understanding media economics*. London, England: SAGE.

Drapes, M. R., & Lichtenberg, N. R. (2008). *Vault guide to the top media & entertainment employers*. New York, NY: Vault.com, Inc.

Dunn, A. (1999, July 8). Most of Web beyond scope of search sites. *Los Angeles Times*, Home Section, p. 1.

Dunn, J. (2017, June 9). TV is still media's biggest platform – but the internet is quickly gaining ground. *Business Insider*. Retrieved from http://www.businessinsider.com/tv-vs-internet-media-consumption-average-chart-2017-6

Eichelberger, C. (2013, January 30). NFL sees modes revenue growth as sponsors stay shaky on economy.

Bloomberg. Retrieved from http://www.bloomberg.com/news/2013-01-30/nfl-sees-modest-revenue-growth-as-sponsors-stay-shaky-on-economy.html

Einstein, M. (2004). *Media diversity: Economics, ownership, and the FCC*. Mahwah, NJ: Lawrence Erlbaum.

Einstein, M. (2016). *Black ops advertising: Native ads, content marketing, and the covert world of the digital sell*. New York, NY: O/R Books.

Electronic Privacy Information Center (2012, September 5). Pew survey finds most mobile users avoid apps due to privacy concerns. Retrieved from http://epic.org/privacy/survey/

Electronic Privacy Information Center (2013). Public opinion on privacy. Retrieved from http://epic.org/privacy/survey/

Eller, C. (1999, July 9). Literary manager built career by not following script. *Los Angeles Times*, pp. C1, C5.

eMarketer. (2014 April). Time spent per day with major media in the United States from 2009 to 2014 (in minutes). *Statista—The Statistics Portal*. Retrieved from https://www.statista.com

eMarketer. (2017a, May 1). *US adults now spend 12 hours 7 minutes a day consuming media: US adults will spend more than half the day with major media*. Retrieved from https://www.emarketer.com/Article/US-Adults-Now-Spend-12-Hours-7-Minutes-Day-Consuming-Media/1015775

eMarketer. (2017b, October 9). *eMarketer updates US time spent with media figures*. Retrieved from https://www.emarketer.com/Article/eMarketer-Updates-US-Time-Spent-with-Media-Figures/1016587

Engel, P. (2017, March 27). These are the most and least trusted news outlets in America. *Business Insider*. Retrieved from http://www.businessinsider.com/most-and-least-trusted-news-outlets-in-america-2017-3

Entertainment Software Association. (2017). 2017 essential facts about the computer and video game industry. Retrieved from http://www.theesa.com/article/2017-essential-facts-computer-video-game-industry/

Entertainment Software Association. (2018, January 18). *US video game industry revenue reaches $36 billion in 2017*. Retrieved from http://www.theesa.com/article/us-video-game-industry-revenue-reaches-36-billion-2017

Environmental Protection Agency. (n.d.). National overview: Facts and figures on materials, waste and recycling. Retrieved from https://www.epa.gov/facts-and-figures-about-materials-waste-and-recycling/national-overview-facts-and-figures-materials

Eron, L. D., Huesmann, L. R., Lefkowitz, M. M., & Walder, L. O. (1972). Does television violence cause aggression? *American Psychologist, 27*, 253-263.

Eubanks, N. (2017, July 13). The true cost of cybercrime for business. *Forbes*. Retrieved from https://www.forbes.com/sites/theyec/2017/07/13/the-true-cost-of-cybercrime-for-businesses/#61ea9c344947

Fabrikant, A. S. (1995, August 1). Disney to buy ABC for $19-billion. *Santa Barbara News-Press*, pp. A1, A2.

Fabrikant, G. (2004, September 23). CBS fined $550,000 for Super Bowl. *Santa Barbara News Press*, p. B1.

Facebook. (n.d.). Retrieved from http://en.wikipedia.org/wiki/Facebook

FBI (2018, May 7). Latest internet crime report released. Retrieved from https://www.fbi.gov/news/stories/2017-internet-crime-report-released-050718

FCC finds no indecency in the airing of "Private Ryan." (2005, March 1). *Los Angeles Times*, p. E12.

Federal Communications Commission (FCC). (2003, June 2). *Media ownership policy reexamination*. Retrieved from http://www.fcc.gov/ownership

Federal Trade Commission (n.d.). Truth in advertising. Retrieved from https://www.ftc.gov/news-events/media-resources/truth-advertising

Ferguson, D. A. (1992). Channel repertoire in the presence of remote control devices, VCRs, and cable television. *Journal of Broadcasting & Electronic Media, 36*, 83-91.

Fernandez-Collado, C., Greenberg, B., Korzenny, F., & Atkin, C. (1978). Sexual intimacy and drug use in TV series. *Journal of Communication, 28*, 30-37.

Fico, F., & Soffin, S. (1995). Fairness and balance of selected newspaper coverage of controversial national, state, and local issues. *Journalism & Mass Communication Quarterly, 72*, 621-633.

Fisch, S. M. (2000). A capacity model of children's comprehension of educational content on television. *Media Psychology, 2*, 63-91.

Fisher, D. A., Hill, D. L., Grube, J. W., Gruber, E. L. (2007). Gay, lesbian, and bisexual content on television: A quantitative analysis across two seasons. *Journal of Homosexuality, 52*, 167-188.

Fishman, J. M., & Marvin, C. (2003). Portrayals of violence and group difference in newspaper photographs: Nationalism and media. *Journal of Communication, 53*, 32-44.

Fishoff, S. (1988, August). *Psychological research and a black hole called Hollywood*. Paper presented at the annual meeting of the American Psychological Association, Atlanta, GA.

Flanigan, J. (2003, September 7). GE's broad vision may transform media. *Los Angeles Times*, pp. C1, C4.

Flint, J. (2009, August 29). Appeals court sides with Comcast in market-share battle with FCC. *Los Angeles Times*, p. B2.

Flint, J. (2010, November 9). PTC study shows almost 70% jump in bad language on broadcast TV. *Los Angeles Times Business Online*. Retrieved from http://latimes blogs.latimes.com/entertainmentnewsbuzz/2010/11/ptc-study-shows-almost-70-jump-in-bad-language-on-broadcast-tv.html

Flint, J. (2011, June 8). NBC secures the Olympics through 2020. *Los Angeles Times*, pp. D1, D16.

Foehr, U. G., Rideout, V., & Miller, C. (2000). Parents and the TV ratings system: A national study. In B. S. Greenberg, L. Rampoldi-Hnilo, & D. Mastro (Eds.), *The alphabet soup of television program ratings*. Cresskill, NJ: Hampton.

Forbes. (2018a, June 17). The world's highest paid celebrities. Retrieved from https://www.forbes.com/celebrities/list/#tab:overall

Forbes. (2018b, June 26). The world's highest-paid athletes. Retrieved from https://www.forbes.com/athletes/list/#tab:overall

Foreman, J. (2009, June 6). Drug labels, ads at center of battle. *Los Angeles Times*, pp. E1, E5.

Forgas, J. P., Brown, L. B., & Menyhart, J. (1980). Dimensions of aggression: The perception of aggressive episodes. *British Journal of Social and Clinical Psychology, 19*, 215-227.

Free Press. (2012). Who owns the media? Retrieved from http://www.freepress.net/ownership/chart

Friedman, T. (1995). Making sense of software: Computer games and interactive textuality. In S. G. Jones (Ed.) *CyberSociety: Computer-mediated communication and community* (pp. 73-89). Thousand Oaks, CA: SAGE.

Friedson, E. (1953). The relation of the social situation of contact to the media in mass communication. *Public Opinion Quarterly, 17*, 230-238.

Fritz, B. (2009, September 9). Friends in fantasy and reality. *Los Angeles Times*, pp. A1, A8.

Frosch, D. L. Krueger, P. M., Hornik, R. C., Cronholm, P. F., Barg, F. K. (2007). Creating demand for prescription drugs: A content analysis of television direct-to-consumer advertising. *Annals of Family Medicine, 5*, 6-13.

Gabrielli, J., Traore, A., Stoolmiller, M., Bergamini, E., & Sargent, J. D. (2016). Industry television ratings for violence, sex, and substance use. *Pediatrics, 138*, e20160487.

Gaines, C. (2016, October 14). The difference in how much money schools make off of college sports is jarring, and it is the biggest obstacle to paying athletes. *Business Insider*. Retrieved from http://www.businessinsider.com/ncaa-schools-college-sports-revenue-2016-10

Gaither, C. (2004a, May 23). Can spam be canned? *Los Angeles Times*, pp. C1, C4.

Gaither, C. (2004b, June 24). Insider arrested in spam scheme. *Los Angeles Times*, pp. C1, C9.

Galloway, S. (1993, July 27). U.S. rating system: Sex before violence. *Hollywood Reporter*.

Gans, H. J. (2003). *Democracy and the news*. New York, NY: Oxford University Press.

Gardiner, B. (2010, July). Sony's wins and losses. *Wired*, p. 18.

Gardner, R.W. (1968). *Personality development at preadolescence*. Seattle: University of Washington Press.

Garrett, R. K., & Stroud, N. J. (2014), Partisan paths to exposure diversity: Differences in pro- and counterattitudinal news consumption. *Journal of Communication, 64*, 680-701.

Geddes, B. (2014). *Advanced Google AdWorks* (3rd ed.). New York, NY: Wiley.

Gellene, D. (1996, September 24). Seagram plans more TV ads for whiskey. *Los Angeles Times*, p. D2.

Gerbner, G., Gross, L., Morgan, M., & Signorielli, N. (1980). The "mainstreaming" of America: Violence profile no. 11. *Journal of Communication, 30,* 10-29.

Gibbs, Nancy. (2012, August 27). Your life is fully mobile. *Time,* pp. 32-39.

Giddings, S., & Kennedy, H. W. (2006). Digital games as new media. In J. Rutter & J. Bryce (Eds.), *Understanding digital games* (pp. 129-147). London, England: SAGE.

Gilligan, C. (1993). *In a different voice.* Cambridge, MA: Harvard University Press.

Glascock, J. (2001). Gender roles on prime-time network television: Demographics and behaviors. *Journal of Broadcasting & Electronic Media, 45,* 656-669.

Gleick, J. (2011). *The information: A history, a theory, a flood.* New York, NY: Pantheon Books.

Goldberg, B. (2013). *Bias: A CBS insider exposes how the media distort the news.* Washington, DC: Regnery Publishing

Goldberg, L. (2018, May 12). Here are all the broadcast TV shows that were canceled this season (and why). *Hollywood Reporter.* Retrieved from https://www.hollywoodreporter.com/live-feed/broadcast-canceled-shows-2018-definitive-guide-1107043

Goldstein, D. (1999, September 25). Biggest-grossing movies gross in other ways. *Tallahassee Democrat,* p. B1.

Goleman, D. (1995). *Emotional intelligence.* New York, NY: Bantam.

Good news is no news. (2011, June 4). *The Economist,* p. 36.

Goodman, M. (2015). *Future crimes: Everything is connected, everyone is vulnerable, and what we can do about it.* New York, NY: Doubleday.

Gramlich, J. (2016, November 16). Voters' perceptions of crime continue to conflict with reality. *Pew Research Center.* Retrieved from http://www.pewresearch.org/fact-tank/2016/11/16/voters-perceptions-of-crime-continue-to-conflict-with-reality/

Gramlich, J. (2018a, January 30). 5 facts about crime in the U.S. *Pew Research Center.* Retrieved from http://www.pewresearch.org/fact-tank/2018/01/30/5-facts-about-crime-in-the-u-s/

Gramlich, J. (2018b, April 10). 5 facts about Americans and Facebook. *Pew Research Center.* Retrieved from http://www.pewresearch.org/fact-tank/2018/04/10/5-facts-about-americans-and-facebook/

Grant, K. B. (2013, March 3). Online reviewers won't tell you. *Wall Street Journal,* p. F3.

Greenberg, B. S., Edison, N., Korzenny, F., Fernandez-Collado, C., & Atkin, C. K. (1980). In B. S. Greenberg (Ed.), *Life on television: Content analysis of U.S. TV drama* (pp. 99-128). Norwood, NJ: Ablex.

Greenberg, B. S., Rampoldi-Hnilo, L., & Hofschire, L. (2000). Young people's responses to the age based ratings. In B. S. Greenberg, L. Rampoldi-Hnilo, & D. Mastro (Eds.), *The alphabet soup of television program ratings.* Cresskill, NJ: Hampton.

Greenberg, B. S., Stanley, C., Siemicki, M., Heeter, C., Soderman, A., & Linsangan, R. (1993). Sex content on soaps and prime-time television series most viewed by adolescents. In B. S. Greenberg, J. D. Brown, & N. Buerkel-Rothfuss (Eds.), *Media, sex and the adolescent* (pp. 29-44). Cresskill, NJ: Hampton.

Gregory. S. (2015, March 27). Meet America's first video game varsity athletes. *Time.* Retrieved from http://time.com

Greimel, H. (2000, February 5). Mannesmann agrees to buyout. *Tallahassee Democrat,* p. E1.

Grimm, M. (1996, June 10). Olympic grab bag. *Brandweek,* pp. 26-28, *30,* 32.

Gross, L. (2001). *Up from invisibility: Lesbians, gay men and the media in America.* New York, NY: Columbia University Press.

Gunter, B. (1985). *Dimensions of television violence.* Aldershot, England: Gower.

Gunter, B., Furnham, A., & Griffiths, S. (2000). Children's memory for news: A comparison of three presentation media. *Media Psychology, 2,* 93-118.

Haberkorn, J. T. (2009). A poverty of information: Public health and the local television news

(Doctoral Dissertation, University of Delaware, 2009). *Dissertation Abstracts International: Section B: The Sciences and Engineering, 69*, 5346.

Hall, A. (2003). Reading realism: Audiences' evaluations of the reality of media texts. *Journal of Communication, 53*, 624–641.

Hamilton, J. T. (1998). *Channeling violence: The economic market for violent television programming*. Princeton, NJ: Princeton University Press.

Hampton, K. N., Livio, O., & Sessions Goulet, L. (2010). The social life of wireless urban spaces: Internet use, social networks, and the public realm. *Journal of Communication, 60*, 701–722.

Hancock, E. (1995, October 27). Culture cops take on sleazy TV talk shows. *Santa Barbara News-Press*, p. A1.

Harrington, C. L. (2003). Homosexuality on All My Children: Transforming the daytime landscape. *Journal of Broadcasting & Electronic Media, 47*, 216–235.

Harris, J. L. (2014). Demonstrating the harmful effects of food advertising on children and adolescents: Opportunities for research to inform policy. In A. B. Jordan & D. Romer (Eds.), *Media and the well-being of children and adolescents* (pp. 52–69). New York, NY: Oxford University Press.

Harrison, K. (2006). Scope of self: Toward a model of television's effects on self-complexity in adolescence. *Communication Theory, 16*, 251–279.

Harrison, V., & Pagliery, J. (2015, April 14). Nearly 1 million malware threats released every day. *CNN Tech*. Retrieved from http://money.cnn.com/2015/04/14/technology/security/cyber-attack-hacks-security/index.html

Hartman, T. (1999, March 22). Movie characters aren't reaping what they sow. *Tallahassee Democrat*, p. A1.

Haven, K. (2007). *Story proof: The science behind the startling power of story*. Westport, CT: Libraries Unlimited.

Havens, T., & Lotz, A. D. (2012). *Understanding media industries*. New York, NY: Oxford University Press.

Hawkins, R. P. (1977). The dimensional structure of children's perceptions of television reality. *Communication Research, 7*, 193–226.

Hayes, D. (2017, December 14). Disney-Fox deal: How it ranks among biggest all-time mergers. *Deadline Hollywood*. Retrieved from https://deadline.com/2017/12/biggest-media-mergers-disney-fox-deal-list-1202226683/

Healey, J. (2003, October 25). Pair ordered to pay $2-million fine for spam. *Los Angeles Times*, pp. C1, C2.

Hetsroni, A. (2007). Three decades of sexual content on prime-time network programming: A longitudinal meta-analytic review. *Journal of Communication, 57*, 318–348.

Himes, S. M., & Thompson, J. K. (2007). Fat stigmatization in television shows and movies: A content analysis. *Obesity, 15*, 712–718

Himmelweit, H. (1966). Television and the child. In B. Berelson & M. Janowitz (Eds.), *Reader in public opinion and communication* (2nd ed., pp. 67–106). New York, NY: Free Press.

Himmelweit, H., Oppenheim, A., & Vince, P. (1958). *Television and the child*. Oxford, England: Oxford University Press.

Hobbs, R. (1998). The seven great debates in the media literacy movement. *Journal of Communication, 48*, 16–32.

Hoffner, C., & Cantor, J. (1991). Perceiving and responding to mass media characters. In J. Bryant & D. Zillmann (Eds.), *Responding to the screen* (pp. 63–101). Hillsdale, NJ: Lawrence Erlbaum.

Hofmeister, S. (1997a, February 19). $2.7-billion deal would create no. 2 radio group in U.S. *Los Angeles Times*, p. D1.

Hofmeister, S. (1997b, February 19). Seagram to buy USA Networks for $1.7-billion. *Los Angeles Times*, p. D1.

Hofmeister, S. (2005, September 8). Study ties indecency to consolidation of media. *Los Angeles Times*, pp. C1, C11.

Holcomb, J., Gottfried, J., & Mitchell, A. (2013, November 14). News use across social media platforms. *Pew Research Center*. Retrieved from http://www.journalism.org/2013/11/14/news-use-across-social-media-platforms/

Holland, J. (1998, January 15). Internal records show tobacco firm targeted teenagers. *Santa Barbara News-Press*, p. A2.

Hollenbeck, A., & Slaby, R. (1979). Infant visual and vocal responses to television. *Child Development, 50,* 41–45.

Holstein, W. J. (1999, September 20). MTV, meet 60 Minutes. *U.S. News & World Report,* pp. 44–46.

Huston, A., Wright, J. C., Rice, M. L., Kerkman, D., Seigle, J., & Bremer, M. (1983, June). *Family environment and television use by preschool children.* Paper presented at the Biennial Meeting of the Society for Research on Child Development, Detroit, MI. (ERIC Document Reproduction Service No. ED230293)

Identity Theft Resource Center. (2002). Facts and statistics. Retrieved from http://www.idtheftcenter.org/facts.shtml

IMDbPro. (2018, June 20). *Box office mojo.* Retrieved from http://www.boxofficemojo.com/alltime/world/

Internet Live Stats. (2018a, May 22). *Total number of websites.* Retrieved from http://www.internetlivestats.com/total-number-of-websites/

Internet Live Stats. (2018b, June 10). *Google search statistics.* Retrieved from http://www.internetlivestats.com/google-search-statistics/

Ito, M., Horst, H., Bittanti, M., Boyd, D., Stephenson, B. H., Lange, P. G., . . . Robinson, L. (2009). *Living and learning with new media: Summary of findings from the Digital Youth Project.* Cambridge, MA: MIT Press.

James, P. D. (2009). *Talking about detective fiction.* New York, NY: Alfred A. Knopf.

Jamieson, K. H., & Waldman, P. (2003). *The press effect: Politicians, journalists, and the stories that shape the political world.* New York, NY: Oxford University Press.

Jamison, L. (2018, June 10). The digital ruins of a forgotten future. *The Atlantic.* Retrieved from https://www.theatlantic.com/magazine/archive/2017/12/second-life-leslie-jamison/544149/

Jeffres, L. W. (1994). *Mass media processes* (2nd ed.). Prospect Heights, IL: Waveland.

Jenkins, H. (2006). *Convergence culture: Where old and new media collide.* New York, NY: New York University Press.

Jenkins, H., Ford, S., & Green, J. (2013). *Spreadable media: Creating value and meaning in a networked culture.* New York, NY: New York University Press.

Jensen, C. (1995). *Censored: The news that didn't make the news—and why.* New York, NY: Four Walls Eight Windows.

Jensen, C. (1997). *20 years of censored news.* New York, NY: Seven Stories Press.

Jensen, J., & Ross, C. (1996, July 15). Centennial Olympics open as $5 bil event of century. *Advertising Age, 67*(29), 1–2.

Jeong, S.-H., Cho, H., & Hwang, Y. (2012). Media literacy interventions: A meta-analytic review. *Journal of Communication, 62,* 454–472.

Jeong, S.-H., & Hwang, Y. (2012). Does multitasking increase or decrease persuasion? Effects of multitasking on comprehension and counterarguing. *Journal of Communication, 62,* 571–587.

Jerome, R., & Bane, V. (2004, May 3). Spam I am. *Money,* pp. 125–126.

Johnson, C. (2006a, Sept. 17). Cutting through advertising clutter. *CBS News.* Retrieved from https://www.cbsnews.com/news/cutting-through-advertising-clutter/

Johnson, S. (2006b). *Everything bad is good for you.* New York, NY: Riverhead Books.

Johnson, T. (2018, June 27). How the Disney-Fox deal got DDOJ's greenlight quicker than expected. *Variety.* Retrieved from https://variety.com/2018/politics/news/disney-fox-merger-justice-department-1202859900/

Jones, J. P. (2004). *Fables, fashions, and facts about advertising: A study of 28 enduring myths.* Thousand Oaks, CA: SAGE.

Jones, M. L. (2016). *Ctrl+Z: The right to be forgotten.* New York, NY: New York University Press.

Jordan, A. B. (2001). Public policy and private practice: Government regulations and parental control over children's television use in the home. In D. G. Singer & J. L. Singer (Eds.), *Handbook of children and the media* (pp. 651–662). Thousand Oaks, CA: SAGE.

Jordan, A. B., & Romer, D. (Eds.). (2014). *Media and the well-being of children and adolescents.* New York, NY: Oxford University Press.

Jordan, R. H., Jr. (2017). *Murder in the news.* Amherst, NY: Prometheus Books.

Kagan, J., Rosman, D., Day, D., Albert, J., & Phillips, W. (1964). Information processing in the child: Significance of analytic and reflective attitudes. *Psychological Monographs, 78,* 1–37.

Kaiser Family Foundation. (1999). *Parents and the V-chip.* Menlo Park, CA: Author.

Kaiser Family Foundation. (2003). *Sex on TV 3.* Menlo Park, CA: Author.

Kaiser Family Foundation (2010). Daily media use among children and teens up dramatically from five years ago. Retrieved from https://www.kff.org/disparities-policy/press-release/daily-media-use-among-children-and-teens-up-dramatically-from-five-years-ago/

Kaniss, P. (1996, December 19). Bad news: How electronic media muddle the message. *Philadelphia Inquirer,* p. A35.

Kanter, M., Afifi, T., & Robbins, S. (2012). The impact of parents "friending" their young adult child on Facebook on perceptions of parental privacy invasions and parent–child relationship quality. *Journal of Communication, 62,* 900–917.

Kantrowitz, B. (2006, October 30). Brush with perfection. *Newsweek,* p. 54.

Kaplan, M. A. (2010). *Friendship fictions: The rhetoric of citizenship in the liberal imaginary.* Tuscaloosa: University of Alabama Press.

Kaye, B. K., & Sapolsky, B. S. (2001). Offensive language in prime time television: Before and after content ratings. *Journal of Broadcasting & Electronic Media, 45,* 303–319.

Kennedy, H. (2012). Perspectives on sentiment analysis. *Journal of Broadcasting & Electronic Media, 56,* 435–450.

Kepplinger, H. M., Geiss, S., & Siebert, S. (2012). Framing scandals: Cognitive and emotional media effects. *Journal of Communication, 62,* 659–681.

Kerr, A. (2006). *The business and culture of digital games: Gamework/gameplay.* London, England: SAGE.

King, C. M. (2000). Effects of humorous heroes and villains in violent action films. *Journal of Communication, 50,* 5–25.

King, P. M. (1986). Formal reasoning in adults: A review and critique. In R. A. Milnes & K. S. Kitchenor (Eds.), *Adult cognitive development: Methods and models* (pp. 1–21). New York, NY: Praeger.

Kinkema, K. M., & Harris, J. C. (1998). MediaSport studies: Key research and emerging issues. In L. A. Wenner (Ed.), *MediaSport* (pp. 27–54). New York, NY: Routledge.

Knobloch-Westerwick, S., & Meng, J. (2009). Looking the other way: Selective exposure to attitude-consistent and counterattitudinal political information. *Communication Research, 36,* 426–448.

Koenenn, C. (1997, May 14). Let's get simple. *Los Angeles Times,* p. E1.

Kohlberg, L. (1966). Moral education in the schools: A developmental view. *School Review, 74,* 1–30.

Kohlberg, L. (1981). *The philosophy of moral development: Moral stages and the idea of justice.* New York, NY: Harper & Row.

Koziol, R. (1989, August). *English language arts teachers' views on mass media consumption education in Maryland high schools.* Paper presented at the annual conference of the Association of Education in Journalism and Mass Communication, Washington, DC.

Kress, G. (1992). Media literacy as cultural technology in the age of transcultural media. In C. Bazalgette, E. Bevort, & J. Savino (Eds.), *New directions: Media education worldwide* (pp. 190–202). London, England: British Film Institute.

Kubey, R. (1990). Television and family harmony among children, adolescents, and adults. Results from the experience of sampling method. In J. Bryant (Ed.), *Television and the American family* (pp. 73–88). Hillsdale, NJ: Lawrence Erlbaum.

Kubey, R. (1997). A rationale for media education. In R. Kubey (Ed.), *Media literacy in the information age* (pp. 15–68). New Brunswick, NJ: Transaction Publishers.

Kubey, R. (1998). Obstacles to the development of media education in the United States. *Journal of Communication, 48,* 58–69.

Kunkel, D., Eyal, K., & Donnerstein, E. (2007). Sexual socialization messages on entertainment television: Comparing content trends 1997–2002. *Media Psychology, 9,* 595–622.

Kunkel, D., & Wilcox, B. (2001). Children and media policy. In D. G. Singer & J. L. Singer (Eds.), *Handbook of children and the media* (pp. 589–620). Thousand Oaks, CA: SAGE.

Kurtz, H. (2018). *Media madness: Donald Trump, the press, and the war over the truth*. Washington, DC: Regnery Publishing.

Lacayo, R. (1995, June 12). Are music and movies killing America's soul? *Time*, pp. 24–30.

Lacy, S., & Riffe, D. (1994). The impact of competition and group ownership on radio news. *Journalism & Mass Communication Quarterly, 71*, 583–593.

Lang, A., Potter, R. F., & Bolls, P. D. (1999). Something for nothing: Is visual encoding automatic? *Media Psychology, 1*, 145–163.

Lang, B. & Lieberman, D. (2018, May 8). Do media chiefs deserve the lavish pay packages they rake in? *Variety*. Retrieved from https://variety.com/2018/biz/news/media-ceo-salaries-compensation-1202801551/

Law, C., & Labre, M. P. (2002). Cultural standards of attractiveness: A thirty-year look at changes in male images in magazines. *Journalism & Mass Communication Quarterly, 79*, 697–711.

Lawrence, F., & Wozniak, P. (1989). Children's television viewing with family members. *Psychological Reports, 65*, 395–400.

Lawrence, S. (2004, September 24). Governor signs bills on vaccine, "spyware". *Los Angeles Times*, p. A6.

Lee, J. K., Choi, J., Kim, C., & Kim, Y. (2014). Social media, network heterogeneity, and opinion polarization. *Journal of Communication, 64*, 702–722.

Lee, K., & Light, J. (2003). Law and regulation, part I: Individual interests. In L. Shyles (Ed.), *Deciphering cyberspace: Making the most of digital communication technology* (pp. 293–322). Thousand Oaks, CA: SAGE.

Lee, M., & Solomon, N. (1990). *Unreliable sources: A guide to detecting bias in news media*. New York, NY: Carol.

Leo, J. (1999, September 27). And now . . . smut-see TV. *U.S. News & World Report*, p. 15.

Levy, S. (2006, September 11). Will you let them store your dreams? *Newsweek*, p. 12.

Lewis, E. (2018, March 5). NFL salary cap for 2018 season set at $177.2 million. Retrieved from http://www.nfl.com/news/story/0ap3000000919680/article/nfl-salary-cap-for-2018-season-set-at-1772-million

Lewis, R. J., Tamborini, R., & Weber, R. (2014). Testing a dual-process model of media enjoyment and appreciation. *Journal of Communication, 64*, 397–416.

Lichter, L. S., & Lichter, S. R. (1983). *Prime time crime*. Washington, DC: The Media Institute.

Lih, A. (2009). *The Wikipedia revolution: How a bunch of nobodies created the world's greatest encyclopedia*. New York, NY: Hyperion.

Lim, S. S., Vadrevu, S., Chan, Y. H., & Basnyat, I. (2012). Facework on Facebook: The online publicness of juvenile delinquents and youths-at-risk. *Journal of Broadcasting & Electronic Media, 56*, 346–361.

Lindstrom, M. (2016). *Small data: The tiny clues that uncover huge trends*. New York, NY: St. Martin's Press.

Linthicum, K. (2009, June 5). Wikipedia limits Scientology access: The encyclopedia site shuts out computers from the church's Los Angeles headquarters. *Los Angeles Times*, p. B2.

Lippmann, W. (1922). *Public opinion*. New York, NY: Harcourt, Brace.

Livingstone, S. (2014). Risk and harm on the internet. In A. B. Jordan & D. Romer (Eds.), *Media and the well-being of children and adolescents* (pp. 129–146). New York, NY: Oxford University Press.

Lohrmann, D. (2017, February 22). *The dramatic rise of hacktivism*. Retrieved from https://techcrunch.com/2017/02/22/the-dramatic-rise-in-hacktivism/

Loobrok, R. (2017, May 26). *Hacking scandals: The biggest, baddest, and scariest*. Retrieved from https://www.orangewebsite.com/articles/biggest-hacking-scandals-of-all-times/

Lorimer, R. (1994). *Mass communications: A comparative introduction*. Manchester, England: Manchester University Press.

Lowry, B. (1997, September 21). TV on decline but few back U.S. regulation. *Los Angeles Times*, pp. A1, A40, A41.

Lowry, D. T., Nio, R. C. J., & Leitner, D. W. (2003). Setting the public fear agenda: A longitudinal analysis of network TV crime reporting, public perceptions of crime, and FBI crime statistics. *Journal of Communication, 53*, 61–73.

Luhby, T. (2017, September 12). Middle class income tops $59,000. *CNN Money*. Retrieved from http://money.cnn.com/2017/09/12/news/economy/median-income-census/index.html

Lyall, S. (1996, November 27). Penguin's deal to buy Putnam will create major publishing force. *Santa Barbara News-Press*, p. A6.

MacKinnon, R. (2012). *Consent of the networked: The worldwide struggle for Internet freedom.* New York, NY: Basic Books.

Malamuth, N. M., & Check, J. V. P. (1980). Penile tumescence and perceptual responses to rape as a function of victim's perceived reactions. *Journal of Applied Social Psychology, 10*, 528–547.

Malito, A. (2017, June 17). Grocery stores carry 40,000 more items than they did in the 1990s. *MarketWatch*. Retrieved from https://www.marketwatch.com/story/grocery-stores-carry-40000-more-items-than-they-did-in-the-1990s-2017-06-07

Maney, K. (1995). *Megamedia shakeout: The inside story of the leaders and the losers in the exploding communications industry.* New York, NY: John Wiley.

Manning, R. (1987, December 28). The selling of the Olympics. *Newsweek*, pp. 40–41.

Mares, M-L., Braun, M. T., & Hernandez, P. (2012). Pessimism and anxiety: Effects of tween sitcoms on expectations and feelings about peer relationships in school. *Media Psychology 15*, 121–147.

Market Mogul Team. (2018, April 3). *Amazon's annual revenue over the years.* Retrieved from https://themarketmogul.com/amazon-annual-revenue/

MarketWatch.com. (2018, June 10). *eBay, Inc.* Retrieved from https://www.marketwatch.com/investing/stock/ebay/financials

Marr, B. (2017, March 14). The complete beginner's guide to big data in 2017. *Forbes*. Retrieved from https://www.forbes.com/sites/bernardmarr/2017/03/14/the-complete-beginners-guide-to-big-data-in-2017/#4bb7fdc27365

Martins, N., & Wilson, B. J. (2012). Mean on the screen: Social aggression in programs popular with children. *Journal of Communication, 62*, 991–1009.

Marwick, A., & Ellison, N. B. (2012). There isn't Wifi in heaven! Negotiating visibility on Facebook memorial pages. *Journal of Broadcasting & Electronic Media, 56*, 378–400.

Mastro, D. E., & Greenberg, B. S. (2000). The portrayal of racial minorities on prime-time television. *Journal of Broadcasting & Electronic Media, 44*, 690–703.

Mastro, D. E., & Stern, S. R. (2003). Representations of race in television commercials: A content analysis of prime-time advertising. *Journal of Broadcasting & Electronic Media, 47*, 638–647.

Matsa, K. E. (2017a, June 16). Network news fact sheet. *Pew Research Center*. Retrieved from http://www.journalism.org/fact-sheet/network-news/

Matsa, K. E. (2017b, July 13). Local TV news fact sheet. *Pew Research Center*. Retrieved from http://www.journalism.org/fact-sheet/local-tv-news/

Maverick, J. B. (2018, June 12). The top 5 Disney individual shareholders. *Investopedia*. Retrieved from https://www.investopedia.com/articles/markets/102715/top-5-disney-shareholders.asp

McAfee. (2018, February). *Economic impact of cybercrime—No slowing down.* Retrieved from https://www.mcafee.com/us/resources/reports/restricted/economic-impact-cybercrime.pdf

McCaffrey, P. (Ed.). (2010). Editor's introduction. In P. McCaffrey (Ed.), *The news and its future* (pp. 3–5). New York, NY: H. W. Wilson.

McCombs, M., & Reynolds, A. (2009). How the news shapes our civic agenda. In J. Bryant & M. B. Oliver (Eds.), *Media effects: Advances in theory and research* (3rd ed., pp. 1–16). New York, NY: Taylor & Francis.

McCombs, M. E., & Shaw, D. (1972). The agenda setting function of the mass media. *Public Opinion Quarterly, 36*, 176–187.

McDonald, M. (2000, March 27). L.A. is their kind of town. *U.S. News & World Report*, p. 45.

McGrew, S., Ortega, R., Breakstone, J., & Wineburg, S. (2017). The challenge that's bigger than fake news: Civic reasoning in a social media environment. *American Educator, 41*, 4–39.

Meadowcroft, J., & Reeves, B. (1989). Influence of story schema development on children's attention to television. *Communication Research, 16*, 353–374.

Mediacollege.com (n.d.). What makes a story newsworthy? Retrieved from https://www.mediacollege.com/journalism/news/newsworthy.html

Mediakix. (2017, September 14). *How the Internet became home to hundreds of millions of blogs in less than 25 years*. Retrieved from https://mediakix.com/2017/09/how-many-blogs-are-there-in-the-world/

Medich, R. (2002, October 18). Flashes. *Entertainment*, p. 16.

Medrich, E. A., Roizen, J. A., Rubin, V., & Buckley, S. (1982). *The serious business of growing up: A study of children's lives outside school*. Berkeley: University of California Press.

Menn, J. (2007, April 17). Google plan raises privacy issue. *Los Angeles Times*, p. C1.

Messaris, P. (1994). *Visual "literacy": Image, mind, and reality*. Boulder, CO: Westview.

Metallinos, N. (1996). *Television aesthetics: Perceptual, cognitive, and compositional bases*. Mahwah, NJ: Lawrence Erlbaum.

Metropolitan Sports Facilities Commission. (n.d.). Next generation of sports facilities. Retrieved from http://www.msfc.com/nextgen.cfm

Mifflin, L. (1997, February 22). Parents give TV ratings mixed reviews. *New York Times*, p. A6.

Milligan, M. (2018, March 28). Gaming gores mainstream for bother playing and watching. *Limelight*. Retrieved from https://www.limelight.com/blog/state-of-online-gaming-2018/

Mnookin, S. (2002, August 19). The tobacco sham. *Newsweek*, p. 33.

Mobile Commerce. (2014, December 14). *Boosted by mobile, global ad revenue to hit $545 billion in 2015*. Retrieved from http://mcommerce.name/mobile-advertising/boosted-by-mobile-global-ad-revenue-to-hit-545-billion-in-2015-study-2/

Mohr, P. J. (1979). Parental influence of children's viewing of evening television programs. *Journal of Broadcasting, 23*, 213–228.

Money? There's an app for that. (2011, May 28). *The Economist*, p. 79.

Money Morning (2013, Dec. 20). What is the impact of Bitcoin on the U.S. dollar? Retrieved from http://moneymorning.com/2013/12/20/impact-bitcoin-u-s-dollar/

Moon, S. J., & Hadley, P. (2014). Routinizing a new technology in the newsroom: Twitter as a news source in mainstream media. *Journal of Broadcasting & Electronic Media, 58*, 289–305.

Morrissey, B. (2013, March 21). *15 alarming stats about banner ads*. Retrieved from http://digiday.com/publishers/15-alarming-stats-about-banner-ads/

Nathanson, A. I. (2001a). Mediation of children's television viewing: Working toward conceptual clarity and common understanding. In W. B. Gudykunst (Ed.), *Communication yearbook 25* (pp. 115–151). Mahwah, NJ: Lawrence Erlbaum.

Nathanson, A. I. (2001b). Parent and child perspectives on the presence and meaning of parental television mediation. *Journal of Broadcasting & Electronic Media, 45*, 201–220.

Nathanson, A. I. (2002). The unintended effects of parental mediation of television on adolescents. *Media Psychology, 4*, 207–230.

Nathanson, A. I., Eveland, W. P., Park, H.-S., & Paul, B. (2002).Perceived media influence and efficacy as predictors of caregivers' protective behaviors. *Journal of Broadcasting & Electronic Media, 46*, 385–410.

National Center for Education Statistics (2012). Program for International Student Assessment. Retrieved from http://nces.ed.gov/surveys/pisa/index.asp

National Television Violence Study (NTVS). (1996). *Scientific report*. Thousand Oaks, CA: SAGE.

NBCUniversal. (n.d.). Retrieved from http://en.wikipedia.org/wiki/NBC_Universal

NCTV says violence on TV up 16%. (1983, March 22). *Broadcasting Magazine*, p. 63.

Nead, N. (2018, June 18). *Media and entertainment industry overview*. Retrieved from https://investmentbank.com/media-and-entertainment-industry-overview/

Nelson, J. (1995, August 8). NBC gets Olympic TV rights in coup. *Santa Barbara News-Press*, p. A12.

Neuman, W. R. (1991). *The future of the mass audience.* New York, NY: Cambridge University Press.

Neuman, W. R. (Ed.). (2010). *Media, technology, and society: Theories of media evolution.* Ann Arbor: The University of Michigan Press.

News Corporation. (n.d.). Retrieved from http://en.wikipedia.org/wiki/News_Corporation

NFL teams dodge salary cap. (1996, January 2). *Santa Barbara News-Press*, p. B5.

Notte, J. (2017, August 15). 10 of the most expensive NFL stadiums your precious tax dollars paid for. *TheStreet.* Retrieved from https://www.thestreet.com/slideshow/14272534/1/these-are-the-10-most-expensive-nfl-stadiums-your-precious-tax-dollars-paid-for.html

NumberOf.net (2015). Number of users on Twitter. Retrieved from http://www.numberof.net/number-of-users-on-twitter/

Olivarez-Giles, N. (2011, June 14). Facebook's growth is slowing, study says. *Los Angeles Times*, p. B3.

Oliver, M. B. (1994). Portrayals of crime, race, and aggression in "reality based" police shows: A content analysis. *Journal of Broadcasting & Electronic Media, 38*, 179–192.

Online reputations in the dirt. (2011, April 30). *The Economist*, p. 65.

Opree, S. J., Buijzen, M., van Reijmersdal, E. A., & Valkenburg, P. M. (2014). Children's advertising exposure, advertised product desire, and materialism: A longitudinal study. *Communication Research, 41*, 717–735.

Oremus, W. (2018, April 5). How Mark Zuckerberg protects his own privacy online and what that tells us about how he treats ours. *Slate.* Retrieved from https://slate.com/technology/2018/04/how-mark-zuckerberg-protects-his-own-privacy-online.html

Ornebring, H. (2010). Technology and journalism-as-labour: Historical perspectives. *Journalism, 11*, 57–74.

Ozanian, M. (2016, January 13). The bottom line on Rams move to LA. *Forbes.* Retrieved from https://www.forbes.com/sites/mikeozanian/2016/01/13/the-bottom-line-on-rams-move-to-la/#e1b70dd26fdf

Ozanich, G. W., & Wirth, M. O. (1993). Media mergers and acquisitions: An overview. In A. Alexander, J. Owers, & R. Carveth (Eds.), *Media economics: Theory and practice* (pp. 115–133). Hillsdale, NJ: Lawrence Erlbaum.

Page, R., & Brewster, A. (2007). Frequency of promotional strategies and attention elements in children's food commercials during children's programming blocks on US broadcast networks. *Young Consumers, 8*, 184–196.

Parenti, M. (1986). *Inventing reality: The politics of the mass media.* New York, NY: St. Martin's.

Pariser, E. (2011). *The filter bubble: What the Internet is hiding from you.* New York, NY: Penguin Press.

Pashler, H. E. (1998). *The psychology of attention.* Cambridge, MA: MIT Press.

Passy, C. (2014, August 17). Reality TV won't tell you. *The Wall Street Journal Sunday*, F3.

Patterson, T. (1980). *The mass media election.* New York, NY: Praeger.

Penner, M. (2004, May 7). Baseball cancels plans for movie ad on bases. *Los Angeles Times*, pp. D1, D8.

Perrin, A., & Jiang, J. (2018, March 14). About a quarter of U.S. adults say they are "almost constantly" online. *Pew Research Center.* Retrieved from http://www.pewresearch.org/fact-tank/2018/03/14/about-a-quarter-of-americans-report-going-online-almost-constantly/

Pettegree, A. (2014). *The invention of news: How the world came to know about itself.* New Haven, CT: Yale University Press.

Petty, R. E., & Cacioppo, J. T. (1986). *Communication and persuasion: Central and peripheral routes to attitude change.* New York, NY: Springer-Verlag.

Pew Internet & American Life Project. (2000, August 20). *Trust and privacy online: Why Americans want to rewrite the rules.* Retrieved from http://www.pewinternet.org/2000/08/20/trust-and-privacy-online/

Pew Research Center. (2012, September 27). *In changing news landscape, even television is vulnerable: Trends in news consumption 1991-2012.* Retrieved from http://www.people-press.org/2012/09/27/in-changing-news-landscape-even-television-is-vulnerable/

Pew Research Center (2014, March 26). Key indicators in media & news. *Retrieved on* January 31, 2015 from http://www.journalism.org/2014/03/26/state-of-the-news-media-2014-key-indicators-in-media-and-news/

Piaget, J. J. (2012). *Language and thought of the child.* New York, NY: Routledge.

Picard, R. G., Winter, J. P., McCombs, M., & Lacy, S. (Eds.). (1988). *Press concentration and monopoly: New perspectives on newspaper ownership and operation.* Norwood, NJ: Ablex.

Piette, J., & Giroux, L. (1997).The theoretical foundations of media education programs. In R. Kubey (Ed.), *Media literacy in the information age: Current perspectives, information and behavior* (Vol. 6, pp. 89-134). New Brunswick, NJ: Transaction Publishers.

Pingdom. (2017, May 10). *Report: Social network demographics in 2017.* Retrieved from https://royal.pingdom.com/2017/05/10/social-media-in-2017/

Piotrowski, J. T. (2014). The relationship between narrative processing demands and young American children's comprehension of educational television. *Journal of Children and Media, 8,* 267-285.

Pipher, M. (1996). *The shelter of each other.* New York, NY: Putnam.

Plack, C. J. (2005). Auditory perception. In K. Lamberts & R. L. Goldstrone (Eds.), *Handbook of cognition* (pp. 71-104). London, England: SAGE.

Plunkett Research, Ltd. (2017). Sports industry statistic and market size overview, business and industry statistics. Retrieved from https://www.plunkettresearch.com/statistics/Industry-Statistics-Sports-Industry-Statistic-and-Market-Size-Overview/

Plunkett Research, Ltd. (2018, June 27). *Sports & recreation business statistics analysis, business and industry statistics.* Retrieved from https://www.plunkettresearch.com/statistics/sports-industry/

Polman, D. (2003, June 1). FCC vote may prove a windfall for media giants. *Santa Barbara News-Press,* pp. B1, B2.

Poniewozik, J. (2012, September 24). Check please: Fact-checking has been good newsin 2012, but it's only a start. *Time,* p. 68.

Potter, R. F. (2002). Give the people what they want: A content analysis of FM radio station home pages. *Journal of Broadcasting & Electronic Media, 46,* 369-385.

Potter, W. J. (1986). Perceived reality in the cultivation hypothesis. *Journal of Broadcasting & Electronic Media, 30,* 159-174.

Potter, W. J. (1987a). Does television viewing hinder academic achievement among adolescents? *Human Communication Research, 14,* 27-46.

Potter, W. J. (1999). *On media violence.* Thousand Oaks, CA: SAGE.

Potter, W. J. (2003). *The 11 myths of media violence.* Thousand Oaks, CA: SAGE.

Potter, W. J. (2018). *The skills of media literacy.* Santa Barbara, CA: Knowledge Assets.

Potter, W. J., & Byrne, S. (2009). Media literacy. In R. Nabi & M. B. Oliver (Eds.). *Handbook of media effects* (pp. 345-357). Thousand Oaks, CA: SAGE.

Potter, W. J., Pashupati, K., Pekurny, R. G., Hoffman, E., & Davis, K. (2002). Perceptions of television: A schema approach. *Media Psychology, 4,* 27-50.

Potter, W. J., & Riddle K. (2007). A content analysis of the media effects literature. *Journalism & Mass of Communication Quarterly, 84,* 90-104.

Potter, W. J., & Smith, S. (2000). The context of graphic portrayals of television violence. *Journal of Broadcasting & Electronic Media, 44,* 301.

Potter, W. J., & Vaughan, M. (1997). Aggression in television entertainment: Profiles and trends. *Communication Research Reports, 14,* 116-124.

Potter, W. J., & Ware, W. (1987). An analysis of the contexts of antisocial acts on prime-time television. *Communication Research, 14,* 664-686.

Pritchard, D. A. (1975). Leveling-sharpening revised. *Perceptual and Motor Skills, 40,* 111-117.

Privacy Rights Clearinghouse. (2018, July 1). *Data breaches.* Retrieved from https://www.privacyrights.org/data-breaches

Prot, S., Anderson, C. A., Gentile, D. A., Brown, S. C., & Swing, E. L. (2014). The positive and negative effects of video game play. In A. B. Jordan & D. Romer (Eds.),

Media and the well-being of children and adolescents (pp. 109–128). New York, NY: Oxford University Press.

Pugmire, L. (2011, July 1). Labor woes shut NBA down. *Los Angeles Times*, pp. C1, C8.

Pulaski, M. A. S. (1980). *Understanding Piaget: An introduction to children's cognitive development* (Rev. and exp. ed.). New York, NY: Harper & Row.

Pulcinella, S. (2017, August 30). Why direct mail marketing is far from dead. *Forbes*. Retrieved from https://www.forbes.com/sites/forbescommunicationscouncil/2017/08/30/why-direct-mail-marketing-is-far-from-dead/#5e3ea97b311d

Purcell, K., & Rainie, L. (2014, December 8). Americans feel better informed thanks to the internet. *Pew Research Center*. Retrieved from http://www.pewinternet.org/2014/12/08/better-informed/

Rainey, J. (2007, March 12). Media's focus narrowing, report warns. *Los Angeles Times*, p. A8.

Rainie, L. (2018, March 27). Americans' complicated feelings about social media in an era of privacy concerns. *Pew Research Center*. Retrieved from http://www.pewresearch.org/fact-tank/2018/03/27/americans-complicated-feelings-about-social-media-in-an-era-of-privacy-concerns/

Rainie, L., & Perrin, A. (2017, June 28). 10 facts about smartphones as the iPhone turns 10. *Fact-tank*. Retrieved from http://www.pewresearch.org/fact-tank/2017/06/28/10-facts-about-smartphones/

Rampoldi-Hnilo, L., & Greenberg, B. S. (2000). A poll of Latina and Caucasian mothers with 6–10 year old children. In B. S. Greenberg, L. Rampoldi-Hnilo, & D. Mastro (Eds.), *The alphabet soup of television program ratings*. Cresskill, NJ: Hampton.

Ranson. J. M. (2017, Oct. 30). How many copies does the average book sell? *Quora*. Retrieved 6/14/2018 from https://www.quora.com/How-many-copies-does-the-average-book-sell

Real, M. R. (1998). MediaSport: Technology and the commodification of postmodern sport. In L. A. Wenner (Ed.), *MediaSport* (pp. 14–26). New York, NY: Routledge.

Reingold, J., & Wahba, P. (2014, September 22). Where have all the shoppers gone? *Fortune*, pp. 81–84.

Reinken, T. (2003, August 19). Dome and other homes. *Los Angeles Times*, p. A10.

Revers, M. (2014). The twitterization of news making: Transparency and journalistic professionalism. *Journal of Communication*, 64, 806–826.

Rhodes, S., & Reibstein, L. (1996, July 1). Let him walk! *Newsweek*, pp. 44–45.

Rideout, V. J., Foehr, U. G., Roberts, D. F., & Brodie, M. (1999). *Kids & media @ the new millennium*. Menlo Park, CA: Kaiser Foundation.

Rigby, S. (2014, June 4). Movie streaming and downloads to overtake box office in 2017. *Digital Spy*. Retrieved from http://www.digitalspy.com/movies/news/a575450/movie-streaming-and-downloads-to-overtake-box-office-in-2017/

Roberts, M., & Pettigrew, S. (2007). A thematic content analysis of children's food advertising. *International Journal of Advertising*, 26, 357–367

Robertson, L. (2001, March). Ethically challenged. *American Journalism Review*, pp. 20–29.

Rocheleau, M. (2017, March 7). Chart: The percentage of women and men in each profession. *Boston Globe*. Retrieved from https://www.bostonglobe.com/metro/2017/03/06/chart-the-percentage-women-and-men-each-profession/GBX22YsWl0XaeHghwXfE4H/story.html

Rodriguez, S., & Pierson, D. (2011, June 2). China hackers accessed accounts, Google says. *Los Angeles Times*, pp. AA1, AA4.

Rogers, C. (2016, December 6). Just 19% of people in ads are from minority groups, new research finds. *Marketing Week*. Retrieved from https://www.marketingweek.com/2016/12/06/lloyds-diversity-report/

Romer, D., Jamieson, K. H., & Aday, S. (2003). Television news and the cultivation of fear of crime. *Journal of Communication*, 53, 88–104.

The Roper Organization. (1981). *Sex, profanity and violence: An opinion survey about seventeen television programs*. New York, NY: Information Office.

Rozendaal, E., Lapierre, M. A., van Reijmersdal, E. A., & Buijzen, M. (2011). Reconsidering advertising literacy as a defense against advertising effects. *Media Psychology*, 14, 333–354.

Rubenking, B., & Lang, A. (2014). Captivated and grossed out: An examination of processing core and sociomoral disgusts in entertainment media. *Journal of Communication, 64*, 543–565.

Rubin, A. M., Perse, E. M., & Taylor, D. S. (1988). A methodological examination of cultivation. *Communication Research, 15*, 107–133.

Salon, O. (2018, Feb. 5). Former Facebook and Google workers launch campaign to fight tech addiction. *The Guardian*. Retrieved from https://www.theguardian.com/technology/2018/feb/05/tech-addiction-former-facebook-google-employees-campaign

Samuelson, R. J. (2006, October 30). The next capitalism. *Newsweek*, p. 45.

Sandomir, R. (2012, August 13). NBC improves on Olympic ratings. *New York Times*. Retrieved from http://www.nytimes.com/2012/08/14/sports/olympics/nbc-improves-on-olympic-ratings.html?_r=0

Sang, F., Schmitz, B., & Tasche, K. (1992). Individuation and television coviewing in the family: Development trends in the viewing behavior of adolescents. *Journal of Broadcasting & Electronic Media, 36*, 427–441.

Sapolsky, B. S., Molitor, F., & Luque, S. (2003). Sex and violence in slasher films: Re-examining the assumptions. *Journalism & Mass Communication Quarterly, 80*, 28–38.

Sapolsky, B. S., & Tabarlet, J. (1990). *Sex in prime time television: 1979 vs. 1989*. Unpublished manuscript, Department of Communication, Florida State University, Tallahassee.

Saporito, B. (2012, November 5). What's in a name? *Time*, pp. 54–55.

Sarno, D. (2009a, February 17). For Facebook, privacy issues remain a factor. *Los Angeles Times*, p. C3.

Sarno, D. (2009b, August 16). It's getting hard to hide in cyberspace. *Los Angeles Times*, pp. B1, B4.

Sarno, D. (2011, July 17). How to safeguard your PC from hackers. *Los Angeles Times*, pp. B1, B7.

Satariano, A. (2018, May 24). G.D.P.R., a new privacy law, makes Europe world's leading tech watchdog. *New York Times*. Retrieved from https://www.nytimes.com/2018/05/24/technology/europe-gdpr-privacy.html

Satter, R. (2013, March 28). Record-breaking cyberattack hits anti-spam group. *Santa Barbara News-Press*, pp. B1, B2.

Saxon, J. (2018, June 1). *Why your customers' attention is the scarcest resource* in 2017. Retrieved from https://www.ama.org/partners/content/Pages/why-customers-attention-scarcest-resources-2017.aspx

Sayre, S., & King, C. (2003). *Entertainment & society: Audiences, trends, and impacts*. Thousand Oaks, CA: SAGE.

Schmierbach, M., Xu, Q., Oeldorf-Hirsch, A., & Dardis, F. E. (2012). Electronic friend or virtual foe: Exploring the role of competitive and cooperative multiplayer video game modes in fostering enjoyment. *Media Psychology, 15*, 356–371.

Schrag, R. (1990). *Taming the wild tube: A family guide to television and video*. Chapel Hill: University of North Carolina Press.

Schramm, W., Lyle, J., & Parker, E. B. (1961). *Television in the lives of our children*. Stanford, CA: Stanford University Press.

Schudson, M. (2003). *The sociology of news*. New York, NY: Norton.

Schumpeter, J. (2011, April 16). Fail often, fail well. *The Economist, 399*, p. 74.

Schwartz, B. (2004). *The paradox of choice: Why more is less*. New York, NY: HarperCollins.

Schwartz, S. (1984, Winter). Send help before it's too late. *Parent's Choice*, p. 2.

Scott, D. M. (2013). *The new rules of marketing and PR* (4th ed.). Hoboken, NJ: Wiley.

Second Life (n.d.). What is second life? Retrieved from http://secondlife.com/whatis/?lang=en-US

SecureLink (2018, February 14). Healthcare data: The new prize for hackers. Retrieved from https://www.securelink.com/blog/healthcare-data-new-prize-hackers/

SelectUSA. (2018, June 18). *Media and entertainment spotlight*. Retrieved from https://www.selectusa.gov/media-entertainment-industry-united-states

Shafer, D. M. (2014). Investigating suspense as a predictor of enjoyment in sports video games. *Journal of Broadcasting & Electronic Media, 58*, 272–288.

Shambaugh, J., Nunn, R., Breitwieser, A., & Liu, P. (2018, June). The state of competition and dynamism: Facts about concentration, start-ups, and related policies. *The Hamilton Project*. Retrieved from http://www.hamiltonproject.org/papers/the_state_of_competition_and_dynamism_facts_about_concentration_start_

Shearer E., & Gottfried, J. (2017, September 7). News use across social media platforms 2017. *Pew Research Center*. Retrieved from http://www.journalism.org/2017/09/07/news-use-across-social-media-platforms-2017/

Shensa, A., Escobar-Viera, C. G., Sidani, J. E., Bowman, N. D., Marshal, M. P., & Primack, B. A. (2017). Problematic social media use and depressive symptoms among U.S. young adults: A nationally-representative study. *Social Science Medicine*, *182*, 150–157.

Shiver, J., Jr. (2004, October 22). Viacom, Disney fined by FCC over TV ads. *Los Angeles Times*, p. C2.

Sifferlin, A. (2017, August 15). 13% of Americans take antidepressants. *Time*. Retrieved from http://time.com/4900248/antidepressants-depression-more-common/

Signorielli, N. (1990). Television's mean and dangerous world: A continuation of the cultural indicators perspective. In N. Signorielli & M. Morgan (Eds.), *Cultivation analysis: New directions in media effects research* (pp. 85–106).Newbury Park, CA: SAGE.

Signorielli, N., & Kahlenberg, S. (2001). Television's world of work in the nineties. *Journal of Broadcasting & Electronic Media*, *45*, 4–22.

Silver, N. (2012). *The signal and the noise: Why so many predictions fail—but some don't*. New York, NY: Penguin.

Silverblatt, A., Smith, A., Miller, D., Smith, J., & Brown, N. (2014). *Media literacy: Keys to interpreting media messages* (4th ed.). Westport, CT: Praeger.

Silverman, C. (2016, December 6). This analysis shows how fake election news stories outperformed real news on Facebook. *Buzzfeed News*. https://www.buzzfeednews.com/article/craigsilverman/viral-fake-election-news-outperformed-real-news-on-facebook

Simon, H. (1956). Rational choice and the structure of the environment. *Psychological Review*, *63*, 129–138.

Singer, D. G., & Singer, J. L. (Eds.). (2001). *Handbook of children and the media*. Thousand Oaks, CA: SAGE.

Sizer, T. R. (1995). Silences. *Daedelus*, *124*, 77–83.

Slater, M. D., Long, M., Bettinghaus, E. P. (2008). News coverage of cancer in the United States: A national sample of newspapers, television, and magazines. *Journal of Health Communication*, *13*, 523–537.

Slater, M. D., & Rouner, D. (2002). Entertainment-education and elaboration likelihood: Understanding the processing of narrative persuasion. *Communication Theory*, *12*, 173–191.

Smiley, J. (2006, June 18). Selling between the lines. *Los Angeles Times*, p. M1.

Smith, S. L., & Wilson, B. J. (2002). Children's comprehension of and fear reactions to television news. *Media Psychology*, *4*, 1–26.

Smythe, D.W. (1954). Reality as presented on television. *Public Opinion Quarterly*, *18*, 143–156.

Sobers, R. (2018, May 18). 60 must-know cybersecurity statistics for 2018. *Varonis*. Retrieved from https://blog.varonis.com/cybersecurity-statistics/

Society of Professional Journalists. (2018). SPJ Code of Ethics. Retrieved from https://www.spj.org/ethicscode.asp

Solove, D. J., Rotenberg, M., & Schwartz, P. M. (2010). *Privacy, information and technology* (2nd ed.). New York, NY: Aspen Publishers.

Sunderman, J., & Tran, M. (2013). Understanding the rise of sponsored content. *American Press Institute*. Retrieved from http://www.americanpressinstitute.org/publications/reports/white-papers/understanding-rise-sponsored-content/"\t"_blank

Sony Corporation. (n.d.). Retrieved from http://en.wikipedia.org/wiki/Sony

Sowell, T. (2008). *Economic facts and fallacies*. New York, NY: Basic Books.

Spam clogging Amazon's kindle. (2011, June 17). *Los Angeles Times*, p. B4.

Stack, B. (2018, April 9). Here's how much your personal information is selling for on the dark web. *Experian*. Retrieved from https://www.experian.com/

blogs/ask-experian/heres-how-much-your-personal-information-is-selling-for-on-the-dark-web/

Statista (2018a, May 24). *Percentage of the U.S. population who have completed four years of college or more from 1940 to 2017, by gender*. Retrieved from https://www.statista.com/statistics/184272/educational-attainment-of-college-diploma-or-higher-by-gender

Statista (2018b, May 27). Number of establishments in the media industry in the United States from 2007 to 2016, by sector. Retrieved from https://www.statista.com/statistics/184708/establishments-in-the-us-media-industry-by-sector/

Statista (2018c, June 1). Media advertising spending in the United States from 2015 to 2021 (in billion U.S. dollars). Retrieved from https://www.statista.com/statistics/272314/advertising-spending-in-the-us/

Statista (2018d, June 8). Estimated number of World of Warcraft subscribers from 2015 to 2023 (in millions). Retrieved from https://www.statista.com/statistics/276601/number-of-world-of-warcraft-subscribers-by-quarter/

Statista (2018e, June 9). Percentage of U. S. population who currently use any social media from 2008 to 2017. Retrieved from https://www.statista.com/statistics/273476/percentage-of-us-population-with-a-social-network-profile/

Statista. (2018f, June 14). Percentage of U. S. adults who own a smartphone from 2011 to 2018. Retrieved from https://www.statista.com/statistics/219865/percentage-of-us-adults-who-own-a-smartphone/

Statista. (2018g, June 18). Distribution of advertising spending in the United States from 2010 to 2020, by media. Retrieved from https://www.statista.com/statistics/272316/advertising-spending-share-in-the-us-by-media/

Statista. (2018h, June 24). Global spam volume as percentage of total e-mail traffic from January 2014 to March 2018 by month. Retrieved from https://www.statista.com/statistics/420391/spam-email-traffic-share/

Statista. (2018i, June 26). Average annual player salary in the sorts industry by league in 2017/18 (in million U. S. dollars). Retrieved from https://www.statista.com/statistics/675120/average-sports-salaries-by-league/

Statista. (2018j, June 29). Twitter accounts with the most followers worldwide as of June 2018 (in millions). Retrieved from https://www.statista.com/statistics/273172/twitter-accounts-with-the-most-followers-worldwide/

Statista. (2018k, July 1). Facebook's annual revenue and net income from 2007 to 2017 (in million U.S. *dollars)*. Retrieved from https://www.statista.com/statistics/277229/facebooks-annual-revenue-and-net-income/

Statista. (2018l). Number of magazines in the United States from 2002 to 2016. Retrieved from https://www.statista.com/statistics/238589/number-of-magazines-in-the-united-states/

Sterling, G. (2018, April 24). *Reports: Fake reviews are a growing problem on Amazon, Google*. Retrieved from https://searchengineland.com/reports-fake-reviews-are-a-growing-problem-on-amazon-google-296742

Sternberg, R. J., & Berg, C.A. (1987). What are theories of adult intellectual development theories of. In C. Schooler & K.W. Schaie (Eds.), *Cognitive functioning and social structure over the life course* (pp. 3–23). Norwood, NJ: Ablex.

Stewart, L. (2004, March 24). Study criticizes school over diversity, graduation rates. *Los Angeles Times*, p. D5.

Storr, W. (2014). *The unpersuadables: Adventures with the enemies of science*. New York, NY. Overlook Press.

Strasburger, V. C. (2014). Wassssup? Adolescents, drugs, and the media In A. B. Jordan & D. Romer (Eds.), *Media and the well-being of children and adolescents* (pp. 70–89). New York, NY: Oxford University Press.

Strasburger, V. C., & Wilson, B. J. (2002). *Children, adolescents, & the media*. Thousand Oaks, CA: SAGE.

Stroud, N. J., Muddiman, A., & Lee, J. K. (2014). Seeing media as group members: An evaluation of partisan bias perceptions. *Journal of Communication*, 64, 874–894.

Study links teen smoking to popular ads. (1996, April 14). *Santa Barbara News-Press*, p. A2.

Suggs, D. W., Jr. (2018, June 27). Myth: College sports are a cash cow. *American Council on Education*. Retrieved from http://www.acenet.edu/news-room/Pages/Myth-College-Sports-Are-a-Cash-Cow2.aspx

Sunstein, C. R. (2006). *Infotopia: How many minds produce knowledge*. New York, NY: Oxford University Press.

Surveillance: Is the CIA really spying on you? (2017, March 24). *The Week*, p. 18.

Sykes, J. (2006). A player-centred approach to digital game design. In J. Rutter & J. Bryce (Eds.), *Understanding digital games* (pp. 75–92). London, England: SAGE.

Tamborini, R., Grizzard, M., Bowman, N., Reinecke, L., Lewis, R. J., & Eden, A. (2011). Media enjoyment as need satisfaction: The contribution of hedonic and nonhedonic needs. *Journal of Communication, 61*, 1025–1042.

Tandoc, E. C., Jr., Lim, Z. W., & Ling, R. (2018). Defining "fake news." *Digital Journalism, 6*, 137–153.

Tanner, L. (2012, August 13). School junk food bans may really help curb obesity. *Today.com*. Retrieved from http://www.today.com/id/48646703/site/todayshow/ns/today-back_to_school/t/school-junk-food-bans-may-really-help-curb-obesity/#.UTJMCxl0yUY

Tatham, M. (2018, March 15). Identity theft statistics. *Experian*. Retrieved from https://www.experian.com/blogs/ask-experian/identity-theft-statistics/

Taylor, S. E., & Howell, R. J. (1973). The ability of three-, four-, and five-year-old children to distinguish fantasy from reality. *Journal of Genetic Psychology, 122*, 315–318.

Taylor, T. (2012). *The instant economist*. New York, NY: Plume.

The basics of selling on eBay. (2007). *Student guide*. San Jose, CA: eBay.

The new tech bubble. (2011, May 14). *The Economist*, p. 13.

The Walt Disney Company. (n.d.). Retrieved from http://en.wikipedia.org/wiki/Disney

Thompson, C. (2009, September). The new literacy. *Wired*, p. 48.

Time Warner. (n.d.). Retrieved from http://en.wikipedia.org/wiki/AOL_Time_Warner

Toth, S. (2018, Jan. 4). 66 Facebook acquisitions—the complete list (2018)! *TechWyse*. Retrieved from https://www.techwyse.com/blog/infographics/facebook-acquisitions-the-complete-list-infographic/

Trepte, S., Dienlin, T., & Reinecke, L. (2015). Influence of social support received in online and offline contexts on satisfaction with social support and satisfaction with life: A longitudinal study, *Media Psychology, 18*, 74–105.

Trolling for your soul. (2011, April 2). *The Economist*, p. 58.

Tucker, P. (2014). *The naked future: What happens in a world that anticipates your every move?* New York, NY: Current.

Turow, J. (1992). *Media systems in society*. New York, NY: Longman.

Turow, J. (2010). *Media today* (3rd ed.). New York, NY: Routledge.

Tversky, A., & Kahneman, D. (1973). Availability: A heuristic for judging frequency and probability. *Cognitive Psychology, 4*, 207–232.

"Unkind unwind." (2011, March 19). *The Economist*, pp. 76–78.

U.S. Census Bureau (2009). *The 2009 Statistical Abstract: The national data book, Table 1089*. Washington DC: Department of Commerce.

U.S. Census Bureau. (2013). *Statistical abstract of the United States: 2012*. Washington, DC: Department of Commerce.

U.S. Census Bureau. (2017). *Statistical abstract of the United States: 2016*. Washington, DC: Department of Commerce.

Valkenburg, P. M., Krcmar, M., Peeters, A. L., & Marseille, N. M. (1999). "Instructive mediation," "restrictive mediation," and "social coviewing." *Journal of Broadcasting & Electronic Media, 43*, 52–66.

Van Damme, E. (2010). Gender and sexual scripts in popular US teen series: A study on the gendered discourses in One Tree Hill and Gossip Girl. *Catalan Journal of Communication & Cultural Studies, 2*, 77–92.

Van Der Heide, B., D'Angelo, J. D., & Schumaker, E. M. (2012). The effects of verbal versus photographic self-presentation on impression formation in Facebook. *Journal of Communication, 62*, 98–116.

van der Voort, T. H. A. (1986). *Television violence: A child's-eye view*. Amsterdam, The Netherlands: North-Holland.

Verrier, R., & James, M. (2003, October 9). GE, Vivendi finalize NBC Universal deal. *Los Angeles Times*, pp. C1, C11.

Viacom. (n.d.). Retrieved from http://en.wikipedia.org/wiki/Viacom

Vitak, J. (2012). The impact of context collapse and privacy on social network site disclosures. *Journal of Broadcasting & Electronic Media, 56*, 451–470.

Vivienne, S. & Burgess, J. (2012). The digital storyteller's stage: Queer everyday activists negotiating privacy and publicness. *Journal of Broadcasting & Electronic Media, 56*, 362–377.

von Salisch, M., Vogelgesang, J., Kristen, A., & Oppl, C. (2011). Preference for violent electronic games and aggressive behavior among children: The beginning of the downward spiral? *Media Psychology, 14*, 233–258.

Walsh, B. (2014, November 24). Data mine. *Time Magazine*, pp. 35–38.

Walsh, D. (1994). *Selling out America's children*. Minneapolis, MN: Fairview.

Wang, Z., & Tchernev, J. M. (2012). The "myth" of media multitasking: Reciprocal dynamics of media multitasking, personal needs, and gratifications. *Journal of Communication, 62*, 493–513.

Ward, S. C. (2014). From e pluribus unum to caveat emptor: How neoliberal policies are capturing and dismantling the liberal university. *New Political Science, 36*, 459–473.

Warren, R., Wicks, J. L., & Wicks, R. H. (2007). Food and beverage advertising to children on U.S. television: Did national food advertisers respond? *Journalism and Mass Communication Quarterly, 84*, 795–810.

Wartella, E. (1981). The child as viewer. In M. E. Ploghoft & J. A. Anderson (Eds.). *Education for the television age* (pp. 28–17). Springfield, IL: Charles C Thomas.

Watson, C. (2018, April 11). The key moment's from Mark Zuckerberg's testimony to Congress. *The Guardian*. Retrieved from https://www.theguardian.com/technology/2018/apr/11/mark-zuckerbergs-testimony-to-congress-the-key-moments

Weaver, A. J. (2011). A meta-analytical review of selective exposure to and the enjoyment of media violence. *Journal of Broadcasting & Electronic Media, 55*, 232–250.

Weaver, A. J., Jensen, J. D., Martins, N., Hurley, R. J., & Wilson, B. J. (2011). Liking violence and action: An examination of gender differences in children's processing of animated content. *Media Psychology, 14*, 49–70.

Weaver, A. J., Zelenkauskaite, A., & Samson, L. (2012). The (non) violent world of YouTube: Content trends in web video. *Journal of Communication, 62*, 1065–1083.

Wehrwein, P. (2011, October 20). Astounding increase in antidepressant use by Americans. *Harvard Health Blog*. Retrieved from http://www.health.harvard.edu/blog/astounding-increase-in-antidepressant-use-by-americans-201110203624

Whitman, D., & Loftus, M. (1996, December 16). Things are getting better? Who knew? *U.S. News & World Report*, pp. *30*, 32.

Whitson, D. (1998). Circuits of promotion: Media, marketing and the globalization of sport. In L. A. Wenner (Ed.), *MediaSport* (pp. 57–72). New York, NY: Routledge.

Wikipedia: Statistics. (2018, June 10). Retrieved from https://en.wikipedia.org/wiki/Wikipedia:Statistics

Williams, T. M., Zabrack, M. L., & Joy, L. A. (1982). The portrayal of aggression on North American television. *Journal of Applied Social Psychology, 12*, 360–380.

Williams-Grut, O. (2017, December 20). The cryptocurrency market is now doing the same daily volume as the New York Stock Exchange. *Business Insider*. Retrieved from http://markets.businessinsider.com/currencies/news/daily-cryptocurrency-volumes-vs-stock-market-volumes-2017-12-1011680451

Wilson, B. J., & Drogos, K. L. (2009). Children and adolescents: Distinctive audiences of media content. In R. L. Nabi & M. B. Oliver (Eds.). *Media processes and effects* (pp. 469–485). Thousand Oaks, CA: SAGE.

Wilson, B. J., & Weiss, A. J. (1992). Developmental differences in children's reactions to a toy advertisement linked to a toy-based cartoon. *Journal of Broadcasting & Electronic Media, 36*, 371–394.

Wilson, T. D. (2002). *Strangers to ourselves: Discovering the adaptive unconscious*. Cambridge, MA: Belknap Press.

Witkin, H. A., & Goodenough, D. R. (1977). Field dependence and interpersonal behavior. *Psychological Bulletin, 84*, 661–689.

Wolff, M. (2003, May 26). Troubled times. *New York*, pp.18-21.

Wolverson, R. (2012, August 6). Need for speed: Glamorizing cheap fashion costs more than you think. *Time*, p. 18.

Women's Media Center (2017, March 22). Women's Media Center Report: Women journalists report less news than men; TV gender gap most stark. Retrieved from https://www.womensmediacenter.com/about/press/press-releases/womens-media-center-report-women-journalists-report-less-news-than-men-tv-g

Woodruff, J. (2018, July 1). How much money does an NFL player make a year? *Chron*. Retrieved from https://work.chron.com/much-money-nfl-player-make-year-2377.html

Wright, A. (2007). *Glut: Mastering information through the ages*. Washington, DC: Joseph Henry Press.

Wright, P. J., & Randall, A. K. (2014). Pornography consumption, education, and support for same-sex marriage among adult U.S. males. *Communication Research, 41*, 665-689.

Wulff, S. (1997). Media literacy. In W. G. Christ (Ed.). *Media education assessment handbook* (pp. 123-142). Mahwah, NJ: Lawrence Erlbaum.

Xu, W. W., & Feng, M. (2014). Talking to the broadcasters on Twitter: Networked gatekeeping in Twitter conversations with journalists. *Journal of Broadcasting & Electronic Media, 58*, 420-437.

Yahoo Finance. (2018, May 23). *How would mergers in media industry unfold for the markets?* Retrieved from https://finance.yahoo.com/news/mergers-media-industry-unfold-markets-142902731.html

Yee, N. (2002, October). *Ariadne—Understanding MMORPG addiction*. Retrieved from http://www.nickyee.com/hub/addiction/home.html

YouTube (2018). YouTube in numbers. Retrieved from https://www.youtube.com/intl/en-GB/yt/about/press/

Zarett. E. J. (2018, February 4). How much do Super Bowl commercials cost in 2018? *Sporting News*. Retrieved from http://www.sportingnews.com/nfl/news/super-bowl-2018-how-much-do-super-bowl-commercials-cost-nbc-coca-cola-hyundai/1qap05f9qd6hd1kn2i9lahwlk3

Zephoria Digital Marketing. (2018, May). *The top 20 valuable Facebook statistics*. Retrieved from https://zephoria.com/top-15-valuable-facebook-statistics/

Zhang, Y., Dixon, T.L. & Conrad, K. (2010). Female body image as a function of themes in rap music videos: A content analysis. *Sex Roles, 62*, 787-797.

Zillmann, D. (1991).Television viewing and physiological arousal. In J. Bryant & D. Zillmann (Eds.). *Responding to the screen: Reception and reaction processes* (pp. 103-133). Hillsdale, NJ: Lawrence Erlbaum.

Zubrzycki, J. (2017, July 28). More states take on media literacy in schools. *Education Week*. Retrieved from http://blogs.edweek.org/edweek/curriculum/2017/07/media_literacy_laws.html

※ 본 도서의 용어 해설은 소통 웹하드 (www.webhard.co.kr ID: sotongpublish PW:1234)에서 다운로드하실 수 있습니다.